NEUKIRCHENER

Mit herzlichem Gruß
und Dank!
Deine Alexandra

Wissenschaftliche Monogaphien
zum Alten und Neuen Testament

Begründet von
Günther Bornkamm und Gerhard von Rad

Herausgegeben von
Cilliers Breytenbach, Bernd Janowski,
Reinhard G. Kratz und Hermann Lichtenberger

103. Band
Alexandra Grund
»Die Himmel erzählen die Herrlichkeit Gottes«

Neukirchener Verlag

Alexandra Grund

»Die Himmel erzählen die
Herrlichkeit Gottes«

Psalm 19 im Kontext der nachexilischen Toraweisheit

2004

Neukirchener

© 2004
Neukirchener Verlag
Verlagsgesellschaft des Erziehungsvereins mbH, Neukirchen-Vluyn
Alle Rechte vorbehalten
Umschlaggestaltung: Kurt Wolff, Düsseldorf
Satz und Druckvorlage: Alexandra Grund
Gesamtherstellung: Breklumer Druckerei Manfred Siegel KG
Printed in Germany
ISBN 3-7887-2042-5

Vorwort

Die vorliegende Untersuchung wurde im Sommersemester 2003 von der Evangelisch-Theologischen Fakultät der Universität Tübingen als Dissertation angenommen. Sie wurde für den Druck geringfügig überarbeitet.
An dieser Stelle ist einer ganzen Reihe von Menschen zu danken, die in verschiedener Form an der Entstehung dieser Arbeit beteiligt waren. Als erstem ist gewiss Prof. Dr. B. Janowski zu danken, der während meines Studiums mein Interesse am Alten Testament geweckt und der dann diese Arbeit in allen Stadien ihrer Entstehung begleitet und durch mancherlei Anregung gefördert hat. Ihm und Prof. Dr. R. G. Kratz danke ich für die Aufnahme dieser Studie in die Reihe Wissenschaftliche Monographien zum Alten und Neuen Testament. Für einige wertvolle Hinweise möchte ich Prof. Dr. E. Blum danken, der auch das Zweitgutachten erstellt hat. Dankbar bin ich auch für so manches, auf sehr unterschiedliche Weise förderliche Gespräch, das ich während der Entstehungszeit der Dissertation führen konnte, namentlich mit Prof. Dr. E. Herms, Prof. Dr. em. W. Röllig, Prof'in Dr. J. C. Janowski, Prof. Dr. H. Niehr, Prof. Dr. H. Lichtenberger und Prof. Dr. B. Klappert.
Herzlich danken möchte ich an dieser Stelle auch den vielen Freundinnen und Freunden, die mich während der Abfassung der Dissertation begleitet, die mich u.a. beim Korrekturlesen und in manchem Gespräch unterstützt haben, namentlich Dr. Alexandra Riebe, Stefanie Gulde, Alexa Wilke, Christina Fleck, Dr. Raik Heckl, Dr. Ulrike Sals, Univ.-Prof. Dr. Markus Öhler, Prof. Dr. Susanne Gillmayr-Bucher, Dr. Detlef Dieckmann-von Bünau und Dr. Kathrin Liess. Dabei dürfen aber der gesamte Kreis des Doktorand/inn/en- und Habilitand/inn/en-Kolloquiums von Prof. Dr. B. Janowski, die weiteren Mitglieder des Graduiertenkollegs „Die Bibel – Ihre Entstehung und ihre Wirkung" und des „Arbeitskreises Rezeption des Alten Testaments" keineswegs unerwähnt bleiben.
Der Evangelischen Kirche im Rheinland danke ich für die Gewährung eines namhaften Druckkostenzuschusses und Dr. V. Hampel für die Betreuung der Drucklegung von seiten des Neukirchener Verlags. Herzlichen zu danken habe ich auch Frau stud. theol. Stefanie Otterbach, die mir ebenfalls beim Korrekturlesen geholfen hat, Prof. Dr. Th. Naumann, der für seine Assistentin zeitweise auf seine Hilfskraft verzichtete, und nicht zuletzt meiner Mutter, Frau Sigrid Grund, die mir beim Überprü-

fen der Register zur Seite stand. Sehr viel zu verdanken habe ich meinen Eltern und meinen Großmüttern; ihnen sei dies Buch daher gewidmet.

יהי לרצון הגיון לבי לפניך

Siegen, im Februar 2004　　　　　　　　Alexandra Stephanie Grund

Inhalt

Einleitung ... 1
 A) Ps 19 in der Theologie- und Exegesegeschichte ... 1
 B) Zur Forschungsgeschichte und zur Methode der Arbeit ... 3
  1. Die Frage der literarischen Einheitlichkeit ... 4
  2. Die Übernahme altorientalischer Motive ... 8
  3. Das Konzept von Tora ... 13
  4. Die gegenwärtige Diskussion ... 20

I. Text und Übersetzung ... 22
 A) Übersetzung und textkritische Anmerkungen ... 22
 B) Text- und Übersetzungsprobleme ... 24
  1. Positive oder negative Übersetzung von V.4? ... 24
  2. Das Problem von קִוָּם (V.5a) ... 26
  3. Der Bezug von בָּהֶם (V.5b) ... 28
  4. יִרְאַת יְהוָה oder אִמְרַת יְהוָה? (V.10a) ... 29

II. Literarische Gestalt und Kohärenz ... 30
 A) Poetische Gestalt ... 30
  1. Parallelismen und polarer Ausdruck ... 30
  2. Stichwort- und Motivverbindungen ... 32

 B) Innere Einheit ... 39
  1. Die Gliederung des Psalms ... 39
  2. Die Kohärenz des Psalms ... 43
   a) Inhaltliche Kohärenz ... 43
   b) Die Entsprechung von Form und Inhalt ... 46

 C) Rezeptionsorientierte Analyse ... 48
  1. Zur Rezeption von Psalmen ... 48
  2. Rezeptionsorientierte Analyse von Ps 19 ... 54

III. Einheitlichkeit und Entstehung ... 60
 A) Anzeichen literarischer Uneinheitlichkeit ... 60
 B) Entstehungsmodelle von Psalm 19 ... 61
  1. Das ‚literarkritische' Modell ... 61
  2. Das Kompositionsmodell ... 63

3. Das ältere Redaktionsmodell.. 65
4. Das neuere Redaktionsmodell.. 67
5. Die ursprüngliche Einheit.. 69

C) Die Einheitlichkeit von Psalm 19.. 71
1. Situierung der Sprach- und Vorstellungswelt........................ 71
2. Die Korrelation von Sonne und Recht................................... 73
   a) Sonnengott und Recht im Alten Orient............................. 74
   b) Sonne, Recht und JHWH im vorexilischen Israel............. 80
   *Exkurs 1: Zur Stellung von Ps 19 im Zusammenhang der
   „Solarisierung JHWHs"*.. 81
   c) Sonne, Recht und JHWH im nachexilischen Israel........... 87
   *Exkurs 2: Sonnenlauf und Tora in weisheitlicher und
   apokalyptischer Literatur.*... 91
   d) Das himmlisch-irdische Entsprechungsdenken................ 102
3. Das Problem des Wechsels in Stil, Struktur und Thema........ 104
   a) Stereometrie als Gestaltungssprinzip................................ 104
   b) Der abrupte Neueinsatz als sinnvolle Textstrategie.......... 106
4. Einzelprobleme... 108
   a) Das Problem von V.4 108
   b) V.15 – eine redaktionelle Glosse?.................................... 112

IV. Gattung.. 114
A) Zur bisherigen Diskussion.. 114
B) Gattung und Individualität von Ps 19................................... 118

V. Motive und Traditionen... 124
A) Vorbemerkung zur traditions- und motivgeschichtlichen
   Methodik.. 124
B) Die doxologische Lehrrede des Himmels: V.2-5a............... 127
1. Der Gottesname אֵל.. 127
2. ‚Der Himmel erzählt Herrlichkeit' (V.2).............................. 127
   a) Die Ausdrücke הִגִּיד מַעֲשֵׂה יָדָיו und סֵפֶר כָּבוֹד....................... 134
   b) Die Rede des Himmels... 140
   α) Rede konkreter Wesen der himmlischen Sphäre............. 141
   β) Personifikation einer kosmischen Größe........................ 145
   γ) Nähere Analogien von V.2.. 150
   c) Zusammenfassung.. 153
3. Die Rede der Tage und Nächte (V.3) 160
4. Die Ambiguität der Verkündigung des Himmels (V.4)......... 164
5. Das ‚Maß' des Himmels (V.5a)... 168

C) Der Sonnenlauf: V.5b-7... 173
1. Lokales oder instrumentales Verständnis von בָּהֶם (V.5b)?.......... 174
2. Der kosmographische Ort von Zelt (אֹהֶל; V.5b)
   und Baldachin (חֻפָּה; V.6a)... 176

Inhalt IX

    Exkurs 3: Bezüge zu einem Ritual der Heiligen Hochzeit?.......... 185
    3. Die schöpfungstheologische Aussage von V.5b-6a................ 191
    4. Der vorbildliche Lauf des ‚Helden' (V.6b)............................ 196
    5. Die alles durchdringende Sonnenglut – Repräsentanz der
        richterlichen Kompetenz JHWHs (V.7)............................... 201

D) Der Lobpreis der Tora: V.8-11... 213
    1. Das Phänomen der Reihung von Gebotssynonymen................ 214
    2. Die Gebotssynonyme (V.8-10).. 215
    3. Der theologische Erkenntnisweg der Toraweisheit (V.10a)........ 220
    4. Die Prädikationen der Torasynonyma in (V.8-10).................. 222
        a) Die einzelnen Prädikationen. 222
        b) Zusammenfassung... 227
    5. Die Wirkungen der Tora (V.8-10) 228
        a) Die einzelnen Wirkungen... 228
        b) Zusammenfassung... 233
    6. Der Wertvergleich mit Gold und Honig (V.11).................... 236
    7. Zusammenfassung: Aspekte des Toralobs in V.8-11.............. 244
        a) Solare Motive in der Prädikation der Gebote 244
        b) Übertragung von Mittlerfunktionen des Tempels auf die
           Tora.. 247
        c) Übertragung von Funktionen der Weisheit auf die Tora......... 247

E) Vergebung und Erlösung: V.12-15... 248
    1. Das Bewahren der Gebote und die konnektive Gerechtigkeit
        (V.12).. 259
    2. Freispruch von unabsichtlichen Vergehen (V.13).................. 256
    3. Bewahrung vor Anmaßenden (V.14a)................................. 264
    4. Erhoffte Integrität (V.14b)... 267
    5. Weihe an den Löser JHWH (V.15).................................... 271

VI. Historischer Ort... 282
    A) Die Zugehörigkeit zur ‚Tora-Weisheit'................................ 282
    Exkurs 4: Das Verhältnis von Ps 19 zu Ps 119 285

    B) Datierung und religionssoziologische Verortung................ 291

VII. Der Psalter als Kontext: Ps 19 im Kontext der Teil-
    komposition Ps 15-24.. 294
    A) Die Stellung von Ps 19 im Zentrum von Ps 15-24.............. 295
    B) Synchrone Bezüge zur Teilkomposition Ps 15-24.............. 297
    1. Die poetische Struktur von Ps 15 und Ps 24 297
    2. Die Bezüge von Ps 15, Ps 19 und Ps 24........................... 304
    3. Ps 15-17 und Ps 19 306
    4. Ps 19 im Zentrum von Ps 18-21....................................... 308
    5. Ps 19 und Ps 22-24... 311

6. Zusammenfassung: Ps 19 als Höhepunkt der Teilkomposition
Ps 15-24 312

C) Diachrone Folgerungen: Die Einfügung von Ps 19 in die
Teilkomposition 313
1. Redaktionelle Zusammenhänge mit Ps 18? 314
2. Die Einfügung von Ps 19 in die Teilkomposition Ps 15-24 321

VIII. Zusammenfassung und Ausblick 326
A) Zusammenfassung und Kontextualisierung 326
1. Die schöpfungsinhärente Weisheit in Ps 19 326
2. Natürliche Theologie in Ps 19? 329
3. Die Funktion der Mythisierung 333
4. Die Stellung des Psalms im Kanonisierungsprozess und
in der Sapientalisierung der Tora 338
5. Das Verhältnis von Tora, Vergebung und Erlösung 352

B) Ausblick 353

Abkürzungen 355
Literatur 357
Quellennachweis zu den Abbildungen 389

Register 390
  Sachregister 390
  Stellenregister 394
  Wortregister 402

Einleitung

A) Ps 19 in der Theologie- und Exegesegeschichte

„Psalm 19 is the greatest poem in the psalter and one of the greatest lyrics in the world"[1]. Was der Cambridger Literaturwissenschaftler C.S. Lewis über den 19. Psalm sagte, hat auf ähnliche Weise auch der Exeget R. Eisler verspürt, der ihn ebenfalls zum „schönste[n] Lied im ganzen Psalter"[2] erkor. Doch zugleich ist der 19. Psalm ein in vielfacher Hinsicht umstrittener Text,[3] und zwar in theologischer wie in literar- und religionsgeschichtlicher Hinsicht. Und er ist auch deshalb von besonderem Interesse, weil an ihm als einem ‚Torapsalm' die Psalmen als Texte kenntlich werden, mit dem im Christentum *und* im Judentum von Gott und zu Gott geredet wird.

Vielerlei theologische Interessen spielen von je her in die Auslegung des Psalms hinein. Zunächst prägt die theologische Auslegungstradition, in der dieser Psalm gerne als *dictum probantium* für ‚natürliche Theologie' (noch dazu in der Schrift) gebraucht wird[4] – ein Vorverständnis, das berücksichtigt werden muss, wenn es nicht einerseits die exegetischen Ergebnisse unter der Hand beeinflussen soll, und wenn nicht andererseits die immer wieder verspürte theologische Dichte dieses Textes[5] missachtet werden soll. Dass dementsprechend auch die Diskussion um den z.T. heftig kritisierten erfahrungsbezogenen Erkenntnisweg und den theologischen Rang der alttestamentlichen Weisheit[6] gerne anhand von Ps 19 geführt wird, verdankt sich nicht zuletzt

---

1 Zitiert nach *Wagner*, Dynamics, 245.
2 Nochmals, 21.
3 *Mathys* etwa nennt ihn den „geheimnisvolle(n) Psalm" (Dichter, 298).
4 *Barr* etwa schreibt: „In the tradition of natural theology, this beautiful poem was always considered to be one of the basic evidences in favour of that approach" (Law, 14).
5 *Delitzsch* sieht als ein Charakteristikum des Psalms „sein fast terminologisches neutest. dogmatisches Gepräge. Die letzte Str. ergibt in nuce eine scharf umrissene Soteriologie" (BC IV/1, 172).
6 Stellvertretend sei an Urteile von *Preuß* erinnert, wie: „Sie [sc.: die Weisheit] steht damit ... *neben* dem Glauben Israels an den Gott der Geschichte" (Erwägungen, 415, Hvbg. von mir) und: „So handelt man von der horizontalen Offenbarung, über die man ja noch reden könnte, wenn sie nicht ausgerechnet an die Weisheit gebunden würde" (Einführung, 193).

der von G. von Rad geprägten Rede von der „Selbstoffenbarung der Schöpfung" in der jüngeren Weisheitsliteratur.

Diese Kapitelüberschrift gab von Rad demjenigen Abschnitt seiner Studie über die ‚Weisheit in Israel', in dem Ps 19 bei der Herleitung der „Personifizierung der Urordnung" (in Hi 28; Prov 8,1-31; 3,19; Sir 24 etc.)[7] eine entscheidende Rolle spielt: „Der Vorstellung, daß die Welt nicht stumm ist, daß sie eine Aussage hat, begegnen wir zunächst im Hymnus: die Welt verkündet sich vor Gott als Schöpfung; der Himmel ‚erzählt', das Firmament ‚verkündet' (Ps 19$_2$) ..."[8]. Gerade bei der Herleitung dieses Motivs kommt Ps 19 bei von Rad grundlegende Bedeutung zu: „Sind wir mit unserer Annahme auf rechter Fährte, daß die Vorstellung von der sich selbst bezeugenden Urordnung [sc.: in Prov 8; Sir 24 u.a.] zusammengehört, ja vielleicht wurzelt in dem alten Hymnenmotiv von dem Selbstzeugnis der Schöpfung, so fiele auch von daher noch ein Licht auf die israelitische Eigenständigkeit des weisheitlichen Lehrgegenstandes"[9]. Daher schließt er: „die Vorstellungen von einem von der Schöpfung ausgehenden Zeugnis ist nur in Israel zu belegen. Die Lehre von der Uroffenbarung stand also gerade in ihrem Spezifikum ... auf genuin altisraelitischen Vorstellungen"[10].

Diese Herleitung, die die Brisanz seiner Rede von der ‚Selbstoffenbarung der Schöpfung' zu mildern vermag, steht – nach einer Vielzahl von Ableitungsversuchen aus der Umwelt Israels – aus heutiger Perspektive erneut zur Diskussion. Doch hatte von Rads These vom Selbstzeugnis der Schöpfung auch in der Systematischen Theologie verständlicherweise einige Wirkung.[11] Und sie beschäftigt bis heute auch die Exegese. So hat vor allem J. Barr anhand von Ps 19 immer wieder (1990; 1993; 1996)[12] das Vorhandensein natürlicher Theologie in den biblischen Traditionen zu belegen versucht: „the entire tradition which saw Ps 19 in a biblical foundation for natural theology had a substantial reason in its favour"[13]. Weiter noch geht H.P. Mathys: „Es führt nichts an der Feststellung vorbei, daß in Ps 19 natürliche Theologie vorliegt"[14]. Die vorliegende Arbeit versucht, die Aussage des Psalms zur

---
7 Weisheit, 189ff.
8 Weisheit, 211.
9 Weisheit, 227.
10 Ebd., vgl. ders. Theologie, II, 360 Anm. 7. Vgl. die Aufnahme dieser Einschätzung bei *Meinhold*: „daß die Schöpfung Gottes Herrlichkeit bezeugt, ist für das AT ... etwas Besonderes ... für den Alten Orient anscheinend sogar etwas Einzigartiges" (Theologie, 123).
11 V.a. ist hier *Link* (Gleichnis, bes. 268ff) zu nennen, der auf der Grundlage von Einsichten *von Rad*s bemerkt: „Sie [die Weisheit] spricht aus der immanenten Qualität der Schöpfung heraus zum Menschen: aus ihrer Schönheit – das ist der ästhetische Aspekt – wie aus ihrem sinnhaften, und darum menschlicher Erkenntnis zugänglichen ökonomischen wie ökologischen Zusammenhalt – das ist der nicht minder wichtige rationale Aspekt" (*ders.*, Schöpfung 2, 375).
12 *Ders.*, Speech, 11ff; Biblical faith, 85-89; Law, 1-22; vgl. die Einwände *Brueggemann*s, Theology, 529 Anm. 4.
13 Law, 16.
14 Vgl. z.B. *Mathys*, Dichter, 300.

schöpfungsinhärenten Weisheit und ihren traditionsgeschichtlichen Hintergrund zu präzisieren[15] und wird dabei auf eine reflektiertere Verwendung des Begriffs der ‚natürlichen Theologie'[16] nicht verzichten können.

Auf der anderen Seite drängt sich bei der Auslegung von Ps 19 die Frage nach der theologischen Bedeutung des ‚Gesetzes' bzw. der ‚Tora' auf. Auch hierfür sei an eine programmatische Problemstellung von Rads erinnert: „Wie mit so vielen Begriffen von zentraler Wichtigkeit geht es uns auch hier. Wir müssen uns vom Alten Testament erst wieder neu sagen lassen, was für Israel ‚Gesetz' war und in welchem Verhältnis dieser fordernde und Israel verklagende Wille Gottes zu seinem Gnadenhandeln stand"[17]. Dies gilt unvermindert für die neuere Diskussion um das Verständnis der ‚Tora', in der nunmehr vermehrt die Frage nach ‚Tora' als bzw. im Kanon sowie unter dem Vorzeichen des christlich-jüdischen Gesprächs gestellt wird. Auf diesem Hintergrund wird in dieser Studie das Konzept dieses exemplarischen ‚Tora-Psalms' in den Blick genommen und präzisiert werden.[18]

Neben diesen beiden zentralen theologischen Themen haben sich in der Auslegungs- und Forschungsgeschichte eine ganze Reihe von Einzelfragen aufgedrängt.

B) Zur Forschungsgeschichte und zur Methode der Arbeit

„Il serait fastidieux de rappeler en détail la multitude des opinions et des hypothèses qu'il a suscité".[19] Dies unter Ausleger/inne/n des 19. Psalms mittlerweile fast ‚klassische' Diktum von Tournay warnt vor Redundanzen bei der Darstellung seiner Forschungsgeschichte.[20] Sie ist jedoch von einigem Interesse, schon als Reflex der exegetischen Perpektiven und blinden Flecke der jeweiligen Zeit. Zugleich aber dient sie der Problemanzeige für die Fragestellungen, die im weiteren Verlauf zur Diskussion stehen werden.

Bereits der Beginn der kritischen Erforschung des Alten Testaments brachte neue Diskussionsthemen in die Auslegung des Psalms. Zu nennen ist hier etwa L. Capel-

---

15 Vgl. v.a. V. B); VIII. A) 1.
16 Vgl. VIII. A) 2.
17 *Von Rad*, Theologie II, 414f. Vgl. *Kraus'* Votum: „Es ist an der Zeit, daß die Diskussion über die Probleme von ‚Evangelium und Gesetz' sich an den Forschungsergebnissen der exegetischen Wissenschaft orientiert" (Gesetz, 340 Anm. 14).
18 S. v.a. V. D) und VIII. A) 4.
19 *Tournay*, Notules, 271; vgl. dessen Zitat u.a. bei *Glass*, Observations, 148.
20 Vgl. auch die Forschungsüberblicke bei *Tournay*, Notules, 271-273; *van der Ploeg*, Psalm XIX, 194ff; in jüngerer Zeit *Oesch*, Übersetzung, 80; *Wyatt*, Liturgical Context, 560-566 und *Eaton*, Psalms, passim.

lus mit seiner ‚Critica sacra', in der er 1653 mit der Bevorzugung der 𝕲-Lesart von V.5a zugleich auch eine neue Interpretation des Psalmbeginns lieferte,[21] die seitdem vielfache Nachfolge (wie 1853 bei Olshausen)[22] und Ablehnung (wie 1835/36 bei Hitzig)[23] erfahren hat, und die bis heute diskutiert wird.[24] Gegenüber einem bis dahin von der Vulgata geprägten ‚positiven' Verständnis von V.4, wonach die Rede des Himmels universal verständlich ist, und das u.a. von Luthers Übersetzung und Calvins Interpretation des Psalms in der Institutio[25] weitergetragen wurde, kann auch die Aufwertung des ‚negativen', paradoxen Verständnisses dieses Zusammenhangs als Ergebnis der historisch-kritischen Exegese des hebräischen Textes aufgefasst werden. Und nachdem um die Mitte des 19. Jh. die Historizität der davidischen Verfasserschaft der Davidpsalmen von Hengstenberg[26], Delitzsch[27] u.a. noch häufig vertreten wurde,[28] nahm man hiervon gegen Ende des 19. Jh. auch bei Ps 19 Abschied.[29]

Doch sind es vornehmlich drei Themenbereiche, die seit Beginn der historisch-kritischen Exegese die Auslegung von Ps 19 bestimmten: 1. Die Frage nach seiner literarischen Einheitlichkeit, 2. die Frage nach Herkunft und Art der Integration aus dem Alten Orient bekannter Motive in V.2-7 und 3. die Situierung und Einschätzung der ‚Torafrömmigkeit' von V.8-15. Über diese zwar eng miteinander verzahnten Themenbereiche wurden jedoch verschiedene Diskussionen geführt, die getrennt behandelt werden können. Und da unterschiedliche Probleme auch verschiedene Zugangsweisen erfordern, schließen sich Überlegungen über das Vorgehen jeweils an die Darstellung der entsprechenden Problemfelder an.

1. Die Frage der literarischen Einheitlichkeit

Der wohl exegetisch folgenreichste Einschnitt in der Auslegung des 19. Psalms war die zuerst bei E.F.C. Rosenmüller in seinen ‚Scholia in Vetus Testamentum' ([1]1798)[30] zu findende literarkritische Zweiteilung in V.2-7 und V.8-15, die er zwar in der späteren Auflage von 1821 revidierte, die aber bereits bei W.M.L. de Wette 1811 in abgewandelter

---

21 Critica Sacra II, 157; IV, 651f.736f.822.
22 KEH XIV, 113f.
23 Psalmen, 32f.
24 S.u. I. B) 1.
25 *Calvin* interpretiert in Inst. I 5,1 die Himmelsrede als bei den Völkern aller Sprachen und Zungen verständlich (Institutio, 10) und deutet in Inst. I 6,4 Ps 19 als Beleg für die Stufung von *revelatio generalis* und *revelatio specialis* (Institutio, 22).
26 Psalmen, 436; [1]1842.
27 BC IV /1, 162.
28 Bezweifelt u.a. bereits bei *Hitzig*, Psalmen, 32.
29 Vgl. z.B. *Hupfeld* Psalmen 2, 1f; anders noch *Herkenne*, HSAT V/2, 96 sowie neuerdings (1996) wieder *Denninger*, Literary Study, 89f.
30 Er hielt ihn für „... duo diversa carmina, aut *certe* diversorum carminum particulas ..." (Scholia 4,1, 330, Hvbg. von mir).

B) Zur Forschungsgeschichte und zur Methode der Arbeit

Form Aufnahme fand.³¹ Er brachte zudem die These des Ausfalls eines längeren, Ps 119 ähnelnden Gesetzeshymnus in die Debatte – „um dieses für die wenigen bitten zu feyerlichen schlusses willen"³². Dass V.8-15 ein „selbständiges Ganzes" sei, war dann J. Olshausens (1853)³³ schon bei H. Hupfeld (²1868)³⁴ und vielen anderen rezipierte Auffassung. Diesem ‚literarkritischen Modell' stand um die Mitte des 19. Jh. die etwas weniger einflussreiche „Redaktionshypothese" H. Ewalds (²1866) gegenüber, der meinte, ein späterer Dichter habe V.2-7 einen neuen Schluss gegeben.³⁵

Dass nach V.7 der Text eines längeren ‚Schöpfungshymnus' ausgefallen sei, wurde jedoch von Vertretern beider Positionen angenommen.³⁶ Olshausen (1853)³⁷ und Bickell (1882)³⁸ rechneten vor V.5b zudem mit einem Textausfall und sahen V.5b-7 als ein durch V.2-5a erweitertes Fragment an. Ihnen folgten u.a. R. Eisler (1917 [1914])³⁹, K. Budde⁴⁰ und in jüngerer Zeit G. Fohrer.⁴¹
Während Hengstenberg (¹1842-1844) wie nach ihm Delitzsch (³1873) zur geringen Zahl derer gehörte, die weiterhin die Einheit des Psalms vertraten,⁴² fand die Olshausensche Auffassung zahlreiche Nachfolge, und zwar sowohl bei Duhm, nach dem ‚Ps 19B' „... ein selbständiges Gedicht [ist] und weder in Form noch in Inhalt das Geringste mit 19A zu tun" hat (1922),⁴³ als auch bei Gunkel, der urteilte: V.8-15 „sticht gewaltig ab von dem kraftvollen Naturhymnus, mit dem es die spätere Überlieferung *fälschlich* ... zusammengestellt hat"⁴⁴. Als zwei verschiedene Psalmen behandelten ihn in der Folgezeit u.a. R. Kittel (⁴1922), H. Schmidt (1934), A. Weiser (⁶1963) und M. Dahood (1966) bis hin zu O.H. Steck (1982 [1980]), R. Knierim (1991) und G. Fohrer (1993) in neuerer Zeit.⁴⁵

---

31 Psalmen, 220f.
32 Psalmen, 226.
33 KEH XIV, 111f.
34 Er meint: „Vielmehr ist der Ps. von einem Sammler aus zwei Stücken anderer Pss. zusammengesetzt ...; u. dieser mag allenfalls ... bei der Verbindung beider Stücke eine solche künstl. Einheit im Auge gehabt haben" (Psalmen II², 2f).
35 Dichter I², 33.
36 *Olshausen*, KEH XIV, 112; *Ewald*, Dichter I², 33, vgl. *Budde*, Hochzeit, 265.
37 KEH XIV, 111f.
38 Carmina, 122.
39 Hochzeit, 39, vgl. ders., Nochmals, 21ff; 1927.
40 Hochzeit, 265.
41 Psalmen, 22.
42 „Die immer noch weit verbreitete Ansicht, dass wir in Ps 19 zwei irgendwoher zusammengewehte Torsi vor uns haben, beruht auf mangelhafter Einsicht in das planmäßige Verhältnis der beiden Hälften ... zu einander" (BC IV/1, 162).
43 KHC ²XIV, 82; so bereits KHC ¹XIV, 61 (1899).
44 HK II/2, 79, Hvbg. von mir.
45 *Kittel*, KAT XIII, 68; *Schmidt*, HAT 1,15; *Weiser*, ATD 14, 144; *Dahood*, AncB I, 122; *Steck*, Bemerkungen, 232 und passim (*Steck* behandelt in diesem Aufsatz lediglich ‚Ps 19A'); *Knierim*, Theology, 439; *Fohrer*, Psalmen, 23; vgl. ähnlich *Westermann*, Psalmen, 179f; auch *Gerstenberger*, FOTL XIV I, 101; in modifizierter Form (Zweiteilung von V.8-15 in V.8-11 und V.12-15) *Seybold*, HAT 1/15, 85

Dass Ps 19 aus zwei verschiedenen Psalmen bestehe, war somit lange Zeit nicht nur unangefochtene Mehrheitsmeinung der Forschung,[46] sondern hat sogar als regelrechte „Lehrbuchweisheit"[47] für eine breite Bekanntheit von ‚Ps 19A' und ‚Ps 19B'[48] gesorgt.

Der klassischen Form des ‚älteren Redaktionsmodells', wie sie H. Ewald geprägt hatte, stimmten derweilen F. Baethgen (^{3}1904)[49], O. Schröder (1914)[50] u.a nd S. Mowinckel (1921/22; 1962)[51] zu. Doch besonders seit der Mitte des 20. Jh.erfreute sie sich zunehmender Beliebtheit – u.a. bei H.-J. Kraus (^{1}1960; ^{6}1986)[52], M. Buttenwieser (1969)[53] und O. Loretz (1974)[54]. Ähnlich wie Loretz, nach dem sich ‚Ps 19B' zu ‚Ps 19A' wie ein Kommentar zur Vorlage verhalte,[55] vermutete I. Fischer (1983) eine sich an V.2f.5-7a anlegende Redaktion V.4.7b-15.[56] Hiermit schloss Fischer sich auch einem literarkritischen Lösungsversuch der Problematik von V.4 an, den lange zuvor bereits H. Olshausen (1853)[57], G. Bickell (1882)[58] und C.A. Briggs (1906)[59] vorgetragen hatten. Entschied man sich nämlich bei V.4 für eine ‚negative' Übersetzung, in der בְּלִי im gleichen negativen Sinn wie אֵין verstanden wird, wurde der Widerspruch zwischen V.3(.5) und V.4 immer wieder literarkritisch erklärt – so etwa bei B. Duhm (^{2}1922), der hier eine Randbemerkung eines Glossators erkennt, „der auf nicht allzu scharfsinnige Leser rechnet"[60]. Die früher häufigere Beurteilung als Glosse wurde dabei später meist durch die Auffassung als Redaktion abgelöst, wie bei Fischer, H. Spieckermann[61] und E. Zenger[62]. Eine diachrone Erklärung erübrigte sich hingegen dort, wo man die auslegungsgeschichtlich ältere, die Aussage von V.2-5a glättende Alternative einer ‚positiven' Übersetzung wählte, in der בְּלִי einen verneinten Relativsatz einleitet.[63]

---

46 Vgl. *Steck*: „Die Psalmenforschung ist sich *einig*, daß Ps 19 aus zwei ... kaum von Anfang an zusammengehörigen Teilen besteht" (Bemerkungen, 232, Hvbg. von mir).
47 Vgl. *Spieckermann*, Heilsgegenwart, 61.
48 Die Bezeichnung ‚Ps 19A' / ‚Ps 19B' geht offenbar auf *Duhm* zurück, KHC ^{1}XIV; vgl. *Spieckermann*, Heilsgegenwart, 62 Anm. 7.
49 HK II/2, 54.
50 Psalm 19, 69f.
51 „19B has been composed as a sequel to 19A" (Worship, 267).
52 BK XV/1, 298.305f. *Mathys*, der v.a. *Kraus'* Position vor Augen hat, charakterisiert den gesamten Lösungsversuch treffend als ‚Korrekturmodell' (Dichter, 310).
53 Psalms, 171.
54 Psalmenstudien III, 186ff.
55 AaO 101.
56 Komposition, 23f.
57 KEH XIV, 112f.
58 Carmina, 122.
59 ICC, 165.
60 KHC ^{2}XIV, 81.
61 Er zählt sie zur Bearbeitung V.12-15 eines „Toraverängstigte(n)" (Heilsgegenwart, 64 Anm. 10).
62 Tora, 66.
63 So z.B. schon 1836 *Hitzig*, Psalmen, 32; ferner *König*, Psalmen, 96; *Herkenne*, HSAT V/2, 97; *Kittel*, KAT XIII, 67.

B) Zur Forschungsgeschichte und zur Methode der Arbeit

Während ab den 60er Jahren der Einfluss des ‚literarkritischen Modells' zweier unabhängiger Teile nachließ, unter dessen Bedingungen die Wahrnehmung des Psalms als eines Ganzen verstellt geblieben war, nahm auch die zuvor eher geringe Zahl von Auslegern – unter ihnen König (1927)[64] und E.J. Kissane (1953)[65] – zu, die eine ursprünglich einheitliche Abfassung des Psalms annahmen. Von ihnen sind als bedeutendere A. Deissler (1961)[66] und H. van Zyl (1966 [1967]) zu nennen.[67] Die Gründe hierfür sind zum einen mit der weit häufigeren Verortung von V.2-7 in der jüngeren „theologischen" Weisheit anzugeben, die u.a. Deissler,[68] H. Gese (1991 [1982])[69] und Chr. Dohmen vornahmen.[70] Zum anderen erwies sich die vermehrte Zuwendung zur kompositionskritischen Wahrnehmung des Psalms als fruchtbar, die vor allem bei J.L. Mays (1987)[71] und L. Alonso-Schökel (1981; 1992)[72] erkennbar wird, und die sich in einem ‚Kompositionsmodell' niederschlug.[73]
Geprägt wird die aktuelle deutsche Forschung jedoch nunmehr durch ein zuerst von H. Spieckermann (1989)[74] vorgelegtes und in der Folge u.a. von F.L. Hossfeld und E. Zenger (1993)[75], M. Kleer (1996)[76] und M. Rösel (1999)[77] vertretenes, neueres Redaktionsmodell,[78] in dem zwischen der „theologisch durchaus originelle(n) Kombination"[79] V.2-11 und V.12-15 „Verschiebungen in der Torafrömmigkeit"[80] festgestellt werden.[81]

---

64 Psalmen, 105-107.
65 Psalms I, 83.
66 Datierung, 47ff.
67 Seiner Meinung nach ist Ps 19 „written as a whole by one author" (Psalm 19, 151).
68 Ebd.
69 *Gese*s Urteil lautet: „Ps 19 ist ursprünglich in der vorliegenden Gestalt komponiert worden" (Einheit, 145).
70 Eine sekundäre Einheit sieht im weisheitlichen Hintergrund z.B. *Sabourin*, Psaumes, 133.
71 Place, 5f.
72 Treinta Salmos, 95; Salmos I, 345.
73 Diesem Modell zuzurechnen wären etwa *Weiser*, ATD 14, 135; *Mannati*, Psaumes I, 208.
74 Heilsgegenwart, 71.
75 *Dies.*, Redaktion; *Hossfeld / Zenger*, NEB 29, 130 (*Hossfeld*), vgl. *Zenger*, Tora, 184. *Seebass* urteilt in seiner Besprechung, *Zenger* gebe hiermit „fast einen Konsens zu Ps 19 wieder" (Rezension ‚Als Anfang', 160).
76 Sänger, 25ff.
77 Redaktion, 183 Anm. 131.
78 Vgl. ähnlich *Seybold*, der Ps 19 als Zusammensetzung der Teile V.2-7, V.8-11 und V.12-15 annimmt (HAT 1/15, 85).
79 *Spieckermann*, Heilsgegenwart, 71.
80 *Hossfeld / Zenger*, NEB 29, 130 (*Hossfeld*).
81 Insofern wird man *Mathys'* Einschätzung, die ursprüngliche Einheit des Psalms sei „Konsens" gegenwärtiger Exegese (Dichter, 299), nicht teilen.

Die vorliegende Arbeit setzt nun – auch aufgrund der „methodologische(n) Grundoption, von der Synchronie zur Diachronie voranzuschreiten"[82] – in einem ersten Schritt bei einer Strukturanalyse der ‚Endgestalt' an (II). Auf dieser Ebene wird auch der Gestalt des Psalms als eines ‚literarischen Kunstwerks'[83] Rechnung getragen. Dabei wird zunächst ein ‚strukturalistischer' Zugang[84] gewählt, um der bereits auf den ersten Blick auffälligen Strukturierung des Psalms durch Stichwortverbindungen und Schlüsselwörter gerecht zu werden (II. A), und daraufhin seine Kohärenz in den Blick genommen (II. B). In Ergänzung dazu wird eine rezeptionsorientierte Beschreibung des Leseprozesses der vorliegenden Gestalt gegeben (II. C). Auf der Grundlage der synchronen Analyse wird dann als nächster Schritt die diachrone Frage nach der Entstehung des Psalms gestellt (III.).

2. Die Übernahme altorientalischer Motive

Zwar gab es immer wieder Ausleger, die jede Form eines Einflusses auf oder gar jegliche Ähnlichkeiten außerisraelitischer Mythologeme zu Ps 19 zu leugnen versuchten, wie z.B. Buttenwieser und Denninger.[85] Doch meistenteils wurden, vor allem zur Erklärung von V.2-7, religionsgeschichtliche Überlegungen und altorientalistische Recherchen angestellt, und zwar in mehreren Bereichen: Zum einen wurden für das Motiv der unhörbaren Verkündigung des Himmels (V.2-5a) Analogien in der Umwelt Israels gesucht und zum Vergleich herangezogen. Zum anderen wurde nach der Herkunft der kosmologischen Vorstellungen und vor allem der Sonnenmotive von V.5b-7 sowie nach dem Ort ihrer Integration in Israels Überlieferungen gefragt. Und auf dem Hintergrund solcher Überlegungen wurde auch die Frage nach dem Zusammenhang von V.2-7 mit V.8-15 neu gestellt.

Bereits im 19. Jh. kam die These auf, bei der rätselhaft unhörbaren Verkündigung des Himmels in V.2ff handele es sich um die pythagoräische Sphärenmusik bzw. eine hiermit verwandte Vorstellung, die sich später auch im hochmittelalterlichen Sohar findet.[86] 1873 von Delitzsch abgelehnt,[87] wurde diese Theorie 1910 von Staerk[88], 1919 dezidiert von P. Haupt[89], und dann auch 1926 von H. Gunkel[90] vertreten.

---

82 *Dohmen*, Texte, 44.
83 Vgl. dazu die Arbeiten *Alonso-Schökel*s, wie etwa ders., Kunstwerk u.a.
84 Vgl. dazu die zahlreichen Beiträge von *Auffret*, Sagesse u.a.
85 *Buttenwieser*, Psalms, 172; *Denninger*, Literary Study, 124f.
86 Sohar III, 165a.
87 BC IV/1, 164.
88 Er denkt in der ersten Auflage noch an einen „Gesang der Planetengeister" und einen „gewaltige(n) Hymnus der Sphären" (SAT 3/1¹, 70), streicht dies jedoch in der 2. Auflage 1920 (SAT 3/1², 73-75).
89 *Ders.*, Harmony, 180. Über die Datierung und einen möglichen Überlieferungsweg des Motivs macht er keine Angaben.

B) Zur Forschungsgeschichte und zur Methode der Arbeit

Sowohl H. Schmidt (1934)[91] als auch J. Morgenstern (1946)[92] und D. Fokos-Fuchs (1958)[93] vertraten sie weiter. Da aber – wie u.a. von R. Kittel (⁴1922)[94] und E. König (1927)[95] betont – der Alte Orient der vorhellenistischen Zeit Vorstellungen jener Art nicht kannte, konnte sie bei der gängigen vorexilischen Datierung von V.2-7 nicht mehr überzeugend vertreten werden,[96] so dass die Suche nach Analogien zum Motiv der lautlosen Verkündigung in zeitlich und räumlich näheren Epochen angesetzt wurde.[97]

Die sich mit der literarkritischen Operation der Zweiteilung verbindende Vermutung, in V.2ff ein überarbeitetes Fragment eines der Umwelt Israels entstammenden Schöpfungs- bzw. Sonnenhymnus vorzufinden, geht in ihren Grundzügen auf O. Schröder (1914) und in etwa zeitgleich, doch in zugespitzter Form, auf R. Eisler (1910; 1917 [1914]); 1927) zurück. Während noch F. Delitzsch die verschiedenen Gottesbezeichnungen אֵל und יהוה so begründete: „Das Wort der Natur verkündigt uns אֵל, das Wort der Schrift יהוה"[98], fand Schröder eine andere Erklärung: „Das Bruchstück ist offenbar überarbeitet, immerhin erkennt man noch unter der Tünche die leuchtenden Farben der in kanaanäische Zeiten zurückgehenden Urform"[99]. Für ihre Rekonstruktion konjiziert er für לְשִׁמְשׁ in V.5b אֵל שֶׁמֶשׁ und nimmt an: „אֵל, war einst gewiss = שֶׁמֶשׁ"[100]. Dabei blieb Schröder gewiss einige Erklärungen schuldig.[101] Dennoch sind manche von ihm beigebrachten außerisraelitischen Parallelen und Einsichten nicht unterzubewerten.

Die These des fragmentarischen Charakters des vorliegenden Textes und den Versuch der Rekonstruktion von dessen ‚Urgestalt' dehnte R. Eisler (1910; 1917 [1914]) allerdings erheblich aus. Seine ‚Wiederherstellung' des Textes bestand vor allem darin, das seiner Ansicht nach verlorengegangene Fragment vor V.5b, das er in seiner Textrekonstruktion von 1 Kön 8,12f (𝕲 8,53) gefunden zu haben glaubte, wieder

---

90 HK II/2, 75.
91 HAT I/15, 31.
92 Ps 8, 509f.
93 Psalm 19,5, 141f.
94 Er betont: „der Sohar kann für das hebr. Altertum wenig beweisen" (KAT XIII 69 Anm. 1).
95 Psalmen, 93f.
96 Vgl. z.B. *Petersen*, Mythos, 92.
97 Eine Datierung von V.2ff in hellenistische Zeit erst macht die pythagoräische Harmonie der Sphären wieder diskutabel. Da eine Situierung in hellenistische Zeit sich jedoch auf Sprach-, Stil- und Gedankenwelt stützen muss, ist die Datierung von V.2-7 in die hellenistische Ära allein aufgrund dieser Herleitung (vgl. jüngst etwa wieder *Oeming*, NSKAT 13/1, 134) eine *petitio principii*.
98 BC 4/1, 169; ähnlich *Kittel*, KAT XIII, 70; *König*, Psalmen, 105f.
99 Psalm 19, 69.
100 Ebd.
101 Etwa eine Antwort auf die Frage nach dem Verhältnis der von ihm angeführten mesopotamischen Motive (Psalm 19, 70) zu denen des „der El-Religion angehörigen Teil[s]" (aaO 69).

dort einzufügen.¹⁰² Dazu bezog er das gemeinhin auf שֶׁמֶשׁ bezogene וְהוּא (V.6) zunächst auf den kanaanäischen El, später dann auf יהוה, den sich Eisler als einen sich den Himmel als sein Zelt und als Brautgemach für die Sonnengöttin „Šæmæš" webenden Mondgott vorstellt, und von dessen heiliger Hochzeit die frohe Himmelskunde berichte.¹⁰³ Trotz Buddes vernichtender Kritik (1919) an Eislers „schlechthin unmögliche[m] Ergebnis"¹⁰⁴ erneuerte dieser 1927 seine These, nun aber unter Rückgriff auf den *hieros gamos* des (altsüdarabischen) El „mit der Sonnengöttin Šams oder 'Ilat"¹⁰⁵, dessen Begehung er als Sitz im Leben (der Vorform) des Psalms ansah: Jener sei nämlich ein „uraltes Festlied, das die Habiru der Wüste beim Aufstellen des heiligen, [sic!] für die Feier der Götterhochzeit des אֵל und שֶׁמֶשׁ ... zu singen pflegten"¹⁰⁶ – eine Position, die erst jüngst wieder bei Wyatt (1995) u.a. Nachfolge fand.¹⁰⁷

Im Anschluss an Schröders Heranziehung von Šamaš-Hymnen erschien der Forschung nunmehr für V.5b-7 weitgehend die Übernahme von Vorlagen aus mesopotamischer Sonnenhymnik plausibel, wie sie dann u.a. Gunkel vertrat.¹⁰⁸ Für V.2-5a dagegen wurde – der Fragmentcharakter beider Abschnitte vorausgesetzt – meist eher die kanaanäische Herkunft der bearbeiteten Vorlagen angenommen, wie u.a. von M. Dahood (1966), der hierin „the adaptation of an old Canaanite hymn to the sun" sah.¹⁰⁹

Als konkrete Parallele zum Motiv der lautlosen Verkündigung durch die Natur in V.2-5a führte A. Jirku 1951 einen Abschnitt aus dem Baʿal-Anat-Zyklus an (KTU 1.3 III 20-31), in dem Baʿal der Anat die unhörbare Stimme der Natur, darunter die ‚Klage des Himmels', als geheime Botschaft übermittelt.¹¹⁰ Dass dieser aber als eine literarische Vorlage von Ps 19,2ff interpretiert werden könnte, lehnte H. Donner be-

---

102 Dazu musste er u.a. das ePP 3.ps.m.sg. von מֵחֻמָּתוֹ auf das Feuer des Mond(-gottes) beziehen (Weltenmantel, 602; Hochzeit, 33ff; *ders.*, Nochmals, 38ff). Vgl. dazu *Buddes* umfassende Kritik (Hochzeit, 262). Dass eine Konjunktion von Sonne und Mond, die eine Sonnenfinsternis mit sich bringen kann (vgl. *Eisler* selbst: Hochzeit, 21) im Alten Orient Anlass zur Feier gewesen, bzw. gar als Anlass für ein Thronbesteigungsfest gewählt worden wäre (vgl. *Wyatt*, Liturgical Context, 573ff), ist bei der durchgängigen Wertung der Sonnenfinsternis als eines meist negativen Omens im mesopotamischen Raum schwer vorstellbar, vgl. dazu *Koch-Westenholz*, Mesopotamian Astrology, 114. Die Vorstellung einer Hochzeit von Sonne und Mond fehlt in den babylonischen Texten, wie *Eisler* zugeben muss (Hochzeit 32, Anm. 1).
103 Weltenmantel, 601f.
104 *Budde*, Hochzeit, 257.
105 Nochmals, 25; dabei übernimmt er *Buddes* auf *Graetz* zurückgehende Konjektur בְּיָם.
106 Nochmals, 25.
107 Liturgical Context, passim.
108 *Gunkel* meint, das „Stück könnte einmal ein Hymnus auf den Sonnengott selber gewesen sein" (HK II/2, 76).
109 AncB I, 122.
110 Sprache, 631. Anzumerken ist, dass *Jirku* selbst noch nicht explizit die These einer literarischen Vorlage vertrat, sondern im ugaritischen Text „ein schönes Gegenstück" zu Ps 19 erblickte (ebd.).

B) Zur Forschungsgeschichte und zur Methode der Arbeit

reits in seiner programmatischen Beurteilung von „Ugaritismen in der Psalmenforschung" 1967 ab und stufte einen etwaigen Zusammenhang zwischen beiden Texten als bedeutungslos für die Einzelinterpretation beider Texte ein.[111]

Wenn die Bereitschaft, in V.2-7 eine Bearbeitung von außerisraelitischen literarischen Vorlagen anzunehmen, in den folgenden Jahren schwand,[112] so steht doch weiterhin die Linie einer traditionsgeschichtlichen Herleitung aus dem ugaritischen bzw. kanaanäischen Raum[113] neben der einer Ableitung aus Mesopotamien.

Ein anderer Versuch, anhand von Analogien aus der Umwelt Israels die rätselhafte unhörbare Rede des Himmels genauer zu erklären und zugleich ein wichtiges textkritisches Problem zu lösen, wurde von Ibn Esra vorbereitet, bei Dom Calmet (1734) überliefert,[114] von E.F.C. Rosenmüller rezipiert (1798) und von N.H. Tur-Sinai weiter ausgebaut (1949): In Analogie zum von akk. *mašṭaru* (/ *šiṭir*) *šamāmi* (/ *šamê* / *burūmê*) herzuleitenden Hapaxlegomenon מִשְׁטָר in Hi 38,33[115] verstand er den umstrittenen Begriff קָו (V.4) als „Himmelsschrift", mithin als diejenige Form ‚nonverbaler Kommunikation' der Gestirne, die V.3-5a beschreiben.[116] Dafür nahm er für קָו in Analogie zu Jes 28,9ff u.a. die Bedeutung „Gespei" an, woraus sich erst als Tinten-Gespei des Schreibrohrs die Ähnlichkeit zur akkadischen „Himmelsschrift" ergibt.[117] Ohne solch problematische Folgeannahmen beschränkte sich R.J. Tournay darauf, קָו in der Bedeutung ‚ligne' (Zeile) als ‚Himmelsschrift' zu verstehen. In differenzierter Form nahm M. Albani (1991; 1994) diese These auf, indem er die Kenntnis babylonischer Astrologie und der Vorstellung einer Himmelsschrift in der Gestirnwelt als Hintergrund von Ps 19,2-5 vermutet.[118]

Für einen weiteren wichtigen Impuls in der Erforschung des religionsgeschichtlichen Hintergrundes des Psalms zeichnete wiederum Schröder (1914) verantwortlich. Wenn er hervorhob: „Da eine Haupttätigkeit des Sonnengotts eine richterliche ist, befinden wir uns auch in 8ff durchaus in der Sphäre der Sonnenhymnen"[119], so erkannte er die Bedeutung der altorientalischen Korrelation von Sonne und Recht als die traditionsgeschichtliche Grundlage, die die beiden Psalmhälften mitein-

---

111 Ugaritismen, 327-331.
112 In der Folgezeit gingen *Petersen* (Mythos, 94), *Craigie* (NceB, 180) und *Meinhold* (Theologie, 121), z.T. unter Berufung auf *Donner*, auf Distanz zur Herleitung von KTU 1.3 III 20-31; vgl. jedoch immer noch *Gerstenberger*, FOTL XIV I, 101 und v.a. *Wyatt* (Liturgical context, 573ff), der diese These in Fortführung der ‚Myth and Ritual-School' erneut aufnimmt; s. dazu unten *Exkurs 3*.
113 Als ‚klassisches' Indiz für die Übernahme ugaritischen Materials wird in dieser Linie der כְּבוֹד־אֵל in V.2 gewertet, vgl. etwa *Schmidt*, Königtum, 17-21.25 und *Spieckermann*, Heilsgegenwart, 64.
114 Commentaire, 208; zit. nach *Tournay*, Notules, 272.
115 Vgl. u.a. *Keel*, Entgegnung, 59.
116 Himmelsschrift, 421ff. Daraus folgt seine Einordnung von Ps 19 in die Gattung des Rätsels.
117 AaO 422f.
118 Vgl. *ders.*, Astronomie, 322ff; Werk, 243 Anm. 21.
119 Psalm 19, 69f.

ander verbindet. Im Anschluss an Schröder erkannte Dürr sie 1927[120] als Denk- und Vorstellungshorizont, der ihm auch eine ursprünglich einheitliche Abfassung des Psalms wieder wahrscheinlich erscheinen ließ.[121] A. Deissler, der auch dem weisheitlichen Hintergrund mehr Aufmerksamkeit schenkte, folgte ihm 1961 hierin.[122] Die religionsgeschichtliche Bedeutung der solaren Motive verfolgte auch N. Sarna (1966),[123] der in Ps 19 vorrangig religionspolemische Intentionen erkennen wollte und ihn, wie vor ihm Dürr, als ganzen in die Zeit der josianischen Reform datierte.[124] Zweifel daran, dass der Motivkomplex der Licht-Recht-Relation in Ps 19 eine Einheit sehen lehrt, meldete jedoch 1983 Chr. Dohmen an, der die Differenzen zwischen der Verbindung des Sonnengottes mit *kittu(m)* und *mi/ešaru(m)* in Mesopotamien und der Sonne mit der Tora in Ps 19 hervorhob.[125]

Eine zusätzliche Komplikation erfuhr die Frage nach Herkunft und Bedeutung der Sonnenmotivik von V.5b-7 und der Situierung des Psalms in der Religionsgeschichte Israels, wenn sie, wie etwa bei F. Stolz (1970)[126], mit der Frage nach Sonnengottüberlieferungen in Israel bzw. nach der sogenannten Solarisierung JHWHs[127] verbunden wurde. Stolz, der der These einer frühen Übernahme eines kanaanäischen Hymnus in Ps 19 folgte, zog Ps 19,5 zur Erklärung von 1 Kön 8,12 [𝔊 8,53] heran[128] und kam daher zu dem Ergebnis, dass im Tempelweihspruch offensichtlich El durch Jahwe ersetzt"[129] sei, so dass mit Ps 19 die These der „Ablösung eines alten Sonnenkultes durch den Jahwekult" in Jerusalem[130] gestützt wurde. Andernorts wurde ‚Ps 19A', wie von H.-P. Stähli (1985)[131] und S. Schroer (1987)[132], gerne als früher, zumindest

---

120 Einheit, 38ff.
121 AaO 48.
122 Datierung, 51f.
123 Psalm XIX, 171ff. Er bietet eine (jedoch wenig aufgearbeitete) Materialsammlung zu altorientalischen Sonnengott-Texten als Parallelen zu Ps 19,2ff dar.
124 AaO 175, vgl. bereits *Briggs'* etwas spätere Situierung von V.2ff, nämlich in die von Astralgottheiten geprägte babylonische Zeit (ICC, 164).
125 Vgl. *ders.*, Ps 19, 511-515.
126 Figuren, 167f.219.
127 Vgl. hierzu ihre jüngste Zusammenfassung bei *Arneth*, Sonne, 7ff; *Keel*, Kulttraditionen, 439ff; *ders.*, Sturmgott, 82ff; *ders.* / *Uehlinger*, Sonnengottheit, 269-306; zur weiteren Diskussion vgl. v.a. *Niehr*, Der höchste Gott, 142ff; *Smith*, Solar language, 29ff; *Janowski*, Sonnengott, 214ff sowie die Kontroverse von *Taylor*, Solar Worship; *ders.*, Response 107ff und *Wiggins*, Yahwe 89ff; *ders.*, Rejoinder, 109-112.
128 S. bereits oben zu *Eislers* Versuch, eine direkte Beziehung von Ps 19,5 zu 1 Kön 8,12 [𝔊 8,53] auszumachen.
129 „Šämäš vertritt zwar gewisse Funktionen Els ..., ist aber deutlich diesem untergeordnet" (Strukturen, 168).
130 *Keel*, Sodom, 17.
131 Solare Elemente, 17.
132 Bilder, 285; sie schließt daraus, dass in Ps 19,5 „die im dtr. Geschichtswerk entfaltete Absage an die kultische Verehrung der Sonne bereits angelegt ist" (ebd.).

B) Zur Forschungsgeschichte und zur Methode der Arbeit

vorexilischer Beleg für die Subordination der Sonne unter JHWH gewertet. Daher wird in dieser Studie auch die Frage zu erörtern sein, welche Stellung Ps 19 im Zusammenhang der „Solarisierung JHWHs" möglicherweise einnimmt.[133] Die vorliegende Arbeit berücksichtigt dabei zugleich die vielfältigen Parallelen zu Ps 19 in altorientalischen Texten, und zwar auf dem Hintergrund der Frage nach dem Kulturtransfer altorientalischer Motive und Vorstellungen. Hier ist vor allem ein motivgeschichtliches Vorgehen angebracht, da erst auf dem Hintergrund der Semantik von Einzelmotiven die durch ihre Komposition und Neukonstellation zustande kommende Aussage im vorliegenden Text herausgearbeitet werden kann.[134] Auf diesem Weg soll die Funktion dieser z.T. mythologischen Motive und Aussagen am (religions-)historischen Ort des Psalms präzisiert werden.[135] Die Bedeutung des traditionsgeschichtlichen Zusammenhangs von Sonne und Recht hingegen wird im Blick auf die mögliche Einheit des Psalms behandelt.[136]

3. Das Konzept von Tora

Ungefähr gleichzeitig mit dem Aufkommen der literarkritischen Zweiteilungshypothese um die Mitte des 19. Jh. erfolgte eine Gewichtsverlagerung im Gesamtverständnis des Psalms: Während der Abschnitt V.12-15 mit seiner Vergebungsbitte und abschließender Invocatio bei Hengstenberg[137] und Delitzsch[138] als Zielpunkt des Psalms angesehen wurde, verlagerte sich das Interesse der Exegese bis in unsere Zeit fast vollständig auf den Schöpfungs- (V.2-7) und den Tora-Abschnitt (V.8-11) bzw. ihre Themenvorgaben.[139] Und während Delitzsch 1873 ‚Tora' in Ps 19,8ff als „Unterweisung oder Lehre" verstand, die „die Lebensordnung ... Israels geworden ist"[140], wurde in der Folgezeit die Haltung des Psalmisten gegenüber der Tora meist negativ bewertet,[141] was mit der jeweiligen zeitgenössischen Auffassung der Tora (bzw. des ‚Gesetzes')[142] unlöslich verwoben war.[143] Daher ist die jeweilige theologische

---

133 Exkurs 1.
134 S. v.a. in V. B) und C).
135 V.a. VIII. A) 3.
136 III. C).
137 Psalmen, 433.
138 BC IV/1, 162f.171f.
139 Vgl. *Hupfeld*, Psalmen 2, 2.
140 BC IV/1, 168.
141 *Eisler* z.B. urteilt, hier handele es sich um einen „abstraktere(n) Zusatz, durch den das altheidnische Brautlied auf El für die Zwecke jüdischen Gemeindegottesdienstes zurechtgemacht worden ist" (Weltenmantel, 601 Anm. 7). Doch nicht nur der Inhalt, sondern auch der Stil dieses Abschnitts hat zumeist eine heftige Aburteilung erfahren, vgl. u.a. *Buttenwieser*, Psalms, 170.
142 Zur Forschungsgeschichte allgemein vgl. *Limbeck*, Ordnung, 11ff; *Koch*, Gesetz, 42f; *Kraus*, Gesetzesverständnis, 179ff.

Wertung der Tora für die Forschungsgeschichte von Ps 19 ebenfalls zu berücksichtigen.

Die Gesamtschau der Geschichte Israels von J. Wellhausen (1878; ⁶1927), die sich sachlich mit der Entgegensetzung von Prophetie und Gesetz, von mündlicher und schriftlicher Tora[144], von einem „gesetzesfreien" vorexilischen Israel[145] und einem heteronomen Judentum seit Esra verband, hatte auch für die sogenannten Torapsalmen weitreichende Folgen. So urteilte O. Eißfeldt ¹1914 wie noch 1962: „Es kam die Periode des Judaismus ... Zwischen ... [Gott] und dem Menschen stand das Gesetz ... Es versperrte den Zugang zu Gott".[146] Viel zitiert und von weit reichender Wirkung war dabei M. Noths Entwicklungsmodell (1940; ³1966), nach dem das Gesetz in der Frühzeit noch von den Voraussetzungen des Jahwe-Bundes aus zu verstehen, doch seit den Zeiten Esras „zu einer absoluten Größe von voraussetzungsloser ... Gültigkeit"[147] erstarrt sei.

Auf diesem Hintergrund wird die mit Duhms Spätdatierung in „pharisäische Zeit" verschärft negative Bewertung der „Gesetzesfrömmigkeit"[148] von ‚Ps 19B' verständlich. Gunkel dagegen suchte sich davon abzusetzen: „Zunächst kann man aus der inneren Freudigkeit, mit der hier das Gesetz betrachtet wird, lernen, daß es den Menschen jener Zeit nicht als eine schwere Last auflag"[149]. Die von Ps 19 ausgehende Infragestellung eines Bildes des nachexilischen Judentums als Religion ‚unter dem Gesetz' ist auch Kittel abzuspüren, der zwar V.8-15 auch in der „Zeit der nachexilischen Gesetzesherrschaft" situiert, jedoch bemerkt: „Es muß Kreise ... gegeben haben, in denen man ... [der] F r e u d e   a m G e s e t z ungeteilten Ausdruck" verliehen hat.[150] Gunkel kritisiert dennoch: „Mit dem Gesetze aber ist der Glaube an V e r g e l t u n g   u n d

---

143 Daher wird die Forschungsgeschichte zum Torakonzept von Ps 19 mit Blick auf diesen weiteren Horizont verhandelt.
144 *Wellhausen* wird nicht müde zu betonen, „wie gänzlich incompatibel ... mit der ‚Thora des Mose'" die mündliche Priestertora der vorexilischen Periode gewesen sei (Prolegomena, 491; vgl. v.a. auch aaO 391ff). Damit steht er in einer protestantischen Auslegungstradition, die die atl. Literatur- und Theologiegeschichte anhand einer gewissen Interpretation von Luthers Unterscheidung von ‚Evangelium' als *viva vox* und ‚Gesetz' als tötendem Buchstaben deutet.
145 Er urteilt: „mit dem Erscheinen des Gesetzes hörte die alte Freiheit auf" (Prolegomena, 402, vgl. auch 403ff).
146 Jahve, 2.
147 Gesetze, 114.
148 Der Beter wird von *Duhm* als „ein rechter Schriftgelehrter, ein Mann, der in der Enge lebt und für alles andere keine Augen hat" (KHC ²XIV, 82), gesehen. Als „lehrreich" gilt dieser Abschnitt *Duhm* gerade „wegen des verhältnismäßig geringen religiösen Wertes, den in Wahrheit jedes Kultgesetz ... hat" (ebd).
149 HK II/2, 79. *Gunkel* bereits versteht es, zwischen den paulinischen Aussagen über das Gesetz und dem Gesetzesverständnis von Ps 19 sowie des ganzen AT zu differenzieren. Ohne die Vergebungsgewissheit des betenden Ich zu beachten, wertet er jedoch das Bewusstsein, sich nicht vor allen Verfehlungen hüten zu können (V.13), nicht als Einsicht analog zu der, ‚*simul iustus et peccator*' zu sein, sondern als „eine gewisse Angst" (ebd.; vgl. auch *Spieckermann*, Heilsgegenwart, 71).
150 HK II/2, 72f.

Lohn gegeben"[151] – und benennt damit ein Hauptproblem im Verstehen des Torakonzeptes des Psalms, das vor allem von der Deutung von V.12 abhängt.
In einer anderen Linie jedoch bewegen sich die Interpretationen der anglophonen Forschung, u.a. von Briggs (1906), dessen Verständnis von Tora als „teaching, doctrine"[152] keine unsachgemäße Herabminderung abzuspüren ist, sowie von Cheyne (1904), der in V.8-15 „a record of the love which the law-book had already attracted among pious Jews" erkennt.[153]

Auf einer ähnlichen Linie bewegt sich auch Östborns Arbeit zu ‚Tora in the Old Testament' von 1945, in der er Tora als ‚Weisung' versteht.[154] Auch die Erkenntnis G. von Rads in seinen ‚Deuteronomium-Studien' (1947), dass theologisch die Erwählung Israels der Gebotsverkündigung stets voraufgehe[155] und damit die Reihenfolge von Indikativ und Imperativ nicht erst neutestamentlichem, sondern in gleicher Weise alttestamentlichem Denken entspricht,[156] eröffnete neue Perspektiven.

In der deutschen Exegese spielten in einer – wohlgemerkt: christlichen – Neu- und vor allem Höherbewertung der sogenannten Torapsalmen die Arbeiten von H.W. Wolff (1949/50; zu Ps 1) und H.J. Kraus (1950/51) eine Vorreiterrolle.[157] Letzterer stellte die ‚Freude an Gottes Gesetz' heraus, die, wie er an Ps 19,13 zeigt, keine „securitas des Nomisten"[158] erkennen lässt. Unter Bezugnahme auf Jer 31,31-34 betont Kraus, dass der „Lobpreis des Gesetzes darum ... ein Signal (ist), durch welches das Kommen des ‚neuen Menschen' angekündigt wird"[159], und fragt nach, ob die Abwertung der Schriftlichkeit der Tora sachgemäß sei; dabei zeigt er ihre Verortung im Rahmen des Bundes auch für die nachexilische Zeit auf.[160] Auch Weiser anerkennt die Haltung des betenden Ich[161], wenn er schreibt, „für den Dichter ... [ist] das Gesetz der

---

151 Ebd.
152 ICC, 168.
153 Vgl. auch *König*, Psalmen, 101-103; 1927).
154 Nach *Garçia López*, תּוֹרָה, 604.
155 Vgl. Theologie I, 207ff.
156 Diese von *Bultmann* für das Verständnis der ntl. Paränese geprägte Begrifflichkeit wurde jüngst auch wieder von *Kaiser* in dieser Reihenfolge auf das atl. Gesetzesverständnis angewendet (Law, 102 Anm. 26).
157 *Kraus*, Gottes Gesetz, 337ff, vgl. auch *ders.*, Gesetzesverständnis, 179ff. *Kraus*' wiederholt vorgetragene These (vgl. auch BK XV/1, 305), die Herzenstora von Jer 31,31-34 habe die Torafrömmigkeit der Psalmen bestimmt, ist 1998 von *Ego* präzisiert worden: Sie weist v.a. auf die Differenz von partieller Erfüllung dieser Verheißung im Rahmen der „frömmigkeitspraktischen" Verinnerlichung der Tora in der Zuwendung zu Gott auf der einen und der eschatologischen Neuschöpfung des Menschen auf der anderen Seite hin (Torafrömmigkeit, 288; vgl. aaO passim).
158 Gottes Gesetz, 351.
159 AaO 348.
160 U.a. an Ps 37,30f; 40,8f; Jer 31,31f; Ez 11,19; 36,36.
161 Zu diesem Ausdruck s.u. II. C) 1.

Ort, an dem eine Begegnung mit dem lebendigen Gott stattfindet", was sich auch darin ausdrückt, dass er in Ps 19,12(-15) „die Gefahren des Lohngedankens vermieden"[162] sieht.

In der Folge bemühte man sich weiter um ein differenzierteres theologisches Verständnis der Bedeutung von Tora / Gesetz im Alten Testament. W. Zimmerli (1960) setzte sich nicht nur mit den markionitischen Tendenzen, wie er sie u.a. bei E. Hirsch vorfand, sondern auch mit den Einwänden F. Baumgärtels und F. Hesses auseinander, indem er ebenfalls die von Kraus betonte „Gesetzesfreude" vorfand und die Untrennbarkeit von „Geschenk-" und „Vertragsberit"[163] betonte. In einer gesamtbiblischen Perspektive urteilt er: „Gabe und Rechtswille blieben im AT ineinander verschlungen, ohne daß sich das Phänomen ‚Gesetz' in seinem paulinischen Verständnis schon klar herausgestellt hätte – hätte herausstellen können".[164] Eine weitere Arbeit von H.J. Kraus zum Problem (1969) setzte ihren Schwerpunkt beim dtn. und dtr. Toraverständnis[165] und der erstmaligen Verwendung von „Tora" in terminologischer Prägung für das gesamte Traditionsgut des Dtn, die als Lebensordnung des Eigentumsvolkes vor dem Abirren aus der ‚Berit-sphäre' schützen soll. In der Dialektik von ‚lebendigem Wort' und Schriftlichkeit des סֵפֶר הַתּוֹרָה werde Tora mit Dtn 30,11ff als erfüllbar und nah verstanden. Auf die prophetische Kritik, nicht die Tora, sondern Israels Verfehlung sei mit eisernem Griffel auf sein Herz geschrieben (Jer 17,9), antworte die Verheißung Jer 31,31-34, dass die Tora, wie von der dtn. Predigt intendiert, von JHWH selbst dem menschlichen Entscheidungszentrum aufs Herz eingeschrieben werde. Haltung und Frömmigkeit der sogenannten Torapsalmen stehe dabei in der Nachfolge von Jer 31,31-34: Die „tora versperrt nicht den Zugang zu JHWH, sie öffnet ihn"[166]. Kritisch beurteilte jedoch auch Kraus die Schriftlichkeit der Tora[167] und die Funktion der ‚Zeremonialgesetze' als ‚Grenzmerkmale'. Auch spart er den priester(schrift)lichen Literaturbereich[168] weitgehend aus seinen Überlegungen aus.[169] Nach Gese (1969; ²1983) ist Tora das über die „Selbstschließung Gottes in eine ausschließliche und personale Relation Gott – Israel, die einen Schalomzustand begründet" Tradierbare.[170] Tora sei eine umfassende Heilsordnung, wie er am dtn./dtr wie am priester(schrift-)lichen Traditionszusammenhang, durch die Eschatologisierung in der Zionstora bis ins Gesetzesverständnis des NT zeigt. Wesentliche Impulse zum Toraverständnis der frühjüdischen Apokalyptik[171] als einer ‚Ordnung des Heils' gingen in der deutschen Forschung auch von M. Limbeck

---

162 ATD 14, 137.
163 *Zimmerli*, Gesetz, 494.
164 AaO 496, vgl. in etwa zeitgleich (1958) *Würthwein*, Sinn, 255-270.
165 Gesetzesverständnis, 179ff.
166 AaO 187.
167 AaO 186.
168 Im Folgenden wird der Begriff priester(schrift)lich für jene Textbereiche gewählt, die in der Exegese als zur ‚Priesterschrift', zu einer ihr vewandten Redaktionsschicht bzw. zu ‚K^P' o.ä. diskutiert wird. Damit soll keine Entscheidung über ein spezifisches, in der gegenwärtigen Diskussion vorgeschlagenes Modell impliziert sein.
169 AaO 194.
170 Gesetz, 62.
171 Zu nennen ist auch die Arbeit *Rössler*s von 1960 (Gesetz, passim), dessen Entgegensetzung von (aufgewertetem) apk. und (problematisiertem) pharisäischen Gesetzesverständnis jedoch häufig kritisiert wurde, vgl. dazu u.a. *Limbeck*, Ordnung des Heils, 20.

B) Zur Forschungsgeschichte und zur Methode der Arbeit

(1971) aus, nach dem weder das ‚Prä' der Erwählung Israels im Frühjudentum aufgehoben noch Israels Geschichtstraditionen irrelevant geworden seien; das Halten der Tora sei weiterhin lediglich als ein dem Gnadenhandeln Gottes *entsprechendes* Tun verstanden worden.[172] E. Kutsch (1983)[173] wandte sich währenddessen erneut gegen die u.a. von G. von Rad unterstrichene Vorordnung des Bundes und der Landgabe vor das Gesetz[174] und dessen Verständnis als ‚Weisung'. Dabei versuchte er für das gesamten dtn. / dtr. Bereich das Gesetzeskonzept einer voraussetzungslosen Forderung nachzuweisen, und zwar allein an solchen Belegstellen, die er, wie Köckert kritisiert, allesamt aus ‚DtrN' zuzuordnenden Texten entnimmt.[175] Auf dieser Grundlage unternahm er das Unterfangen, die These der „Heilsnotwendigkeit"[176] der Gesetzesbefolgung in der priester(schrift-)lichen und weisheitlichen Literatur sowie den Psalmen 1; ‚19B' und 119 zu rehabilitieren.[177] In zwei literargeschichtlich und theologisch differenzierteren Arbeiten zur dtn.-dtr. (1985)[178] und priester(schrift-)lichen Literatur (1989)[179] arbeitete M. Köckert das alttestamentliche Gesetzesverständnis heraus. Für die priester(schrift-)liche Tradition, in der er die Gebote als Erkennungszeichen der Heiligung Israels[180] aufzeigt[181], sei durchweg eine Vorordnung der Verheißung vor das Gebot festzustellen. Beides aber stehe im Lichte der „die bloße Verheißung überbietende(n) *Beziehung* Gottes zu den Verheißungsempfängern"[182]. Zusammenfassend stellte er fest: „Der Kult verbürgt aller Versündigung Israels zum Trotz Gottes gnädige Zuwendung; seine Gesetze sind deshalb nicht schwere Forderung und untragbare Last, sondern Gottes Gabe für Sünder, um in der Gegenwart Gottes leben zu können"[183]. In der dtn.-dtr. Linie sei eine Bewegung vom dtn. Verständnis der verpflichtenden Nähe[184] über die dtr. Sicht der „vernichtenden"[185] und der „verschriftete[n] Nähe" (‚DtrN')[186] bis hin zur Erkenntnis der Uner-

---

172 Ordnung des Heils, 191.
173 Gesetz Gottes, 247ff.
174 Theologie I, 207ff.
175 Gesetz Gottes, ebd., vgl. dazu *Köckert*, Wort, 504 Anm. 23. Problematisch ist weiterhin, dass er das Gesetzesverständnis nicht zur untrennbar damit verbundenen Gabe des Landes ins Verhältnis setzt.
176 Gesetz Gottes, 201.
177 Ein ähnlicher Tenor klingt bei *Smend* an. Auch wenn er das Gesetz nicht als eine absolute Größe betrachtet, sondern als Mittler JHWHs, in dem (wie in Ps 1) den Frommen Gott gegenwärtig ist, beschreibt er es weiterhin als notwendigen Heilsweg: „nichts bleibt offen, man weiß, was man zu tun hat" (*Smend / Luz*, Gesetz, 35).
178 *Köckert*, Wort, 495ff.
179 Gottes Gegenwart, 29ff.
180 Vgl. aaO 48.
181 S. aaO 56.
182 AaO 38, Hvbg. von mir.
183 AaO 60.
184 U.a. in Dtn 30,11-14; 6,4f. *Köckert* umschreibt dieses Anliegen so: „Denn wo alles verloren zu gehen droht, kann gar nicht eindringlich genug um antwortende Liebe geworben werden ... Darum war von der ungeteilten Liebe nicht nur zu reden, sie mußte geboten werden" (Wort, 503).
185 Israel bleibt in der Selbstkritik als Zeuge gegen sich selbst an JHWHs Gesetz und gibt so JHWH gegen sich Recht (u.a. in Dtn 29,23ff; 31,26). „Israel ist also ... letztlich am Evangelium gescheitert; aber das Gesetz bringt das Versagen an den Tag" (*Köckert*, aaO 507, Anm. 37). Bereits *von Rad* urteilte: „nicht an ihm [dem Gesetz], sondern an seinem Heilswillen [sc.: JHWHs] ist es gescheitert" (Theologie II, 423); die paradoxe Formulierung fördert allerdings auch die Inkonsistenz dieser Auffassung vom ‚Scheitern Israels' zutage.

füllbarkeit des Gesetzes nachzuzeichnen.[187] Dass der Fluchtpunkt des Gesetzesverständnisses in der ‚Herzenstora' liege, ist auch die Auffassung von Braulik.[188] Auch Braulik (1982) arbeitet (v.a. an Dtn 6,20-25) heraus, dass das Halten der Tora Ausdruck der geschenkten Gerechtigkeit Israels sei. Nach dem von Gott gnadenhaft gewährten Neuanfang nach dem Exil sei Tora als das nahe Wort von Dtn 30,1-10 eigentlich nicht ‚Gesetz', sondern Evangelium.

Neben diesem sich in etwa abzeichnenden Konsens über das Verständnis von Tora in den maßgeblichen (frühnach-)exilischen Überlieferungen ist auch die veränderte Wahrnehmung des frühjüdischen Toraverständnisses von Belang. Im Zuge der programmatischen Verschiebung von der „Spätjudentums- zur Frühjudentumsforschung"[189] löste man sich zunehmend von einem Bild der frühjüdischen Torafrömmigkeit, das zuvor meist nur aus den – im Ablösungsprozess vom Judentum entstandenen – neutestamentlichen Schriften gewonnen wurde,[190] dessen Wert für eine historisch angemessene Sicht des antiken Judentums man gegenüber Selbst- und Fremdzeugnissen weitgehend relativierte.[191]

Welche Auswirkung das Gesamtverständnis eines Exegeten von Tora jeweils auf die Situierung und Interpretation von Psalm 19 hatte, wird etwa daran deutlich, dass Kraus ‚Ps 19B' als Korrektur eines theologisch problematischen, im Kern kanaanäischen Schöpfungstextes verstand und ihn im Kontext dtr. Traditionen und spätdtr. Verheißung – wie Jer 31,31-34 ansetzte. Gese dagegen stellte den Psalm als Ganzen, wie später ähnlich auch Meinhold, in den Zusammenhang der sogenannten Sapientalisierung der Tora.[192]

Auch bei Ps 19, der nur einen kleinen, aber dennoch paradigmatischen Ausschnitt aus der frühjüdischen Toratheologie repräsentiert, ist immer wieder nach der bis heute so häufig kritisierten Haltung des betenden Ich gegenüber der Tora,[193] nach dem Verhältnis von ‚Indikativ und Im-

---

186 AaO 511.
187 Paradigmatisch hierfür sind Dtn 9,4f; 8,11-15 (als Gegentexte gegen Dtn 11,8) mit ihrer Kritik an jeder Erwägung eines „Eigenanteils" Israels an der Landgabe (*Braulik*, aaO 515.)
188 Gesetz als Evangelium, 127ff.
189 *Küchler*, Weisheitstraditionen, 26. Er sieht diese Verschiebung ab den sechziger und v.a. siebziger Jahren im Gange (ebd.).
190 Treffend *Kraus'* Diagnose: „Es besteht der Verdacht, daß ... wenn vom ‚judaistischen Nomismus' die Rede ist, ein dogmatisches, von der reformatorischen Theologie rezipiertes *nomos*-Verständnis der paulinischen Briefe in die nachprophetische Zeit hineinprojiziert wird" (Gesetzesverständnis, 180).
191 Vgl. dazu u.a. die von *Stendahl, Sanders, Dunn* u.a. angestoßene Debatte um die ‚New Perspective on Paul'. Zum äußerst komplexen, sich Systematisierungsversuchen (wie bei *Sanders'* Konzept des ‚covenant nomism') entziehenden Toraverständnis ‚des' Frühjudentums vgl. die differenzierte Aufarbeitung des Materials bei *Avemarie*, Tora und Leben, passim.
192 Einheit, 146ff.
193 *Knierim* z.B. erwägt, dass „the psalmist's servanthood for Yahweh is to be in the service of his own perfection rather than, however perfect, in the service of Yahweh" und interpretiert die Haltung des betenden Ich als Streben nach „completeness and innocence ... resulting of being spared by God and observing the Law" (Theology, 452).

perativ' u.a. zu gefragt worden. Vor allem aber war bei Ps 19 stets die – auf dem Hintergrund der o.g Diskussion verständliche – Frage prägend, ob in V.8-11 von schriftlich vorliegender bzw. kanonisierter oder mündlicher bzw. sakralrechtlicher Tora die Rede ist. Bereits Baethgen hatte bemerkt: „Das Gesetz ist hier augenscheinlich das geschriebene"[194], wohingegen Herkenne 1936 in den Rechtssatzsynonymen „praktische Anweisungen des mosaischen Gesetzes sah.[195] Bis heute wird von den einen vertreten, dass hier – wie z.B. Kraus meinte – der Pentateuch „als abgeschlossene, niedergeschriebene Willenskundgabe Gottes, die verlesen ... und gelesen wird", „das durch Mose übermittelte Gottesrecht ... die autoritativ gültige ‚heilige Schrift'" gemeint sei.[196] Andere dagegen meinen, dass hier keine „wie auch immer gestaltete Schrift", sondern „vorbiblische Worte Gottes" Lobpreis erfahren.[197] Wieder andere sehen hier ein weisheitliches Verständnis von Tora: „The תּוֹרָה here is teaching or instruction, and it is like the תּוֹרָה of the Wisdom books, which makes the simple wise"[198]. Die fehlende direkte Auskunft von V.8-11 selbst vereinfacht nicht gerade eine Klärung dieser Fragen; anzusetzen ist hier bei einer genaueren Situierung des (gerne als spätdtr. angesehenen) Abschnitts V.8-11, um das Verständnis des Psalms von Tora herauszuarbeiten.[199]
Die Frage nach Schriftlichkeit und Kanonizität von Tora in Ps 19 ist nunmehr auf dem Hintergrund des in den letzten Jahrzehnten erwachten Interesses an kanontheologischen und kanongeschichtlichen Fragestellungen anzugehen, das u.a. im Gefolge von B.S. Childs' ‚Canonical approach' entstanden ist.

Einen kanontheologischen Rahmen für das Verständnis von Tora hat in jüngerer Zeit O. Kaiser gesteckt (1992), der sie aufgrund ihrer Vieldimensionalität als Mitte der Hebräischen Bibel bezeichnet. Die material in der Bundesformel zusammenfassbare Leitperspektive der Komposition der Hebräischen Bibel[200] finde ihren formalen Ausdruck in der kanonischen Struktur (‚organization') von Tora, Propheten und Schriften.[201] Die Tora sei „the canon within the canon or ... in a strict sense the only canonical Scripture"[202]. Dabei entspreche der Struktur von Erwählung Israels und Gabe der Tora ein „schema of salvation"[203], das analog bei Paulus und den Reformatoren vorliege, und das er auf die existentielle Struktur von „certainty and security" über-

---

194 HK II/2, 56; ²1897.
195 HSAT V/2 98.
196 BK XV/1, 304, vgl. *Cheyne* (im Jahr 1904): „law-book" (Psalms, 77); ähnlich *Knierim*: „most probably the Pentateuch" (Theology, 440).
197 *Seybold*, HAT I/15, 87.
198 *Barr*, Law, 16. Hieran lässt auch *Gese*s Begriff der „Offenbarungs-Tora" denken, Einheit, 146).
199 Vgl. V. D).
200 Vgl. ähnlich *Gese*, Gesetz, 62 (s.o.).
201 Vgl.: „the Lord is the God of Israel and ... Canaan is the land of his people. It is this relation which is interpreted by the law and the Prophets" (*Kaiser*, Law, 93).
202 *Kaiser*, Law, 96.
203 *Kaiser*, Law, 101.

trägt.[204] Die kanontheologische Bedeutung der Tora als Pentateuch macht auch E. Zenger zur Grundlage seiner Überlegungen (1996)[205], in denen er über die Frage nach der Entstehung des Pentateuch hinaus dem kanonischen Prozess bis zur Kanonschließung für das Verständnis von ‚Tora' besonderes Gewicht verleiht.[206]

In der folgenden Arbeit wird der kanontheologischen und kanongeschichtlichen Dimension, die bisher in die Auslegung von Ps 19 nur am Rande eingeflossen, größere Bedeutung beigemessen – zumal dies nahe liegt, da hier innerhalb des dritten Kanonteils des Tanakh der erste Kanonteil reflektiert und gewertet wird. Dabei wird der Stellung des 19. Psalms im Kanonisierungsprozess auch insofern Beachtung geschenkt, als mit ihm ein in mancherlei Hinsicht paradigmatischer Text aus der formativen Phase des Psalters – wahrscheinlich dem ‚Kristallisationskern' des Kanonteils der Ketubim[207] – vorliegt, und der Psalm damit in gewisser Hinsicht zu den kanonischen Abschlussphänomenen'[208] zu zählen ist. Hiermit hängt auch die u.a. von Gese und Meinhold aufgeworfene Frage zusammen, welche Stellung das Torakonzept von Psalm 19 im Prozess der sogenannten ‚Sapientalisierung' der Tora zukommt. Diese Problemstellungen werden im Kontext der Frage nach dem Torakonzept des Psalms angegangen.[209]

4. Die gegenwärtige Diskussion

Neueren Tendenzen der Psalmenforschung folgend, in der, u.a. durch den Einfluss des ‚Canonical Approach',[210] die kanonische Gestalt des Psalters mehr ins Blickfeld rückte, wird seit den 80er Jahren auch in der Auslegung von Psalm 19 wieder[211] seine Einbindung in den Kontext des Psalters beachtet, namentlich u.a. bei L.C. Allen (1986)[212], J.L. Mays

---

204 Ebd.
205 Pentateuch als Tora, 5ff.
206 *Zenger* diagnostiziert in den letzten Jahren ein „Bemühen, ... die Bedeutung der Tora für das nachbiblische Judentum vom jüdischen Selbstverständnis her zu begreifen" (Pentateuch als Tora, 22). „Die traditionellen Mißverständnisse über das Tora-Judentum abzubauen" (aaO 24) sieht *Zenger* als einen notwendigen Schritt für weitere Annäherungen im christlich-jüdischen Gespräch an.
207 Auf die besondere Bedeutung des Psalters als möglichem Kristallisationskern des dritten Kanonteils im Anhang an Tora und Propheten hat u.a. *Steck* hingewiesen (Kanon, 231ff).
208 Vgl. zu diesem Begriff *Steins*, Abschlußphänomen, 507ff.
209 Vgl. VIII. A) 4.
210 Er wird zu Recht v.a. mit dem Namen *B.S. Childs* verbunden. Zu dessen Berücksichtigung besonders der Psalmtitel, der eschatologischen Bearbeitung und der kanonischen Endgestalt des Psalters vgl. *ders.*, Introduction, 504-525.
211 Die Bezüge von Ps 19 zum Kontext fanden noch bei *Ewald* (Dichter I, 31.36) und *Delitzsch* Beachtung (BC IV/1 ³1873, 162).
212 Exemplar, 544-546.

B) Zur Forschungsgeschichte und zur Methode der Arbeit

(1987)[213], P.D. Miller (1998)[214] sowie in den Arbeiten von F.-L Hossfeld und E. Zenger (u.a. 1993; 2000)[215] sowie Barbiero (1999)[216]. In Aufnahme dieser neueren Diskussion wird vor allem dem Zusammenhang von Ps 19 mit seinem Nahkontext, der Psalmengruppe Ps 15-24, vermehrt Beachtung geschenkt. Auch wird der Frage nachgegangen, wann und auf welchem Wege Ps 19 in diese Psalmengruppe hineingelangt ist.

Im Ganzen ist in der jüngeren Exegese des 19. Psalms eine deutliche Tendenz zur Enthaltung bei der Beurteilung der Frage nach seiner Entstehung und seinem historischen Ort, sehr häufig sogar ihre völlige Relativierung zugunsten einer reinen Endgestaltauslegung festzustellen.[217] Dies ist etwa bei D. Denninger (1996)[218] zu konstatieren, der in seiner Arbeit über Ps 19 u.a. die Sprechakttheorie J.L. Austins und J.R. Searles zur Anwendung bringt, jedoch jede Ähnlichkeit von Ps 19 zu Motiven der religiösen und kulturellen Umwelt Israels und jegliche Beschäftigung mit diachronen Entstehungshypothesen ablehnt, und der nun von neuem für eine davidische Autorschaft argumentiert. Die Herausarbeitung des hohen literarischen Niveaus und der theologischen Dichte des Psalms kann jedoch nicht unter Vernachlässigung, sondern nur mit Hilfe des historisch-philologischen Erklärens und Verstehens geschehen. Und so führt an der Frage nach seiner Entstehung und nach seinem (religions-)historischen Kontext kein Weg vorbei. Zugleich aber wird hier mit der Einbeziehung literaturwissenschaftlicher Ansätze und Einsichten, vor allem des rezeptionsästhetischen Ansatzes W. Isers[219] und der Metapherntheorie P. Ricœurs,[220] versucht, die besonderen Qualitäten dieses literarischen Kunstwerks herauszuarbeiten, um so auch auf neuen Wegen der Psalmenexegese voranzukommen.

---

213 Place, 3ff.
214 Kingship, 127ff.
215 NEB 29 (zu Ps 19 s. 129ff [*Hossfeld*]); *dies.*, HThK; sowie in weiteren Publikationen, vgl. etwa Redaktionsgeschichte, 169 und passim; *Zenger*, Tora, 178ff; Nacht, 189ff.
216 Psalmenbuch, v.a. 262ff.313ff und passim.
217 Vgl. *Meinhold*, Theologie, 120; *Zenger*, Tora, 184.
218 Literary Study.
219 Vgl. II. C).
220 Vgl. V. B).

I. Text und Übersetzung

A) Übersetzung und textkritische Anmerkungen

1   Dem ‚Chorleiter'[1]. Ein Psalm Davids.
2a Die Himmel[2] erzählen die Herrlichkeit Gottes,
 b und das Werk seiner Hände verkündet die Himmelsplatte.
3a Ein Tag lässt dem andern Rede sprudeln,
 b und eine Nacht verkündet der andern Wissen.
4a Ohne Rede und ohne Worte;
 b ungehört[3] ist ihre Stimme.
5a Auf die ganze Erde geht[4] ihre Messschnur[5] hinaus
    und bis[6] ans Ende des Erdkreises ihre Worte.
 b Dem Sonnenball[7] hat er an ihnen[8] ein Zelt[9] aufgerichtet.[10]

---

1 Es handelt sich bei dieser Formulierung wahrscheinlich ursprünglich um einen Vermerk für eine Art ‚Chorleiter', ‚Musikmeister' bzw. Dirigenten (vgl. *Seybold*, HAT 1/15, 38), doch ist mit einem Bedeutungswandel und einer gewissen Stereotypie (vgl. *Hossfeld / Zenger*, HThK, 65f [*Hossfeld*] sowie auch einer strukturierenden Bedeutung der Voranstellung dieser Formulierung im Zuge der Psalmensammlung zu rechnen (vgl. hierzu auch unten VII.).
2 Die pluralische – ‚hebraisierende' – Übersetzung ist gewählt, um die Kongruenz von Himmelsdoxologie und Rede der Tage, die dadurch unterstrichen ist, dass sich die Pluralformen von V.4-5a auf den Himmel, aber theoretisch auch auf die Tage und Nächte beziehen können, im Deutschen nachzuahmen.
3 Vgl. I. B) 1.
4 Gegen den Vorschlag, in Analogie zu V.3 hier PK statt SK zu lesen (vgl. u.a BHK; *Donner*, Ugaritismen, 327 Anm. 30), spricht jedoch die Gesamtheit der Textzeugen (so auch *Oesch*, Übersetzung, 78; *Spieckermann*, Heilsgegenwart, 60 Anm. 3 u.a.); auch unterstreichen die singulären SK-Formen die Funktion dieses Verses als Achse von V.2-7, dazu s. auch unten II. B) 2. Die SK ist hier (ähnlich wie in V.10b) am besten gnomisch zu verstehen (vgl. u.a. GK § 106k; *Tropper*, Aspektsystem, 183).
5 Vgl. I. B) 2.
6 Nicht nur Aquila (εἰς τέλος), wie meist angegeben, sondern auch 𝔊 (εἰς τὰ πέρατα) könnte als Zeuge für die zuweilen konjizierte Lesart לִקְצֵה vorgebracht werden, doch übersetzt 𝔊 auch בְּכָל־הָאָרֶץ in V.5a mit εἰς πᾶσαν τὴν γῆν. בְּ betont den Kontakt (vgl. auch J-M § 133c), ohne dass dies in der Übersetzung zum Ausdruck gebracht werden könnte.
7 Die Lesart der 𝔊: ἐν τῷ ἡλίῳ ἔθετο τὸ σκήνωμα αὐτου, die also einen Zeltbau für JHWH in der Sonne im Sinn hat, ist kaum ursprünglich, vgl. zu den Hintergründen dieser Interpretation im Einzelnen *Boyd-Taylor*, Place in the Sun, 71ff. *Seybold*s Übersetzung dieser 𝔊-Lesart mit „im Osten" (HAT 1/15, 85), ist nicht nachvollziehbar. Die obige Übersetzung: ‚Sonnenball' ist allein aufgrund des grammatischen

A) *Übersetzung und textkritische Anmerkungen* 23

6a Und er ist wie ein Bräutigam, hinaustretend aus seinem Brautgemach;
 b er freut sich wie ein Held, zu laufen die Bahn.
7a Vom Ende des Himmels her ist sein Ausgangspunkt
 und sein Wendepunkt über[11] seinen Enden;[12]
 b und nichts gibt es, was vor seiner Glut[13] verborgen bliebe.
8a Die Tora JHWHs ist lauter,
 sie bringt das Leben wieder;
 b die Bestimmung JHWHs ist verlässlich,
 sie macht den Einfältigen weise.
9a Die Anweisungen JHWHs sind recht,
 sie erfreuen das Herz;
 b das Gebot JHWHs ist rein,
 es erleuchtet die Augen.
10a Die Furcht JHWHs ist makellos,
 sie hat ewig Bestand;
 b die Rechtsurteile JHWHs sind wahr,
 sie sind allesamt gerecht.
11a Sie sind köstlicher[14] als Gold und als viel Feingold;
 b sie sind süßer als Honig und überfließender Honigseim.

Geschlechts im Deutschen gewählt und dient der Kongruenz mit der Darstellung der Sonne als Held und Bräutigam.
8 Vgl. I. B) 3.
9 Die 𝕲-Variante: τὸ σκήνωμα αὐτοῦ entspricht dem Stilmittel der Häufung von αὐτῶν in V.4b-5a und von αὐτοῦ in V.5b-7b am Ende der Verszeilen, und ist damit zwar nicht textkritisch, aber für den poetischen Stil der 𝕲 bemerkenswert.
10 Die Textänderung שָׁם statt שָׂם (so zuerst *Ewald*, Dichter, 33.35, dann auch *Gunkel*, *HK II/2*, 74 u.a.) betont die Selbstständigkeit der Sonne und insinuiert eine (zusätzliche) Depotenzierung der Sonne durch die masoretische Punktation ‚aus dogmatischen Gründen'. Da sie – ohne Anhalt an der Textüberlieferung – einen sinnvollen Text ersetzen soll, ist sie ohne wirkliche Bedeutung; so u.a. auch *Petersen*, Mythos, 86; *Dohmen*, Ps 19, 503.
11 Zwar ist man geneigt, hier eine Formulierung mit מִן – עַד zu erwarten, was auch von 18 Handschriften und der 𝕲 bezeugt wird (so z.B. auch KBL 705 s.v.; *Girard*, Psaumes, 372; *Kraus*, BK XV/1, 298), zumal עַל leicht mit עַד verwechselt wird. Letzteres könnte aber ebenso in der umgekehrten Richtung gelten und als Indiz für einen Abschreibfehler in einer der Vorlagen der 𝕲-Lesart gewertet werden. Dass es hier nicht primär um die Reichweite des Sonnenlaufs, sondern v.a. um den Bereich seines Wendepunkts geht, spricht für den MT, vgl. hierzu ferner V. C) 5.
12 𝕲 (vgl. 𝕾) erläutert mit der Formulierung ἀπ' ἄκρου τοῦ οὐρανοῦ den mehrdeutigen (– man vergleiche die zahlreichen Auslegungsvarianten –) Text.
13 *Dahood* vokalisiert מֵחֲמָתוֹ analog zu ḫmt (ug.: ‚Zelt'), um der Parallele zu V.6a אֹהֶל und einer Inclusio willen; AncB I, 123. Dies ist aufgrund der unbestrittenen Bedeutung von חַמָּה ‚Glut' (HAL 313 s.v.) des MT ebenso unnötig wie die Alternative, מֵחֲמָתוֹ (Inf.cstr. v. חמה I): ‚vor ihrem Sehen' zu lesen, vgl. HAL 313 s.v.
14 Artikel zu Satzbeginn ersetzen häufig ein vorausgegangenes Nomen (vgl. GK § 126b), im Fall von V.11a.b מִשְׁפְּטֵי־יהוה (V.10b) bzw. die Synonyme für Tora in V.8-10 insgesamt. Daher ist es unnötig, die beiden Sätze in V.11a.b (wie etwa *Spieckermann*) als attributive Bestimmung von מִשְׁפְּטֵי־יהוה in V.10b zu deuten.

12a Auch[15] lässt sich dein Knecht von ihnen belehren;
b in ihrem Bewahren ist reicher Lohn.
13a Versehentliche Vergehen – wer bemerkt sie?
b Von[16] Verborgenem sprich mich frei.
14a Auch vor Hochmütigen[17] verschone[18] deinen Knecht,
sie mögen nicht über mich spotten[19].
b Dann werde ich makellos sein,[20]
und frei sein von großer Sünde.
15a Es mögen Gefallen finden die Worte meines Mundes
und das Meditieren meines Herzens vor deinem Angesicht[21],
b JHWH, mein Fels und mein Erlöser!

B) Text- und Übersetzungsprobleme

1. ‚Positive' oder ‚negative' Übersetzung von V.4?

Eine vieldiskutierte Frage ist die, ob V.4 ‚positiv' zu übersetzen ist, da
בְּלִי einen verneinenden Relativsatz einleitet (hypotaktische Interpreta-

---

15 In 𝔊 und 𝔖 ist am Satzanfang καὶ eingefügt. Zu גַּם s. u. V. E) 1.
16 Die syndetische Variante einiger hebr. Mss sowie von 𝔖 und 𝔗 ist als Erweiterung anzusehen, die aber die Parallelität mit V.14 (גַּם) stört.
17 Die Übersetzung als Abstraktplural (‚Übermütigkeiten', analog zu שְׁגִיאוֹת V.13a; so etwa *Kittel*, KAT XIII, 72, vgl. auch die Konjektur זָדוֹן ‚Hochmütigkeit' u.a. bei *Gunkel*, HK II/2, 78 sowie *Kraus'* Erwägung [BK XV/1, 298]), widerspricht dem Sprachgebrauch von זֵדִים (‚Hochmütige', ‚Freche'), s. dazu auch unten V. E) 3. Ein der 𝔊-Variante καὶ ἀπὸ ἀλλοτρίων zugrunde liegender Text מִזָּרִים (ἀλλότριος ist die übliche Übersetzung der 𝔊 von זָר) wäre als Abschreibfehler erklärbar, doch ist auch eine bewusste Kontextualisierung durch die 𝔊 (Abgrenzungsbedürfnis in der hellenistischen Diaspora gegenüber nichtjüdischen, d.i. ‚fremden' Gruppen) denkbar.
18 S. hierzu unten V. E) 3.
19 S. auch hierzu unten V. E) 3.
20 *Dahood* leitet אֵיתָם (vgl. J-M 228 § 82h: „a doubtful form") vom sonst nicht bezeugten Verb יתם her, das er als eine Bildung analog zu יטב von טוב ansieht (AncB I, 121.125). Möglicherweise ist die Form aber auch durch eine Pleneschreibung von אֵתָם innerhalb der Textgeschichte entstanden (vgl. GK § 67p; *Briggs*, ICC, 175). Für die Übersetzung bedeutet das keinen Unterschied. Auffällig ist ferner der dieser bemerkenswerten Schreibweise zugeordnete Atnach, der gemäß der Länge der Kola unter אַל־יִמְשְׁלוּ־בִי zu erwarten wäre. Vermutlich soll durch diese Punktation der Masoreten der Akzent (im doppelten Sinne) auf den Zusammenhang von Sündenvergebung und Rechtschaffenheit gelegt werden.
21 Nach *Gunkel* entspräche die 𝔊-Lesart διὰ παντός, d.h. תָּמִיד, besser dem Metrum (HK II/2, 81; ähnlich *Briggs*, ICC, 175; *van Zyl*, Psalm 19, 145 u.a., anders *Eaton*, Kingship, 20 Anm. 2). Die chiastische Struktur des Parallelismus von V.15a (abc // b'c'; zu dieser Form des p.m. vgl. *Watson*, Poetry, 174f) würde jedoch durch תָּמִיד zerstört.

B) Text- und Übersetzungsprobleme

tion)[22] oder eine ‚negative' Übersetzung angemessener ist, wonach בְּלִי die gleiche negative Bedeutung hat wie das voraufgehende אֵין (parataktische Interpretation).[23] Sie ist auch für die Beurteilung der Literarkritik und der Aussage der ersten Psalmhälfte von einiger Bedeutung. Für erstere Möglichkeit, die von 𝔊 beeinflusst ist, plädieren vor allem Jacquet[24] und Oesch.[25] Gegen sie spricht aber der übliche Gebrauch von בְּלִי, das mit Ptz.Pass. nirgends die Funktion einer negativen Relativpartikel übernimmt, sondern mit ‚ohne' bzw. ‚un-' zu übersetzen ist.[26] Zudem heben sich auch hier „(z)wei aufeinander folgende Negationen ... nicht auf, sondern verstärken sich"[27]. Da die Beispiele aus Oeschs Argumentation aus Ex 12,30 und 1 Kön 8,46 sich der Relativpartikel אֲשֶׁר bedienen, überzeugen sie ebensowenig wie seine Beurteilung der 𝔊 und der von ihr oft abhängigen 𝔖 als „sämtliche alten Übersetzungen"[28]. Eine textpragmatische Argumentation, wie Oesch sie versucht, müsste zudem in Betracht ziehen, dass nach den beiden gewichtigen Verneinungen am Satzbeginn ein Relativsatz mit einer syntaktisch so ungebräuchlichen Formulierung den Adressat/inn/en kaum deutlich genug die Rücknahme des zuvor Gesagten zu verstehen geben kann. Weitaus wahrscheinlicher ist, dass die 𝔊 mit Hilfe des griechischen Stilmittels der Litotes die zum vorhergehenden in Spannung stehende Aussage V.4 zu einer betont positiven Aussage über die Hörbarkeit der Verkündigung der Himmel wendete, um den Text zu harmonisieren (οὐκ ... οὐδὲ λόγοι ὧν οὐχὶ ἀκούονται ...). Die negative Übersetzung (בְּלִי im gleichen neg. Sinn wie אֵין), die sich von der jahrhundertelang von 𝔊 geprägten Auslegungstradition abwendet,[29] ergibt aufgrund der Spannung

---

22 Hierzu ist u.a. die Übersetzungsvariante zu zählen: „keine Sprache unter den Völkerschaften, wo ihre Stimme nicht gehört wird" (*Ewald*, Dichter, 34f).
23 Hierzu gehören u.a. auch die Übersetzungen: ‚ohne dass gehört wird' oder ‚mit nicht vernehmbarer Stimme' (so *Kraus*, BK XIV/1, 297). Die menschliche Unfähigkeit zur Wahrnehmung der ‚Himmelsrede' kann von der Negativpartikel בְּלִי jedoch nicht abgeleitet werden, nur das faktische Nicht-Vernommenwerden.
24 Psaumes, 456.
25 Übersetzung, 73-77, vgl. auch *Hitzig*, Psalmen, 32; *Herkenne*, HSAT V/2, 97; *König*, Psalmen, 96; *Kittel*, KAT XIII, 67; *Weiser*, ATD 14, 133; *Zenger*, Anfang, 180; *Tournay*, Notules, 273.
26 HAL 128 sowie KBL, 129, zur Stelle: ‚ungehört'. Die in älteren Übersetzungen häufige, auch bei *Weiser* anzutreffende (ATD 14, 133f) Variante der positiven Übersetzung: ‚Es gibt keine Sprache noch Rede , in der ihre Stimme nicht gehört würde' u.ä. ist ebenfalls unmöglich: Bereits *Delitzsch* unterstrich, dass der Satz in dem Fall mit אֵין לָשׁוֹן oder אֵין שָׂפָה beginnen müsste (BC IV/1, 165; vgl. auch *Donner*, Ugaritismen, 328).
27 BrS § 32e; nach J-M § 160p hat doppelte Verneinung die Funktion eines Pleonasmus, vgl. auch J-M § 52be und GK § 152y.
28 Übersetzung, 77.
29 Sie findet sich zuerst 1693 bei Ludovicus de Dieu (s.o. Einleitung B) und seitdem u.a. bei *Ewald*, Dichter, 33f; *Duhm*, KHC XIV, 80; *Gunkel*, HK II/2, 74.76f; *Dohmen*, Ps 19, 506; *Hossfeld / Zenger*, NEB 29, 130 (*Hossfeld*); *Seybold*, HAT 15/1, 84.

zu V.3 den eindeutig schwerer verständlichen („lectio difficilior"), aber deshalb wohl auch den ursprünglich gemeinten Sinn.

2. Das Problem von קַוָּם (V.5b)

Die für das Gesamtverständnis von Ps 19 wichtige textkritische Diskussion um קַוָּם wird schon seit Beginn der kritischen Erforschung des Alten Testaments geführt[30] und hat vielfältige Lösungsvorschläge mit sich gebracht. Die Problemlage ist folgende: Die Lesart des MT erscheint ungewöhnlich, da man nach einer ganzen Reihe von *verba dicendi* und parallel zu מִלֵּיהֶם eine ähnliche Formulierung erwartet, und auch nicht unmittelbar einsichtig ist, was mit dem Ausgehen einer ‚Messschnur' gemeint ist. In 𝔊 findet sich ὁ φθόγγος αὐτῶν, bei Symmachus ὁ ἦχος αὐτῶν, in der Hexapla des Hieronymus *sonus eorum*. Und so wurde seit Capellus (1653)[31] bis heute gerne die 𝔊-Lesart ὁ φθόγγος αὐτῶν[32] auf קוֹלָם gedeutet und bevorzugt.[33] Da 𝔊 קוֹל jedoch zumeist mit φωνή übersetzt,[34] ist das zweifelhaft.[35] Falls es zuträfe, dass ὁ φθόγγος αὐτῶν eine Übersetzung von קוֹלָם darstellt, so bliebe diese Lesart dennoch höchst problematisch, da קוֹלָם leicht durch Dittographie (vgl. V.4b) zu erklären wäre. Dass es zudem die leichtere gegenüber der zwar schwierigeren, doch keinesfalls unsinnigen Lesart bietet, wird in der Kommentarliteratur ob der breiten Diskussion der Emendationsvorschläge offensichtlich kaum mehr beachtet.[36] Und wenn etwa Spieckermann annimmt, 𝔊 habe vorliegendes קַו mit φθόγγος = ‚Schall' „kontextgemäß übersetzt"[37], entscheidet er sich zwar nicht für den Text, aber für die harmonisierende Interpretation der 𝔊.

Es wurden andere Lösungen in Form von Emendationen gesucht. Gunkel z.B. konjiziert קִיא ‚Gespei'[38]; dem schließt sich Tur-Sinai an, der dies Wort zudem in Jes

---

30 S.o. Einleitung B).
31 Critica Sacra II, 157; IV 651f.736f.822; *Capellus* weist auch auf eine mögliche Konjektur חֻוָּם von der Wurzel חוה hin.
32 φθόγγος bedeutet ‚any clear, distinct sound esp. voice of men', ‚speech' und nur im Pl. ‚Saite' (vgl. L-S s.v.).
33 *Duhm*, KHC XIV, 81; *Kittel*, KAT XIII, 68; *Briggs*, ICC, 165f; *Wutz*, Psalmen, 40; *Morgenstern*, Psalm 8, 507; *Donner*, Ugaritismen, 327 Anm. 31; *Hossfeld / Zenger*, NEB 29, 130 (*Hossfeld*).
34 Vgl. H-R, 1447-1450 s.v. φωνή; *Kedar-Kopfstein*, קוֹל, 1239.
35 Vgl. BHK; *Baethgen*, HK II/2, 56; *Gunkel*, HK II/2, 77; *Haupt*, Harmony, 181.
36 Anders noch *F. Hitzigs* Einschätzung der „Conjectur קוֹלָם" (1835): Durch „die Hartnäckigkeit, mit der sie stets wiederkehrt, [macht sie] eine Erklärung der Stelle nöthig" – trotz ihrer „Überflüssigkeit ..., zumal keine Handschrift sie unterstützt und קוֹלָם gerade vorhergegangen ist" (Psalmen, 32; vgl. *Delitzsch*, BC IV/1, 166).
37 Heilsgegenwart, 60 Anm. 3, vgl. *Hossfeld / Zenger*, NEB 29, 130 (*Hossfeld*); *Seybold*, HAT 1/15, 85.
38 HK II/2, 77; dazu *Kittel*: „eine Entgleisung" (KAT XIII, 68).

B) Text- und Übersetzungsprobleme

28,10.13[39] und Jer 25,27[40] wiederfindet. Seine Identifikation des ‚Gespeis' eines mit Tinte gefüllten Schreibrohrs mit einer ‚Himmelsschrift', die er – analog zum von akk. *mašṭaru* (/ *šiṭir*) *šamāmi* (/ *šamê* / *burūmê*) herzuleitenden Hapaxlegomenon מִשְׁטָר in Hi 38,33 – auch hier findet, ist in dieser Form allerdings abwegig;. Doch mit der Kenntnis babylonischer Astrologie im Vorstellungshintergrund von Ps 19,2-7 ist durchaus zu rechnen.[41]

An weiteren Konjekturvorschlägen mangelt es nicht. An Herkennes Emendation קְרָאָם z.B. (von der Wurzel קרא mit Wegfall von ה und Verwechslung von ד und ו)[42] knüpft M. Weippert mit seinem Vorschlag קִרְאָם;[43] ihm folgt Loretz;[44] weitere Beispiele könnten hinzugefügt werden.

Dafür, dass zumindest auch Aquilas meist zuverlässiger Übersetzung jedoch die Textfassung קָוָם vorlag, spricht seine Übersetzung κανών. Wird am Textbestand des MT קָוָם festgehalten, variiert jedoch dessen Verständnis: קָו (vgl. akk. *qû*) bedeutet zunächst ‚Schnur', so dass manche darunter ‚vibrierende klangerzeugende Schnur', ‚Spannung', ‚Ton' o.ä. (vgl. Symm. ἦχος) verstanden haben.[45] Dagegen spricht, dass im Alten Testament an keiner Belegstelle von einer Verwendung einer ‚Schnur' (קָו) als Saite die Rede ist. Hitzig versteht קָוָם als ‚Schnur ihrer Worte' (der Tage und Nächte), also als „Faden der Rede"[46] – was deshalb nicht wahrscheinlich ist, da das im Deutschen gebräuchliche Idiom vom ‚Faden' einer Rede nicht leichthin für das Althebräische vorausgesetzt werden kann. Kraus hingegen versteht קָו analog zu Jes 28,10.13 als ein ‚Schallwort'[47] – dieser Erklärungsversuch hat jedoch bereits das ePP 3.ps.m.pl. gegen sich, das für eine Lautmalerei schlechterdings unmöglich ist. Fast alle genannten Vorschläge gehen von vollständiger semantischer Äquivalenz eines synonymen Parallelismus Membrorum aus und konjizieren in der Folge ein gleichbedeutendes Wort.[48] Dies Prinzip zeigt sich deutlich in der anderen Richtung bei Fokos-Fuchs, der קָוָם belässt, aber מִלֵּיהֶם durch מֵרֵיהֶם ersetzt.[49] Ein solches Vorgehen ist aber nicht so leichtfertig zu automatisieren, denn die Varianz unter den Parallelismen ist bekanntlich größer, als Lowths übersichtliche Klassifikation es vorgibt.[50] Ein ‚synthetisches' Element im Parallelismus ist gerade in diesem mit Elementen des Rätsels ausgestatteten Abschnitt sogar wahrscheinlich, da durch die parallele

---

39 Vgl. *Gunkel*, ebd. Von dieser umstrittenen Stelle, an der nicht genau rekonstruierbare Wörter (möglicherweise תִּקְוָה / מִצְוָה) verballhornt werden (vgl. *Wildberger*, BK X/3, 1052-1054; *Kaiser*, ATD 18, 193-196), sind keine für unsere Stelle weiter führenden Erkenntnisse zu erwarten.
40 Hier ist וְקִיו kaum weniger problematisch.
41 S. hierzu weiter u..
42 HSAT V/2, 97; seine Übersetzung von קָו lautet dann allerdings ‚Reichweite'.
43 Er sieht hier eine Form von קָר („Geräusch, Klang, Lärm"), einem seltenen, etwa in Jes 22,5 belegten Lexem, das er von ug. *qr* ableitet; Mitteilungen, 97-99. Die Suche nach Lösungen dieses textkritischen Problems im Ugaritischen ist vermutlich in der häufigen Herleitung von Ps 19,2-5a(-7) aus Kanaan begründet.
44 Psalmenstudien III, 187.
45 So z.B. *Ewald*, Dichter, 34; dagegen *Briggs*, ICC, 166.
46 Psalmen, 32.
47 BK XV/I, 298, vgl. HAL s.v. קָו; damit argumentieren auch *Gunkel* und *Tur-Sinai*, s.o.
48 Vgl. auch die Argumentation bei *Arneth*, Psalm 19, 91 Anm. 25.
49 Psalm XIX,5, 144.
50 Beispiele für einen Versbau von abc – a'd'c gibt es zur Genüge, vgl. dazu die Klassifikation bei *Watson*, Poetry, 124ff sowie als Beispiele Prov 26,1 (Schnee – Regen) und Prov 5,3 (Honig – Öl).

Stellung von קָו und מִלֵּיהֶם ein weiterer Hinweis auf den Charakter der Himmelsrede gegeben wird.[51]

Dafür, dass der MT einen durchaus sinnvollen Text aufweist, sprechen folgende Beobachtungen: Zunächst einmal ist der Sprachgebrauch von קָו zusammen mit יצא in Jer 31,39 belegt.[52] Auch die oft als ungewöhnlich bezeichnete Wendung יצא mit בְּ findet sich in Sir 10,28: כיוצא בה („wie es in ihr hervorgeht"[53]), wird also in spätem weisheitlichem Kontext für die rechte Zuteilung nach festgesetztem Maß verwendet. Deshalb ist ein metonymisches Verständnis von קָו im Sinne ‚Maß', ‚Maßstab' sehr wahrscheinlich, wie es u.a. Delitzsch, König, Gese, Ridderbos, Oeming und Denninger[54] vertreten haben. Da auch der in V.5b-7 folgende Sonnenlauf das Ordnungsgefüge und die Regelhaftigkeit der Schöpfung thematisiert, spricht nun einiges dafür, in der MT-Lesart קָו einen von den himmlischen Schöpfungswerken auf die ganze Erde ausgehenden ‚Maßstab' zu sehen,[55] dessen genaue Bedeutung jedoch erst weiter unten geklärt wird.[56]

3. Der Bezug von בָּהֶם (V.5a)

Bedeutung und Bezug von בָּהֶם auf הַשָּׁמַיִם sind häufig problematisiert worden. Der literarkritische Lösungsansatz, bei dem ein Ausfall von voraufgehendem Text mit z.T. erstaunlichen Rekonstruktions-vorschlägen vermutet wird,[57] ist jedoch methodisch zweifelhaft. Von manchen (Duhm[58], Fischer[59] u.a.) wurde בָּהֶם auf קָצֶה (V.5a) bezogen, doch steht dem deutlich der Sg. des vermeintlichen Bezugswortes entgegen.[60] Von anderen wurde der Textbestand in Zweifel gezogen. Gegen die so unnötigen wie abwegigen Konjekturen בַּיָּם[61] und בַּתְּהוֹם[62] oder die Beurtei-

---

51 S. dazu unten V. B) 5.
52 *Delitzsch*, BC IV/1, 166; *Tournay* und *Gese* ziehen zu Recht diese Stelle hinzu (*Tournay*, Notules, 272f; *Gese*, aaO 140 Anm. 13).
53 S. hierzu *Schreiner*, NEB 38, 66; vgl. HAL 407, s.v. יצא, vgl. ferner Sir 38,17.
54 *Delitzsch*, BC IV/1, 166; *König*, Psalmen, 97; *Gese*, Einheit, 140; *Ridderbos* Psalmen, 177; *Oeming*, Verbindungslinien, 251 Anm. 10; *Denninger*, Literary Study, 51.
55 Vgl. ähnlich *Delitzsch*, BC IV/1, 166; *Ridderbos*, aaO 177.
56 V. B) 5., vgl. dort auch zu קָו in 1 Kön 21,13; Jes 28,17; 34,11; Thr 2,8; Hi 38,5.
57 Zu *Eislers* Ergänzung (1 Kön 8,12f [= 𝔊 8,53]) (Hochzeit, 41) s. bereits oben in der Einleitung. Weitere Vorschläge bieten u.a. *Budde*, Hochzeit, 265; *Olshausen*, KEH XIV, 111f; *Bickell*, Carmina, 122; *Fohrer*, Psalmen, 22.
58 KHC XIV, 81.
59 Komposition, 20 mit Anm. 14.
60 Vgl. *Steck*, Bemerkungen, 236; *Spieckermann*, Heilsgegenwart, 63.66 u.a. Zur Lokalisierung des Zeltes für die Sonne s.u. III. B).
61 *Gunkel*, HK II/2, 74; *Kittel*, KAT XIII, 67f; *Herkenne*, HSAT V/2, 97; *Weiser*, ATD 14, 133.

B) Text- und Übersetzungsprobleme

lung als verderbter Text[63] spricht jedoch u.a. die beabsichtigte Strukturanalogie zu V.12: Auch dort stellt בָּהֶם den Bezug auf die vorhergehenden Verse her.[64] Und der Haupteinwand gegen einen Bezug auf הַשָּׁמַיִם (V.2), der Abstand hierzu sei zu groß, kann nur verwundern, da der Rückbezug der ePP 3.ps.m.pl. auf הַשָּׁמַיִם bis inklusive V.5a (מִלֵּיהֶם; קַוָּם, vgl. קוֹלָם V.4) doch recht deutlich ist.

4. אִמְרַת יהוה oder יִרְאַת יהוה? (V.10a)

Gerade die – u.a. wegen des abweichenden Gen. obj. zumeist als „störend"[65] empfundene Lesart des MT, יִרְאַת יהוה, ist gegenüber der glättenden Konjektur אִמְרַת יהוה, die in Analogie zu Ausdrücken von Ps 119 gebildet wird,[66] die *lectio difficilior*.[67] Aufgrund der Auflockerung der straffen Form von V.8f in V.10 (s.u.) ist eine völlige Gleichförmigkeit dieses Verses auch nicht unbedingt zu erwarten.[68] Der MT bietet mit der Einreihung der יִרְאַת יהוה in die Gebotssynonyme im Kontext der späten theologischen Weisheit einen sinnvollen Text,[69] ja geradezu eine Pointe in der Reihung von V.8-11.[70]

---

62 In beiden Fällen besteht anscheinend der Anspruch, das altorientalische Weltbild besser zu kennen als der Psalmist. Bei dieser Lösung steht wohl implizit zugleich außer Frage, dass der Himmel der Ort des Zeltes für die Sonne sei – so dass man sich nach der Notwendigkeit einer Änderung des als inhaltlich sinnvoll akzeptierten Textes fragen muss.
63 Vgl. GK § 135p.
64 Vgl. dazu *Dohmen*, Ps 19, 504; *Gese*, Einheit, 143; *Steck*, Bemerkungen, 236; sowie unten II. A) 2. Gegen die Konjektur votieren *Kraus*, BK XV/I, 298 und *Petersen*, Mythos, 89f u.a.
65 *Kraus*, BK XV/I, 298, vgl. *Dahood*, AncB I, 123 u.a.
66 S. dort אִמְרָה in V.11.39.50.67.103.140.158.162.172, vgl. zu dieser Position *Herkenne*, HSAT V/2, 98; *Dahood*, AncB I, 123; *Kraus*, BK XV/I, 298; *Loretz*, Psalmenstudien III, 187 Anm. 64 u.a., vgl. BHK und BHS. *Seybold* nimmt gar einen Ausfall von אמת יהוה ‚Spruch JHWHs' an, das er von akk. *am(w)atu(m)* ableitet (HAT 1/15, 85).
67 So auch *Weiser*, ATD 14, 135; *Hossfeld / Zenger*, NEB 29, 133 (*Hossfeld*) u.a
68 Auch scheint in V.8-11 auf bereits im ersten Teil verwendete Begriffe mündlicher Rede (wie דבר und אמר in V.8-11) bewusst verzichtet worden zu sein, vgl. dazu *Hossfeld / Zenger*, NEB 29, 129 (*Hossfeld*).
69 Vgl. zur יִרְאַת יהוה als ‚Anfang der Weisheit', vgl. Prov 1,7; 8,13; 9,10, vgl. Ps 111,10; ferner 112,1 u.v.m.
70 S. hierzu auch unten V. B) 3.

II. Literarische Gestalt und Kohärenz

Als Grundlage für alle weiteren Beobachtungen seien hier zunächst die poetische Gestalt, die inhaltliche Kohärenz des Psalms (II. A und B) und die Art und Weise in den Blick genommen, in der er im Leseprozess von seinen Rezipient/inn/en wahrgenommen wird (II. A-C).

A) Poetische Gestalt

1. Parallelismen und polarer Ausdruck

V.2 bildet einen chiastischen Parallelismus Membrorum,[1] der insofern von strukturbildender Bedeutung ist, als sich diese Figur auch sonst nur an Eckpunkten des Psalms in V.7a und V.15a findet. V.3, ein ‚antithetischer' Parallelismus Membrorum, verwendet bei gleicher syntaktischer Abfolge den Merismus ‚Tag und Nacht'. Dabei fällt zudem das wohl aus stilistischen Gründen doppelt besetzte Vorfeld vor יַבִּיעַ auf.[2] V.4 trägt eine Spannung von Zwei- und Dreigliedrigkeit in sich,[3] insofern die ersten beiden von drei Kola ein Paar, und diese beiden zusammen das Gegenüber zum letzten Kolon bilden.[4] Dabei mildert V.4b als Antiklimax den scharfen Kontrast der doppelten Negation von V.4a zum Voraufgehenden. In V.5a folgt analog zu V.3 ein synonymer Parallelismus, wodurch der formal wie inhaltlich auffällige V.4 ins Zentrum dieser Teilstruktur einrückt. Mit קָו als einem Verstehensschlüssel für die rätselhafte Rede enthält V.5a ein ‚synthetisches' Element. Der mit הָרָקִיעַ / הַשָּׁמַיִם begonnene Abschnitt wird mit תֵּבֵל / הָאָרֶץ abgeschlossen, er wird also durch einen Merismus inkludiert. Mit dem Monokolon V.5b beginnt ein neuer Abschnitt, der mit V.7b, ebenfalls einem über die beiden Kola von V.7a hinausgehenden dritten Kolon, abgeschlossen wird. Mit ‚polarer Ausdrucksweise'[5] (מוֹצָא / תְּקוּפָה) umgreift V.7a die Gesamtheit des Sonnenlaufs zwischen Aufgangs- und Wendepunkt.

---

1 הָרָקִיעַ kann schwerlich Objekt, sondern muss, wie הַשָּׁמַיִם, Subjekt sein, vgl. auch dazu unten V. B) 2. *Von Rad* etwa verkennt allerdings den Chiasmus (δόξα, 243).
2 S. zur stilistischen Funktion von Sätzen mit mehrfach gefülltem Vorfeld *Groß*, Verbalsatz, 79ff (dort auch Weiteres zur Stelle).
3 Vgl. *Alonso-Schökel*, Kunstwerk, 226.
4 Vgl. die ähnliche Form des Hendiatrion in V.11b.
5 Zum Begriff ‚polare Ausdrucksform' vgl. v.a. *Alonso-Schökel*, Kunstwerk, 222.

A) *Poetische Gestalt* 31

Dabei werden mit diesem chiastischen Parallelismus Membrorum[6] Inhalt und Form besonders gelungen dadurch in Entsprechung gebracht, dass die Begriffe קָצֶה / קְצֵה auch an die Enden des Satzes gestellt sind. Stereometrie strukturiert ferner den gesamten ersten Abschnitt V.2-7: Mit der ‚Vervollständigung' von הַשָּׁמַיִם / הָרָקִיעַ (V.2) durch תֵּבֵל / הָאָרֶץ (V.5a) zu einem Merismus wird dem ersten Teilabschnitt V.2-5a ein Rahmen gesteckt. Die abschließende Wiederaufnahme von הַשָּׁמַיִם in V.7 macht V.5a als Spiegelachse des ersten Psalmteils erkennbar.[7] Zudem verleihen die Kola V.5b.7b[8] an den Eckpunkten von V.5b-7b dem Abschnitt eine geschlossene Form und verstärken den Abschlusscharakter von V.7,[9] was durch die analoge Gestaltung von V.7 und V.15 mit je abschließendem Monokolon (bzw. als Trikola)[10] umso deutlicher wird. Die chiastischen Parallelismen *nur* in V.2, V.7a und V.15a schaffen ebenfalls sowohl für den ersten Psalmteil (V.2-7) als auch für den Gesamtpsalm einen Rahmen (s.o.).[11] Dass die polare Ausdrucksweise hier auch größere Zusammenhänge strukturiert, ist dabei als strukturbildendes Prinzip für die Komposition des Gesamtpsalms im Auge zu behalten.
Die strenge Strukturierung im Parallelismus versuum,[12] in denen in V.8-10 und V.11 asymmetrische Bikola aneinandergereiht werden, erreicht durch die jeweils fast völlig gleichbleibenden Elemente in V.8-10(.11) eine äußerste Geschlossenheit der Form. Dabei steht das Schlüssel- und Themawort des zweiten Psalmteils תּוֹרַת יהוה (vgl. הַשָּׁמַיִם zu Beginn von V.2-7) am Anfang der folgenden Gebotssynonyme. V.8-11 erreicht, besonders in V.8-10 eine sehr geschlossene Struktur mit der Abfolge:

    Gebotssynonym im Gen. subj. →
    Qualitätsprädikation[13] →

---

6 In diesem Fall handelt es sich sogar um eine Ploké.
7 Dieser bildet auch durch die in V.2-7 singulären SK-Formen (s.u.) und die Wurzel יצא in V.5a als Scharnier zwischen V.2-5a und V.5b-7 auch eine „Bedeutungsachse" (s.u.).
8 V.5a ist am ehesten als „introductory monocolon" (*Watson*, Poetry, 177) zu beschreiben (s. hierzu und zu weiteren Beispielen aaO 177ff).
9 Zur Funktion von Trikola zu Beginn und zum Ende von Strophen oder Abschnitten, s. *Watson*, Poetry, 183. Die Funktion von V.5b und V.7b als strukturierenden Monokola haben bereits *Dohmen* (Ps 19, 505) und *Arneth* (Ps 19, 107) unterstrichen.
10 Beide bilden die Struktur (mit einer chiastischen Struktur der ersten beiden Kola): A – A' – B; (zu dieser Form von Trikola vgl. *Watson*, Poetry, 180), genauer: a b c // c' b' // d e f, vgl. hierzu *Watson*, Poetry, 174f.
11 Die Bedeutung dieser Inclusio auf metrisch-stilistischer Ebene hat sonst m.W. nur *Arneth* deutlich hervorgehoben (Psalm 19, 93.95.105).
12 So *Gese*, Einheit, 143f. Auch wenn eine besondere Parallelität innerhalb von V.8 und V.9 nicht vorliegt (vgl. *Arneth*s Einspruch gegen *Gese*; ders. Psalm 19, 96f Anm. 41), so ist sie doch bei V.10 und V.11 gegeben.
13 Es ist hier eine Abfolge: ‚recht(schaffen)' – ‚wahr' – ‚rein' – ‚recht(schaffen)' – ‚rein' – ‚wahr' zu beobachten, ‚wahr' im ersten und letzten Vers bildet annähernd

Wirkungs- (V.8-9)[14] bzw. Qualitätsprädikation (V.10)

Auffällig ist, dass die strenge Form von V.8f bereits in V.10a.b aufgelockert wird: Die Abfolge von Ausdrücken mit Gen. subj. wird durch den Gen. obj. von V.10a unterbrochen. In V.10 folgt auch im zweiten Glied eine Qualitätsaussage. Dabei wird in V.10b die Gerechtigkeit der Rechtssprüche ebenfalls abweichend in der SK[15] formuliert. Dabei unterstreicht die Form diese Abschnittes mit ihrem repetitiven, straffen Stil die Beständigkeit der Tora.[16]
Diese straffe Form wird in V.12-15 völlig aufgegeben; nur eine vage Klassifikation von V.12-14 als synthetische Parallelismen ist hier möglich. Die Struktur wird weit mehr von der z.t. konzentrischen Anordnung von Gattungselementen und von Stichwortverbindungen bestimmt (s.u.). Insofern V.13b.14a eine gleichartige Abfolge der Bitten des betenden Ich[17] an JHWH aufweisen (מִן → Gefährdendes → 2.ps.m.sg.ipt. + ePP 1.ps.c.sg.), sind V.13.14a chiastisch organisiert. Zudem sind V.12 und V.14b durch גַּם am Satzbeginn und רַב am Satzende gerahmt, wobei mit גַּם jeweils ähnlich lange Abschnitte begonnen werden.[18] Der Abschlusscharakter von V.15 wird schließlich, wie bereits angedeutet (s.o.), durch den chiastischen Parallelismus Membrorum in V.15a (wie in V.2 und V.7a) und durch das Monokolon V.15b (wie V.7b) unterstrichen.

2. Stichwort- und Motivverbindungen

Viel deutlicher als durch andere Stilmittel ist dieser Psalm durch phonetische (Assonanzen etc.) und semantische Entsprechungen (Häufung / Wiederholung von Synonymen u.ä.)[19] bzw. lexikalische Verbindungen gestaltet.

In kleineren Abschnitten prägt die kurz aufeinanderfolgende Wiederaufnahme von Begriffen bzw. auch nur Morphemen (das heißt auf lautlicher Ebene meist auch As-

---

eine Inclusio um die anderen Qualitäten. Da sich aber Bedeutungsüberlappungen ergeben (v.a. bei תָּמִים), sollte man hier keine völlig eindeutige Struktur erwarten.
14 Ausgedrückt durch ein Partizip (durchgängige Verwendung von Hi. oder Pi.) in Cstr.-Verbindungen jeweils als *nomen regens* (vgl. hierzu GK § 116g; J-M § 121k). Die Abfolge ‚objektive Qualität' – ‚Wirkung' der Gebote wurde bereits oft notiert, etwa bei *Baethgen*, HK II 72, 96 u.a.
15 Zur hier vorliegenden gnomischen Funktion der SK (vgl. V.5a) s. u.a. GK § 106k; *Tropper*, Aspektsystem, 183.
16 Zur Entsprechung von Form und Inhalt, s. auch unten II. B) 2. b).
17 Zum Begriff „betendes Ich" s. unten II. C) 1.
18 So auch *Auffret*, Sagesse, 433.
19 So werden einzelne Abschnitte von Begriffen des gleichen semantischen Feldes geprägt: V.2-5a von *verba dicendi*, V.8-10 von Rechtssatz-Synonyma.

A) Poetische Gestalt

sonanzen)[20] den Stil des Psalms. Letzteres ist z.B. an Alliterationen (jeweils zu Beginn der Unterabschnitte des ersten Psalmteils) zu beobachten, auf die Auffret[21] aufmerksam gemacht hat: In V.2 begegnen die Konsonanten *š-m-y-m m-s-p-r-m*, und in V.5a *š-m-š s-m*. Auch in V.3a.b wird die Aufeinanderfolge der Tage und Nächte stilistisch durch Homoioarkta (*y - l-y / l - l-l*) hervorgehoben und durch *Dagesch forte coniunctivum* in V.3b noch zusätzlich unterstrichen. Der Wertvergleich der Gebote mit Gold bzw. Honig (V.11a.b) operiert ferner mit der Figur des Pleonasmus bzw. des Hendiadyoin.[22] Als weitere lautliche Stilmittel fallen Assonanzen auf, die einem Endreim gleichkommen, wie die ePP 3.ps.m.pl. in V.5aαβ oder אִמְרֵי־פִי und הֶגְיוֹן לִבִּי (V.15a).

Für die Gesamtkomposition und die Gliederung des Psalms bedeutsamer[23] sind jedoch die übergreifenden Stichwortverbindungen:[24] Der Pleonasmus von zweifachem אֵין (in V.4) und darauffolgendem בְּלִי unterstreicht Wortlosigkeit und Unhörbarkeit der Himmels-Rede. Das zweifache אֵין in V.4a zusammen mit seiner einfachen Nennung in V.7b ist dabei auffällig, vor allem hinsichtlich der ähnlichen Verknüpfung des einfachen קָצֶה in V.5b mit der Doppelung von קָצֶה bzw. קָצָה in V.7. Denn so werden zwei zwischen den Unterabschnitten des ersten Psalmteils bestehende Stichwortverbindungen gegeneinander ausbalanciert.[25]

Mit der Abfolge הַשָּׁמַיִם in V.2a, הָאָרֶץ in V.5a und wieder הַשָּׁמַיִם ergibt sich die Figur eines nach zwei Seiten hin ‚zerdehnten' Merismus, durch den V.5a zur ‚Spiegelachse' wird. Eine ähnlich spiegelsymmetrisch konstruierte, polare Struktur lässt sich bei אֵין in V.4a und V.7b im Gegenüber zum zentralen כָּל in V.5a beobachten.[26] יָצָא in V.5a (vgl. V.6a יָצָא und V.7a מוֹצָאוֹ) bildet zudem auch semantisch ein Scharnier zwischen V.2-5a und V.5b-7, da es als das Themawort des Abschnitts V.5a-7 zwischen ‚ausgehender Lobrede des Himmels' und ‚aufgehender Sonne', das heißt zwischen dem Thema von V.2-5a und dem von V.5b-7, einen Bezug herstellt.[27] V.7aα nimmt neben מוֹצָאוֹ auch קָצֶה aus V.5a (vgl. קָצָה V.7aβ) auf und parallelisiert damit auch inhaltlich die umfassende räumliche Reichweite der himmlischen Lobverkündigung mit dem universalen Einflussbereich des Sonnenlaufs.

---

20 Vgl. z.B. das Stilmittel des Homoioteleuton in V.5aα und V.7aα.b.
21 *Sagesse*, 433.
22 V.11b ist dabei ein Hendiadyoin, dessen eines Glied wiederum ein Hendiadyoin ist, genauer gesagt also ein Hendiatrion (vgl. auch *Seybold*, HAT 1/15, 85); hierin ist eine Spannung von Zwei- und Dreigliedrigkeit erkennbar.
23 Die lediglich auf der Textoberfläche bestehenden lexikalischen Entsprechungen (z.B. רַב in V.12.14) sind von den auch semantisch wichtigen Schlüsselwörtern zu unterscheiden, die auf inhaltliche Verbindungen in der Tiefenstruktur des Textes verweisen (wie סתר ni.); vgl. hierzu auch *Watson*, Poetry, 289ff.
24 *Schaubild 1* versucht, dies weitestmöglich zu erfassen.
25 Vgl. *Auffret*, Sagesse, 433.
26 Mit der „correspondance entre *kl h'rṣ* en 7a [sic!] et *w'yn* ... en 7b", die *Auffret* beobachtet (Sagesse, 432), ist gewiss die Entsprechung zwischen בְּכָל־הָאָרֶץ in V.5a. und אֵין in V.7b gemeint.
27 Zum inhaltlichen Zusammenhang s.u. II. B).

Schaubild 1
Stichwort- und Synonym-Verbindungen innerhalb des Psalms[1]

2a			אל	ספר				שמים
b				נגד				רקיע
3a				אמר		יום יום		
b				חוה		לילה לילה		
4a				אמר		אין		
				דבר		אין		
b				קול		בלי		
5a				מלה	יצא		ארץ	קצה
							תבל	
5b						בהם		
6a					יצא			
			שיש					
7a					מוצא		שמים	קצה
								קצה
b				סתר		אין		
8a		תמימה	יהוה	תורת				
b			יהוה	עדות				
9a	לב	שמח	יהוה	פקודי				
b		אור	יהוה	מצות				
10a			יהוה	יראת				
b			יהוה	משפטי				
11a			רב			זהב / פז		
b						דבש / נפת צוף		
12a		נזהר	רב			עבדך	בהם	
b								
13a								
b	נקה				סתר			
14a			רב			עבדך		
b	נקה	תמם						
15a	לב				אמר			
b			יהוה					

---

1 Hier werden auch die durch Synonyme wiederaufgenommenen Begriffe aufgeführt, ohne dass allerdings jeder synonyme Parallelismus Membrorum berücksichtigt wäre; Stichwortverbindungen sind durch Fettdruck gekennzeichnet.

A) Poetische Gestalt

Hier ist nun auch ein übergreifendes Stilmittel zu erkennen: Denn der Neueinsatz V.5b wird durch die Stichwortverknüpfungen zwischen dem Ende des ersten und dem Anfang und Ende des zweiten Abschnitts, hier mittels יצא (V.5aα.6a.7a) und קָצֶה (V.5aβ.7aβα) überbrückt. Auch V.7b greift durch das Stichwort אֵין (V.3) auf den ersten Abschnitt zurück, spielt aber zudem mit סתר ni. bereits einen Schlüsselbegriff des zweiten Psalmteils ein. Die Stichwortverbindung mit סתר ni. wiederum bringt das Motiv der Unverborgenheit allen Geschehens auf einen Begriff, verknüpft also die beiden Psalmteile durch ein übergreifendes Thema und bildet damit auch eine Bedeutungsachse des Gesamtpsalms.[28] סתר ni. in V.7b hat damit also eine ähnliche, einen Schlüsselbegriff des nächsten Abschnitts (V.8-15) vorwegnehmende Scharnierfunktion wie יצא in V.5a, das auf יצָא / מוֹצָא in V.5b-7 vorverweist.
Dieses stilistische Mittel, am Ende des Abschnitts ein Themawort des nächsten vorwegzunehmen, um so die Einzelabschnitte zu verknüpfen,[29] unterstreicht sowohl die Verbindung als auch die Unterteilung der Abschnitte. Sie ist auch im zweiten Teil zu beobachten, wo nämlich das Stichwort רַב in V.11a auf V.12 und V.14 verweist. Zudem wird jeweils zu Beginn des zweiten Abschnitts – ein stilistisches Merkmal des Psalms[30] – mittels בָּהֶם der Rückbezug auf das Themawort des jeweils vorangegangenen Abschnitts hergestellt:[31] In V.5b auf den Himmel, in V.12 auf die Gebote (bzw. die מִשְׁפְּטֵי יהוה). *Schaubild 2* verdeutlicht, wie der Psalm hierdurch strukturiert ist. Hier wird vor allem auch die gleichartige Untergliederung der beiden Psalmhälften, also eine Viergliedrigkeit der Psalmstruktur deutlich.
Welches sind nun die weiteren lexikalischen und thematischen Verbindungen, durch die die beiden Hälften von Ps 19 verbunden sind? Zu nennen sind vor allem שׂישׂ in V.6b und שׂמח pi. in V.9a, wodurch ein Bezug von der Freude des ‚Helden' שָׂמֵחַ beim Lauf des ihm bestimmten Weges zu der Freude hergestellt wird, die die Anweisungen JHWHs bereiten. Weiter können die der Tora zugeschriebenen Eigenschaften leicht mit der Sonnenthematik in Verbindung gebracht werden,[32] etwa bei der mit אור hi. anklingenden Lichtmetaphorik (V.9b). Noch deutlicher wird dies in V.12: Denn זהר II mit der Bedeutung ‚warnen' / ‚be-

---

28 Ähnlich bei *Auffret*, Sagesse, 435f; *ders.*, Œuvre de ses mains, 41; mit Vorbehalt *Ridderbos*, Psalmen, 178.
29 Diese Figur ähnelt dem von *Barbiero* für die kompositionelle Verknüpfung von Psalmen, aber zuvor bereits für (altorientalische wie alttestamentliche) Gesetzeskorpora herausgearbeiteten ‚Attraktionsprinzip' (Psalmenbuch, 21ff), und ist hier als gestalterisches Prinzip *innerhalb* eines Einzelpsalms auszumachen.
30 Vgl. *Oesch*: „Ein Charakteristikum des Psalms besteht in der Art und Weise, wie Rückbezüge durch Suffixe eingeleitet werden" (Übersetzung, 86).
31 So u.a. *Auffret*, Sagesse, 435; *Gese*, Einheit, 142; *Fischer*, Komposition, 23.
32 Das ist von einigen Auslegern bereits notiert worden (vgl. z.B. *Eaton*, Some questions, 665), die hier nicht alle genannt werden können. Hierzu und zum motiv- und traditionsgeschichtlichen Zusammenhang von Licht / Sonne und Gerechtigkeit / Recht s. ausführlich unten III. C) 2. sowie V. D) 7. a).

Schaubild 2
Psalmstrukturierende Stichwortverknüpfungen

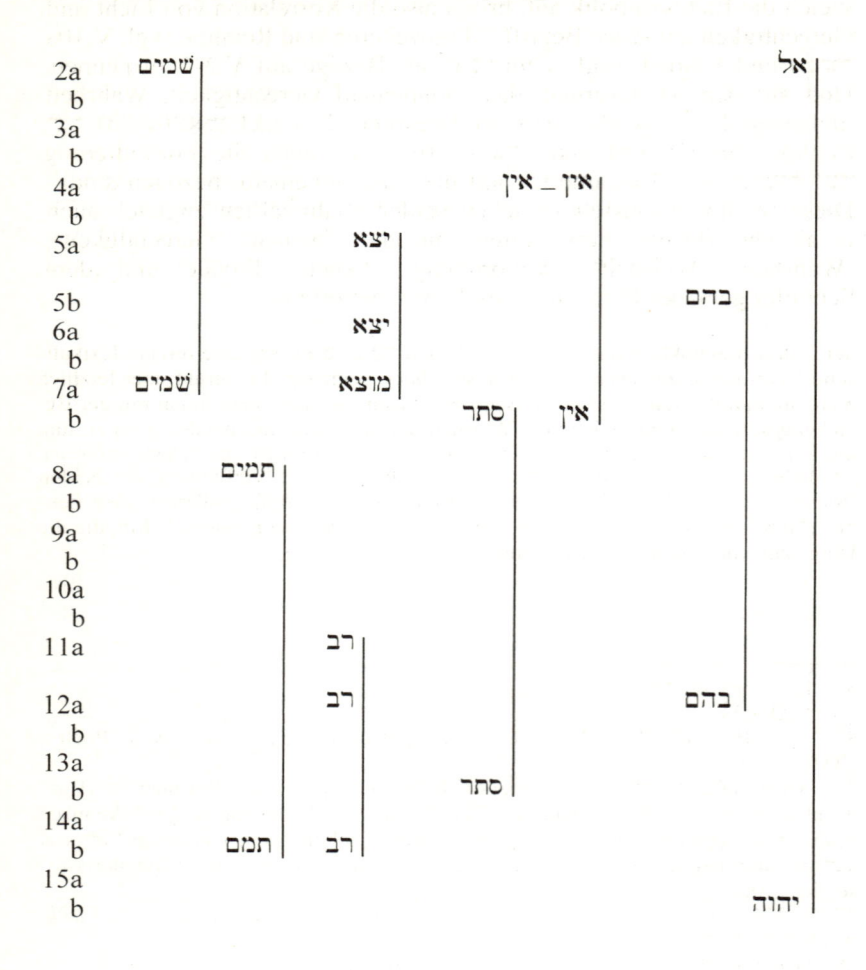

```
2a   |שמים                                      |אל
 b
3a
 b
4a                          |אין – אין
 b
5a            |יצא
                                       |בהם
5b
6a            |יצא
 b
7a   |שמים    |מוצא
 b                          |סתר   |אין

8a                  |תמים
 b
9a
 b
10a
 b
11a          |רב

12a          |רב
                                       |בהם
13a
 b                          |סתר
14a
 b   |תמם   |רב
15a
 b                                              |יהוה
```

A) Poetische Gestalt

lehren'[33] ist offen für eine Assoziation von זהר I hi. ‚glänzen'.[34] Dies Wortspiel[35] erfasst den belehrenden Aspekt der Gebote und nimmt zugleich die Lichtsymbolik auf, bringt also die Korrelation von Licht und Gerechtigkeit auf *einen* Begriff.[36] Desweiteren sind Reinheit (vgl. V.10a טָהוֹר) und Klarheit (vgl. V.9b בַּר)[37] als Bezüge auf V.2-7 zu nennen. Und auf dem Hintergrund, dass Sonnenlauf Gerechtigkeit, Wahrheit und ewige Dauer symbolisiert, wird deutlich, dass auch נֶאֱמָן (V.8b), יָשָׁר (V.9a), אֱמֶת (V.10b) und צדק (V.10b; vgl. auch die Formulierung עוֹמֶדֶת לָעַד in V.10a) implizit auf die Sonnenthematik bezogen sind.[38] Diese Stichworte lassen zwischen beiden Psalmhälften zugleich auch inhaltliche Bezüge hervortreten, die die Themen: ‚Gerechtigkeit', ‚Wahrheit', ‚Weisheit', ‚Weltordnung', ‚Leben', ‚Freude' und ‚dem Schöpfer gemäßes Reden der Geschöpfe' betreffen.

Wie Alonso-Schökel zwischen דַּעַת (V.3) und מַחְכִּימָה (V.8b) eine direkte lexikalische Verbindung zu sehen,[39] ist zwar sehr hoch gegriffen. Es beruht aber letztlich nicht allein auf Zufall, dass beide Begriffe genannt werden, sondern hat mit der Beziehung von schöpfungsinhärenter Weisheit und der weise machenden Tora zu tun, die auf einer tieferen Ebene auf eine ‚infra-textuelle' Einheit des Psalms hinweist. Ähnliches gilt für den Begriff קַו, an dem Ridderbos eine Verbindung der beiden Psalmteile festmacht:[40] Als ein von den himmlischen Schöpfungswerken ausgehendes ‚Maß'[41] ist es wie die Tora eine im wahrsten Sinne maß-gebliche Norm, die die Dinge zurecht- und in Ordnung bringt.[42]

---

33   HAL 255 s.v. זהר.
34   HAL 254.
35   Nach *Watsons* Klassifikation ist es ein „polysemantic pun", vgl. *ders.*, Poetry, 238ff.
36   Auch bei מְאִירַת עֵינָיִם (V.8a) kann an das Wortspiel von זהר I und זהר II gedacht werden, vgl. *Fisch*, Analogy, 171f; *Meinhold*, Überlegungen, 131; skeptisch *Ridderbos*, Psalmen, 178. Zu weit geht auf jeden Fall aber *Fisch*, wenn er חשׁך mit חֹשֶׁךְ in Verbindung bringt, einen Kontrast von Licht- und Finsternis-Metaphorik assoziiert; Analogy, 171f.
37   Vgl. bereits u.a. *Dahood*; AncB I, 123; *Eaton*, Some questions, 665; *Fisch*, Analogy, 171.
38   Das sehen u.a. auch *Eaton*, ebd.; *Fisch*, Analogy, 171.
39   Treinta Salmos, 95; *ders.*, Salmos I, 345.
40   Vgl. *Ridderbos*: „Das Firmament und die Himmelskörper erzählen vor allem dadurch, dass sie eine Meßschnur ... verwenden, dass sie selbst ... Richtschnur sind ... Davon singen ... Ps 19 [2-7]. Und dann fügen v. 8ff hinzu: תּוֹרַת יהוה ist eine Richtschnur in viel höherem, viel herrlicherem Sinne" (Psalmen, 177).
41   S. zu diesem wichtigen Begriff unten V. B) 5.
42   Nach *Hossfeld* kann eine Verbindung tatsächlich auch da vorliegen, wo es keine direkten lexikalischen Entsprechungen gibt, etwa wenn, wie feststellt, in V.8-10 „solche Gesetzesbegriffe vermieden werden, die sich wie *dābār* ... und *imrāh* ... mit der ersten Gruppe überschneiden. Insofern nehmen [2-7] und [8-11] aufeinander Rücksicht", was „für eine einheitliche Komposition sprechen" könnte (*Hossfeld / Zenger*, NEB 29, 129 [*Hossfeld*]).

Auch V.8-15 ist in sich vielfältig ineinander verwoben. Das stilistische Mittel, am Ende des Abschnitts ein Themawort des nächsten vorwegzunehmen, ist auch hier zu beobachten, wo nämlich רַב in V.11b das in V.12 und V.14 eine Inclusio bildende רַב vorwegnimmt. Durch den (vgl. V.5b) in V.12 durch בָּהֶם hergestellten Rückbezug auf den voraufgehenden Abschnitt sind also auch V.8-11 und V.12-15 miteinander verbunden.

Auch innerhalb der Abschnitte, wie V.8-11, findet man ähnliche Verknüpfungen, wie etwa mit נֶאֱמָנָה (V.8b) und אֱמֶת (V.10b) als Derivate von אמן (jeweils im zweiten Stichos der Unterabschnitte V.8-9 und V.10-11).[43] V.14b wirkt dabei durch das Zusammenlaufen mehrerer Stichwortbezüge wie eine Abrundung von V.8-14, etwa durch die Wiederholung der Wurzel תמם (vgl. V.8a) in V.14b. Auch die Formulierungen mit מִן (מִפָּז, מִזָּהָב, מְזֻדִים, מִדְּבַשׁ, מִנִּסְתָּרוֹת), die sich durch V.11a.b.13b hindurchziehen,[44] finden in V.14b mit מִפֶּשַׁע ihren Abschluss. Ebenfalls wird das Stichwort רַב (V.11a.12b) in V.14b zum letzten Mal aufgenommen. Auffällig ist hierbei wiederum (vgl. oben zu אֵין und קָצֶה in V.4 / V.7) eine doppelte Stichwortverbindung, denn neben רַב findet sich auch עַבְדְּךָ in V.12a und in V.14a.[45] Vor allem aber wird V.13f durch נקה zusammengehalten und also mit diesem *einen* Verb der Weg von der Bitte um Sündenvergebung (V.13b) zur Vergebungsgewissheit (V.14b) abgeschritten.[46]

Der Bezug von V.15 zum voraufgehenden Abschnitt ist durch das Stichwort לֵב (V.15a, vgl. V.9a) gegeben. Bedeutender aber ist der Rückbezug auf V.2-7 durch die Aufnahme der *verba* und *substantiva dicendi* in V.2-5a, besonders von אמר (V.3a) durch אִמְרֵי־פִי in V.15a. Die durch אֵל und יהוה in V.2a und V.15b hergestellte Inclusio um den Gesamtpsalm wird durch den chiastischen Parallelismus Membrorum (nur in V.2, V.7 und V.15, s.o.) unterstrichen. Sie zeigt auch die theozentrische Perspektive des Gesamtpsalms an,[47] insofern sie zum Anfang und zum Ende hin auf den in Schöpfung und in Menschenwelt wirkenden Gott verweist.

---

43 Vgl. hierzu auch *Auffret*, Sagesse, 433f.
44 Während die Häufung von מִן (in V.11-14) noch auffällig ist, leuchtet *Durlessers* Hervorhebung einer „strong predominance of *mem* words in Ps 19" (Rhetorical Critical Study, 184) als *einziges* „unifying characteristic which ties the two parts of the psalm ... together into a liturgical whole" (Study, 186) bei der Häufigkeit von מ im Hebräischen als Präfix etc. nicht ein.
45 Vgl. bereits *Auffret*, Sagesse, 433.
46 Zur Rahmung von V.12 und 14 durch גַּם und רַב s.o.
47 Diese Theozentrik ist bereits dadurch gegeben, dass JHWH das im ganzen Psalm mit Abstand am häufigsten (allein sechsmal in V.8-10) genannte Nomen ist. Zur Bedeutung der Häufigkeit des Tetragramms vgl. auch *Barbiero*, Psalmenbuch, 192.

B) Innere Einheit

1. Die Gliederung des Psalms

Zwei Gliederungsmodelle der Endgestalt von Ps 19 werden nun in der Forschung hauptsächlich vertreten. Bis zuletzt entsprachen der auch literarkritischen Zweiteilung die meisten Gliederungsvorschläge des Psalms, nämlich in die Abschnitte V.2-7 und V.8-(14)15,[48] die gerne weiter untergliedert wurden, und zwar meist[49] in V.2-5a.5b-7.8-11.12-15,[50] ohne dass eine regelrechte Vierteilung die deutliche Zweiteiligkeit verdrängen könnte. Neuerdings findet sich jedoch immer häufiger eine drei- bzw. fünfgliedrige Strukturierung des Psalms mit den Abschnitten V.(1.)2-7.8-11.12-14(.15),[51] die eine einheitliche Thematik von V.2-7 und die Verschiedenartigkeit von V.8-11 und V.12-15[52] voraussetzt. Vor allem bei Zenger läuft das auf eine konzentrische Struktur mit der Tora in der Mitte des Gesamtpsalms hinaus, wodurch die sie auch zum gedanklichen Zentrum des Psalms werde.[53]

Auch die Zugehörigkeit von V.15 ist strittig. Zumeist wird er, wie etwa bei Seybold, zur letzten Strophe (V.12-15) hinzugerechnet, zuweilen wird er, wie bei Gese und Zenger[54], V.12-14 gegenübergestellt. Hierfür spricht der oben bereits bemerkte Ab-

---

48 Vgl. z.B. *Craigie*: „The psalm clearly falls into two parts" (WBC, 179). *Meinhold* unterstreicht auf der einen Seite die Zweiteilung, gliedert jedoch thematisch in drei Teile: ‚Rede von Gott – Rede Gottes – Rede zu Gott' (Theologie, 120ff), was jedoch den Psalm zu sehr in ein Schema presst.
49 Eine Viergliedrigkeit des Psalms konstatiert auch *Girard*, der V.5a und V.11 jedoch jeweils zum zweiten Unterabschnitt zählt, also in V.2-4; V.5-7; V.8-10; V.11-15 gliedert, vgl. *ders.*, Psaumes, 375.
50 Vgl. etwa *Weiser*, ATD 14, 133; *van Zyl*, Psalm 19, 145; *Alonso-Schökel*, Salmos I, 345; *Gerstenberger*, FOTL XIV, 100; *Fischer*, Komposition, 18; *Auffret*, Sagesse, 431; *Spieckermann*, Heilsgegenwart, 65f; *Gese*, Einheit, 141 u.a.
51 U.a. bei *Kissane*, Psalms, 83ff; *Seybold*, HAT 1/15, 85; *Glass*, Observations, 149; *Zenger*, Tora, 181ff und *Arneth*, Psalm 19, 92ff. Vgl. hierzu auch *Denninger*, der seine *thematisch* begründete Dreiteilung aufgrund der Stichwortbezüge und Strukturmerkmale mit einer Zwei (bzw. Vier-) Teilung kombinieren will (Literary study, 82).
52 Auch dieser Übergang ist strittig: *Fohrer* (Psalmen, 27) und *Girard* (Psaumes, 375) zählen V.11 zu V.8-10, während z.B. *Harrelson* anders, nämlich erst zwischen V.12 und 13 unterteilt (Psalm 19, 143).
53 Auch *Fohrer* vertritt eine Dreigliedrigkeit (mit den Teilen V.2-7; V.8-10; V.11-14); dabei trennt er V.15 durch die Beurteilung als Glosse vom Psalm ab (Psalmen, 22ff).
54 Vgl. *Gese*, Einheit, 144. *Zenger* zählt ihn mit der Psalmüberschrift V.1 zum Rahmen, wodurch er eine fünfgliedrige Struktur erhält (Tora, 180ff; vgl. *ders.*, Nacht, 191). Hierbei spielen deutlich auch redaktionsgeschichtliche Erwägungen eine Rolle. Doch sind bis auf die vage Einschätzung, in V.15 gehe es wie in der Leseanweisung V.1 um den ganzen Psalm, keinerlei konkrete strukturelle Rückbezüge von V.15 auf V.1 zu erkennen. Und denn wie V.12-14 direkt an JHWH appellieren-

schlusscharakter von V.14b.[55] Doch ist auch die Verknüpfung von V.15 und V.12-14 nicht zu übersehen: Sie wird durch das Stichwort לְ (V.9a) markiert; auch hat die Invocatio V.15b (als Vertrauensäußerung zu JHWH in direkter Anrede) einen ähnlichen Bekenntnischarakter wie V.12a (als Vertrauensäußerung der Tora und damit indirekt JHWH gegenüber). Beide bilden in dieser Hinsicht eine Klammer um den Bittteil V.13f und geben dem Abschnitt damit eine konzentrische Unterstruktur. Vor allem aber seine V.7 stilistisch ähnelnde Gestalt zeigt, dass V.15 wie jener für die erste Psalmhälfte als Abschlussvers der zweiten gedacht ist.[56] Wenn aber V.15 eine solche Doppelfunktion als Teil *und* als Abschluss der zweiten Psalmhälfte hat, dann ist er in Entsprechung zu V.2 als einem überschriftartigen Motto[57] als eine Art Kolophon des Psalms anzusehen. Auf eine Inclusio mit V.2 weisen u.a. auch die komplementären Gottesbezeichnungen אל und יהוה sowie die Wiederaufnahme der *verba dicendi* von V.2ff durch das Stichwort אִמְרֵי־פִי (s. bereits oben). Das heißt: V.15 bezieht sich zum einen auf das voraufgehende Psalmganze bzw. auf das Beten des Psalmisten über den Psalm hinaus. Er erweist sich zum anderen als ein Teil von V.12-15, fungiert – analog zu V.2 als dem Leitvers von V.2-7 – zugleich als Abschluss und Kolophon[58] von V.8-15 und bildet mit V.2 eine auch inhaltlich wichtige Inclusio.

Es stellt sich nun vor allem aber die Frage: Ist der Abschnitt V.2-7 formal und inhaltlich so geschlossen, dass man ihn als eine einzige Strophe anzusehen hat? Und liegt der Einschnitt zwischen V.11 und V.12 gegenüber demjenigen zwischen V.5a und V.5b auf einer höheren Ebene, so dass von einer konzentrischen Dreiteiligkeit gesprochen werden müsste? Die Alternative hierzu bleibt die Zwei- bzw. Vierteilung.
Eine dreiteilige Gliederung[59] des Psalmganzen ist zwar aufgrund des inhaltlichen Zusammenhangs zwischen der himmlischen Ordnung (V.2-5a) mit dem Sonnenlauf als dem paradigmatischen Repräsentanten dieser Ordnung in V.2-7 (s.u.) auf den ersten Blick nicht abwegig. Doch spricht die gesamte, an Stichwortverbindungen[60] und an stilistischen Merkmalen (wie den Chiasmen in V.2, V.7 und V.15) ersichtliche Struktur für eine Untergliederung in V.2-5a und V.5b-7. V.2-5a bildet zudem mit der Thematik ‚Verkündigung der Herrlichkeit Gottes durch

---

den V.15 vom übrigen Schlussteil zu trennen, und stattdessen nur auf der Ebene der Leseanweisung des Psalms wie V.1 anzusetzen, ist doch nur schwer möglich.
55 S.o. zu den Stichwortverbindungen: Es werden in V.14b aus den voraufgehenden Versen die Begriffe תמם, רב, מן, נקה bzw. ihre Derivate aufgenommen, vgl. auch גַּם und עַבְדְּךָ in V.14a.
56 Zu den Konsequenzen für die diachrone Fragestellung s.u. III. C) 4. b).
57 *Dohmen*, Psalm 19, 505; *Petersen*, Mythos, 86f.
58 So interpretieren ihn auch *Arneth*, Psalm 19, 106 Anm. 64; *Mathys*, Dichter, 309f; *Gese*, Einheit, 146; *Seybold*, HAT 1/15, 88.
59 In der francophonen Exegese steht eine Dreiteiligkeit allerdings erst gar nicht zur Diskussion, vgl. die Darstellung der Positionen bei *Auffret*, Œuvre de ses mains, 25ff.
60 S. *Schaubild 2*, vgl. v.a. die Inklusio durch den zerdehnten Merismus von V.2a mit הַשָּׁמַיִם und V.5a mit הָאָרֶץ. *Girard* allerdings erkennt dies Stilmittel der Vorwegnahme des Themaworts des nächsten Abschnitts am Ende des vorherigen nicht, sondern deutet es als Inclusio, so dass er V.5a wegen יצא nicht zu V.2-4, sondern zu V.5b-7 zählt (Psaumes I, 375; zur Kritik s. *Auffret*, Œuvre de ses mains, 40).

B) Innere Einheit

das himmlische Schöpfungswerk' eine Sinneinheit, die V.5b-7 deutlich abgegrenzt werden kann. Hinzu kommt der durch die invertierte Wortstellung von לַשֶּׁמֶשׁ[61] deutliche Neueinsatz in V.5b, der mit בָּהֶם auf V.2 zurückgreift und mit der Sonne einen völlig neuen Handlungsträger einführt. Beide Strophen haben dabei eine vergleichbare Struktur[62] und vor allem einen ähnlichen Schluss.[63] Und auch V.5b-7 bildet durch die Inclusio zwischen den zwei Monokola V.5a und V.7b einen eigenen Abschnitt,[64] dessen Thema der Sonnenlauf als Garant der kosmischen Ordnung ist. Diesem Eigenprofil der zwei Abschnitte der ersten Psalmhälfte[65] wird bei einer Dreiteilung zu wenig Beachtung geschenkt.[66] Andererseits ist der Übergang V.10 zu V.12 fließender, als es auf den ersten Blick erscheinen mag: Die strenge Form von V.8-9 wird bereits in V.10 aufgelöst,[67] und auch durch V.8-15 ziehen sich zahlreiche Stichwortverknüpfungen hindurch (s. Schaubild 1 u. 2). Auch ist der Rückbezug durch בָּהֶם in V.12a (bzw. durch das ePP 3.ps.m.pl. in V.12b) ja nicht nur syntaktischer, sondern auch inhaltlicher Natur: V.12 ist durchaus noch von der Torathematik geprägt.[68] Damit aber ist der Zusammenhang von V.8-11 und V.12-15 nicht geringer als der von V.2-5a und V.5b-7.[69] Und auch das Gleichgewicht der Strophen spricht

---

61 Vgl. zwar die kritischen Bemerkungen von *Groß* zur Praxis, die Position vor dem Verb „ohne Zusatzargumente ... als Fokusposition zu bestimmen" (Verbalsatz, 307). Die Thematisierung eines zuvor unerwähnten, aber fortan zentralen Handlungsträgers kann jedoch als ein ausreichendes Zusatzargument gelten.
62 Vgl. *Arneth*s Beobachtungen zur Parallelität zwischen V.2-5a und V.5b-7: „In beiden Abschnitten werden unterschiedliche Vorgänge – das Lob Els bzw. die Eigenart der Sonne – unter identischen Gesichtspunkten dargestellt: Ihres Grundes bzw. Ursprungs (v. 2 || v. 5b), ihrer zeitlichen bzw. räumlichen Ausdehnung (v. 3 || v. 6), und ihrer weltumspannenden Wirkung (v. 5a || v. 7a)" (Psalm 19, 94).
63 Hierzu *Ridderbos*: „Weltumspannend ist sowohl das Himmelsgewölbe, v. 5a.b, wie die Bahn der Sonne, v. 7" (Psalmen, 175).
64 Das betonen u.a. *Ridderbos*, Psalmen, 175; *Meinhold*, 120f; *Dohmen*, Ps 19, 505.
65 Immerhin hat *Steck* dem offenbar nicht ganz unproblematischen thematischen Zusammenhang von V.2-5a und V.5b-7 einen ganzen Aufsatz gewidmet (Bemerkungen, passim).
66 Selbst Vertreter einer Dreiteilung wie *Zenger* erkennen in V.2-7 „eine Komposition aus zwei Abschnitten" (Tora, 181; vgl. *Kissane*, Psalms, 85; *Arneth*, Psalm 19, 94-96).
67 U.a. durch den Gen. obj. יִרְאַת יהוה statt des Gen. subj. (bzw. genau genommen Gen. poss.).
68 *Denninger* z.B. teilt V.12 noch dem Toralob zu (Literary Study, 81, vgl. *Harrelson*, Psalm 19, 143). Das ist freilich kaum möglich, da u.a. weil hier nun mit der ersten Selbstthematisierung des betenden Ich (u.a. mit עַבְדְּךָ, vgl. die Inclusio mit V.14b) ein deutlicher Einschnitt erfolgt.
69 Zugleich ist damit auch klar, dass V.12 bereits zum nächsten Abschnitt zu zählen ist - anders *Girard*, der auch V.11 zum zweiten Unterabschnitt, also zu V.12-14 zählt, vgl. Psaumes I, 375. Doch ist es offensichtlich, dass V.11 das Toralob in ähnlich straffem Stil wie V.8-10 fortführt, während V.12 diese Form verlässt.

Schaubild 3

Übersicht über die Gliederung von Psalm 19

2-7 Die Ordnung des Himmels

2-5a Lobpreis der Herrlichkeit Gottes
  2 Themavers: Doxologie des Himmels
  3-5b Entfaltung der Art und Weise der Doxologie
    3 zeitliche Dimension
      4 Wortlosigkeit
    5a räumliche Dimension

5b-7 Der Lauf der Sonne
  5b anfängliche Setzung der Sonne an den Himmel
  6-7a Die Universalität des Sonnenlaufs
    6 konstellative Perspektive
    7a universale Perspektive
  7b aktuelle Wirksamkeit der Sonne

8-15 Die Ordnung auf der Erde

8-11 Lob der Tora
  8-10 Qualitäten / Wirkungen der Gebote
  11 Wertvergleich: Vorzug der Gebote

12-15 Das Leben des Beters
  12 Bekenntnisäußerung zu den Geboten
  13-14a Bitte
    13 innere Gefährdung: verborgene Sünden
    14a äußere Gefährdung: Spott Hochmütiger
  14b Vertrauensbekenntnis
  15 ‚Kolophon'
    15a Weiheformel
    15b Invocatio

B) Innere Einheit

für eine Zwei-(bzw. Vier-)Gliedrigkeit.[70] Das gewichtigste Argument für eine analoge Untergliederung der beiden Psalmhälften ist aber die Strukturierung durch Stichwortverbindungen und Rückbezüge, etwa durch בָּהֶם (s.o.).[71] Für die Relativierung der Unterteilung von V.2-7 vorgebrachte Gründe überzeugen angesichts dieser markanten Struktur nicht.

3. Die Kohärenz des Psalms

a) Inhaltliche Kohärenz

Als Leitvers setzt V.2 – formal ohne einen Aufgesang und auch inhaltlich voraussetzungslos – mit dem Hauptthema des ersten Abschnitts ein, dem Lobpreis Gottes durch den Himmel. Die folgenden Verse entfalten schrittweise den Themavers, allerdings mit jedem Satz neu auf erstaunliche Weise:[72] So geht es in V.3 um die zeitliche Dimension dieses Redens,[73] das als vom einen Tag an den nächsten und von einer Nacht an die nächste ergehende Lehrrede näher bestimmt wird.[74] Sie ist im Horizont von Gen 1,14-16[75] zu verstehen und spielt auf die zeitbestimmende Funktion der himmlischen Schöpfungswerke an. Auf die räumliche Dimension dieser Rede kommt erst V.5a zu sprechen, denn V.4 nimmt zwischen der zeitlichen (V.3) und der räumlichen Dimension (V.5a) der Himmelsrede die zentrale Stellung im ersten Unterabschnitt ein,[76] erzeugt aber unter Aufnahme von אֹמֶר aus V.3 einen fast unlöslichen Widerspruch.[77] Einen Verstehensschlüssel hierzu bietet V.5a.b. Das wird auch durch die Struktur der Verb- und Satzformen von V.2-7 unterstrichen: Auf partizipiale (V.2, vgl. V.6a) bzw. SK- Formu-

---

70 S.o. II. A) 2. V.2-5a besteht wie V.8-11 aus vier Bikola und V.5b-7 aus von zwei Monokola inkludierten Bikola, und ist vom Umfang mit V.12-15 (fünf Bikola und ein Monokolon mit inkludierender Funktion) vergleichbar.
71 Auf dies Stichwort hat *Gese* hingewiesen (Einheit, 143). Es bezieht sich jeweils auf das Themawort des voraufgehenden Abschnitts: in V.5b auf הַשָּׁמַיִם, in V.12b auf מִשְׁפְּטֵי־יהוה (s. hierzu bereits oben), und ist, so richtig *Arneth*, „als ein Glied einer übergreifenden Struktur" anzusehen (Psalm 19, 107).
72 Der Psalm beginnt, wie *Meinhold* zu Recht festgestellt hat, mit Elementen „weisheitlicher Rätselform", die dann zumindest teilweise aufgelöst werden (Überlegungen, 134; ähnlich *Steck*, Bemerkungen, passim; *Zenger*, Tora, 181). Zur Gattungsbestimmung von Ps 19 als ‚Rätsel' s. allerdings unten IV.
73 Ähnlich *Zenger*, Tora, 182; *Spieckermann*, Heilsgegenwart, 62.
74 S. hierzu im Einzelnen V. B) 3.
75 Anders *Steck*, Bemerkungen, 234. Zur Bedeutung von Gen 1,3-5.6-8.14-16 für V.2-7 s.u. V. B).
76 Es kann kaum entschieden werden, ob der Vers die Verkündigung des Himmels (V.2) oder die Rede der Tage und Nächte (V.3) explizitert; vielmehr bleibt dies in der Schwebe, um auf die Identität oder zumindest Kongruenz beider hinzudeuten.
77 S. hierzu III. C) 4. a).

lierungen (V.5a.b) folgen jeweils PK-Formen,[78] und darauf ein Nominalsatz, in dem jeweils abschließend und abgrenzend die Negativpartikel אֵין verwendet wird (V.4a / V.7a). Es ergibt sich für V.2-7 die Struktur:

```
NS      (I)VS   NS
V.2     V.3     V.4 (אֵין)
        V.5a
        V.5b
V.6a    V.6b    V.7a.b (אֵין)[79]
```

Bemerkenswert ist dabei, dass im ersten Teil nur in V.5 Formen der SK-verwendet werden,[80] womit insbesondere in V.5b zum ersten Mal explizit auf ein konstitutives Schöpfungsgeschehen Bezug genommen wird. Durch die Verwendung der Wurzel יצא als eines festen Terminus für das Aufgehen der Sonne am Morgen[81] wird zwischen ‚ausgehender Rede' und ‚aufgehender Sonne', das heißt zwischen dem Thema von V.2-5a (Lobrede des Himmels) und V.5b-7 (Sonnenaufgang / Sonnenlauf) ein Bezug hergestellt[82] und ein inhaltliches Gefälle auf V.5b-7 erzeugt. Diese Stichwortverknüpfung bildet damit auch eine Bedeutungsachse, die V.2-5a und V.5b-7 miteinander verbindet.

V.5b ist auf zweierlei Weise auf V.2 zurückbezogen: Erst hier kommt der Himmel wieder explizit als Ort des Geschehens in den Blick (Bezug von בָּהֶם auf שָׁמַיִם), und אֵל tritt erneut – ab V.6 auch als handelndes Subjekt – in Erscheinung. So wird auch erst hier der aller Lobverkündigung voraufgehende Schöpfungsakt[83] deutlich, durch den die Doxologie des Himmels ermöglicht und begründet ist.[84]

---

78 Die ‚Rede' der Tage und Nächte in V.3 ist Explikation von V.2, der Lauf der Sonne in V.6b ist Folge der anfänglichen ‚Setzung' in V.5b.
79 Auch *Arneth* beobachtet diese Gliederungsfunktion der syntaktischen Struktur von V.2-7. Er interpretiert jedoch V.6a-b als invertierten VS. V.6a ist jedoch als eigenständiger NS, und V.6b als ein (zwar mit seinem Subjekt auf V.6a rückbezüglicher, jedoch) eigenständiger VS zu verstehen, was auch durch seine Struktur als Bikolon unterstützt wird. So aber gelangt *Arneth* insgesamt zu einer Struktur von V.2-7, in der er V.4 nicht zuordnen kann, weswegen er ihn dann auch für sekundär hält (Psalm 19, 93f).
80 In V.5a ist die SK am besten gnomisch zu verstehen (vgl. *Tropper*, Aspektsystem, 183).
81 Vgl. dazu unten V. C) 5.
82 Vgl. bereits oben sowie *Schaubild 2* zur Stichwortverbindung mit יצא (V.5a.5b.7a), durch die bereits hier das Sonnenaufgangsmotiv von V.6a.7a vorweggenommen wird. Dessen Bedeutung für den inneren Zusammenhang von V.2-7 ist bisher m.W. nur von *Eaton* herausgestellt worden (vgl. Psalms, 48), allerdings ohne Beachtung dieses Stichwortbezugs.
83 S. hierzu unten V. C) 1.
84 Insofern trifft es nicht ganz zu, dass dieser Abschnitt auf ‚protologisches' Schöpferhandeln nicht eingehe, und Ps 19 damit Schöpfung „nicht als ätiologische Konstitution, sondern als doxologische Revelation" konzipiere (*Spieckermann*,

B) Innere Einheit

Der neu eingeführte Handlungsträger Sonne ist – als ein für die Tag-Nacht-Rhythmik verantwortlicher Repräsentant der himmlischen Schöpfungswerke – an den in V.2-5a beschriebenen Vorgängen, wie dem Tag-Nacht-Rhythmus, unmittelbar beteiligt.[85] Mit dem morgendlichen Sonnenaufgang bestimmt er tagtäglich die kosmische Zeit, indem er den Tag-Nacht-Wechsel festsetzt.[86] Sein geordneter und die Schöpfung ordnender Lauf garantiert die in V.2-5a beschriebene kosmische Abfolge der Zeit und der Ordnung der Himmelssphäre und repräsentiert so den jenseits die Szenerie getretenen Gott (אֵל). Die personale, mythisierende Darstellung in V.6b unterstreicht die zuverlässige und freudige Einhaltung der Ordnung Gottes durch die Sonne.[87] Gegenüber der konstellativen Darstellung von V.6 bedient sich V.7 universaler, gleichsam wissenschaftlich-astrologischer Terminologie. Die universale Reichweite der Verkündigung des Himmels (V.5a) wird in V.7a durch den Lauf der Sonne repräsentiert. Und in der Klimax V.7b kulminiert dann die ganze erste Psalmhälfte im Motiv der Unverborgenheit vor der Sonne, das die Rechtsthematik von V.8-15 vorwegnimmt.[88] Mit סתר ni. wird dies auf den Begriff gebracht, der beide Psalmhälften lexematisch und auch semantisch verknüpft.[89] So erzeugt V.7b ein Gefälle zur aufdeckenden (vgl. זהר ‚warnen' in V.12) und zurechtbringenden Wirkung der Tora. Was am Übergang vom ersten zum zweiten Unterabschnitt zu beobachten war, gilt analog auch hier: Dass ein inhaltliches Gefälle hergestellt wird, indem folgende Themen vorweggenommen werden. Zugleich aber wird die Klärung rätselhaft gebliebener Elemente wieder teilweise dem Folgenden überlassen.

Unvermittelt setzt V.8 ein – ein Neueinsatz[90], der dem ähnlich thetisch-deklarativen Charakter von V.2 vergleichbar ist. In der Prädikation der Gebote als vollkommen (V.8a), wahr (V.8b.10b), recht (vgl. V.9a.10b), rein (V.9b.10a), gerecht (10b), lebensspendend (V.8a), weise machend (V.8b), erfreuend (V.8a) und ‚erleuchtend' (V.9b) werden jedoch deutliche Rückbezüge auf den Sonnenlauf in V.5b-7 hergestellt. Das heißt aber: So wie V.5b-7 in seiner Symbolik transparent ist auf die Rechts-

---

Heilsgegenwart, 63). Zur Frage nach dem Offenbarungscharakter der Himmelsrede in V.2f s.u. V. B) 2.
85 *Steck* bemerkt zu recht, dass V.5b-7b zu V.2-5a „bewusste Fortsetzung ist ..., die die geheimnisvolle Zusammenstellung von Aussagezügen der ersten klärt und begründet" (Bemerkungen, 237f). Eine Identifizierung des מַעֲשֵׂה יָדָיו (V.2) mit der Sonne, wie *Steck* sie zur Begründung der Einheit von V.2-7 vorgeschlagen hat (Bemerkungen, 237f), ist jedoch nicht sinnvoll: Wie soll der רָקִיעַ die ‚Sonne' verkünden? Zum Problem s. auch unten V. B) 2.
86 Vgl. dazu v.a. *Janowski*, Rettungsgewißheit, 175ff und passim.
87 S. hierzu im Einzelnen unten V. C) 4.
88 Auf dem Hintergrund ähnlicher solarer Motive wird dabei deutlich, dass die Unverborgenheit allen Geschehens auf die richterliche Funktion der Sonne bzw. von Sonnengottheiten anspielt; s. dazu im Einzelnen unten V. C) 5.
89 Vgl. *Auffret*, Sagesse, 435 mit Anm. 26; *Ridderbos*, Psalmen, 178.
90 Zu seiner Wirkung s.u. II. C) 2.

bzw. Gerechtigkeitsthematik von V.8-10, so bedient sich das Toralob V.8-10 einer Metaphorik und Semantik, die für die Sonne und ihren Lauf erwartbar wäre bzw. deren Motivfeld zugehört.[91] Der Evaluativspruch V.11 hebt dann den Wert der Gebote gegenüber exemplarischen Gütern (Gold / Honig) hervor, setzt also das Lob fort und schließt es zugleich ab.

In V.12 geht der Psalm in eine diskursive Form über: Der Psalmist thematisiert sich zum ersten Mal selbst: in einer bekenntnishaften Äußerung (immer noch) den Geboten gegenüber, in Bitten um Vergebung verborgener Vergehen (V.13)[92] und um Bewahrung vor potentiellen Feinden (V.14a). In gewisser Hoffnung auf Freispruch blickt der Psalmist auf ein integres[93], das heißt von großer Sünde freies Leben (V.14b) und übergibt sein Psalmdichten und -meditieren an JHWH, seinen ‚Löser' (V.15). V.12-15 thematisiert damit die Grundkonstellationen des Lebens des toratreuen Psalmisten: Im Bekenntnis zu den Geboten JHWHs, in der Anrufung JHWHs in innerer und äußerer Gefährdung (V.13.14a), und im existentiellen Bezug auf JHWH selbst.

b) Die Entsprechung von Form und Inhalt

Blickt man nun zugleich auf Strukturanalyse und den inhaltlichen Verlauf des Psalms, so wird deutlich, dass seine stilistische und formale Gestaltung auch die unterschiedlichen Inhalte der Psalmabschnitte auf entsprechend unterschiedliche Weise abbildet. So zeichnet V.2-7 die sich in den Koordinaten von Himmel und Erde, Raum und Zeit, Aufgangs- und Wendepunkt vollziehenden regelmäßigen Vorgänge nach,[94] die davon so gründlich abweichende Form von V.8-11 bildet durch ihre von Wiederholung geprägte, klar und straff gegliederte Struktur die Festigkeit und Beständigkeit der Rechtsordnungen JHWHs ab, und ebenso bringt V.12-15 durch unterschiedliche Satz- und Redeformen die Dynamik des Lebens des toratreuen Beters zum Ausdruck.[95]

Liegt diesen zwei bzw. vier Abschnitten auch ein übergreifendes strukturelles Konzept zugrunde? Der Lauf der Sonne hat als Repräsentant der himmlischen Ordnung paradigmatische Funktion, und Ähnliches

---

91 S. hierzu im Einzelnen unten V. D) 7. a).
92 Die Stichwortverbindung mit סתר ni. legt nahe, dass sie (wie vor der Sonne als seinem Repräsentanten; vgl. V.7b), so allein vor JHWH nicht verborgen ist.
93 Die Stichwortverbindung mit תָּמִים / תמם wiederum legt nahe, einen Bezug von der Lauterkeit der Tora (vgl. V.8a) zum rechtschaffenen, toragemäßen Leben des betenden Ich zu sehen.
94 Und das geschieht vor allem in Ptz und PK-Formen mit Hilfe der Schlüsselwörter des Abschnitts שָׁמַיִם + אֶרֶץ (u.ä.); קָצֶה / קָצָה / יצא מוֹצָא / (/ תְּקוּפָה).
95 Vgl. bereits *Dürr*s Überlegung bezüglich des Metrums: „Dann aber kann und wird auch das verschiedene Versmaß ... absichtlich gewollt sein" (Einheit, 48; ähnlich *Deissler*, Datierung, 51f).

B) Innere Einheit

gilt für den Lebensweg des Psalmisten entsprechend der Ordnung der Tora. Auf der inhaltlichen Ebene ist also eine parallele Abfolge erkennbar:

> I 1 – II 1 universale Ordnung
> I 2 – II 2 personale Exemplifikation

Die Abschnitte sind also darin vergleichbar, dass nach einer allgemeinen Ordnung von einem paradigmatischen ‚personalen' Handlungsträger die Rede ist: In V.5b-7 befolgt die Sonne beispielhaft der in V.2-5a beschriebenen universalen Ordnung des Himmels, und in V.12-15 wird nach den Geboten (V.8-11) der sich an ihnen orientierende Beter thematisiert.[96]

Betrachtet man, an wen Bitte bzw. Lob adressiert werden,[97] lässt sich eine andere Struktur erkennen, in deren Zentrum die hymnische Beschreibung von Sonne bzw. Tora steht. Denn beide repräsentieren auf verschiedene Weise die gerechte Weltordnung JHWHs. Dem Lobpreis der Herrlichkeit Gottes durch den Himmel entspricht dabei die an JHWH gerichtete Bitte des auf ihn angewiesenen Menschen, was durch die Inclusio von V.2 und V.15 (chiast. p.m., Gottesbezeichnungen, *verba dicendi* etc.) unterstrichen wird. Dadurch ergibt sich eine chiastische Struktur:

> A   Lobpreis Gottes durch den Himmel
> B   Sonnenhymnus: lobende Beschreibung des Sonnenlaufs
> B'   Tora-Hymnus: lobende Beschreibung der Gebote
> A'   Bitte an JHWH durch den Beter

Die kompositorische Inclusio von V.2 mit V.15 (s.o.) parallelisiert also die Lobrede der himmlischen Schöpfungswerke mit der Bittrede des Psalmisten.[98] Mit der Verwendung zweier Gottesbezeichnungen wird die Ordnung dieses Gottes in zwei verschiedenen Wirklichkeitsbereichen, Himmel und Erde, aspektiv dargestellt. אל ist dabei Bezeichnung Gottes als des erhabenen Schöpfers,[99] während JHWH als Name des Gebers der Tora und des persönlichen Gottes des Psalmisten verwendet wird. Das stereometrische Denken ist also strukturierendes Prinzip des Psalms. Mit ihm werden ‚Himmel und Erde', ‚Sonne und Tora' und auch ‚Sonne und Beter' vergleichend gegenüber-, und zugleich Ähnlichkeiten und Unterschiede deutlich herausgestellt. Zum einen wird da-

---

96   Vgl. *Gese*, der hier die Abfolge ‚Darstellung allgemeiner Gesetzmäßigkeit' – ‚Explikation' (Einheit, 141) erkennt; ähnlich *Fischer* (Komposition, 23).
97   Dass die Überlagerung zweier verschiedener Strukturebenen dem Aufbau des Psalms eine größere Tiefenstruktur verleiht, nimmt auch *Auffret* wahr, der „une symmétrie croisée, à la fois concentrique et parallèle" feststellt (Sagesse, 436).
98   Vgl. *Auffret*: „Ce que le soleil accompli ... dans le cadre du cosmos, le psalmiste souhaite pouvoir l'accomplir ... dans le cadre de la loi" (Sagesse, 434).
99   S. hierzu im Einzelnen u. V. B) 1.

bei durch die stereometrische Struktur ihre Komplementarität kenntlich gemacht, zum anderen treten auch die Gegensätze klarer hervor – wie etwa zwischen der Glut der Sonne V.7.b[100] und der Leben erneuernden Tora[101] in V.8a, oder zwischen den lobpreisenden himmlischen Geschöpfen und dem demütig bittenden Menschen.[102] Dass diese strukturelle Komplementarität keineswegs auf eine Gleichwertigkeit von Schöpfung und Tora zielt, wird bereits daran deutlich, dass V.8-11 die Gebote mit Lichtmetaphorik und solarer Bildsprache rühmen,[103] und dass in V.2-7 die Symbolik des Sonnenlaufs u.a. für die Rechtsthematik der kommenden Verse transparent ist. In beiden Fällen dienen Sonne bzw. Licht auf der Bildebene als Symbol für die Rechtsthematik auf der Sachebene. Daher liegt der inhaltliche Schwerpunkt des Psalms durchaus auf der Tora.

So ist Ps 19 strukturell und kompositionell eine stereometrische Zweiheit, aber als solche ist er ein kongruentes Ganzes: Als Merismus ist er eine Einheit.

C) Rezeptionsorientierte Textanalyse

1. Zur Rezeption von Psalmen

Eine rezeptionsorientierte Betrachtung bildet nun eine geeignete Ergänzung zur bislang vorrangig strukturell orientierten Textanalyse, da sie ein Gegengewicht zur Tendenz zur ‚Verräumlichung' von Texten vor allem bei strukturalistischen Zugängen zu schaffen vermag. Sie bringt vielmehr die ‚normale' Textverwendung, nämlich den Lektüreprozess, zur Geltung, der als zeitlicher Verlauf und als Voranschreiten eines ‚wandernden Blickpunktes' zu beschreiben ist.[104] Die Methodisierung einer rezeptionsorientierten Exegese von Psalmen steht jedoch noch in ihren Anfängen. Das erschwert es, in diesem Abschnitt mehr als eine Skizze einer rezeptionskritischen[105] Analyse von Ps 19 zu geben.[106] Sie

---

100 S. hierzu im Einzelnen unten V. C) 5.
101 S. dazu im Einzelnen unten V. D). Den Gegensatz betont auch *Fischer*, Komposition, 21 sowie die mittelalterliche jüdische Tradition; vgl. dazu *Arndt*, Tora, 258ff.
102 Der Übergang zum Bittgebet ist schon deshalb sinnvoll, weil der Psalmist – im Unterschied zu den Wesen der himmlischen Welt – weit mehr der Anfechtung ausgesetzt ist.
103 Vgl. im Einzelnen V. D) 7. a).
104 *Iser*, Akt des Lesens, passim; vgl. *Mayordomo-Marín*, Leserorientierte Evangelienexegese, 153.204f.
105 Den Ansatz einer Methodik der ‚Rezeptionskritik' als einem „operativen Modell für die rezeptionskritische Evangelienexegese" (*Mayordomo-Marín* Leserorientierte Evangelienexegese, 132) sucht *Mayordomo-Marín* für die ntl. Exegese zu entwickeln s. aaO 132-195. Beim gegenwärtigen Stand scheint mir jedoch erst nur der Begriff der ‚rezeptionsorientierten Textanalyse' angebracht.

C) Rezeptionsorientierte Analyse

ist jedoch als eine Beschreibung der Interaktion von Text und Leser/in, von Wirkabsichten des Textes und der im Text angelegten Art seiner Rezeption gerade für einen Psalm besonders geeignet, der wahrscheinlich nicht ursprünglich im kultischen Kontext seinen Ort hatte, sondern dessen primäre Verwendung in der nicht-öffentlichen Lektüre zu suchen ist.[107]
Wenn in diesem Abschnitt noch nicht, wie dann im weiteren Verlauf, die Erklärung des historischen Textsinnes im Vordergrund steht, sondern die Frage, auf welche Weise der vorliegende Text und seine Rezipient/inn/en in einen Kommunikations- bzw. Rezeptionsprozess treten, bietet sich hier eine Orientierung am Ansatz W. Isers an.

W. Iser, zusammen mit dem mehr an der Theorie der Rezeptionsgeschichte arbeitenden H.R. Jauß meist der ‚Konstanzer Schule' zugeordnet, ist einer der ersten und meistrezipierten Theoretiker der ‚Rezeptionsästhetik'. Aufnahme gefunden hat sein Ansatz in der deutschsprachigen Theologie zunächst in seinen hermeneutischen und skriptologischen Implikationen – u.a. bei Körtner, Müller, Nißlmüller, Grohmann und Gehring.[108] Die Bedeutung leser/innenorientierter Ansätze haben bislang u.a. Dohmen, Utzschneider und Köhlmoos für die alttestamentliche Exegese fruchtbar gemacht.[109] Jüngst hat D. Erbele-Küster Isers Ansatz – an der Seite derer von Jauß und Fish – für die Psalmen-Rezeption erschlossen.[110]

Iser versucht, die Handlungs- bzw. Wirkdimension von Texten im Rahmen einer unvermeidlich asymmetrischen Interaktion von Text und Leser/inne/n zu beschreiben.[111] Dazu fragt er nach der Vorstrukturiertheit

---

106 Die exegetische Bedeutung der Rezeptionsästhetik wird hier nicht in der Ratifizierung eines Pluralismus von Lesevarianten gesehen, sondern u.a. in der Bewusstmachung des Lesevorgangs, der ja auch zu den Schritten jeder Exegese gehört. Die Einsicht in die Unmöglichkeit der Vermeidung von Unbestimmtheit, ja der Notwendigkeit von Leerstellen in Texten ist von der Behauptung der Beliebigkeit der Interpretation deutlich zu unterscheiden, vgl. dazu etwa *Frey*, Der implizite Leser, 277ff; *Müller*, Verstehst du, 158-160.
107 Vgl. dazu auch *Irsigler*, Psalm-Rede, 63ff sowie unten IV. zur Frage von Gattung und ‚Sitz im Leben' von Ps 19.
108 *Körtner*, Leser, v.a. 114ff, *Müller*, Verstehst du, 128-134.140ff; *Nißlmüller* Rezeptionsästhetik, 128ff; *Grohmann*, Aneignung, 23-29; *Gehring*, Schriftprinzip, v.a. 88ff.231ff.287ff; vgl. auch *Frey*, Der implizite Leser, 266ff. *Mayordomo-Marin* und *Erbele-Küster* bieten jeweils einen umfassenden Überblick über die literaturwissenschaftlichen und die bibelexegetischen rezeptionsästhetischen Ansätze (*Mayordomo-Marin*, Leserorientierte Evangelienexegese, 27-120; *Erbele-Küster*, Lesen, 8ff.37ff), was hier also nicht wiederholt zu werden braucht.
109 *Dohmen*, Rezeptionsforschung, s. v.a. 126ff; *Utzschneider*, Uneindeutigkeit, 183-185; *ders.*, Bibelrezeption, v.a. 384; *ders.*, Text, passim, v.a. aber 233-235; *Köhlmoos*, Auge, v.a. 30ff (im Anschluss an *Eco*), vgl. auch *Erbele-Küster*, Lesen, 37.
110 *Dies.*, Lesen, 79.
111 Die Asymmetrie von Text und Leser/in besteht darin, dass der Text Interpretationen nicht aktiv bestätigen oder negieren kann; vielmehr sind Leser/innen auf eigene Kohärenzbildungen und ihre Bestätigung oder Widerlegung im Verlauf des Textes angewiesen.

des Lektüreprozesses im Text, das heißt nach der Art und Weise, in der Leser/inne/n im Akt des Lesens Sinnpotentiale des Textes als Sinn realisieren,[112] der dem Text adäquat ist.[113] Seine Intention ist dabei, die sich im Lektüreprozess entfaltende Rolle des ‚impliziten Lesers'[114] herauszuarbeiten. Hierbei richtet sich sein Interesse nicht auf die realen Leser/inne/n in ihren jeweils geschichtlichen, soziologisch etc. unterschiedlichen Rezeptionssituationen, sondern um „den im Text vorgezeichneten Aktcharakter des Lesens"[115], oder, wie er es auch beschreibt, die durch Steuerungsmechanismen des Textes im Lesevollzug hervorgebrachte, phänomenologisch wie intersubjektiv beschreibbare *Leserrolle*. Bei der werkimmanenten[116] Ausrichtung von Isers Ansatz ist zwar vor allem der bei ihrer ausschließlichen Anwendung[117] drohende „Ahistorismus"[118] im Auge zu behalten. Sein methodisches Ausblenden der historischen, soziologischen, psychologischen u.a. Dispositionen[119] im Hinblick auf den ‚impliziten Leser' kommt jedoch einer wie hier zunächst synchron ansetzenden Analyse dann entgegen, wenn sie erst im

---

112 Diesen Ansatz hat er bereits in den frühen Arbeiten, wie ‚Die Appellstruktur der Texte' von 1971, ‚Der implizite Leser' von 1972 und ‚Der Akt des Lesens' von 1976, dargelegt.
113 So gibt es nach *Iser* durchaus misslungene Rezeptionen: „Die Interaktion scheitert, wenn die Projektionen sich widerstandslos dem Text überlagern. Sie gelingt, wenn der Leser seine Projektionen zu korrigieren vermag" (Akt des Lesens, 263).
114 Auch wenn mit dem Begriff des ‚impliziten Lesers' die an sich gender-neutrale Leser/innenrolle missverständlicherweise männlich konnotiert zu sein scheint (zur Problematik *Erbele-Küster*, 35f), wird im Folgenden im Anschluss an *Iser* und der Einfachheit halber auch hier vom ‚impliziten Leser' und vom ‚impliziten Beter' gesprochen.
115 *Iser*, Appellstruktur, 8.
116 Im Gegensatz zu einer autorimmanenten Interpretation.
117 Es ist ja auch häufig von der Informiertheit der Leser/innen abhängig, ob eine (intendierte) Wirkung des Textes rezipiert wird; zur Unterscheidung von primärer Textwahrnehmung des impliziten Lesers und einer soziokulturell bedingter, sekundären Wahrnehmung in *Iser*s Konzept vgl. *Erbele-Küster*, Lesen, 15f.
118 Zum Problem vgl. u.a. *Nißlmüller*, Rezeptionsästhetik, 115ff; *Erbele-Küster*, 15ff. Der an der historischen Rezeptionssituation von Leser/inne/n orientierte, u.a. von *Jauß* vertretene Ansatz wird in der Theologie etwa bei *Gehring* (Schriftprinzip, passim, v.a. 87ff) und *Mayordomo-Marín* (Leserorientierte Evangelienexegese, v.a. 135-144) aufgenommen. Die Nachfrage nach den geschichtlichen Rezeptionen verdient gerade in den historischen Disziplinen der Theologie höchste Beachtung, u.a. weil die „Begegnung mit der fremden Lektüre ... den Einblick für die eigenen Verstehensbedingungen schärf[t]..." (*Mayordomo-Marín*, aaO). Sie wäre, im Kontext der ‚synchronen' Näherung im Vorfeld der historischen Rückfrage jedoch fehl am Platze.
119 So fragt *Iser* beim impliziten Leser eben *nicht* nach dem zeitgenössischen Leser, nach einem rekonstruierbaren ursprünglichen Durchschnittsadressaten, nach der Leserfiktion des Verfassers (dem ‚intendierten Leser') oder nach einer Typologie möglicher Leser (vgl. hierzu *ders.*, Der Akt des Lesens, 50ff). Dennoch unterscheidet er die primäre Textwahrnehmung des impliziten Lesers von einer soziokulturell bedingten, sekundären Wahrnehmung, vgl. *Erbele-Küster*, Lesen, 15f.

C) Rezeptionsorientierte Analyse

zweiten Schritt (und mit Hilfe dieses ersten) auf Entstehungssituation und auf Textwahrnehmung geschichtlicher Erstrezipient/inn/en zurückschließt.[120] Denn die ersten Leser/innen, der „‚implizite Leser' und moderne Leser/innen stehen in einer engen Beziehung zueinander, weil nur heutige Leser/innen in der Lage sind, den impliziten Leser aus ... bloßer Potentialität zu erwecken"[121]. Mit dem ‚impliziten Leser' beschreibt man also eine *im Text angelegte Rolle*, die sich in einer gewissen Nähe zu allen ‚realen', geschichtlichen Leser/innen befindet und die insofern auch eine Brücke zu den historischen Erstrezipient/inn/en bildet. Zu rekonstruieren ist sie durch die methodische Rückfrage nach den im Text vorhandenen Steuerungsmechanismen des Lesens.[122]
Für die folgende leser/innenorientierte Beschreibung des Psalms wird entsprechend Isers Ansatz den Erwartungen und der Rückschau des impliziten Lesers im Lektüreprozess, seinen Protentionen und Retentionen sowie den Unbestimmtheits- und Leerstellen des Textes Beachtung geschenkt.[123] Vor allem die ‚Leerstellen', die ein zentrales Element in Isers Ansatz sind, und die nach ihm vor allem dort zu finden sind, wo Darstellungsperspektiven bzw. Textsegmente kommentarlos oder anderweitig unvermittelt aufeinanderstoßen,[124] gehört nach Iser zu den wichtigen Textstrategien, die die Interaktion von Text und implizitem Leser in Gang bringen. Denn indem „die Leerstellen eine ausgesparte Beziehung anzeigen, geben sie die Beziehbarkeit der bezeichneten Positionen für die Vorstellungsakte des Lesers frei"[125], so dass er die im Text nicht formulierten Bezüge selbst herstellen muss. Dabei sind die Interpretationsmöglichkeiten bei einer ‚Leerstelle' keineswegs beliebig; sie verlangen es Rezipient/inn/en geradezu ab, einen dem Text *adäquaten* Sinn zu konstituieren. Gerade durch das Verschweigen einer möglichen Bedeutung ziehen sie aber den Leser in den Text hinein, „veranlassen ihn, sich das Nicht-Gesagte als das Gemeinte vorzustellen"[126] und beanspruchen damit in besonderem Maß seine Aktivität. Allerdings sind auch in groben Linien die Differenzen zu skizzieren, die bei der Übertragung dieses Konzepts auf den Leseprozess von Psalmen

---

120 S. hierzu unten III. C) 3. b); IV. B).
121 *Mayordomo-Marín*, Leserorientierte Evangelienexegese, 144.
122 Der Gefahr, dass der ‚implizite Leser' nur eine ‚Hohlform' der eigenen Lektüre darstellt, kann durch eine Prüfung der eigenen Lektüre und eine Wahrnehmung fremder Lesevarianten unterbunden werden; vgl. die methodische Skizze bei *Mayordomo-Marín*, Leserorientierte Evangelienexegese, 191ff.
123 Vgl. *Iser*, Akt des Lesens, u.a. 182 und dazu u.a. *Erbele*-Küster, Lesen, 10ff.
124 *Iser* bezeichnet diese Darstellungsperspektiven im Anschluss an *Ingarden* als ‚schematisierte Ansichten', vgl. *ders.*, Appellstruktur, 234ff.
125 Akt des Lesens, 287. Über die Funktion des Ungesagten führt *Iser* desweiteren aus: Das „Gesagte scheint erst dann wirklich zu sprechen, wenn es auf das verweist, was es verschweigt" (*Iser*, Akt des Lesens, 265; vgl. dazu die Darstellung bei *Nißlmüller*, 76ff; 88ff; *Erbele-Küster*, Lesen, 10ff).
126 Vgl. zur positiven Funktion des Ungesagten in Ps 19 *Denninger*, Literary Study, 79.

zu beachten sind. So bewegt sich – anders als bei fiktionalen bzw. narrativen Texten – der Leseprozess hier in einem Spannungsfeld zwischen ästhetisch-betrachtender Lektüre des Psalms als eines literarischen Kunstwerks[127] und der Aktualisierung der als Potentialität im Text vorgezeichneten Struktur eines Diskurses zwischen Beter und Gott. Bei einem Psalm ist für den Leseprozess durch seine kommunikative Struktur eine Hineinnahme in den Vollzug des Gebetes nahe gelegt:[128] Psalmen sind ‚Gebetsanleitung'.[129]

Im Blick auf die Besonderheiten der Psalmenlektüre ist an dieser Stelle jedoch ein weiterer Unterschied zu beachten: nämlich die zwischen ‚implizitem Autor'[130] – dem ‚Psalmisten'[131] – und dem ‚betenden Ich'[132], das heißt dem ‚textimmanenten Sprecher-Ich'.[133] Beide verschmelzen in

---

127 Es braucht hier wohl kaum der poetische Charakter der Psalmen erinnert zu werden, in denen menschliche Erfahrungen metaphorisch verdichtet werden und deren Versprachlichung zugleich Distanznahme gegenüber einer allzu andringenden Wirklichkeit ermöglicht.
128 Vgl. hierzu v.a. *Irsigler*, Psalm-Rede, 88ff.
129 Insofern könnten auch sprechakttheoretische Einsichten in einer rezeptionsorientierten Betrachtung berücksichtigt werden, doch steht eine methodische Vermittlung beider Zugänge auf Seiten der Sprach- und Literaturwissenschaft noch aus und kann nicht an dieser Stelle geleistet werden. Dass Sprechakttheorie und Rezeptionsästhetik ineinandergreifen, hat auch *Patte*, Speech Act Theory, 91f.99f noch einmal hervorgehoben. Kurzschlüssig ist es allerdings, wenn der Unterschied zwischen den in gesprochener Sprache vollzogenen Sprechakten zu den in *Literatur* dargestellten nicht beachtet wird, wie das im Blick auf Ps 19 bei *Denninger* geschieht (Literary Study, 28-39, v.a. 38f). Die diskursive bzw. rhetorische Struktur von Psalmen, die in nicht-erzählenden Texten Rede-Prozesse zur (literarischen) Darstellung bringen, verringert jedoch diese Schwierigkeit.
130 Unter dem ‚impliziten Autor' ist (im Anschluss an *W. Booth*, s. hierzu *Erbele-Küster*, Lesen, 33) „das von den Leser/innen aufgrund bestimmter textueller Hinweise gezeichnete Bild des realen Autors" (*Mayordomo-Marín*, Leserorientierte Evangelienexegese, 184) zu verstehen. Denn selbst wenn „man ... ein Werk aus der Sicht der Rezeption betrachtet, sind automatisch der Autor, seine Strategie und seine Intentionen bereits mit im Spiel" (ebd.).
131 Im Folgenden wird ‚Psalmist' als Terminus für diese Rolle des ‚impliziten Autors' des Psalms verwendet. Die von Rezipient/inn/en bei jedem Text gebildete *Vorstellung* des *impliziten* Autors wäre dabei vom historischen Verfasser des Psalms formal zu unterscheiden (man denke hierbei auch an *Eco*s Unterscheidung zwischen ‚empirischem Autor' und ‚Modell-Autor'; ders., Lector, 76f.).
132 Der Begriff ‚betendes Ich' wird ab hier unter Aufnahme des literaturwissenschaftlichen Ausdrucks des ‚lyrischen Ich' bei poetischen Texten im Kontext von Israels Gebets-Poesie gebraucht. Mit einer gewissen Unschärfe, die jedoch in Kauf genommen werden kann, wird er weiter unten auch im Zusammenhang der historischen Exegese verwendet werden.
133 Gegenüber *White*, der „implied author" und „textual speaker" als gleichbedeutend versteht (Speech-Act-Theory, 8), ist dies um der Genauigkeit willen doch zu unterscheiden. *Irsigler* spricht für das gleiche Phänomen vom „textimmanenten Sprecher-Ich ..." (Psalm-Rede, 74). – Die hier aufgezeigten Unterscheidungen sind möglicherweise insofern hilfreich, als sie zuungunsten der Ebenendifferenzierung in der Exegese nicht immer beachtet werden, was an Äußerungen wie: „Der Ich-Beter

C) Rezeptionsorientierte Analyse

der Vorstellung von Leser/inne/n häufig, sind jedoch in texttheoretischer Hinsicht zu unterscheiden. Für das Verständnis des ‚impliziten Psalmlesers' ist es dabei wichtig, dass sich seine Rolle, anders als meist bei fiktionalen Texten, an die Rolle des betenden Ich des Psalms annähern kann, und er nach dem Maß seiner ‚Identifikation' damit zum ‚impliziten Beter' wird. Diese Identifikation mit der Rolle des Beters im Akt des Psalmlesens kann geschehen – sie kann aber auch ausbleiben, so dass bei der Unterscheidung zwischen dem ‚impliziten Psalm-Leser' und dem ‚implizitem Beter' zu bleiben ist.[134] Dass ‚Lesen' und ‚Beten' von Psalmen aufeinander zu beziehen sind, heißt nicht zwangsläufig, dass „Leserinnen und Leser, die der Eigendynamik eines Psalms folgen, ... zu Betenden"[135] werden. Lesende können durchaus auch dann der Eigendynamik eines Psalms folgen, wenn sie ihn als Gebet eines fremden betenden Ich wahr- und ernstnehmen.

Die Unterschiede wiederum zwischen dem im Text implizierten Autor und dem historischen Verfasser werden u.a. am Beispiel der davidischen Überschriften deutlich. Von den Leseanweisungen her wird in werkimmanenter Hinsicht David als impliziter Autor (der ‚Psalmist') und als betendes Ich nahe gelegt[136] – für eine Rekonstruktion des historischen Verfassers wird David jedoch kaum mehr eine Rolle spielen.[137] Ebenfalls am Beispiel der davidischen Überschriften treten die Differenzen zwischen dem betenden Ich des Psalms und dem impliziten Leser hervor. Zwar gilt: „Als hermeneutisches Prinzip der situativen Überschriften läßt sich feststellen, daß die Rettungserfahrungen Davids für den bedrängten Beter offen sind".[138] Das sind sie zweifellos – aber wären sie es nicht noch weit mehr, wenn nicht der geschichtliche König ‚David' an der Stelle des Psalmisten, des Beters und des Lesers der Psalmen stünde? Dennoch scheint in der neueren (rezeptionsorientierten) Psalmenexegese ein Konsens darüber zu bestehen, dass David die Identifikation mit dem betenden Ich verein-

---

hat die beiden Teilpsalmen A und B an den Anfang gestellt" (*Seybold*, HAT 1/15, 96) deutlich wird.
134 Dabei ist insgesamt eine größere Vorsicht bei dem sehr starken Begriff der ‚Identifikation' angebracht; vgl. zur Klärung des Begriffs *Schneider*, der für die meisten Fälle lieber von ‚Empathie' sprechen möchte (Figurenrezeption, 103ff.406).
135 *Erbele-Küster*, Lesen, 1. Solches kann lediglich für den idealen Leser reklamiert werden – ein Ansatz, den sie selbst kritisiert (aaO 40). Bei ihr wird beides häufig nicht hinreichend unterschieden, vgl. die Ineinssetzung aaO 2. Wo sie diese Unterscheidung trifft, bezieht sie sie auf die Differenz zwischen historisch-kritischem ‚Lesen' und ‚Beten' als einer Interaktion zwischen Text und Leser (aaO 1). Doch wird historisch-kritische Methodik als (verobjektivierendes) ‚Lesen' ebensowenig treffend gekennzeichnet, wie nicht jede wechselseitige Kommunikation zwischen einem Psalm und einer/m Rezipientin/en als ‚Beten' gesehen werden kann – und ‚Beten' immer noch am besten und primär als eine Kommunikation zwischen Mensch und Gott aufgefasst wird.
136 Das hängt selbstverständlich auch am jeweiligen Verständnis von ל, vgl. dazu u.a. *Erbele-Küster*, aaO 53ff.
137 Dass auf der Ebene des Textes von V.1-15 David der ‚Psalmist', d.h. der vom Text nahe gelegte ‚implizite Autor' ist, ist von einer Repristination *historischer* davidischer Autorschaft, wie z.B. *Denninger* (Literary Study, 89f) sie vornimmt, deutlich zu unterscheiden.
138 *Erbele-Küster*, Lesen, 85, vgl. aaO 51ff.107 u.ö.

fache.[139] Gerade das konnte allerdings bislang noch nicht hinreichend deutlich gemacht werden, zumal sich für jedwede/n Psalmrezipient/in sich zunächst eine geschichtliche, soziologische und ggf. geschlechtsspezifische Distanz zu David als Beter der Psalmen auf, die zu einem (wenn auch paradigmatischen) historischen König Israels nun einmal besteht. Und so besteht die Funktion der Psalmüberschriften zugleich auch darin, ein Differenzbewusstsein zum betenden Ich zu wahren. Dabei ist mitzubedenken, dass Distanz noch eher eine bewusste, individuelle Rollenfindung ermöglicht, da ein Identitätsgewinn gerade nicht durch uneingeschränkte Identifikation geschieht, sondern dadurch, dass Alternativen vorgelegt werden, anhand derer Rezipient/inn/en entscheiden, inwiefern sie eigene Erfahrungen wiederentdecken oder als Erfahrungen anderer gelten lassen – ob sie zu einer Identifikation bereit sind oder nicht.[140]

Die Spanne zwischen ‚implizitem Leser' und ‚implizitem Beter' wird auch im Folgenden bei der Beschreibung der Rolle des ‚impliziten Lesers' berücksichtigt. Da ein Text als Rezeptionsvorgabe[141] missverstanden wäre, und da jede Rolle mit einem gewissen Handlungsspektrum ausgestattet ist, wird auch die Rolle des impliziten Lesers im Folgenden so beschrieben, dass der vom Text gewährte und zugleich auch umgrenzte *Spielraum* nahe gelegter Rezeptionsformen und Möglichkeiten der Kohärenzbildung skizziert wird.

2. Rezeptionsorientierte Analyse von Ps 19

Die Psalmüberschrift V.1 kennzeichnet David als impliziten ‚Autor' bzw. als das betende Ich des Psalms, das dann in V.2 mit einer hymnischen Rede anhebt, die wiederum ein Reden thematisiert, nämlich den himmlischen Lobpreis an Gott.[142] Der implizite Leser kann sich in dieses Lobgeschehen hineinnehmen lassen, und tut er das, übernimmt er die Rolle des impliziten Beters. Wichtig für die Entstehung des regulativen Codes des weiteren Lektüreprozesses ist dabei, dass hier bereits

---

139 Vgl. *Erbele-Küster*, ebd. sowie *Irsigler*: „Die redaktionelle Identifikation des textuellen Sprechers mit dem autoritativen Beter und Sänger David ... ermöglicht einem Textverwender ein Gebet in persona Davidis" (Psalm-Rede, 76).
140 Möglicherweise ist dem unter Zuhilfenahme der Unterscheidung von ‚admirativer Identifikation' (durch ein distanziertes Miterleben mit einem Vorbild) und ‚sympathetischer Identifikation' (bei vergleichbaren Situationen von ‚Protagonist' und Rezipient/in) zu begegnen, vgl. *Mayordomo-Marín*, aaO 165f.
141 Die Betonung der Vorstrukturiertheit der Leserrolle im Text hat dem Rezeptionsästhetiker *Iser* sogar die Kritik eingetragen, „daß die sich im Bewußtsein des Lesers vollziehende Gestaltwerdung des Textes ... zum Sklavendienst am Text" werde (*Jeanrond*, Text, 110) – gleichwohl ohne Berechtigung, beachtet man *Iser*s deutliche Abgrenzung gegen Ansätze, solche Textstrukturen im Sinne einer „Rezeptionsvorgabe" zu verstehen: Nach *Iser* wäre dies eine „Einbahnstraße vom Text zum Leser" anstelle einer Interaktion (Akt des Lesens, 176).
142 *Denninger* trägt mit dem ‚Sprechen Gottes', das er aufgrund „intertextueller Bezüge" zu Gen 1 in Ps 19,2ff entdecken will, eine zusätzliche Ebene in den Text ein (Literary Study, 128-130).

C) Rezeptionsorientierte Analyse

Elemente bekannter Gattungen wahrgenommen werden können,[143] so dass die die hymnische Form für den weiteren Verlauf die Erwartung eines hymnenähnlichen Text evozieren kann. Diese Erwartung wird in gewissen Maße durch die folgende Metapher der redenden Tage und Nächte (V.3) enttäuscht; zugleich wird der impliziten Leser vor die Frage nach dem Zusammenhang zwischen himmlischem Lobpreis und dieser Rede gestellt. Dabei greift die Metapher bereits über die abbildbare Wirklichkeit hinaus und signalisiert Rezipient/inn/en erneut, es mit einem poetischen Text zu tun zu haben. Spätestens der Widerspruch von V.4 zum Vorangegangenen bietet die erste Unbestimmtheitsstelle, die nach einer Orientierung im Voraufgehenden suchen lässt:[144] Wie kann diese Rede zugleich Rede und Nicht-Rede sein? Dabei sind mehrerlei Kohärenzbildungen möglich: Eine besteht darin, im Paradox den Verweis auf einen tieferen Sinn zu erkennen, eine andere darin, die Konsistenz des Textes anzuzweifeln.[145] Zugleich wird eine spannungsvolle Erwartung nach vorne (Protention) auf eine sich möglicherweise erst im Folgenden ergebende Schlüssigkeit aufgebaut. Da sich auch in V.5a keine unmittelbare Auflösung dieses Paradoxes und auch keine letztliche Klarheit über den Charakter der Himmelsrede ergibt, so ist Glass' Beschreibung des Leseprozesses bei Ps 19,2ff treffend: „It is as if after each verse ... one asked: ‚How can this be?'"[146]. Zugleich aber zieht die Rätselhaftigkeit des Textes den impliziten Leser ins Nachdenken nach dem Charakter der geheimnisvollen Himmelsrede hinein und fasziniert ihn. Zumindest kann dann die Information über ihre universale Reichweite in V.5a in die Vermutungen über die Art der Rede miteinbezogen werden. Ihre darstellend-hymnische Beschreibung jedenfalls lässt das betende Ich weiterhin in die Situation eines betenden Betrachters gestellt sein.

Mit dem Auftreten des neuen Handlungsträgers ‚Sonne' (in V.5b) stellt sich erneut die Aufgabe der Kohärenzbildung, nämlich zwischen Himmelsrede und Sonnenlauf.[147] Zugleich gewinnt der Text an Anschaulichkeit und evoziert vor dem inneren Auge der Leser/innen Bilder über

---

143 Gerade wegen des im Gegensatz zu mündlicher Kommunikation fehlenden Situationsbezugs von ‚Literatur' im weitesten Sinne ist die Zuordnung zu einer Textsorte für eine gelungene Kommunikation zwischen Text und Leser/in von großer Bedeutung, vgl. hierzu u.a *Iser*, Akt des Lesens, 101.
144 Festzustellen ist, dass – insofern bestätigt sich bereits hier *Iser*s Theorie der Leser/innenlenkung durch Leerstellen – diese erste Ambiguität bei der Rezeption eine erhöhte Leser/innenaktivität freisetzt.
145 So kann eine Möglichkeit der Konsistenzbildung, die über den Text hinausgreift, im Versuch einer diachronen Textrekonstruktion bestehen.
146 Observations, 153. Zur schrittweisen Auflösung von rätselhaften Aussagen durch neue Andeutungen, die als Verstehensschlüssel dienen können, vgl. auch *Meinhold*, Überlegungen, 134 und passim; *Zenger*, Tora, 181; *Steck*, Bemerkungen, 234ff.
147 Vgl. *Steck*s Problematisierung der Kohärenz von V.2-7 in *ders.*, Bemerkungen, 232.

den Zeltbau Gottes für die Sonne, die Erstaunen und Interesse wecken mögen. Vor allem V.6 lässt den impliziten Leser an den konkret wahrnehmbaren Lauf der Sonne über den Himmel denken, zumal sich dessen Plastizität durch die Vergleiche mit einem Bräutigam und Helden erhöht. V.7 weitet dann mit seiner allumfassenden Perspektive auch die Vorstellung des impliziten Lesers.

Weit größere Bedeutung allerdings kommt der Frage zu, wie der abrupte Themenwechsel, der sich zugleich als Perspektivwechsel des betenden Ich vom Himmel auf die Tora V.8 äußert, vom ‚impliziten Leser' wahrgenommen wird. Als ‚Überraschungseffekt' irritiert er, denn die bisher aufgebauten Erwartungen auf die Fortsetzung des Schöpfungshymnus werden nicht nur enttäuscht, sondern regelrecht umgeworfen, so dass nach der ersten Verwunderung die Suche nach dem Verbindenden zwischen der hymnischen Beschreibung der Tora und der Sonne beginnt – und beginnen muss. So besteht an diesem Übergang vom Schöpfungs- bzw. Sonnenhymnus zum Toralob nicht nur eine strukturell gekennzeichnete Schnittstelle, sondern hinsichtlich des Lesevorgangs auch eine besonders deutliche *Leerstelle* im Iserschen Sinne:[148] Sie wirken als Appell, schwer miteinander zu verbindende Perspektiven auf eine textgemäße Weise in einen Zusammenhang zu bringen.[149] „Leerstellen eröffnen einen Auslegungsspielraum für die Art, in der man die in den Ansichten vorgestellten Aspekte aufeinander beziehen kann"[150] und nötigen den Leser zu einer Form von Kohärenzbildung. Die sich durch den unvermittelten Wechsel zwischen V.2-7 und V.8ff auftuende Leerstelle eröffnet also einen Freiraum für den impliziten Leser, wie er die verschiedenen Textsegmente aufeinander bezieht. Zugleich muss er hier aktiv werden, wenn er sich der Kohärenzbildung nicht entziehen will.[151] Wenn nun in der weiteren Lektüre die Suche nach Verbindendem zum Voraufgehenden weitergeht, so bietet sich u.a. die Licht- und Lebensmetaphorik (mit ihren oben in der Analyse aufgezeigten Bezügen) an,[152] die zumindest eine Ahnung von Kohärenz aufkommen lässt. *In jedem Fall* werden die Beziehung zwischen

---

148 Dabei werden ‚Leerstellen' formal nicht selten durch eine ‚Schnitttechnik' hergestellt, vgl. dazu *Iser*, Appellstruktur, 237.
149 Das breite Spektrum an Lese- und Interpretationsvarianten in der Auslegungsgeschichte von Ps 19, die nach der Einheit von V.2-7 mit V.8-15 suchen, ist ein Beleg für das Zutreffen der *Iser*schen These, da sie deutlich macht, in welchem Maße sich Ausleger dazu aufgefordert wussten, die Leerstellen im Rahmen des gewährten Auslegungsspielraums aufzufüllen.
150 *Iser*, Appellstruktur, 15, vgl. auch *Iser*, Akt des Lesens, 284; zur Theorie der Leerstelle vgl. auch *Eco*, Lector, 63f.
151 So ist die von den Leerstellen unterbrochene Anschließbarkeit der Textsegmente aufeinander der Anreiz dafür, „das ‚Archisem' zu entdecken, das den unverbundenen Segmenten unterliegt und das diese zu einer neuen Sinneinheit zusammenschließt, sobald diese ‚gefunden' ist" (*Iser*, Akt des Lesens, 287).
152 Dabei rückt bei der Lektüre der zweiten Hälfte von Ps 19 der erste Abschnitt und seine Themen in eine Horizontstellung.

C) Rezeptionsorientierte Analyse

Schöpfung bzw. Sonne und Tora Gegenstand des Nachdenkens des impliziten Lesers werden. Damit aber zeigt sich der strukturelle und thematische Wechsel als eine sinnvolle Textstrategie, wenn es darum geht, Leser/innen in einen – für sie wohl letztendlich unabschließbaren[153] – Verstehensprozess hineinzuführen.

Wenn das betende Ich die Tora in V.8-10 mit dieser wiederum hymnischen Rede lobt, legt diese plerophore Beschreibung der guten Qualitäten und Wirkungen der Tora dem impliziten Leser nahe, eine ebenso zugetane Stellung gegenüber der Tora und den Geboten einzunehmen; zumindest wird er Vergleiche mit eigenen Bewertungen und Erfahrungen vornehmen. Die repetitive Form strukturell so gleichförmiger Sätze wie V.8-11 wird, zumal sie keine informativen Aussagen sind, kaum additiv wahrgenommen, sondern hat einen Verlauf: Die zweite Variante überrascht vielleicht nur wenig, da sie durchaus die Erwartung eines synonymen Parallelismen erfüllt. Doch bei der dritten Repetition wird spätestens das Prinzip von Wiederholung und Variation deutlich, und die Aufmerksamkeit des impliziten Lesers richtet sich dann auf den Rhythmus und auf die Unterschiede in den Wiederholungen. Nahe gelegt wird ferner eine meditative Haltung, in der sich der implizite Leser die Wirkungen der Gebote vorstellen und für sich gelten lassen kann. Übernimmt der implizite Leser die angelegte Beterrolle, entscheidet er sich wohl auch in V.11 mit dem betenden Ich für die Höherbewertung der Gebote gegenüber Gold bzw. Honig.

Bis hierher trägt der Text weniger die Züge eines Gebets als eines poetischen Kunstwerks, das die himmlische Lobrede, den Lauf der Sonne und die Qualitäten der Tora in hymnisch-gehobener Stimmung vor das innere Auge des impliziten Lesers malt und ihn in die Position eines günstig gestimmten und faszinierten Betrachters stellt. Im Gegensatz zu V.2-11 thematisiert das betende Ich sich nun selbst und tritt aktiv in Beziehung zu Gott. Dadurch führt es den impliziten Leser sehr deutlicher vor die Wahl, sich mit der Rolle des Beters zu identifizieren (oder nicht). Die Erwartung des impliziten Lesers, bei einem Psalm auch ein ‚Gebet' vor sich zu haben und (innerlich) mitsprechen zu können, wird dabei aber auch endlich erfüllt, was den ‚Leerstellenbetrag' bei diesem Übergang – die vom Wechsel der Sprecherorientierung ausgelöste Unbestimmtheit – deutlich vermindert.

Die Bekenntnisäußerung den Geboten (und damit indirekt JHWH) gegenüber sowie die Selbstbezeichnung עַבְדְּךָ in V.12a ermöglicht dem impliziten Leser, dessen Selbstverständnis zu teilen und sich ebenfalls von den Geboten gewarnt sein zu lassen. V.12b lässt einstimmen in das Bekenntnis zu positiven Folgen des Haltens der Gebote. Die an JHWH, aber auch an andere mögliche Rezipient/inn/en gerichtete rhetorische

---

[153] Das ist bereits deshalb so, weil der Text anders als bei zwischenmenschlicher Kommunikation nicht selbst gezielte Antworten auf Leser/innenfragen über das Zutreffen ihrer Sinnbildungen geben kann.

Frage (V.13a) zielt auf ihre Zustimmung dazu, dass niemand sich über seine unbeabsichtigten Vergehen im Klaren sein kann.[154] Bei dieser rhetorischen Frage wird die Kommunikationsstruktur zwischen dem ‚textinternen Sprecher' und dem impliziten Leser / Beter deutlich: Letzterer kann sich von ersterem angesprochen fühlen. Gerade der ‚hypothetische' Charakter der sehr viel unbestimmteren und allgemeineren, unbeabsichtigten Vergehen vereinfacht (anders als bei sehr konkreten Sünden) die Übernahme der Beterrolle. So ist auch die Bereitschaft größer, in die Vergebungsbitte (V.13b) einzustimmen. In V.14aα stellt sich dem impliziten Leser die Frage, wer die Feinde des betenden Ich sein mögen – und mit welchen eigenen Erfahrungen er sie verbinden kann. Auch hier ist gerade die fehlende Konkretion der unvermittelt eingeführten ‚Anmaßenden' eine Erleichterung, sich mögliche feindliche Spötter vorzustellen und mit eigenen Gefährdungen in Beziehung zu bringen.[155] Die Antizipation der Erhörung[156] nimmt auch den impliziten Beter über die Situation der Bitte hinaus in die Situation der Vergebung hinein.[157] Mit der eindringlichen Anrufung JHWHs in V.15 festigt das betende Ich die Vertrauensbeziehung zu JHWH und verleiht auch dem impliziten Beter Sprache hierfür.

Vor allem V.12-15 sind also ‚Gebetsanleitung': Dieser Abschnitt bietet eine konkrete Beterrolle, die dennoch genügend, ja sogar mehr als üblich, typisiert ist, so dass Rezipient/inn/en sie in sehr unterschiedlichen Situationen über die Zeiten hinweg für sich übernehmen können. Sofern sich der implizite Leser mit der vom Text entworfenen Gestalt des betenden Ich identifiziert, beherbergt der Text für sie die Möglichkeit, die Wahrung der Tora mit guter Erwartung zu verknüpfen, in gewisser Hoffnung ihre Vergebungs- und Schutzbedürftigkeit vor JHWH zu bringen und ihr Vertrauen auf JHWH als ihren persönlichen Erlöser zu versprachlichen und zu stärken. Ps 19 ist damit auf eine Rezeption angelegt, die sich die am Himmel, vor allem im Sonnenlauf der Welt bekundende Herrlichkeit und Weisheit Gottes vorführen lässt, die dem geheimnisvollen Zusammenhang dieser Weisheit mit der Tora nach-

---

154 Ähnlich *Denninger*, Literary Study, 233. Hier wird besonders deutlich, dass der Text einen impliziten Adressatenkreis als ‚Forum' enthält; zum Phänomen eines vorausgesetzten „Hörerkreis[es], ... in dem der Sprecher seine ... [A]bsicht kundgibt" (*Irsigler*, Psalm-Rede, 74) in den Psalmen vgl. *Irsigler*, ebd.
155 Gerade die Unbestimmtheit der Identität der Feinde (obwohl sie als eine konkrete Personengruppe gedacht und gezeichnet sind) beschreibt *Erbele-Küster* als eine den Identifikationsprozess ermöglichende Leerstelle (Lesen, 141-148).
156 Dies als Vorwegnahme zu erschließen, ist Aufgabe der Rezipienten, die aber eher nur die Komplettierung einer Unbestimmtheitsstelle erfordert. Zur Differenz der beiläufig reduzierbaren Unbestimmtheits- zu den Leerstellen vgl. *Iser*, Akt des Lesens, 267ff. Trotz der Gewissheit des betenden Ich bleibt die Bitte auf eine Erhörung hin offen, zur offenen Struktur der Bitte als ‚Leerstelle' *Erbele-Küster*, Lesen, 157.
157 Zum antizipatorischen Charakter von V.14b vgl. u.a. *Denninger*, Literary Study, 230-232.

C) Rezeptionsorientierte Analyse 59

denkt, und in der Rezipient/inn/en in die ihnen zugedachte Stellung im Kosmos hineingeführt werden: Als an die Tora *verwiesener* und auf Vergebung und Erlösung *angewiesener*, bittend vor JHWH tretender Mensch.

Damit sind in diesem Abschnitt bereits einige textpragmatische Dimensionen des Psalms angesprochen worden, die u.a. in der Frage nach seiner Gattung wieder aufgenommen werden. Zugleich ist hier eine Art Kohärenzanalyse vorgelegt worden, die jedoch im Blick auf den impliziten Leser und seine Möglichkeiten und Schwierigkeiten der Kohärenzbildung geschehen ist. In ganz anderer Hinsicht sind die gleichen Phänomene für die im Folgenden zu behandelnde literargeschichtliche bzw. diachrone Fragestellung von Belang.

III. Einheitlichkeit und Entstehung

A) Anzeichen literarischer Uneinheitlichkeit

„The unity of Ps 19 is under considerable debate"[1]. Dass die literarkritisch-analytische Frage nach der Einheitlichkeit von Ps 19 bzw. die literargeschichtlich-synthetische nach dem Zustandekommen seiner vorliegenden Gestalt ein Schwerpunkt seiner Diskussion ist, braucht kaum in Erinnerung gerufen zu werden. Vor allem aufgrund des abrupten strukturellen und metrischen Wechsels von V.2-7[2] in die äußerst straff gegliederte Struktur von V.8-11 und aufgrund des thematischen Wechsels von der Schöpfung zur Tora steht immer noch zur Diskussion, ob die Abschnitte V.2-7 und V.8-15 der Hand eines einzigen Autors entstammen. Wegen der Spannung, die zwischen V.4 und V.2f.5a besteht, und der Vermutung, dass die Interessen einer theologischen Skepsis für seine Einfügung verantwortlich seien,[3] ist auch die ursprüngliche Zugehörigkeit von V.4 zu seinem Kontext zu diskutieren. Und auch am Übergang von V.2-11 zu V.12-15 besteht ein auffälliger Wechsel von der hymnenartigen Form zu Elementen des Individualpsalms, dem ein Wechsel auf struktureller, metrischer, syntaktischer und thematischer Ebene entspricht. Was von all dem allerdings tatsächlich als Indiz verschiedener Vorstufen gewertet werden kann, ist im Einzelnen jedoch noch erst zu prüfen.

Die literarkritische Methodik wird dabei einerseits dadurch ausgesprochen erschwert, dass die ihr häufig zugrunde liegende Gleichung, inhaltliche Inkohärenz lasse auf literarische Uneinheitlichkeit schließen,[4] nicht ohne weiteres zutrifft.[5] Als besonders unsichere Kriterien für literarische Uneinheitlichkeit müssen in Psalmen z.B. Sprecher- bzw. Perspektivwechsel oder Abweichungen im Metrum gelten. Gleiches gilt für Abweichungen von gattungstypischen Elementen bei ursprünglich literarisch komponierten Psalmen, die in weit höherem Maße Gattungen transformieren und miteinander verschmelzen, dafür z.T. mehr mit Stichwortverknüpfungen arbeiten. Spannungen, Wiederholungen und strukturelle Übergänge können nicht ohne weiteres als Zeichen von Uneinheitlichkeit gewertet werden, insbesondere dann

---

1 *Gerstenberger*, FOTL XIV/1, 101.
2 Die Frage nach der Zugehörigkeit der Psalmüberschrift V.1 zum Psalm wird im Zusammenhang der Kontexteinbindung des Psalms in den Psalter thematisiert, s.u. VII. B).
3 So *Zenger*, Tora, 182; *Kleer*, Sänger, 26ff u.a.
4 Vgl. *Steck*, Exegese, 50.
5 Vgl. *Utzschneider*, Arbeitsbuch, 230ff.

nicht, wenn sich nicht ein Wechsel in der Sprach- und Vorstellungswelt oder konzeptionell-theologische Inkohärenzen nachweisen lassen.[6] Man wird also oft die Frage letztlich nicht sicher beantworten können, ob und inwieweit ein Verfasser andere Texte ‚vor Augen' gehabt bzw. verarbeitet hat – oder nicht. Im weiteren Verlauf werden als die ausschlaggebenden Kriterien für die Wahrscheinlichkeit von literarischer (Un-)Einheitlichkeit des Textes die Hetero- bzw. Homogeneität von Sprache und Stil und vor allem das (Nicht-)Vorhandensein eines plausiblen theologischen Konzepts gewertet.

Im Folgenden (III. B) werden zunächst die Probleme literarischer Einheitlichkeit anhand denkbarer bzw. in der Forschung vertretener Lösungsmodelle diskutiert. Diese werden dabei auf ihre Erklärungskraft und auf ihre jeweiligen Schwierigkeiten hin befragt – und zwar nicht nur hinsichtlich der gewissermaßen genuin literarkritisch-analytischen, sondern zugleich auch hinsichtlich der synthetischen Frage nach der Entstehung des vorliegenden Psalms. Bei der wahrscheinlichsten Lösung werden die für und wider sie sprechenden Argumente etwas ausführlicher diskutiert,[7] bevor schließlich verbliebene Einzelprobleme geklärt werden können.[8]

B) Entstehungsmodelle von Psalm 19

1. Das ‚literarkritische' Modell

Das ‚literarkritische' Modell (‚Ps 19A und Ps 19B') gründet sich vor allem auf die beim erstem Hinsehen offenkundige Spannung zwischen V.7 und V.8, die in klassischer Weise literarkritisch ausgewertet und diachron interpretiert wird.[9] So wird etwa der Eindruck eines fehlenden Schlusses von V.2-7 u.a. mit einer Fragmententhese[10] und dem Ausfall eines längeren Schöpfungshymnus[11] erklärt. Dass das ‚literarkritische' Entstehungsmodell, wenn die Frage nach dem Anlass der Zusammenfügung der mutmaßlichen Vorstufen überhaupt gestellt wird, weitgehend von einer bloß zufälligen oder gar versehentlichen Zusammensetzung[12]

---

6 Selbst wenn man mit ziemlicher Sicherheit eine diachrone Textentstehung erschließen kann, so ist die Rekonstruktion der wirklichen (wörtlichen) Vorstufe eines Textes doch als sehr schwierig einzuschätzen.
7 S.u. III. C) 1.-3.
8 S.u. III. C) 4.
9 Zur Geschichte dieser These und ihren einzelnen Vertretern, wie *Rosenmüller, de Wette, Duhm, Gunkel* und *Weiser* bis zu *Steck, Fohrer* und *Westermann* vgl. Einleitung B) 1.
10 Vgl. u.a. *Duhm*, KHC ²XIV, 80; *Baethgen*, HK II/2, 54. *Gunkel* allerdings weist dies mit dem Hinweis auf andere, plötzlich endende Psalmen zurück (HK II/2, 76).
11 *Olshausen*, KEH XIV, 112; *Ewald*, Dichter I², 33.
12 *Gunkel* z.B. geht von einem Versehen aus und meint, sie seien „fälschlich zusammengefügt" worden (HK II/2, 74).

der vorliegenden Psalmteile V.2-7 und V.8-15 ausgeht, ist allerdings als eine höchst unbefriedigende Erklärung anzusehen.

Für die von einigen zusätzlich vertretene Zusammensetzung von V.2-7 aus den Vorlagen V.2-5a und V.5b-7[13] werden zwar zumindest teilweise Begründungen angegeben.[14] Der Zusammenhang von V.2-7 kann jedoch an sich kaum angezweifelt werden, da eine solche Dichte von Inclusionen, Verschränkungen und Stichwortverknüpfungen, wie sie oben anschaulich gemacht wurde,[15] bei einer bloßen Zusammenfügung mehrerer vorliegender Texte nicht vorstellbar ist.

Argumente für das ‚literarkritische' Modell wurden dabei immer wieder aus der form- bzw. gattungsgeschichtlichen Theorie von der ursprünglichen ‚reinen Form' abgeleitet. So wurde immer wieder der mutmaßliche Gattungswechsel vom ‚Schöpfungshymnus' zum ‚Torapsalm' vorgebracht. Als Hinweis auf zwei eigenständige Fragmente oder Psalmen könnte das aber nur gelten, wenn in V.2-7 tatsächlich der Gattung des partizipialen Hymnus o.ä. zuzuordnen wäre, und V.8-15 nicht nur behelfsmäßig der ‚thematischen Gattung' ‚Torapsalm'[16] zugeordnet werden könnte.[17] Für eine ganze Reihe von Psalmen, vor allem für späte, ‚literarische' Texte, ist jedoch davon auszugehen, dass sie sich – so es die ursprüngliche ‚reine Form' (v.a. literarisch) je gegeben hat – weitgehend von den überlieferten Gattungen gelöst haben, so dass aus formgeschichtlichen Beobachtungen kaum etwas für die literarkritische Argumentation gewonnen werden kann.

Häufig wurde auch und wird die vermutete außerisraelitische Herkunft von V.2-7 bzw. weiter Teile davon in die literarkritische Argumentation einbezogen,[18] wobei über konkrete Gründe der Übernahme sowie über mögliche Überlieferungswege wiederum seltenst Auskunft gegeben wird.[19] Tatsächlich jedoch ist für keines der Motive von Ps 19 die Übernahme außerisraelitischer *schriftlicher* Überlieferungen anzunehmen;[20]

---

13 Die ‚Fragmententhese' soll u.a. das angeblich uneindeutige Subjekt von V.5b erklären.
14 *Gunkel* etwa schreibt: „weil sie [sc.: die Verkündigung des Himmels und der Sonnenlauf] beide von einem Ende bis zum anderen gehen" (HK II/2, 76).
15 Es sind dies: שָׁמַיִם in V.2a – (אֶרֶץ in V.5a –) שָׁמַיִם in V.7a; אֹמֶר in V.3 / V.4; יצא in V.5a / V.6a – מוֹצָא in V.7a; קָצֶה / קָצֶה in V.5a / V.7a; אֵין in V.4 / V.7b; s. dazu im Einzelnen oben II. A) 2.
16 S. hierzu auch unten IV. A).
17 So erwartet man von denen, die ‚Ps 19A' und ‚Ps 19B' als zwei verschiedene (– und das hieße ja auch: vollgültige –) Psalmen behandeln, auch eine plausible Auskunft über Herkunft und Sitz im Leben dieser beiden Fragmente oder ‚Psalmen'. Dass sie wohl kaum gegeben werden kann, spricht nicht gerade für dieses Modell.
18 So z.B. *Gerstenberger*, FOTL XIV, 102f.
19 Vgl. bereits *Delitzsch'* Problematisierung der Annahme „irgendwoher zusammengewehte[r] Torsi" (BC IV/1, 162).
20 S.u. V. A) -C); selbst eine vorexilische Datierung von V.2-7 fällt dahin, s. dazu unten III. C) 1. zur sprachlichen Analyse.

auch dieses Indiz fällt also dahin. Das ‚literarkritische Modell', das aus dem abrupten, jedoch bloß strukturellen und thematischen Wechsel unmittelbar diachrone Schlüsse zieht, ohne wiederum das eigene Modell durch plausible Vorstellungen von der Art der vermuteten Vorstufen und von der Entstehung des Textes stützen zu können, ist aber vor allem aufgrund der meist unbeachteten, auf vielerlei Ebenen bestehenden Stichwort- und Motivverbindungen[21] nicht aufrechtzuerhalten. Durch die rasche Unterstellung von Zusammenhangslosigkeit ersetzt und nicht ausreichend beantwortet, ja von vornherein nicht hinreichend gestellt wird hier die synthetische Frage nach der Absicht der vorausgesetzten Zusammenstellung[22] und nach der inhaltlichen Kohärenz des Textes. Kompositionsmodelle dagegen sind auf diese Fragestellung eingegangen.

2. Das Kompositionsmodell

Die Frage nach der Einheit des Psalms stellt seine überlieferte Gestalt selbst. Van der Ploegs Votum: „In any case, the psalm came to us a unity and has to be explained as such"[23] ist für das Kompositionsmodell programmatisch, das in unterschiedlichem Ausmaß eine bewusste Zusammenfügung der Teiltexte V.2-7 und V.8-15 zu einem neuen Sinnganzen annimmt[24] und nach der inneren Einheit der beiden Hälften sucht.[25] Dabei wurde bereits eine ganze Reihe von Verbindungen für die Zusammenstellung der Fragmente genannt. Nicht wenige sehen in der ‚Offenbarung in Natur und Schrift'[26] das ‚tertium comparationis' der Psalmhälften.[27] Manche nehmen dagegen eine Zusammenstellung zu kultischen bzw. liturgischen Zwecken an.[28] Dabei wäre jedoch eine Auskunft darüber zu erwarten, wie man sich den Sitz im Leben eines

---

21 S.o. II. A) 3.
22 Vgl. *Knierim*: „Even if we had to interpret two separate psalms ... the problem of their relationship would still exist" (Theology, 439).
23 *Van der Ploeg*, Psalm XIX, 198, vgl. ähnlich *Ridderbos*, Psalmen, 174.
24 So bemerkt etwa *Kissane* zur Verbindung von Schöpfung und Tora (mit Blick auf Ps 93,1-4.5): „The composition of these two themes was a natural one" (Psalms, 83).
25 So z.B. *Ridderbos*, Psalmen, 174.
26 *Kittel* etwa in der „ideelle(n) Einheit" von „Offenbarung Gottes" in der Natur und im Gesetz (KAT XIII, 96).
27 *Aalen* will es am Begriff חק festmachen; *Mowinckel* kritisiert dabei, dass gerade dieser Terminus fehle (Psalms, 267; ähnlich *Taylor*, Yahweh and the Sun, 147; s. dazu auch unten V. D). *Van Zyl* nennt „justice and order" (Psalm 19, 150) und „revelation" (aaO 152).
28 *Weiser* etwa meint, beide Teile seien „aus kultischer Überlieferung hervorgegangen und zu gottesdienstlichem Gebrauch zusammengestellt" (ATD 14, 135, vgl. *Knierim*, Theology, 440; *Gerstenberger*, FOTL XIV I, 102).

solchen Textes vorzustellen hätte. Zugleich bedürfte es immer noch inhaltlicher Gründe, religionsgeschichtlicher Motive o.ä. für die Komposition eines solchen Textes. Daher bleibt eine rein kultische Erklärung unzureichend. Gegenüber solchen und anderen, z.T. von sehr vagen bzw. aus modernen Denkvoraussetzungen abgeleiteten Verbindungen, sind solche wie die Entsprechung von himmlischer und irdischer Ordnung[29] oder die altorientalische Licht-Recht-Relation als einendes Band von V.2-7 und V.8-15 weit eher plausibel, da sie einen konkreten traditionsgeschichtlichen Vorstellungskomplex zur Grundlage ihrer Überlegungen machen.[30]

Dennoch bleibt hier zu fragen, ob die Annahme einer kompositionellen Zusammenfügung zweier Fragmente für einen solchen Text ausreichend wäre. Denn für einen Psalm, dessen Kompositionsidee[31] auf der Licht-Recht-Relation beruht, wäre das Zusammentreffen der (hypothetischen) Fragmente V.2-7[32] und V.8-15 ein äußerst glücklicher Zufall.

Die Frage nach Herkunft, Verwendung und Aussage der mutmaßlich zugrunde liegenden Teilstücke bleibt auch bei einem Kompositionsmodell ungeklärt. V.8-11 etwa bietet nämlich keinerlei Anhalt dafür, ein kultisch verwendeter Hymnus oder ein in mündlicher Überlieferung geprägtes Traditionsstück zu sein, u.a. weil eine bei akrostichischem Aufbau noch gewährleistete Gedächtnisstütze fehlt.[33] Versucht man, es als ein vorliegendes Textfragment anzusehen, fehlt ein Anfang[34] und ein Ende; wer V.8-11 als Fragment ansieht, muss sich fragen lassen, welcher Art Text dieser Abschnitt wohl entnommen wäre.[35] Hieran wird deutlich, dass er auch in jedem an-

---

29 Vgl. *Weiser*, der den „Gedanke(n) der Ordnung Gottes" nennt (ATD 14, 136).
30 Vgl. bereits *Schröder*, Ps 19, 69f; *Stähli*, Solare Elemente, 40. Zur Licht-Recht-Relation s.u. III. C) 2.
31 ‚Komposition' in einem engeren Sinne wird dabei verstanden als planvolle Zusammenstellung vorliegender Texte oder Textstücke, ohne größere eigene überarbeitende oder redaktionelle Eingriffe.
32 Zudem stellen sich bei der Annahme eines eigenständigen Text(stück)es V.2-7 Fragen wie: Für welche religionsgeschichtliche Konstellation wäre für V.2-7 eine sinnvolle Aussage rekonstruierbar? Und in welchem Gebrauch wäre V.2-7 als ein eigenständiger Text tradiert worden? usf.
33 Die strenge formale Gleichförmigkeit ist hier jedoch – anders als bei Akrosticha – eher eine mnemotechnische Erschwernis denn eine Erleichterung; anders *Oesch*, Übersetzung, 82.
34 Vgl. bereits *Ewald*s Einwand gegen die Eigenständigkeit von V.8-15, es sei „ohne genügenden Anfang: denn für ein Gebet beginnt v. 8 zu frostig" (Dichter, 33).
35 Die These des Ausfalls eines längeren, Ps 119 vergleichbaren Gesetzeshymnus hat *de Wette* aufgebracht (Psalmen, 226). Seine Folgerungen aus der formalen Analogie zu Ps 119, der Schluss V.12-15 sei für nur sechs Zeilen zu feierlich, sind allerdings angesichts des gegenüber dem Gesamtpsalm vergleichsweise unauffälligen Schlusses von Ps 119 mit V.176 bereits alles andere als überzeugend. Ebenso ist *D.H. Müller*s (Re-)Konstruktion eines achtzeiligen Toralobes in Ps 19 aufgrund der achtzeiligen Strophen von Ps 119 (Strophenbau, 112) in keiner Weise überzeugend. Bei einem solchen Eingriff in die Gestalt eines Psalms aufgrund einer einzigen Gattungsparallele nimmt die Schematisierung des einzelnen Psalms aufgrund von gat-

B) *Entstehungsmodelle von Psalm 19*

deren Zusammenhang der gleiche erratische Block wäre. Wie die fast völlig erfolglose Suche nach ähnlichen eigenständigen Texten zeigt, handelt es sich bei V.8-11 eben um eine formgeschichtlich singuläre Neukreation.[36] V.8-11 erweist sich damit nicht nur durch seinen Inhalt, sondern auch durch seine Form als ein Erzeugnis toraweisheitlicher Schriftgelehrsamkeit, das primär zu einem Gebrauch als Literatur bestimmt ist. Trotz seiner strukturellen Gleichförmigkeit und Geschlossenheit kann V.8-11 also nicht als ein eigenständiges Textstück gewertet werden, das an V.2-7 angefügt wurde.

V.8-11 ist nur für diesen Zusammenhang verfasst worden, V.12-15 aber ist von V.8-11 abhängig. Denn der Rückbezug des ePP 3.ps.m.pl. in V.12 und auch die Stichwortbezüge innerhalb von V.8-15[37] zeigen, dass V.8-11 und V.12-15 nicht selbständig vorstellbar sind, sondern eng zusammengehören. Wegen der von den meisten Auslegern kaum beachteten hohen Zahl von Stichwort- und Motivverbindungen, wie etwa בְּהֵם (V.5b / V.12a) und סתר ni. (V.7b / V.13b), des Motivs der Freude (שׂישׂ / שׂמח pi. in V.6b / V.9a), Sonne (V.5b-7) und Lichtmetaphorik (אור hi. V.9b; זהר V.12) etc. ist wiederum eine eigenständige Existenz von V.8-15 nicht vorstellbar.[38] Daher fällt auch ein Kompositionsmodell im engeren Sinne aus.[39] Kann das ältere Redaktionsmodell diese Verbindungslinien besser plausibel machen?

3. Das ältere Redaktionsmodell

Die Vielzahl der Stichwortverknüpfungen und Motivverbindungen, die die Strukturanalyse gezeigt hat,[40] geht kaum auf eine bloß geschickte Zusammenfügung völlig unabhängig voneinander entstandener Textstücke, sondern auf bewusste Gestaltung zumindest von weiten Teilen von V.8-15 im Blick auf V.2-7 zurück. Das ‚ältere Redaktions-

---

tungsgeschichtlichen Ein- bzw. eher nur Ansichten eine äußerst problematische Form an. Deshalb besitzt auch *Seybold*s Position, der in der Grundlinie *Müller*s Einschätzung von V.8-11 als Fragment folgt und den Abschnitt als „Teilstück eines achtzeiligen Sentenzengedichtes" ansehen möchte (HAT 1/15, 87), keine wirkliche Erklärungskraft für Herkunft und singuläre Gestalt von V.8-11.
36 Die einzigen Analogien sind Ps 119, ein Erzeugnis schriftgelehrter Tätigkeit, und der von Wiederholung geprägte Lobpreis der Furcht JHWHs in Sir 1,11-30; s. hierzu unten V. D) 4. b). Die Singularität von V.8-11 notiert auch *Mathys*, Dichter, 304f.
37 Z.B. תָּמִים (V.8a) / תמם (V.14b) und לֵב (V.9a / V.15).
38 Vgl. auch die mit dem Sonnenlauf verbundenen, hier jedoch auf die Tora bezogenen Qualitäten, wie: ‚gerecht', ‚wahr', lebensspendend etc.; s. hierzu wiederum oben II. A) 3 mit den Schaubildern 1 und 2.
39 Auch im Hintergrund des Kompositionsmodells steht häufig die These der Übernahme eines aus der Umwelt stammenden Textes, auf die u.a. die angebliche Fragmentarizität von V.2-7 zurückzuführen sei.
40 Vgl. v.a. oben Schaubild 1 und 2.

modell'[41], das in den meisten seiner Varianten als ‚Korrekturmodell' treffend bezeichnet ist,[42] da es implizit von einer tora-treuen ‚Verbesserung' eines zu vollmundigen Schöpfungs- bzw. Sonnentextes ausgeht, scheint diese Verbindungslinien zunächst besser zu erklären. Denn es wäre ja vorstellbar, dass ein Redaktor mit einer lichthaften bzw. solaren Metaphorik in den Toraprädikationen von V.8-11 und mit den Stichworten זהר (V.12a) und אמר (V.15a, mit Rückbezug auf die *verba dicendi* in V.2-5a)[43] auf V.2-7 Bezug genommen hat.
Wenn aber ein Text V.2-7 wegen einer theologisch inakzeptablen Auffassung von der Sonne oder von einer ‚Selbstoffenbarung der Schöpfung' nicht schon dem Verschwinden oder Vergessen anheimgegeben wurde – das wohl häufigere und wirksamere Mittel beabsichtigter wie halbbewusster Zensur[44] –, so hätte ihn ein Redaktor wohl sehr viel besser und wirksamer innerhalb von V.2-7 oder durch einen deutlicher für die Prävalenz der Tora argumentierenden Text (etwa durch Anschluss mit Waw-adversativum etc.) korrigierend bearbeitet. Vor allem aber erklärt auch das Redaktionsmodell nicht das, was es durch eine literargeschichtliche These zu erklären antritt, nämlich den strukturellen und thematischen Schnitt zwischen V.7 und V.8. Denn da eine Bearbeitung sich in der Form problemlos an den Stil von V.2-7 hätte anschließen können, wird die strukturelle Verschiedenartigkeit durch eine Redaktionshypothese ebensowenig befriedigend erklärt.[45] Die Frage nämlich, welche Gründe einen Redaktor dazu bewogen hätten, V.2-7 mit einem strukturell so verschiedenen Textabschnitt fortzusetzen, bleibt auch bei diesem älteren Redaktionsmodell unbeantwortet. Dass ein Wechsel in Struktur und Thema ein Indiz für Überarbeitungen sei, gehört zwar zur gängigen literarkritischen Argumentation, doch macht es sich eine diachrone Erklärung des abrupten Übergangs an dieser Stelle die Sache zu einfach. Bei so offenkundigen und harten Übergängen versagt diese Deutung, so lange nicht auch erklärt werden kann, was von einem Bearbeiter oder Verfasser mit dem Strukturwechsel beabsichtigt ist.
Insgesamt zeigen sich alle bisher genannten Modelle doch deutlich von

---

41 Zur Entwicklung von der sozusagen ‚klassischen' Form dieses Modells (bei *Ewald*, Dichter I, 33; *Schröder*, Psalm 19, 69; *Mowinckel*, Psalmenstudien III, 187; *ders.*, Worship, 267 u.a.) bis zum ‚Korrekturmodell' bei *Kraus* (BK XV/1, 298.305f; *Loretz*, Psalmenstudien III, 187; *Fischer*, Komposition, 23f u.a.) s. bereits oben, Einleitung B) 1.
42 So *Mathys*, Dichter, 310.
43 Hinzu kommen die soeben genannten Stichwortaufnahmen בָּהֶם (V.12a) und נִסְתָּרוֹת (V.13b)
44 Es wäre ja auch danach zu fragen, aus welchen Gründen ein solcher Schöpfungs- bzw. Sonnenhymnus V.2-7 sich einem Redaktor aufgedrängt haben sollte, und zu welchem Zweck ein solcher (außerisraelitischer? oder vorexilisch entstandener?) Text überhaupt weiterüberliefert worden sein soll.
45 Ob sie korrigierende oder positiv aufnehmende, ‚fortschreibende' Absichten hat, spielt dabei keine Rolle.

der These beeinflusst, dass V.2-7 erst durch ‚Ps 19B' zu einem israelitischen Text geworden sei. Dass V.2-7 ein Fragment aus der Umwelt bzw. eine Bearbeitung von *literarischen* Vorlagen sei, kann aber aufgrund der traditions- und motivgeschichtlichen Untersuchung ausgeschlossen werden.[46] Auch die so häufig vertretene vorexilische Datierung von V.2-7 ist im Blick auf dessen Sprach- und Vorstellungswelt aufzugeben.[47] Tatsächlich verlangt V.2-7 wegen so mancher noch rätselhaft gebliebener Aussage nach einer Fortsetzung.[48] Nach der Klimax mit dem Motiv der ‚Sonne als Gerechtigkeitsgarant' in V.7 ist aber die Thematisierung von Recht und Gerechtigkeit in V.8-11 eine stimmige und sinnvolle Fortsetzung.[49] Dass V.2-7 und V.8-11 in einem Zug entstanden sind, kann also mit gutem Grund angenommen werden.[50] Das neuere Redaktionsmodell nimmt diese Einsicht auf.

4. Das neuere Redaktionsmodell

Die Einsicht in den traditionsgeschichtlichen Zusammenhang von Sonne und Recht, von Sonnenlauf und Tora, ist in das neuere Redaktionsmodell eingeflossen, das V.2-11 als Einheit begreift, an die von einem Redaktor V.12-15 angefügt wurde, und das nunmehr von der Mehrheit der deutschsprachigen Forscher vertreten wird. Es findet sich u.a. bei Hossfeld und Zenger[51], die darin offenbar Spieckermanns Redaktionsmodell folgen,[52] sowie bei Kleer[53] und Rösel.[54] Doch auch dies redaktionsgeschichtliche Modell bereitet erhebliche Probleme. Spieckermann begründet die literarkritische Scheidung zwischen V.11 und V.12 mit inhaltlichen Brüchen, die er zwischen der „theologisch durchaus originelle(n) Kombination" V.2-11 und V.12-15 sieht, näm-

---

46 S. unten V. B) und C).
47 S. hierzu unten III. C) 2. Doch auch aus der Vermutung einer nachexilischen Entstehung von V.2-7 werden oft keine Schlüsse für die diachrone Fragestellung gezogen, wie etwa bei *Loretz*, der ‚Ps 19A' als „Werk der nachexilischen jüdischen Theologie" ansieht und dennoch für ein Fragment hält (Ugarit, 172).
48 Vgl. hierzu auch *Zenger*, Tora, 184.
49 S. dazu oben II. B) 2. a) und III. C) 2. sowie V. C) 5.
50 So sah z.B. bereits *de Wette* im Themawechsel die „Art der lyrischen Dichter" (Psalmen, 224). Dass demgegenüber der Wechsel des Metrums ein schlagendes literarkritisches Argument sei (vgl. ebd.), ist jedoch in keiner Weise überzeugender. Es ist (nicht nur bei ihm) erstaunlich, mit welcher Sicherheit davon ausgegangen wird, dass Psalmdichter in einem Text durchweg nur das gleiche Metrum verwendet haben können.
51 *Dies.*, Redaktion; *Hossfeld / Zenger*, NEB 29, 129 (*Hossfeld*), vgl. *Zenger*, Tora, 184.
52 Vgl. Heilsgegenwart, 71.
53 *Sänger*, 25ff.
54 Redaktion, 183 Anm. 131.

lich die zwischen einem ‚toraverliebten' und einem ‚toraverängstigten' Beter, dem die Tora „‚Produktionsmittel' für großen Lohn" geworden ist.[55] Woran Spieckermann jedoch in V.12-15 einen toraverängstigten Beter erkennt, ist nicht ersichtlich. Bereits das Motiv der alles durchdringenden Sonnenglut in V.7 als Klimax der ersten Hälfte zeigt, dass es bereits V.2-11 nicht nur um eine lichte Sonnentheologie und um ‚Toraverliebtheit' zu tun ist, sondern um die gerechte Weltordnung, vor der jede Ungerechtigkeit schwinden muss. Vom Freispruch von verborgenen Sünden (V.13), die allein dem alles erfassenden Richter (vgl. V.7b) nicht verborgen bleiben, ist ja erst in der persönlichen Hinwendung an JHWH in V.13f die Rede. Es wird also vielmehr von der Gerichtsthematik zur Vergebungsgewissheit fortgeschritten, bis der Psalm in der abschließenden vertrauensvollen Anrufung JHWHs als צוּרִי וְגֹאֲלִי (V.15b) gipfelt.[56]

Wenig überzeugend ist auch die von Hossfeld in der Nachfolge Spieckermanns vorgetragene Beobachtung von „Verschiebungen in der Torafrömmigkeit"[57] in V.12-15 gegenüber V.2-11: Denn V.8-11 ist weit davon entfernt, zu behaupten, die Tora schütze allein.[58] Und dass nach V.12 „die Tora ... reichen Lohn"[59] verspricht, steht durchaus im Einklang mit ihrer in V.8-11 beschriebenen, Leben spendenden Wirkung, die aus strukturellen Gründen jedoch erst ab hier in konkrete Beziehung zum Leben des Beters gesetzt wird. Daher *konnte* bis zu V.12 auch noch keine Rede von Gefährdungen, wie Feinden und Sünden sein,[60] so dass auch hier erst von der Notwendigkeit der Vergebung die Rede ist.[61] Auch ist eine strukturelle bzw. formale Beobachtung wie die, V.12ff setze sich von den voraufgehenden hymnischen Teilen durch den ‚Ich-Du-Stil' des Bittgebets ab, in den Psalmen als Argument für eine Bearbeitung meist ungeeignet.[62] Vielmehr wäre das Fehlen eines Abschnitts wie V.12-15 äußerst unwahrscheinlich, da V.2-11 ein unabgeschlossener, unvollständiger Psalm wäre – ein Fragment, dem ein Schluss fehlt.[63] Dass endlich mit V.12 ein betendes Ich hervortritt, das sich im diskursivem Stil des Bittgebets an JHWH wendet, ist für einen voll-

---

55 Heilsgegenwart, 71.
56 Vgl. auch *Eaton*s Kritik an *Spieckermann*, er vernachlässige „the striking address to ‚God'" (Psalms, 45).
57 *Hossfeld*, NEB, 130.
58 Ebd.
59 Ebd.
60 *Hossfeld* führt allerdings als literarkritisches Argument an, dass sich „der Torafromme ... vor Frevlern schützen" muss (ebd.).
61 Vgl. *Hossfeld*s Anmerkung, dass in V.12-15 „JHWH ... die verborgenen Sünden vergeben" muss (ebd.).
62 Vgl. *Gerstenberger*s formgeschichtliche Beobachtung: „As a part of ritual prayer such combination of hymn and petition is widespread and very old" (FOTL XIV I, 102).
63 So *Zenger* mit Blick auf V.2-7 (Tora, 184).

ständigen Psalm zumindest in hohem Maße zu erwarten, wenn nicht sogar notwendig.
Wenn in diesem Modell der Strukturwechsel vom Toralob (V.8-11) zum Bittgebet (V.12-15) und damit die formale Besonderheit von V.8-11 (nun an dem anderen als dem bisher diachron erklärten strukturellen Übergang von V.7 zu V.8) zum literarkritischen Argument erhoben wird, wird auch hierbei nicht hinreichend berücksichtigt, dass die singuläre Struktur von V.8-11 an sich keinerlei Hinweis auf eine Vorstufe darstellt,[64] sondern eher als allein für diesen Kontext verfasste formgeschichtliche Innovation zu werten ist.[65] Sie stammt vielmehr mit größter Wahrscheinlichkeit von der Hand des gleichen Verfassers wie von V.12-15 (s.o.).[66] Das verdeutlichen auch die zwei- (bzw. vier-)gliedrige Struktur und deren übergreifenden Strukturmerkmale, wie der Rückbezug (jeweils mit auffällig aufwendigen syntaktischen Konstruktionen mit בָּהֶם) auf das Leitwort des vorhergehenden Unterabschnitts jeweils zu Beginn des zweiten Unterabschnitts (in V.12 auf מִשְׁפְּטֵי־יהוה – parallel zu V.5b auf הַשָּׁמַיִם).[67] Bei einer redaktionellen Bearbeitung von V.2-11 durch V.12-15 wäre es einem Redaktor gelungen, bei einem Text aus zwei Unterabschnitten und einem nachklappenden dritten Abschnitt die Struktur der beiden ersten so nachzuahmen, dass er zu dem dritten einen entsprechenden vierten Teil hinzugesetzt hätte. Weit einfacher ist es, das Konzept dieser zwei- bzw. vierteiligen Struktur[68] einem einzigen Autor zu unterstellen.

5. Die ursprüngliche Einheit

Will man den Schwierigkeiten der bisherigen Entstehungsmodelle entgehen, muss man die ursprünglich einheitliche Abfassung von V.2-15 nun doch deutlich in Erwägung ziehen.[69] Sie hat nicht nur die Vorzüge, dass sie ohne die problematische Annahme von Textfragmenten V.2-7,

---

64 Die Ansicht, die Fragmente V.2-7 und V.8-11 seien von einem Redaktor vereint worden, der sie mit V.12-15 erst zu einem Psalm im vollen Wortsinne gemacht habe (zu dieser Position s. *Seybold*, HAT 1/15, 88; *Gerstenberger*, FOTL XIV I, 102), fällt damit auch aus.
65 Vgl. bereits oben.
66 Man beachte hierzu auch die Stichwortverbindungen תָּמִים (V.8a) / תמם (V.14b) und לֵב (V.9a / V.15).
67 S. oben Schaubild 1 u. 2; vgl. auch *Auffret*, Sagesse, 435; *Gese*, Einheit, 142; *Fischer*, Komposition, 23.
68 S.o. II. A) 2. und II. B 1.
69 Vgl. bisher u.a. *Delitzsch*, BC IV/1, 162ff; 162f; *König*, Psalmen, 106-108; *Gese*, Einheit, 145; *van Zyl*, Psalm 19, 151; *Oesch*, Übersetzung, 82.87; *Alonso-Schökel*, Salmos, I, 345 u.a. *Mannati*, oft als Vertreter einer ursprünglichen Einheit zitiert („une réelle unité interne", Psaumes I, 208), favorisiert jedoch letztlich das Redaktionsmodell der Bearbeitung eines „hymn païen" (ebd.).

V.8-11 oder V.2-11 etc. auskommt, sondern auch, dass sie die vielen Verbindungen im Psalmganzen, wie die Stichwortbezüge, die strukturelle Geschlossenheit und den inhaltlichen Zusammenhang erklären kann, der durch das himmlisch-irdische Entsprechungsdenken und die Verbindung von Sonne und Recht gewährleistet ist.[70] Es ist vielmehr sogar sehr wahrscheinlich, dass auch V.2-7 auf V.8-15 hin verfasst ist. Denn das Thema der Verborgenheit übergreift mit dem Stichwort סתר ni. (V.7b/ V.13) nicht nur strukturell die beiden Psalmhälften, sondern ist auch ein deutlicher Vorgriff auf die Rechtsthematik von V.8ff: Die erste Hälfte kulminiert geradezu in der Richterfunktion der Sonne und hat ein höchstwahrscheinlich beabsichtigtes Gefälle hin zur Torathematik von V.8-15.[71]

Um die Annahme einer ursprünglich einheitlichen Abfassung von Ps 19,2-15 zu erhärten, sind jedoch noch einige Probleme genauer zu betrachten. Hauptvoraussetzung für die einheitliche Abfassung des gesamten Textes ist, dass seine Sprach- und Vorstellungswelt in demselben theologischen Umfeld angesiedelt werden kann.

Damit hängt zwar auch die Frage nach Herkunft und Art der Integration der mythologischen Motive in V.2-7, vor allem aber in V.5b-6 zusammen, zu denen es zahlreiche Parallelen in altorientalischen Texten gibt. Da eine *wörtliche* Übernahme *schriftlicher Vorlagen* aus der Umwelt jedoch bereits aus übersetzungstechnischen Gründen zu unwahrscheinlich ist, auf dass sie im Zusammenhang der Einheitlichkeit des Psalms behandelt werden müsste, sei an dieser Stelle auf die Überlegungen zum Kulturtransfer im Alten Orient in V. A) sowie die motiv- und traditionsgeschichtliche Untersuchung im Rahmen der Einzelexegese in V. B-C) verwiesen.

Desweiteren ist zu klären, ob die bereits erwähnte Licht-Recht-Relation und das ‚Entsprechungsdenken' von Himmel und Erde das Denken des Psalmdichters und der zeitgenössischen Erstrezipient/inn/en in einer Form geprägt hat,[72] die ein einheitliches Konzept des Psalms wahrscheinlich macht. Und gibt es zudem eine bessere als eine literargeschichtliche Erklärung für den Wechsel in Struktur, Metrum und Thema zwischen V.11 und V.12, aber vor allem auch zwischen V.7 und V.8, dann erweist sich ein diachrones Entstehungsmodell tatsächlich als obsolet. Dem ist im Folgenden nachzugehen.

---

70 *Oeming* nennt anstelle der Stichwortbezüge das „Stilmittel der Personifikation von Nicht-Personhaftem" (u.a. des Himmels, der Sonne, der Tora u.a.) (Verbindungslinien, 260); für sich allein genommen kann das jedoch nur wenig überzeugen.
71 Israelitische bzw. frühjüdische Leser/innen des Psalms werden dies als ‚überhängende Wand' auf die Rechts- und Gerechtigkeitsthematik empfunden haben. Vgl. hierzu auch unten, III. C) 2.
72 Damit wird also zugleich der traditionsgeschichtliche Hintergrund des Psalms beleuchtet.

C) Die Einheitlichkeit von Psalm 19

1. Situierung der Sprach- und Vorstellungswelt

Die Häufung von Aramaismen in V.2-7, wie z.B. חוה pi.[73], קָצֶה[74] und מִלָּה[75] ist zwar häufig bemerkt worden,[76] den wahrscheinlich zu ziehenden Konsequenzen[77] wurde aber gerne in Form von wenig überzeugenden Zusatzhypothesen ausgewichen, wie z.b. derjenigen Morgensterns, der V.3-5a aus diesem Grunde als spätere Bearbeitung einstuft.[78] Tatsächlich aber geben sie Grund genug, V.2-7 frühestens ab exilischer, viel eher jedoch in nachexilischer Zeit anzusetzen, wo auch die Begriffe חֻפָּה[79] und רָקִיעַ[80] allererst belegbar sind.[81] V.2ff ist ohne die erst nachexilisch wachsende Bedeutung des Himmels[82] und die erst spät nachzuweisende Situierung des Wohnortes JHWHs dort kaum vorstellbar.[83]

---

73 Das Urteil von *Delitzsch*, diese Begrifflichkeit sei „mehr aramäisch ... als hebr." (BC IV/1, 164), trifft in vollem Maße zu, vgl. hierzu *Wagner*, Aramaismen, 53 (Nr. 91f); *Preuß*, חָוָה, 784. Noch deutlicher wird das, wenn man neben die nur sechs Pi.-Belege im hebräischen AT (in Hi 15,17; 32,6.10; 36,2; vgl. Hi 13,17 und die möglichen Konjekturen in Hab 3,2; Sir 16,25) auch die vier Belege des biblisch-aramäischen חוה pa. in Dan 2,4.11.24; 5,7 beachtet (vgl. חוה haf. in Dan 2,6.7.9.11.16.27; 3,32; 5,12.15). Dabei ist die Wurzel (oder ihr Äquivalent) weder im Altaram. noch im älteren Phön., Ug. oder Akk. belegt (vgl. *Soggin, ḤWH*, 205f). Vgl. zu חוה auch unten V. B) 3.
74 Vgl. dazu *Wagner*, Aramaismen, 102 (Nr. 268).
75 S. dazu *Wagner*, Aramaismen, 172.
76 *Gunkel* z.B. notiert etwas erstaunt: „Bemerkenswert sind die Aramaismen 3.5 schon in dieser Zeit" (HK II/2, 76).
77 Gewiss ist der Gebrauch von Aramaismen allein kein Beweis für eine späte Entstehung, jedoch ein weiteres Indiz, das ihre Wahrscheinlichkeit erhöht.
78 Ps 8, 508f, vgl. mit einer anderen Erklärung *Preuß*, חָוָה, 785.
79 Das von HAL als mittelhebräisch eingestufte Wort (325 s.v.) findet sich nur noch in Joel 2,16; Jes 4,5 und Jer 40,27; s. dazu unten V. C) 2.
80 Wohl zuerst bei Ez 1,22.25f; 10,1 und dann neben Gen 1,6.7.8.20 nur noch in Ps 150,1; Dan 12,3; Sir 43,8. Bei einer vorexilischen Ansetzung des Gebrauchs von רָקִיעַ beruft man sich meist sich auf Ps 19,2; vgl. jedoch anders bereits *Görg*: „Das Nomen *rāqîa'* verfügt über ein erstes Belegfeld im Kontext der priesterschriftlichen Schöpfungsdarstellung" (רָקִיעַ, 670), vgl. hierzu auch unten V. B) 2.
81 Erkannt u.a. bei *Baethgen*, HK II/2, 54f. *Duhms* nachexilische Datierung von V.2-7 (s. KHC ²XIV, 82) erstaunt allerdings kaum.
82 Vgl. *Bartelmus*, der ein „erst mit dem Dtn. bzw. der Literatur der Exilszeit (Dtjes) einsetzendes theologisches Interesse am Himmel" feststellt (שָׁמַיִם, 208). Die ‚Blütezeit' der Thematisierung des Himmels setzt er im dritten Jh. an; *ders., šāmajim*, 99f.103 und v.a. 115ff. Vgl. zur wachsenden Bedeutung des Himmels in Syrien und der Levante erst im Lauf des ersten Jt. v.Chr. bereits *Niehr*, Der höchste Gott, v.a. 224ff.
83 Vgl. hierzu *Hartenstein*, der es wahrscheinlich macht, „daß die vorexilischen Jerusalemer Wohnortvorstellungen keine explizite Lokalisierung des Gottesthrones im kosmischen Bereich des Himmels kannten" (Unzugänglichkeit, 226; zum Ganzen s. auch aaO 228ff sowie *ders.*, Himmelsfeste, 127; *Bartelmus, šāmajim*, 116ff).

Vielmehr wächst gerade erst in späterer Zeit die Bedeutung des himmlischen Lobpreises (V.2ff), dessen relative Geläufigkeit als Motiv die notwendige Basis für dessen kreative Ausgestaltung ist.[84] Auch die Gottesbezeichnung אֵל ist keineswegs ein Indiz für kanaanäische Vorstufen, sondern ist gerade auch in späten Texten sehr häufig anzutreffen.[85] Die vor allem in der späteren Weisheitsliteratur begegnenden Begriffe מִלָּה (V.5a) und נבע hi.[86] (V.3) weisen ebenfalls in jenen Kontext,[87] insbesondere in die Nähe (jüngerer Teile) des Hiobbuchs,[88] in denen gleichermaßen häufig mythisierende Darstellungsformen gewählt werden. Ebenso rührt der urtümliche Eindruck von V.2-7, der ein hohes Alter suggeriert, viel eher von einer archaisierenden Gestaltung her als von alten Vorlagen.[89] Gerade in V.5b-7 handelt es sich dabei um einen Abschnitt, der verbreitete altorientalische, aber auch in Israel bekannte solare Motive auf engstem Raum zusammenfasst.[90] Dass die (wahrscheinlich nachexilische) Weisheit das Milieu ist, dem V.8-11 und V.12-15 zuzuordnen ist, ist deutlich: Die Wurzel חכם gehört in allen Stämmen zur festen Begrifflichkeit der alttestamentlichen Weisheitsliteratur,[91] ebenso פֶּתִי als ein fester Terminus für den ‚Unerfahrenen' als Gegentypus des יָשָׁר oder des חָכָם vor allem in Prov.[92] In diesen Bereich gehören auch תָּמִים[93] und יָשָׁר[94]. Der Wertvergleich der Tora mit Gold

---

84 S. hierzu im Einzelnen unten V. B) 2.
85 Zur Begründung im Einzelnen unten V. B) 1.
86 In ähnlicher Bedeutung nur noch in Prov 1,23; 15,2.28; 18,4 (corr.?), vgl. Sir 42,14, ferner Ps 59,8; 78,2; 94,4; 119,78.171; 145,7. Auch die doppelte Negation אֵין – אַיִן kann man mit *Deissler* als „typisch sapientiell" (Datierung, 49) einschätzen, vgl. Hi 34,22 und Prov 21,30. Gleiches gilt für בְּלִי, das neben drei weiteren Belegen in den Psalmen und zehn im übrigen AT v.a. sehr gerne im Hiobbuch verwendet wird (Hi 8,11; 24,10; 26,7; 30,8; 31,39; 33,9; 34,6; 38,2; 39,16; 41,18; 42,3).
87 Ebenfalls der Weisheit zuzuordnen ist דַּעַת (V.3): Fast die Hälfte der Belege von דַּעַת findet sich in Prov, Hi und Qoh.
88 Der Pl. des Aramaismus מִלָּה (V.5) findet sich bis auf Prov 23,9 nur im Hiobbuch – und von den insgesamt 29 Belegen von מִלָּה 14-mal in den Elihureden. Dabei wird es im vergleichsweise schmalen biblisch-aramäischen Textbereich des AT 24-mal verwendet (wiederum nur in Dan), vgl. hierzu auch unten V. B) 5.
89 S. hierzu im Einzelnen V. C) sowie zur Funktion der Mythisierung VIII. A) 3.
90 Diese Motive sind geradezu klassisch: Das Motiv des Sonnenaufgangs als Hinweis auf die Epiphanie des Sonnengottes als Richter (V.6a.7a), die Regelmäßigkeit / Perpetuität des Sonnenlaufs als Verweis auf die durch ihn garantierte Ordnungshaftigkeit und Gerechtigkeit der Weltordnung (V.6b.7a) und die umfassende Reichweite des Sonnenlichts als Ausdruck der Unverborgenheit allen Geschehens (V.7b) vor der Gerichtsinstanz Sonne. Vgl. dazu unten V. C).
91 Im Qal: 1 Kön 5,11; Hi 32,9; Qoh 2,15.19; 7,23; Prov 6,6; 8,33; 9,9.12; 13,20; 19,20; 20,1; 21,11; 23,15.19; 27,11; im Ni.: Sir 37,19.22f; im Pi.: Ps 119,98; Hi 35,11; Sir 6,37; im Pu.: Prov 30,24 etc.
92 Vgl. Prov. 1,4.22.32; 9,4.16; 14,15.18; 21,11 und dazu *Meinhold*, ZBK.AT 16,1, 49f; *Mosis*, פתה, 820f sowie unten V. D) 5.
93 Vgl. das in V.8a für die Tora gebrauchte תָּמִים in der Beschreibung des Gerechten in Hi 12,4 (צַדִּיק תָּמִים) und seiner Worte in Hi 36,4 (מִלֵּי תְמִים הֵעוֹת), vgl. auch

und Honig in V.11 speist sich aus dem so charakteristischen Wertvergleich der Weisheit,[95] und auch die hohe Bedeutung der יִרְאַת יהוה in der Weisheit braucht kaum eigens erwähnt zu werden.[96] Die Nähe zur jüngeren Weisheit kann auch für den Abschnitt V.12-15 konstatiert werden, der mit ihr das Denken in Tun-Ergehens-Zusammenhängen (V.12), die Frage nach verborgenen Vergehen (V.13)[97] und die Vorstellung vom Gebet als Opfer (V.15, vgl. Ps 119,108) teilt. Auch V.8-15 kann also in fast klassischer Weise der jüngeren Weisheit zugerechnet werden, und so ist Deissler recht zu geben, wenn er bemerkt: „Nur wenn man für Ps 19 als Mutterboden das nachexilische Milieu der ‚theologischen Weisheit' ansetzt, ist die Summe aller festgestellten Tatbestände befriedigend zu erklären".[98] Mit der für ihre Internationalität bekannten Weisheit ist zudem ein Enstehungsmileu benannt, in dem sowohl altorientalische als auch in Israel (fort-)entwickelte Motive und Traditionen auf eigenständige und originelle Art und Weise verarbeitet wurden. Damit steht von dieser Seite der Abfassung aller Teile des Psalms vom gleichen Autor nichts im Wege.

2. Die Korrelation von Sonne und Recht

Für die Frage nach der Einheitlichkeit und nach dem Gesamtkonzept von Ps 19,2-15 ist die Verbindung von Sonne bzw. Licht und Gerechtigkeit / Recht von großem Interesse. Sie war im Alten Orient und im alten Israel von einer Selbstverständlichkeit, die für eine neuzeitliche Perspektive kaum mehr deutlich ist. Dieser für den traditions- und religionsgeschichtlichen Hintergrund sowie für das Konzept von Ps 19 überaus wichtige Zusammenhang ist deshalb im Folgenden etwas ausführlicher in den Blick zu nehmen.

Ps 119,80, ferner Hi 37,16 etc. sowie unten V. D) 4.
94 Zu יָשָׁר und seinen Derivaten als Terminus der Psalmen- und Weisheitssprache s. *Liedke*, יָשָׁר, 792, vgl. Prov 2,13.21; 3,32; 4,11; Hi 4,7; 6,25; 17,8; 23,7; 33,3.27, vgl. auch in den weisheitlichen Psalmen Ps 37,37; 49,15; 111,1; 112,2; 140,14 sowie Neh 9,13 und dazu unten V. D) 5.
95 Zum Wertvergleich der Weisheit mit Honig / Korallen / Gold etc. s. Prov 3,14f; 8,11f.19; 16,16; ferner Prov 20,15; 22,1; 25,12; Hi 31,24. Auch Hi 28 speist sich aus diesem Vergleich, vgl. V.1.15.16.17.18.19. S. hierzu auch unten, V. D) .
96 S. u.a. Hi 28,28; Ps 34,12; 111,10; Prov 2,5; 8,13; 9,10; Sir 1,11.12.14.16.18. 20.21.25.27.28.30; 9,16; 10,22; 16,2; 21,11; 25,6; 32,12; 38,34; 40,26f; 50,29, vgl. bereits Prov 10,27; 14,27; 15,33; 19,23; 22,4; 31,30.
97 Vgl. Ps 119,67; Qoh 5,5; Hi 6,24; 9,21; 10,7; 12,16; 16,17; 19,4; 23,10-12; 27,5f; 33,9.23-28, vgl. *Wahl*, Der gerechte Schöpfer, 78ff sowie unten V. E) 2.
98 Datierung, 51.

a) Sonnengott und Recht im Alten Orient

Die in den meisten Kulturen und Religionen des Alten Orients nachweisbare Verbindung von Sonnen- bzw. Lichtmotivik mit der Wahrheits-, Rechts-, und Gerechtigkeitsthematik, die den Hintergrund der Einheit von Ps 19 bildet, gehört zu den Phänomenen ‚mutueller Modellierung'.[99]

Solche Formen wechselseitiger Durchdringung von natürlich-kosmischer und gesellschaftlich-menschlicher Sphäre ist in der Philosophie- und Theologiegeschichte auf vielfältige Weise beschrieben worden.[100] Dies Phänomen einer wie auch immer gearteten „Anthropomorphose des Kosmos"[101], die Unablösbarkeit jeder Wahrnehmung der ‚Natur' von menschlichem Denken und Symbolisieren bleibt dabei auch in der wissenschaftlichen Rationalität der Neuzeit in mancher Hinsicht erhalten, insbesondere in der Philosophie bzw. Theologie der Natur bzw. der Schöpfung.[102]

‚Mutuelle Modellierung' ist jedoch vor allem eine Operation bzw. ein Resultat *mythologischer* Weltkonzeption, insofern die Phänomene der Erfahrungswirklichkeit als Bedeutungsträger der soziomorph als Götterwelt konzipierten Transzendenz aufgefasst werden. Der häufig begegnende Begriff des Entsprechungs- oder Korrespondenzdenkens bezeichnet in etwa das gleiche Phänomen, bekommt jedoch die wechselseitige Beeinflussung beider Sphären nicht so scharf in den Blick.

Die wechselseitigen Auswirkungen für die als Bedeutungsträger der „Tiefe der Welt"[103] aufgefassten natürlichen Phänomene sowie für die durch die Natur symbolisierte Transzendenz beschreibt J. Assmann wie folgt: „Es handelt sich bei solcher anthropomorpher Auslegung um Daseinsaufhellung in doppelter Richtung, in Richtung auf die kosmischen Vorgänge, die sinnerfüllt und bedeutungsvoll werden, und in Richtung auf das menschliche Leben, das die kosmische Ordnung und Beständigkeit gewinnt"[104].

---

99 Zum Begriff *Assmann*, Politisierung, 25f, vgl. auch *Janowski*, Feindbild, 63 Anm. 56.64.
100 Vgl. etwa *Schleiermacher*, der in seiner Güterlehre „das Ineinander von Natur und Vernunft ... als ein Organisirtsein der Natur für die Vernunft, und das Handeln der Vernunft als ein organisirendes" beschreibt (Ethik, 231ff); vgl. ebenso *Barth*s Verständnis der Kultur als einer „Gestaltung der Natur durch den Geist, aber auch Erfüllung des Geistes mit Natur ... Objektivierung des Subjekts, aber auch Verwesentlichung des Äußeren durch das Innere" (KD III/4, 595); s. hierzu und zum gesamten Phänomen *Moxter*, Kultur als Lebenswelt, 265.
101 *Assmann*, Ma'at, 198.
102 S. dazu auch unten VIII. A) 1.
103 So *Hartenstein* (Unzugänglichkeit, 14), der mit dieser Formulierung auf die Ricœursche Symboltheorie Bezug nimmt. Er beschreibt die Struktur der symbolhaften altorientalischen Weltwahrnehmung als ‚Doppelstruktur' eines wahrnehmbaren, jedoch auf eine zweite, hintergründige Ebene transparenten Vordergrunds, nämlich auf die Sphäre der Gottheit (ebd., vgl. *ders.*, Himmelsfeste, 125f).
104 *Assmann*, Ma'at, 199. Theologisch problematisch werden Phänomene ‚mutuel-

C) Die Einheitlichkeit von Psalm 19

Sonne und Sonnenlicht besitzen für diesen Symbolisierungsprozess offenbar von Natur aus eine Latenz zur Ausbildung einer Metaphorik und Symbolik durchgängig positiver Gehalte,[105] insofern es fast überall Leben, Gerechtigkeit und Wahrheit repräsentiert.[106] Das gilt insbesondere auch für die Sonne als Quelle des Lichts, deren beständiger Lauf zudem besonders für die symbolische Repräsentation von Verläßlichkeit, Kontinuität und Ordnungshaftigkeit des Kosmos offen ist.[107] Es ist also von einer gewissen Folgerichtigkeit, wenn in so vielen altorientalischen Religionen dem Sonnengott die Rolle des Garanten von Stabilität und Gerechtigkeit zugeteilt wurde. Dies hat wiederum Rückwirkungen u.a. auf die jeweilige Ausbildung von Sonnen- und Lichtmetaphorik, die dort meist im Horizont mythologischer Weltauffassung steht und also von Sonnengottheiten spricht.

So können die im Alten Orient für Sonnengottheiten reklamierten Kompetenzen in den Bereichen Unterwelt, Magie, Königtum, Rechtswahrung,[108] Weisheit und Leben bzw. Heilung zusammengefasst werden.[109] Dass diese Kompetenzen selbstverständlich nicht auf solare Gottheiten beschränkt sind,[110] tut dem Gesamtbefund in keiner Weise Abbruch. Die uns hier interessierenden letzteren Kompetenzbereiche von Sonnengottheiten im Folgenden mehr als zu skizzieren, wäre angesichts der umfassenden Aufarbeitung der Thematik in der jüngeren Forschung je-

---

ler Modellierung' jedoch dann, wenn eine „Kosmomorphose des Menschen und seiner politischen Ordnung: des Staates" (*Assmann*, Ma'at, 199) zur Ratifizierung von unangreifbaren Naturrechtskonzeptionen oder gar eines Weltanschauungsstaates dienen, die spätestens bei einer solchen Ausgestaltung den Bedarf von Kriterien auf der Seite des gesellschaftlichen bzw. geistigen Gehaltes zeigen.

105 Vgl. *Blumenberg*, Licht, 432f und passim.
106 Vgl. zur „Offenbarungsqualität" des Lichtes auch *Podella*, Licht, 633f.
107 *Assmann* beschreibt das treffend so: „Im Licht der Sonne treten Gut und Böse auseinander, durch ihre Bewegung wird das Böse überwunden" (Ma'at, 197); vgl. *Podella*: „Indem das L. [sc. Licht] die Gefahren der Nacht vertreibt und die Welt ‚durchleuchtet', verbinden sich mit dem L. [sc.: Licht] der Aspekt von Recht und Gerechtigkeit. Beide bilden einen distinkten Vorstellungskomplex" (Licht, 634).
108 Für einen Überblick über die Kompetenz der Sonnengottheiten im Alten Orient als Wahrer der Gerechtigkeit vgl. v.a. *Janowski*, Rettungsgewißheit, passim, v.a. die Zusammenfassung 174ff; *Lipiński*, שֶׁמֶשׁ, 306-314; *Fauth*, Helios, 189ff und die dort 189 Anm. 1-8 angegebene Literatur.
109 S. hierzu v.a. auch den Überblick bei *Fauth* über die Kompetenzen, „die zum primären Bestand vom Wesen und Wirken des allseits sichtbaren, allenthalben deifizierten und kultisch verehrten Zentralgestirns" gehören (Helios, 189). Vgl. auch zusammenfassend *Podella*: „Seit dem 3. Jt. v.Chr. sind die großen Gestirngottheiten (Sonne = Šamaš / Mond = Šin / Venus = Ištar) mit der altorientalischen Königs- und Rechtskonzeption verbunden" (Lichtkleid, 270).
110 Für Mesopotamien vgl. zu *dajjānu* (Richter) als Epitheton auch des Adad, Girru, Nabû, Ea, etc. *Tallqvist*, Götterepitheta, 79-82; weitaus am häufigsten ist allerdings Šamaš genannt (s. ebd.).

doch weder nötig noch möglich.[111]

In Ägypten wurde die kosmische Ordnung als Ganze durch den Sonnenlauf[112] repräsentiert: So ist sie dort auch eher als ein gelingender ‚Prozess' im mehrfachen Sinne des Wortes[113] aufgefasst worden. Dem Sonnenlauf, der auch als Lebenszyklus von Geborenwerden, Altern und Sterben[114] konzipiert war, eignet trotz der zugrunde liegenden Zyklizität die Dramatik der Überwindung des Chaotischen, die zugleich als Herrschaftsausübung im Sinne des Richtens aufgefasst wurde.[115]
Besonders deutlich ist in Mesopotamien die Beziehung des Sonnengottes[116] zur Gerechtigkeit[117] – im Akkadischen ausgedrückt im Binom *kittu(m) u mi(e)šaru(m)*[118] –, insofern hier seine Beziehung zum materiellem Recht durch seine große Bedeutung in Gesetzeskorpora klar hervortritt. Bereits im Prolog des Codex der Königs Ur-Nammu (2112-2095 v.Chr.) gilt diese Gesetzgebung als königliches Handeln ‚entsprechend den wahren Worten des Utu'; bereits hier zeigt sich die auch sonst charakteristische Verbindung von Sonnengott und Königsideologie.[119] In klassischer Form tritt die Beziehung vom Sonnengott zu kodifiziertem Recht in Prolog und Epilog des Kodex Ḫammurapi entgegen,[120] der als Paradigma für die mesopotamischen Rechtscodices gelten und kanonischen Rang[121] beanspruchen kann. Dass der Akt der Gesetzgebung durch Ḫammurapi im K_H als *šutešuru(m)* ‚in Ordnung bringen', ‚das

---

111 Vgl. die weiter oben angegebene Literatur; zu weiteren Beiträgen s. im Folgenden.
112 Man kann hier mit *Assmann* von Weltordnung als Auswirkung des Sonnenlaufs sprechen (vgl. *Assmann*, Ma'at, 160ff), was sich u.a. in der Konstellation der Ma'at als Tochter des Re ausdrückt.
113 Und zwar „im Doppelsinn des Wortes: ‚Vorgang' und ‚gerichtliche Auseinandersetzung'" (*Assmann*, Ma'at, 197), insofern nämlich hier dem Sonnengott gegenüber der Apopis-Schlange Recht gegeben wird. „Die gerichtliche Auseinandersetzung spielt in ägyptischen Mythen eine ungleich größere Rolle als die kriegerische" (*Assmann*, ÄHG², 35f), vgl. hierzu auch *Müller*, Re, 123.
114 Vgl. hierzu u.a. *Assmann*, Sonnengott, 188f.
115 Zur Vertreibung des Bösen durch Re als durch Akte des ‚Herrschens und Richtens' vgl. auch *Janowski*, Rettungsgewißheit, 112f.167ff; *Assmann*, Sonnengott, 1091
116 Šamaš gilt (lediglich) als Sohn des Mondgottes Nanna / Sîn und als Bruder der Inanna / Ištar. Zusammen mit ihm wurden seine Braut Aja und seine Bote Bunene verehrt. S. zu Stellung und Kompetenzen des mesopotamischen Utu bzw. Šamaš u.a. *Harris*, Sippar, 144f.199-202 (für ab. Zeit); *Maul*, König, 201ff; *ders.*, Gottesdienst, 285ff; *Janowski*, Rettungsgewißheit, 31-98, vgl. *ders.*, Der barmherzige Richter, 47-55; *Virolleaud*, Shamash, 57ff; *Edzard*, Sonnengott, 126f sowie unten V. C).
117 Vgl. die Zusammenfassung bei *Janowski*, ebd. 177ff.
118 S. zu diesem Binom und zu seinen westsemitischen Äquivalenten umfassend *Niehr*, Justice, 113ff.
119 Zur Stellvertreterfunktion des Königs für den Sonnengott, die sich wiederum in der Königstitulatur ‚meine Sonne' niedergeschlagen hat, vgl. die zahllosen Belege bei *Seux*, Epithètes royales, 283ff; sowie *Maul*, König, passim. Wenn auch Šamaš selbst im mesopotamischen Pantheon zweitrangig blieb (vgl. u.a. *Lambert*, BWL², 121), ist doch seine Zuordnung zum Königtum und zum höchsten Gott konstant.
120 Treffend *Zenger*s Formulierung, hier sei die Beziehung zwischen Sonne und Recht in klassischer Weise „(r)echtstheologisch systematisiert" (Tora, 187).
121 Mit vollem Recht wird der K_H in der Ausgabe von *Hallo* als ‚Canonical Scripture' bezeichnet (Context, II).

C) Die Einheitlichkeit von Psalm 19

Recht herstellen'[122] bezeichnet wird, hat in einem der wichtigsten Epitheta des Šamaš: *muštēširu*, ‚der recht leitet', seine Entsprechung.[123] Auch hier gilt der Sonnenlauf als Paradigma der gerechten Weltordnung: „Die ewig wiederkehrende, regelmäßig kreisende Sonne erschien dem Menschen Mesopotamiens als das bedeutendste Phänomen der dynamischen Ordnung der Schöpfung, die sich täglich selbst erneuert. Aus diesem Grunde wurde der Sonnengott Šamaš als Hüter und Bewacher der Schöpfung und als Garant dafür angesehen, daß sich die Schöpfung so wie die Sonne in den rechten Bahnen bewegt"[124]. Seine Aufgabe als Garant der Gerechtigkeit tritt sowohl in der Hymnenliteratur, vor allem im großen Šamaš-Hymnus,[125] als auch in zahllosen Epitheta[126] und in Gebetsbeschwörungen hervor. Dass die von Šamaš erwartete Hilfe in Krankheit und Dämonenbedrohung[127] als Sieg im Gerichtsverfahren verstanden wurde, ist als charakteristisch für die unlösliche Verbindung von Licht, ‚Leben'[128] und ‚Gerechtigkeit', seinen Hauptkompetenzen, anzusehen.[129]
Auch bei den Hethitern kann sowohl für die Sonnengottheit der Erde[130] als auch für den Sonnengott des Himmels Ištanus[131] die Zuständigkeit für Gerechtigkeit und Recht festgestellt werden. Deutlich hiervon abweichende Züge im Profil der Sonnengottheiten Syriens bzw. des (nord-)westsemitischen Kulturkreises sind nicht festzu-

---

122 Das Verb *ēšeru(m)* ist im Št-Stamm zugleich Fachterminus für die Tätigkeit eines profanen Richters, vgl. dazu *Maul*, König, 202. Zu *ēšeru(m)* und seinen Äquivalenten in den anderen semitischen Sprachen s. auch das zu unten V. D) 4. a) und V. D) 7. a) zu יָשָׁר Gesagte.
123 Damit wird die „Vorbild- und Hüterfunktion des Sonnengottes" treffend zum Ausdruck gebracht (ebd.).
124 *Maul*, König, 201.
125 S. dazu unten V. C) 5.
126 Einer seiner wichtigsten Beinamen ist das Epitheton *šar šamê u erṣetim* (‚König von Himmel und Erde'), das seinen universalen Einflussbereich zum Ausdruck bringt; s. hierzu *Maul*, Gottesdienst, 304. Für eine profilierte Auswahl von Epitheta s. *Janowski*, Rettungsgewißheit, 35 sowie umfassend *Tallqvist*, Götterepitheta, 453ff.
127 Vgl. hierzu *Janowski*, aaO 35f. In der ‚Volksfrömmigkeit' bezeugen die zahllosen Personennamen und die im Vergleich auffällig große Anzahl an ihn gerichteter Gebetsbeschwörungen die große Bedeutung des Šamaš als eines persönlichen Gottes. Im ab. Sippar begegnet Šamaš in einem Fünftel aller theophoren PN, s. hierzu *Harris*, Sippar, 145.
128 Dieser Zusammenhang gilt für die mesopotamische Bildsprache allgemein: „Metaphorisch stehen Licht und Dunkel für Leben und Tod oder allgemeiner für Positives und Negatives" (*Streck*, Bildersprache, 180).
129 Vgl. zu seinen anderen Aufgaben im Bereich der Weisheit und Divination v.a. *Maul*, Zukunftsbewältigung, passim, v.a. 9f.
130 Die Sonnengöttin der Erde wird u.a. als ‚Herrin des Gerichts' angeredet und ist in ihrer ‚Königsherrschaft über Himmel und Erde' (KUB 24, 3 I 35'-36') als Reichsgöttin dem Königtum zugeordnet, vgl. hierzu u.a. *Fauth*, Sonnengottheit, 263 und passim. – Die umfassendste Behandlung der hethitischen Sonnengottheiten bietet immer noch *Fauth*, aaO; einen Überblick verschafft ferner *Yoshida*, Untersuchungen, 1-5.311, vgl. dort v.a. die ausgewählte und kommentierte Bibliographie 351ff.
131 Wie Krankheit und Heilung gehört das Rechtsurteil über Gute und Böse in den Bereich Ištanus; zu Ištanus s. u.a. *Fauth*, Sonnengott, 245ff; zum Bereich der Rechtswahrung v.a. aaO 254. Seine mesopotamische Prägung ist z.T. deutlich erkennbar, s. dazu aaO 260.

stellen.¹³² So bestehen die Hauptcharakteristika der in der ugaritischen Religion für eine Gestirngottheit bereits recht bedeutenden Šapšu¹³³ auch hier in ihrer Verbindung mit der Königsideologie, in ihrer Unterweltskompetenz bzw. der Eigenschaft als ‚Psychopompe'¹³⁴, zu der sie ihr umfassender Lauf befähigt,¹³⁵ sowie in ihrem antidämonischen Charakter, der sich in ihrer Kompetenz im Bereich des Heilens und des Helfens¹³⁶ zeigt. Wenn eine richterliche Funktion der Šapšu in Ugarit jedoch kaum nachgewiesen werden kann,¹³⁷ so kann man dennoch bisweilen ihre Rolle darin erkennen, dass sie der kosmischen Ordnung gemäße Urteile fällt.¹³⁸

Für den Šamaš des phönizischen Kulturbereichs¹³⁹, dessen Verehrung durch einige

---

132 Vgl. z.B. zur gemeinsamen Funktion, zwischen den Herrschaftsräumen von Höhe und Tiefe zu vermitteln, bei der ugaritischen Šapšu und beim hethitischen Sonnengott s. *Fauth*, Sonnengottheit, 261 sowie die bei *Janowski*, Rettungsgewißheit, 105f Anm. 499 angegebene Literatur.
133 Vgl. *Niehr*, Religionen, 33f; *Gese*, Religionen Altsyriens, 167. Während z.B. *Caquot* ihre Funktion im Ganzen gering einschätzte und sie primär in der mythologischen Erklärung des Jahreszeitenwechsels sieht (Divinité solaire, 99f), betont *Gese* ihre im Vergleich zu den Mythen recht bedeutende Rolle im Onomastikon (aaO 166).
134 Šapšu gilt als „psychopompe, unissant le monde des vivants au monde souterrain" (*Caquot*, aaO 93 und passim; vgl. *Husser*, aaO passim). Ihre Rolle als Begleiterin in die Unterwelt ist in KTU 1.4 VIII 21-27; KTU 1.6 III 22-IV 27 jedoch deutlicher als die der Götterbotin, die *Wiggins* (Shapsh, 329-335) und *Caquot* (Divinité solaire, 93) so sehr betonen (vgl. dagegen z.B. *Husser*, aaO 227.242).
135 Ihre Rolle des „intermédiaire entre les mondes" (*Caquot*, Divinité, 95) tritt außer im Ba'alszyklus auch in ihrer Anrufung in den Totenbeschwörungen KTU 1.161 hervor, s. hierzu v.a. *Margalit*, Study, 197ff; *Husser*, Shapash, 237f; *Janowski*, Rettungsgewißheit, ferner *Healey*, Sun Deity, 239f.
136 Vgl. hierzu die Schlangenbeschwörungen KTU 1.82, KTU 1.100 (zum Text s. *Dietrich / Loretz*, Schlangengift, 153ff und *Wiggins*, Shapsh, 339ff und die aaO 338 angegebene Literatur) und KTU 1.107 (zum Text s. *Janowski*, Rettungsgewißheit, 110f).
137 S. *Husser*, Shapash, 227 Anm. 3. Zur fehlenden materiellen Nachweisbarkeit des Motivs der ‚Hilfe am Morgen' in Ugarit, s. *Janowski*, Rettungsgewißheit, 106 Anm. 500; das berührt nicht ihre viel belegte Rolle als „compassionate hearer of the cries of the suffering" (*Wiggins*, Shapash, 343, vgl. *Janowski*, aaO 105ff).
138 So *Husser*, 243 mit Bezug auf KTU 1.6 VI 22ff und KTU 1.6 VI 22ff. Ihr Epitheton *nrt ilm* ‚Leuchte der Götter' (so u.a. in KTU 1.6 IV 20) ist jedoch schlechterdings für eine Zuständigkeit im Bereich der Weisheit nicht auszuwerten; so zu Recht *Husser*, Shapash, 227 Anm. 3).
139 Für einen Überblick s. *Lipiński*, Culte de soleil, 57ff; *ders.*, שֶׁמֶשׁ, 307f; *ders.*, Shemesh, DDD², 1445-1452; *ders.*, SYDYK et MISOR, 491; *Bordreuil*, Shamash, 408; DISO 310 s.v. *Šmš* I; DNWSI II s.v. *Šmš* II sowie immer noch *Gese*, Religionen Altsyriens, 182ff. Unter den in Anatolien ansässigen Phöniziern wurde, da sich in der Karatepe-Inschrift KAI 26 A III 19 als Pendant eines Sonnengottes des Himmels in hieroglyphluwischem Text *Šmš 'lm* findet, möglicherweise ein Sonnengott der Unterwelt verehrt. Während *Lipiński* ihn mit dem Sonnengott des Himmels identifiziert (vgl. Dieux, 265; *Lipiński* zögert, ‚ewige Sonne' oder ‚Sonne des Universums' zu übersetzen, doch letzteres ist zu jenem Zeitpunkt in jedem Falle unwahrscheinlich; vgl. hierzu auch *Weippert*, Elemente, 119f), geht *Niehr* aufgrund der häufigen Bedeutung von *'lm* als ‚Unterwelt' dagegen davon aus, dass es sich um einen Sonnengott der Unterwelt handelt; Semantik, passim, v.a. 296-298. – Eine

C) Die Einheitlichkeit von Psalm 19

PN vom siebten bis zum fünften Jh. v.Chr. mit Sidon und Tyrus auch in den phönizischen Kernlanden belegt ist,[140] können die Kompetenzen der Rechtswahrung zwar weitenteils nur *per analogiam*, aber dennoch mit einiger Wahrscheinlichkeit erschlossen werden.[141] Zwar lassen auch die inschriftlichen aramäischen Belege[142] über lokale Charakteristika der Verehrung von Šamš nur wenige Rückschlüsse zu,[143] doch können hier zumindest Parallelen für den Vorgang der Übernahme von Sonnengottkompetenzen durch andere Gottheiten gefunden werden.[144] Deutlicher wird das Profil des aramäischen Šamš aufgrund der weisheitlichen Aḥiqarsprüche, in denen seine Verbindung mit dem Königtum[145] und seine Wahrung der Rechtsordnung deutlich hervortritt.[146] Dabei agiert Šamš dort allerdings weniger als Schützer des Opfers denn als Richter böser Taten,[147] aber auch als Gott der Weisheit.[148] Dies Profil stimmt, wie zu sehen war, weitgehend mit dem aus den übrigen semitischen Berei-

---

ähnliche Gottheit namens Σεμεσιλαμ wird später in der griechisch-römischen Periode häufig in den Zauberpapyri erwähnt, vgl. *Lipiński*, Dieux, aaO.
140   Vgl. *Lipiński*, Dieux, 265; zu späteren zyprischen, karthagischen u.a. PN s. aaO 265ff.
141   S. *Lipiński*, Dieux, 268.
142   Die in Samʼal / Bīt Gabbari in der aramäischen Panammuwa-Inschrift (KAI 214) begegnende Zuordnung des Šamaš zum Dynastiegott Rakib-El zeigt die Stellung des Sonnengottes im Lokalpantheon. Hier werden neben Hadad, El und Reshep auch Rakib-El und Šamaš aufgezählt (Z.2.11.18; s. dazu Übersetzung und Kommentar bei *Tropper*, Zincirli, 62.70.79). Vgl. aus Zincirli ebenfalls die Barrakib-Inschrift für Panammuwa KAI 215,22, s. hierzu *Tropper*, aaO 130f sowie *Niehr*, Religionen, 159-162.
143   „Aucune de ces attestations du Soleil ne révèle la nature du culte qu'on lui vouait" (*Lipiński*, Culte du soleil, 59).
144   In jüngeren aramäischen Texten ist nach Ablösung des höchsten Gottes Hadad durch Baʻalšamin (belegt durch die Inschrift des Zakkur von Hamat; KAI 202 B 23-24, vgl. dazu *Niehr*, Der höchste Gott, 144) dessen Annäherung an Šamaš und auch dessen Solarisierung feststellbar; s. dazu v.a. aaO 144ff, vgl. von den aramäischen Belegen v.a. KAI 222 A 9 (Sfire-Inschrift; Bargaya / Matiʼel-Vertrag); KAI 225 9 (Grabstele aus Nerab). Dieser immer wieder zu notierende Vorgang der Zuordnung und Annäherung des Sonnengottes zum Höchsten Gott bzw. Dynastiegott ist insofern von Interesse, als die Solarisierung JHWHs in analogen Zügen vonstatten gegangen sein kann (s.u.); s. hierzu v.a. *Niehr*, Der höchste Gott, 141ff. Die Zuordnung des Šamaš zum Dynastiegott Rakib-El in der Panammuwa-Inschrift (s.o.) lässt bereits *Gese* (Religionen Altsyriens, 217) eine Solarisierung des Rakib-El vermuten; vorsichtiger *Niehr* (Der höchste Gott, 145).
145   So wird z.B. in Aḥ X,14 der König mit Šamš verglichen: „Schön ist der König anzusehen wie Šamš, und geehrt ist seine Herrlichkeit bei denen, die auf Erden zu seiner Zufriedenheit wandeln" (Text und Übersetzung nach *Kottsieper*, TUAT III/2, 337, vgl. ferner *ders.*, El, 30f, Anm. 19).
146   Eine Beziehung zwischen der Sonnengöttin und dem Recht könnte für die altsüdarabische Religion nur vermutet, nicht belegt werden. Vgl. jedoch zu ihrer Bedeutung im Zusammenhang der Königsideologie sowie zu ihrer späteren Anrufung als Herrin der Grenzsteine *Höfner*, Südarabien, 252ff.
147   So in Aḥ XV,7f (zu Text und Übersetzung s. *Kottsieper*, TUAT III/2, 340, vgl. *ders.*, El, 31; vgl. zu Šamš als Richtergott, der die Taten der Menschen überwacht, auch *Kottsieper*, aaO 34-37) sowie in Aḥ VII,13f (s. hierzu *Kottsieper*, TUAT III/2, 332).
148   Vgl. den weisheitlichen Zahlenspruch in Aḥ IX,14-16.

chen bekannten Grundtenor überein.

Auf diesem Hintergrund dürfte deutlich geworden sein, dass Menschen des gesamten Alten Orients bei einer hymnischen Darstellung des Sonnenlaufs mit einer gewissen Selbstverständlichkeit die Thematik von Gerechtigkeit und Recht assoziierten.

b) Sonne, Recht und JHWH im vorexilischen Israel

Bereits auf dem Hintergrund des altorientalischen Befundes ist die Korrelation von der am Sonnenlauf paradigmatisch sichtbar werdenden kosmischen und der politisch-gesellschaftlichen Rechtsordnung als eine Substruktur von Wahrnehmen, Denken und Symbolisieren des Psalmisten und der ersten Rezipient/inn/en von Ps 19 anzusehen. Doch lässt sich dieser Hintergrund noch sehr viel genauer fassen, wenn man sich den Zusammenhang von Rechtsordnung, Sonnengott und JHWH in Israel vor Augen führt.

Während gegenüber Hollis, Mays und Morgenstern[149] Aalen wieder davon ausging, dass die Sonne nur „ausnahmsweise ... Symbol des Heilseingreifens Gottes"[150] ist, wurde im Verlauf des letzten Jahrzehnts die Zuordnung von Sonnengottkompetenzen zu JHWH recht überzeugend nachgewiesen[151] und in weiten Teilen anerkannt, wobei die Frage nach Herleitung und konkreter Ausprägung einer vorexilischen ‚Solarisierung' JHWHs jedoch weiterhin zur Diskussion steht.

Die Ursprünge und die konkrete Entwicklung der ‚Solarisierung' sind, vor allem was die Beurteilung einzelner archäologischer bzw. ikonographischer Quellen und Textbelege anbetrifft, nach wie vor umstritten. Z.T. leidet die Diskussion an der Unklarheit, was unter dem religionsgeschichtlichen Vorgang der ‚Solarisierung' zu verstehen sei, was sich sehr deutlich z.B. in der Kontroverse zwischen Wiggins und Taylor[152] zeigt, in der über solch missliche Alternativen debattiert wird, wie: Verehrung JHWHs als des Sonnengottes bzw. als der Sonne (womöglich unter Zugrundelegung eines modernen Weltbildes) oder ‚nur' metaphorische (im Sinne von ‚uneigentli-

---

149   *Hollis*, Sun Cult, 87ff; *May*, Aspects, 269-281; *Morgenstern*, Cultic Setting, 1ff u.a. Eine Zusammenfassung von *Morgenstern*s im Ganzen unhaltbaren Thesen (darunter der Rekonstruktionsversuch des Thronbesteigungsfestes des als Sonnengott verstandenen JHWH) bietet *Lipiński*, Culte du soleil, 67ff.
150   Licht und Finsternis, 358.
151   In dieser Diskussion, die anhebt mit *Stählis* kleiner Studie über ‚solare Elemente im Jahweglauben' (Elemente, passim), sind v.a. die Beiträge zu nennen: *Niehr*, Der höchste Gott, v.a. 141ff; *Keel*, Sturmgott; *ders.*, Kulttraditionen; *ders.* / *Uehlinger*, Sonnengottheit; *Janowski*, Rettungsgewißheit; *ders.*, Sonnengott; *Taylor*, Solar worship; *Smith*, Solar language; *Arneth*, Sonne. Letzterer bietet auch den umfassendsten und z.Zt. aktuellsten Überblick über Forschung und Problemlage, s. aaO 5-17.
152   Vgl. *Wiggins*, Sun-God, 99 und passim, vgl. ferner *Taylor*, Response, 107; *Wiggins*, Rejoinder, 109.

C) Die Einheitlichkeit von Psalm 19

che') Redeform.[153] Im Folgenden wird unter ‚Solarisierung' eine Adaption und Integration von typischen Qualitäten, Rollen und Kompetenzen einer solaren Gottheit verstanden, was van der Toorn so zusammengefasst hat: Wenn auch JHWH „never came to be regarded to be immanent in the sun, he did take over the *role* of a sun-god"[154].

Keel und Uehlinger haben nun die solaren Konnotationen JHWHs u.a. mit der These zu erklären versucht, mit dem salomonischen Tempel sei das ehemalige Heiligtum eines jebusitischen Sonnengottes ausgebaut worden, wofür der textkritisch schwierige Tempelweihspruch in 1 Kön 8,12f (MT; LXX 8,53) einen Hauptbeleg bilden soll. In diesem Zusammenhang ist auch Ps 19 in die Diskussion um ‚solare Elemente im JHWH-Glauben einbezogen worden.[155] Dieser Frage ist an dieser Stelle in einem Exkurs nachzugehen.

Exkurs 1: Zur Stellung von Ps 19 im Zusammenhang der Solarisierung JHWHs

Die *Herleitung* der Solarisierung aus jebusitischen *Vorgaben*, wie Keel und Uehlinger sie versucht haben, ist – soviel kann hier bereits festgestellt werden – letztlich „weder beweisbar noch notwendig"[156]. Zusammen mit allgemeinen Tendenzen zur Solarisierung im ersten Jt.[157] wird die vorexilische Adaption von Charakteristika eines Sonnengottes wohl eher durch JHWHs Bedeutung als Dynastiegott des davidischen Königshauses[158] und vor allem im Zusammenhang seiner schon vorher belegten forensischen Funktion[159] geschehen sein. So ist in der Königszeit in der EZ II B (925-720) eine deutliche Präsenz solarer Königssymbolik ägyptischer Provenienz, wie z.B. der häufigen Amun-Skarabäen[160] greifbar. Im Jerusalem der Davididen-Herrschaft ist dabei – möglicherweise unter Integration von Lokaltraditionen wie

---

153 S. dazu unten zu Ps 84,12.
154 Sun, 298, Hvbg. von mir.
155 Sturmgott, 86f; Kulttraditionen, 488ff; Sonnengottheit, 286f, vgl. die Zusammenfassung dieser Position bei *Arneth*, Sonne, 12-15.
156 *Niehr*, Der höchste Gott, 148.
157 Zum Anteil der israelitischen und judäischen Religion an der allgemeinen „levantinischen Tendenz zur Uranisierung und Solarisierung der religiösen Symbolwelt" (*Keel / Uehlinger*, GGG, 320) vgl. auch *Keel*, Sturmgott, 293 Anm. 48; *Niehr*, Der höchste Gott, 141ff.
158 Zur Bedeutung der Königsideologie als einem Movens der Solarisierung JHWHs s. *Smith*, Solar language, 34ff sowie *Janowski*, Sonnengott, 237f; *ders.*, Stellvertretung, 63f.
159 *Niehr*, Der höchste Gott, 149.161f; vgl. *Laubscher*, Epiphany, 133; *Hartmann*, שׁמשׁ, 988.
160 Zur Adaption ägyptischer Königssymbolik in Juda ab 750 v.Chr. s. *Keel / Uehlinger*, GGG, 302-317. Der Einfluss der Sonnengotttheologien und Königsideologien der umgebenden Großreiche in Anatolien, Ägypten und Mesopotamien mit ihrer expliziten Verbindung von Welt- bzw. Rechtsordnung und Sonnengott auf das Israel der Königszeit kann kaum zu gering eingeschätzt werden.

Gen 19[161] u.a.[162] – das Eintreten des als Garant der Rechtsordnung verstandenen Hauptgottes JHWH in Kompetenzen und Rollen eines Sonnengottes gut vorstellbar, zumal in der Mitte des achten Jh. die *external evidence* dichter wird.[163] Denn die häufige Zusammenordnung von Dynastiegott und Sonnengott ist nicht selten Vorstufe einer Solarisierung des höchsten Gottes. Dabei zieht der höchste Gott bedeutende Aspekte des Sonnengottes an sich. Der Sonnengott, dem zuvor noch eine wichtige Position als Gegenüber des Höchsten zukam, büßt dabei in dem Maße divine Qualitäten ein, wie seine Kompetenzen vom Höchsten integriert werden.[164] Wenn zwar unter assyrisch-aramäischer Einflüssen[165] die Astralisierung der himmlischen Mächte mit einer gewissen „Konzentration auf Gottheiten der Nacht"[166] in der EZ IIC (720-600) in Israel / Palästina zunächst eine Hemmung der Übernahme solarer Kompetenzen JHWHs[167] vermuten lässt, so zeigt doch die Erhaltung solarer Motive bei judäischen Namenssiegeln[168] eine gewisse Kontinuität an. Und so ist es wahrscheinlich, dass die „positive Rezeption assyrischer Šamaš-Vorstellungen mit antiassyrischer Intention"[169] in den Kontext der vorhandenen Königsideologie durchaus für eine spätvorexilische Profilierung des solar konnotierten JHWH förderlich

---

161 Vgl. *Keel*, Sodom, 10-17; *ders.* Kulttraditionen, 487; *ders.*, Sonnengottheit, 280ff. Hier (s. v.a. Gen 19,15) ist allerdings keineswegs sicher, ob bis in kanaanäische Zeit zurückreichende Lokaltraditionen vorliegen. Für eine hohes Alter der Sodom-Tradition kann er sich kaum auf Textstellen wie Jes 1,9; 3,9 berufen, die nicht den jesajanischen Texten des achten Jh. zugehören. Das gleiche gilt für Am 4,11 selbst dann, wenn man in Am 4,1-12 nicht, wie *Jeremias*, ein der dtr. Geschichtstheologie nahe stehendes Bußritual der Exilsgemeinde sieht (ATD 24/2, 46-56, v.a. 52).
162 Auf mögliche lokale kanaanäische Sonnengotttraditionen weisen einige ON hin, wie etwa Beth-Schemesch (Jos 15,10; 21,16 u.ö.), En-Schemesch (Jos 19,41) etc., vgl. hierzu *Lipiński*, Shemesh, 764; *Niehr*, Religionen, 160; *Keel / Uehlinger*, Sonnengottheit, 279. – Ebenso konnten Elemente älterer Theophanietraditionen (vgl. Dtn 33,2; Hab 3,3) in ein solares Verständnis JHWHs integriert werden, vgl. *Smith*, Solar language, 38 und passim; vgl. auch *Laubscher*, Epiphany, 13; *Lipiński*, שֶׁמֶשׁ, 310.
163 S. zur Dominanz der Solarsymbolik v.a. *Sass*, Pre-Exilic Hebrew Seals, 238-240; *Uehlinger*, Joschianische Reform, 69. Zu den למלך-Stempelsiegeln und Sonnenscheiben s. auch *Arneth*, Sonne, 14f. Die Beurteilung der königlichen Stempelsiegel mit geflügelten Skarabäen ist umstritten, v.a. zwischen *Welten* (er sieht hier lediglich stilisierte Wappentiere, deren Symbolik z.T. nicht mehr verstanden wurde, vgl. *ders.*, Königsstempel, 171; ähnlich *Niehr*, Der höchste Gott, 157) und *Stähli* (er sieht bewusst solare Konnotationen, vgl. *ders.*, Solare Elemente, 43; *Schroer*, Bilder, 299). Zum Vorkommen der Wurzel זרח in PN am hiskianischen Hof s. *Arneth*, Sonne, 14f. Dabei weist der hebräische PN-Befund eher wenig Spuren von solaren Kulten auf, vgl. *Lipiński*, Shemesh, 765.
164 Vgl. *Uehlinger*, Joschianische Reform, 67.69.
165 Zum Wechsel von der solaren zur astralen und lunaren Symbolik in der EZ II C s. *Keel / Uehlinger*, GGG, 361.
166 *Keel / Uehlinger*, GGG, 361.
167 So *Niehr*, der einen „Sonnenkult ... in Israel hingegen nur in der aufgezwungenen assyrischen Religion bzw. unter deren Einfluß in der Volksreligiosität, nicht aber im offiziellen JHWH-Glauben" annehmen möchte (Der höchste Gott, 147, im Gespräch mit *Herrmann*, Ps 19, 77).
168 Vgl. *Keel / Uehlinger*, GGG, 405 mit Abb. 341.
169 *Arneth*, Sonne, 17, vgl. aaO 104 und passim.

C) Die Einheitlichkeit von Psalm 19 83

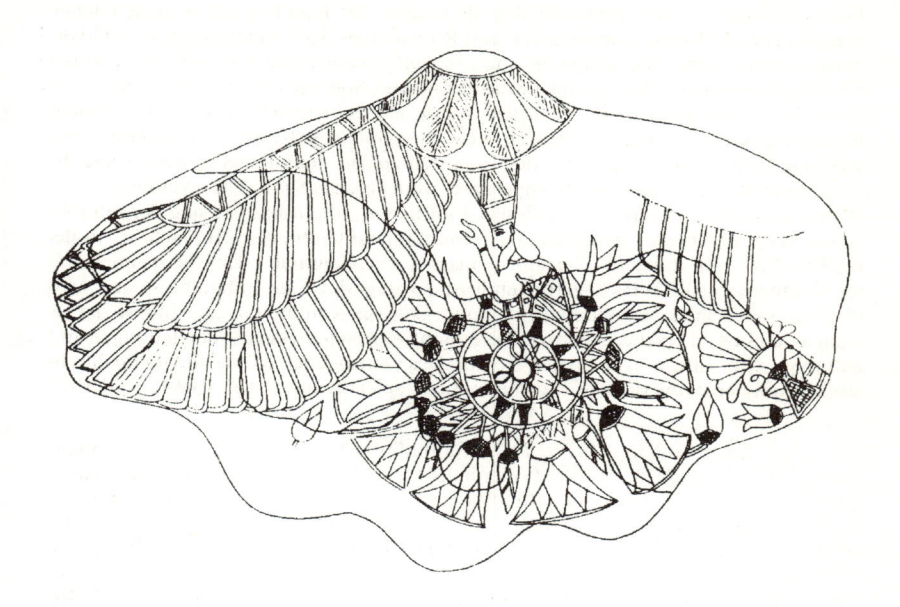

Abb. 1: *Gott im Lotusnimbus. Gravierte Muschel aus Arad (EZ II C)*[170]

gewesen ist.[171] Ob allerdings etwa Ps 72 einen *direkten* Beleg für die Solarisierung JHWHs bildet, bleibt fraglich.[172] Noch zweifelhafter ist es, dass der ‚Krönungs-hymnus' Assurbanipals SAA III I,1 eine unmittelbare literarische Vorlage für Ps 72 gewesen sei;[173] jener Text ist (lediglich) wiederum eine weitere Parallele für die Solari-

---

170 In der Darstellung dieser Gottheit, die von *Keel* und *Uehlinger* in die Diskussion der vorexilischen Religionsgeschichte Israels eingebracht wurde (Sonnengottheit, 197; GGG, 396), kommen sowohl Schöpfer- als auch Sonnengottaspekte zum Tragen.
171 Der mesopotamische Šamaš hatte auch andernorts Einfluss auf anatolische und westsemitische Sonnengottkonzeptionen: So lässt sich die relativ hohe Zahl Šamaš-haltiger PN im aramäischen Onomastikon seit der neuassyrischen Epoche auf mesopotamischen Einfluss zurückführen, vgl. *Lipiński*, Culte du soleil, 60f. Und auch beim hethitischen Sonnengott des Himmels Ištanus ist eine mesopotamische Vorprägung festzustellen, s. dazu bereits *Fauth*, 248ff; *Janowski*, Rettungsgewißheit, 102 mit Anm. 482. So ist eine große Vielzahl von Adaptionswegen denkbar, unter denen die literarische Übernahme eines einzigen Textes die unwahrscheinlichste ist.
172 Z.B. muss die von *Keel* als Beleg für die ‚Solarisierung geltend gemachte Stelle Ps 72,17 (vgl. *Keel*, Sonnengottheit, 294ff) angesichts der Häufigkeit des Motivs in der altorientalischen Königsideologie außen vor bleiben; vgl. z.B. die Wendung *'ps šm 'ztwd ykn l'lm km šm šmš wyrḥ* in der Karatepe-Inschrift (KAI I 26A IV Z.1-3): „The name of Azitawada only may last forever like the name of the sun and the moon!" (Übersetzung nach *Çambel*, Karatepe, 55M vgl. KAI I 26 A IV Z.1-3).
173 So jedoch *Arneth*, Sonne, passim, v.a. 57ff.72ff.96ff, vgl. *ders.*, Šamaš, 28ff; *ders.*, Psalm 72, 135ff. Da die aufgeführten Übereinstimmungen nicht über Einzel-

sierung des Höchsten Gottes. Auch Marduk gilt im Enuma Eliš wie andernorts Šamaš als ‚Licht der Götter' *nuru ša ilī* (dingir.dingir) (Ee VI 148), als ‚Sohn der Sonne' sowie als ‚Sonne der Götter' *šamši ša ilī* (Ee I 102), oder als der den Göttern Leuchtende.[174] Dass ‚Sonne' „ein konventionelles Epithet für Herrscher und Götter"[175] ist, mahnt somit auch zur Vorsicht, hinter jeder Belegung mit einem solchen Epithet direkt den religionsgeschichtlichen Vorgang der Solarisierung zu vermuten – recht häufig untermauert die Belegung mit Königsgott-Epitheta zunächst einmal die hervorgehobene Stellung eines Gottes im Lokalpantheon. So konnte man umgekehrt in Sippar „im Sonnengott das Wesen des Götterkönigs Enlil und das des mit Enlil gleichgesetzten Marduk"[176] wiedererkennen. Das heißt, die Übergänge von hymnischen Superlativen, gängigem polytheistischen Synkretismus bis hin zu einer greifbaren religionsgeschichtlichen Entwicklung sind häufig fließend.
Doch auch so können sowohl die antiassyrisch verstehbaren religionspolitischen Maßnahmen der Josiazeit[177] als auch die prophetische Zurückweisung solarer Kulte als Fremdgottverehrung erklärt werden. Denn im Ganzen erwies sich die Übernahme solarer Kompetenzen durch den höchsten Gott JHWH für monolatrische Strömungen ja als durchaus förderlich – als problematisch wurden sie, wie in Ez 8,16 zu sehen, lediglich dann bekämpft, wenn andere Säulen der Konzentration auf die Verehrung des JHWH von Jerusalem, wie die Tempelzentrierung[178] oder die Monolatrie,[179] infrage gestellt schienen.
Wenn die Übernahme von Sonnengottkompetenzen durch JHWH nun zwar nicht auf jebusitische Sonnengottüberlieferungen aufgebaut werden muss, so wäre damit die von Keel und Uehlinger vertretene Übernahme vorisraelitischer, jebusitischer Tradi-

---

begriffe und für die altorientalische Königsideologie stereotype Wendungen (s.o.) hinausgehen, sind sie nicht als Beleg literarischer Bekanntschaft zu werten; vgl. dazu auch *Janowski*, Frucht der Gerechtigkeit, 109ff; *Hossfeld / Zenger*, HThK, 308f (*Zenger*). Sowohl *Arneth*s Strukturanalyse von VAT 13831 als auch die Einschätzung als Krönungshymnus werden vom Assyriologen *M. Dietrich*, als unhaltbar eingeschätzt, vgl. ders., Ritual, 152 Anm. 74; 153 mit Anm. 77. Aus der in Ps 72 deutlich werdenden Kompetenzübernahme der Rechtswahrung durch JHWH, die bereits im achten Jh. vorauszusetzen ist, ist nicht mit Notwendigkeit zu schließen, dass er als Garant der Rechtsordnung auch solaren Charakter übernommen habe. Der Gesamtbefund der Sonnengottkompetenzen legt das jedoch nahe.
174 S. dazu *Streck*, Bildsprache, 180.
175 *Streck*, Bildsprache, 110.
176 *Maul*, Gottesdienst, 306.
177 2 Kön 23,4ff kann wohl im Kern als historisch zuverlässig angesehen werden; vgl. dazu v.a. *Uehlinger*, Joschianische Reform, passim sowie u.a. *Arneth*, Sonne, 164ff und die dort wiedergegebene Diskussion. Zu diesem Kern gehört wohl u.a. auch die Entfernung der wahrscheinlich mit der neuassyrischen Šamaš-Verehrung verbundenen Sonnenpferde (2 Kön 23,5, vgl. *Schroer*, Bilder, 300). *Keel / Uehlinger*, GGG, 394. *Uehlinger*, aaO). Zur Interpretation der Sonnenwagen von 2 Kön 23,11 (מַרְכְּבוֹת הַשֶּׁמֶשׁ) s. ferner *Lipiński*, שֶׁמֶשׁ 308f; *ders.*, Shemesh, 765; *Laubscher*, Epiphany, 132. Zum Problem der כְּמָר-Priester (2 Kön 23,5) s. *Uehlinger*, aaO 77f; *Arneth*, Sonne, 168f.
178 Die prophetische Kritik richtet sich in Ez 8,16 gegen eine Form solarer JHWH-Verehrung; so bereits *Zimmerli* (BK XIII/1, 220ff, vgl. dazu *Stähli*, Solare Elemente, 46ff; *Lipiński*, Shemesh, 765; *Smith*, Solar language, 32), die mit ihrer Abwendung vom Tempel als ambiguitär und verfehlt qualifiziert wird.
179 Jer 8,2 z.B. wendet sich gegen astrale Kulte als Fremdgötterverehrung, vgl. Dtn 17,3; Hi 31,26f u.a.

C) Die Einheitlichkeit von Psalm 19

tionen jedoch immer noch denkmöglich. Allerdings ist fraglich, was der in diesem Zusammenhang angeführte Tempelweihspruch und Ps 19,5 für diese Argumentation überhaupt belegen können. Keel nämlich leitet (in Anlehnung an NOTH) die ursprüngliche Version des Tempelweihspruchs aus 1 Kön 8,53 LXX ab (ἥλιον ἐγνώρισεν ἐν οὐρανῷ) und führt dabei ἐγνώρισεν auf ידע hi. zurück.[180] Doch selbst wenn Keels textkritische Rekonstruktion von 1 Kön 8,12b zutrifft, wird zwar das Wohnen JHWHs im Tempel in auffälliger Weise mit der An- bzw. Einordnung der Sonne in ihre schöpfungstheologische Bestimmung am Himmel korreliert.[181] Diese Korrelation bietet aber keinen wirklichen Beleg für eine ‚Ausbürgerung der Sonnengottheit' von Jerusalem aus dem salomonischen Tempel.[182]
Da er vordergründig Analogien zur rekonstruierten Fassung des Tempelweihspruchs aufweist,[183] wurde nun auch Ps 19, insbesondere V.5b bereits von Stolz[184] und in der Folge von Stähli[185] als Indiz der Transformation jebusitischer Sonnengotttraditionen auszuwerten versucht. Doch zum einen fehlt in Ps 19,2-7 jeglicher konkrete Tempelbezug, zum anderen wertet die ausführliche Schilderung des Sonnenlaufs in V.5b-7 die Sonne eher auf, als dass man die Stelle auf den Begriff der ‚Subordination der Sonne unter JHWH' bringen könnte.[186] Beschreibt der rekonstruierte Tempelweihspruch die Korrelation der Tempelpräsenz JHWHs im Wolkendunkel[187] zur am Himmel befestigten Sonne im Sinne einer Polarität und mit dem Schwerpunkt auf JHWHs Schöpfermacht, so setzt Ps 19,5b[188] mit der Bereitung eines Wohnortes für

---

180 Sturmgott, aaO, vgl. ders., Sonnengottheit, 286; s. auch Burkitt, Lukianic Text, 439f, vgl. dazu van den Borns Vorschlag und dessen Zurückweisung bei Görg (van den Born, Tempelweihespruch, 241; Görg, Gattung, 55f).
181 S. hierzu v.a. den berechtigten Einspruch Janowskis, der die bereits von Wellhausen rekonstruierte Variante favorisiert (ἐγνώρισεν / הֵבִין als durch einen Abschreibfehler zustande gekommen; ursprüngliche Fassung שֶׁמֶשׁ הֵכִין בַּשָּׁמַיִם; Composition, 269), zugleich aber die terminologische Prägung des Schöpfungsbegriffs כון hi. hervorhebt (Sonnengott, 224f). Bei dieser Rekonstruktion müsste dann aber gefragt werden, ob diese Wendung in der frühen Königszeit bereits vorstellbar war (vgl. als wirkliche Analogien mit כון hi. / pol. und Sonne / Mond / Gestirne lediglich Ps 8,4; 74,16, vgl. Gen 1,17; Jer 31,35; Ps 136,7-9).
182 Dass z.B. mit der von Keel / Uehlinger angeführten Ostung des Jerusalemer Tempels (vgl. dies., Sonnengottheit, 286) kein zählbarer Beleg für ein solares Heiligtum vorliegt, zeigt Taylors Untersuchung (Solar Worship, 66ff); andererseits sind durchaus zahlreiche Tempel solarer Gottheiten ohne West-Ost-Orientierung belegt.
183 Vgl. hierzu auch Eislers ‚Wiederherstellung' von Ps 19 durch die Einfügung des vor V.5b ‚verlorengegangenen' Fragments, das er mit seiner Textrekonstruktion von 1 Kön 8,12 (𝔊 8,53) identifiziert. Dabei hält er ידע qal in der Bedeutung von Gen 4,1 für die ursprüngliche Form von ἐγνώρισεν (Hochzeit, 43.51, vgl. 44ff); zu Eislers Thesen s. auch oben Einleitung.
184 Nach Stolz zeugt Ps 19,2-7 (v.a. V.5b) von einer Subordination des „Šämäš" unter El noch vor einer Ersetzung Els durch JHWH, wofür er dann den Tempelweihspruch meint anführen zu können (Strukturen, 167f: vgl. auch Schroer, Bilder, 285).
185 Solare Elemente, 12-27.
186 S. hierzu im Einzelnen unten V. C) 3.
187 Mit dem Wolkendunkel werden eher Gewittergottcharakteristika unterstrichen; handelt es sich hierbei um eine vorexilische Passage, so könnte hier ein Beleg für eine allerdings ‚konkurrenzlose' Konstellation von Dynastiegott JHWH und israelitischem Sonnengott vorliegen.
188 Anders als im Tempelweihspruch ist auch nicht der Schöpfungsterminus כון, sondern mit שים ein relativ unspezifischer Begriff gewählt.

die Sonne am Himmel ihre Bedeutung nämlich eher hoch an. Letzten Endes ist es aber vor allem seine nachexilische Sprach- und Vorstellungswelt (s.o), die deutlich macht, warum Ps 19 nicht in den Problemkreis der vorexilischen Solarisierung JHWHs hineingehört.[189] *(Ende des Exkurses) —*

Die Übernahme der Sonnengottkompetenzen durch JHWH, vor allem der Gewährung von Gerechtigkeit und Recht, ist für den traditionsgeschichtlichen Hintergrund von Ps 19 allerdings von großer Bedeutung.

Dieser Zusammenhang begegnet bei den vorexilischen Prophetie u.a. bei Hos 6,3.5 und Zef 3,5, die eine differenzierte Stellung zu Sonnengottkompetenzen JHWHs widerspiegeln.

> 3 Und lasst uns erkennen, lasst uns nachjagen, JHWH zu erkennen.
> Wie die Morgenröte steht fest sein Aufgang,
> er kommt wie der Regen, wie der Spätregen, der die Erde tränkt.
> 5 Darum habe ich durch die Propheten hineingeschlagen,
> habe sie erschlagen durch die Worte meines Mundes,
> auf dass mein Rechtsentscheid hervorgeht wie das Licht.[190]
> (Hos 6,3.5)

Im Hintergrund von Hos 6,3 scheint ein mit Ps 46,6 vergleichbares solares Verständnis des am Morgen[191] Heil schaffenden JHWH zu stehen. Da ein solch fiktives Zitat des umkehrwilligen Volkes[192] eine gewisse Selbstverständlichkeit dieser Vorstellungen voraussetzt, liegt hier wahrscheinlich das Zeugnis einer verbreiteten Erwartung des stetigen, unabänderlich heilvollen Erscheinens JHWHs in der Form ‚seines Aufgangs' (מוֹצָא) vor – und das hieße wohl tatsächlich eine solare Auffassung JHWHs. Sie wird hier jedoch wegen ihrer Heilssicherheit – also durchaus nicht als Fremdgötterverehrung oder aufgrund eines Synkretismusverdachtes – kritisiert[193] und mit dem Rechtsurteil JHWHs selbst konfrontiert. Die Härte des Handelns JHWHs durch die Propheten ist hier als notwendig für das letztendlich heilvolle, wiederum lichthafte, also solar interpretierbare Hervorbrechen seines Rechtsurteils verstanden. Dieser kritische Akzent fehlt in Zef 3,5:

> JHWH ist gerecht in ihrer Mitte, er tut kein Unrecht;
> Morgen um Morgen gewährt er sein Recht wie Licht;

---

189 Er belegt aber genausowenig „das genaue Gegenteil einer Solarisierung" (*Oeming*, Verbindungslinen, 254), sondern ist für die Diskussion der vorexilischen Zeit schlicht unbrauchbar.
190 Der Text ist gemäß 𝔊, 𝔗 und 𝔖 eher וּמִשְׁפָּטִי כָאוֹר יֵצֵא zu lesen; vgl. dazu u.a. *Laubscher*, Epiphany, 132. Vgl. ähnlich auch Ps 37,6.
191 Zum Motiv der Hilfe JHWHs ‚am Morgen' im AT s. *Janowski*, Rettungsgewißheit, 180-191.
192 *Jeremias* sieht in diesem fiktiven Ausspruch die „Gesamtdeutung der Möglichkeiten und Absichten des Volkes" verdichtet (ATD 24/1, 84).
193 Vgl. *Kratz*, Erkenntnis Gottes, 11. Nach *Kratz* handelt es sich bei der in V.5 folgenden Kritik um eine Ablehnung des verbliebenen Securitas-Denkens dieser Form von JHWH-Verehrung (Erkenntnis Gottes, 7); vgl. *Jeremias'* Interpretation der Passage als einer Kritik „baalistischen Wohlstandsdenkens" (ATD 24/1, 86).

es bleibt nicht aus, aber der Übeltäter kennt keine Scham.¹⁹⁴
Beide Texte dokumentieren auf unterschiedliche Weise das Profil der vorexilischen Verbindung der Lebens-, Rechts- bzw. Weltordnungsthematik mit einer solaren Auffassung JHWHs und geben – auf dem Hintergrund der engen Wechselbeziehung von Solarisierung und Theologisierung des Rechts¹⁹⁵ – verschiedene Sichtweisen der Prophetie wieder. Bedeutender noch als die Frage, wann welche Einflüsse zu JHWHs Übernahme von Sonnengottkompetenzen geführt haben, sind aber möglicherweise diejenigen nach den weiteren Auswirkungen der Solarisierung auf das Verständnis JHWHs selbst, auf die Ausbildung und Entfaltung des Monotheismus und auf das Gerechtigkeitsverständnis, und für unseren Zusammenhang v.a. auf die israelitische Weisheit.¹⁹⁶

Dass in spätvorexilischer Zeit mit dem Vorgang der Solarisierung in der JHWH-Monolatrie und vor allem beim Übergang zum JHWH-Monotheismus ein dem höchsten Gott untergeordneter Sonnengott unvorstellbar wurde,¹⁹⁷ förderte einerseits die Integration solarer Motive in das Bild des Einen und verstärkte die Ausbildung der Licht- und Sonnenmetaphorik in der Rede vom Schöpfer und seiner Gerechtigkeit. Andererseits macht dies auch die hohe Wertung des Geschöpfes Sonne bei der Veranschaulichung der Souveränität des Schöpfers verständlich.

c) Sonne, Recht und JHWH im nachexilischen Israel

Wichtiger für den traditionsgeschichtlichen Hintergrund von Ps 19 ist der Blick in die nachexilische Zeit.¹⁹⁸ Neben den häufig metaphorischen solaren Bezügen im tempeltheologischen Sprachgebrauch¹⁹⁹ gehört in

---

194 Hier muss mit 𝔗 und S wohl in כְּאוֹר geändert werden, vgl. hierzu *Stähli*, Solare Elemente, 38 Anm. 189; *Janowski*, Sonnengott, 229. Das Morgenmotiv weist hier deutlich auf einen solaren Hintergrund hin; zur Stelle vgl. ferner *Niehr*, Der höchste Gott, 149f; *Arneth*, Sonne, 8.125f.
195 Vgl. dazu u.a. *Arneth*, Sonne, 132ff (Vergleich der Konzeptionen der Grundschicht von Ps 72 mit dem vordtn. Bundesbuch) sowie *Janowski*, Der barmherzige Richter, 55ff.69ff.
196 Vgl. das bereits bei *Stähli* formulierte Desiderat, „die Aussagen über ‚Gerechtigkeit als Weltordnung', wie sie im Alten Testament begegnen, daraufhin ... zu überprüfen, ob und inwieweit in ihnen jeweils noch solare Vorstellungen im Rahmen eines universal-weisheitlichen Ordnungsdenkens nachwirken" (Solare Elemente, 45).
197 Vgl. *Niehr*, Der höchste Gott, 162. Hieraus resultiert auch der Befund, dass שֶׁמֶשׁ in den atl. Texten an keiner Stelle als Sonnengott verstanden ist, vgl. *Lipiński*, Shemesh, 764.
198 Zusammenfassend zur Sonnensymbolik in nachexilischer Zeit vgl. auch *Langer*, Licht, 36-43.
199 Zur Versprachlichung der Erfahrung von Lebensfülle als ‚Schauen JHWHs / von JHWHs Angesicht" (vgl. Ps 11,7; 17,15; 27,4.13), die weitenteils der Vorstellung vom gnädigen Königsgott zuzuordnen ist s. *Smith*, Solar language, 30ff; *ders*. Seeing God, 174ff v.a. 178; *Janowski*, Sonnengott, 228; Der barmherzige Richter, 69ff; *Laubscher*, Epiphany, 133f sowie dazu unten, V. C) 5.

nachexilischer Zeit zu den Auswirkungen der Solarisierung auch die Lichtmotivik und -metaphorik, mit der man auch JHWH selbst prädizierte.

Eine der meistdiskutierten Stellen in diesem Zusammenhang ist Ps 84,12:

> Denn Sonne und Schild ist JHWH, [der] Gott,
> Gnade und Herrlichkeit gibt JHWH
> Nicht wird er Gutes vorenthalten denen, die in Makellosigkeit wandeln.

Die Stelle belegt als *internal evidence* eine positive Adaptation solarer Königsgottepitheta im Bereich der Jerusalemer Tempeltheologie. Jedoch liegt in Ps 84,12 weder eine direkte Identifikation JHWHs mit *dem* Sonnengott vor,[200] was schon die gleichrangige Prädikation als Schild (מָגֵן) verunmöglicht,[201] noch ist ‚Sonne' bloß Metapher für JHWH als „immer neu aufgehende Quelle des Lebens und des Rechts".[202] Vielmehr wird JHWH hier durchaus mit dem Epithet eines solar konnotierten Königsgottes belegt.[203] Nichtsdestoweniger trägt eine solche Prädikation *zugleich* metaphorische Züge, und sie veranschaulicht die nachexilische Ausgestaltung einer solaren Auffassung von JHWH. Dass JHWH bedeutende Kompetenzen altorientalischer Sonnengottheiten integriert hat,[204] belegt auch der Kontext: JHWH ist als ‚Sonne' Garant der Gerechtigkeit (V.12b), er gewährt als Königsgott Schutz (ist מָגֵן), Gnade (חֵן) und Herrlichkeit (כָּבוֹד).[205]

Andererseits verband sich die Licht- und Sonnenmetaphorik auch auf vielfältige Weise mit Theophanie- und Epiphanieelementen ursprünglich anderer Herkunft: Auf diese Weise konnte das Sichtbar- und Wirksamwerden einer gerechten Weltordnung ausgedrückt werden,[206] bzw. in Situationen der Todesnähe oder gravierender Lebensminderung die Sehnsucht danach. So wird Hoffnung auf Gerechtigkeit häufig metaphorisch als Hoffnung auf Licht, das heißt auf Heil im umfassenden Sinne[207] bzw. für JHWH selbst ausgedrückt.[208] Besonders deutlich wird

---

200 Vgl. *Stähli*, Solare Elemente, 41ff.
201 Vgl. *Smith*, Solar language, 30.
202 *Hossfeld / Zenger*, HThK, 519 (*Zenger*).
203 Vgl. *Kraus*, BK XV/2, 751 (allerdings unter Absehung von den solaren Konnotationen) sowie v.a. *Taylor*, Sun, 219f. Gegenüber *Niehr*s Einwand, dass eine Übertragung solcher für die ägyptischen Pharaonen und hethitischen Großkönige charakteristischer Königstitulatur auf JHWH in Israel nicht vorstellbar gewesen sei (Der höchste Gott, 156) ist jedoch die doch recht deutliche Präsenz ägyptischer Herrschaftsikonographie in Israel (s. *Keel / Uehlinger*, GGG, 302-317) zu beachten, die dann selbstverständlich auch auf der Ebene von Epitheta auf den Jerusalemer Königsgott übertragbar war.
204 Vgl. *Niehr*, Der höchste Gott, 156f.
205 Vgl. zur Stelle auch *Janowski*, Sonnengott, 227.
206 Hierzu gehört u.a. das Motiv des Aufgehens (etc.) von Licht für die Gerechten in Ps 97,11; 112,4; Prov 13,9; Hi 5,14; 25,3, vgl. auch Hi 18,5; 20,26; 22,29; 24,13-17 u.ö.
207 Darin enthalten sind die Epiphanie von Lebensfülle, Wahrheitserkenntnis und Gerechtigkeit, vgl. Jes 9,1; 58,8; Ps 36,10 u.ö. Andererseits gehört die Verdunkelung

C) Die Einheitlichkeit von Psalm 19 89

das in Mi 7,8f[209] sowie bei den in diesem Zusammenhang vielzitierten Belegen Jes 60,1-3.19f[210]; 62,1-3[211] und Mal 3,20-22.
Eine signifikante Verbindung von lichthafter Theophanie JHWHs und einer konkreten Form von Aktualisierung der Sinai-Tora in Form der JHWH-Rede[212] liegt auch in Ps 50 vor. Dort wird exemplarisch für den nachexilischen weisheitlich beeinflussten Kontext deutlich, wie die lichthafte Theophanie des sich offenbarenden Schöpfers vom Zion mit der konkreten Rechtsordnung der Tora verbunden wird:[213] Licht „wird geradezu zum Synonym für den durch ‚Recht' (*mišpāṭ*) und Gerechtigkeit (*ṣᵉdāqâ*) konstituierten Sachzusammenhang ..., aber auch für einzelne Gebote und Tora selbst ..."[214]
Auch und gerade im weisheitlichen Kontext, dem weiteren Umfeld von Ps 19, spielt die Interdependenz von Licht bzw. Sonne und Gerechtigkeit bzw. Recht vor allem im ‚Rechtsstreit' der Reden-Komposition des Hiobbuches eine große Rolle.[215]

---

der Sonne zum Motivfeld der ‚Gerichtsfinsternis', die sich oft im Zusammenhang mit dem ‚Tag JHWHs' findet (vgl. Jes 13,10; Ez 32,7f; Joel 2,10; 3,4; 4,15; Hab 3,11, ferner Am 5,18-20; 8,9; Mi 3,6). Vgl. zur Verbindung von ‚Finsternis' mit dem Bereich des Chaos und des Unheils u.a. Hi 3,4-16. Der Sonnenuntergang am helllichten Tag in Jer 15,9 etwa steht für den vorzeitigen, bitteren Tod.
208 Vgl. Ps 4,7; Hi 30,6; 33,30; Mi 7,8f; Jes 59,20; Thr 3,2.
209 In diesem Text spricht Jerusalem ‚in der Finsternis' (im Exil und unter Gottes Zorn) seine Hoffnung auf JHWH aus, dessen Zorn es zu tragen bereit ist, und dessen Rechtshandeln es dennoch als Rettung, als ‚Licht', erwartet: „.... bis dass er meinen Rechtsstreit führt und mein Rechtsurteil fällt; er wird mich herausführen an das Licht, ich werde seine Gerechtigkeit schauen" (vgl. hierzu auch Ps 17,15); zu den Verbindungen zu Jes 60,1-3; 62,1-3 und Mal 3,20 s. *Kessler*, HThK, 302. Vgl. auch Nah 3,17.
210 Zu dieser Stelle bemerken *Keel* und *Uehlinger*: „In Jes 60,19f transzendiert der lichte Jahwe zwar sowohl Sonne als auch Mond. Aber auch noch in nachexilischer Zeit wurde der Gott von Jerusalem primär als solares Lichtwesen vorgestellt, wie Jes 60,1-3 oder Mal 3,10 deutlich zeigen" (GGG, 449); vgl. hierzu auch *Podella*, Lichtkleid, 208; *Niehr*, Der höchste Gott, 150-161 und v.a. *Langer*, Gott als ‚Licht', 13ff; ferner *Arneth*, der die These vertritt, dass „dem Kapitel Jes 60 als ganzem Ps 72 zugrundeliegt" (Sonne, 173ff).
211 Hier handelt es sich um eine „allgemeine Licht-Glanzmetaphorik, die zwar die Sonne (und den Sonnengott) nicht explizit erwähnt, aber ihre Bewegungen (‚aufstrahlen'), und Funktionen (‚Recht schaffen am Morgen') aufnimmt und auf JHWH als Subjekt überträgt" (*Podella*, Lichtkleid, 209).
212 Das ist in dieser Form im AT singulär, wie u.a. *Ridderbos* betont (Theophanie, 219f).
213 In diesen Zusammenhang gehört auch Jes 2,(1-4.)5.
214 *Podella*, Licht, 634.
215 „The concept of darkness plays a major role in ... [sc.: the Book of Job]. It appears mainly in the literary genre of complaint ..., but is also to be found in the traditional sketch of the behaviour ... and the fate ... of the evil-doers" (*Beuken*, Job's Imprecation, 51; zum weiteren Gebrauch der Licht-Finsternis-Motivik in den Gerechtigkeitsdiskursen des Hiobbuchs s. aaO passim).

Während die Freunde in ihren Reden häufig mit Licht- (bzw. Sonnen-) und Finsternismotivik ihr Festhalten am Fortbestehen der gerechten Ordnung in Bildsprache umsetzen,[216] werden Topoi aus diesem Motivkreis im Munde Hiobs ins genaue Gegenteil gewendet: Selbst die lichthafte Hilfe Gottes sei für den Verzweifelten nur Quelle größeren Elends.[217] Auf diese Weise schildert Hiob etwa in seiner Klage bzw. Anklage Gottes Hi 24,1-25 das (nächtliche!) Treiben und die ungebrochene Macht der Feinde des Lichts (V.13), denen in ihrer Verkehrtheit der Morgen als Finsternis gilt (V.17). Und so setzen sich auch die Elihureden anhand von Lichtmetaphorik mit diesen Vorwürfen Hiobs auseinander, insbesondere in Hi 37: „In c. 37,3.11.15 ist אור ein wiederkehrendes, die Rede strukturierendes Motiv"[218]. In Hi 38,12-15 wird dann Gottes tägliche Neukonstitution der kosmischen Ordnung durch die Brechung der Macht der רְשָׁעִים anhand des Motivs der ‚Hilfe Gottes am Morgen' formuliert.[219] Durch das gesamte Hiobbuch hindurch wird also die Problematik der Gegenwart und der Gerechtigkeit Gottes anhand von luminaren und solaren Motiven und Traditionen verhandelt. Dabei spielt zwar das Recht oder gar die Sinai- bzw. Mose-Tora keine nennenswerte Rolle; dennoch ist der juridische Hintergrund im Hiobbuch in mehrfacher Hinsicht, nicht nur im Blick auf den Charakter der Reden als eines ‚Rechtsstreites', durchaus von Belang.[220]
Eine bemerkenswerte Parallele zu Ps 19, insbesondere V.9b, ist ferner die metaphorische Identifikation von Tora und Licht in Prov 6,20-23.[221] Dieser Zusammenhang ist dabei im frühen Judentum von noch anwachsender Bedeutung:[222] So überträgt der Targum Jes 2,3 mit „Lasst uns wandeln im Studium der Tora", und der Hiobtargum übersetzt ‚Rebellen wider das Licht' (Hi 24,13)[223] mit ‚Widersacher der Tora'.[224]

Welchen Rang wiederum die Sonne in der hymnischen Schilderung der Ordnung der Schöpfung und der Herrlichkeit Gottes in der jungen Weisheit hatte, zeigt als weiteres Beispiel Sir 43,1-5. An dieser Stelle, einer engen Parallele zu Ps 19,7, verdeutlicht das Motiv der alles durchdringenden Sonnenglut die Verbreitung dieses Motivs im theologischen Umfeld von Ps 19.[225] Und so soll in einem Exkurs auch ein Blick auf die zunehmende Bedeutung von Sonne und Sonnenlauf im Bereich der frühjüdischen weisheitlichen bzw. apokalyptischen Literatur als dem weiteren Umkreis von Ps 19 geworfen werden.

---

216 Vgl. Hi 5,14; 11,17; 25,3; ferner 18,5; 20,26; 22,29 u.ö.
217 So v.a. in der ersten Rede Hiobs, wo er den Tag seiner Geburt verflucht (Hi 3,1-26, insbesondere in V.4.9 und v.a. in V.20: „Warum gibt er dem Elenden Licht, und Leben denen, deren Seele verbittert ist"); ferner Hi 7,4.18; 9,7a 12,22.25; 17,12; 18.5f.22.28.
218 *Wahl*, Der gerechte Schöpfer, 116 Anm. 113.
219 Vgl. hierzu unten V. C) 2.
220 Vgl. hierzu recht umfassend *Strauß*, Juridisches, 83ff.
221 Vgl. hierzu u. V. D) 5. a).
222 Vgl. v.a. auch Bar 3,33-4,4, wo neben der Freude der Gestirne bei ihrem Dienst (V.34-35; s. dazu u. *Exkurs 2*) auch der Topos von der Tora als Licht und die Identifikation von Weisheit und Tora begegnet; s. dazu auch unten VIII. A) 3.
223 Zur Zuordnung von Ungerechten und Frevlern zum Finsternisbereich bereits in Mesopotamien, s. *Janowski*, Rettungsgewißheit, 96ff.
224 Vgl. auch in bMeg 16b: אורה זו תורה.
225 S. dazu unten V. C) 5.

C) Die Einheitlichkeit von Psalm 19 91

Exkurs 2: *Sonnenlauf und Tora in weisheitlicher und apokalyptischer Literatur*

Dass die Korrelation von Sonne und Tora bzw. Gerechtigkeit gerade in der jüngeren Weisheit und Apokalyptik eine bemerkenswerte Ausprägung erhalten hat, ist in der Forschung jeweils für die verschiedenen Textbereiche bereits gezeigt worden[226] und braucht hier nur erinnert zu werden. Die große Bedeutung der Sonne im Rahmen eines torabezogenen Weltordnungsdenkens lässt sich an den Texten der Qumrangemeinschaft, am äthiopischen Henoch (vor allem dem astronomischen Buch, äthHen 72-83), am Jubiläenbuch[227] und an einer ganzen Reihe von Überlieferungen aus der Bibliothek von Qumran studieren. Sie wird vor allem an der gemeinsamen Tradition des – im Gegensatz zum lunisolaren 354-Tage-Kalender der sich im Judentum letztlich durchsetzenden Linie[228] – solaren 364-Tage-Kalenders[229] ersichtlich. Der in Qumran praktizierte[230] Solarkalender selbst kann freilich weit ältere Wur-

---

226 Zur Bedeutung der Sonne für die Gemeinschaft von Qumran vgl. u.a. *Smith*, Helios, passim; im äthHen s. *Albani*, Astronomie, passim, v.a. 42ff.297ff; im Jubiläenbuch *Uhlig*, JSHRZ V/6, 283; im antiken Judentum insgesamt *Maier*, Sonne, passim. Zusammenfassend zur (sehr verbreiteten) Licht-Finsternis-Motivik in den essenischen Schriften s. *Duhaime*, Light and Darkness, 495.
227 Vgl. etwa Jub 2,9: „Und der Herr machte die Sonne zu einem großen Zeichen über der Erde für Tage und für Sabbate und für Monate und für Feste und für Jahre und für Jahrwochen und für Jubiläen und für alle Zeiten der Jahre" (Übersetzung nach *Berger*, JSHRZ II, 327; vgl. auch Jub 4,21; 6,32 u.ö.).
228 Vgl. Ps 104,19 und Sir 43,6f zur Einteilung der Monate durch den Mond; zur rabbinischen Fortführung jener Tradition vgl. *Talmon*, Calendars, 113f.
229 Die Vermutung hohen Alters des im äthiopischen Henochbuch, im Jubiläenbuch und in einigen Qumrantexten bezeugten Solarkalenders und seiner Bedeutung bereits für (priesterschriftliche) Pentateuchtexte, die *Jaubert* geäußert hat (Calendrier, 250ff), hat sich durch die Erkenntnisse der letzten Jahre in weiten Teilen bestätigt; s. dazu *VanderKam*, Reassessment, 390ff, v.a. 410f; *Iwry*, Luminaries, 43f; *Talmon*, aaO 114ff; *Limbeck*, aaO 144; *Hoffmann*, Gesetz, 163-167 und v.a. den umfassenden Forschungsüberblick bei *Albani*, Astronomie, 9-16.
230 Eine ausführliche Diskussion der älteren Forschung bietet *Limbeck*, aaO 137ff. Wenn auch eine Frühdatierung bis hinein in die nomadische Frühzeit (vgl. ehemals *Morgenstern*) nicht mehr zu vertreten ist, sprechen doch die biblischen Bezugspunkte (s.u.), das Alter der Henochtradition und der hohe Rang der solaren Zeitberechnung in vor-essenischen (Weisheits-)Texten u.a. für einen längeren Überlieferungszeitraum, vgl. *Limbeck*, aaO 144ff; *Albani*, aaO 283f. U.a. weil der Solarkalender als halachisches Sonderwissen des Lehrers geführt wird (vgl. dazu u.a. 1QH XVI,19), wird bis heute diskutiert, ob die Befolgung des Solarkalenders nicht doch erst eine späte Entwicklung bzw. eine sektiererische Erscheinung sei – etwa in Reaktion auf die Einführung der lunaren Zählung durch hellenisierende Kreise, vgl. dagegen aber die bei *Albani* (ebd.) aufgeführten Gründe für einen offiziellen lunaren Kalender in vorexilischer Zeit. Fehlende Hinweise auf Interkalation des 364-Tage-Kalenders, die gegen seine Praktikabilität vorgebracht wurden, sprächen ebenso und noch gegen den lunaren Kalender. Sie sprechen auch deshalb nicht gegen die Praktizierung des Solarkalenders, weil in schriftlichen Zeugnissen ein Interesse zu vermuten ist, seine ideale Form (4 x 13 Wochen, vgl. die Betonung des ersten Tages des Vierteljahres und in die 13-Wochen-Struktur auch in 4QShirShab) zu erhalten, s. dazu die Diskussion bei *Limbeck*, aaO 155 und *Albani*, aaO 283ff.

zeln[231] haben und in priesterlichen, nach der Herkunft des מורה צדק wahrscheinlich sogar zadoqidischen Kreisen[232] überliefert worden sein. Doch erst die Gemeinschaft von Qumran bezeugt über dessen Überlieferung hinaus seine tagtägliche Praxis,[233] die im Anschluss an den in 4QMMT (=4Q394-399) niedergelegten Standpunkt entwickelt wurde.[234] Die Attraktivität des Sonnenkalenders kann sich nicht nur aus einem möglichen hohen Alter erklären, sondern wird auch aus theologischen Gründen erfolgt sein: Die Verlässlichkeit des Sonnenkalenders, in dem die jährlichen Feste jeweils auf den gleichen Wochentag fielen, erbrachte – bedenkt man auch das besondere Festverständnis der Qumrangemeinschaft[235] – den Erweis der „Sabbatstruktur der Schöpfung"[236], und brachte Schöpfungs-, Kult- und Heilsordnung in einen Einklang von großer Plausibilität.[237] Hinzu kam, dass in einem himmlisch-irdischen Ent-

---

231 An Gen 1,14b lässt sich zwar keine Präferenz der Sonne gegenüber den anderen Gestirnen ablesen, doch zeigt sich hier auch explizit kein Interesse an den Monaten, wohl aber an der Zeichenhaftigkeit der ‚Leuchten' allgemein für die kultkalendarisch (vgl. die Betonung der מוֹעֲדִים) wichtige Berechnung der ‚Tage' und ‚Jahre'. Dabei war „die ursprüngliche Aufgabe des Kalenders nicht die ..., die Zeit zu messen (wie für moderne Menschen), sondern die, ... das Datum der Festtage genau zu bestimmen" (*Soggin*, Genesis, 37).
232 Vgl. zu den priesterlich-zadoqidischen Traditionen in 11QT und 4QMMT u.a. *Maier*, Texte II, 361, vgl. auch die Überlieferung des Systems der priesterlichen Wachen (מִשְׁמָרוֹת) in Calendrical Document / 4QMishmarot (4Q320-330) und dazu *Talmon*, Calendars, 110-112; *Albani*, aaO 284-296; *Maier*, Texte II, 278ff. Vgl. jüngst zum engen Zusammenhang von Astrologie, priesterlich-kultischem Weltordnungsdenken und himmlisch-irdischem Entsprechungsdenken in Qumran *von Stuckrad*, Zeitverständnis, 804ff.
233 Vgl. *Limbeck*, aaO 155ff. Das Ausmaß der Beschäftigung mit kalendarischen Fragen in Qumran ist tatsächlich singulär: „The 364-day-solar-calendar was the most significant and conspicious boundary-marker that separated the Qumran community from the other socio-religious enclaves of the Second-Temple period" (*Talmon*, Calendars, 115).
234 Die zentrale Stellung dieses kultkalendarisch-halachischen Streitpunkts wird durch die Voranstellung einer solarkalendarischen Aufstellung (in 4Q394 3-7) vor den Katalog der Differenzen zwischen Qumrangemeinschaft und Adressaten hervorgehoben; vgl. dazu auch *Talmon*, ebd. Zur Frage nach Verfasser (nicht notwendig der ‚Lehrer der Gerechtigkeit') und Empfänger (Jerusalemer Machthaber, Alexander Jannai oder etwa der Hohepriester Alkimos?) sowie zur Struktur des epistelartigen Schreibens s. u.a. *Maier*, Texte II, 361f. Die kalendarischen Kontroversen, in denen u.a. die Wirksamkeit des Yom Kippur auf dem Spiel stand, wird auch durch 1QpHab dokumentiert; vgl. ferner 4QOtot (4Q319).
235 Vgl. dazu *Limbeck*: „Weil diese Zeiten und Tage von Gott in besonderer Weise zu Zeichen der Gnade gemacht und bestimmt worden waren, wurden sie von der Gemeinde, die diesen Gnadenzeichen entsprechen wollte, so genau beachtet" (Ordnung, 166).
236 *Albani*, aaO 295.
237 Vgl. hierzu bereits *Hengel*: „Die Gestirne folgen – obwohl als personhafte Wesen vorgestellt – genau ihren von Gott vorgeschriebenen Bahnen, und die gesetzmäßige Präzision ihrer Bewegungen gehört zu den Geheimnissen von Gottes Schöpfung. Denn sie regeln nicht nur durch die von Gott festgesetzte Ordnung ihrer Umläufe und Wendepunkte die heiligen Festzeiten, die auch im Himmel gefeiert werden, und die Jahreszeiten mit Säen und Ernten, sondern zugleich die Geschichtsepochen, die durch die Einteilung nach Jubiläen und Jahrwochen systematisiert wurden"

C) Die Einheitlichkeit von Psalm 19

sprechungsdenken mit seinem besonderen Anliegen an der Korrespondenz von himmlischem und irdischem Gottesdienst[238] die Gestirne in ihrer Ordnung nicht nur die Funktion der Strukturierung der Zeit, sondern auch die von Vorbildern für einen Lebenswandel in Gerechtigkeit inne hatten.[239]
Doch nicht nur die Einhaltung des Sonnenjahres, sondern auch der tägliche Sonnenlauf war von grundlegender, weil zeitstrukturierender Bedeutung v.a. für die ständige Gebetsordnung, die besonders am Tag-Nacht (/ Nacht-Tag)-Wechsel orientiert war. Der berühmte Passus bei Josephus, in dem es heißt, dass die Essener eine Art überkommene Gebete an die Sonne sprachen, „als wollten sie ihren Aufgang erflehen"[240], bestätigt von anderer Seite diese auffällige Praxis,[241] wie sie z.B. auch aus 1QH XX,4-8 ersichtlich wird:[242]

[Für den Maskil[243]
Lobgesänge und Bitte, niederzufallen und zu flehen ständig,
von Zeitabschnitt zu Zeitabschnitt (מקץ לקץ)
mit Eintritt[244] des Lichts (עם מבוא אור)
(5) zu seiner Herr[schaft] (לממש[ל]לתו])[245]
an Wenden des Tages (בתקופות יום) gemäß seiner Ordnung (לתכונו)
nach den Satzungen (der) großen Leuchte (לחוקות מאור גדול),
zur Wende des Abends (בפנות ערב)[246]
und zum Ausgang des (6) Lichts (ומוצא אור)

(Judentum, 427ff).
238 Für die Qumrangemeinschaft bedeutete die „Beobachtung des himmlischen Kalenders ... zugleich die Teilnahme am Leben der himmlischen Welt" (*Limbeck*, Ordnung des Heils, 153), wie etwa die Gemeinschaft mit den Engeln im Lobpreis.
239 Vgl. hierzu auch unten V. C) 4. zu Ps 19,6.
240 *Josephus*, De Bello Judaico 2,128: ὥσπερ ἱκετεύοντες ἀνατεῖλαι; vgl. ferner aaO 2,148. Bei des Josephus Darstellung des ‚Gebets zur Sonne' ist allerdings dessen (wohl auch von Philo benutzte) vermutlich pythagorisierende Quelle zu berücksichtigen, vgl. *Bergmeier*, Essenertexte, 46ff.79ff, v.a. 84f.
241 *Smith*s Interpretation der Anweisungen von 11QT zum Bau eines vergoldeten Stiegenturms auf den Gebrauch des Daches der Versammlungsstätte als Ort des Morgengebets angesichts der Sonne (Gilded Staircase, passim) ist allerdings mit deutlicher Skepsis begegnet worden, zur Diskussion vgl. *Bergmeier*, Essenertexte, 105 mit Anm. 299. Nicht unzutreffend allerdings ist seine Formulierung des Gesamtbefundes in Qumran, dass die Stellung der Essener zur Sonne zwar kein „worshipping as a god", aber doch ein „reverencing ... as supernatural power" gewesen sei (Gilded Staircase, 50; vgl. *ders.*, Helios in Palestine, passim).
242 Nach der (gegenüber *Sukeniks* Edition) inzwischen korrigierten Zählung.
243 Ergänzungen werden durch 4Q427, Frg. 2,1-2 erleichtert.
244 Der Gebrauch von מבוא für den Sonnenaufgang sowie von מוצא für den Sonnenuntergang steht den im AT geläufigen Bezeichnungen entgegen. Sie ist aber aus der Vorstellung des Eintretens der Sonne in ihren Herrschaftsbereich, den Tag (gemäß Gen 1,14-16), verständlich und erklärt sich ferner aus dem Verblassen der Vorstellung vom nächtlichen Aufenthaltsort der Sonne; vgl. dazu unten V. C) 1.-3. zu Ps 19,5b-6a.
245 S. dazu *Limbeck*, Ordnung des Heils, 158.
246 Die Übersetzung *Maiers*: „gegen Abend hin" (Texte I, 103) vernachlässigt den bereits biblischen Sprachgebrauch und die darin enthaltene Vorstellung von der ‚Wende'; zu dieser Formulierung mit Inf.cstr. vgl. HAL 884 s.v. פנה, vgl. ferner לפנות ערב in Gen 24,63; Ex 14,27; Dtn 23,12 und לפנות (ה)בקר Ri 19,26; Ps 46,6.

zu Beginn von Finsternis-Herrschaft (ברשית ממשלת חשך)
für den festgelegten Zeitraum der Nacht (למועד לילה),
an dessen Wende (בתקופתו) zur Wende des Morgens hin (לפנות בקר)
und zur Zeit (ובקץ) (7) ihres Rückzugs an ihre Stätte (מעונתו)
vor dem Licht
zum Ausgang der Nacht (למוצא לילה)
und zum Tageseintritt, am Tage,
immer, zu allen (8) ‚Geburten' der Zeit (מולדי עת),
den Fundamenten des Zeitabschnitts (יסודי קץ)
und dem Wendepunkt von Festzeiten in ihrer Ordnung (בתכונם),
mit ihren Zeichen in ihrem ganzen Herrschaftsbereich,
in der wahrhaftigen Ordnung (בתכון) aus Gottes (אל) Mund
und durch das Zeugnis dessen, was ist. ...

Das besondere Verhältnis dieser Ordnung zum Gesetz war in der Identität von Schöpfer und Geber der Tora verankert, der damit vor allem als Geber stabiler Zeitordnungen verstanden wurde. „Nach qumranischem Verständnis war die Zeit und Welt, in der der Mensch lebt, ihrer Struktur nach von Gott bestimmt. Deshalb war es in ihren Augen die primäre Aufgabe des Menschen, diese Strukturen in seinem Leben zu achten. Die der Welt gegebene Ordnung wurde so – um Gottes willen – zum Maß und Gesetz des menschlichen Lebens"[247].
Auch der Vergleich einschlägiger Texte u.a. aus den Hodayot und der Gemeinderegel mit Ps 19[248] zeigt, dass mit einer Traditionslinie gerechnet werden kann, in der die Ordnungsinstanz Sonne von paradigmatischer Bedeutung für ein torabezogenes Gerechtigkeitsverständnis war.[249] Diese mit Ps 19 z.T. gemeinsamen theologischen Anliegen[250] werden dabei bisweilen in korrespondierender Begrifflichkeit[251] ausgedrückt, die aber in diesem Psalm noch eine weniger (bzw. andere) ‚technische' Färbung hat und insgesamt eine frühere Sprachstufe, aber auch ein anderes Toraverständnis markiert.[252]

---

247 Limbeck, Ordnung des Heils, 167. Vgl. auch Iwry: „Here [sc.: in einigen Abschnitten von 1QH und 1QS] the appearance of the luminaries is not only described as determinative in fixing the time, but their constant renewal of the seasons serve as a sign and reminder of God's grace" (Luminaries, 41).
248 S. auch unten V. B) zu V.5a zu 1QS X,8-9.
249 Im Rahmen dieses apokalyptischen, ‚offenbarungsweisheitlichen' Konzeptes gilt Henoch (wie Daniel) als ‚der Weise schlechthin'; s. hierzu u.a. Uhlig, JSHRZ V/6, 493. Zum Verhältnis von Apokalyptik und Weisheit in der Henochüberlieferung s. Albani, Astronomie, 145ff; zur Präsenz der Henochtradition bei Ben Sira (Sir 44,16; 49,14) vgl. Marböck, Henoch, 133; zu einem Vergleich von äthHen und Sir s. Argall, 1 Enoch, v.a. 245ff.
250 Hierzu gehört auch das tiefe Bewusstsein der eigenen Sündhaftigkeit (vgl. Ps 19,13) und die Auseinandersetzung mit ihr; vgl. zum Sündenverständnis v.a. in 1QS und 1QH Lichtenberger, Menschenbild, 93ff.118ff.209-212.
251 Vgl. zu כבוד אל unten V. B) 1. und 2. a); zu תקופה s. V. C) 5; zu קו in Ps 19,5a sowie zur Bedeutung von דעת in Ps 19,3 s. V. B). קץ ist in Ps 19 noch räumlich-kosmologisch zu verstehen, in Qumran wird es bereits in apokalyptischer Färbung als Terminus für festgelegte Zeit gebraucht; s. dazu Talmon, קץ, 84ff etc.
252 So braucht wohl kaum darauf hingewiesen zu werden: Ps 19 legt mit seiner umfassenden Aufzählung von Rechtssatztermini und einer eher allgemeinen Betonung der Sonnentheologie keinen besonderen Wert auf halachische Sonderüberlieferungen und kultkalendarische Fragen.

C) Die Einheitlichkeit von Psalm 19

Nun wäre die besondere Rolle der Sonne in der Qumrangemeinschaft für die jüngeren alttestamentlichen Texte wie Ps 19 von nur geringer Bedeutung, wenn damit nicht auf deutlich ältere Traditionen zurückgegriffen worden wäre (s.o.). Zu ihnen zählen auch die Henochüberlieferungen,[253] vor allem das äthiopische Henochbuch, mit dessen Verschriftlichung über einen längeren Zeitraum von 400 v.Chr. an gerechnet wird.[254] Hierin fanden viele ältere und vor allem auch auffällig viele mesopotamische Überlieferungen Aufnahme.[255] Daher ist die in einigen Abschnitten des äthHen zu beobachtende, bemerkenswerte Kontinuität zu mesopotamischen Weltordnungsvorstellungen und auch eine gewisse Motivkonstanz keineswegs erstaunlich. So wurden in die Henochastronomie nicht ganz zufällig mit Šamaš verbundene Überlieferungen aufgenommen. Sie konnten – in Anknüpfung an die vorexilischen solaren Konnotationen JHWHs[256] – gerade auch deshalb integriert werden, weil der Sonnengott „in besonderer Weise als Garant einer gerechten Weltordnung galt"[257]. So zeigt äth Hen 41,6-9, wie die Bahn der ‚Leuchten' durch das ihnen eignende Ordnungs- und Gerechtigkeits-Maß sogar Gerichtsfunktionen übernehmen konnte:[258]

6   Und zuerst kommt die Sonne hervor und bewältigt ihren Weg auf Befehl des Herrn der Geister ...
7   Und danach (kommt) der ... Weg des Mondes ... Und sie loben und preisen, ohne zu ruhen, denn ihr Lob ist Erquickung für sie.
8   Und die Sonne macht viele Umdrehungen zum Segen und zum Fluch,
    und die Bahn des Mondes ist für die Gerechten Licht
    und für die Sünder Finsternis – im Namen des Herrn, der (eine Trennung) geschaffen hat zwischen Licht und Finsternis,
    und die Geister der Menschen geschieden hat,
    und die Geister der Gerechten gestärkt hat im Namen seiner Gerechtigkeit.
9   Denn kein Engel hält sie auf ... denn der Richter sieht sie alle

---

253   Die hohe Zahl an Texten der Henochtradition in der Bibliothek von Qumran, und ihr spürbarer Einfluss auf essenische Texte lässt keinen Zweifel an ihrer Bedeutung für diese Gemeinschaft aufkommen: „at least some members of the Qumran Community stood in historical continuity with the authors of the Enochic corpus" (*Nickelsburg*, Enoch, 251).
254   *Nickelsburg*, Enoch, 249; vgl. *Uhlig*, JSHRZ V/6, 494.
255   Vgl. dazu *Kvanvig*, Roots, passim. Der Einfluss der Enmeduranki-Tradition z.B. ist Forschungskonsens, vgl. *Albani*, Astronomie, 27ff; *Virolleaud*, Shamash, 59.
256   Vgl. aaO 310ff.
257   Richterliche Funktionen kommen der Sonne im astronomischen Buch allerdings nicht mehr zu, sondern sie wird mit den anderen Gestirnen dem Lichtengel Uriel unterstellt, der seinerseits einige Funktionen des Šamaš übernommen hat, vgl. *Albani*, Astronomie, 299. Hierzu zählt auch die nicht zufällige Übereinstimmung der ungewöhnlichen Bezeichnung ‚Herr des Gerichts' mit dem Šamaš-Epitheton *Bēl dīni*. Der für die Gestirne zuständige Engel Uriel, eine neue, genuin jüdische Schöpfung, ist jetzt Repräsentant der gesetzmäßigen göttlichen Himmelsordnung; vgl. hierzu aaO 307f.
258   Übersetzung nach *Uhlig*, JSHRZ V/6, 583. Angesichts dieser Passage rechnet *Uhlig* in den Trägerkreisen der Henochüberlieferung mit einer literarischen Bekanntschaft von Ps 19 (ebd.). Ps 19 mag tatsächlich aufgrund ähnlicher Themen und theologischer Überzeugungen (Lobpreis, Vorbildhaftigkeit und juridische Symbolik von Gestirnen, v.a. der Sonne) bei ihnen auf Aufnahmebereitschaft gestoßen sein.

und richtet sie vor sich.²⁵⁹

Damit aber steht das Gerechtigkeitsverständnis im astronomischen Henochbuch – abgesehen von der fehlenden Zentrierung auf die Königsideologie, die für Israel ab einem gewissen Zeitpunkt nicht mehr möglich war – noch in denkbarer Nähe zur mesopotamischen Gerechtigkeitskonzeption, wie sie Maul beschreibt: „*kittum* und *mi/ešarum*, ‚Recht und Gerechtigkeit', werden den Menschen Mesopotamiens nur zuteil, da auch Sonne und Mond sich auf der Bahn von ‚Recht und Gerechtigkeit' bewegen. ... Recht und Gerechtigkeit im Sinne einer politisch-sozialen Ordnung, die zu erhalten und wiederherzustellen Aufgabe des Königs ist, sind nur dann möglich, wenn sie in Einklang stehen mit der Ordnung des Kosmos, wie sie im Schöpfungsakt errichtet wurde"²⁶⁰. Ein mesopotamisches himmlisch-irdisches Entsprechungsdenken wird also im apokalyptischen Denken von einem genuin israelitischen bundes- und toratheologischen Gerechtigkeits-Konzept her interpretiert. Das zeigt sich etwa in äthHen 41,5, wo es heißt: „und ich sah, wie ... sie ihre Bahn nicht verlassen, nichts hinzufügen und ihre Bahn nicht verkleinern, (wie) einer dem anderen die Treue bewahrt, indem sie bei dem Bund bleiben"²⁶¹. Hieran wird ersichtlich, wie sehr die Gesetzmäßigkeiten der Schöpfung als auf die Tora transparent interpretiert wurden, wenn in den himmlischen Ordnungen ihre Bundestreue, ja sogar ihre vorbildliche Einhaltung der ‚Kanonformel' Dtn 4,2ff erblickt wurde.

Vor allem das ursprünglich selbständige astronomische Buch (AB) des äthiopischen Henoch (72-83)²⁶² mit einem *terminus ad quem* am Ende des dritten Jh. und einem *terminus post quem* in „a time not long after the introduction of the Torah in the beginning of the fourth century"²⁶³, rezipiert, wie Albani gezeigt hat, die archaische Astronomie der Keilschriftserie MUL.APIN, und zwar letztlich aus theologischen Gründen: Aus dem „Anliegen, die Sinnhaftigkeit der kosmischen und geschichtlichen Ordnungen zu erweisen, die wiederum auf Gottes Gerechtigkeit verweisen", konnte mit ihrer urtümlichen und einfachen Astronomie und dem 364-Tage-Kalender²⁶⁴ die ideale Ordnung der Schöpfung aufgezeigt werden.²⁶⁵ Dabei wurde die immer schon in Wechselbeziehung mit der kosmischen Ordnung gedachte konnektive Gerechtigkeit²⁶⁶ nunmehr auch und gerade als eine in der himmlischen Sphäre des Kosmos vollzogene dynamische Ordnung verstanden. Da die Gestirne weiterhin personhaft gedacht wurden, lag es nahe, das Gelingen der astralen Ordnung – ganz im

---

259 Vgl. hierzu *Albani*, Astronomie, 298; zum Motiv des richterlichen Prüfens vgl. auch unten V. C) 5. zu Ps 19,7.
260 *Maul*, König, 203.
261 Übersetzung *Uhlig*, JSHRZ V/6, 583.
262 Zu den Einleitungsfragen s. *Albani*, Astronomie, 30ff; vgl. auch die Diskussion der Hauptintentionen des astronomischen Henochbuchs bei *von Stuckrad*, Zeitverständnis, 316-338.
263 *Kvanvig*, Roots, 84. Die Spanne reicht von *Miliks* Frühdatierung, der Gen 5,23 als Anspielung auf das AB ansieht (!) bis zu derjenigen von *Beckwith* (um 250 v.Chr.), s. dazu *Albani*, aaO 41. Der *terminus ad quem* ergibt sich aus der von *Milik* bei der Edition des aramäischen Texts des AB (= 4QEnast = 4Q208-211) angestellten paläographischen Analyse, s. dazu *Albani*, aaO 40f.
264 Vgl. hierzu *Albani* „Die Zahl 364 offenbarte für die henochitischen Apokalyptiker ... nicht nur das harmonische Zusammenwirken der Gestirne, sondern auch die Einheit von Schöpfungsordnung, Kultordnung und den Strukturen der Heilsgeschichte" (aaO 100).
265 *Albani*, aaO 344.
266 S. hierzu u.a. zusammenfassend *Otto*, Gerechtigkeit, 702ff.

C) Die Einheitlichkeit von Psalm 19

Sinne einer ‚Anthropomorphose des Kosmos'[267] – als ein ‚Dienen' der Gestirne in Gerechtigkeit'[268] darzustellen, so z.B. in äthHen 74,17:

> Und vollendet wird das Jahr in Gerechtigkeit, nach ihren Stationen des Olam und den Stationen der Sonne, die aufgehen durch die Tore, durch die sie aufgeht und untergeht 30 Tage.[269]

Da hier von Vorbildhaftigkeit und Gehorsam der Gestirne und sogar von ihrer Übertretung bzw. Sünde die Rede sein konnte,[270] kann man hier von einer ‚Astralisierung der Gerechtigkeitsvorstellung' und sogar von einer „‚Kosmisierung der Gesetzesvorstellung'"[271] sprechen. Denn den Henochüberlieferungen wird zwar oft – etwa gegenüber Qumran – ein verhältnismäßig geringes Interesse an der Tora attestiert,[272] dennoch ist ihre Wertung hier auch nicht zu niedrig einzuschätzen.[273] Und so sind hier die „Gestirne am Himmel ... die Verkörperung der Gesetzmäßigkeit der Schöpfung par excellence. Dabei ist vor allem die Sonne mit ihrem täglich sichtbaren stetigen Lauf das himmlische Zeichen der gesetzmäßigen Schöpfungsordnungen mit den ihnen zugrunde liegenden idealen Zahlenverhältnissen"[274]. Die Gesetzmäßigkeit der von Gott gesetzten Ordnung der Gestirne, insbesondere des Sonnenlaufs, wird hier gerade deshalb als theologisch bedeutend empfunden, da sie als Vorbilder für die Einhaltung der göttlichen Gebote und ‚Wege' gelten, bzw. weil sie die „gesetzmäßige(n) Struktur der Himmelswelt" vor Augen führten.[275]
Ein ähnliches Denken liegt aber auch in Ps 19, vor allem in V.6 vor,[276] wo die Sonne als freudig seine Bahn ziehender Held beschrieben wird: „Ps 19 stellt als Einheit eine Parallelität zwischen Sonnenlauf am Himmel und Lebenswandel der Gerechten auf Erden her. Das Tagesgestirn erscheint mit seinem zuverlässig-freudigen Lauf als Muster des Gesetzesgehorsams und somit als himmlisches Vorbild für die irdischen Gerechten"[277].
Es ist kaum erstaunlich, dass der Topos von der Vorbildhaftigkeit der ‚Himmelsleuchten' nicht nur in der Henochüberlieferung,[278] sondern auch in anderen Berei-

---

267 *Assmann*, Ma'at, 199; s. hierzu bereits oben III. C) 2. a).
268 Vgl. ganz ähnlich Ps 119,89-91 und dazu die Ausführungen unten III. C) 2. c) *Exkurs 2*.
269 Übersetzung nach *Albani*, aaO 73; vgl. hierzu auch äthHen 74,12.
270 Charakteristisch für dieses Sündenverständnis ist die Korrespondenz zwischen der Sünde *der Gestirne* und dem Irrtum der Sünder *über die Gestirne*, vgl. hierzu v.a. äthHen 80, wo beschrieben wird, wie in den ‚Tagen der Sünder' die kosmische Ordnung gestört wird: „viele Häupter der Sterne werden gegen die vorgeschriebene Ordnung sündigen" (äthHen 80,6; Übersetzung nach *Uhlig*, JSHRZ V/6, 664). Zugleich werden die Sünder dadurch charakterisiert, dass sie im Irrtum über die Ordnung der Gestirne seien; vgl. auch äthHen 75,2; 82,2ff und hierzu *Albani*, Astronomie, 105.
271 *Albani*, Astronomie, 107 im Anschluss an *Limbeck*.
272 Vgl. *Nickelsburg*, Enoch, 252; *Albani*, aaO 107.
273 S. hierzu *Hoffmann*, Gesetz, 125-127.
274 *Albani*, Astronomie, 105.
275 *Albani*, aaO 265; vgl. auch aaO 120.
276 Zu Übereinstimmung und Differenz der weisheitlichen Anliegen von Ps 19 mit den apokalyptischen des AB s. *Albani*, aaO 325.
277 AaO 325. S. dazu auch V. C) 4. Als geeignetstes Vorbild an Unwandelbarkeit gilt die Sonne auch deshalb, weil sie nicht, wie der Mond, zu- und abnimmt.
278 Vgl. etwa in slHen XII 3: „Sie geht unter und [wieder] auf über den Himmel

chen der frühjüdischen Literatur weitergeführt wurde.[279] Dass der Sonne in einem bemerkenswerten Teil der außerkanonischen frühjüdischen Literatur eine besondere Rolle zugeordnet wurde, zeigen auch manche Abschnitte aus nichtkanonischen Psalmen[280], wie vor allem aus ‚Davids Compositions' (= 11Q05 XXVII,2-11), wo die Weisheit Davids in lichthafter Metaphorik ausgedrückt wird:[281] ‚Und David, Isais Sohn, war weise und leuchtet wie das Sonnenlicht' (Z.2).

In einer ähnlichen Linie stehen Passagen des Book of Mysteries (4QMyst = 4Q299-301; 1Q27), eine priesterliche wie weisheitliche Traditionen vereinende Überlieferung,[282] die auf das Denken der qumranessenischen Gemeinschaft von Einfluss war,[283] und von denen vor allem eine in 1Q27 sowie in 4Q303$_{4-6}$ fragmentarisch überlieferte Passage von Interesse ist. Hier tritt die Ordnungsmacht der Sonne im Zusammenhang mit der eschatologischen Offenbarung der Gerechtigkeit hervor. So heißt es in 1Q27 Frg. 1 Kol. I 5-6:[284]

ונגלה הרשע מפני צדק ...
כגלות [חושך] מפני אור
וכתום עשן ואי[ננ]ו עוד
כן יתום הרשע לעד
והצדק יגלה כשמש תכון תבל
נכון הדבר לבוא אמת משא

---

und über die Erde mit dem Licht ihrer Strahlen, und sie läuft eine ununterbrochene Bahn" (Übersetzung nach *Böttrich*, JSHRZ V/7, 863).
279 Vgl. auch PsSal 18,10-12, wo die Größe des Schöpfers durch seine Befestigung der Bahnen der Himmelslichter veranschaulicht wird: „der geordnet hat die Lichter des Himmels auf einer Bahn zu bestimmten Zeiten von Tag zu Tag, und sie wichen nicht ab von dem Weg, den er ihnen geboten hat (ἐνετείλω); in Gottesfurcht (ἐν φόβῳ θεοῦ) ist ihr Weg jeden Tag, seit dem Tag, da er sie erschuf, und bis in Ewigkeit ... seit uralten Geschlechtern wichen sie nicht ab von ihren Bahnen, es sei denn, daß Gott ihnen den Befehl gab (ἐνετείλατο) durch das Gebot seiner Knechte" (Übersetzung nach *Holm-Nielsen*, JSHRZ IV/2, 108).
280 In „Hymn to the Creator" = 11Q05 XXVI,9-15 (ein nichtkanonischer Psalm aus 11QPs^a) z.B. ist die mit Ps 19 vergleichbare Kombination von Theophanie-Motiven, Lobpreis himmlischer Wesen, das Interesse an der Erschaffung des Lichts, die Vorstellung vom Himmel als Zelt und die Erschaffung der Welt ‚mit Weisheit' zu notieren.
281 Zu diesem für den kompositionellen Rahmen von 11QPss und für das Bild von David als Beter der Psalmen im Umfeld der Psalter-Endkomposition wichtigen Text vgl. *Kleer*, Dichter, 289-306. Der Rückgriff auf 2 Sam 23,3f ist schwer zu übersehen.
282 Der späte Wortschatz und seine dualistischen eschatologischen Züge, die seine Zuordnung zum Vorfeld der Zwei-Geisterlehre wahrscheinlich machen, lassen auf eine Entstehung im zweiten bis ersten Jh. v.Chr. schließen; zu weiteren Einleitungsfragen vgl. *Lange*, Endgestalt, 122f.
283 Ähnliches gilt für 4QDibrHam, 4QShirSh, 4QSapiential Work A etc. Diese Überlieferungen geben Aufschluss über die Vielfalt toraweisheitlichen Denkens im Frühjudentum. Für eine toraweisheitliche Überlieferung zeigt das Book of Mysteries zudem ein ungewöhnlich starkes Interesse an eschatologischen und geschichtstheologischen Kategorien und kultischen Ordnungen, wobei Letzteres eine Abfassung am Jerusalemer Tempel nahe legt; s. hierzu *Lange*, Endgestalt, 122.
284 Vereinfachte Wiedergabe. Den (z.T. erheblichen) Zerstörungsgrad der Buchstaben gibt die Edition von *Barthélemy / Milik* vollständig wieder (Cave I, 103).

C) Die Einheitlichkeit von Psalm 19

> ... dann wird der Frevel offenbar[285] werden vor der Gerechtigkeit
> wie das Offenbarwerden der [Finster]nis vor dem Licht;
> und wie der Rauch vergeht, und nicht mehr ist,
> so wird der Frevel vergehen auf immer,
> und die Gerechtigkeit wird offenbar werden
> wie die Sonne, die Ordnung des Erdkreises.
> Fest steht das Wort in Hinsicht darauf,
> dass es eintrifft,
> verlässlich ist der Spruch ...

Es zeigt sich hier, dass die in luminarer und solarer Bildsprache formulierte Erwartung eschatologischer Gerechtigkeit,[286] in der das Motiv der Rechtshilfe am Morgen nachwirkt, auch in der außerkanonischen Weisheitsliteratur weitergeführt wurde. V.a ist die besondere Ordnungsfunktion der Sonne (Z.6) bemerkenswert. Allerdings ist der Text mehrdeutig: Eine Übersetzung von תכון als 3.ps.f.sg.[287] PK Qal von כון mit שמש als Subjekt scheint zunächst durchaus möglich,[288] ergibt aber wenig Sinn.[289] Auch Maier versteht תכון als PK-Form von כון mit תבל als Subjekt und zieht beides zum folgenden.[290] Limbeck vermutet, dass תכון תבל in 1Q27 I,6f „gottgegebene Ordnung"[291] bedeute und sich auf die Sonne beziehe[292]; diese Lösung scheint mir hier am wahrscheinlichsten.[293] Denn dies im biblischen Hebräisch noch nicht[294], sondern

---

285 *Lange* übersetzt hier und im Folgenden גלה mit „entschwinden" (Endgestalt, 127ff).
286 Vgl. etwa. Jes 60,1-3.19f etc.
287 Zu שֶׁמֶשׁ als Fem. vgl. u.a. Mal 3,20.
288 Vgl. Prov 4,18 (s. hierzu unten V. C) 4.) und Hos 6,3-5 mit einer ähnlichen Kontrastierung von Verlässlichkeit des Sonnenlaufs und dem flüchtigen Rauch bzw. dem Morgengewölk, s. hierzu bereits oben.
289 *Lange* übersetzt: „wie die Sonne feststehen wird im Verhältnis zum Erdkreis" (ebd.) Bei einer verbalen Vorgangsschilderung wäre jedoch anstelle einer so vagen Aussage eine konkrete Konstellation zu erwarten. Eine transitive Übersetzungsvariante (als Relativsatz) bietet *García-Martínez*, Dead Sea Scrolls, 399.
290 Er übersetzt: „und die Gerechtigkeit wird offenbar wie Sonnenlicht. Fest steht der Weltkreis ..." (Texte, I). So werden Sonne und Gerechtigkeit durch den Vergleich zueinander in Beziehung gesetzt, doch kommt der Sonne damit nur eine recht allgemeine Bedeutung zu.
291 *Limbeck*, Ordnung, 179; vgl. *Lipiński*: „base de l'univers" (Culte du soleil, 70), vgl. auch *Albani*: „Grundordnung" (Astronomie, 133); *Dupont-Sommer*: „Norm" (Die essenischen Schriften, 354); *Schiffman*: „measure" (Preliminary Translation, 214).
292 *Limbeck*, Ordnung, 178.
293 Dass hier von einer eschatologischen Offenbarung der kosmischen Ordnung die Rede ist, ist deshalb nahe liegend, da es sich hier um „apokalyptische Literatur am Rande der / im Übergang von der Weisheit" handelt (*Lange*, Endgestalt, 122).
294 Vgl. die Nomen תֹּכֶן (Ex 5,18) ‚festgesetztes Maß', ‚Quantum' (so HAL 1597 s.v.) und תְּכָנִית ‚Vorbild' (Ez 28,10; 43,12, vgl. u.a. akk. *taknītu* ‚sorgfältige Herstellung'; aram. *takāna* ‚Festigkeit, Vollendung'). Das Qal des Verbs wird v.a. für JHWHs Prüfen des Innern des Menschen gebraucht (Prov 16,2; 21,2; 24,12; vgl. *Mommer*, תכן, 654) und das Pi. nicht selten beim ‚Ausmessen der Schöpfung' (Hi 28,25; Jes 40,12f); es ist aber auch mit semantischen Angleichungen an כון zu rechnen, vgl. rabb.-aram. תְּכַן pa./ af. ‚to·fasten, establish, arrange' (*Jastrow¹*, 1692, vgl. TargHi XV,35; TargJes XLVIII, 5 u.ö).

erstmals in den Qumranfunden bezeugte Nomen mit der Bedeutung „Bestimmung, Ordnung"[295] ist in jenem Textbereich recht häufig belegt.[296] Das heißt dann aber für die Interpretation des Textes: Die gegenwärtig als für die Weltordnung als konstitutiv erkennbare Sonne antizipiert die endzeitlich erwartete gerechte Weltordnung und dient durch ihre sichtbare Beständigkeit der Vergewisserung des weisheitlichen Ausspruchs.[297]

Fassen wir zusammen: In jüngerer weisheitlicher und apokalyptischer Literatur ist ein Bedeutungszuwachs von Sonne (und Gestirnen) feststellbar. Er erklärt sich, abgesehen von der bereits in den alttestamentlichen Texten belegten Bedeutung solarer Traditionen (s.o.), vor allem damit, dass ihre dem Willen des Schöpfers entsprechende Funktionserfüllung – ihr ‚Dienst' – dessen Herrlichkeit vergrößert und die ‚tora-förmige' Ordnungsstruktur der Schöpfung veranschaulicht. Wenn sich auch im rabbinischen Judentum der Lunarkalender durchgesetzt hat, so schließen sich an diese große Beachtung der Sonne in der hellenistisch-römischen Zeit die auffällige solare Ikonographie in Synagogen[298] und die häufige Thematisierung der Sonne in Gebeten des spätantiken und frühmittelalterlichen Judentums an.[299]

Diese frühjüdische Traditionslinie erhellt auch den Vorstellungshintergrund des Denkens von Ps 19: Sie erklärt die aktive Rolle, die dem Himmel bei der maß-geblichen Bestimmung der Zeiten zugeordnet wird (V.2-5a),[300] vor allem aber erklärt sie die Konzentration auf den Sonnenlauf (V.5b-7) und dessen nahezu selbstverständliche Beziehung zur Tora (V.8-11). *(Ende des Exkurses)* —

Diese nun in vielen ihrer Aspekte illustrierte Korrelation von Sonnenlauf und Rechtsordnung ist der traditionsgeschichtliche Hintergrund, auf dem das hinter Ps 19 stehende Konzept für einen altorientalischen und israelitischen Menschen unmittelbar eingeleuchtet haben muss. Als eine spezifische ‚Ordnungsform der Wirklichkeit'[301] prägt dieser Zu-

---

295 *Mommer*, תכן, 657.
296 Das Verb תכן und seine Derivate sind bereits „innerhalb der semitischen Sprachfamilie nicht ganz leicht einzuordnen" (*Mommer*, תכן, 653) und von Derivaten von תקן abzugrenzen (vgl. allerdings akk. *taqanu* in ähnlicher Bedeutung wie תכן), dagegen fehlt im Aramäischen תכן zugunsten von תקן „ohne daß die Bedeutung signifikant unterschieden wäre" (aaO 654; vgl. *Jastrow¹*, 1691), was sich u.a. bei den Verwischungen zwischen תכון und תקון („establishment, ... amendment, making right" *Jastrow¹*, 1666) im rabbinischen Schrifttum zeigt.
297 Zu dieser Deutung s. auch *Albani*, Astronomie, 297.
298 S. hierzu *Metzger*, Zodiakos, 224f; *Roussin*, Helios, 53ff; *Weiss*, Synagogue Mosaic, 48ff.
299 *Stähli* bemerkt dazu: „In der Sonne ... proklamiert die Synagoge Jahwe, den in seiner heilvollen Tora gegenwärtigen Gott Israels als den, der sich selbst in der kosmischen Ordnung und durch diese kundtut" (Solare Elemente, 45). Auch in Nebenströmungen des spätantiken Judentums gab es z.T. solare Interpretationen, wie bei den sektiererischen Gruppierungen der Heliognosten und Sampsäer, deren außerordentliche Wertschätzung der Sonne bei den Kirchenvätern Erwähnung fand, s. dazu *Maier*, Sonne, 354; *Goodenough* führt Gebete und Zaubersprüche an, in denen sich Formulierungen wie ‚Heil Helios, Heil du Gott in den Himmeln, dein Name ist allmächtig' und "Helios auf den Cherubim" finden; Symbols 8/2, 172.
300 Zur Subjekthaftigkeit des Himmels in V.2-5a s. V. B).
301 Zu diesem Begriff *Cassirer*s s. *Janowski*, Rettungsgewißheit, 20ff.

C) Die Einheitlichkeit von Psalm 19

sammenhang die ‚Substruktur'[302] altorientalischer und israelitischer Weltwahrnehmung. In Israel sind bereits in vorexilischer Zeit Lichtmetaphorik, solare Konnotationen JHWHs und Theologisierung des Rechts aufs engste miteinander verflochten, und in nachexilischer Zeit gewinnt dieser Vorstellungskomplex in verschiedenen Textbereichen an Einfluss – sei es in Klagepsalmen, sei es in der eschatologischen Theophanieschilderung (Jes 60,1-3.19f), sei es in der weisheitlichen Prädikation der Tora als Licht (Prov 6,20-23). Er ist ebenfalls in den (jüngeren) weisheitlichen und apokalyptischen Überlieferungen präsent.[303] Dort gilt die Sonne in einer ganzen Reihe von Texten als die maß-gebliche Ordnungsinstanz in der Schöpfung, an deren Lauf sich zu orientieren auch für die rechte Beachtung der in der Tora enthaltenen Ordnung der Schöpfung unerläßlich ist.

Auf dem Hintergrund einer solchen Gedankenwelt, die der Verfasser von Ps 19 auch bei den Erstrezipient/inn/en des Psalms voraussetzen konnte, ist es nun sehr wahrscheinlich, dass er hier der Kompositionsidee Gestalt gegeben hat, den mit der Gerechtigkeitsthematik verbundenen Sonnenlauf mit der mit Lichtmetaphorik gepriesenen Tora zu kombinieren, zumal die Tora im spätnachexilischen Israel in der Fortführung der Theologisierung des Rechts als *die* Manifestation von Recht und Gerechtigkeit gilt.[304] Die Kritik Dohmens am Rekurs auf die Licht-Recht-Relation, dass „die Begriffe *kittu u mišaru* ... sich schwer in Einklang bringen"[305] lassen mit der Tora und ihren Synonymen, erweist sich angesichts dessen als unbegründet. Die Annahme, dass ein israelitischer Text sich in seiner Formulierung des Zusammenhangs von Sonne und Recht in sklavischer Nähe an mesopotamische Vorbilder gehalten und deren Konzept in eine Beziehung von Sonne und *ṣᵉdāqāh* übersetzt hätte, operiert mit zu schematischen Vorstellungen solcher Adaptionsprozesse und berücksichtigt zu wenig die innerisraelitische Traditionsentwicklung. Tatsächlich aber finden die unter Legitimation und Kompetenz des Šamaš gestellten ‚kanonischen' mesopotamischen Rechtkodizes beim Konzept von Ps 19 in der Tora ein genuin israelitisches Pendant.[306] Der Anschein inhaltlicher Inkonsistenz des Psalms

---

302 Vgl. *Blumenberg*, Licht, 433.
303 Vgl. *Albani*: „Das solare Gerechtigkeitsverständnis wäre demnach eine Art ‚Scharnier' zwischen vorexilischer Jahweverehrung Jerusalemer Provenienz und dem apokalyptisch-henochitischen Gottesglauben der nachexilischen Zeit" (Astronomie, 315).
304 *Mathys* z.B. verkennt diesen wichtigen Zusammenhang, wenn er meint: „Ps 19 handelt übergangslos zwei einander von Hause aus fremde Themen ab" (Dichter, 315).
305 *Dohmen*, Einheit, 515.
306 Wenn in der Entstehungszeit von Psalm 19 noch mit einer internationalen kanonischen oder zumindest klassischen Bedeutung der mesopotamischen Rechtscodices, wie v.a. des Kodex Ḥammurapi, gerechnet werden kann, kann man hier sogar die Absicht erkennen, ihnen die Tora als (mehr als) ebenbürtig an die Seite zu stel-

konnte also überhaupt erst für moderne Leser/innen aufkommen.[307]

d) Das himmlisch-irdische Entsprechungsdenken

Nun ist die Beziehung von Sonne und Recht, wie oben bereits bemerkt, als ein Sonderfall des Wechselverhältnisses von mythologischer ‚Sphäre der Gottheit' und irdisch-geschichtlicher Sphäre anzusehen, das häufig auch als ‚Entsprechungsdenken' von Himmel und Erde bezeichnet wird.

· Der Begriff ‚Entsprechungs- oder Korrespondenzdenken' ist eine etwas vage Bezeichnung für das in unterschiedlichster Ausprägung in der Vorstellungswelt u.a. des Alten Orients, des alten Israel bzw. des antiken Judentums beobachtbare Phänomen, dass ‚Schöpfung' und ‚Geschichte', himmlische und irdische Sphäre u.a. auf vielfältige Weise aufeinander bezogen sind.[308]
Um solche Konzepte, die in sehr unterschiedlichen Ausprägungen vorliegen, im Einzelfall zu charakterisieren, sind die jeweils unterschiedlichen Relate und die Art ihres (meist reziproken) Verhältnisses zueinander zu benennen, um sie nicht auf eine einzige der Alternativen, etwa der Relation von Urbild und Abbild, Mikrokosmos und Makrokosmos, absolute Vergangenheit und geschichtliche Zeit etc. zu reduzieren, die ja jeweils durchaus verschiedene zeitliche und räumliche Dimensionen und Sphären miteinander verbinden.

Auch diese Struktur altorientalischer Weltauffassung ist für das einheitliche Konzept von Ps 19 von großer Bedeutung:[309] Die erste Psalmhälfte bezieht sich ja auf die himmlische, die zweite auf die irdische Sphäre. Dass das Entsprechungsdenken auch der Gestaltungsidee von Ps 19 zugrunde liegt, ist auch deshalb wahrscheinlich, weil man gerade im unmittelbaren toraweishheitlichen Umfeld von Ps 19 sehr ähnliche Vorstellungen von der engen Beziehung der Gebote JHWHs zur himmlischen Ordnung findet.

In Ps 119 begegnet an zentraler Position[310] der Gedanke, dass das ‚Wort' JHWHs in

---

len.
307 Vgl. bereits *Sarnas* Mutmaßung zur vermeintlichen Inkohärenz von Ps 19: „the lack of logical thought may be more apparent than real" (Ps XIX, 171).
308 Zum Entsprechungsdenken von himmlischer und irdischer Wirklichkeit im antiken, v.a. rabbinischen Judentum s. *Ego*, Himmel, passim; zu Himmel und Erde als ‚komplementären Größen' im weisheitlichen Denken aaO 111ff; zur Tora als vor der Welt erschaffener Schöpfungsbauplan aaO 51ff.
309 Die Kombination der Schöpfungs- mit der Rechtsthematik findet man gleichermaßen in Ps 24 oder Ps 93. Ebenfalls folgt auf das Lob des Schöpfers nicht selten der Lobpreis seines Handelns in der Geschichte; vgl. Ps 33,6-9.10-12; 65,7-8a.8b; 136,6-9.10-24.
310 Nach *Solls* Strukturanalyse des 119. Psalms bilden die Kaph- bis Samech-Strophe den zentralen Abschnitt, und darin V.89-96 „the zenith of the psalm" (Psalm 119, 109). Auf die Kaph-Strophe mit ihren eindringlichen Bitten folgt hier mit den ersten Zeilen der Lamed-Stophe mit ihrer kosmischen Perspektive eine vergewis-

C) Die Einheitlichkeit von Psalm 19

der kosmischen Ordnung einen festen Ort hat:

> 89 In Ewigkeit, JHWH, steht[311] dein Wort in den Himmeln.
> 90 Von Generation zu Generation währt deine Treue.
>   Du hast die Erde gegründet, und sie steht.
> 91 Nach[312] deinen Rechtsurteilen bestehen sie[313] bis heute,
>   denn sie alle[314] sind deine Knechte.

Das ‚Wort' JHWHs – der Sg. von דָּבָר ist der wohl umfassendste Begriff für die Willenskundgabe JHWHs – ist demnach nicht allein eine irdische Größe, die dem betenden Ich Beständigkeit gewährt, sondern hat eine kosmisch dimensionierte Bedeutung.[315] Letzten Endes ist JHWHs Wort (V.89) aber in seiner generationenüberdauernden, ja ewigen Treue (V.90) gegründet, die an seinem Schöpfungshandeln an der Erde anschaulich wird. Der feste Bestand von Himmel und Erde – und darin kulminiert dieser Abschnitt in V.91 – entspricht aber dem ‚gesetzgeberischen' Handeln JHWHs,[316] nämlich seinen zugleich schöpferischen Rechtsurteilen.[317] Und so sind selbst die kosmischen Größen, aus denen das Universum besteht, Knechte JHWHs[318] – in gleicher Weise also, wie das betende Ich des Psalms seine eigene Stellung vor JHWH definiert.[319]

---

sernde Passage.
311 *Booij* hat die gängige Übersetzung von נצב ni. an dieser Stelle mit ‚fest stehen' nicht ganz zu Unrecht kritisiert (Psalm 119,89-91, 539) - wäre, wie meist angenommen, die Beständigkeit betont, erwartete man eher כון. Seine eigene Interpretation, es handele sich um ein ‚Stehen in leitender Position', stimmt zwar mit der ‚bestimmenden' Funktion des Wortes überein, stützt sich aber lediglich auf Belege von נצב + עַל. Eine Übersetzung ‚feststehen' ist damit auch weiterhin vertretbar.
312 So *Kraus*, BK XV/2, 990; anders *Deissler*, Psalm 119, 193.
313 Um mit אֶרֶץ gemeinsam Subjekt von עָמְדוּ zu sein, ist שָׁמַיִם kaum zu weit entfernt; so jedoch *Booij*, der meint, das Subjekt von V.91 bleibe unerwähnt (aaO 541).
314 Die Übersetzung von הַכֹּל mit ‚sie alle' kommt der Kongruenz mit עֲבָדֶיךָ entgegen. הַכֹּל steht in nachexilischer Zeit jedoch bereits häufig für ‚das All' (vgl. *Meinhold* Theologie, 130 [mit Anm. 54] sowie Jer 10,16; 51,19) und kann, wie hier, den Merismus ‚Himmel und Erde' zusammenfassen.
315 Diese Personifikation des göttlichen Wortes kommt in *Deissler*s Auslegung in die Nähe von Vorstellungen wie von der Weisheit in Prov 8. Er schreibt: „In unserm Vers ist also das göttliche Wort im Himmel bei JHWH weilend gedacht" (Psalm 119, 190).
316 Noch sehr viel weiter – vielleicht zu weit – hinsichtlich der kosmischen Dimension des Wortes bzw. des Urteils JHWHs an dieser Stelle geht *Levenson* in seiner Interpretation: „the commandments that the psalmist practices, even those which may be Pentateuchal, constitute a kind of revealed natural law. They enable him to bring his life into harmony with the rhythm of the cosmos and to have access to the creative and life-giving energy that drives the world. ... The commandments ... are not simply ... testimonies to specific events in the history of redemption. The reverse is the case: the history of redemption is a consequence of the laws of God" (Sources, 561).
317 Die schöpferische Macht von JHWHs ‚Wort' (Ps 119, 102) ist ja kein seltenes Theologumenon (vgl. Ps 33,6; 147,15.18) – neu ist, dass der Begriff מִשְׁפָּטִים in diesen Zusammenhang eingeführt wird.
318 Vgl. Ps 103,20; 148,8, vgl. ferner unten V. C) 4. zu Ps 19,6.
319 Vgl. ähnlich *Soll*: „because it is YHWH's creative word which established and

Weiter ausgedehnt worden ist die Thematik dieses Abschnitts u.a. deshalb nicht, weil sie sonst Struktur und Konzept dieses Psalms[320] gestört hätte. Doch schien dies Theologumenon dem Psalmdichter für eine schöpfungstheologisch dimensionierte Begründung des Lobpreises der Gebote von im wahrsten Sinne des Wortes konstitutiver Bedeutung.[321]

In Ps 19 wird also ein durchaus einheitliches Konzept erkennbar, dessen Intention die Veranschaulichung der Beziehung des vom Schöpfer gegebenen Rechts der Tora zu der im Sonnenlauf anschaulichen himmlischen Ordnung ist.[322] Auch deshalb ist die ursprünglich einheitliche Abfassung des Psalms äußerst wahrscheinlich.

3. Das Problem des Wechsels in Stil, Struktur und Thema

a) Stereometrie als Gestaltungssprinzip

Der oft als Hinweis auf literarische Uneinheitlichkeit angesehene strukturelle und thematische Wechsel zwischen V.7 und V.8 wird auf dem Hintergrund des himmlisch-irdischen Entsprechungsdenkens nun auch als ein bewusstes stilistisches Mittel erkennbar. Das wird noch deutlicher im Vergleich zu denjenigen Texten der jüngeren alttestamentlichen Weisheit bzw. manchen Psalmen, in denen das Entsprechungsdenken auch zu einem Gestaltungsprinzip für größere Texteinheiten geworden ist. Denn auf dem Hintergrund der semitischen „Stereometrie des Gedankenausdrucks"[323] hat sich – über den Parallelismus Membrorum[324] hinaus – die Dichotomie zu einer Grundstruktur der

---

maintains the world, those who hold that word as Torah participate in a reality beyond anything in this world" (Psalm 119, 102).
320 Insbesondere aufgrund von V.89-91 setzt *Deissler* auch Ps 119 in die Vorstufen der „Linie der Identifikation von Weisheit und Gesetz" (Psalm 119, 290), denn: „In unserem Psalm ist die Tora noch nicht klar unterwegs zu ... [sc.: einer] Hypostasierung. Hier entspricht der hypostasierten Chokmah der Weisheitslehre der wurzelhaft alles göttliche Sprechen einschließende und umfassende göttliche Dabar" (aaO 291). Mit dieser differenzierten Einordnung liegt *Deissler* im Wesentlichen richtig. Zur ‚Sapientalisierung' der Tora s. auch unten VIII. A) 3.
321 Vgl. zu Ps 119 auch unten *Exkurs 4*.
322 Möglicherweise lag es, da der Pentateuch dem Psalmisten zur Abfassungszeit mehr oder weniger vollständig vor Augen gewesen sein muss, auch nicht fern, ihn gemäß der Pentateuchstruktur mit dem Thema Schöpfung zu beginnen, zumal die Bezüge der ersten Psalmhälfte auf Gen 1,3-5.14-16 deutlich zu sehen sind.
323 Vgl. zum sich im Parallelismus ausdrückenden stereometrischen Denken in der akkadischen Dichtung *Landsberger*, Eigenbegrifflichkeit, 17f; zur Bedeutung dieses Denkens im Parallelismus der Psalmen *Janowski*, ‚Kleine Biblia', 132-137; *Watson*, Poetry, 159f; zur Bedeutung des Parallelismus für das Denken Israels vgl. v.a. *Alonso-Schökel*, Kunstwerk, 191-245.
324 Vgl. *Janowski*, ‚Kleine Biblia', 132-137.

C) Die Einheitlichkeit von Psalm 19

Lehr- und Weisheitsgedichte'[325] herausgebildet. Zugleich war man sich in der späteren Weisheit der Stereometrie als eines Ordnungsprinzips der Schöpfung bewusst.[326] In Sir 33,14f etwa heißt es:

> 14 Gegenüber dem Bösen steht das Gute,
> gegenüber dem Leben der Tod,
> gegenüber dem guten Menschen der böse,
> und gegenüber dem Licht die Finsternis.
> 15 Und deshalb blicke hin auf alle Werke des Höchsten:
> Alle sind sie paarweise, eins entspricht dem andern.[327]

Analog dazu wird nun gerade auch der Merismus von Himmel und Erde als ein poetisches Prinzip häufig zu einer textuellen Makrostruktur. Das ist u.a. an der Endgestalt von Prov 8 zu beobachten, wo die Abfolge umgekehrt die von ‚Weisheit in Menschenwelt und Kosmos' ist.[328] Ähnliches ist auch am späten Ps 148 zu sehen, der in seiner Lobaufforderung an alle Bereiche der Schöpfung in gleicher Reihenfolge wie Ps 19 vorgeht: In V.1-6 findet sich die Lobaufforderung an den himmlischen, und in V.7-14 die Lobaufforderung an den irdischen Bereich: „Wie zwei Halbchöre stehen sich im 148. Psalm Himmel und Erde gegenüber. Beide Sphären werden aufgerufen, JHWH zu loben"[329].

Auf ganz ähnliche Weise ist nun auch in Ps 19 das Gegenüber von himmlischer und irdischer Sphäre als Kompositionsprinzip des Psalms anzusehen: Ps 19 hat die Struktur eines Diptychons.[330] Dabei ist bei Ps 19 weniger mit dem Begriff der ‚Antithese' als dem des ‚polaren Ausdrucks' zu operieren, entsprechend Alonso-Schökels Definition, dass „bei der Antithese ... das Gegensatzpaar im Vordergrund [sc.: steht], beim polaren Ausdruck das Ganze, das damit gemeint ist ... Die Antithese akzeptiert den gemeinsamen Boden, um den Gegensatz hervortreten zu lassen; der polare Ausdruck bedient sich der Gegensatzstellung,

---

325 Das Prinzip der Dichotomie als ‚Grundstruktur der Lehr- und Weisheitsgedichte' hat für Prov 1-9 *Schäfer* (Dichotomie, passim, v.a. 251), herausgearbeitet.
326 Zur Stereometrie in größeren Texteinheiten vgl. auch *Keel*, Entgegnung, 33.
327 Vgl. die Übersetzung von *Sauer*, ATD Apokryphen 1, 232. *Sauer* bemerkt: „Diese Betrachtung führt Ben Sira zu einem abschließenden philosophisch wirkenden Satz: Die paarweise Anordnung der Dinge entspricht der in der Welt tatsächlich vorhandenen Dialektik, ohne die die Verschiedenartigkeit der Erscheinungen dieser Welt nicht zu erklären wäre. Beide Seiten sind aufeinander angewiesen, ergänzen oder widersprechen einander" (aaO 234). Vgl. hierzu auch Sir 42,24: „Sie alle wiederholen sich, der eine wie der andere, und nichts von diesen hat er nutzlos erschaffen" und dazu *Sauer*, aaO 292f.
328 Vgl. *Gese*, Einheit, v.a. 146f.
329 *Kraus*, BKAT XV/2, 1144.
330 Bereits *Gese* hat in Ps 19 die Struktur eines Diptychons gesehen (Einheit, 146), ähnlich *Girard*: „Les deux sections sont inséparables; elles s'appellent l'une l'autre" (Psaumes, 386). Auch *Barr* notiert diesen Aufbau: „The total poem is an analogy made through juxtaposition in the customary Wisdom style" (Law, 16).

um das Gemeinsame darzustellen"³³¹. Mit dieser Auffassung der ‚polaren' Ausdrucksweise wären dann die beiden Hälften von Ps 19 als „korrelative Glieder einer Realität"³³² aufzufassen. Strukturell ist Ps 19 dann eine stereometrische Zweiheit, aber als solche ist er ein kongruentes Ganzes – und ist insofern genausowenig uneinheitlich wie ein antithetischer (bzw. polarer) Parallelismus Membrorum es wäre. Gerade als Merismus ist Ps 19 eine Einheit.

b) Der abrupte Neueinsatz als sinnvolle Textstrategie

Gegen die ursprüngliche Einheit des Psalms wurden jedoch immer wieder die harten strukturellen Übergange zwischen V.7 und V.8 bzw. V.11 und V.12 angeführt. Anderseits ist jedoch bereits deutlich geworden, wie sehr in der Interpretation der fehlenden Überleitungen zu differenzieren ist zwischen Anzeichen einer diachronen Textentstehung und Anzeichen intendierter Gestaltung, da jene auch bei einer redaktionellen Bearbeitung der Erklärung bedürften und zumindest auf eine große Originalität auch dieser Bearbeiter schließen ließen. Dann aber sind sie in gleicher Weise der ursprünglich einheitlichen Abfassung des Psalms zuzuschreiben,³³³ die sich aufgrund der sprachlichen und inhaltlichen Kohärenz als die wahrscheinlichste Lösung gezeigt hat.³³⁴

Gerade auch der abrupte Neueinsatz in V.8 ist dabei als ‚kompositorisches Gestaltungsmittel'³³⁵ des Psalmdichters zu sehen. Die rezeptionsorientierte Betrachtung³³⁶ hat verdeutlicht, dass sich hinter einem so unvermittelten Übergang zwischen zwei Abschnitten wahrscheinlich die Textstrategie verbirgt, Rezipient/inn/en in das Nachdenken über die Beziehung dieser Abschnitte zueinander hineinzuziehen.³³⁷ Dabei passt es sehr gut zu den didaktischen Absichten eines weisheitlichen Textes, durch einen ‚Überraschungseffekt' die Rezipient/inn/en in einen Verstehensprozess hineinzuführen und ihnen einen Eigenanteil an der Sinn-

---

331 Kunstwerk, 222.
332 *Ders.* Kunstwerk, 218.
333 Vgl. ähnlich *Kissane*s Argumentation: „For if a compiler felt that two fragments dealing with two different subjects could be combined to form a single poem, there does not seem to be any valid reason, why a poet could not compose a poem on these kindred themes" (Psalms I, 83).
334 Wahrscheinlich beabsichtigte der Psalmist, durch die unterschiedliche Gestaltung der Psalmabschnitte in Form und Stil auch ihre unterschiedlichen Inhalte zu unterstreichen, vgl. dazu oben II. B.3.b).
335 So bereits *Alonso-Schökel*, Treinta Salmos, 95; *ders.*, Salmos, 345.
336 S.o., II. C).
337 Diese Einsicht findet mittlerweile auch Eingang in die Methodenbücher der alttestamentlichen Exegese, etwa bei *Utzschneider*, der bemerkt, „daß ‚Störungen' ... vom Autor gewollt oder auf andere Weise ‚impliziert' sein können" (Arbeitsbuch, 230).

C) Die Einheitlichkeit von Psalm 19

konstitution des Textes abzuverlangen.[338]
Dass der Text in der Geschichte seiner Auslegung faktisch ein breites Spektrum an Interpretationen über seinen Zusammenhang herausgefordert hat, zeigt, dass seine Leerstellen tatsächlich im Rahmen des gewährten Auslegungsspielraums Interpretationen über diesen Zusammenhang von Schöpfung und Tora provoziert haben – allerdings ohne dass das für Erstrezipient/inn/en noch voraussetzbare Wissen, v.a. über die Beziehung von Sonne und Recht, noch präsent gewesen wäre, und weitgehend ohne dass die Stichwort- und Motivverbindungen beachtet worden wären, durch die der Text genügend Hinweise gibt, um seiner Einheit auf die Spur zu kommen. Zumindest ursprünglich wurde das Ungesagte aber durch das Gesagte zur Genüge konturiert. Man kann das auch aus der umgekehrten Perspektive formulieren: Beabsichtigte ein Autor, zum Fragen nach dem Zusammenhang von schöpfungsinhärenter Ordnung, wie sie im Sonnenlauf anschaulich wird, und der Rechtsordnung der Tora anzuregen, zur Einsicht in den Geheimnischarakters dieses Zusammenhangs zu führen und zugleich auch die Grenzen dieser Erkenntnis aufzuzeigen,[339] dann blieb ihm ihm keine bessere gestalterische Strategie, den Geheimnischarakter dieses Zusammenhangs auf angemessene, nämlich auf geheimnisvolle Weise darzustellen und mit einer solchen Leerstelle zu operieren.

Das Konzept des Textes lässt sich dabei auch nicht auf einen *einzigen* Begriff bringen. Ps 19 verwendet eine Vielzahl von Termini, um die Eigenschaften und Wirkweisen der Tora zu beschreiben.[340] Es ist nicht חָכְמָה, צְדָקָה oder מֵישָׁרִים etc., mit denen man als einem *tertium comparationis* ein abstraktes Prinzip der Weltordnung angeben könnte, unter das die beiden Psalmhälften auf einen Begriff zu bringen wären.[341] Eine

---

338 Vgl. hierzu noch einmal *Iser*: „Erst die Leerstellen gewähren einen Anteil am Mitvollzug und an der Sinnkonstitution" (Appellstruktur, 236). Der Reiz möglicher Verbindungen zwischen unausgesprochenen Bezügen in einem Text besteht nach *Iser* darin, „daß nun der Leser die unausformulierten Anschlüsse selbst herstellen muß" (aaO 237).
339 Ähnlich sieht auch *Mathys* darin die „zentrale Aussage des Psalms, daß es Dinge gibt, die dem Menschen unzugänglich sind, Zusammenhänge, die er nur erahnt" (Dichter, 316).
340 Er wäre am ehesten noch bei der Vorstellung vom rechten, den Kosmos zurechtbringenden ‚Maß' zu suchen, den auch *Ridderbos* hervorgehoben hat: „Das Firmament und die Himmelskörper erzählen vor allem dadurch, dass sie eine Meßschnur ... verwenden, dass sie selbst ... Richtschnur sind ... Davon singen ... Ps 19 $_{2-7}$. Und dann fügen v. 8ff hinzu: תּוֹרַת יהוה ist eine Richtschnur in viel höherem, viel herrlicherem Sinne" (Psalmen, 177).
341 Das Verhältnis der beiden Psalmteile ist, so viel kann ebenfalls festgestellt werden, nicht das von natürlicher Offenbarung und Offenbarung in der Tora – wie z.B. *Mathys* vermutet, der darin den in fast allen Exegesen zu Ps 19 vorhandenen „kleinsten gemeinsamen Nenner" sieht (Dichter, 311 Anm. 66; vgl. auch *Auwers*, Cieux, 79). Zum fehlenden explizit offenbarungstheologischen Vokabular und zum ebenso geringen Interesse an dieser Thematik sowohl in V.2-5b(-7) als auch in V.8-

definitorische Interpretation würde Wesentliches der Appellstruktur des Textes zerstören,[342] und wäre auch weniger als ein sich an den Textsinn asymptotisch annähernder Verstehensprozess, der sich seiner Interpretation im ständigen Gespräch mit dem Text vergewissert. Angemessener ist eine solche Annäherung dem Text allemal, denn der belässt es bei der Zusammen- und Nebeneinanderstellung von der im Sonnenlauf anschaulichen himmlischen Ordnung und der irdischen Rechtsordnung. Er gibt es den Leser/inn/en auf, die engen Beziehungen beider zueinander selbst zu entdecken: Nicht mehr als das, aber eben auch nicht weniger.

4. Einzelprobleme

a) Das Problem von V.4

Da in V.4 nur eine ‚negative Übersetzung'[343] möglich ist, besteht zwischen V.4 und seinem Kontext eine deutliche Spannung, die seine ursprüngliche Zugehörigkeit fraglich erscheinen lässt.[344] Hinzu kommt seine strukturelle Besonderheit:[345] Mit den drei stakkatohaften, mit Negativpartikeln ansetzenden Nominalsätzen weicht er von den synonymen Parallelismen bzw. zusammengesetzten Nominalsätzen des Kontextes ab. Nach der oben aufgezeigten Struktur[346] steht er damit jedoch im Abschnitt V.3-5a im Zentrum zwischen zeitlicher (V.3) und räumlicher (V.5a) Dimension des himmlischen Lobpreises, so dass man für einen Redaktor immerhin annehmen müsste, er hätte diese zentrale Stellung für seinen Eingriff ausfindig gemacht.[347]

11(-12) s.u. V. B) und C).
342   Vgl. auch *Denninger*: „The relationship between the subjects ... could be *most fully* expressed by avoiding the limits imposed by a connecting word" (Literary Study, 79).
343   S.o. I. B) 1.
344   Sie hat häufig literarkritische Lösungsversuche herausgefordert; dabei wurde die früher häufigere Beurteilung von V.4 als Glosse (u.a. bei *Olshausen*, KEH XIV, 112f; *Briggs*, ICC, 165; *Duhm*, KHC ²XIV, 81; vgl. auch *Kleer*, Sänger, 238f) meist vom Verständnis als Teil einer redaktionellen Bearbeitung abgelöst, die nach *Fischer* (Komposition, 23f), *Loretz* (Ugarit, 169ff) V.4.8-15 und *Spieckermann* (Heilsgegenwart, 64.71) V.4.12-15 umfasst. Auch bei ‚positiver Übersetzung' wird z.T. die Zugehörigkeit von V.4 bezweifelt, wie bei *Arneth*, Psalm 19, 91.95.
345   Nach *Arneth*s Kompositionsanalyse fügt V.4 sich nicht in die Struktur von V.2-7 (Psalm 19, 96); s. zu seinem Strukturvorschlag jedoch bereits oben II. B) 2.
346   V.2 fungiert als Leitvers von V.2-5a bzw. V.2-7 im Ganzen.
347   Die Verbindungen mit dem Kontext (die ePP 3.ps.m.pl. in V.3.5a sowie אמר in V.3) und auch das auffällige Fehlen von Überschneidungen mit den Termini von V.8-11 wurden genannt, vgl. *Hossfeld / Zenger*, NEB 29, 131 [(*Hossfeld*]). Sie sind, wie so oft, vielfältig ausdeutbar: Selbstverständlich könnten sie auf „literarische Integration" zurückgeführt werden (so *Arneth*, Psalm 19, 95 Anm. 39); aber eher sie sind dem ursprünglichen Kompositionsprinzip der Stichwortverflechtung zuzurech-

C) Die Einheitlichkeit von Psalm 19

Weist diese inhaltliche Spannung nun auf eine diachron zu erklärende Inkohärenz hin, oder ist sie als eine beabsichtigte Paradoxie erkennbar? Viel hängt am genauen Verständnis des ohnehin nicht leicht zu interpretierenden Zusammenhangs von V.2-5a. Geht man davon aus, dass die Menschen „nach Ausweis des Hymnus Ps 19,2ff imstande sind, die den Kosmos durchwaltende göttliche Herrlichkeitsbotschaft zu vernehmen",[348] kann man schließen, es handele sich bei V.4 um eine „korrigierende Parenthese"[349]. Doch ist ja auch in V.2f.5a keinesfalls davon die Rede, dass eine Botschaft des Himmels „in der ganzen Welt laut vernehmbar [sic]"[350] sei. Dort ist zwar von der Universalität, nicht aber von einer menschlichen Wahrnehmung der himmlischen Doxologie die Rede.[351] Und mit der Wendung בְּלִי נִשְׁמָע ist weder über die unzureichende ,Art' der ,Stimme' noch über das ungenügende menschliche Erkenntnisvermögen etwas ausgesagt;[352] sie besagt lediglich das faktische Nicht-Gehörtwerden der ,Himmelsstimme',[353] keine prinzipielle Unhörbarkeit. Von der Einfügung einer ,skeptischen Position'[354], die undeutlich und unbeholfen bliebe, kann daher keine Rede sein. Auch für eine explizite Korrektur, die den ,Schöpfungsworten' die viel deutlicheren ,Toraworte' entgegenstellen wollte, wäre die paradoxe Aussage zu am-

---

nen; s. hierzu oben II. A) 3.
348 *Spieckermann*, Heilsgegenwart, 65 Anm. 10.
349 Ebd.
350 So *Loretz*, Ugarit, 171.
351 *Loretz* stellt Ps 19,2f.5 auf der einen Seite und KTU 1.3 III 20-31 mit V.4 zusammen auf der anderen Seite als unüberbrückbare Gegensätze dar. Doch besteht auch in seinem ‚Belegtext' für den sekundären Charakter von V.4 aus dem Ba'al - Anat-Zyklus eine durchaus vergleichbare Spannung von Gehörtwerden und Nichtgehörtwerden der Rede der geschöpflichen Welt: Dort kennt Ba'al das Geheimnis des redenden Kosmos, anders die Menschen; in Ps 19,2-5a weiß der Psalmist um die Rede, aber über das menschliche Vermögen ihrer Wahrnehmung wird nichts gesagt. Dass ein solches spannungsreiches Motiv der ungehörten Rede in der Schöpfung sich bereits in KTU 1.3 III 20-31 findet, ist eher Indiz, dass derart paradoxe Aussagen in der altorientalischen Dichtung nicht beispiellos sind. S. hierzu auch unten V. B) 2. b) β).
352 So aber *Dohmen*, Ps 19, 514f; anders *Zenger*, Tora, 182. *Kraus'* attributive Übersetzung „mit nicht vernehmbarer Stimme" (BK XV/1, 297.302) verlagert den Aussageschwerpunkt zu sehr auf die Art der Stimme. Zum Ganzen s.u. V. B) 3.
353 Bei den vergleichbaren Konstruktionen mit Ptz. Pass o.ä. (2 Sam 1,21: בְּלִי מָשִׁיחַ ‚wurde nicht gesalbt' [Ptz. Pass; Qatil ‖ נִגְעַל ‚wurde besudelt']; Hos 7,8: בְּלִי הֲפוּכָה ‚un-gewendet' [Ptz. Pass.]) wird nicht die Möglichkeit negiert, sondern nur die Faktizität des Gegenteils konstatiert.
354 Ist im weisheitlichen Diskurs nicht einfach eine skeptische Haltung gegen eine ,Selbstoffenbarung der Schöpfung' auszuspielen, da Weisheit eigentlich in der ganzen Kulturgeschichte charakterisiert werden kann als universal, tief und schwer erreichbar – so die treffende Beschreibung bei A. *Assmann* aus komparatistischer Perspektive (Weisheit, 16f); vgl. hierzu auch unten Zusammenfassung V. B) 5. Diese Spannung besteht nämlich in der – selbst durchaus plausiblen! – Struktur weisheitlichen Denkens selbst.

big – die Begriffe אָמַר und דְּבָרִים sind nicht spezifisch genug, um über etwaige dezente Anspielungen wirklich hinauszugelangen.[355] Das Problem muss also noch etwas genauer in den Blick genommen werden. Das Hauptschwierigkeit besteht darin, dass V.4 durch die ausdrückliche Negation des aus V.3 aufgenommenen אֹמֶר[356] einen fast unauflöslichen Widerspruch herstellt.[357] Denn hierdurch wird ja nicht nur eine Einschränkung im Sinne akustischer Unvernehmbarkeit der ‚Aussprüche' gemacht, wie V.4b sie vielleicht noch vermuten lässt,[358] und auch nicht nur, wie es im polaren Ausdruck in V.3a.b geschieht, zwischen ‚bloßen' Worten und tieferem Wissen differenziert.[359] Versucht man nun, diese paradoxe Formulierung als eine beabsichtigte Textstrategie zu verstehen, sei wiederum zunächst textpragmatisch gefragt: Was kann durch diese Paradoxie bei den Adressaten ausgelöst werden? Auch Kontradiktionen haben einen deutlichen Leerstellencharakter. Ihre Appellfunktion kommt in der Weisheit gerne zur Anwendung,[360] um eigene Stellungnahmen und Einsichten der Adressat/inn/en zu provozieren.

Das wird auch etwa in Prov 26,4f ersichtlich:

4   Antworte dem Toren nicht gemäß seiner Torheit,
    damit nicht auch du dich zu ihm hinuntersenkst!
5   Antworte dem Toren gemäß seiner Torheit,
    damit er nicht in seinen Augen weise bleibe!

Der Widerspruch zwischen V.4 und V.5 fordert zum Nachdenken auf und führt so mitten in die Problemstellung der beiden Sprüche hinein. Zugleich treten durch die Paradoxie durchaus unterschiedliche semantische Nuancierungen desselben Lexems hervor: Einmal wird mit כְּ auf das gleiche ‚Niveau' mit dem Toren bezug genommen, das andere Mal ist eine Haltung gemeint, die dem Törichten *entspricht*, indem sie ihn *korrigiert*. Der scheinbare Widerspruch dient dazu, dass Rezipient/inn/en sich der Absicht beider richtiger Handlungsanweisungen, die sich im Ergebnis nicht ausschließen müssen, auf differenzierte Weise bewusst werden und so die eigene Urteilsfähigkeit vergrößern.[361]

---

355 S. dazu auch unten V. B) 4.
356 Dadurch, dass mit אֹמֶר der gleiche Terminus verwendet ist, entfällt die Möglichkeit, dass es sich nur um eine Präzisierung handele, wie es bei der Verneinung des oft offenbarungstheologisch gefüllten Terminus דְּבָרִים evtl. noch möglich ist.
357 Insofern bleibt die Aussage von V.4b hinter der doppeldeutlichen Negation von V.4a zurück, da diese jede Form von Sprache auszuschließen scheint.
358 Anders *Hossfeld*: Er schließt: „⁴ zieht die Linie von ²ᶠ nur aus" (*Hossfeld / Zenger*, NEB 29, 132) und weist auf die Stichwortverbindungen hin; damit ebnet *Hossfeld* den Widerspruch von V.4a jedoch zu sehr ein.
359 Vgl. *Kraus*, BK XV/1, 302.
360 S. dazu *Ridderbos*, Psalmen, 175.
361 Man mag einwenden, dass die beiden Sprüche möglicherweise unterschiedlicher Herkunft seien; doch wäre die unterschiedliche Herkunft nicht der Grund für die Spannung, vielmehr war gerade ihre Widersprüchlichkeit sogar der Grund für

C) Die Einheitlichkeit von Psalm 19

Auch die Paradoxie von V.4 nötigt zum Nachdenken, welcher Art die geheimnisvolle Rede des Himmels und der Tage ist – sie wird präzisiert und zugleich weiter verschlüsselt, was den Geheimnischarakter der Rede klarer vor Augen führt. Und auch hier treten unterschiedliche Akzente am Begriff ‚Ausspruch' (אֹמֶר) in V.3 hervor: Durch die Parallelisierung mit דַּעַת wird der weisheitliche Charakter der mit אֹמֶר bezeichneten Rede unterstrichen, durch Verneinung aber zeigt sich, dass es sich nicht um Aussprüche im wörtlichen Sinn handelt.

Nun wurde V.4 von manchen als eine rationalisierende Korrektur der poetischen Sprache aufgefasst, also als Randbemerkung eines „der auf nicht allzu scharfsinnige Leser rechnet"[362]. Tatsächlich hätte ein Glossator hiermit weniger erklärt, als überhaupt erst eine Schwierigkeit aufgeworfen.[363] In einem Kulturraum, in dem die Lobaufforderung an Bereiche der Schöpfung und die Personifizierung kosmischer Größen zu den verbreiteten Motiven zählt[364] solche Glossatoren anzunehmen, die für ihre rationalisierenden Glossen dann sogar poetischen Stil[365] wählen, ist jedoch alles andere als plausibel.

An der Paradoxie von V.4 ist vielmehr bemerkenswert,[366] dass sie gerade ein wesentliches Charakteristikum metaphorischer Sprache artikuliert und auf die Spitze treibt, nämlich die Spannung zwischen ‚ist' und ‚ist nicht', die Ricœur als „conception tensuelle" beschrieben hat.

Diese in der metaphorischen Sprachform auftretende Spannung – „die im metaphorischen ‚Ist' ausgesagte Adäquation des Inadäquaten ..."[367] – gehört zu den wesentlichen Einsichten von Ricœurs einflussreicher Metapherntheorie, mit der er über die aristotelische Zuordnung der Metapher als ‚figürlicher Rede' zur Rhetorik hinausgelangte und die Wahrheitsfähigkeit metaphorischer Sprache aufwies.[368] Mit seiner Spannungstheorie grenzt sich Ricœur gegenüber zwei Extrempositionen ab, zwischen denen die Mitte gehalten werden will – zwischen einer Auffassung der Metapher als uneigentlicher Rede und einer ontologisch naiven Auffassung von der Tat-

---

ihre Kombination.
362 *Duhm*, KHC ²XIV, 81.
363 Dass V.5a offenbar ohne Bezug auf V.4 auf die räumliche Dimension der Verkündigung des Himmels zu sprechen kommt (vgl. *Arneth*, Psalm 19, 95 Anm. 39), sagt wenig, da V.5a V.3 ebenso wenig notwendig voraussetzt.
364 S.u. V. B).
365 Vgl. hierzu etwa *Tur-Sinai*, Himmelsschrift, 421.
366 *Spieckermann*s Beobachtung: „V.4 will das Wort dem expliziten Gotteswort als Gesetzeswort reservieren" (Heilsgegenwart, 65 Anm. 10) ist doch etwas überspitzt. Denn die Paradoxie von V.4 entpricht dem originellen, gewagten Duktus des Gesamtpsalms, was gegen *Spieckermann*s Ausscheidung des Verses (aaO 64) spricht.
367 *Gehring*, Schriftprinzip, 217. Nach *Bader* besteht die Leistung der Metapher zudem darin, dass sie „durch eine die Inadäquation überwiegende Adäquation daran erinnert, daß das Ist durch das dialektische Ist-Nicht nicht aufgehoben, sondern in Verwandlung fortgeführt wird" (Metapher, 103).
368 Gerade seine Einsicht in die Wahrheitsfähigkeit metaphorischer Redeweise zeitigt eine breite Wirkung in der Theologie.

sächlichkeit der metaphorischen Aussage.[369] Es ist auf die Eigenart der Metapher selbst zurückzuführen, dass ein Paradox wie das von V.4 den metaphorischen Charakter der Himmelsrede pointieren und ihren Geheimnischarakter versprachlichen kann.

Dem Geheimnischarakter der Himmelsrede ist eine ins Extrem der Paradoxie gesteigerte metaphorische Sprache angemessen, da die den Schöpfungswerken inhärente Ordnungsstruktur sprachlich kaum greifbar zu machen und schon gar nicht in einen begrifflichen Diskurs zu überführen ist. Vielmehr ist ihr nur mit einer Spracherweiterung beizukommen ist, die die alltägliche Rationalität mittels des Paradoxes zu durchbrechen sucht. Nur so tritt die unlösliche Spannung hervor, die im *prinzipiellen* Geheimnischarakter der schöpfungsinhärenten Weisheit begründet liegt.[370] Da sich die Sprache von V.4 auch sprachlich und stilistisch gut in sein Umfeld einfügt,[371] gehört V.4 also von vornherein in das Konzept des Psalms hinein.

c) V.15 – eine redaktionelle Glosse?

Die ursprüngliche Zugehörigkeit von V.15 zum übrigen Psalm ist u.a. von Fohrer angezweifelt worden, der hierin eine hymnisch-doxologische Glosse sieht.[372] Die enge Zugehörigkeit des Verses zu V.12-14 ist jedoch schon wegen der Stichwortbezüge mit לֵב (V.9a) und der Fortführung der direkten Rede an JHWH klar erkennbar. Hinzu kommt, dass er durch die Wiederaufnahme der *verba dicendi* und einer der Gottesbezeichnung sowie durch die ebenfalls chiastische Struktur von V.15a ein notwendiges, den Psalm inkludierendes Pendant zu V.2 ist.[373] Der Psalm kann kaum mit V.14 enden, und mit Ps 104,35 findet sich eine formgeschichtlich enge Parallelstelle ebenfalls am Psalmende. Zu

---

369 In seinen eigenen Worten beschreibt *Ricœur* diese Spannung zwischen zwei Missverständnissen in der Metapherntheorie, einerseits „l'inadéquation d'une interprétation qui, par ignorance du ‚n'est pas' implicite, cède à la naïveté ontologique dans l'évalutaion de la vérité métaphorique" und andererseits „l'inadéquation d'une interprétation inverse, qui manque le ‚est' en la réduisant au ‚comme si' du jugement réfléchissant, sous la pression critique de ‚n'est pas" (Métaphore vive, 218). Letzteres Missverständnis kann *Duhm*s Interpretation von V.4 als rationalisierender ‚Randbemerkung' zugeordnet werden (KHC ²XIV, 81).
370 Bereits *Gunkel* sah hierin die Zuspitzung der Paradoxie: „Der Grundfehler, der hier gemacht wird, ist, daß man das Geheimnisvolle der ganzen Schilderung nicht bemerkt hat" (HK II/2, 76f).
371 *Deissler* sieht die doppelte Negation mit אֵין als „typisch sapientiell" an (Datierung, 49, vgl. Hi 34,22; Prov 21,30). *Gunkel* merkt zudem an, dass בְּלִי „als Satznegation ein poetisches Wort ist" (HK II/2, 76f).
372 Psalmen, 23.
373 Auch die Wendung הֶגְיוֹן לִבִּי in V.15a kann kaum zu der Annahme verleiten, V.15a gehöre zur Psalterredaktion hinzu, da הגה in Ps 1,2 eher auf Ps 19,15 zurückgreift als umgekehrt, vgl. hierzu u.a. *Kratz*, Tora, 3.

C) Die Einheitlichkeit von Psalm 19

literarkritischen Operationen besteht also keinerlei Anlass. Die ursprüngliche Zugehörigkeit von V.15 zu Ps 19 ist unzweifelhaft.
Nachdem es deutlich geworden ist, dass Ps 19 mit größter Wahrscheinlichkeit das originelle Werk eines einzigen Verfassers ist, und dabei zugleich sein traditionsgeschichtlicher Hintergrund und Grundlinien seiner Konzeptes herausgearbeitet werden konnten, stellt sich nun die Frage nach seiner Gattung und seiner typischen Gebrauchssituation.

IV. Gattung

A) Zur bisherigen Diskussion

Ps 19, das klang bereits an, entzieht sich der Zuordnung zu einer der gewöhnlichen Psalmengattungen. Entsprechend stellte sich auch eine Zuordnung zu einem ‚Sitz im Leben' stets als ausgesprochen schwierig dar. Das gilt für den Psalm als Ganzen, aber nicht minder für seine einzelnen Abschnitte, für die man – häufig unter der Annahme mehrerer Psalmfragmente – eine solche Gattungszuordnung dennoch immer wieder versucht hat.

Die Zuordnung von V.2-7 zu den ‚Schöpfungshymnen'[1] wurde jedoch schon deshalb stets als problematisch empfunden, weil klassische Formelemente fehlen, wie z.B. eine imperativische Lobaufforderung (vgl. Ps 96,11 u.ö.) und eine partizipiale Beschreibung des Schöpfungshandelns JHWHs (vgl. lediglich V.5b). Stattdessen setzt Psalm 19 mit einer Beschreibung der Lobverkündigung der Schöpfungswerke ein und fährt mit einem Sonnenhymnus fort.[2]

Ps 19,8-15 wurde gerne unter der thematischen Gattung ‚Gesetzeslied'[3] bzw. ‚Torapsalm'[4] geführt. Dass der Begriff der ‚thematischen Gattung' im Blick auf ‚Gattung' als eine von einer typischen *Gebrauchssituation* (einer pragmatischen Dimension) und nicht von ihrem *Thema* (als einer semantischen Dimension) her bestimmte Kategorie in sich widersprüchlich ist, ist allerdings bereits seit den Anfängen der gattungsgeschichtlichen Psalmenforschung angemerkt worden.[5] Überdies ist die Eigenart des Abschnitts V.12-15 zu beachten, in dem Klage- und Vertrauensliedele-

---

1 So etwa *Gunkel*, Einleitung, 77; *Kittel*, KAT XIII, 68 u.a. *Staerk* rechnete ihn zu den ‚Naturpsalmen' innerhalb der ‚geistlichen Loblieder' (SAT 3/12², 6ff; zur Kritik s. *Crüsemann*, Studien, 7).
2 Vgl. schon *Gunkel*: „Der majestätische Hymnus beginnt in Abweichung von der gewöhnlichen Form, die eine Aufforderung, Jahve zu preisen zu enthalten pflegt ..., mit einer um so eindrucksvolleren Beschreibung des Lobsingens" (Psalmen, 74). Vgl. etwa zur ‚Einführung' als typischem Beginn des Hymnus *ders*., Einleitung, 33.39. *Crüsemanns* Diktum, ‚Ps 19A' stehe „ganz außerhalb der sonstigen Formensprache des Hymnus" (Studien, 306 Anm. 1), ist mittlerweile fester Bestandteil fast einer jeden formgeschichtlichen Betrachtung des Psalms geworden, vgl. u.a. *Kraus*, BK XV/1, 299; *Westermann*, Psalmen, 179; *Dohmen*, Psalm 19, 510f; *Spieckermann*, Heilsgegenwart, 61.
3 *Kittel*, KAT XIII, 68.
4 *Fischer*, Komposition, 21 u.a.
5 Zur Kritik vgl. *Crüsemann*, Studien, 7f; vgl. *Gunkels* Umgrenzung des Begriffs ‚Gattung': „Zunächst darf man ... nur solche Gedichte zusammenfassen, die sämtlich zu einer bestimmten Gelegenheit im Gottesdienst gehören oder zumindest davon herkommen" (Einleitung, 22).

A) Zur bisherigen Diskussion

mente vorherrschen.⁶ Trotz dieser Unklarheiten wurden beide Psalmteile häufig einem kultischen Sitz im Leben zugeordnet,⁷ was freilich sehr problematisch ist, da eine Bestimmung der typischen Gebrauchssituation auf eine Kenntnis der Textsorte angewiesen ist.
Beim Versuch der Beschreibung der Gattung des Gesamtpsalms wird die Lage nicht einfacher – zumindest, wenn man eine idealtypische ‚reine Form' sucht. Nach Gerstenberger ist immerhin die Kombination von Hymnus und Bitte als ein „pattern of ritual prayer ... widespread and very old"⁸. Doch kommen bei ihm die Eigenart des Schöpfungshymnus kaum und die Form des ‚Tora-Hymnus' gar nicht in den Blick, und wenn er in Ps 19 „a liturgical unit"⁹ sieht, dann bezieht er dessen mögliche Verwendung in „Torah-oriented synagogal assemblies"¹⁰ doch wohl eher auf einen sekundären Gebrauch als auf einen ursprünglichen Sitz im Leben. Denn verschiedene Textsorten können zwar miteinander verbunden werden, jedoch kaum die Kultvorgänge, zu denen ein Text ursprünglich gehört hat – eine Einsicht, die von einem ursprünglich kultischen Sitz im Leben von Ps 19 doch deutlich wegführt.¹¹
Desweiteren hat Tur-Sinai Ps 19 als „Rätsel" bezeichnet.¹² Abgesehen von seiner im Ganzen höchst problematischen Argumentation,¹³ hebt er zwar zu Recht die unbestreitbar vorhandenen Elemente „weisheitlicher Rätselform" hervor, die schrittweise „ihrer Auflösung" entgegengebracht werden.¹⁴ Die Einschätzung, dass hier ein auflösbares Rätsel vorliege, verfehlt allerdings Funktion und Charakter des Metapherngeflechts der ersten Psalmhälfte: Wovon Ps 19 zu reden versucht, nämlich vom Geheimnis der schöpfungsinhärenten Lobrede auf den Schöpfer, kann nicht einer greifbaren ‚Lösung' zugeführt werden; vielmehr bleibt ihr Geheimnis unauflöslich, so tief man in der Erkenntnis auch fortschreitet. Craigie hat daher versucht, den gesamten Psalm als „wisdom hymn"¹⁵ zu verstehen. Dies bleibt, so wiederum der berechtigte Einwand von Oesch, zwar noch zu vage, doch sind die Anleihen an weisheitliche Lehrgedichte wie Hi 28 oder Sir 24, die die geheimnisvolle Tiefenstruktur der Schöpfung darzustellen suchen, damit richtig benannt. Etwas präziser hat daher Dohmen Ps 19 als ein „weisheitliches Lehrgedicht, das stufenartig das Beziehungs- und Kommunikationsverhältnis von Gott und Mensch entfaltet", bezeichnet.¹⁶ Unterbewertet wird jedoch bei der Charakterisierung als Lehrgedicht der Gebetscharakter

---

6   S. weiter u.
7   Vgl. z.B. *Kraus*: „Beide Kulthymnen gehören aller Wahrscheinlichkeit nach in den Herbstfestkreis" (BK XV/1, 299).
8   FOTL XIV, 102; vgl. ähnlich *Gunkel*, nach dem die „Verbindung von Hymnus und Klagelied sich auch sonst einige Male im Psalter" findet (Psalmen, 78, vgl. *ders.*, Einleitung, 57f; *Knierim*, Theology, 440). Dass auch „the combination of cosmic aspects with personal prayer", wie auch *Knierim* zu Recht feststellt, im Alten Orient häufig anzutreffen ist (ebd.), spricht nicht gerade für die von *Gerstenberger* wie auch von *Knierim* vertretene literarische Uneinheitlichkeit von Ps 19, vgl. *Knierim*, aaO 439; *Gerstenberger*, aaO 102, s. hierzu auch oben III. B) 1.
9   AaO 101.
10 FOTL XIV, 103.
11 Vgl. hierzu *Stolz*, Psalmen, 23f.
12 Himmelsschrift, 421ff; ähnlich *Deurloo*, Psalm 19, 93ff.
13 Die Lösung des Rätsels hat er selbst gefunden: Das „Ding, das spricht und dennoch nicht spricht" (aaO 423), sei das Schreibgerät bzw. die Schrift – in diesem Fall die Himmelsschrift, die vom ‚Gespei' (קיא; so seine Emendation von קו) des Tintenrohrs hervorgebracht wird (aaO 421ff).
14 So richtig *Meinhold*, Theologie, 134.
15 WBC, 180.
16 *Dohmen*, Psalm 19, 516.

von V.12-15, sosehr man auch den Aspekt des Kommunikationsgeschehens zu integrieren versucht. Und so hat wiederum Oesch dafür plädiert, im ‚Vertrauenslied' die Herkunftsgattung von Ps 19 zu sehen.[17] In dieser Hinsicht kann man die – das dürfte deutlich geworden sein – vielschichtige Gattungsproblematik mit Ridderbos so zuspitzen: Ist „dieser Psalm eine in ein Gebet mündende Hymne, oder ein von einer Hymne eingeleitetes Gebet?"[18]. Will man zudem den vielfältigen Formelementen verschiedener Gattungen, die in diesem Psalm wiederzufinden sind, gerecht werden, dann wiederum legt sich eine Zuordnung zu Gunkels ‚Mischgattungen' nahe.[19] Da jedoch „der Begriff ‚Mischpsalm' ... mehr [sc.: verschleiert], als daß er erklärt",[20] sollte man Ps 19 mit der Formulierung von Castellino als „compositione sui generis"[21] ansehen, um vor allem seiner ausgeprägten Individualität zu entsprechen.

Nun könnte man es ja an sich bereits nicht bei der Gattungsbestimmung belassen; vielmehr ist sie ja stets der Hintergrund, auf dem die Eigenart eines Textes umso deutlicher herauszuarbeiten ist.[22] Für Ps 19 ist darüber hinaus offenkundig noch etwas anders vorzugehen: Da er als ganzer keiner herkömmlichen Gattung zuzuordnen ist, ist man zunächst an einen Vergleich seiner einzelnen Abschnitte zu ähnlichen Passagen üblicherer Gattungen verwiesen. Erst dann kann man sich der Frage zuwenden, welcher Textsorte er angehört, worauf seine Individualität abzielt und in welcher typischen Situation er primär Verwendung fand. Hierbei kann aber auch auf die oben bereits herausgearbeiteten Erkenntnisse über die Rezeptionsformen des Psalms zurückgegriffen werden.[23]
Die Rückfrage nach seinem Sitz im Leben bedarf dabei jedoch eines bedachtsamen Vorgehens. Denn die Rekonstruierbarkeit von voraufgehender Oralität aus schriftlichen Texten, wie sie vor allem in der klassischen Gattungsforschung zu den häufig nur unzureichend abgesicherten Voraussetzungen gehörte, wird mittlerweile zu Recht doch deutlich schwieriger eingeschätzt. Irsigler bemerkt zu dieser Problematik richtig, es „müßte allerdings vielfach deutlicher der Tatsache Rechnung getragen werden, daß uns primär *literarische* Texte mit ihren literarischen Textsorten gegeben sind, daß somit ein direkter Zugang zu *vorliterarischen* Redegattungen verwehrt ist".[24] Entsprechend wird der Begriff ‚Form' im Folgenden nicht im Hinblick auf vorliterarische[25] Überliefe-

---

17 Übersetzung, 85. Dabei nimmt *Oesch* als vorschriftlichen Gebrauch von Ps 19 den mündlichen Vortrag an (Übersetzung, 83 Anm. 7).
18 Psalmen, 178.
19 Zu den Mischungen der Gattungen nach *Gunkel* s. ders., Einleitung, 397ff. Am weitesten geht sie nach ihm bei Ps 119 (Einleitung, 399f).
20 *Stolz*, Psalmen, 27.
21 *Castellino*, Salmi, 450.
22 Vgl. *Seybold*, HAT 1/15, 17f; hierzu und zu *Gunkels* Absicht und Durchführung der gattungsgeschichtlichen Methode *Wagner*, Gattung, 127f.
23 Vgl. II. C.
24 Psalm-Rede, 65 Anm. 10.
25 Dabei ist m.E. mit diesem Begriff keineswegs eine negative Wertung verbunden, vgl. anders *Koch*, Formgeschichte, 98.

A) Zur bisherigen Diskussion

rungen, sondern auf die „grammatikalisch fixierbaren Sprachelemente und die Topik"[26] gebraucht. Und so ist nicht nur hinter die Verschriftlichung der Texte zurück nach dem Sitz im Leben ihrer mündlichen Vorstufe zurückzufragen.[27] Vielmehr ist gerade auch die (primäre bzw. sekundäre) Verwendungsweise des Psalms als eines *schriftlich vorliegenden* Textes in den Blick zu nehmen.[28] Das gilt umso mehr für diejenigen Psalmen, bei denen damit zu rechnen ist, dass sie nicht einem kultischen oder gottesdienstlichen Sitz im Leben entstammen, sondern für privates Meditieren und Beten geschaffen wurden.

Angeregt u.a. durch Füglisters Studie zur ‚Verwendung der Psalmen und des Psalters um die Zeitenwende'[29] ist in der jüngeren Psalmenforschung der private Gebrauch vor allem des gesamten Psalters, jedoch auch von Einzelpsalmen zur persönlichen Lektüre deutlich in den Vordergrund getreten.[30] Angesichts dieser Tendenz, die als ein forschungsgeschichtlicher Gegenschlag zur voraufgehenden Konzentration, um nicht zu sagen Reduktion der Gattungsforschung auf die kultische Situierung verstanden werden kann, ist der erneuten Gefahr einer Fehloptimierung nunmehr in der entgegengesetzten Richtung[31] zu begegnen. Denn es ist kaum anzunehmen, dass die Psalmen nur im vergleichsweise kleinen Kreis Schriftkundiger und Schriftgelehrter in Gebrauch waren, und dass der öffentliche Vortrag der Psalmen im gottesdienstlichen Leben der spätnachexilischen Gemeinde keine oder nur eine untergeordnete Rolle spielten. Denn „in some way even in a post-exilic, post-temple, or ‚post-cultic' context Israel must still be engaged in intentional communal symbolization"[32]. Und so ist anstelle einer schematisierenden Zuordnung nach den gerade herrschenden Strömungen der Psalmenforschung je und je eine sorgsame Prüfung des Gebrauchs des jeweiligen Psalms vorzunehmen.

Als erstes sei also im Folgenden ein Überblick über die Formelemente von Ps 19 im Vergleich mit formgeschichtlich vergleichbaren Passagen und Motiven gegeben.

---

26 *Crüsemann*, Studien, 14f Anm. 1. Die Begriffe ‚Formgeschichte' und ‚formgeschichtlich' werden hier dementsprechend auch nicht primär auf die mündliche Überlieferung bezogen.
27 Vgl. dazu *Irsigler*, Psalm-Rede, 63ff.
28 *Podella* etwa hat (am Beispiel von Ps 15 und 24) herausgearbeitet, dass in vielen Psalmen mit Textstrategien zu rechnen ist, die durch ihre „diskursive und kommunikative Struktur" kultische Gegebenheiten literarisch inszenieren und bei möglichen Rezipient/inn/en (Sänger, Beter, Leser, Hörer) die Übernahme verschiedener Rollen und Perspektiven nahe legen (Transformationen, 128). Dieser textinterne Ansatz hat gegenüber dem Rückschluss auf liturgische Situierungen in jedem Fall den Vorteil eines geringeres Ausmaßes an Hypothesenakkumulation.
29 Verwendung, passim, vgl. v.a. 350ff.
30 Vgl. zu dieser Richtung und ihren Grenzen *Hossfeld / Zenger*, NEB 29, 21ff.
31 Vgl. etwa *Brueggemann*: „non-cultic alternatives tend to be overstated in ... responding fashion" (Response, 31).
32 Ebd.

B) Gattung und Individualität von Ps 19

In V.2 fehlt im Vergleich zu konventionelleren Schöpfungshymnen eine imperativische Lobaufforderung,[33] und anstelle einer partizipialen Beschreibung des Schöpferhandelns JHWHs[34] wird die Doxologie eines Teils der Schöpfung, des Himmels, partizipial beschrieben.[35] Die Lobaufforderung an die (bzw. an Teile der) Schöpfung, die als ein Formelement der Theophanieschilderung näher bestimmt werden kann, ist in eine hymnische Beschreibung dieses Lobes transformiert:[36] Ein Teil der Schöpfung wird also in seiner Funktion gelobt, Gott zu preisen.[37] Ähnliche beschreibende Passagen nicht des Handelns JHWHs als des Schöpfers, sondern der Schöpfung selbst – wie sie dann auch in V.5b-7, der einzigen hymnischen Schilderung des Sonnenlaufs des Alten Testaments, vorliegt[38] – finden sich in vergleichbarer Form nur in Passagen des weisheitlich geprägten Schöpfungshymnus Ps 104, etwa in V.12.16-18.19-21.[39] Dieser Partizipialstil allein ist wohl noch nicht als Hinweis auf das Zusammentreffen von Hymnus und Weisheit zu nehmen,[40] da der hymnische Partizipialstil, wie er sich ganz ähnlich v.a. auch in Hi 9,5ff; 12,16ff findet, auch dort nicht genuin weisheitlich ist.[41] Aber die vom klassischen Hymnus abweichende Form und der Topos des himmlischen Lobpreises weisen bereits auf einen außerkultischen bzw. außergottesdienstlichen Ort des Textes hin. – Die Fortführung in PK-For-

---

33 Das gilt ungeachtet der Frage, ob eine imperativische Lobaufforderung ursprünglich und konstitutiv zur Gattung ‚Hymnus' gehört (so *Crüsemann*, Studien, 19ff.304ff u. passim) oder nicht (so *Westermann*, Loben, 87ff.99 mit Anm. 85).
34 Vgl. etwa in Ps 113: V.1-3 Lobaufforderung; V.4-9 beschreibendes Lob (in V.6-9 partizipial), vgl. hierzu *Westermann*, Loben, 87ff.
35 *Dohmen*, Psalm 19, 509.
36 Vgl. zu den nächsten Parallelen Ps 50,6 und Ps 97,6 sowie zum Ganzen V. B) 2. c). Zur ‚Gattung' Theophanie vgl. *Jeremias*, Theophanie, passim, v.a. 150-164.
37 Es handelt sich wegen des hymnischen Patizipialstils zumindest in V.2 zwar tatsächlich um einen „Preisgesang auf die Schöpfung" (*Weiser*, ATD 14, 133), bzw. um einen „Hymn to the creation" (*Gerstenberger*, FOTL XIV, 100), aber lediglich an einen Teil davon (Himmel / Sonne). Dabei wird gerade ihre Aufgabenerfüllung hymnisch beschrieben, nämlich die Herrlichkeit Gottes zu mehren und zu veranschaulichen, vgl. *Auffret*s Titulierung des Abschnitts: „témoignage rendu à la gloire divine" (Sagesse, 432; ähnlich *Steck*, Bemerkungen, 238.)
38 Vgl. u.a. den Partizipialstil in V.6a. Lediglich in V.5b kommt JHWHs (nichtprotologisches) Schöpfungshandeln als ein Ordnungshandeln in den Blick; vgl. hierzu unten V. C) 3.
39 Partizipialstil findet man in Ps 104 allerdings nur in der Schilderung des Handelns JHWHs, in V.2-4 u.ö. Zur Beschreibung der Schöpfung selbst in den ‚Schöpfungshymnen' s. *Gunkel*, Einleitung, 77.
40 Vgl. *Dohmen*, Ps 19, 309f.
41 *Crüsemann*, Studien, 114ff.

men (V.3) erstaunt an sich wiederum eher wenig,[42] wohl aber nunmehr der metaphorische und rätselhafte Stil, der eher einer weisheitlichen Texten eigentümlichen Topik zuzuordnen ist – das gilt v.a. für die Figur der Personifikation,[43] sowie für die Elemente des Rätsels in den folgenden Versen. Auch V.7 bleibt dann zwar an hymnisch-beschreibenden Stil angelehnt, hat aber durchaus auch weisheitlich-gnomische Aspekte.[44] Lehrhaft kann man diesen in seiner Aussage geheimnisvollen Abschnitt nur insofern nennen, als hier zwar keine unmittelbare Information, sondern eine zum Nachdenken herausfordernde Absicht vorliegt, die u.a. am harten strukturellen Übergang von der Schöpfungs- zur Torathematik sichtbar wird (s.o.). Durch solch rätselhafte Elemente Rezipient/inn/en zum Nachdenken zu bringen, ist für die Rhetorik weisheitlicher ‚Lehrgedichte' durchaus charakteristisch, ohne dass sie dadurch bereits der Gattung ‚Rätsel' zuzuordnen wären.[45]
V.8-15, das wurde an den verschiedenen Zuordnungsversuchen bereits klar, ist formgeschichtlich schwerlich als Ganzes in den Blick zu bekommen.[46] Die Abfolge der Gattungselemente: Lob der Gebote (V.8-11) → Bekenntnis zu ihnen (V.12) → Bitte um Bewahrung vor äußerer und innerer Gefährdung (V.13-14a) hat konkretere Analogien lediglich in Ps 119. Dieser ist, auch wenn er als Klagelied eines Einzelnen verstanden werden kann,[47] kaum einem kultischen oder gottesdienstlichen Sitz im Leben zuzuordnen, zumal seine „schriftgelehrte Arbeitsweise"[48] bereits seit langem herausgearbeitet ist. Doch finden sich zu dem in seiner Gleichförmigkeit singulären beschreibend-hymnischen NS- bzw. Partizipialstil von V.8-11 nicht in Ps 119, sondern im (Selbst-)Lob der Weisheit in Prov 8,1-35 (sowie in Sir 1,10-18) die nächste formgeschichtliche (und inhaltliche) Parallele, in der V.8-11 wahrscheinlich

---

42 Vgl. die gleiche Abfolge von Ptz. und PK-Formen im beschreibenden Lob JHWHs in Ps 104 in V.10a → V.10b-12 und V.13a → V.13b sowie in Ps 147 in V.2a → V.2b und V.4a → V.4b.
43 Zur Personifikation von Tagen und Nächten vgl. Hi 3,3-10; zur Personifikation von kosmischen Größen vgl. Hi 28,14.22 (Meer und Tiefe; Abgrund und Tod) und hierzu unten V. B) 2.
44 Verblose Nominalsätze sind selbst in hymnischen Beschreibungen der Schöpfung selten, vgl. gerade einmal Ps 104,18. *Wagner*s Einschätzung von Ps 19,7 als „Schöpfungshymnik gepaart mit weisheitlichem Erfahrungswissen" (*Wagner*, סתר, 979) geht jedoch durchaus in die richtige Richtung, vgl. hierzu im Einzelnen auch unten V. C) 5.
45 Trotz seiner rätselhaften Elemente besteht z.B. über die Gattung von Hi 28 als eines ‚Weisheitshymnus' durchaus ein Konsens, vgl. hierzu *Strauß*, BK XV/2, 133. Worum es in Hi 28 bei der Schilderung der Bergbautechnik V.1ff geht, wird dabei erst ab V.12 deutlich, der zudem nicht mit einer schlichten ‚Information', sondern mit einer rhetorischen Frage einsetzt.
46 Zur Einmaligkeit von ‚Ps 19B' s. auch *Fischer*, Komposition, 23; ferner *Gunkel*, Einleitung, 42.
47 S.u. *Exkurs 4*.
48 S. *Deissler*, Psalm 19, 281.

sein Vorbild hat.[49] Damit ist es jedoch äußerst unwahrscheinlich, dass hier ein im mündlichen Vortrag anzusiedelndes „vorgegebenes Überlieferungsstück"[50] vorliegt. Diese Tendenz wird durch die Übernahme des weisheitlichen Evaluativspruchs[51] noch einmal bestätigt. Das heißt: Auf den außergewöhnlichen, weisheitlich transformierten Schöpfungshymnus folgt ein dem Weisheitshymnus entlehntes Toralob.

Schwierig zu bestimmen ist dagegen der genaue Charakter des Abschnittes V.12-15, der von den einen primär als „Vertrauenslied", von den anderen als Danklied[52] und von dritten als „Klagelied"[53] gedeutet wurde.[54] Dabei werden jedoch von den einen die der Klage nahe kommenden Bittelemente und von den anderen die Vertrauensmotive in V.12 und V.15 unterschlagen. V.12a bekennt, von den Geboten gewarnt zu sein, und V.12b äußert in einer zugleich fast weisheitlichen Sentenz Vertrauen ihnen gegenüber.[55] Gunkel hat solche „Gelübde der Frömmigkeit" zu Recht als Fortentwicklung aus dem Dank- bzw. Lobgelübde beschrieben.[56] V.13a kommt einer „confession of sin"[57] zwar nahe, ist aber für einen kultischen Vortrag zu allgemein und kontemplativ formuliert. Vielmehr liegt der Akzent auf dem Bedenken der Universalität unabsichtlicher Vergehen. In V.14aα folgt dann – ohne eine klassische Feindbeschreibung, nur das *mögliche* Handeln von Gegnern wird ja in V.14aβ genannt – eine Feindbitte.[58]

Zu einer ähnlichen *Abfolge* solcher Gattungselemente gibt es nur wenige Parallelen: In Ps 38 folgt im Schlussteil des Psalms auf ein Sündenbekenntnis (V.19) eine Feindklage (V.20), in Ps 69 auf eine Feindbeschreibung am Ende des ersten Klageabschnitts (V.5) zu Beginn des zweiten ein Sündenbekenntnis (V.6). Am nächsten kommt unserem Abschnitt noch der Schlussteil des weisheitlichen Akrostichons Ps 25, wo sich an eine Vertrauensaussage und zwei Bitten (V.16f) eine Vergebungsbitte (V.18f) und eine Bitte um Bewahrung vor Feinden (V.19) anschließt, bevor dieser Abschnitt mit einer allgemeinen Bitte (V.20a) und Vertrauensaussagen (V.20b-21) endet. Auch hier werden – im Textverlauf durchaus sinnvoll – Formelemente nach poetischen Kriterien in eine konzentrische Form[59] gebracht.

---

49 S. hierzu im einzelnen V. D) 5.
50 *Oesch*, Übersetzung, 82. S. hierzu bereits oben III. B) 2.
51 Vgl. hierzu u.a. *Meinhold*, Theologie, 128 sowie unten V. D) 6.
52 *Schmidt* findet hier „die nachhallende Form eines Dankgebetes" (HAT I/15, 32).
53 *Gunkel*, HK II/2, 78; ders., Einleitung, 172; ähnlich *Gerstenberger*: „its formal elements are akin to those in complaint psalms" (FOTL XIV, 102), vgl. *Herkennes* Vorschlag: ‚Bittgebet' (HSAT V/2, 98).
54 *Gerstenberger*, aaO 102.
55 *Gerstenberger* dagegen schlägt V.12 zum Sündenbekenntnis (ebd.).
56 Einleitung, 249f; er bemerkt: „Es ist kein Zufall, daß sie in einem Mischgedicht der späteren Zeit anzutreffen sind, in Ψ 119" (aaO 250).
57 Ebd.
58 Vgl. die ähnlichen Bitten um Verschonung vor dem Handeln der Feinde: Ps 13,5; 25,2; 31,16; 35,19; 143,12 und hierzu *Gunkel*, Einleitung, 226.
59 Vgl. zur Konzentrik von Ps 19,12-15 die Strukturanalyse II. B).

B) Gattung und Individualität von Ps 19

Das im Vergleich mit anderen Psalmen umso deutlichere Fehlen einer konkreten Bedrängnissituation in Ps 19 spricht nicht nur gegen ein *ad hoc* vorgetragenes und aufgezeichnetes Gebet, sondern auch gegen einen fest umrissenen ‚Sitz im Leben'.[60] Durch den sehr allgemeinen, hypothetischen bzw. ‚präventiven' Charakter der Formulierungen ist der Text vielmehr gerade auch für alle nicht konkret angefeindeten Rezipient/inn/en offen.

Als Antizipation von JHWHs bewahrendem Handeln[61] hat V.14b den Charakter eines Vertrauensbekenntnisses,[62] gleicht aber noch mehr einem Ausblick auf die Zeit nach der Rettung und Hilfe, wie Ps 51,9 (auf die Vergebung von Sünden), Ps 56,10-12 (auf die Rettung vor Feinden; ebenfalls mit אָז) oder in Ps 71,21 (auf JHWHs Unterstützung). Hierauf folgt nicht selten ein Lobgelübde,[63] an dessen Stelle V.15a steht. Als Bitte um wohlgefällige Annahme des Psalms ist dieser Wunsch zwar mit Ps 104,34 vergleichbar,[64] doch ist diese Formulierung sehr viel näher an die ursprünglich kultisch situierten Bitten um Annahme eines Opfers angelehnt[65] und steht darin Ps 119,108 wiederum deutlich näher.[66] Invokationen[67] finden sich zwar meist eher am Psalmbeginn,[68] häufig auch sowohl dort als auch am Ende,[69] aber auch nicht allzu selten, wie hier, als Ausruf am Ende eines Psalms – was insgesamt der Anrufung JHWHs umso größeres Gewicht verleiht.

Dieser letzte Vers gibt aber vor allem auch Aufschluss darüber, wie der Psalmist selbst den Psalm verstanden wissen wollte. Denn tatsächlich bezieht sich אִמְרֵי־פִי, das gerne für weisheitliche Lehrpsalmen gebraucht wird, und הֶגְיוֹן לִבִּי, das eine halblaute, murmelnde Meditation meint, auf die voraufgehenden Worte des Psalms,[70] das heißt aber auch auf den

---

60 *Seybold* sieht hier allerdings aufgrund von V.12 das „Gebet eines Beschuldigten" und stellt die an sich marginalen möglichen Bedränger des betenden Ich ins Zentrum der Interpretation (HAT 15/1, 83); zur Kritik s. bereits *Oeming*, NSKAT, 132.
61 Vgl. zum antizipierenden Charakter von Vertrauensäußerungen *Gunkel*: „In all diesen Sätzen sieht der Psalmist die Erfüllung seiner Bitten nahe vor sich" (Einleitung, 245). Zu ihren verschiedenen Formen am Schluss von Klageliedern s. aaO 243.
62 Vgl. *Gerstenberger*: „affirmation of confidence" (FOTL XIV, 102). Vgl. ähnlich Ps 16,8 (VE); 17,15 (KE) u.ä.
63 Vgl. Ps 51,9; 56,13; 71,22-24; ferner Ps 4,8f; 35,27; 52,11; 61,9; 69,31ff; 109,30; 145,21 und hierzu *Gunkel*, Einleitung, 247ff.
64 *Gese*, Einheit, 145f u.a.; vgl. hierzu die Formulierung mit שִׂיחַ und הֶגְיוֹן sowie mit עָרֵב ni. und היה לְרָצוֹן.
65 Vgl. zum Gelübde ‚wirklicher' Opfer am Psalmschluss auch Ps 54,8; 56,13 und zur Weiterentwicklung des ‚Lobopfers' Ps 27,6; 61,13 sowie *Gunkel*, Einleitung, 248.
66 S. hierzu auch unten V. E) 5.
67 *Gunkel*, Einleitung, 212f.
68 Wie in Ps 3,2; 5,2; 6,2; 7,2 etc.
69 Ps 8,2.10; 18,3.47; 83,2.19.
70 Der Rückbezug von אִמְרֵי־פִי und הֶגְיוֹן לִבִּי auf den Psalm selbst, den bereits *Oesch* (Übersetzung, 83ff) und *Gese* (Einheit, 146) für die Gattungsfrage fruchtbar

Charakter des Psalms und auf die Art und Weise, wie der Psalmist selbst damit umzugehen gedenkt und empfiehlt.

Ähnlich hat bereits Gese Ps 19 mit Blick auf V.15 als „Meditation" und „weisheitliches Nachsinnen über ... die seinsumfassende Entsprechung von Schöpfungs- und Offenbarungs-Logos"[71] angesehen, dabei aber das eigene Situation vor Gott reflektierende Bittgebet unterschlagen. In eine ähnliche Richtung geht auch Oesch, der allerdings den Topos des Meditierens vor allem im Vertrauensmotiv findet, was für die Passagen, in denen das Verb הגה und seine Derivate vorkommen, jedoch kaum geltend gemacht werden kann.[72] Vielmehr dient das ‚Nachsinnen' meist der Vergewisserung in Bedrängnissituationen, oft auch im Kontext der Klage. Zudem blendet er Sünden- und Feind-Thematik völlig aus seinen Überlegungen aus. Beide sind jedoch in unserem Psalm deutlich vorhanden, aber so weitgehend typisiert, dass beides, Vertrauensäußerungen und Bitte, im Rahmen einer *Meditation* des angefochtenen Menschen in der Welt *coram Deo* erfolgt.

Dieser Text, den man also einer Textsorte ‚weisheitliche Meditation' zuordnen könnte, umgreift hier somit das Bedenken der schöpfungsinhärenten Weisheit und ihres Zusammenhangs mit der Tora[73] und die anthropologische Grundsituation, als auf Vergebung und Schutz angewiesener Mensch vor Gott zu stehen.[74] Für diesen poetischen, weisheitlichen ‚Lehrpsalm'[75] hat der kreativ mit vorfindlichen Gattungen umgehende Psalmist verschiedene Formelemente umgestaltet und kombiniert.[76] Auf einige Veränderungen der klassischen Formen, wie z.B. auf die Verbindung von Hymnus und Klagelied, konnte er bereits zurückgreifen, und so unterscheidet sich seine Arbeitsweise nur in der doch noch um einiges gesteigerten Originalität von der seiner Vorgänger.[77]

---

gemacht haben, wird durch den sonstigen Gebrauch dieser Ausdrücke bestätigt, s.u. V. D) 5.
71 Einheit, 146; allerdings nicht primär im Hinblick auf die Gattung.
72 S. hierzu im Einzelnen unten V. E) 5.
73 *Stolz* hat das Ziel der ‚Mischpsalmen' allgemein in „Vergewisserung und Unterweisung" gesehen (Psalmen, 27-29; vgl. auch *ders.*, Monotheismus, 201; *Mays*, Place, 5). Letzteres trifft nur dann auch auf Ps 19 zu, wenn man seine weisheitliche Rhetorik würdigt, Rezipient/inn/en selbst Antworten finden zu lassen. Gleiches gilt auch für den Prozess der Vergewisserung, der durch das Nachforschen über den und durch das Verstehen des Zusammenhangs von schöpfungsinhärenter Ordnung und Tora zustandekommt.
74 In gewisser Hinsicht gilt, was *Westermann* für Psalm 8 mit „Weiterbildung des Gotteslobes zu einem staunenden Nachdenken über das Geschöpf Mensch" (Psalmen, 148) formuliert hat, ganz ähnlich für Ps 19, zumindest für V.12-15.
75 Ähnlich hatte *Deissler* Ps 19 als „Weisheitslied (mit Belehrung als Ziel)" bezeichnet (Psalmen, 82). Für eine direkte ‚Belehrung' ist er jedoch zu uneindeutig und geheimnisvoll.
76 Die Zugehörigkeit von Ps 19 zu denjenigen späteren Psalmen „that unite quite different styles and topics", hat bereits *Mays* unterstrichen (Place, 5).
77 Gewiss treten hier gattungsgeschichtliche Tendenzen und Entwicklungen zutage – doch wird eine ‚organisch'-evolutionistische Vorstellung dem eigenständigen Umgang des Psalmisten mit vorliegenden Formen kaum gerecht. Zur Wertung des krea-

B) Gattung und Individualität von Ps 19

Konkret ähnelt der Psalm in seiner hymnisch-weisheitlichen Beschreibung der Schöpfung und in seinem Schluss vor allem Ps 104,[78] aber auch weisheitlichen Lehrgedichten wie Hi 28. In seinem neugestalteten, meditativ-repetitiven ‚Toralob' übernimmt er Formelemente des Lobes der Weisheit wie in Prov 8. In seinem letzten Abschnitt kommt er in gewisse Nähe zu (z.T. weisheitlich gefärbten) Klageliedern des Einzelnen, entspricht aber hinsichtlich der signifikanten Verbindung von Toralob und Klageliedelementen am meisten Ps 119. Und so kann auch der Versuch, die Gattung von Ps 19 als ‚Meditationspsalm' zu beschreiben, nur unter nachdrücklichem Hinweis auf die integrierten Formen und auf seine besondere Eigenart unternommen werden. Mit der Verbindung dieser Elemente zu einem eigenständigen Ganzen ist Psalm 19 darauf angelegt, die am Himmel, vor allem im Sonnenlauf sichtbare schöpfungsinhärente Weisheit Gottes vorzuführen, seine Rezipient/inn/en ins Nachdenken über den geheimnisvollen Zusammenhang dieser Weisheit mit der Tora JHWHs hineinzuziehen[79] und in die je eigene, von Sünde und Feinden potentiell bedrohte, aber auch immer wieder davor bewahrte Stellung vor JHWH als persönlichem Erlöser hineinzuführen.

Ps 19 ist kaum „erst nach seiner Verschriftlichung exemplarischer Lehr- und Lerninhalt"[80] geworden, sondern ist höchstwahrscheinlich bereits zum Zwecke der halblauten, meditativen Lektüre verfasst worden.[81] Ein sekundärer ‚Sitz im Leben', also ein regelmäßiger Gebrauch in gottesdienstlichen, aber auch in anderen, etwa katechetischen Vortragssituationen, ist darüber hinaus gut vorstellbar.

---

tiven Umgangs mit Psalmengattungen vgl. *Gunkel*, Einleitung, 397ff; anders *Stolz*, Psalmen, 25ff.

78 *Gunkel* rechnet Ps 104 wegen des Übergangs vom ‚Hymnus' zu einer dem KE entlehnten Bitte, die er mit Ps 19 gemeinsam hat, ebenfalls bereits zu den ‚Mischpsalmen' (Einleitung, 399).

79 Trotz einiger grundsätzlich richtiger Beobachtungen von *Stolz* zu Ort und Funktion der ‚nachkultischen Psalmen' – eine Einschränkung zum Begriff des ‚Nachkultischen' nimmt er selbst vor, s. *ders.*, Psalmen, 21 – sind die Gründe für die weisheitliche Durchdringung der Psalmen nicht allein aus dem Verlust der tragenden Kraft des Kultes und zugleich der Krisenerscheinungen der Weisheit abzuleiten (aaO 27). Vielmehr ist als Beweggrund für eine weisheitliche Psalmendichtung bereits die Absicht als ausreichend anzusehen, die in den kultisch verortbaren Psalmen verhandelten Probleme von Ungerechtigkeit und Gottesferne zu durchdringen und mit der eigenen Erfahrungswirklichkeit zu vermitteln.

80 So *Oesch*, Übersetzung, 83 Anm. 7.

81 Zur anwachsenden Bedeutung der Vertrauensäußerung und der Verallgemeinerung von Bedrängnissituationen in solchen „Frömmigkeitsformen, welche dem Aneignungs- und Vergewisserungsprozeß dienen" (*Stolz*, Monotheismus, 201) aaO 200ff.

V. Motive und Traditionen

A) Vorbemerkung zur traditions- und motivgeschichtlichen Methodik

Unzählig sind die Hypothesen, nach denen in Ps 19,2-7 Überlieferungen aus der Umwelt Israels übernommen worden sind.[1] Daher sind zur Problematik der Adaption von Überlieferungen, Traditionen oder Motiven aus der Um- und Mitwelt Israels einige Überlegungen vorauszuschicken.

Ein Beispiel sei an dieser Stelle gegeben, um charakteristische Schwierigkeiten zu verdeutlichen. Ruppert hat als Vorlage von Ps 19,2-7 eine Grabinschrift der Ramessidenzeit[2] angeführt, in der sich u.a. eine Aufforderung der Gottheiten im Himmel und auf der Erde zum Lob des Amun-Re findet:

> O, [ihr Götter] und Göttinnen / im Himmel und auf Erden!
> Gebt Lobpreis dem Herrn des Himmels und der Erde /
> in seinem Glanz des Himmels-Querers /
> mit den beiden Scheiben der Nacht und des Tages! /
> Der Herr der Herren, der von der Wahrheit lebt. (Z.33-38)

Ruppert bemerkt hierzu: „Die Ähnlichkeit [sc.: zu Ps 19,2-7] dürfte so wenig zufällig sein wie diejenige von Ps 104 bzw. seiner kanaanäischen Vorlage mit dem Aton-Hymnus des Echnaton"[3]. Tatsächlich jedoch besteht (– neben dem Topos des Sonnenaufgangs in Z.17.44 des gleichen Texts)[4] – eine äußerst vage Analogie lediglich darin, dass hier von einem Lob niedrigere Wesen der himmlischen Sphäre Gottheiten die Rede ist. Der Text[5] unterscheidet sich aber deutlich von der partizipialen Aussage über den Lobvollzug des Himmels in Ps 19,2, der zudem an ‚El' / Gott und nicht an den Sonnengott gerichtet ist. Es lässt sich hierbei also allenfalls eine ge-

---

1 Vgl. hierzu den Forschungsüberblick im Einleitungskapitel.
2 Text bei *Assmann*, ÄHG Nr. 103.
3 Aufforderung zum Lob, 241; vgl. hierzu jedoch *Knigge*, Überlegungen 100ff; s. auch seine generellen Überlegungen zum Kulturtransfer im Alten Orient aaO 93ff.
4 Die weiteren von *Ruppert* genannten Vergleichspunkte, wie z.B. die Darstellung des solaren Zyklus, gehen nicht über die für ägyptische Sonnenhymnik traditionelle Topik hinaus, vgl. *Assmann*s semantische Analyse der Topik des Stundenrituals, ÄHG², 26ff. Zu weiteren – im übrigen viel näheren – Parallelen v.a. von Ps 19,6-7 zu Motiven ägyptischer Sonnenhymnik s.u. V. C) 4. und 5.
5 Dass es sich hier um eine Grabinschrift handelt, erleichtert zudem nicht gerade die Vorstellbarkeit des Überlieferungswegs des Textstückes; vielmehr würden die Wege, die eine Textpassage von einer Grabinschrift bis nach Israel nehmen könnte, mit äußerster Wahrscheinlichkeit zunächst innerägyptisch über literarische Hymnen führen. Vgl. zu den verschiedenen Verwendungssituationen der Hymnengattungen und zu den innerägyptischen Transformationen *Assmann*, ÄHG², 2-16.

A) Vorbemerkung

wisse Motivkonstanz feststellen.⁶ Vielmehr scheint eine solche These lediglich systemimmanent im Rahmen eines bestimmten Entstehungsmodells schlüssig, in dem angenommen wird, dass Ps 19 kanaanäische Vorlagen hatte, die wiederum im Zusammenhang des spätbronzezeitlichen ägyptischen Einflusses auf ägyptische Vorlagen zurückgriffen.

Mit der zunehmenden Erkenntnis der Verschiedenartigkeit altorientalischer Kulturen⁷ und ihrer je nach Epochen, Regionen,⁸ soziologischen Kontexten, politischer bzw. gesellschaftlicher Organisation etc. eigenständigen Ausdifferenzierung⁹ wird mehr und mehr deutlich, dass für die Wahrscheinlichkeit eines konkreten Überlieferungsweges die Berücksichtigung der raum-zeitlichen Nähe zum vorliegenden Text notwendig ist. Um seinen Vorstellungshintergrund zu erhellen, ist also den literarischen, archäologischen und ikonographischen Zeugnissen aus Israel / Palästina selbst der Vorzug zu geben.¹⁰ Wenn jene keinen weiteren Aufschluss geben, und vor allem auch, um die alttestamentlichen Texte im Horizont des gesamten altorientalischen Denkens zu verstehen, ist dann auch der Blick in raum-zeitlich entferntere Regionen zu richten. Denn viele Vorstellungen und Motive haben sich, zumal mit einem regen kulturellen Austausch im Alten Orient zu rechnen ist, z.T. über Jahrhunderte und Jahrtausende, und über große Entfernungen hinweg erhalten, ohne dass die Medien ihres Transfers in irgendeiner Form noch greifbar wären.¹¹ Wegen dieses großen Traditionskontinuums ist

---

6   Zur Häufigkeit des Motivs s. die Beispiele im folgenden Abschnitt V. B) 2. Der Topos des Lobpreises an Sonne/ngott bei seinem / ihrem Aufgang ist (ohne jede direkte ‚Abhängigkeit') vergleichbar mit Z.7f des großen Šamaš-Hymnus: „Bei deinem Erscheinen freuen sich die Götter der Beratung, in dir jauchzen alle Igigi insgesamt" (vgl. *Lambert*, BWL², 127). Und dieser Topos bleibt über einen langen Zeitraum erhalten. So wird beispielsweise noch in slHen XV 1ff geschildert, wie die Elemente beim Kommen des ‚Lichtgebers' ein Lied anstimmen, s. hierzu *Böttrich*, JSHRZ V/7, 868ff.
7   Vgl. etwa zur vermehrten Beachtung der „religiösen Besonderheiten des levantinischen Halbkreises" (*Niehr*, Religionsgeschichte, 58) aaO 54f sowie *Janowski / Koch / Wilhelm*, Religionsgeschichtliche Beziehungen, VIIIf.
8   Zur neuen „spatial awareness" s. *Niehr*, Religionsgeschichte, 57ff.
9   Sie wurde in früheren religionsgeschichtlichen Ansätzen zu wenig beachtet. Für eine profunde Kritik an der Schematisierung der altorientalischen Kulturen, etwa durch die Myth-and Ritual-School, s. bereits *Frankfort*, Similarity, passim. Er schreibt: „But if ‚pattern' ... is not a tool in search for the systems of value which *distinguish* one Near Eastern civilization from another, then it becomes a rigid scheme" (Similarity, 7, Hvbg. von mir).
10   So hat O. *Keel* in seiner Methodenreflexion für die Auslegung des Hohenliedes deutlich gemacht, dass der „primäre Verstehenshorizont" der atl. (Bild-)sprache das AT selbst und die Kultur- und Naturwelt Palästinas sind, und dass mesopotamische und ägyptische Einflüsse erst dann anzunehmen sind, wenn ersteres als Referenzrahmen ausfällt (Metaphorik, 16ff).
11   Vgl. dazu *Niehr*: „Damit kommt die Perspektive der *longue durée* in den Blick, die für die Erhebung der Religionsgeschichte bedeutsamer ist als die ‚histoire des

jedoch weniger mit punktuellen, konkreten Adaptionen zu rechnen; zumeist verlieren Thesen monolinearer Abhängigkeiten (zumal von schriftlichen Vorlagen, s.o.) schon bei einer geringfügigen Erweiterung des Spektrums ähnlicher Motive und Topoi ihre Überzeugungskraft, zumal wenn sich (wie beim obigen Beispiel) an keiner Stelle eine *spezifische* Vergleichbarkeit zeigt. Sind Text- und Bildmaterial tatsächlich vergleichbar und von auffälliger, schwer erklärlicher Ähnlichkeit, so müssen ihre zeitliche und räumliche Nähe und die Vorstellbarkeit konkreter Überlieferungsmöglichkeiten geprüft sowie für die Interpretation des alttestamentlichen Textes die mit jedem Transfer gegebenen, z.T. erheblichen semantischen und pragmatischen Verschiebungen beachtet werden. Als Leitlinie ist aber von einer durchaus bewussten Motivauswahl aus einem breiten Spektrum von Motiven und Stoffen auszugehen.[12] Und so gilt nicht nur für die ikonographische, sondern analog für die sich in den alttestamentlichen Texten findende Kombination und Komposition von Motiven und ‚Sprachbildern': „Hier werden nicht willkürlich neue Symbole kreiert, sondern es werden angesichts der internationaler und multikultureller werdenden Großreiche allgemeinverständliche Symbole geschaffen, die in ihren Einzelelementen jedermann zugänglich sind ..., die als Konstellation jedoch feste Aussagekomplexe bilden"[13]. Und so wird zwar im Folgenden auch nach der möglichen Herkunft oder auch nur Färbung eines gegebenenfalls verarbeiteten traditions- und motivgeschichtlichen Substrates gefragt, indem Parallelen aus der Um- und Mitwelt Israels und vor allem innerisraelitische Analogien erörtert werden.[14] Aufgabe der nun folgenden Einzelexegese soll es jedoch vor allem sein, den neuen Sinn und die neue Ausprägung aufgenommener Motive in ihrem aktuellen Kontext und die mit der jeweiligen bewussten Konstellierung beabsichtigte Aussage zu erklären.

événements'" (Religionsgeschichte, 58; vgl. zum Begriff der longue durée *Braudel*, Mediterrane Welt, 20f).
12 Zu Recht bemerkt etwa *Wagner* zu Ps 19: „The poet has not reworked an existing Canaanite hymn but has drawn on images widespread in the ancient Near East" (Heavens, 246f).
13 *Podella*, Lichtkleid, 159.
14 Dass die Arbeitstechnik des Autors von Ps 19 die der Bearbeitung literarischer Vorlagen gewesen wäre, ist schon auf diesem Hintergrund äußerst unwahrscheinlich. So wurde hier die Möglichkeit der Verarbeitung literarischer ‚Vorlagen' im religionsgeschichtlichen Vergleich zwar nicht von vorneherein ausgeschlossen, sondern wurde jeweils durchaus geprüft. Allerdings gilt hier in weit höherem Ausmaß die bereits im Zusammenhang der Literarkritik getroffene Feststellung, dass die Wahrscheinlichkeit, dass uns im Text eine solche Vorlage erhalten geblieben wäre, gering ist, und dass der Wortlaut einer nicht erhaltenen ‚Vorstufe' so gut wie nicht rekonstruierbar wäre, s. hierzu oben III. A).

B) Die doxologische Lehrrede des Himmels: V.2-5a

1. Der Gottesname אֵל

Gerade aufgrund des Gottesnamens אֵל wurden seit langem[15] und bis heute[16] kanaanäische bzw. ugaritische Vorlagen[17] vor allem von V.2ff vermutet.[18]

So wurde als Parallele für den Vorgang der Bearbeitung kanaanäischer bzw. ugaritischer Texte wegen der כָּבוֹד-Darbringung durch Göttersöhne bzw. die ‚Natur' für den אֵל־הַכָּבוֹד (Ps 29,3ab)[19] gerne Ps 29 herangezogen.[20] Doch hat auch hier die These der Bearbeitung kanaanäischer Vorlagen[21] mittlerweile ihren Einfluss gegenüber derjenigen einer Verarbeitung von Traditionen erheblich eingebüßt.[22] Dieser verbreitete Analogieschluss auf Ps 19,2 fällt also nunmehr fort.[23]

Bereits wegen des im Ugaritischen häufigen Gebrauchs von 'Ilu als Gattungsbezeichnung bzw. als Appellativum[24] ist der Gebrauch von אֵל[25] nicht gerade zwingend als ein Indiz für die Übernahme des Eigen-

---

15 Vgl. bereits u.a. *Schröder*, Psalm 19, 69.
16 *Gerstenberger*, FOTL XV/2, 101.
17 Dass Ugarit nicht zu Kanaan zu zählen ist, wurde in der früheren Forschung oft nicht zur Genüge berücksichtigt, ebensowenig dessen zeitliche und räumliche Entfernung zu den Texten des Alten Testaments.
18 *Gerstenberger*, FOTL XIV/1, 101.
19 Gerade die Deutung von אֵל־הַכָּבוֹד ist jedoch hinsichtlich seiner kanaanäischen Herleitung umstritten: *Kloos* etwa deutet El als Gattungsbezeichnung: „as the term [sc.: kbwd] is not to be shown to be associated with El ... 'il hkbd is the God who deserves and receives the honour" (Combat, 58). *Jeremias* (Königtum, 32) und *Seybold* (Psalm 29, 92.94) teilen den Stichos V.3aβ einer Redaktion zu.
20 Dass die Darbringung von königlicher Ehre kbd in Ugarit El allein zuteil werde (so *Schmidt*, Königtum¹, 20f, vgl. vorsichtiger aaO² 25-26.55-58), ist angesichts der Ehrung an Motu (KTU 1.4 VIII 28-29), Anat (KTU 1.1 II 16-17; KTU 1.3 III 10) und *Ktr w Hss* (KTU 1.1 III 3) nicht zu halten, vgl. dazu *Kloos*, die den Einfluss von El-Tradition gering einschätzt (Combat, 26-31, vgl. aaO 56).
21 So u.a. *Jeremias*, Königtum, 29-44; vgl. dazu *Janowski*, Königtum, 178-180.
22 Dass es sich in Ps 29 um eine bewusste Komposition des Psalms aus geprägten Motivverbindungen anstelle einer Bearbeitung von Baal- und / oder El-Hymnen (bzw. -fragmenten) handelt, haben zuletzt *Diehl, Diesel* und *Wagner* wahrscheinlich gemacht, vgl. *dies.*, Grammatik, v.a. 484. *Wagner* meint „daß der Mittelteil in der israelitischen Komposition unter Rückgriff auf vorliegende kanaanäische Traditionselemente (und nicht Texte) komponiert wurde", wobei die „Ausführung ... mit Motiven angereichert [ist], die sich ... Baal sonst kaum zuschreiben lassen" (*ders.*, Ps 29, 539.
23 Vgl. bereits *Dohmen*s Zurückweisung des Vergleichs von Ps 19 mit Ps 29 (Ps 19, 508 Anm. 17).
24 Dem steht (nur) die Hälfte der Belege für den Gott El / 'Ilu gegenüber, vgl. *Herrmann*, El, 275; s. auch zum Gebrauch als Appellativum in phönizischen, aramäischen und punischen Inschriften aaO 276; ferner *Stolz*, Monotheismus, 39ff.
25 Aufs Ganze gesehen will in diesem Zusammenhang der Wandel der Forschung beachtet sein, was die Einschätzung des kanaanäischen Gottes El / 'Ilu im vorstaatli-

namens *'Ilu* zu werten.²⁶ Eine Verbindung des *ugaritischen* El²⁷ mit dem Himmel müsste man für eine solche Herleitung erst noch konstruieren – denn in den ugaritischen Texten besteht sie nicht. Vielmehr wird dort der Wohnsitz des El meist auf einem Berg und keineswegs im Himmel angesiedelt.²⁸ Auch die Situierung des Wohnsitzes eines *kanaanäischen* Gottes El / 'Ilu im Himmel ist deshalb nicht vorstellbar, wenn man die in der Levante erst sehr spät einsetzende Situierung der Hauptgottheiten im Himmel miteinrechnet.²⁹ Das Motiv der Ehrerbietung der Götterversammlung gegenüber dem höchsten oder einem aus gegebenem Anlass besonders zu ehrenden Gott ist dagegen ohnehin im gesamten Alten Orient breit bezeugt.³⁰ Daher kann man in Ps 19,2 für die Adaption eines *spezifisch kanaanäischen* Motivs nicht mehr plädieren.³¹

Nun wurde u.a. aufgrund der Gottesbezeichnung אֵל in V.2 neuerdings auch ein aramäischer Einfluss in Ps 19,2ff nachzuweisen versucht, was

---

chen Israel angeht. Zwingende Kritik der These von der vorsedentären El-Religion der ‚Väter', wie sie im Gefolge *Alts* die Forschung noch bis in die achtziger Jahre weitgehend bestimmte, kam von literar- und religionsgeschichtlicher Seite von *Köckert* (Vätergott, passim, v.a. 301). Von der Seite der nordwestsemitischen Religionsgeschichte wird das auch von *Niehr* bekräftigt, der die Bedeutung Els in Kanaan deutlich niedriger ansetzt (Der höchste Gott, 3-6.4.17ff.) Die Diskussion dauert indes fort, vgl. anders z.B. *Albertz*, Religionsgeschichte I, 146f; *Kottsieper*, El, 49 u.ö.
26 Vgl. bereits *Herrmann*, nach dem es sich in Ps 19,2-7 um eine besonders für (spät-)nachexilische Texte charakteristische Archaisierung und Mythisierung handelt.
27 Die Bedeutung Els in Kanaan wird z.B. von *Kottsieper* in Frage gestellt, nach dem „die allgemein anerkannte These, daß El der alte Gott der Kanaanäer war, wohl bezweifelt werden" muß (*Kottsieper*, El, 48).
28 S. hierzu *Niehr*: „Als höchster Gott der Religion Ugarits wird El nicht im Himmel verortet, sondern auf irdischen Wohnsitzen" (Wohnsitze, 341). Nach der gewichtigsten, der nordsyrischen Tradition, wohnt El, dessen Tempel nichtsdestoweniger auf der Akropolis von Ugarit gelegen ist, „in der mythischen Ferne des Gebel Ansariye 60 km östlich von Ugarit" (aaO 336f; vgl. aaO 327ff und 339ff zur anatolischen bzw. mittelsyrischen Tradition, die nebeneinander Bestand hatten). Lediglich in vereinzelten Texten, wie in einer hurritischen Weihrauchbeschwörung, kann ein Bezug Els zum Himmel nachgewiesen werden, vgl. *Niehr*, aaO 342.
29 S. hierzu u.a. *Hartenstein*, Unzugänglichkeit, 228ff; *Bartelmus, šāmajim*, 116ff.
30 Zur Lobaufforderung an Götter oder Göttergruppen in babylonisch-assyrischen Gebetsbeschwörungen s. SAHG 220 (an Utu); SAHG 296 (Ea); SAHG 298 (Marduk); SAHG 313 (Nabû); SAHG 324 (Šamaš); SAHG 335f (Ištar). In ägyptischen Hymnen vgl. die Aufforderung der Gottheiten im Himmel und auf der Erde zum Lob des Amun-Re bei *Assmann*, ÄHG² Nr. 103 (Grabinschrift der Ramessidenzeit). Zu Bezeichnungen und Vorstellungen von Götterversammlungen in ug., phöniz. und aram. Texten auch *Neef*, Thronrat, 18-26 sowie aaO 13ff zum ‚Thronrat' im AT (z.B. in Ps 82,1.6).
31 Zum Lobpreis der himmlischen Sphäre vgl. v.a. Ps 50,6; 97,6; 89,6 und 96,2f; zur Universalität des כָּבוֹד vgl. Num 14,21; Ps 113,4; 57,6-12; 72,19; 104,31; Hab 3,3; Neh 9,5 sowie unten V. B) 2.

B) Die doxologische Lehrrede des Himmels: V.2-5a

zunächst aufgrund der größeren raum-zeitlichen und kulturellen Nähe durchaus denkbar zu sein scheint.

So sieht Kottsieper in Papyrus Amherst 63, Kol. 13 Z.11-15 eine überlieferungsgeschichtliche Vorform von Ps 19,2-5a.[32] Er übersetzt den Text in der betreffenden Passage Z.13-15 folgendermaßen:

> Unter dir, El, unter dir,
> ja Adanai sind die Geschlechter des Himmels.
> Wie eine Offenbarung, El, sind die Geschlechter des Himmels;
> Ein jeder spricht zu uns von deiner Herrschaft.[33]

Nun ist aber der demotisch geschriebene, fragmentarische Papyrus, dessen Sprache erst ein halbes Jahrhundert nach seiner Wiederentdeckung als Aramäisch identifiziert wurde, äußerst problembehaftet und schon in grundlegenden Fragen sehr umstritten. So gelangten Vleeming und Wesselius, ebenso wie Steiner, mit einer abweichenden Transkription des Demotischen bereits zu einer durchaus anderen Übersetzung vor allem der fraglichen Passage Kol. XIII Z.12-15f:

> Seit dem Anfang Adonay, ist die Stätte Deiner Füße,
> 13   mit den Generationen (die Stätte) zwischen Deinen Fersen, WNNY
>   Unter Dir, Yaho,
> 14   unter dir, Adonay, ist das Geschlecht des Himmels,
> 15   alle zu Deinem Niedertreten zwischen Deinen Fersen.[34]

Hinzu kommen weitere Schwierigkeiten des Textes. Wenn man sich auch hinsichtlich seiner Datierung in etwa einigen kann,[35] gehen die Meinungen bereits in der Frage nach seiner ebenfalls diskutierten Beziehung zu Ps 20 erheblich auseinander. Denn insbesondere der '*ḥr*[36] zu transkribierende Gottesname, von dem letztlich die religionsgeschichtliche Einschätzung und Situierung abhängt,[37] ist nur schwer zu

---

32 Vgl. *Kottsieper*, El, 59ff.
33 Einen sehr guten und aktuellen Überblick über die bisherige Diskussion zu Papyrus Amherst 63 bietet *Rösel*, Israels Psalmen, 81ff. Neuere Bearbeitungen und Übersetzungen finden sich neben derjenigen *Kottsieper*s (Papyrus Amherst 63, 55-75; vgl. ders., El, 37ff; ders. Antwort, 87-98) bei *Steiner*, Aramaic Text, 309-327; *Vleeming / Wesselius*, Studies, passim sowie bei *Wesselius*, TUAT II/6, 930-935. Vgl. zur Diskussion ferner *Segert*, Preliminary Notes, 271ff; *Delcor*, Remarques, 25ff; *Steiner*, Papyrus Amherst, 199ff; *Zauzich*, Gott, 89f; *Smelik*, Arameese parallel; 89-103; ders., Psalm 20, 75-81.
34 *Wesselius*, TUAT II /6, 934.
35 Zumeist wird das vierte Jh. v.Chr. angenommen; vgl. *Rösel*, Israels Psalmen, 82. Die Datierungsvorschläge aufgrund der Paläographie umfassen dennoch eine Spanne vom fünften / vierten Jh. bis zum zweiten Jh. – da gewisse archaische Elemente ebensogut als archaisierend und damit jünger aufgefasst werden können. Ob das Alter der Erstverschriftung bis in das siebte Jh. v.Chr. zurückreicht, hängt widerum von der schwierigen Gesamtinterpretation ab.
36 Es ist dabei nicht sicher, ob es sich beim letzten Zeichen um ein Gottesdeterminativ oder, wie der Ägyptologe *Zauzich* vermutet, um ein *w* handelt (Gott, 89f; vgl. *Rösel*, Israels Psalmen, 90, der sich für ersteres entscheidet).
37 U.a. hiervon hängt es ab, wie man die auffällig engen Parallelen zu Ps 20 zu beurteilen hat: *Kottsieper* sieht die Überlieferungsrichtung vom aramäischen Text bzw.

interpretieren: Smeliks Vorschlag, es handele sich um eine Gottheit *ḥr*ᴳ (der ‚Andere'),[38] hat die Schwierigkeit gegen sich, dass ein solcher Gott sonst nirgends belegt ist. Bei der u.a. von Steiner vertretenen Deutung auf Horus[39] bleibt die Schreibweise mit anlautendem ' unerklärt. Zauzichs Analogiebildung zum *jhw* der Elefantinetexte,[40] die wiederum eine Wiedergabe von *j* mit demotisch ' sowie von *h* mit *ḥ* voraussetzt,[41] deutet das mutmaßliche Gottesdeterminativ als *w* und gelangt so zu dieser Kurzform von JHW.[42] Bei der von Kottsieper vorgeschlagenen Deutung auf den aramäischen El wird diese Sonderschreibweise, die eine Spekulation der Trägerkreise über eine Verbindung von Horus und El ausdrücken soll,[43] nicht recht plausibel, zumal El im gleichen Text auch mit '*l* wiedergegeben wird. So hat Kottsiepers Deutung auf den aramäischen El bisher keine Nachfolger gefunden.[44] Auch wenn endgültige Urteile aufgrund der noch nicht abgeschlossenen Erforschung des Papyrus nicht gefällt werden können,[45] so kann es doch als äußerst unwahrscheinlich gelten, dass es sich hier um den aramäischen El handelt.

Als nicht wesentlich sicherer kann die Übersetzung seiner Transkription von Z.13f* *dārē šamayn kaḥawwārā*[46] mit ‚die Geschlechter des Himmels sind wie eine Offenbarung' gelten. Hier will er *ḥawwārā* als „ein verbum actionis des D-Stammes nach *qattālā*"[47] von der im Syrischen, Jüdisch-Aramäischen und Mandäischen belegten Wurzel *ḥwr* ‚sehen' annehmen und das Wort als „Sehenlassen, Offenbarung"[48] deu-

---

einer Vorstufe zum israelitischen Psalm (Papyrus Amherst 63, 55ff), *Steiner* geht von einer Übernahme durch die aramäische Gruppe aus (Aramaic Text, 310), während *Vleeming* und *Wesselius* (Studies, passim) und im Anschluss *Rösel* (Adonaj, 40f; ders., Israels Psalmen, 86ff) eine gemeinsame Vorstufe von Ps 20 und des betreffenden Abschnitts des Papyrus annehmen.

38 *Smelik*, Arameese parallel, 92.
39 Vgl. dazu *Rösel*, Israels Psalmen, 90.
40 *Zauzich*, Gott, 89f; ähnlich auch *Vleeming / Wesselius*, Studies I, 39-42.
41 Vgl. die Problemanzeigen bei *Kottsieper*, El, 51ff.
42 So auch *Vleeming / Wesselius*, Studies, 39-42; ähnlich *Rösel*, Israels Psalmen, 92ff. Da der umstrittene Gottesname nur in diesen Textpassagen zu finden ist (oft dazu noch parallel zu *'dny*), schließt *Rösel*, könne es sich ursprünglich eigentlich nur um den einzigen so bezeichneten Gott, nämlich JHWH handeln (*Rösel*, Israels Psalmen, 92f), so dass höchstwahrscheinlich ein Überlieferungsweg aus der JHWH-Religion im Norden Israels (Umkreis des Reichsheiligtums von Bethel, vgl. die enthaltenen ON) in aramäisch-sprachige Trägerkreise anzunehmen ist, s. dazu ebd. 97f.
43 *Kottsieper* vermutet: „Nun hat El wie Horus einen königlichen Aspekt, so daß beide Götter zumindest auf dieser Ebene miteinander verbunden werden konnten. Es ist daher möglich, daß der Schreiber, der diese Schreibung ‚erfand', El indirekt mit Horus verbinden wollte" (El, 54).
44 So *Rösel* in seinem Forschungsüberblick (Israels Psalmen, 82ff; vgl. *ders.*, Adonaj, 40f).
45 Vgl. *Rösels* Einschätzung: „der Text ist so schwierig, daß man beim gegenwärtigen Kenntnisstand nichts sicheres sagen kann" (Israels Psalmen, 97).
46 *Vleeming / Wesselius* deuten in ihre Text *k'ḥ'wl* als ‚wie Sand' (Z.14: „under You, o Adonay, is the generation of Heaven like sand"; Studies, 73), müssen dafür aber eine unregelmäßige Bildung von *ḥ'wl* anstelle des zu erwartenden aramäischen *ḥāl* annehmen.
47 *Kottsieper*, El, 59.
48 Ebd.

B) Die doxologische Lehrrede des Himmels: V.2-5a

ten. Fraglich ist hier, ob man für jene Kultur ein solches Abstraktum, ja einen regelrechten theologischen Fachterminus, tatsächlich bereits voraussetzen kann.[49]

Nun interpretiert Kottsieper auch Ps 19,2ff wie folgt: „Die Geschlechter des Himmels, also die himmlische Welt mit ihren Erscheinungen der Himmelskörper, die ja Tag und Nacht bestimmen, sind wie eine Offenbarung Els", um daraus zu folgern: „So steht zu vermuten, daß diese Aussagen aus Ps 19 Stücke einer alten Eltheologie beinhalten, die von Aramäern überliefert oder sogar geprägt worden sind"[50]. Dem kann nach dem oben Gesagten nur mit äußerster Skepsis begegnet werden. Denn in Ps 19,2-7 ist weder von Geschlechtern des Himmels noch von einer durch sie geschehenden Offenbarung die Rede, sondern von einem Lobpreis des Himmels.[51] Von einer aramäischen Eltheologie wäre – selbst wenn man Kottsiepers weiteren Thesen folgt – hier nichts Spezifisches oder Signifikantes erhalten.[52] Wenn man allerdings nicht der Bearbeitung Kottsiepers, sondern derjenigen von Vleeming / Wesselius folgt, ist Pap. Amherst 63,13-15 noch nicht einmal als eine wirkliche Parallelstelle geeignet.[53] Der Akzent, den Ps 19,2-5a auf den Zusammenhang des himmlischen Lobpreises mit der Rede der Tage und Nächte legt, weist ihn ohnehin als eine singuläre und originelle Motivkombination aus, die in dieser Form ohne Parallele ist.

Dass die Bezeichnung JHWHs als אל[54] nun hingegen eine auch und gerade nachexilisch geläufige Praxis ist, zeigt die häufige Verwendung von אל im Alten Testament[55] zumal in den Psalmen,[56] und darüber hin-

---

49 Auch sein Alternativvorschlag – die Ableitung von einem südsemitisch belegten *ḥwr* der Bedeutung ‚gehen', dessen Kausativ ‚führen, leiten' im Syrischen ein Nomen *ḥuwāreyā* ‚Gesandter, Apostel' im Ge'ez neben sich hat (El, 59 Anm. 141) – scheint nicht gerade unabhängig vom Gedanken einer vermeintlichen Offenbarungsbotschaft durch den Himmel in Ps 19 entstanden zu sein.
50 *Kottsieper*, El, 60.
51 Wenn es in Pap. Amherst 63,13-15 um ‚Offenbarung' gehen sollte, so kann das für Ps 19,2ff zumindest nicht gesagt werden, s. dazu unten V. B) 2.
52 Dass ein spezifischer Einfluss von Pap. Amherst 63 13,13-15 oder einer gemeinsamen Vorstufe oder auch nur der einer ‚alten Eltheologie' auf Ps 19 vorliegt, wäre aber selbst dann nicht sehr wahrscheinlich, wenn dort von einem Lobpreis des Himmels die Rede *wäre*. In diesem Fall würde Pap. Amh. zu einem entfernten Vergleichstext wie etwa Ps 89,6 aufrücken, eine Passage, die man jedoch kaum als literarische ‚Vorstufe' von Ps 19,2 beurteilen würde.
53 Vgl. zum Motiv des Lobpreises durch himmlische Wesen die zahlreichen, weiter unten, in V. B) 2., behandelten Parallelen.
54 *Cross* z.B. schätzt אל „als „Appellativum ... entweder recht alt oder ziemlich spät" ein (אל, 278).
55 *Herrmann* zieht für die sich in Ps 19,2ff zeigende, für (spät-)nachexilische Texte charakteristische Archaisierung das Vorkommen von אל u.a. in der Selbstvorstellungsformel bei Dtjes zum Vergleich heran, vgl. Jes 45,22; 46,9; ferner Jes 40,18; 42,5; 43,10.12; 45,14f.31.
56 Zum Gebrauch von אל als Anrede JHWHs vgl. etwa Ps 10,11f; 16,1; 17,6 u.ö. Zur Häufigkeit von אל im ‚elohistischen Psalter' vgl. *Cross*, אל, 277 sowie Ps 42,10; 50,1; 52,3.7; 55,20.

aus im außerkanonischen frühjüdischen Schrifttum. Z.B. ist der „breite Gebrauch von *'l* in Qumran [sc.: auf] die Ersetzung des Tetragramms durch *'l*"[57] zurückzuführen, wobei אל durchweg als „eine Namensform Jahwes belegt"[58] ist. Der Ausdruck כבוד אל ist, abgesehen von Ps 19,2, an keiner Stelle des Alten Testaments, sondern nur noch in Texten aus Qumran sowie aus der judäischen Wüste belegt, etwa in 1QM IV 6.8[59]; 1QS X 9[60]; CD XX,26[61]; Mur 6 1,6[62]. Dieser auffällige Befund hängt auch damit zusammen, dass es sich bei אל um die besonders in Palästina übliche „Verwendung von ‚Gott' als Ersatzbezeichnung"[63] für das Tetragramm handelt, die sich aber, anders als אדני bzw. κύριος in der von LXX bezeugten alexandrinischen Tradition, letztlich nicht durchsetzte.[64]
Eine große Nähe zu Ps 19,2 zeigt sich vor allem aber beim vielbemerkten, häufigen Gebrauch von אל in den poetischen Reden des Hiobbuches[65] in Vertretung des Eigennamens JHWH.[66] Dort wird El „selbstverständlich als der einzige Gott Israels vorausgesetzt"[67], was durchaus mit

---

57 *Kottsieper*, El, 26.
58 So auch *Kottsieper*, El, 26f Anm. 1. Weiter bemerkt *Kottsieper*: „So erscheint das Lemma nie als ein Wort für ‚Gottheit' schlechthin und wird durchweg ohne Artikel gebraucht, obwohl es als determiniert empfunden wurde" (ebd.; vgl. dazu z.B. 1Q246,2). Dieser auffällige Befund äußert sich zudem darin, dass אל in vielen essenischen wie nichtessenischen Qumrantexten durch seine Schreibung in paläohebräischer Schrift eine besondere Dignität zuteil wird, s. hierzu *Stegemann* Gottesbezeichnungen, 200-202. Vgl. zu אל als Ersatzlesung für das Tetragramm in Qumran zuletzt auch *Rösel*, Adonaj, 20ff.
59 Hier wird im Kontext der endzeitlichen Zurüstung der ‚Gemeinde Israels' eines der Feldzeichen mit dem Symbolnamen אל כבוד (neben אל אמת, אל צדק u.a.) beschriftet. 1QM 1,9; 12,7 belegt die Erwartung des eschatologischen Erscheinens des כבוד אל.
60 Dieser Lobpreis für die Herrlichkeit Gottes beginnt mir den Worten אזמרה בדעת לכבוד אל; zum Text s. u.a. *Charlesworth*, DSS 1, 44f.
61 In CD XX 26 geht es um die Vorgänge beim eschatologischen Erscheinen der Herrlichkeit Gottes (בהופיע כבוד אל).
62 Hier werden Theophanieschilderung und fortdauernde Anwesenheit des כבוד אל [אל in paläohebr. Schrift] im Tempel bzw. auf dem Zion miteinander verbunden, vgl. dazu *Scriba*, Theophanie, 25f.
63 *Rösel*, Adonaj, 228ff.
64 S. hierzu im Einzelnen *Rösel*, aaO 228ff.
65 Bereits *Schmidt* resümiert: „Im Hi, besonders in den Elihureden, wird *'ēl* ... zur häufigsten Gottesbezeichnung" (אל, 148). *Cross* folgert aus dem Befund der 50 Belege in den poetischen Teilen des Hiobbuchs (davon 20 in den Elihu-Reden): „Entweder gehört der Dichter des Dialogs einer anderen Tradition [sc.: als derjenigen der Prosa-Stücke] an, oder er archaisiert, oder beides" (*Cross*, El, 277). So kommt אל als Bezeichnung der jeweils beggegnenden Gottheit im internationalen Denken der Weisheit eine hohe Integrationskraft zu, was im absoluten Gebrauch von „Gott – n*t*r" in der ägyptischen Weisheitsliteratur, v.a. in der Lehre des Amenemope u. d. Merikare (vgl. dazu *van der Toorn*, God, 356) eine Analogie hat.
66 Vgl. *Strauß*, Bemerkungen, 96ff; *Rösel*, Adonaj, 204.
67 *Strauß*, Bemerkungen, 96.

B) Die doxologische Lehrrede des Himmels: V.2-5a

der Verwendung verschiedener Gottesbezeichnungen im Einklang steht:[68] „Der eine Gott Israels hat immer noch mehrere Namen, so soll bezeugt werden ..."[69]. Ähnliches liegt auch bei Ps 19,2 vor, für den eine gewisse zeitliche und theologische Nähe zu den einschlägigen Passagen des Hiobbuchs zu vermuten ist. Dabei ist es hier wahrscheinlich, dass ein besonderer Akzent auf die Souveränität des Schöpfers und Königsgottes JHWH gelegt werden soll, was zudem durch den Lobpreis des Himmels deutlich wird.[70]

2. ‚Der Himmel erzählt Herrlichkeit' (V.2)

‚Der Himmel erzählt die Herrlichkeit Gottes' – besonders der Eingangsvers von Ps 19 hat die Aufmerksamkeit der Ausleger/innen auf sich gezogen.[71] Vor allem er hat die Deutung als „natürliche Theologie"[72], als „Selbstoffenbarung der Schöpfung"[73] bzw. als „doxologische Revelation"[74] veranlasst.[75] Dass sich auch in Ps 19,2 eine Anrufung durch die „aus der Schöpfung ergehende Stimme der Urordnung"[76] finde, wie G. von Rad sie in der Weisheitsgestalt von Prov 1-9 sah,[77] ist erst recht seit seinem Werk ‚Weisheit in Israel' der stillschweigende Verstehenshorizont dieses Verses in der deutschsprachigen Exegese.[78] Wie ist nun dieser das Leitmotiv von V.2-7 tragende Eingangsvers des Psalms zu verstehen? Um dies zu präzisieren, ist zunächst zu klären, was die Wendungen סֵפֶר כָּבוֹד und הִגִּיד מַעֲשֵׂה יָדָיו besagen und von wem und in welchen Kontexten Vergleichbares ausgesagt wird. Dann soll danach gefragt werden, wie das Reden von Himmel (שָׁמַיִם) und Himmelsplatte (רָקִיעַ) zu verstehen ist, bzw. wie und unter welchen Umständen sie dazu in die Lage kommen zu ‚reden'. Zu dieser selbst-

---

68 Im gefestigteren Monotheismus jener Zeit waren darüber hinaus Verwechselbarkeit bzw. Konkurrenzverhältnis zu anderen Gottheiten des Namens ‚El' ausgeschlossen, vgl. hierzu auch *Stegemann*, Gottesbezeichnungen, 209.
69 *Strauß*, Bemerkungen, 100f.
70 In den Gottesreden des Hiobbuchs gilt „El" oft auch als derjenige, der zu den unzugänglichen Bereichen der Schöpfung in besonderem Verhältnis steht (vgl. etwa Hi 38,41). Zum „Erhalter-אֵל" der Gottesreden vgl. *Strauß*, Bemerkungen, 98. In den Elihureden wird häufig die Überlegenheit Gottes (אֵל) als des Schöpfers betont, s. dazu *Strauß*, Bemerkungen, 98ff. Der PN „Elihu als ‚Bekenntnis zu El'" (*Wahl*, Der gerechte Schöpfer, 40) legt zudem auf diesen dort besonders häufigen Gottesnamen einen spezifischen Akzent.
71 S. hierzu oben die Forschungsgeschichte im Einleitungskapitel.
72 Vgl. v.a. *Weiser*, ATD 14, 133.
73 *Von Rad*, Weisheit, 189.
74 *Spieckermann*, Heilsgegenwart, 63, vgl. *Auwers*, Cieux, 79 u.a.
75 *Von Rad*, Weisheit, 189ff.
76 Weisheit, 204.
77 Weisheit, 213.
78 Vgl. dazu z.B. *Spieckermann*, Heilsgegenwart, 60ff und *Oeming*, Verbindungslinien, 259.

ständigen Rede des Himmels vermutete nämlich wiederum von Rad: „Dieses Reden eines Teils der Schöpfung erscheint hier [sc.: im Kontext der Epiphanieschilderung] als eine Begleiterscheinung der göttlichen Selbstoffenbarung. Aber es ist doch unwahrscheinlich, daß die Himmel erst im Zusammenhang dieses Ereignisses zum Zeugnis ermächtigt werden und vorher stumm waren".[79] Gibt es eine ‚eigenständige' Rede des Himmels? Zur Beantwortung dieser Frage wird auch der motiv- und traditionsgeschichtliche Hintergrund von V.2 zu beleuchten sein.

a) Die Ausdrücke סֵפֶר כָּבוֹד und הִגִּיד מַעֲשֵׂה יָדָיו

In V.2a ist auch zu fragen, worauf der Ausdruck כְּבוֹד אֵל Bezug nimmt.

Da der כְּבוֹד יהוה[80] in gewisser Hinsicht mit dem aus mesopotamischen Kontexten bekannten, mit *pulḫu(m), melammu(m)* (‚ehrfurchtgebietende Majestät') oder Synonymen bezeichneten numinosen Lichtglanz[81] vergleichbar, und als gestalthafte Erscheinung JHWHs aufzufassen ist,[82] legt der Zusammenhang mit dem Sonnenlauf (V.5b-7) als paradigmatischer Visualisierung der Herrlichkeit Gottes es zunächst auch für V.2a nahe, dass er hier eine solche sichtbare Größe sei.[83] Zudem kann in ei-

---

79 Weisheit, 211.
80 *Westermann* teilt, wie vor ihm *Rendtorff*, das Vorkommen von כָּבוֹד zum einen einer gottesdienstlichen Verwendung kanaanäisch-jebusitischer Provenienz zu, der mit Manifestationen in Naturerscheinungen verbunden ist, zum anderen einem genuin israelitischen, geschichtsbezogenen Gebrauch (*Westermann*, כבד, 805ff). Er muss aber eingestehen, dass beides in den atl. Texten untrennbar miteinander verwoben. . Zur Kritik vgl. etwa *Kloos*: „we find in the OT both, ... the *kbd* which is seen in the creation and the *kbwd* which is seen in the counts in the life of man" (Combat, 29). – In der Forschungsgeschichte waren damit aber Vorentscheidungen für die Einordnung auch von Ps 19,2ff in eine Linie mit Ps 29 und Ps 24,7-10 gefallen, s. dazu oben. Zur Diskussion um den כְּבוֹד יהוה muss an dieser Stelle auf die einschlägige Literatur verwiesen werden, vgl. hierzu also u.a. *Westermann*, כבד, 808ff; *Weinfeld*, כָּבוֹד, 23ff; *Langer*, Licht, 67ff; *Struppe*, Herrlichkeit, passim; *Fossum*, Glory, 348; *Podella*, Lichtkleid, 19ff; spezifisch zur priester(schrift-)lichen Konzeption s. *Westermann*, Herrlichkeit, 115ff; *Podella*, Lichtkleid, 212f.
81 Zur Vergleichbarkeit des כָּבוֹד mit dem mesopotamischen *pulḫu(m)*, bzw. *melammu* vgl. v.a. *Cassin*: „on a l'impression que par *kabôd*, les Hébreux exprimaient certaines des réalités nouveau découvertes derrière les termes accadiens" (Splendeur, 133, ferner aaO 82 sowie *Kloos*, Combat, 57f; *Weinfeld*, כָּבוֹד, 29f; *Podella*, Lichtkleid, 249 und passim). Bei allen Affinitäten von כָּבוֹד und *melammu* (u.ä.) muss aber selbst zwischen der ‚hypostasierten', von der Kultbildstatue losgelöste(n), frei beweglichen und allein agierenden Form des letzteren sowie anderen Formen lichthafter Visualisierungen von Wirkmächtigkeit unterschieden werden, s. *Podella*, Lichtkleid, 124, ferner 161.151f.
82 Vgl. wiederum *Cassin*: „nous avons vu que tout cela s'exprime en termes de lumières ..." (aaO 132). Dass der כְּבוֹד die für den Menschen erkennbare Seite des Wirkens JHWHs ist (vgl. *Weinfeld*, כָּבוֹד, 34; *Podella*, Lichtkleid, 19f), kann als Forschungskonsens gelten. Zu seinen verschiedenen Manifestationsformen in Feuer bzw. Lichtglanz im priester(schrift)lichen Bereich vgl. u.a. *Weinfeld*, כָּבוֹד, 31ff.
83 Vgl. *Spieckermann*, Heilsgegenwart, 66. Zur Gestalthaftigkeit des כָּבוֹד vgl. auch *Fossum*, Glory, 348f.

B) Die doxologische Lehrrede des Himmels: V.2-5a

nigen alttestamentlichen Überlieferungen eine besondere Affinität von Epiphanie des כְּבוֹד יהוה zu Zeit und Motivfeld des Sonnenaufgangs[84] aufgezeigt werden, und gerade auch dem theologischen Denken der nachexilischen Zeit[85] entspricht dies durchaus: So ist ja in Sir 42,16[86] „die Sonne ... das nächstliegende Vergleichsobjekt für die Herrlichkeit Gottes",[87] so dient sie in Sir 50,7 als Theophaniesymbol, usw.[88] Das hieße, es läge hier eine Synästhesie vor – die paradoxe Figur, dass ansonsten visuell Wahrnehmbares erzählt (ספר pi.), also in allenfalls hörbare, sprachlich-mündliche Form gefasst wäre. Aufschluss müssen semantisch vergleichbare Wendungen geben.

Die Wendung סִפֵּר כָּבוֹד (V.2a) selbst findet sich nur noch in Ps 96,3 par. 1 Chr 16,24.[89] Hier handelt es sich um eine Aufforderung an die Gemeinde bzw. an Israel, unter allen Nationen JHWHs כָּבוֹד und ‚seine Wundertaten' (נִפְלְאוֹתָיו) zu erzählen – die Wendung steht also in einem gottesdienstlichen Kontext und hat zugleich öffentlichen Charakter.

Ansonsten finden sich für den Vergleich als weitere kombinierte Ausdrücke von כָּבוֹד mit *verba dicendi* die Wendung הִגִּיד כָּבוֹד in Ps 145,11, die man dort am ehesten mit: ‚Herrlichkeit proklamieren' überträgt,[90] oder יָהַב כָּבוֹד וָעֹז bzw. יָהַב כְּבוֹד שְׁמוֹ[91] und נָתַן כָּבוֹד[92] mit der Bedeutung ‚Ehre geben, erweisen, darbringen', dem in etwa שִׂים כָּבוֹד[93] entspricht. Bei זָמַר כָּבוֹד in Ps 66,2[94] geht es um den gottesdienstlichen Ehrerweis, bei הוֹדִיעַ כָּבוֹד in gottesdienstlichem Kontext[95] überwiegt der Bekenntnisaspekt des ‚Kundtuns' der Herrlichkeit. – Auch der andere Bestandteil der Wendung, סָפַר,[96] wird in der Psalmensprache häufig zu vergleichbaren

---

84 Vgl. etwa *Podella* für die priester(schrift)liche כָּבוֹד-Konzeption (Lichtkleid, 214f.224f).
85 Vgl. auch zum engen Zusammenhang von Licht, Herrlichkeit, Sonne und JHWH in Jes 60,1-3.19f *Langer*, Licht, 131ff sowie aaO 72ff zu den Vergleichsstellen Jes 58,8; 62,1-5.
86 Zu Sir 42,15-17 s. *Sauer*, Ben Sira, 313. Vgl. zur Beziehung von Sonne und Herrlichkeit ebd. 313f.
87 *Maier*, Sonne, 354. Vgl. auch *Gordon*s Einschätzung dieses Zusammenhangs: „the sun is of most value in early Judaism, as in the OT, as an image of divine kābôd" (Helios, 399; vgl. dort auch zu weiteren Textstellen im Frühjudentum, v.a. in der Henochliteratur und bei Philo).
88 Vgl. auch Sir 23,19, wo die Augen Gottes mit der Sonne verglichen werden sowie Sir 17,13, wo der כָּבוֹד als ‚eine Art Licht' beschrieben wird.
89 Dieser Vers entfaltet die voraufgehende Aufforderung an die Gemeinde, sein Heil bekannt zu machen (בְּשֵׂר יְשׁוּעָתוֹ).
90 Vgl. ferner mit אָמַר in Ps 29,9, wo es aber meist als Ausruf gedeutet wird.
91 In Ps 29,1 handelt es sich um eine Lobaufforderung im Zusammenhang der himmlischen Versammlung, vgl. Ps 96,7f ‖ 1 Chr 16,28.29 (hier jedoch an die Völker adressiert statt an die Göttersöhne).
92 In der prophetischen Aufforderung in Mal 2,2 und Jer 13,16.
93 In der Lobaufforderung, vgl. Jes 42,12 (הַגִּיד תְּהִלָּה) und 11QPs[a] 28,5.
94 Lobaufforderung, vgl. den Ausdruck להלל כבודכה in 4QShirShab[a] 2,1 (4Q400).
95 Ps 145,12, vgl. 1QH I,30; XIII 13; 11 QPs[a] 18,3, vgl. הַרְאוֹת כָּבוֹד in Ex 33,18; Dtn 5,24.
96 Allein dient סָפַר gerne als Terminus für die Traditionsweitergabe, s. Ps 78,6; 106,22, vgl. *Kühlewein*, סָפַר, 167.

Ausdrücken konstruiert, die ihren Ort überall dort haben, wo von JHWHs Taten erzählt wird:[97] So z.B. סֵפֶר מַעֲשֵׂי יהוה ‚Werke JHWHs erzählen' (Ps 107,22; 118,17 u.ö.), סֵפֶר פֹּעֲלֵי יהוה ‚Taten JHWHs erzählen' (Ps 44,2), סֵפֶר נִפְלְאוֹת יהוה ‚Wundertaten JHWHs erzählen' (Ps 9,2.15; 75,2 u.ö.), סֵפֶר יהוה גְדוּלַת ‚große Taten JHWHs erzählen'(Ps 145,6 vgl. Ps 22,23 [Q] u.ö), סֵפֶר יהוה תְּהִלַּת ‚Ruhm JHWHs erzählen (Jes 43,21; Ps 9,15; 78,4 u.ö.), סֵפֶר גְדוּלָה (Q), ‚große Tat erzählen' (Ps 145,6).[98]

Mit all jenen Ausdrücken wird jeweils der Lobpreis zur Verherrlichung JHWHs zum Ausdruck gebracht.[99] Und sie zeigen auch, dass סֵפֶר כָּבוֹד als eine nominale Wendung zu verstehen ist. In solchen idiomatischen Wendungen spielt aber – ebenso wie bei Formulierungen wie הִשְׁמִיעַ כָּבוֹד (‚Herrlichkeit hören lassen' bzw. vielmehr ‚kundtun') – eine synästhetische Metaphorik[100] keine Rolle mehr. Ihre einstweilige metaphorische Färbung ist dabei – darauf weist auch die Häufigkeit ähnlicher Wendungen hin – bereits weitgehend verblasst und lexikalisiert.[101] Bei סֵפֶר כָּבוֹד, das weitgehend synonym zu כָּבֵד[102] ist, steht der Aspekt der Ehrung und Vermehrung von Herrlichkeit im Vordergrund. Die Ehre, das Ansehen bzw. die ‚Herrlichkeit'[103] ist dabei nach hebräischem Verständnis in jemandes Werken begründet:[104] In der Qualität von jemandes Tun und Handeln, gemessen am Maß von Gerechtigkeit und Wirkmächtigkeit wird jemandes Ehre, ‚Ansehen', und beim höchsten Gott seine majestätische ‚Herrlichkeit' anschaulich.[105] Beides steht in Wechselwirkung zur öffentlichen Resonanz dieser Taten:[106] Durch

---

97 Vgl. *Kühlewein*, סֵפֶר, 167.
98 S. hierzu auch *Tabelle 1*.
99 Für weitere Wendungen s. *Kühlewein*, aaO 167f. Eine Häufung ähnlicher Terminologie findet sich in 11Q05 XVIII = Ps 154 (syrPs II), 3-8.
100 Zu den wechselseitigen Affinitäten und Differenzen von Metapher und idiomatischen Ausdrücken s. *Babut*, Expressions idiomatiques, 23.
101 Zu technischem Gebrauch und zur Formelhaftigkeit von Wendungen *Babut*, Expressions idiomatiques, 15f.29f.
102 Vgl. *kbd* D-Stamm im Ugaritischen (*Aistleitner*, Wörterbuch, 144 Nr. 1274) und *kbd* pi. im Phönizischen ‚ehren' (DNWSI 484 s.v.). Nominale Wendungen bieten gegenüber der einfachen Verbform jedoch die Möglichkeit der Ausdifferenzierung verschiedener Bedeutungsaspekte und Nuancen.
103 Zur Herrlichkeit als Attribut des höchsten Gottes *Podella*, Lichtkleid, 216.
104 Zur Beziehung von JHWHs ‚herrlicher Tat' bereits in der Plagenerzählung, der erstmaligen Erwähnung des כְּבוֹד יהוה in Ex 16, 7.10 und von dessen Sichtbarkeit als ‚numinoser Lichtglanz' im priester(schrift-)lichen Konzept vgl. *Podella*, Lichtkleid, 214-216.
105 Hierin ähneln sich כָּבוֹד von Menschen und כָּבוֹד Gottes. Verbindet man den Aspekt der Schwere und des gesellschaftlichen ‚Gravitationsfeldes', das diese Ehre bedeutet, mit dem ästhetischen Aspekt, möchte man nicht nur von ‚*gravitas*', sondern fast von ‚Attraktivität' sprechen, die freilich in der Gerechtigkeit ihr eigentliches Kriterium hat.
106 Hier wird auch die Beziehung zur Gestalthaftigkeit von *melammu(m)*-Konzepten deutlich, vgl. hierzu noch einmal *Cassin*s treffende Zusammenfassung: „Tour à

B) Die doxologische Lehrrede des Himmels: V.2-5a

Lob – sei es in der Versammlung der Götter, sei es in der Gemeinde Israels bzw. vor der Welt – wird der כָּבוֹד vermehrt – in Ps 19,2 durch den Lobpreis des Himmels.

Hierin kann man zwar eine ‚soziale' Dimension des כָּבוֹד erkennen – ein lichthafter Aspekt ist dabei jedoch nicht vorhanden. So besteht auch der Bezug der Herrlichkeit (כָּבוֹד) Gottes zum Sonnenlauf nicht primär in der Sichtbarkeit beider. Denn die Bedeutung des Sonnenlaufs geht in der „Konkretisierung der Gottesherrlichkeit nach ihrer visuellen Seite hin"[107], die Spieckermann hier zwar nicht zu Unrecht hervorgehoben hat, jedoch nicht auf. Sie besteht vielmehr in seiner realsymbolischen Darstellung der geordneten Tiefenstruktur des Kosmos[108] und in seiner Funktion als Garant der unverbrüchlichen Regelmäßigkeit der Zeit. So wird der Bezug zwischen der doxologischen Rede des Himmels, der Lehrrede der Tage und Nächte und dem Sonnenlauf auf einer höheren Ebene, und mittels eines komplexeren Verweissystems hergestellt.[109]

Der Zusammenhang von Werken und Herrlichkeit gibt auch einen Hinweis darauf, was die Wendung הִגִּיד מַעֲשֵׂה יָדָיו ‚das Werk seiner Hände proklamieren' in V.2b des chiastischen Parallelismus besagt.

Das ist in der Auslegung bislang weitgehend umstritten: Während Kraus מַעֲשֵׂה יָדָיו für die Gestirne hält,[110] identifiziert Steck sie um der thematischen Einheit von V.2-7 willen mit der Sonne.[111] Während beide מַעֲשֵׂה also resultativ verstehen, und Dohmen dagegen in מַעֲשֵׂה יָדָיו „den ‚Plan Gottes in der Welt' bzw. die Ordnung in der Schöpfung als eine von Gott gesetzte" erkennt,[112] bezieht Oesch es auf den aktuellen Vollzug und schlägt ‚sein machtvolles Wirken' als Übersetzung vor.[113] Mit dieser Wendung ist zudem die Deutung verbunden, dass sich in Ps 19,2 die Schöpfung vor Gott als Schöpfung verkünde,[114] nämlich mit dem expliziten oder auch nur sinngemäßen Verständnis als Zitat: „Werk seiner Hände!".[115] Gemeinsam ist all diesen Interpretationen, dass sie die Lexeme הִגִּיד und מַעֲשֵׂה יָדָיו eins zu eins übersetzen und je isoliert für sich betrachten, was in sprachwissenschaftlicher Hinsicht jedoch ein zweifelhafter Ansatz ist.[116]

---

tour majesté, grandeur, beauté, puissance et plénitude dans les actes, *kabôd* est la forme sous laquelle Yahwé apparaît, sa gloire" (Splendeur, 133).
107 *Spieckermann*, Heilsgegenwart, 66.
108 Vgl. *Ridderbos*, Psalmen, 175.
109 So bemerkt *von Rad* zu Recht, dass der כְּבוֹד־אֵל in Ps 19 hier „weit über das Gebiet der Naturerscheinung" hinausgehoben ist (δόξα, 243). Dass Ps 19,2 bereits einer reflektierten Rede über den כָּבוֹד zugehört, ist allerdings nicht erstaunlich, da er nicht so altertümlich ist, wie er sich gibt.
110 BK XV/1, 300. Dafür spräche, dass sich auch bei Sir τὰ ἔργα bzw. מַעֲשֵׂה häufig auf die Gestirne bezieht, vgl. Sir 16,26-28; 17,8.
111 Bemerkungen, 237.
112 *Dohmen*, Ps 19, 508.
113 Übersetzung, 72.
114 Vgl. *von Rad*, Weisheit, 203 u.ö.
115 Die Deutung als explizites Zitat, in dem Sinne: ‚Die Himmelsplatte verkündet: Werk seiner Hände!', vertritt u.a. *van der Ploeg*, Psalm XIX, 193.
116 Zwar ist diese Art nominaler Wendung von solchen Idiomen zu unterscheiden, die ihre Bedeutung (etwa aufgrund ihres unbekannten kulturellen Hintergrundes) auch dann nicht erkennen lasssen, wenn die Semantik aller einzelnen Komponenten

Vor allem die Bedeutung von הִגִּיד ‚mitteilen, berichten'[117] außerhalb der Psalmensprache, vor allem in Erzähltexten, und insbesondere die des Ptz., מַגִּיד[118] – ‚Bote', hat eine weithin unbefragte Interpretation des Verses im Sinne von: ‚Die Himmelsfeste ist Herold der Herrlichkeit Gottes'[119] begünstigt.[120] Der häufigste genuin theologische Gebrauch von הִגִּיד findet sich jedoch in den Psalmen, und zwar gerade bei כָּבוֹד סִפֵּר vergleichbaren Wendungen.[121]

Zu nennen sind hier: הִגִּיד נִפְלָאוֹת ‚Wundertaten proklamieren' (Ps 40,6, vgl. 71,18), הִגִּיד גְּדֹלוֹת ‚große Taten proklamieren' (Jer 33,3), הִגִּיד גְּבוּרֹת ‚mächtige Taten proklamieren' (Ps 145,4, par. מַעֲשֶׂה); הִגִּיד עֲלִילוֹת ‚Taten proklamieren' (Ps 9,12), הִגִּיד אֶת־כָּבוֹד Herrlichkeit proklamieren (Jes 66,19), ferner הִגִּיד חֶסֶד / אֱמוּנָה ‚Güte' (Ps 92,2) sowie הִגִּיד mit Objektsatz כִּי־יָשָׁר יהוה (Ps 92,16) u.a.

Lipiński konstatiert also zu Recht für die Bedeutung von הִגִּיד, sie sei „proche de celle de ‚célébrer quelque qualité ou fait de Yahwé. Cet emploi du verbe prédomine dans le psaultier"[122]. Bei keiner von diesen Stellen handelt es sich, wie es bei גָּלָה der Fall wäre, um ein Offenbarungsgeschehen, sondern um die Weitergabe von Überlieferungsinhalten im gottesdienstlich-hymnischen Rahmen;[123] sie dienen der Aktualisierung „der göttlichen Aktivität ... in Gebet und Kult".[124] Dass הִגִּיד durchgängig „im Zusammenhang der Verben und der Formen des Gottesloboes"[125] gebraucht wird, heißt, dass die Wendung הִגִּיד כָּבוֹד, anders als stillschweigend vorausgesetzt, an sich keine revelatorische Bedeu-

---

bekannt ist. Dennoch ist auch für solche Wendungen zu beachten, was *Babut* für die idiomatischen Ausdrücke des biblischen Hebräisch herausgearbeitet hat: „le sens du tout ainsi formé n'est pas la somme des sens des parties. Autrement dit, l'expression idiomatiques est caractérisée par un sens exocentrique" (Expressions idiomatiques, 23; mit einer von *Nida* übernommenen Definition). Zur (noch recht kurzen) hebraistischen Forschungsgeschichte und zur Theorie idiomatischer Ausdrücke s. *Babut*, äaO 13ff.
117 S. auch DNWSI 713 ngd₂ hi. ‚to report', vgl. KAI 193[1f].
118 Vgl. z.B. Jer 4,15; 51,31; Sach 9,12; 2 Sam 1,52.62.
119 Vgl. etwa *Emmendörffer*, Der ferne Gott, 213. Auch die Kapitelüberschrift *Houtmans*: ‚Der Himmel als Herold' (Himmel, 155, vgl. 156ff) bezieht sich implizit auf Ps 19,2. Für diese Übersetzung müsste V.2b dann aber in etwa lauten הָרָקִיעַ מַגִּיד מַעֲשֵׂה יָדָיו u.ä.
120 So geht es nach *Zenger* in Ps 19,2-7 „um ein Zeugnis, das sie [sc.: Himmel und Sonne] fortwährend ablegen – sozusagen vor und für sich selbst, insbesondere aber für die Menschen ..." (Nacht, 192). Letzteres steht aber durchaus in Frage.
121 Vgl. *Westermann*, נגד, 36.
122 Royauté, 262.
123 Den Gebrauch von הִגִּיד für die Weitergabe „eine(r) lebendige(n) Tradition" unterstreicht *García López*, נגד, 199f.
124 So *García López*, נגד, 200, der auch auf die Synthese von parallelen Wendungen insbesondere in Ps 145 hinweist.
125 *Westermann*, aaO 36.

B) *Die doxologische Lehrrede des Himmels: V.2-5a* 139

Tabelle 1: *Die Wendungen* סְפֶּר כָּבוֹד *und* הִגִּיד מַעֲשֵׂה יָדָיו

a) סְפֶּר כָּבוֹד	Ps 96,3 (par. 1 Chr 16,24)	‚Herrlichkeit erzählen'
Vergleichbare Wendungen mit כָּבוֹד		
הִגִּיד כָּבוֹד	Jes 66,19	‚Herrlichkeit proklamieren'
אָמַר כָּבוֹד	Ps 145,11 (Ps 29,9)	‚Ehre zum Ausdruck bringen'
יָהַב כָּבוֹד שְׁמוֹ / כָּבוֹד וָעֹז	Ps 29,1; 96,7f par.	‚Ehre geben / erweisen' u.ä.
נָתַן כָּבוֹד	Mal 2,2; Jer 13,16	‚Ehre geben / erweisen'
שִׂים כָּבוֹד	Ps 66,2; Jes 42,12	‚Ehre erweisen'
זִמֵּר כָּבוֹד	Ps 66,2	‚der Herrlichkeit spielen'
הִלֵּל כָּבוֹד	4QShirShab[a] 2,1	‚Herrlichkeit loben'
הוֹדִיעַ כָּבוֹד	Ps 145,12, vgl. 1QH I,30; XIII 13; 11 QPs[a] 18,3	‚Herrlichkeit kundtun'
Vergleichbare Wendungen mit סְפֶּר		
סְפֶּר פֹּעַל	Ps 44,2	‚Tat JHWHs erzählen'
סְפֶּר נִפְלָאוֹת	Ps 9,2.15; 75,2 u.ö.	‚Wundertaten JHWHs erzählen'
סְפֶּר גְּדוּלָּה	Ps 145,6	‚Größe / große Tat erzählen'
סְפֶּר כָּבוֹד שְׁמוֹ	Ps 22,23 u.ö.	‚Größe JHWHs erzählen'
סְפֶּר תְּהִלָּה	Jes 43,21; Ps 9,15; 78,4 u.ö.	‚Ruhm erzählen'
b) הִגִּיד מַעֲשֵׂה יָדָיו		
Vergleichbare Wendungen mit הִגִּיד		
הִגִּיד נִפְלָאֹת	Ps 40,6, vgl. 71,18	‚Wundertaten proklamieren'
הִגִּיד גְּדֹלוֹת	Jer 33,3	‚große Dinge proklamieren'
הִגִּיד גְּבוּרָה	Ps 145,4; par. מַעֲשֶׂיךָ	‚mächtige Taten proklamieren'
הִגִּיד עֲלִילוֹתָיו	Ps 9,12	‚Taten proklamieren'
הִגִּיד אֶת־כָּבוֹד	Jes 66,19	‚Herrlichkeit proklamieren'
הִגִּיד חֶסֶד / אֱמוּנָה	Ps 92,2	‚deine Güte / deine Treue proklamieren'
הִגִּיד צֶדֶק / צְדָקָה	Ps 22,32; 71,18f, vgl. 50,6; 97,6; 92,3;	‚seine Gerechtigkeit proklamieren'
הִגִּיד mit Objektsatz: כִּי־יָשָׁר יהוה	Ps 92,16	
Vergleichbare Wendungen mit מַעֲשֵׂי יהוה		
סְפֶּר מַעֲשֵׂי יהוה	Ps 107,22; 118,17 u.ö.	‚Werke JHWHs erzählen'

tung hat,[126] sondern dass hier vielmehr von einem Lobpreis des Himmels die Rede ist. Auch die lobpreisende Gemeinde übernimmt bei den oben genannten Stellen weder eine Heroldstätigkeit noch gar eine Offenbarungsmittlerschaft. Allenfalls kann man auf den in doxologischer Rede immer enthaltenen Mitteilungs- und Öffentlichkeitsaspekt hinweisen. Dennoch handelt es sich bei dieser Wendung aber um ein gottesdienstliches Traditions-, nicht jedoch um ein Offenbarungsgeschehen, mit allerdings universaler Reichweite. Sinn und Zweck dieser Rede ist aber die Vermehrung der Ehre dessen, der um seiner Werke willen gerühmt wird.

Das heißt: Da die Bedeutung von מַעֲשֵׂה יָדָיו nicht anhand der isolierten Lexeme ermittelt werden kann, ist Kraus' Heranziehung von Ps 8,4, wo der Himmel als ‚Werk deiner Finger' (מַעֲשֵׂי אֶצְבְּעֹתֶיךָ) bezeichnet wird, als semantische Parallele für Ps 19,2 wenig hilfreich, und auch Steck bietet mit seiner Identifikation von מַעֲשֵׂה יָדָיו mit der Sonne eine Überkonkretisierung, die ähnlich wenig Sinn macht: Wie soll die Himmelsplatte ‚die Gestirne' oder ‚die Sonne' verkünden?[127] Vielmehr muss danach gefragt werden, worauf sich der doxologische Lobpreis des Himmels bezieht.

Um die Bedeutung und den Bezug der Rede bzw. des Lobpreises des Himmels zu präzisieren, sind weiter unten also noch andere Vergleichstexte heranzuziehen.

b) Die Rede des Himmels

Neben der Frage nach dem Bezug des Lobpreises des Himmels ist aber auch zu klären, wie die ‚Aktivität', die Subjekthaftigkeit des Himmels zu verstehen ist.

In der Exegese gibt es verschiedene Deutungsansätze, solche immer wieder auftretenden Ausdrucksformen israelitischen bzw. altorientalischen Denkens zu erklären:[128]
1. Der literarische Deutungsrahmen: Nach ihm handelt es sich um metaphorische Sprache, wobei die Metapher meist als uneigentliche oder figurative Redeform eingestuft wird. Mowinckel z.B. erklärt das ‚Wanken des Kosmos' vor dem Kommen

---

126 Zur Seltenheit eines terminologisch-theologischen Gebrauchs von הִגִּיד s. *Westermann*, aaO. 36.
127 *Steck* identifiziert מַעֲשֵׂה יָדָיו סֵפֶר nicht als doxologische Wendung und ist deshalb der Ansicht, dass Verben des Lobens in diesem Psalm fehlen (Bemerkungen, 239; ebenso *Kraus*, BK XV/1, 300). Dem ist unter Hinweis auf die o.g. nominalen Wendungen jedoch deutlich zu widersprechen. – Mit der Identifikation des ‚Werkes seiner Hände' mit der Sonne fällt zugleich auch seine Hauptthese, erst hierdurch sei die Einheit von Ps 19,2-7 gewährt. Sie ist ohnehin bereits durch den Zusammenhang von Tag-Nacht-Rhythmus und Sonnenlauf garantiert.
128 Die Schwierigkeit zu entscheiden, „ob bzw. inwieweit Himmel (und Erde) ... als reale Personen gedacht sind oder ob hier figurativer – aus dem ... polytheistischen Denken weiterentwickelter – Gebrauch vorliegt", nimmt auch *Bartelmus* in den Blick (שָׁמַיִם, 226; ders., šāmajim, 109).

B) Die doxologische Lehrrede des Himmels: V.2-5a

JHWHs als „poetische Hyperbel, Ausschmückung, hymnische Ornamentik"[129]. Dieser Ansatz bleibt oft rein deskriptiv und gelangt kaum zu einem wirklichen Verstehen der sich hier ausdrückenden Wirklichkeitsauffassung.[130]

2. Der animistische Deutungsrahmen: Hier wird – nicht ganz zu Unrecht – darauf rekurriert, dass in Israel der „Abstand zwischen beseelter und unbeseelter Natur merklich kleiner"[131] war. Z.T. geht man vor allem in der früheren Forschung bis dahin, Israel eine nahezu animistische Wirklichkeitsauffassung zu unterstellen, wo man solche Redeformen als Ausdruck eines „israelitische[n] Verständnisses, dass der Kosmos ‚beseelt' ist und ‚lebt'"[132] ansieht.

3. Der mythologische Deutungsrahmen: Demnach handelt es sich hierbei um mythologische bzw. konstellative Vorstellungen, in denen divine oder andere Wesen als handelnde Personen agieren.[133] Für Ps 19,2 hieße das: Der Lobpreis des Himmels bezieht sich auf den Lobpreis des himmlischen Thronrates, bzw. von Engelwesen oder *vice versa* Gestirnen, und fasst deren Doxologie zusammen.[134]

Nun ist einerseits der Übergang zwischen ausgeprägten mythologisch-personhaften Vorstellungen und der Personifikation kosmischer Mächte bzw. Bereiche im Alten Orient insgesamt meist fließend.[135] Andererseits stellt sich die Frage, ob die vorgestellten Ansätze das Phänomen zufriedenstellend beschreiben. Zunächst jedoch scheint es nicht unwahrscheinlich, dass hier das Letztere, eine Ehrerbietung der himmlischen Versammlung gegenüber dem höchsten Gott, im Hintergrund steht.

α) Rede konkreter Wesen der himmlischen Sphäre

Auch, dass רָקִיעַ synonym zu שָׁמַיִם gebraucht wird, scheint letztere Vermutung zu bestärken,[136] denn die ‚Himmels-Platte'[137] ist in ihren ur-

---

129 Psalmenstudien II, 216.
130 Vgl. *Gunkel* zur Stelle, der hier die „gewaltig erregte Phantasie des Dichters" am Werk sieht (HK II/2, 74).
131 *Houtman*, Himmel, 138.
132 *Houtman*, aaO 138; vgl. passim.
133 Hierzu ist am ehesten auch die Auffassung der einschlägigen Texte bei *Bartelmus* zu zählen, nach dem dort „Himmel und Erde als Personen eigenständigen Rechts ... gesehen werden" (*šāmajim*, 95).
134 Zum „elliptische(n) Gebrauch" von שָׁמַיִם für „Einzelphänomene" vgl. *Bartelmus*, שָׁמַיִם, 205.
135 Vgl. hierzu auch *Watson*: „The metaphors of Ugaritic verse imply inanimate objects as acting like persons. ... It is difficult to decide whether these are examples of animistic belief, high-flown poetic imagery or a mixture of both" (Poetry, 270).
136 Bemerkenswert ist, dass Ps 19,2 trotz der expliziten Benennung des רָקִיעַ als שָׁמַיִם in Gen 1,8 (vgl. in Gen 1,14-17 dagegen die Formel רְקִיעַ הַשָּׁמַיִם) die einzige Stelle ist, an der שָׁמַיִם und רָקִיעַ im synonymen Parallelismus Membrorum stehen (vgl. dazu *Bartelmus*, שָׁמַיִם, 209) – die Psalmensprache bevorzugt offenbar bei weitem den Merismus ‚Himmel und Erde'.
137 Diese Übersetzung ist bereits aufgrund der Etymologie (von רקע, vgl. u.a. HAL 1203 s.v. רָקִיעַ: ‚das Breitgeschlagene') vorzuziehen, da weder der Aspekt der ‚Ausdehnung' noch der Wölbung (vgl. so *Stadelmann*, Conception, 59) mit der trennenden Platte notwendig in Verbindung steht, vgl. hierzu u.a. *Keel*, Jahwe-Visionen, 188ff.

sprünglichen biblischen Kontexten und in deren Rezeptionsgeschichte mit – allerdings durchaus verschiedenen – Wesen aus der Umgebung des himmlischen Throns bzw. mit Gestirnen in Verbindung gebracht worden.[138]

Unterhalb des erstmalig bei Ezechiel erwähnten רָקִיעַ befinden sich in Ez 1,22-26 die חַיּוֹת („Lebewesen"), die als theriomorphe Träger des oberhalb der Platte befindlichen Himmelsthrons anzusehen sind und wohl von redaktioneller Hand[139] mit den Keruben identifiziert wurden.[140] In Gen 1,14-16[141] werden an der Platte des Himmels (בִּרְקִיעַ הַשָּׁמַיִם) die ‚Leuchten' (מְאוֹרֹת) befestigt.[142] In Dan 12,3 wird das eschatologische Aufglänzen der Verständigen mit dem Glanz der Himmelsfeste (זֹהַר הָרָקִיעַ) und parallel dazu mit den Sternen verglichen.[143] Insbesondere in den qumranessenischen Sabbatopferliedern wird der als leuchtend und heilig prädizierte רָקִיעַ als Aufenthaltsort der Engel verstanden, die als ‚Geistwesen' und als Lob und Preis darbringende Gestalten gesehen werden.[144] Es gibt also vielfältige, durchaus unterschiedliche Vorstellungen von zu Lobpreis fähigen, personhaften Wesenheiten, die im Umfeld des רָקִיעַ angesetzt werden.[145] Je nach Situierung von Ps 19,2 gehören sie zum Vorstellungshintergrund des himmlischen Lobpreises.

---

138 Für einen Überblick zu רָקִיעַ vgl. *Stadelmann*, Conception, 56-61. So differenzierte himmelsgeographische Vorstellungen wie in der mesopotamischen Literatur (vgl. dazu *Lambert*, Himmel, 411f; *Horowitz*, Cosmic geography, 244ff; *Podella*, Lichtkleid, 203ff) sind im Alten Testament nicht erhalten. Nach *Bartelmus* „muss man den Himmel als Wohnsitz JHWHs über der Urflut ansetzen, darunter den Himmel als Feste vermuten und unter letzterer den Himmel als Luftraum" (שָׁמַיִם, 215; vgl. hierzu auch die insgesamt jedoch wenig ergiebige Darstellung bei *Fontinoy*, Ciel, 60ff).
139 So oft die Einschätzung von Ez 10,1.
140 Vgl. *Görg*, רָקִיעַ; *Zimmerli*, BK XIII/1, 202f, 671f; *Keel*, Jahwe-Visionen, 140.188-190; *Hartenstein*, Himmelsfeste, 141.
141 Dass Ps 19,2-7 ohne jeden Bezug auf Gen 1,6-8.14-16 sei, wurde gerne von denjenigen vertreten, die ‚Ps 19A' als von ‚Ps 19B' unabhängig ansahen (vgl. *Steck*: „vollends darf eine Bezugnahme auf Gen 1,6-8 ... nicht einfach eingetragen werden" (Bemerkungen, 234), bzw. früh datierten (so u.a. *Briggs*, ICC, 163; *Gunkel*, Psalmen, 76). Doch ist das nicht nur wegen des Begriffs רָקִיעַ zweifelhaft, sondern bei unserer Datierung auch wegen der unleugbaren Prägekraft von Gen 1 als des Anfangs der protokanonischen Tora, zumal jüngere Psalmen in ihren Schöpfungsvorstellungen gerne auf Gen 1,1-2,4a anspielen, vgl. u.a. Ps 136,7-9; 148,1ff.
142 In Sir 43,8 wird die Erleuchtung des στερεώμα, des Firmaments, durch den Mond beschrieben.
143 Zur Identifikation der personifizierten Sterne mit Engeln (vgl. 1 Kön 22,19; 2 Chr 18,18) s. *Lelli*, Stars, 813.
144 Vgl. 4Q403 Frg.1,41-43 (s. *Charlesworth*, 4B 52f); 4Q405,6,2f (s. aaO 78f); 4Q405,20-22,8 (s. aaO 94f). In 4Q405,23, I,6f (s. aaO 94f) wird der Lobpreis der רוחי רקיע genannten Engelwesen beschrieben, vgl. *Görg*, רָקִיעַ, 671f; s. dazu auch *Newsome*, Heaven, 339.
145 In der apokalyptischen Literatur wird die Vorstellung des רָקִיעַ sehr konkret ausgestaltet (vgl. *Lelli*, Stars, 814), wobei „von einer stimmigen Rezeption der *raqia'*-Konzeptionen im AT keine Rede mehr sein kann" (*Görg*, רָקִיעַ, 674). Vgl. auch zur Vorstellung von den sieben Himmeln, darunter dem רָקִיעַ, in der rabbinischen Literatur *Stadelmann*, Conception, 41.

B) Die doxologische Lehrrede des Himmels: V.2-5a

Das Motiv der Ehrerbietung einer himmlischen Versammlung[146] gegenüber dem (aktuell angesprochenen bzw.) höchsten Gott ist auch, wie wir oben im Zusammenhang von Rupperts und Kottsiepers Thesen eines ägyptischen bzw. aramäischen Einflusses auf Ps 19,2ff bereits gesehen haben, im gesamten Alten Orient, aber ebenso auch im Alten Testament breit belegt.
So folgt in Ps 103,19-22 etwa auf die feste Gründung der Herrschaft JHWHs im Himmel (V.19) die Lobaufforderung (imperativisch: בָּרְכוּ) an alle Engel (מַלְאָכָיו), mächtige Helden (גִּבֹּרֵי כֹחַ), Heerscharen (כָּל־צְבָאָיו), Diener (מְשָׁרְתָיו), und an alle seine Werke (כָּל־מַעֲשָׂיו). Auch in der vergleichbaren Passage Ps 148,1-3[147] wird zwischen dem Himmel als Oberbegriff und den einzelnen ihm zugehörigen Größen ebenso deutlich unterschieden wie in Ps 103.[148] Vergleichbar hiermit ist auch das unverstellt mythologische bzw. mythologisierende Motiv der Freude der Morgensterne Hi 38,7: „... als die Morgensterne miteinander jubelten und alle Söhne Gottes[149] jauchzten", das hier in der anfänglichen Zeit der Schöpfung angesetzt ist.[150] – Die Bedeutung des Lobpreises durch die himmlische Welt, durch Gestirne und Dienstengel, wächst in der apokalyptischen Literatur und in Qumran[151] noch.[152]

---

146 Durch die im mesopotamischen wie im kanaanäisch-syrischen Raum im achten Jh. feststellbare ‚Astralisierung' wuchs die Bedeutung der Vorstellung vom himmlischen Thronrat, vgl. v.a. 1 Kön 22,1-28; Neh 9,6 (‚Heer des Himmels'); Ps 82,1.6 (u.a. ‚Söhne des Höchsten'); Ps 89,6-8 (‚Gottessöhne'). Eine Aufzählung der Bezeichnungen von ‚Götterversammlungen' im AT findet sich bei *Neef*; Thronrat, 13ff; zu Äquivalenten in der ugaritischen, phönizischen und aramäischen Religion s. aaO 18-26. Unter dem Einfluss der dtr. Bewegung als „Heer des Himmels" meist explizit zurückgewiesen, hat die himmlische Versammlung in nachexilischer Zeit „regained its ancient positive connotation of Yahweh's divine council" (*Niehr*, Host of Heaven, 429); vgl. ähnlich *Hutter*: „we can find a kind of re-mythologization since the Persian era" (Heaven, 389). S. zum Ganzen v.a. auch *Mullen*, Divine Council, 111ff.
147 Vgl. hierzu *Ruppert*, Aufforderung, 230. In V.1 wird der erste Abschnitt mit einer imperativischen Aufforderung zum Lob JHWHs ‚vom Himmel her' (הַשָּׁמַיִם מִן) eingeleitet. Erst dann erfolgt die Ausdifferenzierung mit der wiederholten Lobaufforderung: an alle Engel / sein ganzes Heer (V.2), an Sonne und Mond / alle Sterne (V.3), an den ‚Himmel der Himmel' / das Wasser oberhalb des Himmels (V.4).
148 Ps 103,19-22 und Ps 148 sind sehr wahrscheinlich relativ junge Textpassagen.
149 11QTg Job 38,7: ‚Engel'.
150 Vgl. hierzu auch Hi 38,4-8 und dazu *Lelli*, Stars, 812. Vgl. auch Dtn 32,43 𝔊: „Freue dich, Himmel mit ihm, und alle Engel Gottes sollen ihn anbeten".
151 Hierum handelt es sich möglicherweise auch in 4QDibrHam, doch ist das eher unwahrscheinlich. *Charlesworth* übersetzt „Words of the lights", zieht aber ebenso ‚acts', ‚things' und ‚liturgy' in Erwägung; *Charlesworth*, Dead Sea Scrolls 4A, 107ff. So geht es in 4QDibrHam (Dibre Hameorot = 4Q504-506) möglicherweise um eine himmlische Liturgie der Gestirnwelt, wobei auch hier unsicher ist, ob die Gestirne konkret als Engelwesen vorzustellen sind: „Que les luminaires soient considérés ou non comme des anges, il est certain, en effet, qui'ils règlent les temps et donc la liturgie" (*Baillet*, Paroles, 249). Er hält es aber auch für möglich, dass die in Kol. III zu findende überschriftartige Formulierung דברי המארות nur „liturgie d'après les luminaires", das heißt „office selon les jours de la semaine" besagen soll (aaO Anm. 36). *Chazon* interpretiert „divrei referring to the ‚words' of the prayers and ‚ha-me'orot' ... used as a term for the day" (Words of the Luminaries, 989). Zum Text vgl. auch immer noch *Limbeck*, Ordnung des Heils, 146 mit Anm. 111.
152 In groben Zügen kann hierbei mit einer Entwicklung vom Lobpreis einer polytheistischen, zunehmend vom Höchsten Gott dominierten und im Himmel situier-

Aus dem Kontext von Ps 89,6[153], einer sehr engen Parallele zu Ps 19,2, wird die Vorstellung von der Lobakklamation der himmlischen Versammlung erkennbar:

6   Und der Himmel soll dein Wundertun[154] preisen, JHWH
    (וְיוֹדוּ שָׁמַיִם פִּלְאֲךָ),
    auch deine Treue in der Versammlung der Heiligen (בִּקְהַל קְדֹשִׁים)[155]
7   Denn wer im Himmel[156] ist mit JHWH zu vergleichen?[157]
    Wer ist JHWH gleich unter den Göttersöhnen (בִּבְנֵי אֵלִים)[158]? –
8   Ein Gott, gefürchtet im Kreis der Heiligen (בְּסוֹד־קְדֹשִׁים),
    groß ist er[159] und ehrfurchtgebietend über alle, die um ihn her sind.
9   JHWH, Gott der Heerscharen![160]
    Wer ist wie du? Deine Stärke[161] und deine Treue sind um dich her.

Die Lokalisierung der ‚Göttersöhne' im Himmel (V.7)[162] lässt kaum Zweifel daran, dass es sich an dieser Stelle bei den ‚Heiligen'[163] um Wesen der himmlischen Ratsversammlung handelt. So liegt es nahe, dass bereits in V.6a bei שָׁמַיִם (par. קְהַל קְדֹשִׁים V.6b) an den Lobpreis der dort noch nicht näher benannten ‚Heiligen' im

---

ten Versammlung der Götter bzw. der Söhne Gottes bis hin zu dem der Engel (tendenziell in apokalyptischer Literatur) gerechnet werden; vgl. hierzu *Ruppert*, Aufforderung, 236.
153   Zur Forschungsgeschichte von Ps 89 s. u.a *Veijola*, Verheissung, 11-20. Gegenüber *Veijola*s dtr. Verortung des Psalms plädiert *Emmendörffer* (Der ferne Gott, 229, vgl. *Steymans*, Ps 89, 143) für eine eigenständige Theologie, da sie – fern von jeder dtr. ‚Gerichtsdoxologie' – JHWH sogar der Lüge bezichtigen kann.
154   𝔊, 𝔖 und 𝔗 korrigieren den eher ungewöhnlichen, aber wahrscheinlich ursprünglichen Sg. zum Pl.
155   *Gunkel* ändert allein wegen des Parallelismus zu בִּקְהַל V.6b in בְּשָׁמַיִם (HK II/2, 390), obwohl auf diese Weise das neue Subjekt des Lobpreises (,sie') ohne Einführung bleibt. *Duhm* liest קְהַל קְדֹשִׁים und setzt die Versammlung (als Subjekt) mit שָׁמַיִם gleich (KHC², 335), doch lässt sich שָׁמַיִם gut elliptisch als Subjekt von V.6b verstehen, bereits wegen des אַף; zur Funktion des אַף s. auch *Volgger*, Notizen, 210; בִּקְהַל ist Ortsangabe des himmlischen Lobdankes.
156   Nach *Houtman* zu urteilen (Himmel, 23f) ist die Bedeutung ‚Wolken' für שַׁחַק sehr unwahrscheinlich, vgl. die ausführliche Diskussion aaO 20-24. Meist wird es als poetisches Äquivalent für שָׁמַיִם verwendet.
157   Vgl. Ps 18,32; 77,14; Jes 40,17.
158   𝔖 und 𝔗 interpretieren die Göttersöhne als Engel, vgl. den ähnlichen Vorgang bei der 𝔊-Fassung von Dtn 32,8 u.ö.
159   Der Bezug von רַבָּה (MT) wäre unklar; wahrscheinlicher als רַב (vgl. BHS) ist die von 𝔊, 𝔖 und 𝔗 bezeugte Lesart: רַב הוּא.
160   Die betonte Anrufung JHWHs mit dem Epithet אֱלֹהֵי צְבָאוֹת als eine Erweiterung anzusehen (vgl. *Seybold*, HAT 1/15, 351), ist unnötig.
161   Das aramäische Lehnwort חֲסִין ist – wie יָהּ – nur schwerlich in einen syntaktischen Zusammenhang zu bringen, der MT wird eher aus einer Verschreibung von חסונ(י)כ(ה) o.ä. entstanden sein.
162   Die Lokalisierung der Göttersöhne im Himmel ist für die Vorstellungswelt Israels nicht selbstverständlich, zumal der Himmel erst recht spät als Wohnort JHWHs angesehen wurde, vgl. *Bartelmus*, שָׁמַיִם, 208; *Hartenstein*, Unzugänglichkeit, 249f; anders *Houtman*, Himmel, 362ff.
163   Vgl. ähnlich Hi 5,1; 15,15; Sach 14,5; Dtn 33,3; Dan 8,13; Sir 42,17; s. hierzu *Parker*, Saints, 719.

B) Die doxologische Lehrrede des Himmels: V.2-5a

Sinne einer metonymischen Umschreibung zu denken sei.[164] Gegenüber dem juridischen Akzent der Rede des Himmels in Ps 50,6 und Ps 97,6[165] geht es hier um den Zusammenhang von Schöpfungstaten[166] und schöpfungsterminologisch beschriebenem Davidbund (vgl. V.3.5 כון / בנה, vgl. V.11-13).

Es ist also durchaus auch bei Ps 19,2 anzunehmen, dass für Psalmist wie Rezipient/inn/en beim himmlischen Lobpreis der Gedanke an die Ehrerbietung von Wesen der himmlischen Sphäre mitschwang.

β) Personifikation einer kosmischen Größe

Nun ist aber der Übergang zwischen ausgeprägten mythologischen Vorstellungen und der metaphorischen Personifikation kosmischer Mächte bzw. Bereiche im Alten Orient und in Israel insgesamt meist fließend.[167] Es bedarf in der altorientalischen Literatur sehr häufig keines expliziten Bezuges auf Gestirne, astrale Gottheiten oder andere himmlische Wesenheiten, damit von einem Sprechen des Himmels die Rede sein kann – auch da, wo mit Sicherheit keine Aktivität des Himmelsgottes beschrieben ist. Das wird an Parallelen aus Israels Umwelt ersichtlich.
Man kann es etwa für die Passage KTU 1.3 III 24f feststellen, wo ‚die Klage des Himmels' durchaus ohne konkrete himmlische Wesenheiten auskommt.

Anhand dieser von A. Jirku herangezogenen Parallele aus dem Ba'al-Anat-Zyklus wird bis heute die These eines kanaanäischen Ursprungs der geheimnisvollen (un-)hörbaren Sprache der Natur in Ps 19,2ff diskutiert. Jedoch ist die Wahrscheinlichkeit einer Abhängigkeit nicht nur aufgrund der weiten räumlichen und zeitlichen Entfernung zwischen Ugarit und Israel sehr gering. Das gilt umso mehr, als hier doch erhebliche inhaltliche Unterschiede klar erkennbar werden.
In einer Botschaft von Ba'al an Anat in KTU 1.3 III 20-31, die in KTU 1.3 IV 12-20 wiederholt wird, lässt er sie von der geheimnisvollen Zwiesprache von Himmel und Erde wissen, deren Verständnis den Menschen und dem Himmel selbst (!) verschlossen ist. Dabei geht es um die Zusammenhänge der kosmisch-natürlichen Ordnung, insbesondere um das noch ausstehende harmonische Zusammenspiel von Himmel (bzw. Gewitter) und Erde für Fruchtbarkeit und Wachstum.

```
20   ... dm¹⁶⁸ . rgm
     iṯ . ly . w . argmk
     hwt . w . aṯnyk . rgm
     ʿṣ . w . lḫ. abn
     tant . šmm . ʿm . arṣ
```

---

164 Vgl. auch die Parallelisierung der קְדֹשִׁים (Q) mit dem Himmel in Hi 15,15, s. dazu *Parker*, Saints, 718.
165 Vgl. weiter unten.
166 Vgl. *Emmendörffer*, Der ferne Gott, 213.
167 Vgl. dazu *Watson*, Poetry, 270.
168 *dm* ist als Konjunktion *d* verstärkt durch *-m*; *Caquot*, TO 165 Anm. i; *Del Olmo Lete*, Diccionario, 152: „pues"; ähnlich *Ginsberg*, ANET 136.

    25 thmt . ʿmn . kbkbm
        abn . brq . d l . td ᶜ.šmm
        rgm[169] . l td . nšm . w . l tbn
        hmlt . arṣ . atm . w ank
        ibġyh . b tk . ġry . il . ṣpn
    30 b qdš . b ġr . nḥlty
        b nʿm . b gb ᶜ . tliyt[170]

20 ... Denn ich habe eine Rede und will sie dir sagen,
    ein Wort[171], dir wiederzugeben.
    Die Rede[172] des Baumes[173] und das Flüstern[174] verstehe ich[175],
    die Klage[176] des Himmels mit der Erde,
25 der Tiefe mit den Sternen.
    Ich verstehe[177] den Blitz,
    den der Himmel nicht begreift,
    die Rede[178], die die Menschen nicht kennen,
    und die die Menschenmenge[179] der Erde nicht versteht.
    Komm und ich will es dir freilegen[180]
    mitten auf meinem göttlichen Berg Zaphon,
30 im Heiligtum, auf dem Berg meines Erbbesitzes,
    in der Lieblichkeit, auf der Anhöhe des Sieges.[181]

---

169 Zum Stilmittel der Wiederholung (vielfache Verwendung des Schlüsselwortes *rgm* ‚Wort' sowie seiner Synonyme) s. *Watson*, Poetry, 288f.
170 Text nach CAT, 11.
171 Vgl. *Aistleitner*, Wörterbuch, 820.
172 *Loretz* übersetzt *rgm* hier mit ‚Getöse' (TUAT III/4, 1141).
173 ʿṣ braucht im Deutschen nicht im Pl. wiedergegeben zu werden, so jedoch *Dietrich / Loretz*, TUAT III/4, 1141.
174 *Del Olmo Lete*, Diccionario, 152: *lḫšt* „charla; cuchichio; susurro".
175 Zumeist wird *lḫšt abn* ‚als Flüstern des Steines' übersetzt; hält man die Deutung in Z.26 als eines Sg.cstr. von *abn* ‚Stein' für wahrscheinlicher als diejenige als 1.ps.c.sg. von *bnh*, ist das konsequent. Es ist aber auch möglich, dass mit der Polysemie von *abn* gespielt wird, zumal der Parallelismus ein Pendant zu ʿṣ erfordert.
176 Vgl. *Aistleitner*: „Klage, Zuraunen"; Wörterbuch, 27 Nr. 304. *Donner* übersetzt: „Klage" (aaO 130), *Caquot*: „murmure" (TO, 165). *Wyatt* leitet *tant* von der Wurzel *'nh* II her und übersetzt „coupling", zieht aber die Möglichkeit ‚Klage' weiterhin in Betracht und interpretiert: „Even the sighing ... would no doubt be a part of a cosmic copulation between heaven and earth" (Liturgical Context, 574 mit Anm. 24). Das gibt der Text selbst jedoch nicht unbedingt her.
177 *Ginsberg*, aaO 136; *Del Olmo Lete*, MLC 184 u.a. übersetzen *abn brk* ‚Steine des Blitzes' und verstehen die Wendung als eine Metapher für den Donnerschlag. *Loretz* (TUAT III/4, 1141); *Caquot* (TO I 165f mit Anm. k); *Donner* (Ugaritismen, 329) u.a. verstehen es als 1.ps.c.sg. PK von *byn*. *Jirku* leitet das Wort von *bnh* ‚bauen', ‚erschaffen' ab und übersetzt: „Ich erschuf den Blitz ..." (Sprache, 631).
178 *Dietrich / Loretz* übersetzen *rgm* hier mit ‚Donner' (ebd.) und reduzieren damit die Botschaft auf die Gewittererscheinung.
179 Vgl. *Del Olmo Lete*: „multitud" (Diccionario, 167).
180 *bġy* ist wahrscheinlich mit arab. *faġā* ‚enthüllt werden' in Verbindung zu bringen, vgl. *Del Olmo Lete*, Diccionario, 106: „revelar, mostrar", ähnlich *Caquot*, TO 166 Anm. l; *Wyatt*, Liturgical Context, 575; anders *Donner*: von *bġy* ‚suchen' (aaO 330).

B) Die doxologische Lehrrede des Himmels: V.2-5a

Mit dieser Nachricht über seine besondere Kenntnis der unverständlichen Rede, die er der kriegerischen Anat durch *Gupan* und *Ugar* (‚Wein und Feld') als seinen göttlichen Boten übermitteln lässt,[182] will Baʻal sie auf den Zaphon locken – letztlich mit dem Ziel, durch ihren Einfluss bei El den Palastbau für sich zu erreichen. Zunächst ist die Botschaft aber als Liebeswerben[183] und als Preis der Einzigartigkeit Baʻals zu verstehen. Anat zeigt sofort Bereitschaft, ihren Teil zur Fruchtbarkeit der Erde beizutragen und erwartet Baʻals Aktivität als Gewittergott. In der geheimnisvollen Zwiesprache des Himmels mit der Erde und der Tiefe mit den Sternen, deren Verständnis den Menschen und dem Himmel selbst (!) verschlossen ist, geht es also um die geheimnisvollen Zusammenhänge der kosmisch-natürlichen Ordnung, insbesondere darum, wie es durch das Zusammenspiel von Himmel (Gewitter) und Erde zu Fruchtbarkeit und Wachstum kommt.[184] Baʻals Wissen um das Geheimnis dieser Interaktion, für das es seiner Zusammenkunft mit Anat bedarf, zeichnet ihn als den für das Gelingen dieser kosmisch-natürlichen Ordnung kompetenten Gott aus. Im weitesten Sinne vergleichbar sind zwischen diesem Text und Ps 19,2ff das Reden des Himmels,[185] seine Unverständlichkeit bei den Menschen und die Figur des Paradoxes, wobei dem Unverständnis des Himmels über die eigene Rede im ugaritischen Text die Paradoxie der Wortlosigkeit dieser Rede in Ps 19,2ff gegenübersteht. Für solcherlei Analogien bedarf es jedoch schlechterdings keinerlei Abhängigkeiten. Das Seufzen des Himmels mit der Erde als eines Geheimnisses der Götter Baʻal und Anat ist für die doxologische Rede und der Tage und Nächte von Ps 19,2ff nur von motivgeschichtlichem Interesse.

Für ein Reden des personifizierten Himmels in Ps 19,2 finden sich in der klassischen Dichtung des Alten Orients noch viele weitere, aufschlussreiche Parallelen, die die Bedeutung dieses Motivs auf dem Hintergrund des altorientalischen Denkens vor Augen führen.

Zu nennen ist etwa eine Passage der Schilderung der dritten Traumepiphanie des Gilgameš:[186]

```
15   il-su-ú AN-ú qaq-qa-ru i-ram-mu-um
16   [UD]-mu uš-ḫa-ri-ir ú-ṣa ek-le-tum
17   [ib]-riq bir-qu in-na-pi-ḫ i-šá-a-tum
18   [nab]-lu ... iš-tap-pu-u iz-za-nun mu-ú-tu
```
[187]

---

181 Die Übersetzung richtet sich überwiegend nach *Loretz*, TUAT III/4, 1141f.
182 Zwischen dem Wortlaut beim Auftrag und bei der Überbringung bestehen dabei nur geringfügige Unterschiede.
183 Vgl. im Kontext KTU 1.3 III 6ff und 15-17.
184 Es geht nicht so sehr um das Rätsel der Herkunft der *Blitze*, sondern um das des Gewitterregens, vgl. *Caquot*: „Le sécret que Baʻal va révéler à Anat doit être selui de l'origine des orages, que les hommes ne peuvent pas expliquer" (TO I, 166 Anm. 1).
185 Bereits hinsichtlich der Unterredung von Bäumen, Erde, Tiefe und Sternen tut sich ein weiterer Unterschied auf.
186 Im Gesamtvergleich der akkadischen Epik ist in Gilgameš- wie Erraepos in der Bildersprache der reichhaltigste und komplexeste Einsatz der Metaphorik zu beobachten (*Streck*, Bildersprache, aaO 237f).
187 Transliteration nach *Parpola*, Gilgamesh, 84 (in dessen anderer Zählung Gilg. IV 95-98).

15 Es schrie der Himmel, die Erde brüllte – !
16 der Tag erstarrte, hervor kam Finsternis,
17 [Es blit]zte ein Blitz, angefacht wurde ein Feuer,
18 [die Flamm]en wurden immer dichter, es regnet Tod.
(Gilg. IV 15-18)[188]

Die Metapher des schreienden[189] Himmels[190] ist eine Personifikation, die für ein Geschehen in der Götterwelt transparent ist,[191] von dem Gilgameš im Traum Kenntnis erhält.[192]
Ein weiteres Beispiel stammt aus einer altbabylonischen Version der Fabel von Tamariske und Palme,[193] die nach dem Vorbild sumerischer Fabeln mit einer mythologischen Einleitung gestaltet ist. Dort folgt auf die Einleitungsformel die Schilderung der Aktivität der kosmischen Bereiche Himmel und Erde, die allerdings hier nicht im strengen Sinne ein ‚Reden' ist:

1 *i-na ú-mi-im ul-lu-tim i-na ša-na-tim ru-qa-tim i-nu-ma*
2 *[šamûm] iz-zi-qú ù erṣetum nu-ba-tam i-ta-an-xu i-lu a-na a-we-lu-tim*
3 *x bu ip-ša-xu ù x-du-ši-im nu-ux-ša-am da-x-ni*

1 In former days, in far-off years, when
2 [The heavens] were grieved[194] and the earth groaned[195] at evening time, the gods
3 ... to mankind; they became appeased and granted them abundance ...

Als Unmut und Seufzen des Kosmos wird hier der Zustand der Welt vor ihrer Beruhigung durch ein (nicht mehr rekonstruierbares) Einwirken der Götter auf die Menschen und die Einsetzung des Königtums (um das Land recht zu leiten: *a-na šu-te-šir ma-tim*)[196] beschrieben.[197]

---

188 Übersetzung vgl. *Hecker*, TUAT III/2, 692.
189 AHw s.v. *šasûm* 1195: ‚schreien, rufen, heulen, ausrufen' etc.; s. auch CAD Š II 140ff.
190 *Landsberger* kritisiert ausdrücklich vorschnelle Deutungen metaphorischer Personifizierungen als Handlung von Göttern: So kann der Wind einen Traum bringen, ohne dass dabei der Traumgott *Zaqiqu* geheimer Akteur wäre etc. (*Landsberger*, Gilgameš-Epos, 100f).
191 Der Traum spiegelt den Beschluss des Todes von Enkidu, dem Freund des Gilgameš, wieder.
192 Auffällig ist, wie hier das genaue Gegenteil eines gelingenden kosmischen Prozesses ausgedrückt wird: Durch den Todes-Regen, durch das ‚Erstarren des Tages' als Abbruch des Laufes der Zeit, durch das ‚Hervorkommen' bzw. ‚Ausgehen' von Finsternis. Bei *waṣûm* handelt es sich ja um einen *terminus technicus* für das Aufgehen der Sonne (s.u., v.a. V. C) 5.) – hier wird also eine äußerste Verkehrung der kosmischen Ordnung zum Ausdruck gebracht.
193 IM 53946; altbabylonische Zeit, Fundort Tell Harmel, vgl. BWL² 151.
194 *zaqaqum*: ‚sich ärgern', ‚Kummer haben' (AHw 772 s.v.).
195 *anāḫu* II G-Stamm (AHw 49 s.v.: ‚seufzen').
196 S. zum Terminus *šutešuru* o., III. C) 2. a). Vgl. zur Stelle auch *Lambert*: „This introduction is very brief, and is more allusions to myths than a telling of the story ... the statement about the earth groaning ... suits the time before civilized life began better than the post-diluvian world" (BWL², 154). Dabei ist es bemerkenswert, dass an gleicher Stelle in einer nach mittelassyrischer Zeit entstandenen Version der Fabel (VAT 8830) nunmehr die Einberufung einer himmlischen Versammlung ge-

B) Die doxologische Lehrrede des Himmels: V.2-5a

Bei allen Differenzen im Einzelnen sind diese Personifikationen des Himmels, die ein Ausstehen oder Ausbleiben des gelingenden kosmischen Prozesses beschreiben, durchaus mit dem Aufruf an den Himmel, über Israels Verkehrung der gerechten Ordnung[198] die kosmische Ordnung zu unterbrechen, in Jer 2,12 zu vergleichen:

> Entsetze dich darüber, Himmel, und schaudere,
> erstarre völlig vor Schreck, spricht JHWH.[199]

Aus diesen Parallelen wird deutlich, dass man sich auf die konkrete Vorstellung vom lobpreisenden himmlischen Thronrat, von Gestirnen oder Engeln bei Ps 19,2 nicht festlegen muss.[200] Und man kann andererseits – auch angesichts aller Unterschiede, die man für altorientalische und israelitische Himmelsvorstellungen geltend machen muss – auch annehmen, dass das Motiv des redenden Himmels nicht dessen eigenständige Aktivität im Blick hat, sondern einen bestimmten Zustand des Kosmos zum Ausdruck bringt, der in Beziehung zu grundlegenden Vorgängen und Zuständen in Götter-, Menschen- und Naturwelt steht. Ähnliches ist für die zahlreichen Freuden- und Lobaufforderungen an den Himmel festzustellen, die sich in einer Vielzahl ägyptischer[201] und mesopotamischer[202] Hymnen sowie im Alten Testament finden: Auch dort ist von konkreten himmlischen Wesenheiten nur selten die Rede.[203] Auch bei Theophanieschilderungen ist es dabei entscheidend, auf welche Weise die begleitende Aktivität des Himmels beschrieben wird.[204]

---

schildert wird, in der dann die drei kosmischen Götter Anu, Enlil, Ea sowie Šamaš ausdrücklich genannt werden.
197 Vgl. oben zur Klage des Himmels mit der Erde in KTU 1.3 III 2, als ‚Sehnsucht' des Kosmos nach einer gelingenden Erneuerung der kosmisch-natürlichen Ordnung.
198 Sie besteht bekanntlich darin, JHWH, die ‚Quelle lebendigen Wassers', zu verlassen, um sich ‚Zisternen auszuhauen' (V.13).
199 Zum Ausdruck der Anteilnahme des Kosmos am irdisch-geschichtlichen Geschehen, teilweise im Zusammenhang des Gerichts, finden sich auch in Jes 34,4 oder Jer 4,28 vergleichbare, nicht-sprachliche ‚Aktivitäten' des Himmels.
200 Die Entwicklung des Motivs der Einbeziehung der Schöpfung in das Lob Gottes bekam durch die Verkündigung Deuterojesajas einen bedeutenden Impuls, vgl. hierzu *Ruppert*, Aufforderung, 235f.
201 Vgl. etwa den Hymnus zur Thronbesteigung Ramses IV., wo bereits in den ersten Zeilen die Wiederherstellung der kosmischen Ordnung als Grund der Freude von Himmel und Erde beschrieben wird; Text s. ANET 378f.
202 In einer ‚Gebetsbeschwörung' an Ištar heißt es z.B.: ‚Der Himmel freue sich deiner, die Wassertiefe jauchze über dich' (SAHG Nr. 62, 335).
203 Hier wird der Himmel zusammen mit anderen Bereichen der nichtmenschlichen Kreatur zum Lobpreis oder zur gottesdienstlichen Freude aufgerufen, etwa in Jes 44,26; 45,8; 49,13; 69,35; 96,11a(b-12) par. 1 Chr 16,31; Jer 51,48. Vgl. hierzu die umfangreiche Auflistung der Adressaten von Lobaufrufen (u.a. an Erde, Meer, Ströme, Berge) bei *Ruppert*, Aufforderung, 235f.
204 Von Erschütterung und ‚Zittern' des Himmels ist etwa bei der Epiphanie von kriegerischen Gottheiten (wie z.B. Ištar und z.T. Marduk) die Rede – anders aber z.B. bei Šamaš, wo beim Motiv von dessen Erscheinen die Freude der Igigu und der Annunaku dominiert, vgl. *Loewenstamm*, Trembling of Nature, passim, v.a. 186.

Zeitstufe, Art und Inhalt der ‚Begleitaktivität' des Himmels bei einer Theophanie fallen auf den Charakter des Gottes und seiner Selbstvergegenwärtigung zurück.

Auch die näheren Parallelen zu Ps 19,2 in den Psalmen befinden sich im Kontext von Lob- und Freudenaufforderungen an Bereiche der Schöpfung u.a. bei Theophanieschilderungen des Königsgottes JHWH.

γ) Die näheren Analogien von V.2

Genaueren Aufschluss können für Ps 19,2 diejenigen noch engeren Vergleichsstellen geben, in denen (ohne imperativische Lobaufforderung) eine (Lob-)Rede des Himmels belegt ist. Hierzu zählt, neben Ps 89,6 und Ps 97,6, vor allem auch Ps 50,6: [205]

> Und der Himmel verkündete seine Gerechtigkeit
> – ja, Gott ist Richter.

Die *wayyiqtol*-Form in V.6a erscheint vielen hier so ungewöhnlich, dass sie der Eschatologisierung der LXX folgen und lieber וְיַגִּידוּ lesen.[206] Das ist jedoch unnötig,[207] da innerhalb der rückblickenden Perspektive des Theophanieberichts (vgl. V.1.2) die Verkündigung des Himmels V.6 als Rückkehr auf die Zeitstufe von V.1f[208] aufgefasst werden kann. Hierin besteht dann aber der Unterschied zur präsentisch-partizipialen Wendung von Ps 19,2. Und im Gegensatz zu den Wendungen הוֹדְךָ פְלָאֶךָ (Ps 89,6) und סֵפֶר כָּבוֹד und הִגִּיד מַעֲשֵׂה (Ps 19,2) geht es hier deutlicher um einen juridischen Aspekt der Proklamation des Himmels, der hier beim Erscheinen JHWHs als kosmischer Zeuge auftritt: „Die kosmischen Zeugen ... verkünden die Heilsgerechtigkeit JHWHs ... Sein Richten zielt nicht auf Strafe, sondern auf die Wiederherstellung der Ordnung im Kosmos"[209], und das heißt zugleich: der Ordnung in Kult (V.7-15) und Gesellschaft (V.16-23). V.6b ist dabei nicht kausal (– etwa als Begründung der Verkündigung des Himmels[210] –) und auch nicht als Botschaft des Himmels zu sehen. Er bildet den Abschluss des Theophanieberichts[211] und die Überleitung zur Gottesrede,[212] die also als gerechtes Richten JHWHs zu verstehen ist.[213]

---

205 Werden hier traditionsgeschichtliche oder literarische Bezugnahmen angenommen, so wird meist eine Abfolge Ps 89,6; 50,6; 97,6 vermutet, vgl. *Lipiński*, Royauté, 194.261; *Spieckermann*, Heilsgegenwart, 62 Anm. 8.
206 So *Gunkel*, HK II/2, 219; *Kraus*, BK XV/1, 370; *Hossfeld*, Verkündigung, 90. Auch *Groß* ändert, meldet aber Bedenken an dieser Deutung an, da nur V.4 eine vergangenheitliche Deutung von V.1-6 störe (Verbform, 149).
207 Vgl. z.B. *Seybold*, HAT 1/15, 205f; *Ridderbos*, Theophanie, 215; *Michel*, Tempora, 29.
208 S. dazu *Hossfeld*, aaO 89f.
209 *Hossfeld / Zenger*, NEB 29, 308 (*Hossfeld*). *Gunkel* geht mit der Ausdeutung der Aufgaben des Himmels dabei etwas weit: „Sie sollen die richterliche Entscheidung treffen und darin Gottes Recht laut anerkennen" (HK II/ 2, 219).
210 Kausales כִּי, vgl. u.a. *Hossfeld / Zenger*, NEB 29, 308 (*Hossfeld*).
211 Deiktisches כִּי; ähnlich *Ridderbos*, Theophanie, 214; *Lipiński*, Royauté, 194.
212 Vgl. *Reid*, Psalm 50, 228.
213 Eine juridische Funktion des Himmels als Handlungsträger zeigt sich auch in Hi 20,27: „Der Himmel enthüllt seine Schuld (יְגַלּוּ שָׁמַיִם עֲוֹנוֹ), die Erde bäumt sich gegen ihn auf". Im Gegensatz zu Ps 19 und seinen Vergleichsstellen findet sich hier

B) Die doxologische Lehrrede des Himmels: V.2-5a

Die Einbeziehung des Himmels gerade in Vertrags- und Rechtsangelegenheiten ist auch außerhalb Israels häufig belegt.[214] Hier scheint insbesondere auf die Anrufung des Himmels als Zeuge der בְּרִית u.a. in Dtn 4,26; 30,19; 31,28 Bezug genommen. Der in neuerer Zeit meist recht spät datierte[215] Ps 97, auf dessen anthologisch-allusorischen Charakter häufig hingewiesen wurde,[216] scheint in V.6a auf Ps 50,6 Bezug zu nehmen:

> Der Himmel verkündete seine Gerechtigkeit (הִגִּידוּ הַשָּׁמַיִם צִדְקוֹ),
> und so werden alle Völker seine Herrlichkeit sehen.

Für das Verständnis des Verses ist die Komposition von Ps 97 von Bedeutung. Seine dreiteilige Struktur[217] steht dabei auch weit weniger zur Diskussion als seine literarische Einheit.[218] – V.6a führt die SK-Formen der als abgeschlossen anzusehenden

---

גָּלָה. Im Zusammenhang einer gelingenden kosmisch-sozialen Ordnung – so die Meinung des Zofar – bleibt der aktive Eingriff kosmischer Mächte zuungunsten des Gottlosen nicht aus. Nach diesem ungebrochenen Konzept einer funktionierenden konnektiven Gerechtigkeit bedarf es noch keines Eingreifens JHWHs, um Schuld aufzuzeigen und die Ordnung wiederherzustellen.

214 Vgl. etwa die Anrufung des Himmels in KUB 21.1 iv 26 und in KAI 222 A 26, einem Staatsvertragstext einer der Steleninschriften aus Sfire – offenbar gehören Himmel und Erde, zusammen mit Tag und Nacht und einer Anzahl von Göttern, zu denjenigen quasi-deifizierten kosmischen Bereichen, die den Vertrag des Barga'ja mit Mati'el gewährleisten sollen, vgl. dazu auch *Hutter*, Heaven, 388f.

215 Die bei jeweils sehr eindeutigen Angaben zugleich äußerst divergierenden Datierungen reichen von *Mowinckel*s Frühdatierung, bei der ihn seine kultische Verortung auch dieses ‚Thronbesteigungspsalmes' führt, bis zur Spätdatierung in die hellenistische Zeit (*Jeremias*, Königtum, 136ff) bzw. in die Makkabäerzeit (*Lipiński*, Royauté, 268f). Beim jetzigen Stand der Psalmenforschung fiele eine solche Datierung in die Zeit des Abschlusses des protomasoretischen Psalters. Jedoch ist ein „geschichtlicher Anlass des Liedes ... nicht anzunehmen" (*Gunkel*, HK II/2, 425, vgl. *Duhm*, KHC², 356), was eine sichere Datierung kaum zulässt. – Gegenüber *Mowinckel*s Erklärung der Eschatologisierung des Königtums JHWHs, es werde in späterer Zeit „in eine unbestimmte Zukunft hinausgeschoben" (Psalmenstudien II, 226), kann *Lipiński* jedoch selbst den makkabäisch datierten Psalm als uneschatologisch ansehen, vgl. *ders.*, Royauté, 268. Und so ist auch das von *Zenger* vertretene Verständnis der SK in V.1.3-6a als *perfectum propheticum* (im Unterschied zu seiner Deutung von Ps 93,1) nicht gerade zwingend. Gegen ein futurisch-eschatologisches Verständnis des Königtums JHWHs spricht auch, dass die Lob- und Freudenaufforderungen des Psalms nicht allesamt auf ein künftiges Geschehen bezogen sein können.

216 Vgl. *Lipiński*, Royauté, 194; *Jeremias*, Königtum, 142.

217 Vgl. u.a. *Jeremias*, Königtum, 138; *Gunkel*, HK II/2, 424. Zum hier vertretenen Verständnis von V.1a als Themasatz s. auch *Hossfeld / Zenger*, HThK, 674 (*Zenger*).

218 *Lipiński* nimmt als Grundschicht V.2a.3.4b.5a.7.9 an (Royauté, 241ff), ihm folgt *Seybold* (HAT 1/15, 382). *Loretz* grenzt den nachexilischen Grundbestand des dann bemerkenswert kurzen ‚Psalms' auf V.1.6 ein (Thronbesteigungspsalmen, 346). Die Einbeziehung eines Motivs wie V.2b ist aber keineswegs überraschend, wenn man ein recht junges Alter annimmt und die z.T. eklektisch-allusorische Arbeitsweise des Psalms bedenkt. Dass V.10-12 eine Applikation auf die Gruppe der צַדִּיקִים ist (*Hossfeld / Zenger*, HThK, 676f [*Zenger*]), die JHWHs besonderes Verhältnis zu ihnen hervorhebt, scheint aber wahrscheinlich.

Epiphanieschilderung[219] weiter, deren Zeitform auch auf V.1 zurücklenkt.[220] Aber auch sachlich bietet die Gerechtigkeitskunde des Himmels in V.6a, die durch das Schlüsselwort צדק mit V.2b verzahnt ist, einen Rückbezug auf dessen יהוה־מֶלֶךְ-Aussage:[221] Sie qualifiziert den Königsgott explizit als gerecht und fasst die Theophanieschilderung von V.2-5 hinsichtlich ihrer ‚universalen' Bedeutung zusammen.[222] Andererseits leitet V.6b über zum Thema des nächsten Abschnitts, den Auswirkungen seines Königtums für die Völker und die Götter der Völker. Damit hat dieser etwas überraschend asyndetisch einsetzende V.6a,[223] ähnlich wie die Übergangsverse Ps 50,6 und Ps 89,6, eine Scharnierfunktion zwischen dem ersten und zweiten Abschnitt. Der juridische Charakter der Wendung הִגִּיד צִדְקוֹ wird durch die Schlüsselfunktion der Stichworte מִשְׁפָּט (V.2b.8) / צדק (V.b.10) verstärkt, verliert also gegenüber Ps 97,6 nicht an Bedeutung.

In Ps 50,6 und 97,6 ist der juridische Charakter des Ausdruck הִגִּיד צִדְקוֹ deutlich. Das Gerechtigkeitszeugnis des Himmels gehört in den Geschehensablauf der Epiphanie hinein und bringt vor allem ihre Bedeutung auf den Punkt. Die bereits oben behandelte Stelle Ps 89,6[224] ist dann die engste Parallele zu Ps 19,2, insofern הוֹדָה פֶּלֶא inhaltlich der Wendung הִגִּיד מַעֲשֵׂה am nächsten kommt. Die Auffassung von Modus und Zeitstufe ist hier jedoch umstritten: Die Zeitstufe des hymnischen Abschnitts V.6-9 ist im Ganzen die Gegenwart.[225] Mullen, Seybold, Veijola und Hossfeld übersetzen indikativisch-präsentisch,[226] andere futurisch. Da bereits dieser Abschnitt auf die Einforderung des Treueerweises gegen den Davidbund zuläuft,[227]

---

219 Zum retrospektiven Verständnis der SK von V.4-6, die auf den urzeitlichen Beginn des Königtums JHWHs Bezug nehmen, s.o.
220 Dadurch ist die Epiphanieschilderung als Begleitphänomen der Königsherrschaft JHWHs gekennzeichnet.
221 Zudem gibt er eine weitere Begründung zum Freudenaufruf an die Erde in V.1, dessen psalmstrukturierendes Stichwort שׂמח (|| גיל) in V.8 ebenso wiederaufgenommen wird wie im Schlussvers, V.12.
222 Zu Recht betont *Zenger*, V.6 bilde den Höhepunkt des Theophaniegeschehens, und lehnt *Duhm*s (Gewitter als Machterweis) und *Houtman*s (Zeugnis des Himmels durch die Betrachtung seiner Bauweise) Interpretationen von V.6 ab (*Hossfeld / Zenger*, HThK, 683). Denn in der Tat geht es um die Durchsetzung von JHWHs Gerechtigkeit, an deren Kundgabe der Himmel beteiligt wird.
223 Vgl. *Lipiński*: „un vers qui survient à cette place d'une façon inattendue" (Royauté, 261).
224 Die Syndese ist in diesem Vers eher ungewöhnlich, so dass ו (auch aufgrund des Fehlens von καί o.ä. in 𝔊, 𝔖 und zwei weiteren Ms) nicht selten gestrichen wird. Nach *Joüon-Muraoka* ist sie hier gesetzt, „to indicate the jussive more clearly" (J-M § 177 l). s. *Volgger* ebd.
225 Das liegt freilich auch an der Interpretation des כִּי־אָמַרְתִּי V.3 als Koinzidenzfall; so *Emmendörffer*, Der ferne Gott, 206. Die Alternative einer vergangenheitlichen Auffassung vertritt *Hossfeld*; *ders.*, *Hossfeld / Zenger*, HThK, 580.
226 So *Mullen*, Assembly, 191; *Seybold*, HAT 1/15, 346 u.a.
227 So signalisiert der Psalmist bereits in V.2ff seine Bereitschaft zum Lob der Gnadentaten JHWHs, aber nichtsdestoweniger fordert er im weiteren Textverlauf Gnadenerweise gegenüber der Dynastieverheißung ein. Hierzu werden auch JHWHs Schöpfungstaten erinnert, vgl. *Emmendörffer*, Der ferne Gott, 213. Auch in Mesopotamien dienen Vergleiche mit dem Himmel als Ausdruck von Verlässlichkeit, Dauerhaftigkeit und Stabilität s. dazu CAD 17, 347, s.v. *šamû*.

B) *Die doxologische Lehrrede des Himmels: V.2-5a* 153

ist auch in V.6 וְיוֹדוּ[228] auf die Wundertat der Befestigung der Dynastieverheißung bezogen.[229] Daher ist וְיוֹדוּ als Jussiv mit einem konditionalen Nebensinn zu verstehen[230] – das heißt, dass es sich hier um eine indirekte, jussivische Aufforderung an den Himmel zum Lob der Wunder handelt. Auch hier ist das Lob in den Geschichtstaten begründet, die allerdings, wie man es in V.11-13 und in der schöpfungsterminologischen Beschreibung des Davidbundes (vgl. V.3.5 כון / בנה) sieht, denkbar nahe an JHWHs Schöpfermacht herangebracht werden.

c) Zusammenfassung

Es kann nun präzisiert werden, worauf sich der Lobpreis des Himmels in Ps 19,2 bezieht, wo im Kontext eine klassische Lobaufforderung fehlt. Die Unterschiede der retrospektiven bzw. jussivischen Vergleichsstellen, die allesamt einen Bezug auf Epiphanie bzw. geschichtliches Eingreifen JHWHs haben, zu Ps 19,2 sind deutlich: Während in Ps 97,6b die Verkündigung des Himmels mit der universalen („visuellen", ראה) Erkenntnis des כבוד יהוה durch die Völker aufgrund von JHWHs Geschichtstaten verbunden ist,[231] unterbleibt in Ps 19,2 eine Qualifikation als gerechte geschichtliche Taten – JHWHs Herrlichkeit wird hier nicht unmittelbar ‚sichtbar‘, sondern durch die himmlische Lobrede vermehrt. In Ps 89,6 ist die Lobaufforderung an den Himmel an JHWHs Aufrechterhaltung der Davidverheißung, also an eine Geschichtstat, geknüpft.[232] Im Gegensatz zum Bezug auf Geschichtstaten bei den Vergleichsstellen tritt in Ps 19,2 der gegenwärtig-durative Aspekt hervor. V.2 isoliert dabei ein im Kontext von Epiphanieschilderungen bzw. im hymnischen Preis des Königsgottes JHWH situiertes Motiv und verleiht ihm überraschend Eigenständigkeit. Die Isolierung des Motivs belässt den Bezug des Lobpreises in einer gewissen Schwebe, um vielmehr durch seine Voraussetzungslosigkeit die gegenwärtige Herrlichkeit des Königtums Gottes darzustellen, ohne sie noch in irgendeiner Form begründen zu müssen. Der Lobpreis des Himmels bedarf hier also offenbar keiner schöpfungs- oder geschichtstheologischen Erklärung. Was dem Eingangsvers ein solches Gewicht verleiht,

---

228 Da ein Sprecherwechsel kein literarkritisches Argument liefert, und der Lobpreis des Himmels V.6 einen Anlass voraussetzt, wird man V.4f schwerlich mit *Hossfeld* für sekundär halten; *ders. / Zenger*, HThK, 582.
229 Ein Bezug auf die schöpfungsgemäße Pflichterfüllung der Gestirne (so *Houtman*, Himmel, 170f) wird durch die Thematik des Kontextes ‚Macht und Treue JHWHs zum Davidbund' gerade nicht nahe gelegt. Dagegen spricht auch, dass הודה meist „Reaktion auf eine helfende, befreiende Tat Gottes ist" (*Westermann*, ידה, 679). Auch die in V.10-15 erinnerten Schöpfungstaten dienen der Vergewisserung der Mächtigkeit JHWHs hinsichtlich der Wahrung der Dynastieverheißung.
230 Ähnlich *Volgger*: „Das Verb *yôdû* ist ... wohl modal zu verstehen: ‚es mögen/sollen'" (Notizen, 218; vgl. J-M § 177 l).
231 Zur Funktion der Prädikation JHWHs als des Schöpfers des Himmels als einer universalen Herrschafts- und Eigentumsaussage s. *Bartelmus*, שָׁמַיִם, 219ff.
232 Vgl. V.3.5 / V.11-13: כון / בנה, s. dazu auch *Emmendörffer*, Der ferne Gott, 213.

ist demnach nicht so sehr irgendein Mitteilungsgehalt dieses Lobpreises, sondern die Tatsache, dass ein sonst auf eine Theophanie und einen geschichtlichen Treueerweis antwortendes Lob als ständig gegenwärtiger Vorgang geschildert wird. Mit den partizipialen Wendungen des NS wird über den Himmel ausgesagt, dass solche doxologische Rede seine fortwährend ausgeführte, wesentliche Aufgabe ist.[233] V.2 bringt also der Sache nach die gegenwärtige Herrlichkeit des Königtums Gottes zum Ausdruck, ohne ihn dafür explizit mit dem Königstitel o.ä. belegen zu müssen.[234] Das gegenwärtige Königtum Gottes, das für Oeschs Deutung des Anlasses des Lobpreises auf ‚Gottes machtvolles Wirken' zu sprechen scheint, sollte nicht darüber hinwegtäuschen, dass sich der Text im Folgenden deutlich auf die grundlegenden Ordnungsstrukturen der Schöpfung bezieht. Anlass der Doxologie sind daher noch am ehesten, wie Dohmen meinte „die Ordnung in der Schöpfung als eine von Gott gesetzte"[235] – jedoch mit der bemerkenswerten Eigenheit, dass es zugleich *die Ordnung der Schöpfung selbst* ist, die durch ihre schöpfergemäße Struktur diesen Lobpreis vollzieht (s.u.).

Der Topos der Universalität des כְּבוֹד אֵל in Ps 19,2 speist sich zudem durchaus auch aus anderen, tempeltheologischen Traditionen,[236] wie vor allem Jes 6,3.[237] Wenn Ps 19,2, offenbar auch im Gefolge von Jes 6,3,[238] davon ausgeht, dass der כְּבוֹד des universalen Königsgottes den irdischen (Tempel-)Bereich transzendiert,[239] so kann Ps 19,2 auf spätnache-

---

233 Vgl. hierzu *Spieckermann*, Heilsgegenwart, 63.
234 Ganz ähnlich bleibt in der priester(schrift-)lichen כְּבוֹד יהוה-Konzeption das Königtum JHWHs nur implizit, vgl. dazu *Podella*, Lichtkleid, 220f.
235 *Dohmen*, Ps 19, 508.
236 Die Verbindung tempeltheologischer Aussagen der Universalität des כְּבוֹד mit klassischen Theophanieelementen ist in sich insofern plausibel, als bereits „Epiphanieniedarstellungen, in die verschiedene Himmelsphänomene eingebunden sind, nicht einen Gegensatz zu Vorstellungen vom Thronen JHWHs markieren, sondern sie betonen seinen [sc.: JHWHs] *uranophanen*, d.h. für jedermann offenbaren Aspekt" (*Podella*, Lichtkleid, 161, u.ö., vgl. *Mettinger*, Dethronement, 32ff.
237 Auch die mesopotamischen Aussagen über die Universalität des *melammu(m)* (u.ä.) sind tempeltheologisch zu verorten, vgl. die Belege in CAD M II/10f s.v. und dazu *Weinfeld*, כָּבוֹד, 25f. *Spieckermann* vermutet, dass eine Tradition der „Präsenz der Gottesherrlichkeit im Kosmos", die spätestens in Jes 6,3, also im achten Jh. greifbar ist, auf kanaanäische Traditionen zurückgreife; Heilsgegenwart, 64. Seine traditionsgeschichtliche Untersuchung des Topos von der ‚Herrlichkeitsfülle' in der Schöpfung zeichnet eine Entwicklung nach von Jes 6,3; Ps 24,2ff; 19,2ff; 89,6ff; 72,18f und Num 14,21 zur Konzentration des כְּבוֹד auf den Tempel in dtr. (1 Kön 8,10f) und priester(schrift)lichen Texten (vgl. Ex 40,35) und zur individuellen Bitte um den Herrlichkeitserweis Ps 57,6-12 (vgl. Ps 113,4 sowie ferner Hab 3,3; Neh 9,5) – bis hin zu der Aussage, dass der nahe und zugleich ferne Gott selbst Himmel und Erde erfüllt (in Jer 23,23f); *Spieckermann*, Pantheismus, passim. Ps 19,2 gehört allerdings eher zu den späteren Belegen.
238 Man denke auch an 1 Kön 8,27ff.
239 Die ursprünglich als „Gerichtstheophanie und -doxologie" gemeinte (*Hartenstein*, Unzugänglichkeit, 221), explizite Entgrenzung der Majestät JHWHs in Jes 6,3, die in JHWHs „exklusive(m) Anspruch ... auf universale Ausbreitung seines Herr-

B) Die doxologische Lehrrede des Himmels: V.2-5a

xilischem Hintergrund[240] hierüber noch hinaus gehen und, wie einige spätere Texte, den Himmel als kosmisches Heiligtum JHWHs inszenieren.[241] Dafür spricht deutlich der Gebrauch von סִפֵּר כָּבוֹד und הִגִּיד מַעֲשֵׂה יָדָיו für gottesdienstlichen Lobpreis.[242] Der Himmel ist hier also die himmlische Sphäre in ihrer Qualität, Ort des kosmischen Heiligtums[243] des königlichen Schöpfergottes zu sein[244] – dieser Bereich entbietet dauerhaft dem Königsgott und Schöpfer[245] die Ehre.

Gerade רָקִיעַ verstärkt diesen Bedeutungsaspekt, zumal die ‚Himmelsplatte' auch in Ps 150,1[246] (parallel zu קָדְשׁוֹ), für sein himmlisches Heiligtum[247] stehen kann. Auch ist sie in Fortführung der ezechielischen Visionsschilderung mit den Vorstellungen vom Königtum JHWHs bzw. vom כְּבוֹד יהוה verbunden.[248] V.2 ist auch aufgrund der Parallelität von שָׁמַיִם und רָקִיעַ, im Horizont von Gen 1,3-5.14-16 zu verstehen, wodurch auch der Bezug auf den Sonnenlauf in V.5b-7 deutlich wird. Denn nach Gen 1,14-16 werden die die Zeit beherrschenden und rhythmisierenden מְאֹרוֹת an der ‚Himmelsplatte', am רָקִיעַ befestigt. Wenn es in V.5b-7 die Sonne ist, die die himmlische ‚Doxologie' für den höchsten Gott *pars pro toto* exemplifiziert, geht dies genau vom רָקִיעַ aus. Dieser Lobpreis des Himmels, der in V.3 mit der weisheitlichen Rede der Tage und Nächte identifiziert wird, drückt also im äußersten Sinne – das

---

schaftsbereichs" (*Barthel*, Prophetenwort, 101) wurzelt, konnte zur Abfassungszeit von Ps 19,2 bereits auf eine längere Wirkungsgeschichte bzw. traditionsgeschichtliche Entfaltung zurückblicken.
240 Zur Vorstellung des Himmels als Heiligtum in nachexilischer Zeit s. u.a. 2 Chr 30,27; Jes 66,1f. Vgl. hierzu *Albani*: „Der Schöpfergott erfüllt mit seiner Gegenwart Himmel und Erde, so daß es vermessen ist, daß Menschen ihm ein Haus bauen wollen. Ein Verständnis des Tempels als privilegierter Opfer- und Gebetstätte ... ist dagegen durch diese Worte nicht notwendigerweise ausgeschlossen" (Tempel, 54; vgl. auch *Bartelmus*, שָׁמַיִם, 215ff).
241 Zur Verortung des Wohnsitzes JHWHs im Himmel vgl. Jes 40,22; 66,1 sowie später dann PsSal 18,10 u.ö. und v.a. Ps 104,1-4; s. hierzu auch unten V. C) 1.
242 Wenn *Zenger* meint: „Im Abschnitt V. 2-7 geht es nicht, wie oft gesagt wird, um den Lobpreis, den Himmel und Sonne ihrem Schöpfergott singen ... Es geht vielmehr um ein Wissen', das sie weitergeben" (Nacht, 192), so spielt er V.3 gegen V.2 aus, so dass die Wechselbeziehung von Doxologie und Weisheitsrede zu kurz kommt.
243 Die zunehmende Ausgestaltung der Vorstellung vom himmlischen Heiligtum in späterer Zeit wird an Texten wie den (nicht sicher essenischen) *Shirot 'olat hashabbat* (auch: ‚Angelic Liturgy') ersichtlich (Fragmente in 4Q403-405; 11Q17), vgl. hierzu *Görg*, רָקִיעַ, 671f; *Newsome*, Heaven, 339). Hier werden u.a. das himmlische Heiligtum mit seinem ‚vollkommenen Licht' und die Liturgie der himmlischengelhaften Priesterschaft dargestellt. Die Vorstellung der Gemeinschaft mit den Engeln im Akt des Lobpreises teilt dieser Text mit Passagen aus 1QS; 1QH; 1QBer u.a.
244 Ähnlich *Bartelmus*, *šāmajim*, 97.
245 Vgl. das unter V. B) 1. zu אֵל Gesagte. Dabei ist hier vom Sonnengott als Schöpfer beim besten Willen nicht die Rede, vgl. aber *Sarna*, Ps XIX, 171.
246 Die Lobaufforderung הַלְלוּ־אֵל in Ps 150,1b ist neben Ps 19,2 ein weiterer Beleg der hymnischen Anrufung JHWHs als אֵל gerade in der jüngeren Psalmensprache.
247 So *Görg*, רָקִיעַ, 672.
248 Vgl. hierzu *Podella*, Lichtkleid, 201f.

wird auf dem Hintergrund der altorientalischen Vergleichstexte noch anschaulicher – das Gelingen des kosmischen Prozesses der Zeit aus. Ihre von den מְאֹרֹת bestimmte Ordnung, der Tag-Nacht-Wechsel, vermehrt die Herrlichkeitsfülle des Schöpfers.

Damit kann schließlich auch die zweite oben gestellte Frage beantwortet werden, welches ein angemessener Deutungsrahmen für den Himmel als Subjekt des Lobpreises ist – ein ‚literarischer', ein ‚animistischer' und ein ‚mythologischer' Deutungsrahmen. Dem Psalmisten wie den Rezipient/inn/en war der Lobpreis himmlischer Wesen im Umkreis des Königsgottes durchaus geläufig; der Text nimmt hierauf jedoch keinen expliziten Bezug, sondern führt in V.3 und V.4 gerade die personifikatorische Redeweise fort und gestaltet sie in ungewöhnlicher Plastizität aus. Eine solche Personifikation kosmischer Größen kann metonymisch auf ihr zugehörige konkrete Wesen Bezug nehmen, ohne sie explizit zu nennen. Die Personifikation ist eine literarische Form, die, wie wir sahen, die klassische Literatur des Alten Orients gerade auch auf dem Hintergrund einer mythologisch konzipierten Kosmologie bereits seit langem bewusst einsetzte.[249] Sie erfreut sich wegen ihrer besonderen Möglichkeiten vor allem auch in der Weisheit einer gewissen Beliebtheit.[250]

Inwiefern ‚Personifikation' als angemessene Deutungskategorie des Lobpreises des Himmels anzusehen ist, ist an dieser Stelle noch etwas zu präzisieren. Die Personifikation ist hier nicht von der Allegorie her, sondern als eine Form der Metapher bzw. als eine (eben personale) Spielart der Metonymie zu verstehen.[251] Dabei ist auch hier der Ricœursche Symbol- und Metaphernbegriff erhellend.[252] Nach Ricœurs hermeneutischem Verständnis des Symbols[253] haben religiöse Symbole die „semantische

---

249 Das war an den Beispieltexten aus Gilg. IV und KTU 1.3 zu sehen. Zur Unterscheidung zwischen Metaphorik und Mythologie s. *Streck*, Bildersprache, 52f. Vgl. dort auch den Abschnitt über kosmische Größen als Bildspender aaO 179ff.

250 Vgl. z.B. die Antworten von Meer und Tiefe, Abgrund und Tod auf die Frage nach dem Ort der Weisheit in Hi 28,14.22, vgl. Hi 3 (s. dazu unten V. B) 2.) und v.a. das Auftreten der Weisheit *in persona* in Sir 24; Prov 1-9). S. dazu auch im Folgenden.

251 Zum Verständnis der Personifikation als Untergattung der Metapher vgl. *Baumann*, Weisheitsgestalt, 27-36. Sie wendet den Begriff der ‚poetischen Personifikation' auch auf die Weisheitsgestalt von Prov 1-9 an (vgl. 280-282). Dabei wären wohl auch für die Weisheitsgestalt von Prov 1-9 die besonderen Voraussetzungen der altorientalischen Wirklichkeitserfahrung in das Verständnis der poetischen Personifikation zu integrieren; s. dazu im Folgenden. Zur Unterscheidung zwischen metaphorischer und allegorischer Personifikation vgl. auch *Kurz*, Metapher, 58f

252 Zu Darstellung und Kritik von *Ricœur*s Metaphernkonzeption vgl. u.a. *Seiffert*, Metaphorisches Reden, 53ff.

253 *Ricœur*s Symbolverständnis wird insbesondere durch die Betonung der Verbundenheit der kosmischen und poetischen Dimension des Symbols (Symbolik, 19ff) und seine Berücksichtigung der kulturellen Synchronie, der kulturgeschichtlichen Diachronie und der religiösen Tiefendimension der Symbole (aaO 28ff) so vielschichtig wie integrativ. Vgl. *Kurz*, Metapher, 73; *Seiffert*, Metaphorisches Reden, 61ff.

B) Die doxologische Lehrrede des Himmels: V.2-5a

Struktur einer Doppelbedeutung, bei der ein konkreter Symbolträger auf eine zweite Sinnebene hin transparent wird"[254]. Dieser Ansatz eignet sich besonders für die Beschreibung der mythologischen Tiefendimension von Israels Wirklichkeitsverständnis[255] – bei Ps 19,2 ist es die transzendente Sphäre des himmlischen Heiligtums, für die der wahrnehmbare Himmel transparent ist. Das ist in diesem Fall wiederum auch gut mit Ricœurs Metaphernbegriff zu vereinen, nach dem metaphorische Sprache über die Wirklichkeit hinausgreift,[256] indem sie semantisch Kollidierendes zusammenführt und in eine ‚Spannung' bringt zwischen dem metaphorischen Ausdruck (‚Der Himmel rühmt') und seinem ‚wörtlichen Sinn'.[257] Gerade in dieser Spannung vermag die Metapher durch die semantische Innovation die Wirklichkeit neu zu beschreiben.[258] Wo symbolbeladene Begriffe auf dem Hintergrund von mythologischen Vorstellungen zu metaphorischen Ausdrücken verknüpft werden, wird ihre Tiefendimension als eine Matrix in die Metapher miteinbezogen.[259]

Die metaphorische Personifikation vermag also auf einem mythologischen Vorstellungshintergrund Symbole, in denen Gegenständlich-Sinnliches (Himmel) mit einer Tiefendimension an Bedeutung (kosmischer Wohnort JHWHs) verbunden sind, zu einer Neubeschreibung der Wirklichkeit (doxologische Rede des Himmels) zu verbinden.

Watson etwa erklärt: „personifications replace mythical figures when rational attitudes supersede the primitive imagination. In the case of Hebrew poetry it was largely a matter of demythologising ancient Canaan borrowing"[260]. Doch gegenüber dieser verbreiteten Auffassung,[261] dass die Personifikation mythologisches Denken ersetze,[262] ist festzustellen, dass die Stilform der Personifikation unter Bedingungen altorientalischen Weltverständnisses eine spannungsvolle Verknüpfung bzw.

---

254 *Hartenstein*, Unzugänglichkeit, 16, dort z.T. hervorgehoben.
255 *Hartenstein* wendet ihn insbesondere auf den Verweisungszusammenhang zwischen Tempel und himmlischer Sphäre an, Unzugänglichkeit,13ff.
256 Vgl. hierzu bereits oben III. C). 4. a). – Die entscheidenden Passagen zur Metapher als ‚conception tensuelle' finden sich bei *Ricœur*, Lebendige Metapher, 238ff. Bei ihr geht es v.a. um die Problematik von Analogie und semantischer Unverträglichkeit, die die Lebendigkeit der Metapher und ihre ‚semantische Innovation' ausmacht. Die zweite Spannung zwischen dem ‚Ist' des metaphorischen Diskurses und dem ‚Ist nicht' seiner wörtlichen Deutung betrifft das Problem der Referentialiät bzw. Wahrheitsfähigkeit der metaphorischen Sprache.
257 Dass das Motiv des doxologisch redenden Himmels nicht singulär ist, tut der Neubeschreibung der Wirklichkeit, die jedes dieser Motive schafft, insofern keinen Abbruch, als diese Metapher noch nicht lexikalisiert ist, schon gar nicht, wenn man die oben beschriebene traditionsgeschichtliche Neuerung bedenkt, dass ein Epiphanie-Element als gegenwärtig und dauerhaft beschrieben wird.
258 Vgl. hierzu *Ricœur*: „die symbolische *Manifestation* als *Ding* ist eine Matritze von symbolischen *Bedeutungen* als *Worten*" (Symbolik, 18, Hvbg. von mir). Hier zeigt sich die Nähe seines Symbolverständnisses zu seinem Metaphernbegriff.
259 Die relativ festen Bedeutungen von Symbolen (– die ja jeweils in einer Sprach- und Kulturgemeinschaft bereits vereinbart sind, vgl. hierzu *Seiffert*, Metaphorisches Reden, 62ff –) werden also in metaphorischer Sprache in ein innovatives Zusammenspiel geführt.
260 *Watson*, Hebrew Poetry, 270 (z.T. Zitat).
261 *Watson* gibt dies als einen Forschungskonsens wieder (ebd.).
262 *Bartelmus*, *šāmajim*, 95.

„Schwebung"²⁶³ zwischen sehr konkreten mythologischen Vorstellungen und einer poetischen Sprachwelt ermöglicht. Während die Metapher in neuzeitlicher Poesie vor allem, wie Ricœur auch sagt, die ‚Reziprozität von innen und außen' zu dichterischen Texturen verschmelzt,²⁶⁴ liegen hierfür im Alten Orient und im Alten Testament die füreinander transparente geschichtliche und mythologische Sphäre zugrunde. In metaphorischer, insbesondere personifizierender Sprache werden die mythologische Dimension und die geschichtliche Wirklichkeit verbunden – die mythologische Sphäre schwingt dabei stets mit. Damit ist die Metapher in altorientalischer und israelitischer Wirklichkeitsauffassung ein geeignetes Vehikel für die wechselseitige „Osmose zwischen Tatsächlichem und Symbolischem"²⁶⁵ in Form literarischer Verdichtung. Die metaphorische Rede vom lobpreisenden Himmel ist deshalb einerseits transparent „auf die Sphären göttlich-intensiven Lebens"²⁶⁶ – ihre ‚Dichte'²⁶⁷ lässt Konkretisierungen der mythologischen Weltkonzeption, wie Vorstellungen vom Lobpreis der himmlischen Versammlung o.ä., andererseits jedoch nur oszillierend hindurchschimmern.

Hiermit wird also zugleich ein vierter Deutungsrahmen für das Verständnis der Subjekthaftigkeit kosmischer Bereiche in israelitischer und altorientalischen Literatur vorgestellt, der hier im Blick auf Ps 19,2 entwickelt worden ist und eine m.E. noch angemessenere Alternative zu den oben genannten Ansätzen bietet.²⁶⁸ Bei vergleichbaren Formulierungen ist jeweils neu zu überprüfen, ob es sich ähnlich verhält wie hier, oder ob das Pendel mehr in Richtung auf mythologische Konkretion oder in Richtung auf poetisch-literarische Stilistik ausschlägt.
Wie verhalten sich unsere Ergebnisse zur bisherigen Auffassung von Ps 19,2ff als ‚Selbstoffenbarung der Schöpfung'? G. von Rad hatte angenommen, „daß die Vorstellung von der sich selbst bezeugenden Urordnung [sc.: u.a. in Prov 8; Sir 24] zusammengehört, ja vielleicht wurzelt in dem alten Hymnenmotiv von dem Selbstzeugnis der Schöpfung ... Die Lehre von der Uroffenbarung stand also gerade in ihrem Spezifikum auf genuin altisraelitischen Vorstellungen"²⁶⁹. Doch sind Motive

---

263 Diesen Begriff verwendet auch *Bader* für *Ricœur*s Verständnis der Metapher als ‚conception tensuelle' (Metapher, 102).
264 Vgl. *Ricœur*, Lebendige Metapher, 233ff.
265 *Keel*, AOBPs², 47.
266 *Keel*, ebd.
267 Hierin besteht auch der Unterschied zur Allegorie, bei der, wenn ihre zweite Bedeutung freigelegt ist, die erste Bedeutung ersetzt werden kann – nicht aber beim Symbol, dessen innere Spannung nicht aufzuheben ist. *Ricœur* macht diesen Unterschied zwischen Symbol und Allegorie geltend und verwendet dazu ganz ähnlich die Metapher von Transparenz / Intransparenz: „Diese Undurchsichtigkeit macht die Tiefe des Symbols aus ..." (Symbolik, 23ff).
268 Dieser Ansatz vereint die leistungsfähigen Elemente des ‚literarischen' und des ‚mythologischen' Deutungsrahmens, vgl. hierzu oben.
269 Weisheit, 227; vgl. *ders.*, Theologie, II, 360 Anm. 7, sowie die Aufnahme dieser Einschätzung bei *Meinhold*: „daß die Schöpfung Gottes Herrlichkeit bezeugt, ist für das AT ... etwas Besonderes ... für den Alten Orient anscheinend sogar etwas Einzigartiges" (*Meinhold*, Theologie, 123).

B) Die doxologische Lehrrede des Himmels: V.2-5a

des redenden Himmels oder anderer personifizierter Teile der Natur,[270] wie wir gesehen haben, nicht spezifisch oder gar genuin israelitisch.[271] Und keiner der konkreteren Belege des Motivs der Doxologie des Himmels ist als vorexilisch anzusehen; Ps 19,2 baut hierauf in wahrscheinlich hellenistischer Zeit auf.[272] Genuin israelitisch kann die Ausprägung des Motivs in Ps 19 also nur insofern genannt werden, als Israel dies Theologumenon wie so viele *differentiae specificae* in der Reife seiner Theologie, nicht am Anfang seiner Geschichte herausbildete.

Durch welche theologie- und religionsgeschichtlichen Entwicklungen wurde der Lobpreis des Himmels also aussagbar? „Der Himmel vermag diese Aufgabe [sc.: die doxologische Rede] zu übernehmen, weil er wie die Erde mit ihrer (Herrlichkeits-)Fülle Gottes Eigentum (geworden) ist"[273] – so erklärt Spieckermann die Entstehung des Topos überzeugend. Und auch der Annahme, dass die deuterojesajanische Verkündigung einen bedeutenden Entwicklungsschub für das Motiv der Lobaufforderung an Himmel, Erde, Berge etc. bedeutete, wie Ruppert in seiner traditionsgeschichtlichen Untersuchung zur Lobaufforderung an die Schöpfung ausführt,[274] fügt sich in unsere Erklärung gut ein, dass die himmlische Doxologie engstens mit der Akklamation des höchsten und schließlich einzigen Gottes verbunden ist. Der NS mit der Partizipialkonstruktion in Ps 19,2 allerdings ist ein Novum; doch auch hier dient die Aussage über den Himmel der Verherrlichung des Königtums Gottes.

Auch das Motiv der von von Rad vermuteten *eigenständigen* Rede des Himmels[275] konnte nirgends festgemacht werden: Ob im Kontext der Theophanie, ob im Zusammenhang von Gericht oder Gottesdienst – nirgends ist eine ‚selbstständige' Rede des Himmels erwähnt, die nicht mit einem anderen kosmischen, mythologischen und / oder geschichtlich bedeutsamen Vorgang in enger Beziehung stünde und jenen begleitet; dabei kommt dem Himmel aber stets eine bedeutende *Resonanzfunktion* zu.

---

270 Dabei sei auch daran erinnert, dass das Subjekt des Lobpreises die Himmelsfeste ist – es ist unsachgemäß, diese Aktivität undifferenziert auf die gesamte Schöpfung oder Natur auszudehnen, vgl. ähnlich bereits *Petersen*, Mythos, 94; anders *Jirku*: „Ganz eindeutig ist hier von einer Sprache der Natur die Rede" (Sprache, 631).
271 Vgl. bereits *Jeremias'* Herleitung des ‚Aufruhrs der Natur' aus der Umwelt Israels – als des zweiten, wichtigen Bestandteils der Theophanieschilderung neben dem genuin israelitischen des ‚Kommens JHWHs' „von seiner Wohnung – präziser: vom Sinai" (Theophanie, 151, vgl. 152-155).
272 Zur Datierung von Ps 19 s.u. VI. Auch *Spieckermann* findet gerade im ersten Abschnitt „ein Spätstadium der hebräischen Literaturgeschichte" (Heilsgegenwart, 65), ohne jedoch sein Urteil über dessen ursprünglich kanaanäische Herkunft (vgl. v.a. aaO 64f) zu modifizieren.
273 *Spieckermann*, Pantheismus, 422.
274 Vgl. v.a. *Ruppert*, Aufforderung, 236.
275 Vgl. oben zu *von Rad*s Vermutung, dass der Himmel nicht erst im Zusammenhang mit anderen Ereignissen zum ‚Reden' ermächtigt wird.

Von Rad sah die „Vorstellung von einem realen Zeugnis, das von der Welt ausgeht"[276] neben Ps 19,2ff vor allem auch in Ps 148 belegt, wo in V.5 ein Zusammenhang zwischen dem Lobpreis der himmlischen Geschöpfwelt und ihrem Geschaffensein hergestellt wird. Wenn es da zum Ende der Lobaufforderung an Himmel und Gestirne heißt: ‚Loben sollen sie den Namen JHWHs! Denn er gebot, und sie waren geschaffen', dann begründet das Geschaffensein durch JHWH die Ehrentbietung für den Schöpfer. Eine revelatorische Deutung, die auch für Ps 19 häufig anzutreffen war, vollzieht jedoch den Umkehrschluss: Dass der Himmel zum Rückschluss auf sein Geschaffensein und damit auf den Schöpfer appelliere, und dass dies der Mitteilungsgehalt seines Lobpreises sei. Insofern es sich hierbei jedoch um gottesdienstlichen Lobpreis handelt, Gottesdienst einer Primäroffenbarung aber nicht neu bedarf, sondern sie voraussetzt, handelt es sich bei dieser Einbeziehung der gesamten Schöpfung in den Lobpreis des Schöpfers[277] vielmehr um den intensivierten Ausdruck des schon vorhandenen ‚gläubigen Weltverständnisses Israels'.[278] Dass die Welt „nicht stumm" sei, ist also durchaus nicht gleichbedeutend damit, dass sie „eine Aussage" habe, wie von Rad formulierte,[279] und dass diese dann als ‚Selbstoffenbarung' zu verstehen wäre.

3. Die Rede der Tage und Nächte (V.3)

Die Rede der Tage und Nächte entfaltet die doxologische Rede des Himmels weiter. Auch hierbei handelt es sich, allerdings abstrakter als beim gegenständlichen, sichtbaren Himmel, um metaphorisch-personifizierende Redeweise. Insofern V.2-5a ein ganzes, mit je neuen Bildworten anhebendes Gewebe metaphorischer Aussagen ist, trifft Ricœurs Begriff des ‚Metaphernnetzes'[280] die literarische Gestalt dieses Abschnitts recht gut. Zwar wäre wiederum für eine mythologische Weltwahrnehmung zu berücksichtigen, dass ‚Tag'[281] und ‚Nacht'[282] im Alten Orient als natürliche Phänomene durchaus divinisiert werden konn-

---

276 *Von Rad*, Weisheit, 227.
277 Zu Ps 148,1-7 s.o.
278 Vgl. hierzu *von Rad*, Glaube, 255. Dass die Kenntnis des Gottes Israels vorauszusetzen ist, betont auch *Meinhold*, Theologie, 123.
279 Vgl. anders *von Rad*, Weisheit, 211.
280 Vgl. u.a. *ders.*, Lebendige Metapher, 233ff.
281 Zur (von Yammu zu unterscheidenden) Gottheit *ym* vgl. *Becking*, Day, 222.
282 Zu den Regionen, in denen die Nacht divinisiert wurde, vgl. *Barré*, Night, 623; speziell zur in ugaritischen Texten vorkommenden Gottheit Lel (*ll*), die weder mit *lilû* (vgl. Lilith) noch mit *lil(lu)* identifiziert werden sollte, vgl. *Puëch*: „it seems that Lel (‚Night') is at least in some passages a lesser deity related to the underworld; and / or as a god of the night he may also bring plague or disease" (Night, 510, s. auch 509.

B) *Die doxologische Lehrrede des Himmels: V.2-5a* 161

ten.²⁸³ Doch lässt das Alte Testament selbst solche Deifizierungen bei weitem nicht mehr erkennen,²⁸⁴ sondern wendet, wie hier, personifizierende Redeformen an. Während in V.2 noch eine große Nähe zu Topoi der Hymnenliteratur feststellbar war, gewinnt zwar die Doxologie des Himmels durch ihre metaphorische Ausgestaltung als Unterredung von Tagen und Nächten an Plastizität, zugleich aber auch an Rätselhaftigkeit. Hierdurch und durch die Wortwahl wird die kosmische Doxologie als ein mit einer weisheitlichen Lehrrede vergleichbares Geschehen, und der Psalm zugleich als weisheitliche Poesie erkennbar.

So werden in ganz ähnlicher Form Hi 3,3-10 nicht nur der Tag der Geburt (V.3.)²⁸⁵ und die Nacht (V.3.6.9f), sondern auch die Dunkelheit (חֹשֶׁךְ V.5), die Finsternis (צַלְמָוֶת; V.5) und das Dunkel (אֹפֶל; V.6) personifiziert, wenn dort ihre ‚Rede' dargestellt wird. Personifikationen äußerster Bereiche der Schöpfung findet man auch in Hi 28,14.22 bei den Antworten von Meer und Tiefe (וְיָם אָמַר ... תְהוֹם אָמַר), Abgrund und Tod (אֲבַדּוֹן וָמָוֶת אָמְרוּ) auf die Frage nach dem Ort der Weisheit.²⁸⁶ Nicht nur diese literarische Form, sondern auch das Vokabular ist der Weisheit zuzuordnen: נבע hi. ‚sprudeln lassen'²⁸⁷ ist nur ganz selten nicht auf ein ‚überfließendes' Reden übertragen und hat eine Affinität zu weisheitlichen und zu doxologischen Kontexten.²⁸⁸ – Die weiteren Belege von חוה (I.) pi. ‚unterweisen, lehren'²⁸⁹ im he-

---

283 In einer Inschrift aus Bīt Agusi z.B. werden in Z.12-13 als kosmische Größen neben Himmel und Erde auch ‚Tag und Nacht' als Götter geführt. Der aramäische Staatsvertrag in der Sefire-Inschrift KAI 222 wird vor den göttlichen Zeugen ‚Tag und Nacht' geschlossen (Z.12), s. dazu *Becking*, Day, 222.
284 Vgl. *Puëch*: „Elsewhere known as numinous forces, ‚Day' and ‚Night' have been demythologized by the bible" (Lel, 511; vgl. *Barré*, Night, 624; *Jenni*, יוֹם, 723).
285 Zum Topos der Verfluchung des Tages der Geburt in Jer 20,14 und Hi 3,1ff, die in einigen mesopotamischen Klagen Parallelen hat, vgl. *Becking*, Day, 221; *Jenni*, יוֹם, 723.
286 Vgl. dazu *Strauß*, der hier das Dichterische der Personifikation (in Abgrenzung vom Mythologischen) hervorhebt (BK XIV/2, 148.152). S. zu Hi 3 auch *Beuken*, Job's Imprecation, passim. Diese Personifikation kosmischer Größen, die in der jüngeren Weisheit auffällig häufig gebraucht wird, ist wiederum nicht allzu weit entfernt von der Personifikation der Weisheitsgestalt von Prov 1-9, vgl. zur Diskussion ihrer Deutung *Baumann*, Weisheitsgestalt, 4-36.
287 KBL 590 s.v., vgl. auch altaram. *nb'* ‚to boil over, to speak' (DNWSI 712 s.v.; KAI 223B 8) sowie akk. *namba'u* ‚sprudelnde Quelle'. Bemerkenswert ist נבע q. im Bildwort von der Quelle der Weisheit als einem sprudelnden Wadi in Prov 18,4b.
288 Vgl. v.a. נבע hi. im Selbstruhm der Weisheit Prov 1,23 und im Zusammenhang mit (weiser) Rede Prov 15,2.28; Ps 59,8; 94,4; 119,78.171; 145,7; Sir 42,14, ferner Ps 78,2. Negativen Konnotationen von נבע hi., z.B. wo es für das nichtsnutzige Reden der Frevler (Prov 15,2.28) oder der Feinde (Ps 59,8; 94,4) gebraucht wird, steht eine positive Verwendung des Lexems für den Lobpreis gegenüber, wie in Ps 119,78.171; 145,7.
289 KBL 283 s.v.; eine Sonderbedeutung ‚verkünden' aus Ps 19,3 abzuleiten (*Wagner*, חוה, 785), legt der Kontext nicht nahe. Zu *ḥwh* pa. und haf. (beides ‚to show', ‚make known', ‚report') im Reichsaramäischen s. DNWSI 353f, s.v. *ḥwy*, vgl. DISO 84.

bräischen[290] Alten Testament[291] beschränken sich auf das Hiobbuch (Hi 15,17; 32,6.10.17; Obj. דֵּעָה 36,2) und konzentrieren sich darin auf die Elihu-Reden;[292] man kann dort von einem terminologischen Gebrauch für weisheitliche Lehrrede sprechen.

Die Unterredung der Tage und Nächte ist also als weisheitliche Rede gestaltet. Und so hat Steck formuliert: „Das bedeutet, dass die von Himmel, Tag und Nacht ausgehende Kunde als ein weisheitliches Lehrgeschehen gefaßt ist, das auf die Erde ausgeht – geheimnisvoll und doch von unausweichlicher Evidenz, so dass es in weisheitlicher Erkenntnis als Lehre hörbar gemacht und formuliert werden kann"[293]. Die Erde bzw. die Menschen sind hier jedoch gerade nicht die Adressaten; vielmehr ist es für den Tag der Tag und für die Nacht die Nacht[294] – die kosmische Zeit redet ‚in sich', und geheimnisvoll ist eher, wie der textinterne Sprecher in Kenntnis dieser Unterredung kam, um es den Psalmrezipient/inn/en weiterzutradieren.[295]

Bei der weitergegebenen Erkenntnis, דַּעַת, ist demnach auch nicht an דַּעַת אֱלֹהִים im prophetischen Sinn bzw. an priesterliches Berufswissen zu denken,[296] sondern an das umfassende, tiefe und schwer zugängliche Wissen der Weisen.[297] Bei der schöpfungsinhärenten Unterredung der Tage und Nächte geht es damit, ähnlich wie in den Gottesreden des Hiobbuches, um eine Form von „Erkenntnis, die wir als eine Art Know-

---

290 In den vier Belegen des biblisch-aramäischen חוה pa. (von 5 insgesamt) in Dan (Dan 2,4.11.24; 5,7) wird es nur für die Verkündigung der Traumdeutung durch die babylonischen Stern- und Zeichendeuter bzw. durch Daniel gebraucht; vgl. ferner חוה haf. in Dan 2,6.7.9.11.16.27; 3,32; 5,12.15 sowie die Begriffsstudie von *Soggin*, *ḤWH*, 205ff.
291 Hinzu kommt Sir 42,19 (par. גלה), vgl. auch 1Q42 I,2.
292 Zum häufigen Gebrauch von חוה pi., in der ‚Selbstintroduktion' des Elihu vgl. *Wahl*, Der gerechte Schöpfer, 53 und passim. Elihu bietet ein gleichsam synergistisches Modell der Befähigung zu solcherlei Weisheitskundgabe, wenn er sie auf den Geist des Menschen und den Hauch des Allmächtigen zurückführt (Hi 32,8, vgl. 32,18; 33,4).
293 *Steck*, Bemerkungen, 239.
294 Es ist häufig angemerkt worden, dass gerade nicht von einer Kommunikation des Tags mit der Nacht die Rede ist (vgl. zur sonst meist direkten Gegenüberstellung von Tag und Nacht als Merismus *Jenni*, יוֹם, 708f, mit den dort angegebenen Belegen). Damit steht nicht der zyklische Aspekt des Tag-Nacht-Wechsels, sondern die zeitliche Erstreckung und die rhythmisierte Dauer im Mittelpunkt. Dass die PK hier den durativen Aspekt ausdrückt, braucht deshalb kaum eigens erwähnt zu werden.
295 S. hierzu auch unten VIII. A) 2.
296 Vgl. v.a. Hos 4,1; 6,6. Diese Deutung favorisiert *Kraus* (BK XV/1, 301), doch ist in V.3 von דַּעַת אֱלֹהִים keine Rede.
297 Immerhin die Hälfte der Belege von דַּעַת findet sich in Prov, Hi und Qoh, wo es, wie hier, eben absolut gebraucht wird. ‚Erkenntnis' gehört zusammen mit der חָכְמָה zu dem „was das Wesen der Weisheit ausmacht" (*Schottroff*, ידע, 700). Hiob etwa wird der Vorwurf gemacht, er habe noch nicht den vollen Umfang von Gottes tagtäglicher Erhaltung der Schöpfung gegenüber den zu bändigenden Mächten erkannt – dies ist u.a. die Erkenntnis, die Elihu für sich reklamiert.

B) Die doxologische Lehrrede des Himmels: V.2-5a

How bezeichnen würden"[298], sofern sie die innere Struktur der Schöpfung betrifft. Denn insofern diese Rede mit dem Lobpreis von V.2 kongruiert, kann man von einer schöpfungsinhärenten doxologischen ‚Lehrtradition' innerhalb der Ordnung der Zeit sprechen, in der das geheimnisvolle Wissen um das Gesamtkonzept einer sinnvollen Welt, um den „Weltplan"[299], weitergegeben wird.

Wiederum ist zu präzisieren: Worin besteht die besondere Qualität der Tage und Nächte, dass sie weisheitliches Schöpfungswissen weiterzugeben vermögen? In Gen 1,3-5 werden die Finsternis und das von ihr geschiedene Licht ‚Tag' und ‚Nacht' genannt,[300] und damit noch vor dem Raum die Zeit und ihre Grundordnung, nämlich der Tag-Nacht-Rhythmus, geschaffen.[301] Das geschieht, noch bevor in Gen 1,14-16 am vierten Tag die ‚Leuchten' – מְאֹרֹת – in die Aufgabe eingesetzt werden, über Tag und Nacht zu ‚herrschen', und somit insbesondere die Nacht als Zeit der Gefahr und des Chaos[302] nicht nur dauerhaft zu begrenzen, sondern im Rhythmus der kosmischen Ordnung zu erhalten. Diese Ordnungsstruktur der kosmischen Zeit[303] wird hier in metaphorischer Form versprachlicht, und die Personifikation der Tage und Nächte ermöglicht es dabei, den regelmäßigen kosmischen Zeitverlauf als eine dem menschlichem Sprachvermögen in gewisser Weise entsprechende, weltinhärente Rationalität auszudrücken.[304] Diesen Zusammenhang mit Gese als den „unakustischen Transzendenzcharakter des Logosgeschehens"[305] auszudeuten, ist allerdings angesichts der durchaus hebräisch-israelitischen Denkformen ein Anachronismus.

Es bestehen also deutliche Bezüge von Ps 19 zu Gen 1,3-5.14-16, jedoch indirekt und auf einem hohen, sehr eigenständigen Verarbeitungsniveau. Dass es bei dieser Unterredung der kosmischen Zeit um das von den himmlischen Mächten ausgehende Maß der Zeiteinheiten handelt,

---

298 *Keel*, Entgegnung, 53; ähnlich *Spieckermann*: „Wissen ..., das ein für den Bestand der kosmischen Ordnung Notwendiges ist" (Heilsgegenwart, 63, z.St.). Solche Erkenntnis geht über theoretisches Wissen und das Verstehen ‚technischer' Zusammenhänge hinaus, weshalb die Weisheit sie durchgängig an den oder jenseits der Grenzen menschlicher Erkenntnisfähigkeit ansetzt oder sie ganz JHWH vorbehält (vgl. Ps 139,6; Prov 30,1f.18).
299 Zu diesem Verständnis von דַּעַת s. *Keel*, Entgegnung, 44.53ff.15f und passim.
300 Zum Herrschaftsakt der Benennung der (nicht geschaffenen!) Finsternis als Nacht, s. *Sæbø*, יוֹם, 580; vgl. die Eigentumsaussage über Tag und Nacht in Ps 74,16.
301 S. *Westermann*, BK I/1, 157; 580f; zur Vorordnung der Zeit vor den Raum s. auch *Sæbø*, ebd.; die Aufhebung der Unverbrüchlichkeit dieser Ordnung (Gen 8,22) ist nur eschatologisch aussagbar, s. Sach 14,7.
302 Vgl. *Barré*, Night, 624.
303 Dass insbesondere die Sonne im Jahresverlauf die unterschiedliche Länge der Tage und Nächte bestimmt, weiß auch das astronomische Buch des äthHen, vgl. äthHen 72,5 und dazu *Albani*, Werk, 323.
304 Vgl. *Glass*: „Psalm 19 expresses a sense of order derived from the regular repeating succession of day and night" (Observations, 149).
305 *Gese*, Einheit, 141.

durch die sie die Zeit der übrigen Schöpfung bestimmen, erfährt erst in V.5a eine Präzisierung.

4. Die Ambiguität der Verkündigung des Himmels (V.4)

Die sich durch die paradoxe Negation der Rede des Himmels bzw. der Tage und Nächte ergebenden Schwierigkeiten dieses Verses sind bereits oben im Zusammenhang der literarkritischen Fragestellung dargelegt worden. Insofern eine ‚positive Übersetzung' (relativischer Anschluss von V.4b) ausfällt,[306] und da sich ein literarkritischer Lösungsversuch bereits als obsolet erwiesen hat,[307] geht es im Folgenden um eine Präzisierung des Verständnisses dieses beabsichtigten Paradoxes.
Handelt es sich hier um eine Korrektur, die die Uneindeutigkeit der ‚Schöpfungsworte' heraus- und ihnen die Eindeutigkeit der ‚Toraworte' entgegenstellen will? Stellt Ps 19 hiermit die Tora gegen die prophetische Tradition?[308] Ist der Vers etwa eine Art (negativer) Anspielung auf Dtn 4,12, wo die direkte Offenbarung JHWHs am Sinai prägend mit dem Ausdruck: קוֹל דְּבָרִים präzisiert wird? Zumindest eine Näherbestimmung, welche Art ‚Rede' von der himmlischen Sphäre denn nun eben *nicht* ausgehe sowie eine Präzisierung des seltenen אֹמֶר,[309] ist durch die Zusammenstellung mit דְּבָרִים zu erwarten.

„דבר seems to have been selected by the deuteronomists as an umbrella term ... for prophetic revelation"[310] – teilweise wurde er aber eben auch für die dtn. Gebotstradition gebraucht.[311] Allerdings ist der terminologische Gebrauch von דְּבָרִים deutlich von der Prägung durch die jeweilige Tradition bedingt,[312] und gerade auch in (verwandten) weisheitlichen bzw. späteren, ‚kanonbewussten' Texten ist die Bedeutung von דְּבָרִים in absolutem, indeterminiertem Gebrauch wie hier überraschend unspezi-

---

306 S.o. I. B) 3.
307 III. C) 4. a).
308 So zumindest jüngst *Arneth*, Psalm 19, 102ff, der Ps 19 letztlich in einer Linie mit Dtn 34,10 sieht.
309 Zu den unterschiedlichen semantischen Nuancierungen des Lexems אָמַר zwischen V.3 (Intensität der Rede und weisheitlicher Ausspruch) und V.4 s.o.
310 *Chapman*, Words, 52. – Zur Diskussion über einen frühen terminologischen Gebrauch von דְּבַר יהוה innerhalb der Prophetie s. *Chapman*, aaO 53 mit Anm. 140. Einen ursprünglichen Gebrauch von דְּבָרִים als *terminus technicus* für Gebote hält bereits *Liedke* für unwahrscheinlich; Rechtssätze, 194f; vgl. *Chapman*, aaO 53.
311 Vgl. *Gerleman*: „Unterschiede zwischen prophetischem und gesetzlichem *dābār* [sc: sind] in dtr. und nachdtr. Texten stark verwischt" (דְּבַר, 441).
312 Vgl. den Überblick bei *Chapman*, Words, 52 mit Anm. 135-137. Die zahlreichen, erst durch Cstr.-Verbindungen spezifizierten terminologischen Wendungen unterschiedlicher Provenienz, wie דְּבַר יהוה (vgl. etwa die sog. Wortereignisformel); דִּבְרֵי + PN (v.a. in der Schriftprophetie), דִּבְרֵי הַתּוֹרָה etc. (hierzu und zu weiteren Wendungen s. *Chapman*, aaO 53ff) sind vom indet. Gebrauch wie hier deutlich zu unterscheiden.

B) Die doxologische Lehrrede des Himmels: V.2-5a

fisch: Es steht hier als ‚Allerweltswort' ausgesprochen häufig für ‚Worte'[313], ‚Dinge' und ‚Geschehnisse' jeglicher Art, zuweilen zwar für weisheitliche Lehre[314], aber nicht selten auch für ‚leere Worte' und ‚Geschwätz'.[315]

Die Frage müsste also textpragmatisch präzisiert werden: Konnte der Psalmist in seinem Adressatenkreis damit rechnen, dass eine Anspielung, möglicherweise auf Dtn 4,12 u.ä. oder auf prophetische Worte, auch verstanden wurde? Die Termini von V.4, vor allem דְּבָרִים, sind einfach nicht spezifisch genug, um als eine Anspielung auf prophetische oder andere Offenbarungsworte verstanden zu werden.[316] Im weiteren Textverlauf tritt die Vagheit und Undeutlichkeit der Begriffswahl דְּבָרִים, אֹמֶר und קוֹל[317] durch die sehr profilierte Gebotsterminologie ab V.8 in einer Weise zutage, die umso wahrscheinlicher macht, dass in V.3 kein terminologischer Gebrauch vorliegt.[318] Bestimmt wird die Begrifflichkeit vielmehr durch den unmittelbaren Kontext – der Akzent liegt darauf, dass hinsichtlich des sprachlichen Charakters der weisheitlichen Lehrrede ein Spannungsverhältnis aufgebaut wird, und zwar zwischen ihrem im metaphorischen Sinn durchaus vorhandenen, aber im ‚wörtlichen' Sinn fehlenden Redecharakter.[319] Diese Spannung unterstreicht den Geheimnischarakter der Rede des Himmels.

Die Aussage von V.4b geht offenbar hinter die doppeldeutliche Negation des ‚Wortcharakters' der Rede (V.4a) wieder einen Schritt zurück, da sie lediglich die akustische Apperzeption der Kunde ausschließt. Andererseits klingt erst hier die Möglichkeit an, dass es sich überhaupt um eine Art Laut oder Geräusch handele, die nicht gehört wird – von einer auditiven Wahrnehmung war zuvor ja gar keine Rede. Ist aber an

---

313 Vgl. als gewöhnliche Botschaft / Nachricht: Prov 26,6; Neh 1,4; 5,6 u.ö.
314 Vgl. Prov 24,26 und im stat.cstr.pl. Prov 1,6; 4,4.20; 22,17; Qoh 9,17; 12,11.
315 So in Hi 11,2; Prov 10,19; Qoh 5,2; 6,11; 10,14, vgl. Hos 10,4 und Qoh 1,8; 7,21 (det.) u.ö.
316 Das ePP 3.ps.pl.m. bezieht sich zurück auf V.2 (הָרָקִיעַ / הַשָּׁמַיִם); durch den Pl. kann die Rede der Tage und Nächte hierunter subsummiert werden.
317 Dass die Formulierung: בְּלִי נִשְׁמָע קוֹלָם eine (kontrastive) Anspielung auf die Wendung שמע בקול des dtn.-dtr. oder jer. Sprachgebrauchs wäre (zu ihrer großen Geläufigkeit vgl. *Labuschagne*, קוֹל, 631f), ist unwahrscheinlich, da ein Bezug auf die (Sinai-)Offenbarung bei dieser Wendung stets durch ausdrücklichen Bezug auf JHWH hergestellt wird (so in Dtn 4,12.33; 5,23.24.25.26.28) und da שמע ni. + קוֹל durchweg unspezifisch gebraucht wird (vgl. Gen 45,16; Jes 15,4; Jer 3,21; 9,18; 31,15; 42,6.14; Ez 10,5). Vgl. dazu auch den folgenden Abschnitt.
318 Die fehlende Spezifität des Begriffs lässt es deshalb auch unmöglich erscheinen, hierin einen bestimmt ‚polemischen Sinn' insbesondere gegenüber der Inspiration Davids 2 Sam 23,2f zu sehen, wie *Arneth* es tut (Psalm 19, 100 Anm. 53). *Arneth* kapriziert sich in seiner Argumentation zugunsten einer etwaigen Kritik von Ps 19 am Inspirationsbewusstsein Davids in 2 Sam 23,1-7 vornehmlich auf die Negation von דְּבָרִים in V.4 und das „דברים-Schweigen" von V.8-11 (Psalm 19, 100 Anm. 53; s. hierzu im Einzelnen unten VII. C), lässt aber die noch weniger auf eine Zuordnung zur Prophetie hinweisenden Begriffe אֹמֶר und קוֹל ganz beiseite.
319 Vgl. bereits oben III. C) 4. a).

eine Art Laut von vorneherein gar nicht im *wörtlichen* Sinne gedacht? Denn mit קוֹל (im Pl.) ist ein so umfassender wie wenig spezifischer Begriff gewählt, der eine große Zahl möglicher Deutungen bereithält. So stehen neben der konkreten Verwendung, wo קוֹל Stimmen (von Menschen und Tieren), Töne / Klänge (von Musikinstrumenten u.ä.), Geräusche,[320] Laute etc.[321] bezeichnet, verschiedene übertragene Bedeutungen in Gebrauch[322].

Dass in V.4b dagegen an eine – nur eben von menschlichem Hören nicht wahrgenommene – Form von konkretem Laut, Klang oder Geräusch, genauer: an die pythagoräische Sphärenharmonie zu denken sei, ist eine neuerdings[323] wieder von Oeming[324] vertretene Interpretation. Da dem Alten Orient der vorhellenistischen Zeit Vorstellungen jener Art unbekannt waren,[325] macht erst eine Datierung des Psalms in hellenistische Zeit, die allerdings nicht unwahrscheinlich ist,[326] die Bekanntschaft mit der pythagoräischen Harmonie der Sphären überhaupt diskutabel.[327] Eine Kenntnis und Auseinandersetzung (früh-)jüdischer Gelehrter mit pythagoräischen Lehren kann aber erst im ersten vorchristlichen Jh. bei Philon nachgezeichnet werden.[328] Andererseits ist, wie wir sahen, an eine mathematisch-astronomische Berechnung kosmischer *Musik*[329] in V.2-4a überhaupt nicht gedacht,[330] und nach all dem, was

---

320 Z.B. das Geräusch der Flügel von Mischwesen: Ez 1,24; 3,13; 10,13.
321 Vgl. *Labuschagne*: „קוֹל bezeichnet alles, was akustisch vernommen werden kann" (קוֹל, 630; vgl. auch die dort angeführten Belege).
322 U.a. „Nachricht, Kunde"; *Labuschagne*, קוֹל, 631. Das gilt v.a. in Konstruktionen mit עבר hi. oder נתן qal, vgl. Ex 36,6; 2 Chr 24,9; 30,5; 36,22; Esr 1,1; 10,7; Neh 8,15 und hierzu *Labuschagne*, קוֹל, 631. Auch auf den Aussagegehalt kann sich קוֹל beziehen, vgl. in der Verbindung קוֹל הָאֹת (Ex 4,8) ‚das Zeugnis des Zeichens' und dazu *Labuschagne*, ebd. In der Wendung קוֹל תַּחֲנוּנַי (Ps 28,2.6; 31,23; 140,7) tritt die Audibilität hinter den dringlichen appellativen Charakter der Bitte selbst zurück.
323 Zur im 19. Jh. aufkommenden Diskussion s.o. Einleitung A).
324 NSKAT 13/1, 134; *ders.*, Verbindungslinien, 251.
325 Vgl. z.B. *Petersen*, Mythos, 92.
326 S. dazu unten VI.
327 Vgl. *Oeming*, NSKAT 13/1, 134; *ders.* Verbindungslinien, 260. Da eine Situierung in hellenistischer Zeit sich jedoch auf Sprach-, Stil- und Gedankenwelt stützen muss, ist die Datierung von V.2-7 in der hellenistischen Ära allein aufgrund der Deutung der ‚Himmelsrede' als Sphärenmusik eine *petitio principii*, die er zudem ohne weitere Belege vorträgt.
328 Vgl. auch Sap 19,18.
329 Der Grundgedanke der Lehre von einer Harmonie der Himmelskörper, deren Zurückführung auf Pythagoras nicht vollkommen sicher ist, und der in einem breiten Traditionsstrom der vorchr. griech. Philosophie überliefert wird, liegt darin, die Erkenntnis der mathematischen Berechnung von Musik und Tönen auf die Bewegungen der Himmelskörper anzuwenden: „Gemessene Bewegung, wie sie das Wesen der Musik ausmache, müsse auch ... dem Kreislauf der Sterne eigen sein, die Gesetze der Harmonik müßten auch auf die ... Astronomie anwendbar sein" (*von Jan*, Harmonie der Sphären, 16). Zur Lehre der Sphärenharmonie s. weiter *von Jan*, aaO

B) *Die doxologische Lehrrede des Himmels: V.2-5a*

über die Herkunft des Motivs der Verkündigung durch den Himmel und die Rede der Tage und Nächte gesagt worden ist, erscheint das auch auf dem Hintergrund von V.4 in keiner Weise wahrscheinlich. Das ‚Metaphernnetz' V.2f ist vollends aus dem Fundus von Israels Motiven, Traditionen und einem späten weisheitlichen Denken erklärbar – etwaige Berührungen mit dem Hellenismus haben auch ansonsten keine erkennbaren Spuren hinterlassen. Vielmehr wurde das Moment von Sprachlichkeit und Redecharakter der doxologischen Rede des Himmels bis hierhin auf metaphorische und paradoxe Weise entfaltet, und so nimmt nun auch V.4b die Konkretion der ‚Rede' des Himmels beim Wort und geht das Wagnis ihrer plastischeren, aber immer noch metaphorischen Ausgestaltung ein, um sie als eine Art nicht-gehörter Stimme näherzubestimmen. Wegen des metaphorischen Ausdrucks ist es aber auch nicht nötig, die konkret-metaphorische Bedeutung ‚Stimmen' zugunsten der bereits lexikalisierten, übertragene Bedeutung ‚Botschaften' zu tilgen. Es handelt sich also um einen metaphorischen Gebrauch der Bedeutung ‚Stimme'.

Was wird nun bis V.4 gesagt, was wird nicht gesagt? Es bleibt eine Art Rede in Betracht, die zugleich nonverbalen Charakter hat; es bleibt auch die Sichtbarkeit des weitergegebenen Wissens (V.3) in Betracht, da nur das faktische Gehörtwerden der ‚Himmelsstimme' ausgeschlossen wird.[331] Andererseits wird – trotz aller Universalität des Geschehens[332] – über das *menschliche* Erkenntnis*vermögen* dieser Rede ebenfalls kein Wort gesagt.[333] Über ein komplexes Verweissystem werden also vor allem Visualität und durchaus auch Intelligibilität der doxologischen ‚Rede des Himmels' offengehalten. Es geht also offenbar darum, dass diese die Schöpferherrlichkeit vermehrende schöpfungsinhärente Weisheit in der sichtbaren Ordnung des Kosmos, paradigmatisch im Sonnenlauf, anschaulich wird. Und hierin besteht auch tatsächlich der Bezug zwischen V.2-5a und V.5b.7. Anhand des Sonnenlaufs

---

13ff; zu ihrer frühmittelalterlichen Rezeption u.a. bei Boëthius u.a. s. *Münxelhaus*, Pythagoras musicus, 13ff.193ff.
330 Die exegetische Literatur lässt anderes vermuten: *Wagner* spricht etwa bei V.3 von Tag-Chören und Nacht-Chören (אמר, 371), *Loretz* von „unhörbarer Musik" (Ugarit, 169; vgl. *Seybold*, HAT 1/15, 86; *Oeming*, Verbindungslinien, 159). Auch Hi 38,5 wird als ‚Gesang der Morgensterne' gedeutet, etc. – ist an dieser Stelle darauf hinzuweisen, dass weder beim Motiv des Lobpreises des Himmels samt seiner Analogien noch bei anderen Personifikationen von Tagen, Nächten u.ä. – von Gesang oder anderen Formen musikalischer Darbietung die Rede ist, wofür man Verben wie שיר oder זמר etc. erwarten würde.
331 Auch ist die Möglichkeit einer Hörbarkeit mit dem Gesagten logisch nicht völlig ausgeschlossen, denn auch bei den anderen Belegen von בְּלִי mit Ptz.pass. oder ni. (2 Sam 1,21 wird nicht die Möglichkeit negiert, sondern nur die Faktizität des Gegenteils konstatiert; s.o. III. C) 4. a). Wahrscheinlich kommt sie für den Psalmisten jedoch nicht in Betracht.
332 Dafür steht die Aktivität des Himmels V.2, vgl. auch im Folgenden.
333 So jedoch *Barr*, Speech, 17; *Oeming*, Verbindungslinien, 251 Anm. 9.

kann die Größe der Weisheit, die in die Schöpfung gelegt ist, von denen nachvollzogen werden, die dem Geheimnis dieser Weisheit staunend nachforschen.[334] Dabei wird hier, im Zentrum der Darstellung von zeitlicher (V.3) und räumlicher (V.5a) Dimension der doxologischen Himmelsrede, zugleich auch ihr prinzipieller Geheimnischarakter[335] unterstrichen:[336] Dass die Rationalität der schöpfungsinhärenten Weisheit menschlicher Rede vergleichbar – und doch wieder von so fremder Art ist, dass ein möglicher Verweischarakter der Ordnung des Himmels auf den Schöpfer auch in der Erschließung dennoch unentschlüsselbar bleibt. Selbst in ihrer Erschließung liegt wiederum ein Moment der Verborgenheit.

5. Das ‚Maß' des Himmels (V.5a)

Die Gründe für die textkritische Entscheidung für den MT קָוָם brauchen hier nicht erneut genannt zu werden[337]; hier soll nun das Hauptproblem der Auslegung von V.5a, das Verständnis der Wendung יָצָא קָוָם (mit בְּ)[338] vertieft werden.[339]
Durch die parallele Stellung von קָוָם und מִלֵּיהֶם[340] gibt der Text Rezipient/inn/en einen weiteren Hinweis auf den Charakter der Himmelsrede: Die wortlosen Worte und die nicht gehörte Stimme (V.4) des Himmels sind die von ihnen ausgehende ‚Messschnur' (קָו). Handelt es sich bei der ungehörten Rede und diesem wiederum geheimnisvollen

---

334 Das bringen *Zenger* und *Glass* treffend zur Sprache: *Zenger* mit der Bemerkung: „Die Sonne mit ihrem Lauf am Himmel und ihrem damit sich vollziehenden Wirken auf der Erde ist eine Stimme sui generis" (Tora, 182) und *Glass* mit der Formulierung: „The apparent contradiction in vv.3-5 is resolved by the sun's activity: although there is no sound, the sun bears the silent voice of heaven's praise ..." (Observations, 149). Vgl. mit Einschränkung auch *Hossfelds* Deutung als „Kunde, die nicht dem Gehör, sondern nur dem Erkennen zugänglich ist" (Hossfeld / Zenger, NEB 29, 132.)
335 Hierzu s. bereits oben (III. C) 4. a) die Erklärung des Paradoxons. Vgl. bereits *Gunkel*, HK II/2, 76f.
336 Damit hält Ps 19 auch die (unauflösbare) Spannung zwischen Erschließung (vgl. Prov 8,1ff) und Verborgenheit (vgl. Hi 28,1-28; Qoh 3,11; 8,17; 11,5) der dem Schöpfer gemäßen Strukturen der Welt; s. dazu auch unten VIII. A) 1.
337 S.o. I. B).
338 Zu den Alternativen, wie dem Verständnis von קָו als ‚vibrierende klangerzeugende Schnur', ‚Ton' (*Ewald*, Dichter, 34), als ‚Faden der Rede' (*Hitzig*, Psalmen, 36) oder als ‚Schallwort' analog Jes 28,10.13 (*Kraus*, BK XV/I, 298), s. bereits oben I. B) 2.
339 Zum folgenden s. im Einzelnen *Grund*, Messschnur, passim.
340 Als nahezu technischer Ausdruck für ‚das weisheitliche Wort' fügt sich gerade מִלָּה vortrefflich in den Kontext ein. Der Gebrauch des Pl. ist dabei bis auf Prov 23,9 im hebräischen AT auf das Hiobbuch beschränkt (vgl. aber im biblisch-aramäischen Textbereich des Danielbuchs 24 Belege). Von insgesamt 29 Belegen des AT springt die Anzahl von 14 Belegen in den Elihureden ins Auge.

B) Die doxologische Lehrrede des Himmels: V.2-5a

‚Maß', wenn nicht um eine Harmonie der Sphären, so vielleicht um eine zu lesende Schrift des Himmels?[341] Diese bereits u.a. von Tur-Sinai und in neuerer Zeit von Albani[342] verfolgte Lösungsmöglichkeit des Rätsels von der wortlosen (V.4a) Himmelsrede beruht auf dem Vergleich zum von akk. *mašṭaru* (/ *šiṭir*) *šamāmi* (/*šamê* / *burūmê*)[343] herzuleitenden Hapaxlegomenon מִשְׁטָר in Hi 38,33[344] und bietet den Vorteil, dass der nonverbale, unhörbare himmlische Lobpreis sich eben auf eine sichtbare, erkennbare Ordnung bezöge, wie es vom bisherigen Textverlauf nahe gelegt wird.

In den akkadischen Bezugstexten steht bei diesem oft poetischen Ausdruck[345] jedoch nicht die Rätselhaftigkeit und die ‚Lesbarkeit' der Himmelsschrift im Vordergrund, wie Tur-Sinai meinte[346], sondern Gleichmaß und Glanz der astralen Welt. Auch fehlt ein Begriff wie מִשְׁטָר im Text völlig, und für das hebräische קָו ist die Bedeutung einer Himmelsschrift in keiner Weise belegt. Auch die von Tournay vorgeschlagene Lösung, קָו im Sinne von מִשְׁטָר als geschriebene Zeile[347] zu verstehen, hat die Schwierigkeit gegen sich, dass קָו nirgends diese Bedeutung hat, und vor allem, dass die konkrete Ausgestaltung des Metaphernnetzes von V.2-5a explizit mit Begriffen mündlicher Kommunikation operiert[348] und dabei an keiner Stelle auf Vorstellungen einer schriftlichen Botschaft schließen lässt.

Da im traditionsgeschichtlichen Hintergrund von Ps 19,2-7 jedoch gerade auch mit mesopotamischen astralen bzw. solaren Überlieferungen und Vorstellungen gerechnet werden kann,[349] liegt es nahe, auch das

---

341 Vgl. *Dom Calmet*, Commentaire, 208, 1734; zit. nach *Tournay*, Notules, 272; *Tur-Sinai*, Himmelschrift, passim; s. auch oben I. B) 2.
342 Vgl. *ders.*, Astronomie, 322ff; Werk, 243 Anm. 21.
343 Bei *burūmū* handelt es sich um diejenige Himmelsregion, denen die Sterne zugeordnet werden, s. *Horowitz*, Cosmic geography, 226.
344 Vgl. zu מִשְׁטָר in Hi 38,33 *Schunck*: „Dabei muß dieser Ausdruck hier freilich genauso (wie akk. *šiṭir* / *šiṭirtu šamê* ...) als bildliche Umschreibung für die Gestirne als die himmlischen Gesetzgeber der Geschicke auf der Erde verstanden werden" (שָׁטַר, 1257). S. zu Begriff und Stelle u.a. auch *Keel*, Entgegnung, 59; *Albani*, Astronomie, 126ff.145ff sowie nunmehr *ders.*, Gott und Gestirne, 184.206ff.
345 *Hunger*, Himmelsschrift, 413; ähnlich, doch weniger deutlich, fasst *Dohmen* die Wendung als eine „akk. Metapher für Sterne" auf (Ps 19, 503).
346 *Tur-Sinai* brachte, als er die *šiṭir burūmê*-Belege in die Diskussion einbrachte, zugleich auch griechische, arabische, mittelalterlich-jüdische etc. Rätsel an, in denen eine schriftliche Botschaft die Lösung bietet (aaO 421), die wegen ihrer raumzeitlichen Entfernung allerdings für Ps 19 kaum überzeugende Parallelen bilden. Vollends unwahrscheinlich ist darüber hinaus seine Übersetzung von קָו als ‚Gespei des Tintenrohrs' (ebd.); vgl. hierzu auch die Kritik *Tournays*, aaO 274.
347 AaO 274 (‚ligne').
348 ספר pi, נגד hi., אמר, חוה pi., מִלָּה etc.
349 Sie sind in einigen späteren weisheitlichen und auch apokalyptischen Überlieferungen deutlich nachweisbar, v.a. dort, wo ein hohes Interesse an astrologischen und solaren Themen vorliegt, die in z.T. kosmologisch-spekulatives Denken integriert werden; zu solchen Überlieferungen s.o. *Exkurs 2*.

akk. Äquivalent von קָו, *qû(m)*, in den Blick zu nehmen – zumal er als astronomischer *terminus technicus* belegt ist, nämlich im babylonischen Sternenkatalog BM 78161. Diese Parallele, wo Sterne nach einem System von ‚Schnüren'[350] bzw. ‚Linien' *qû* [GU] geordnet werden, lässt vermuten, dass in Ps 19,5a mit קָו auch auf einen geprägten astronomischen Begriff angespielt ist.[351] Wenn babylonische Astrolabe „der sichtbare Ausdruck der Vorstellung von astraler Gesetzmäßigkeit"[352] ist, so evoziert ein astrologischer Terminus wie קָו ähnliche Vorstellungen. Man wird sich jedoch aufgrund der Unwägbarkeiten über anzunehmende Überlieferungswege mit der Formulierung einer Wahrscheinlichkeit begnügen müssen, dass hier auf einen solchen Begriff angespielt ist – ähnlich vielleicht wie in Hi 38,33[353] mit מִשְׁטָר auf den akk. Begriff *šiṭir šamê*.

Dass es sich in Ps 19,5a um einen terminologischen *Gebrauch* eines astrologischen Begriffes handeln würde, ist aber bereits wegen der in Anschlag zu bringenden Gattungsdifferenzen zwischen einem wissenschaftlichen Text wie einem babylonischen Sternenkatalog und einem poetischen Text wie einem weisheitlichen Psalm kaum wahrscheinlich; hinzu kommen selbstverständlich und mit mehr Gewicht die sprachlichen und kulturellen Differenzen. So ist v.a. den spezifisch hebräischen Füllungen, die das Wort קָו erfahren hat, Beachtung zu schenken. Denn viel häufiger als die Verlegenheit der Forschung gegenüber קָוָם in V.5a es vermuten lässt, wird קָו in einem übertragenen Sinn verwendet.[354]

Dabei hat es vor allem einen gewissen Ort bei JHWHs Beschluss des Gerichtshandelns, wie in 2 Kön 21,13; Thr 2,8 und Jes 34,11. Am Anfang dieses metaphorischen Gebrauchs von קָו als Gerichtskriterium מִשְׁפָּט / צְדָקָה steht Jes 28,17a:

> Und ich werde als Maß Rechtsprechung anlegen (וְשַׂמְתִּי מִשְׁפָּט לְקָו),
> und Gerechtigkeit als Waage (וּצְדָקָה לְמִשְׁקָלֶת).

Neben der übertragenen Verwendung im Sinne von ‚Maß', ‚Kriterium'[355] gehört zum Gebrauch von קָו ein schöpfungstheologischer, wie er sich in Hi 38,5 findet, wo

---

350 Die Editoren *Walker / Pingree* übersetzen mit ‚strings' (Star-Catalogue, 318). *Koch*, der eine weitere Transliteration bereitstellt, mit ‚Schnur' (Sternenkatalog, 45).
351 Damit ist der hebräische Begriff קָו zwar nicht als Lehnwort anzusehen (zur Definition vgl. *Mankowski*, Loanwords, 3ff), doch ist in unserem Text ein Bedeutungszuwachs des hebräischen Wortes durch babylonischen Kultureinfluss sehr gut möglich. Zur Diskussion s. im Einzelnen *Grund*, Messschnur, 69f.
352 *Albani*, Der Eine Gott, 62; s. hierzu ferner *ders.*, Gott und Gestirne, 196ff.213ff.221f.
353 Vgl. zur Diskussion dieses Textes v.a. die differenzierte Diskussion des Abschnitts bei *Albani*, Gott und Gestirne, 183ff; *ders.*, Plejaden, passim; ferner *Grund*, Messschnur, 70f.
354 Vgl. lediglich *Oeming*, der zumindest die weiteren Belegstellen des Begriffs aufführt (Verbindungslinien, 251 Anm. 10).
355 Ähnliches gilt z.B. auch für מִדָּה. In der häufigen Formulierung קְנֵה מִדָּה (z.B. in Ez 40,3.5; 43,16.17.18.19) und bei חֶבֶל מִדָּה (Sach 2,5) bestimmt מִדָּה als *nomen*

B) Die doxologische Lehrrede des Himmels: V.2-5a

קָו als Gottes Werkzeug bei der Festsetzung der Ordnung der Schöpfung fungiert und zum Leitbegriff für Maß und Weisheit wird, die JHWH in sie gelegt hat.[356]
Bei all dem ist es daher kein Zufall, wenn קָו in jüngeren weisheitlichen und / oder apokalyptischen Überlieferungen als Begriff gebraucht werden konnte, mit dem – z.T. an der Seite von חק und תכון[357] – rechtstheologische und schöpfungstheologisch-kosmologische Ordnungsvorstellungen zum Ausdruck gebracht wurden. So heißt es z.B. in 1QH IX,28f:[358]

אתה בראתה רוח בלשון ותדע דבריה
ותכן פרי שפתים בטרם היותם
ותשם דברים על קו
ומבעי רוח שפתים במדה
ותוצא קוים לרזיהם
ומבעי רוחות לחשבונם ...[359]

Du schufst[360] den Hauch auf der Zunge und du weißt ihre Worte,
Und du bestimmtest Frucht der Lippen, bevor sie waren,
Du bereitetest Worte nach der Messschnur,
Quelle der Lippen[361] nach Maß[362]
Du ließest Maße hervorgehen gemäß ihren Geheimnissen
Und Quellen des Atems nach ihren Berechnungen ...

Marböck sieht hier (wie in MasSir A 44,5a)[363] in קו einen *terminus technicus* für das „Versmaß"[364], was dann jedoch gleichermaßen für מדה zu postulieren wäre. Dass hier von einer Präszienz- bzw. sogar Determinationslehre bezüglich des Metrums des Lobpreises die Rede sein sollte, erscheint jedoch äußerst spezifisch und nicht ge-

---

regens, abgelöst von der konkreten, ursprünglichen Bedeutung ‚Hohlmaß', die Funktion des Rohrs bzw. der Schnur sogar näher als die eines *Mess*rohrs bzw. einer *Mess*schnur.
356 Solche Motive vom ‚Maß-Nehmen' und ‚Maß-Geben' gehören durchaus auch ohne den spezifischen Begriff קָו zum wichtigen Bereich der handwerklichen Schöpfungsvorstellungen, vgl. z.B. Jes 40,12 (Messen des Himmels, mit מִשְׁקָל); Hi 28,25 (Mess- und Ordnungsbegriffe: מִדָּה, מִשְׁקָל, חק), vgl. auch das unermessliche Maß (מִדָּה) der Weisheit in Hi 11,9.
357 S. hierzu auch oben *Exkurs 2*.
358 S. auch oben *Exkurs 2* zu 1QH XX, 4-9.
359 Text nach der von *Garcia-Martinez* besorgten Edition (Dead Sea Scrolls, 160).
360 Da es sich hier wohl um ein ‚Lied von der Erschaffung der Sprache' (so u.a. *Limbeck*, Ordnung des Heils, 171) handelt, sind – trotz des andernorts feststellbaren Schwindens des althebräischen Tempussystems in der Qumranliteratur – die folgenden Verbformen des Abschnitts als Erzähltempus Waw + PK anzusehen.
361 „Klang, den der Hauch der Lippen bewirkt" (*Limbeck*, Ordnung des Heils, 171); „puff" (*Garçia Martinez*, aaO 161). Vgl. zu מַבּוּעַ aber HAL 514 s.v.: ‚Quell' sowie das oben zu נבע hi. in V.3 Notierte, ferner Jes 35,7; 49,10; Qoh 12,6.
362 *Garcia-Martinez*: „to the beat" (ebd.).
363 Die Einleitung des Lobes der Väter preist die קו חוקרי מזרור על קו. MasSir B 44,5a bezeugt demgegenüber חוק על. Selbst wenn es sich an dieser Stelle um das Metrum handeln mag, wird קו damit noch nicht allgemein zu dessen technischem Begriff.
364 *Marböck*, קו, 238. Auch *Garcia-Martinez* übersetzt mit „to the rhythm" / „you make the rhythms emerge" (ebd.).

rade zwingend. Beim Verständnis des Plurals קוים in Z.29 schließt sich Limbeck Carmignac, Delcor u.a. an, die das Wort hier von Ps 19,5 her erklären wollen, und übersetzt ‚Schall'.[365] Aber nicht nur, weil ein solcher Bedeutungswechsel innerhalb eines Satzes unwahrscheinlich ist, sondern auch aufgrund des oben begründeten Verständnisses von Ps 19,5, wonach dort von einer Bedeutung ‚Schall' für קו nicht die Rede sein kann, wird diese Übersetzung kaum zutreffen. Wenn man mit Limbeck in Z.28 das „Maß dieses Lobpreises ... [sc.: als] Schöpfungsordnung selbst"[366] versteht, wird es sich beim Plural קוים ebenfalls um die in die Schöpfung gelegten Ordnungsstrukturen handeln,[367] die für den rechten kultischen Lobpreis der Gemeinde als ausschlaggebend betrachtet wurden.[368] So schließt sich dieser Text an die oben genannte Verwendung von קו für ein der Schöpfung inhärentes Maß an.[369]
In 1QH XVI,21f wird mit den Formulierungen ‚nach der rechten Messschnur' (על קו נכון) und ‚nach der Setzwaage der Sonne' (על משקלת השמש) auf den Solarkalender der Gemeinschaft[370] angespielt sowie – angesichts der 1QS X,1-8 analogen Gebetsordnung auch in 1QH XX,4ff – höchstwahrscheinlich auch auf die Gebetszeiten an den Wendepunkten des Tages.[371] An beiden Stellen aus den Hodayot wird קו wie משקלת und מדה metaphorisch gebraucht. Ganz ähnlich wird der Begriff auch in 1QS X,8-9[372] neben חוק und תכון als Ordnungsbegriff verwendet, und im Kontext, in 1QS X,25f, bezeichnet er ebenfalls das ‚Maß' – das ‚Maß der Zeiten' (קו עתים).

Was ist hieraus für die Interpretation von Ps 19,5a zu schließen? Die schöpfungstheologischen und weltordnungsbezogenen Füllungen des hebräischen Begriffs auch aus nachbiblischer Zeit und die kontextsemantischen Vorgaben von V.2-7 selbst legen nahe, dass hier eine umfassende Verwendung von קו vorliegt. Ps 19 kann den Begriff *qû* oder sein Äquivalent als astrologischen *terminus technicus* kennen, spielt darauf jedoch lediglich in nicht spezifischer Weise an, um die mit Hilfe astronomischen Wissens erkennbare Ordnung des Himmels zum Ausdruck zu bringen. Der Begriff קו wäre aber auch ohne diese Parallele, im Sinne des ‚rechten Maßes der gerechten, schöpfungsgemäßen Weltordnung'[373] und auf dem Hintergrund innerisraelitischen Denkens be-

---

365 AaO 185.
366 AaO 172.
367 Der technische Gebrauch von חשבון für astronomische Berechnungen (vgl. *Albani*, Astronomie, 39.99ff), der mit den Geheimnissen parallelisiert wird, ist ein deutlicher Hinweis darauf, dass es auch hier um die astrale oder sogar solar bestimmte Ordnung der Schöpfung geht.
368 Dass der Lobpreis gemäß dem Maß der Schöpfung wiederum in besonderer Nähe zum Murmeln des Gesetzes ist, zeigt 1QS X 8b, s.u.
369 Auch die Verbindung mit der Gerichtsvorstellung ist zu finden, s. 1QH XI,27: „wenn die Messschnur fällt auf ‚Gericht'" (nach *Maier*, Texte, 71).
370 So *Limbeck*, Ordnung des Heils, 178 und *Maier*, Texte I, 91.
371 S.o. Exkurs 2.
372 Mit diesen Worten beginnt der Abschlusshymnus des Serekh ha-Yaḥad (X,8-XI,22), dessen formale und inhaltliche Nähe zu Hodayot, 1QSb u.a. früh bemerkt wurde, vgl. hierzu u.a. *Knibb*, Rule of the Community, 794; *Albani*, Astronomie, 121.
373 Als einer der wenigen hat *Ridderbos* diesen Zusammenhang annähernd treffend beschrieben: „Das Firmament und die Himmelskörper erzählen vor allem da-

reits zu verstehen, wie es der Gebrauch im Sinne von ‚Norm', ‚Kriterium', ‚Ordnung' sowie dessen Fortentwicklung in Qumran zeigt. Die weitere Begriffsgeschichte spricht ferner dafür, dass קָו in Ps 19,5a bereits auf dem Weg zu einem spezifischeren Gebrauch im Zusammenhang mit astral-solaren und zeitlichen Ordnungsvorstellungen ist.[374] Das heißt für unsere Stelle: Durch die parallele Stellung von קַוָּם und מִלֵּיהֶם gibt der fast wie ein weisheitliches Rätsel gestaltete Psalm Rezipient/inn/en einen weiteren Hinweis auf das Geheimnis der wortlosen Himmelsdoxologie. Der Lobpreis Gottes von V.2, die weisen Worte von Tag und Nacht und die nicht gehörte Stimme (V.4) des Himmels bestehen in der Ordnung der astralen Welt, die der Zeit ihre Struktur, nämlich den immerwährenden Rhythmus von Tag und Nacht zuteilt. Dass es sich hierbei um ein Maß handelt, das über die Maßgabe der Zeiten im Sinne von Gen 1,3-5.14-16 noch hinausgeht und noch deutlicher mit der Vorstellung von ‚Weltordnung als Gerechtigkeit' zusammenhängt, ist im Textverlauf bis hier zwar nur zu erahnen – das zeigt deutlicher dann aber V.5b-7, das den Sonnenlauf als paradigmatischen Garanten der gerechten Weltordnung beschreibt.

C) Der Sonnenlauf: V.5b-7

V.2-5a schildern die Harmonie der zeitlichen kosmischen Ordnung als eine schöpfungsinhärente ‚Rede' des Himmels, die selbst Lobpreis des Schöpfers ist. Die theologische Konzentration auf die Bedeutung der Sonne in einigen Traditionen im Umfeld des Psalms[375] sowie die von alters her mit der Sonne verbundenen Universalitätsaussagen machen den Sonnenlauf zu einem einzigartigen Paradigma einer gelingenden Weltordnung, die der zweite Psalmabschnitt auf sehr eigentümliche Weise thematisiert.

---

durch von Gott, daß sie eine Meßschnur verwenden, die selbst Meß- und Richtschnur ist" (Psalmen, 177).
374 Damit wird man ihn weder direkt auf solarkalendarisches Wissen beziehen noch eine Nähe zu Spekulationen über die paradigmatische Rolle der Sonne für die zeitliche Weltordnung bestreiten können; vgl. die letztlich überzogene Kritik von *Oeming*, Verbindungslinien, 261 Anm. 49 an *Albani*, Werk seiner Hände, 249.
375 S. dazu oben III. C) 2. Die Vorrangstellung der Sonne in Teilen der jüngeren Weisheit und Apokalyptik beantwortet auch die Frage (vgl. etwa *Budde*, Hochzeit, 265 und dagegen *Gunkel*, HK II/2, 74), warum eine Erwähnung des Mondes und anderer Gestirne in Ps 19 verzichtbar bzw. ihre Nichtbeachtung sogar beabsichtigt war. Zur paradigmatischen Bedeutung des Sonnenlaufs für die kosmische Ordnung in Mesopotamien s. *Maul*, König, 201 sowie oben III. C) 2. a).

1. Lokales oder instrumentales Verständnis von בָּהֶם (V.5b)?

V.5b setzt neu an und bezieht sich mit בָּהֶם (auf הַשָּׁמַיִם) und mit Gott / אֵל als Subjekt auf V.2 (כְּבוֹד־אֵל) zurück.³⁷⁶ Dabei ist hier von einer Bereitung eines Zeltes für die Sonne ‚am' oder ‚im' Himmel oder auch ‚durch' den Himmel die Rede. Denn für das Verständnis von בָּהֶם tut sich auf den ersten Blick die Alternative auf zwischen einem lokalen Verständnis von בְּ, das einen bestimmten Ort des ‚Zeltes' im bzw. am Himmel impliziert³⁷⁷, und einer instrumentalen Auffassung von בְּ, derzufolge der gesamte Himmel der Sonne als ‚Zelt' bereitet wird, und an dem entlang sie ihren Lauf vollzieht.³⁷⁸ Für Letzteres scheint zunächst die verbreitete Vorstellung vom Himmel als Zelt zu sprechen.³⁷⁹

Wie in einigen altorientalischen Kulturen,³⁸⁰ so ist die Vorstellung vom Himmel als Zelt auch in Israel durchaus geläufig. Diese im Alten Testament seit Dtjes belegte kosmologische Vorstellung zielt wahrscheinlich auf einen bewussten Kontrast zur Errichtung des Himmels aus einer Hälfte der Tiāmat im Enūma Eliš.³⁸¹ Die Vorstellung vom himmlischen Zeltbau ist aber angesichts der Tendenz, die Wechselbeziehung von irdischer und himmlischer Wohnstatt JHWHs zunehmend in Richtung auf seine himmlische Präsenz hin zu verschieben,³⁸² auch zu (Zelt-)Heiligtumsvorstellungen in Beziehung zu setzen.³⁸³ Denn es ist schwerlich als ein Zufall anzusehen, dass analog zum priesterlichen Entwurf der irdischen Wohnstatt JHWHs als eines nomadischen Wüstenheiligtums hier nun der Himmel als Zelt und als Sitz des Königsgottes beschrieben wird.³⁸⁴ Wo in Ps 104,2b-3a vom Ausbreiten des Himmels

---

376 So auch *Delitzsch*, BC IV/1, 166; *Dohmen*, Hintergrund, 504f; *Meinhold*, Überlegungen, 123; *Kraus* BK XIV/1, 298; *Briggs*, ICC, 172; anders *Olshausen*, KEH XIV 114 u.a. Vgl. oben I. B) 3.
377 So z.B. *Fokos-Fuchs*, Psalm 19,5, 141; *Morgenstern*, Psalm 8, 512.
378 So u.a. *Petersen*, Mythos, 89-91; *Hossfeld / Zenger*, NEB 29, 131 (*Hossfeld*); *Staubli*, Image, 208.218; *Dohmen*, Ps 19, 505.
379 Auch die Schöpfungsvorstellung des ‚Ausspannens' (נָטָה) des Himmels impliziert, dass der Himmel als Zelt bzw. Tuch vorgestellt wurde, vgl. Jes 40,22; 42,5; 44,24; 45,12; Jer 10,12; Sach 12,4; Ps 104,2; Hi 9,8 ferner 1QH I,9b-11.
380 Sie scheint eher nomadischer Herkunft zu sein. Die Bezeichnung des Himmels als Zelt ist aber auch in der Synonymliste Malku II Z.101 belegt (Edition *von Soden*, Lexikalisches Archiv, 237) sowie in einigen neuassyrischen Königsinschriften, wo der Himmel (*šamû*) als *ermi ᵈanim*, d.h. ‚Anus Decke' gekennzeichnet wird, vgl. etwa bei *Luckenbill*, OIP 2, 149 Z.4; *Borger*, AfO.B 9, 75 § 48 Z.3; weitere Belege in CAD E 302 s.v. *ermu*. S. dazu auch *Horowitz*, Cosmic Geography, 227.
381 So *Albani*, Der Eine Gott, 246f mit Anm. 1063. *Albani* deutet Schöpfungstheologie und Entwicklung des Monotheismus bei Dtjes, insbesondere in Jes 40,18-26, auf dem Hintergrund der Marduk-Theologie.
382 Vgl. dazu z.B. *Loretz*, Gottes Thron, 266.
383 Vgl. *Habel*, He who stretches, 425f; *Podella*, Lichtkleid, 236 mit Anm. 370, vgl. auch *Koch*, אֹהֶל, 133.
384 Anders *Koch*, אֹהֶל, 132 und *Stadelmann*, Conception, 49, die v.a. auf die Bewohnbarkeit des Himmels-Zeltes für die Menschen abheben, vgl. dazu auch *Bartelmus*, שָׁמַיִם, 222.

C) Der Sonnenlauf: V.5b-7 175

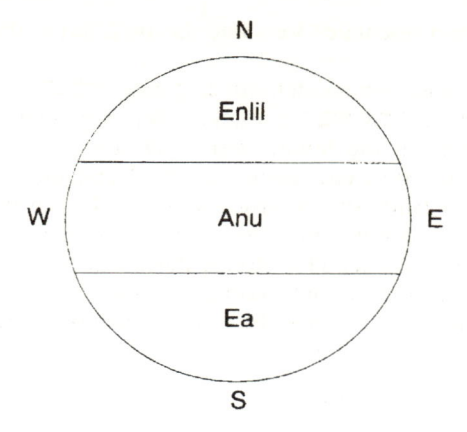

```
        N
      Enlil
W      Anu      E
       Ea
        S
```

Abb. 2: Einteilung des Himmels in Wege des Anu, des Ea und des Enlil nach mesopotamischen Astrolaben

‚wie eine Zeltdecke' (כַּיְרִיעָה) und vom Palastbau[385] (bzw. pars pro toto: der Obergemächer עֲלִיּוֹתָיו)[386] die Rede ist,[387] ist dieser Zusammenhang explizit vorhanden.[388]

Dass hier der gesamte Himmel als Zelt bzw. himmlischer Wohnort der Sonne aufzufassen wäre,[389] wäre für ein altorientalisches kosmologisches Denken, das stets konkrete Lokalitäten mit symbolischen Bedeutungen verbindet, eher ungewöhnlich und kaum vorstellbar.[390] Denn eine solche Zuordnung eines Gestirns zum gesamten Himmel wäre äußerst unspezifisch,[391] und eine instrumentale Auffassung von בָּהֶם für

---

385 S. hierzu *Krüger*, Kosmo-theologie, 53.
386 Zur Singularität dieser Begriffe bei diesem Topos s. *Spieckermann*, Heilsgegenwart, 28f.
387 Die Kombination des Ausspannens des Himmels mit der Zuordnung der ‚Leuchten' zu ihren Herrschaftsbereichen findet man später auch in 1QH I 9b-11: „Du hast die Himmel ausgespannt zu deiner Ehre, alles ... hast du nach deinem Willen geschaffen, und die Geister der Stärke nach ihren Satzungen, bevor sie zu Engeln (deiner Heiligkeit) wurden. (Du hast sie bestellt) zu ewigen Geistern in ihren Herrschaftsbereichen, (die) Leuchten nach ihren Geheimnissen" (Übersetzung nach *Limbeck*, Ordnung des Heils, 16).
388 Dieser Zusammenhang wurde auch in der rabbinischen Literatur (u.a. in Yalq Ber 6a § 18; vgl. dazu *Ego*, Himmel, 118f) gesehen.
389 Zum bekannten Nabû-Apla-Iddina-Relief, das Šamaš unter einer zeltartigen Bedachung zeigt, s.u.
390 Zur Wahrnehmungsgebundenheit altorientalischen Denkens und Symbolisierens s. *Janowski*, Rettungsgewißheit, 19ff; *Frankfort*, Logik, 9f.
391 In der mesopotamischen Himmelsgeographie finden sich sowohl für die höchsten Götter als auch für die astralen Gottheiten *einzelne* Wohnbereiche im Himmel. So ginge eine solche Zuordnung zum ganzen Himmel im kulturübergreifenden Vergleich sogar weit über den Bereich etwa des ^{d}*Anu* hinaus, dem in einer repräsentati-

altorientalisches bzw. israelitisches Denken zu abstrakt.[392] Wenn es auf dem monotheistischen Hintergrund von Ps 104,2f, wo vom Ausspannen des Himmels wie ein Zeltdach und vom himmlischen Palastbau für JHWH die Rede ist, denkbar ist, dass „der Himmel ... insgesamt als Wohnort und himmlischer Palast des Königsgottes"[393] zu verstehen ist,[394] so wird in Ps 19,5b die Bereitung des Zeltes für Sonne auf symbolischer Ebene schwerlich mit dem Thron- und Wohnbereich Gottes als dem Gott des Himmels[395] konfligieren. Vielmehr ist die Bereitung eines Zeltes *im Himmel* als Einordnung der Sonne in den Bereich des im Himmel thronenden Königs- und Schöpfergottes, und vor allem als ihre *Zuordnung* zu dessen königlichem Sitz und Herrschaftsbereich zu verstehen.

2. Der kosmographische Ort von Zelt (אֹהֶל; V.5b) und Baldachin (חֻפָּה; V.6a)

Wo aber sind Zelt (אֹהֶל) und (Hochzeits-)Baldachin (חֻפָּה) zu lokalisieren? Und welche Bedeutung kommt diesem Ort im Kontext der altorientalischen bzw. israelitischen Kosmographie zu? Die Klärung dieser Fragen wird dadurch nicht gerade erleichtert, dass Ps 19,5b die einzige Stelle des Alten Testaments ist, die von einem Zeltbau für die Sonne berichtet, und V.6 der einzige Beleg,[396] wo sich die Vorstellung eines nächtlichen Aufenthalts- bzw. morgendlichen Austrittsortes der Sonne findet. Zudem werden nur wenige Angaben gemacht, um seine implizite Kosmologie – falls elaborierte Vorstellungen im Hintergrund stehen – explizit zu machen. Daher sind bei kosmographischen Vorstellungen

---

ven Zahl von Texten ‚nur' der oberste Himmelsbereich (als ein Teilbereich) zugeordnet wird (s. **Abb. 2**; für einen Überblick vgl. *Horowitz*, Cosmic Geography, xii.250ff; vgl. auch Taf. 4,2 und 4,1 bei *Hartenstein*, Himmelsfeste, 172). Šamaš wird im Allgemeinen dem mittleren Himmel zugeordnet, vgl. dazu *Mayer-Opificius*, Sonne, 209.
392 Hiermit ist selbstverständlich auch eine Verortung des Zeltes *in einem neuzeitlich topographischen Sinne* ausgeschlossen. Die sich zwischen den biblischen bzw. altorientalischen und den neuzeitlichen ‚Weltbildern' tiefgreifend unterscheidende Weltwahrnehmung zeichnet sich v.a. durch Differenzen in der Symbolisierung von Landschaft, Zeit und Raum durch Kult, Ritual und Mythologie aus. Zu ihrer Logik und den Methoden ihrer Erforschung s. in jüngerer Zeit v.a. *Janowski*, Das biblische Weltbild, 6ff; *Hartenstein*, Himmelsfeste, 125f; *Niehr*, Wohnsitze, 325f.
393 *Podella*, Lichtkleid, 236, im Original z.T. hervorgehoben.
394 Allerdings sagt der Text nur etwas von einem Bau der עֲלִיּוֹת JHWHs im Himmel (V.3a).
395 S.o. zu V.2.
396 Anders als *van der Toorn* es vertritt (Sun, 237), bezieht sich זְבֻלָה in Hab 3,11 nur auf den Mond (Sg. von עָמַד und von זְבֻל). שֶׁמֶשׁ scheint noch V.10 zuzugehören oder, da syntaktisch kaum sinnvoll zuzuordnen, sekundär in den Text geraten zu sein.

B) Die doxologische Lehrrede des Himmels: V.2-5a

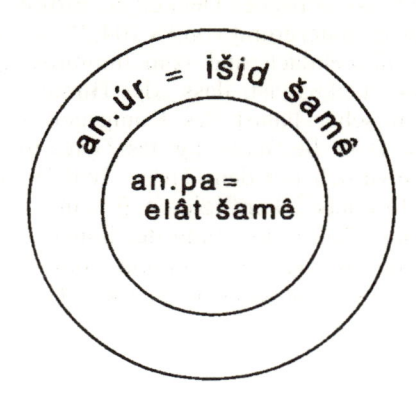

Abb. 3: *Oberer Himmel und Fundament des Himmels nach mesopotamischen Vorstellungen*

anderer Kulturkreise, vor allem bei Analogien aus dem mesopotamischen Bereich, Anleihen zu machen.
Die Vorstellung von Wohnsitzen bzw. Palästen von Gottheiten im Himmel ist, wie im altorientalischen Weltbild im Allgemeinen, so auch in Israel für JHWH geläufig,[397] und ist selbstverständlich auch nicht auf Sonnengottüberlieferungen beschränkt.[398] Mit ihrem Ort, ihrer Größe und ihrer Ausstattung werden dabei häufig Rang, Funktion und Symbolik eines Gestirnes bzw. eines (quasi-)divinen Wesens umschrieben. Von Kammern des Himmels, denen Gestirne bzw. astrale Gottheiten, aber auch meteorologische Phänomene zugeordnet waren, ist auch in Israel recht häufig die Rede.[399]

---

397 Zum himmlischen Wohnort JHWHs u.a. in Ps 104,2f s.u., vgl. auch oben V. B) 1.
398 Beispielsweise ist in KAR 307 31f (Tradition B) von einer Kammer (*kummu*) des Bel im mittleren Himmel (*šamê qablūti*) die Rede, zu deren Ausstattung ein *parakkum* gehört. Die Ausstattung dieser Wohnsitze wurde analog zum irdischen Tempel gedacht, vgl. dazu *Podella*, Lichtkleid, 159.206; *Hartenstein*, Himmelsfeste, 139. Ein *parakkum* ist der (meist erhöhte) Göttersitz bzw. Kultsockel im Bereich der Cella, vgl. hierzu u.a. *Heinrich*, Tempel, 254.290f.307; *Renger*, Kultbild, 313; *Schott, parakku*, 19ff sowie AHw II 827f s.v. Die Cella heißt im Allgemeinen *pappaḫḫum*; vgl. hierzu v.a. *Schott*, aaO 20. – Für eine Liste mesopotamischer Belege für die himmlische Wohnstatt von Gottheiten s. *Heimpel*, Sun, 132ff; ferner *Albani*, Der Eine Gott, 227.
399 Vgl. hierzu *Houtman*, Himmel, 253-259; zu ‚Türen' des Himmels in Mesopotamien, s. *Heimpel*, Sun, 132ff. Auch in der jüngeren Weisheit ist eine solche Vorstellung von Türen und Kammern zu finden, z.B. in Hi 37,7-13 (s. hierzu *Strauß*, BK XVI/ 2, 320) und ebenso in der apokalyptischen Literatur, vgl. z.B. äthHen 41,4ff. Dabei ist die Einteilung der am Ende des Himmels befindlichen Tore für das astronomische System des AB des äthHen bestimmend, vgl. *Uhlig*, JSHRZ V/6, 635. Zu den Toren der Sonne vgl. äthHen 72,2ff.

Besonders aufschlussreich sind aber für unseren Zusammenhang – auch wenn hier mancherlei ägyptisches Vergleichsmaterial herangezogen werden könnte – mesopotamische Sonnengotttraditionen. Der Wohn- und Ruheort des ^{d}Utu / ^{d}Šamaš[400] wird in Mesopotamien mit einer gewissen Folgerichtigkeit vornehmlich mit seinem Ein- und Austrittsort am Fundament des Himmels (*išid šamê*)[401] und seinem nächtlichen Aufenthaltsort unterhalb des Horizonts in Verbindung gebracht, wie etwa in der in Mesopotamien geläufigen Vorstellung von seiner Kammer, dem *kummu(m)*[402] (s.u.), in die er allabendlich eintritt und aus der er des Morgens herauskommt. Zugleich wird diese Wohnstatt im ‚Innern des Himmels'[403] (*qēreb šamê*) hinter der der Erde zugewandten Seite des Himmels[404] lokalisieren, was auch ein Wohnen im Himmel oberhalb des Horizonts[405] impliziert.

Allerdings: „The use of terms for the middle of heavens ... as a part of the sky is problematic ..."[406] – und auch die damit verbundene Vorstellung ist durchaus unklar bzw. umstritten,[407] zumal diese Formulierung das eine Mal terminologisch, das an-

---

400 An mesopotamischen Bezeugungen für einen Wohnort des Sonnengottes im Himmel mangelt es nicht: Z.B. hat Šamaš nach KAR II 55 Z.1f / VAT 87962 seinen Sitz auf einem *parakkum* im Himmel: ‚Beschwörung: großer Herr, der im reinen Himmel ein gewaltiges Heiligtum bewohnt' (*šiptu bēlu ra-bu-u ša ina šamê^{e} ellûti^{meš} parakka el-lu-ti raš-bu-u ra-mu-u*); vgl. hierzu *Ebeling*, Handerhebung, 52f; *Horowitz*, Cosmic geography, 252; *Arneth*, Ps 19, 83; ferner *Hartenstein*, Himmelsfeste, 148.
401 S. zur mythischen Bedeutung dieses Bereichs *Janowski*, Rettungsgewißheit, 41f.44.
402 Der Vorschlag *von Caplice*, *kummu* und sein sumerisches Äquivalent agrún / É.Nun mit dem unterirdischen Apzu zu identifizieren (É.Nun, 301ff), ist von *Heimpel* nachdrücklich kritisiert worden; *kummu* bezeichnet einen nicht näher spezifizierten Teil des unterirdischen Bereichs (Sun, 133ff). Zur Vorstellung eines unterirdischen Ganges (Gilg. IX 4-5), durch den Šamaš seinen Weg zu dessen östlichem Aufgangsort zurücklegt, s.u. zu V.7.
403 Vergleichbar hiermit ist im Alten Testament die Wendung עֶצֶם הַשָּׁמַיִם (Ex 24,10).
404 So heißt es in der Beischrift des Nabû-Apla-Iddina-Reliefs (s. dazu u.), dass Sin, Šamaš und Ištar über dem Ozean angebracht sind, vgl. *Jacobsen*, Graven Image, 21f; *Metzger*, Wohnstatt, 142.
405 So ist es möglich, dass Šamaš, Sin und Ištar in ihrem himmlischen Schrein sichtbar sind, während ihr Schrein selbst unsichtbar ist, vgl. *Horowitz*, aaO 252. Ihr ‚Thronen' im Schrein widerspricht nicht der beobachtbaren Bewegung des ‚Himmelsheeres'; vgl. zum alltäglichen Zug des Himmelsheeres unter Anführung der Sonne *Albani*, Der Eine Gott, 186ff.
406 *Horowitz*, aaO 238.
407 *Horowitz* kommt etwa zu dem Schluss: „Other Passages refer to a solar cella in an unseen portion of heaven above the sky where the Sun-god passes the night" (Cosmic geography, 253). Dass der Weg der Sonne zu ihrem Aufgangsort auch in einem inneren bzw. hinteren Teil des Himmels oberhalb (!) des Horizonts gedacht wurde, ist jedoch schwer vorstellbar, vgl. *Heimpel*s Kritik an *Meissner*: „The sun would thus reverse its course immediately after setting, cross above its day-time path to the eastern horizon, dip beneath it and rise from it, now on the inside of the three-

C) Der Sonnenlauf: V.5b-7

dere Mal recht unspezifisch gebraucht wird.[408] Wie das sumerische an.ša kann *qēreb šamê* einen inneren bzw. hinteren Teil des Himmels bezeichnen. Zugleich wird an.ša / *qēreb šamê* auch als nächtlicher Aufenthaltsort des ᵈUtu / ᵈŠamaš genannt – wie z.b. in einer Passage aus der Bīt Rimki-Ritualserie, aus dem Gebet des vierten Hauses, die vor allem auch wegen des Sonnengott-Epithetons ‚Held' Ähnlichkeiten zu Ps 19,6 aufweist:

en.gal. an.šà.kù.ga.ta [è]zu.dè
be-lum rabû^u iš-tu qé-reb šamê^e [ellūti i]na a-ši-ka
Großer Herr, wenn du aufgehst aus dem reinen ‚Inneren des Himmels'

ur.sag. šul.ᵈutu an.ša.kù.ga.ta [è].zu.dè
qar-ra-du etlum ᵈšamaš iš-tu qé-reb šamê^e (ellūti) ina a-ši-ka
Held, junger Mann Šamaš, wenn du aufgehst aus dem reinen ‚Inneren des Himmels'[409]...

Die Vorstellung von einer Kammer (*kummu(m)*[410]) als dem nächtlichen Aufenthaltsort des Sonnengottes gehört im mesopotamischen Raum zum festen Bestand der kosmographischen Vorstellungen. In einem altbabylonischen ‚Gebet an die Götter der Nacht' heißt es: „Der gerechte Richter, der Vater der Gerechtigkeit, Šamaš, ist eingetreten in seine Kammer (*da-a-an ki-it-tim a-bi ki-ti-im ᵈŠamaš i-terub a-na ku-um-mi-su*).[411] Dazu Heimpel: „The word kummu, rendered here as ‚chamber', designates a private room or suite where one slept, rested, or talked with one's wife".[412] Dabei wird mit der Vorstellung des *kummu* nicht nur der Eintrittsort des Sonnengottes in den Bereich unterhalb des westlichen Horizonts verbunden, sondern gerade auch der Ort des Sonnenaufgangs (vgl. Ps 19,6a): „Daybreak is often referred to as a time, when Utu emerges from his chamber: ‚With the flowing light, with heaven's foot brightening, with the birds giving voice at the flowing light, Utu emerged from his chamber'".[413]

---

layered heaven. This illogical view is very inconvincing" (Sun, 130; zum Problem s. auch *Horowitz*, aaO 248 mit Anm. 6). – Das ‚Innere des Himmels' als der nächtliche Aufenthaltsort des Sonnengottes kann auch *utul šamê* genannt werden; hierzu und zu weiteren Belegen für das ‚Innere des Himmels' vgl. *Horowitz*, aaO 248ff; *Heimpel*, Sun, 130ff.
408 Vgl. *Heimpel*, aaO 131.
409 Sum. und akk. Text zitiert nach *Horowitz*, aaO 249.
410 *kummu(m)*, das allgemein einen privaten Raum, sei es als Teil eines königlichen Palastes, sei es eine ganze private oder königliche Residenz benennt (CAD K 533f s.v.), dient als Bezeichnung für Tempel(bereiche) einer Vielzahl von Gottheiten („abode of deities or a specific part of the temple"; CAD K 533f s.v. *kummu* A; vgl. auch die ebd. angegebenen Belege); er ist damit unspezifischer als *parakkum* oder *pappahhum* (s. dazu bereits weiter oben).
411 Übersetzung nach *Weippert* (Ecce non dormitabit, 106), der (wie *Horowitz*, Cosmic Geography, 251) *kummum* hier allerdings mit „heiliges Gemach" übersetzt und das (auch durch verschiedene Schreibweisen gekennzeichnete) Wortspiel jedoch nicht als solches auffasst; *Heimpel* dagegen übersetzt: ‚The judge over what is true, *the father of orphans*, Šamaš, entered his chamber'; Sun, 128, Hvbg. von mir.
412 Aus einigen Texten geht hervor, dass man sich den Sonnengott auch ruhend vorstellte; *Heimpel*, ebd. Doch gelingt der Versuch, die verschiedenen Aktivitäten des Sonnengottes bei Nacht miteinander in Einklang zu bringen, nur mit Mühe, vgl. die Diskussion bei *Heimpel* aaO 145ff.
413 *Heimpel*, Sun, 128, mit einem Zitat aus *Gilgameš* und *Halub*, 47-49.

Abb. 4: *Tonrelief auf dem oberen Teil einer Bauinschrift des nb. Königs Nabû-Apla-Idinna (887-855 v.Chr.) aus dem Ebabbar zu Sippar (BM 91000; Vorderseite)*

Dieser mythische Ort, der auch als der Bereich angesehen wurde, aus dem der Sonnengott am Morgen zwischen den Horizontbergen hervortritt, ist zugleich symbolisch in der Sphäre des irdischen Tempels[414] präsent.[415] Bei aller Unschärfe, die der Beziehung von mythologisch-himmlischer und irdischer Lokalität innewohnt, entspricht das *kummu(m)* in etwa der Cella der Tempelausstattung, wo sich auch der Göttersitz bzw. Kultsockel *parakku(m)* befindet.

Zur weiteren Erhellung des symbolisch-kosmologischen Hintergrundes unserer Stelle imponiert sich als markante ikonographische Parallele für diesen Abschnitt nun beinahe von selbst das vielfach in solchen Zusam-

---

414 Zu den bedeutendsten Heiligtümern des Šamaš in Larsa, Sippar und Girsu (jeweils namens É-babbar – das ‚Weiße Haus') s. u.a. *George*, Temples, 70f (Nr. 97-100), vgl. *Virolleaud*, Shamash, 58f; zur (ökonomischen) Bedeutung des letzteren s. *Harris*, Sippar, 142ff; *Da Riva*, Ebabbar-Tempel, passim.
415 S. dazu im Folgenden.

menhängen herangezogene Nabû-Apla-Idinna-Relief (***Abb. 4***).[416] Dies Tonrelief auf dem oberen Teil einer Bauinschrift jenes nb. Königs (887-855 v.Chr.) vom É-babbar zu Sippar wurde früher vor allem zur Veranschaulichung der Wechselbeziehung von himmlischem und irdischem Wohnort JHWHs, nunmehr aber auch zur Illustration der Präsenz des solarisierten JHWH in seinem (jedoch durchaus noch hypothetischen) Kultbild in vorexilischer Zeit herangezogen.[417] Allerdings: Solche selbst in ihrer Aussage und Funktion eigenwertigen,[418] aus einem ganz anderen Kulturkreis stammenden ikonographischen Zeugnisse für ganz andere Regionen und ihre religionsgeschichtlichen Konstellationen heranzuziehen, birgt – zumal angesichts wegen der Bildmaterial eigenen Suggestionskraft – einige Probleme. Um dem Relief selbst besser gerecht zu werden, ist also der Steintafelinschrift darunter größere Aufmerksamkeit zu schenken: Sie stellt den Verlust des Šamaš-Kultbildes in Sippar, eine längere kultbildlose Zeit und seine erst durch die erneute Zuwendung des Šamaš legitimierte Neuanfertigung und Überführung in den Tempel dar.[419] Wenn Berlejung das Bild als Zusammenfassung dieser Ereignisfolge interpretiert: „Šamaš zuerst als Scheibe, später als Statue, Segen des Königs"[420] – trifft das für den vorliegenden Zusammenhang von Bild und Text zwar zu. Wenn es sich bei dem Relief selbst aber, wie meist angenommen, um eine Kopie bzw. ‚Neuauflage' eines älteren Originals handelt,[421] wäre die Bildinterpetation jener ‚Vorlage' jedoch – wiederum kontextabhängig – anders zu bestimmen. Wie dem auch sei: Auch als Teile einer Geschehensfolge im ‚irdischen' É-babbar werden die im Tempel stattfindende Einführungsszene und die Thronszene durch die Wellenlinien[422] unter beiden nichtsdestoweni-

---

416 Zur Diskussion bis 1989, die v.a. durch *Metzger*s Interpretation (Wohnstatt, passim, vgl. für eine ausführliche Bildbeschreibung aaO 141-143) geprägt ist, s. *Janowski*, Rettungsgewißheit, 33 mit Anm. 57.
417 *Albani* etwa vermutet: „Möglicherweise ist die Beziehung des solarisierten JHWH zu seinem Kultbild in vorexilischer Zeit analog zu der Darstellung auf dem berühmten Relief des König Nabû-apla-iddina ... vorzustellen ..." (Der Eine Gott, 176).
418 Zu den Eigentümlichkeiten der Darstellung s. *Metzger*, Wohnstatt, 141; *Hartenstein*, Unzugänglichkeit, 64 Anm. 133.
419 Vgl. zum Text und zu dessen Interpretation *King*, BBS I 121-127; *Berlejung*, Bilder, 144ff; *Jacobsen*, Graven Image, 20-30.
420 Bilder, 141. In dieser Deutung des Nabû-apla-iddina–Reliefs als geschichtliche Ereignisfolge wird auch der Thronsitz des Šamaš auf der rechten Bildhälfte als Cella des realen Tempels interpretiert.
421 Zu den Argumenten hierfür s. *Metzger*, Wohnstatt, 141 Anm. 5; *Hartenstein*, Unzugänglichkeit, 64 Anm. 133.
422 *Mayer-Opificius* deutet den Zusammenhang so: „Hier wird Šamaš in seiner Wohnung, dem Ebabar, über dem ‚apsû' oder dem wäßrigen Himmel, in dem die Sterne wohnen, abgebildet" (Sonne, 206). Nach *Mayer-Opificius* ist *apsû* in der Beischrift nicht als ‚Himmelsozean' (vgl. *King*, BBS, 121) anzusehen, sondern als ein Strom, der „die ganze Welt umfließt" (ebd.). Zur kosmischen Dimensionierung des Tempels durch die symbolische Art der Darstellung vgl. *Hartenstein*, aaO 65.

ger als ein Vorgang gekennzeichnet, der zugleich in der Sphäre des Göttlichen vonstatten geht. Nach wie vor verbildlicht also das Nabû-apla-iddina–Relief die wechselseitige Bezogenheit von irdischem und himmlischem Göttersitz.

Dass das É-babbar als Gleichnis des himmlischen Sitzes des Šamaš angesehen wurde, zeigt – an exponierter Stelle, im Prolog – auch KH 2,29-41, wo es über Ḫammurapi heißt: „der den Tempel É-babbar, welcher der Wohnung des Himmels gleich ist, erhaben gemacht hat" – *mu-ṣi-ir bītim(É) É-babbar ša ki šu-ba-at ša-ma-i*.[423] Vice versa gilt der Ort des Austritts des Sonnengottes aus seinem *kummu* als ‚Stelle, wo Himmel und Erde zusammentreffen' – *e-ma šá-mû u erṣetum(KI)tum išten(1)iš na-an-du-ru*.[424] Dieser Ort besaß also „ein reales Analogon in Gestalt des irdischen Heiligtums".[425]

Vor dem Hintergrund zu diesen mesopotamischen Parallelen ist nun anzunehmen, dass auch das im Himmel bereitete Zelt und die חֻפָּה in der impliziten Kosmologie von V.5b-6a an einem vergleichbaren Ort ‚im Inneren des Himmels' anzusetzen wäre. Ebenfalls ist auf dem Hintergrund der mesopotamischen kosmo- bzw. kulttopographischen Vorstellungen ist deutlich geworden, dass das der Sonne bereitete Zelt an einem für altorientalisches Denken symbolisch äußerst bedeutungsvollen Ort situiert wird.[426] Selbstverständlich ist hier durchaus nicht mehr vom himmlischen Heiligtum eines Sonnengottes die Rede, und ebenso selbstverständlich können die Vorstellungen mesopotamischer Kosmographie nicht zur alleinigen Verstehensfolie der Auslegung von Ps 19,5b.6a gemacht werden. Nichtsdestoweniger geht es auch nach israelitischem Denken hier um einen besonderen Bereich, an dem nach altorientalischer Vorstellung die tägliche Befestigung der Weltordnung geschieht. Denn hier wird die vertikale Verbindung der kosmischen Bereiche Himmel, Erde und Unterwelt miteinander hergestellt,[427] und damit die Nacht-Tag-Grenze, der Schwelle von der Finsternis zum Licht

---

423 Nach *Borger*, TUAT 1/1, 41 und *ders.*, BAL². Andernorts werden Tempel gerne als ‚Ort des Sonnenaufgangs' (ki.ᵈutu.è / *ašar ṣīt šamši*) bezeichnet; s. hierzu u.a. *Janowski*, Rettungsgewißheit, 32.46f, *ders.*, Tempel und Schöpfung, 216-218; *Podella*, Lichtkleid, 105.159.206ff.
424 S. *Borger*, JCS 21, 4 Z.4 (Übersetzung aaO 13); vgl. *Janowski*, aaO 42. Das Verb *ederum* im N-Stamm (eigtl.: ‚einander umarmen') illustriert sehr anschaulich die Wechselseitigkeit dieser Beziehung.
425 *Janowski*, aaO 47, dort z.T. hervorgehoben.
426 Die Bedeutungsdimensionen des Ortes des Sonnenaufgangs sind bei *Janowski*, (Rettungsgewißheit, 43-55) unter Einbeziehung der einschlägigen Texte sowie der Ikonographie umfassend aufgearbeitet. S. hierzu auch weiter unten V. C) 3.
427 S. zur kosmologischen Bedeutung der *axis mundi Janowski*, Himmel auf Erden, 238ff (an Beispielen aus dem Enuma Eliš); *Hartenstein*, Himmelsfeste, 145ff mit Anm. 81.166f.

C) Der Sonnenlauf: V.5b-7

und vom Tode zum Leben überwunden – und zwar mit Hilfe des Sonnenlaufs.[428]

Da hier von der Bereitung eines besonderen Wohnsitzes für die Sonne im Himmel die Rede ist, ist in V.5b.6a – ohne dass wie in Gen 1,14-16 (s.u.) von einer Erschaffung der Sonne die Rede wäre – von der Konstitution (V.5b: IVS – SK) der seitdem fortwährend restituierten Weltordnung (V.6a: NS – Ptz.) zu sprechen: Dieser Schöpfungsakt ermöglicht es zuallererst, dass allmorgendlich die gerechte Weltordnung erneuert wird.

Erklärungsbedürftig ist allerdings, was es mit dem Zelt (אֹהֶל) und dem Baldachin (חֻפָּה) von Ps 19,5b.6a auf sich hat. Sie lassen auf den ersten Blick an die zeltartige Bedeckung über dem Thronsitz des Šamaš auf dem Nabû-apla-iddina-Relief denken.[429] Nun ist aber diese Art von baldachinartigen (Schutz-)dächern[430] im bzw. über dem Thronbereich von Königen bzw. im Bereich der Cella von Tempeln, die das Relief wahrscheinlich darstellt, nicht unbedingt das, was man im Alten Testament אֹהֶל nennen würde.

Sucht man jedoch im Umfeld von Šamaš-Überlieferungen nach Analogien zu Ps 19,5b-6a, erinnert der Brauch eines Hochzeitsbaldachins (חֻפָּה) und der Vergleich des Šamaš mit einem Bräutigam (V.6a) in funktionaler und symbolischer Hinsicht viel eher an das häufig als nächtlicher Aufenthaltsort des Sonnengottes genannte *bīt majāli*[431], und könnte folglich in spezifischerer Weise mit Šamaš-Traditionen in Verbindung zu bringen sein. Das *bīt majāli*, das wiederum seine Entsprechung im irdischen Tempel hat, ist z.B. in einer Zylinderinschrift Nabonids zur Restauration des É-babbar in Sippar erwähnt:

„O Šamaš, erhabener Herr, wenn du in Ebarra, die Wohnstatt deiner Besänftigung (*šu-bat tap-šú-u-ti-ka*) Einzug hältst, mögen die Tore, die Zugänge, die Schreine und Götterkammern dich freudig bewillkommnen, wie ein Wald dich duftend begrüßen! Wenn im Göttergemach deiner Herrlichkeit (*ina pa-pa-ḫi be-lu-ti-ka*), dem Schrein deiner Richtergewalt, du dich niederläßt, mögen die Götter deiner Stadt und deines Tempels lind machen dein Gemüt! Die großen Götter mögen dein Herz sanft machen! Möge Ai, die erhabene Braut, die da bewohnt den Tempel des Ruhelagers, beständig dein Antlitz erglänzen lassen (*a-a kallati ra-bi-ti ši-bat bīt majali ka-a-*

---

428 Zum dramatischen Wirklichkeitsverständnis des Alten Orients, das den Sonnenlauf als Überwindung der Finsternis und des Chaos begreift, s. v.a. *Assmann*, Ma'at, 196ff und *Janowski*, Rettungsgewißheit, v.a. 55ff.174-178; s. dazu auch oben III. C) 2. a).
429 Vgl. hierzu aber in diesem Abschnitt weiter unten.
430 Solcherart Schutzdächer heißen im Akk. *zaratu*, ᵗᵘᵍ*maškanum* oder *kuštārum*; allerdings bezeichnen diese Begriffe meist eher die Zelte assyrischer Zeltlager, vgl. hierzu AHw III 1515 s.v. *zaratu*; CAD M I 372, s.v. *maškanu*; CAD K 601 s.v. *kuštāru*, jeweils mit zahlreichen Belegen.
431 CAD M I s.v. *majālum*.

nam-ma pa-nu-ka liš-nam--mir). Täglich möge sie hören deine reine Beschwörung."[432]

Auf die gleiche Vorstellung vom *bīt majāli* ist am – leider nur fragmentarisch erhaltenen – Ende des großen Šamaš-Hymnus Bezug genommen, der die abendliche Einkehr des Sonnengottes unter den westlichen Horizont beschreibt. Hier wird ihm in der Schlusszeile (Z.200) zugesprochen:

> *[ḫi] r-tum ina bīt m ajāli*[(ki.ná)] *liq-bi-ka*
> May [*Aia your spouse*] say to you in the bedchamber, [*„Be appeased"*.][433]

Gerade in dieser exponierten Stellung am Ende des großen Šamaš-Hymnus konnte die Vorstellung vom ‚Ruhe- bzw. ‚Schlafgemach' des Šamaš umso größere Wirkung erzielen.[434] Auch dieser (gemeinsame) Bereich von Šamaš und Aja steht wiederum in enger Beziehung zu deren irdischem Tempel. So wird in einer Inschrift Nabonids aus Larsa der Wiederaufbau des É-babbar damit begründet, dass der Tempel Burnariaš für den Wohnsitz (*mušāb*) des Šamaš und der Aja[435] seiner Fläche nach zu klein geworden sei.

Möglicherweise steht die Verbindung von Šamaš und Aja, wie in der Auslegung von Ps 19 oft vermutet,[436] im Hintergrund auch des Vergleichs der Sonne mit einem Bräutigam (V.6a). Ist deshalb die חֻפָּה und der Vergleich von Sonne mit einem Bräutigam, wie in Auslegungen von Ps 19 ebenfalls häufig zu lesen,[437] mit der Vorstellung von einer heiligen Hochzeit[438] in Verbindung zu bringen? Dazu sind an dieser Stelle einige Bemerkungen angebracht.

---

432 Zit. nach *Langdon*, VAB IV, 258 II Z.20f. Dieser Text erinnert in Teilen an die sumerische Beschwörung an Utu aus nachaltbabylonischer Zeit, in der es heißt: „Utu, wenn du in die Himmelsmitte eintrittst, möge dir der heilige Riegel des Himmels ‚heil' zurufen, möge dich die Himmelstür grüßen, möge dich ‚Gerechtigkeit', dein geliebter Kämmerer, geleiten" (zum Text s. *Schollmeyer*, HGŠ Nr. 7; ferner *Seux*, Hymnes, 215f, *Heimpel*, Sun, 129; *Janowski*, Rettungsgewißheit, 44 Anm. 128). Beim Interesse der neubabylonischen wie bereits der späteren neuassyrischen Könige an ‚klassischer' Literatur überrascht diese Kontinuität kaum.
433 Text nach *Lambert*, BWL², 138.
434 S. zum Šamaš-Hymnus auch weiter unten.
435 Wörtl.: *a-na mu-ša-ab ilu šamši bēlu ra-bu-ú ù ilu a-a kal-la-tim na-ra-am-ti-šu; Langdon*, VAB IV, 232 II Z.13.
436 Vgl. u.a. *Sarna*, Ps 19, 172; *Spieckermann*, Heilsgegenwart, 66f Anm. 19; *Arneth*, Psalm 19, 83 Anm. 8.
437 Vgl. *Wyatt*, Liturgical context, 559-596.
438 Zur Geschichte des *hieros gamos* im Alten Orient und zu seinen politisch-legitimierenden Dimensionen s. auch *Zimmermann*, aaO 74ff.

C) Der Sonnenlauf: V.5b-7 185

Exkurs 3: Bezüge zu einem Ritual der Heiligen Hochzeit?

Was den altorientalischen, insbesondere mesopotamischen Hintergrund angeht, ist die Feier der heiligen Hochzeit[439] einer Vielzahl assyrischer und babylonischer Gottheiten gut bezeugt.[440] Die rituell-symbolische Vereinigung des Herrschenden mit einer Göttin, die Feier der Hochzeit des Königs, und auch die Hochzeit eines Gottes mit seiner Paredra gehören daher zu den Konnotationen, die mit dem Begriff des ‚Bräutigams' und der ‚Hochzeit' verbunden sind. So hat die Bräutigamssymbolik in weiten Teilen einen Bezug zur Königsideologie.[441] Hinweise auf ein Hochzeitsritual des Šamaš sind zwar eher rar[442], doch einige, vor allem spätere, Texte[443] geben hierfür Anhaltspunkte. Auch das für Aja häufig bezeugte Epitheton *kallatu*[444] ist in großer Zahl auch und gerade von solchen Göttinnen belegt, von denen das Ritual einer heiligen Hochzeit bezeugt ist.[445] Wirklich wahrscheinlich wird das Ritual einer heiligen Hochzeit von Šamaš und Aja aber letztlich dadurch, dass in neubabylonischen Wirtschaftstexten mehrfach von Leinentüchern für ein ‚Bett des Šamaš', im Zusammenhang mit der Ausstattung des É-babbar die Rede ist,[446] woraus Joannès folgert:[447]

---

439 Einen neuen religionswissenschaftlich und religionsgeschichtlich ausgerichteten Forschungsüberblick zur Thematik bietet *Zimmermann*, Geschlechtermetaphorik, 62-87; s. ferner *Renger*, Heilige Hochzeit, 251ff.
440 Das gilt auch bei Zugrundelegung einer ‚engeren' Definition von heiliger Hochzeit, wie derjenigen *Renger*s, nach dem nur dann hiervon gesprochen werden kann, wenn ein entsprechendes Ritual vollzogen worden ist, bzw. sein Vollzug wahrscheinlich gemacht werden kann (Heilige Hochzeit, 254). Als Beispiel sei der Eintritt des Nabû mit seiner Gattin Tašmetu in das *bīt erši* / É ᴳᴵˢNÁ und ihr Verbleib darin im Rahmen eines Festkreises in Kalḫu genannt, vgl. dazu *Menzel*, Tempel I, 98ff.
441 Vgl. zur Plausibilität dieses Elementes der Königsideologie *Kramer*: „The idea behind it was simple, attractive, and highly persuasive. To make his people happy, prosperous [...], it was the king's duty to marry the passionate desirable goddess of fertility ..." (Sacred Marriage Rite, 49).
442 Vgl. *Renger*, Heilige Hochzeit, 258. Zumindest aus dem – in seiner Art sehr raren – Zeugnis eines neu- oder (weniger wahrscheinlich) spätbabylonischen Kultkalenders aus Sippar BM 50503 geht zwar hervor, dass zwei der vier Festtage des Šamaš zugleich auch der Aja gewidmet waren, doch Hinweise auf das Ritual einer heiligen Hochzeit finden sich hier nicht, s. dazu Bearbeitung und Kommentar bei *Maul*, Gottesdienst, 292ff.
443 Zu den Šamaš-Festen und -Ritualen im *altbabylonischen* Sippar s. *Harris*, Sippar, 199-202.
444 In nb. Bauinschriften vgl. u.a.: *Langdon*, VAB IV, 232 II Z.13. (Nbn.). Für weitere Belege des Epithets *kallatu* vgl. *Tallqvist*, Götterepitheta, 110f.168.245.455. ‚Gemahlin' des Šamaš wird sie dagegen nicht genannt; vgl. *Harris*, Sippar, 150.
445 So z.B. von Zarpanitu, Tašmetu, Baba und Inanna, vgl. *Tallqvist*, aaO 110f. Rituale heiliger Hochzeit zwischen Marduk und Zarpanitu, Nabû und Tašmetu, Ningirsu und Baba, v.a. aber von Dumuzi und Inanna sind deutlich besser bezeugt.
446 Für einen Überblick über die Sakralbauten des Sippar der nb. Zeit s. *Bongenaar*, Ebabbar, 229-243.
447 S. die Belege bei *Matsushima*, der damit einen Indizienbeweis für eine heilige Hochzeit des Sonnengottes führen kann; Lit de Šamaš, 132-134; vgl. ferner die Auflistung bei *Watanabe*, ‚Bett' des Gottes Šamaš, 229f, s. auch unter CAD E 315-318 s.v. *erišu* (Bett). Entgegen *Matsushima*s Vermutung muss die ‚Herrin von Sippar', von der aus spätbabylonischer Zeit ein Hochzeitsritual bezeugt ist (vgl. die Formulierung *šá ḫa-da-šá-da šá* ᵈ*Belet*(GAŠAN)-Sippar (UD.KIB.NUN.KI) – ‚die Braut,

„Ce lit est placé dans le bit majali où se rencontrent quotidiennement Šamaš et Aja".[448]

Wohl kann der Vergleich von Sonne mit einem Bräutigam als ein Hinweis darauf gelten, dass in Ps 19,5b-7 Šamaš-Traditionen nachhallen. Die Signifikanz der Parallele wird allerdings bereits dadurch geschmälert, dass zwar das Epitheton *kallatu* für Aja überaus häufig, dagegen das eines Bräutigams – *ḫadaššu* – für Šamaš *nicht in auffälliger Weise* bezeugt ist.[449] Als wahrscheinlich kann zwar gelten, dass ‚Held' als ein Götterepithet, auch als das eines Sonnengottes, bekannt war und dass dabei auch in einem nachexilischen israelitischen Kontext in Kenntnis außerisraelitischer Praktiken das Ritual einer heiligen Hochzeit assoziiert werden konnte. Für den in spätnachexilischer Zeit verfassten Ps 19 kann es aber in jedem Fall ausgeschlossen werden, dass dieser Text selbst noch in irgendeiner Beziehung zu rituellen Handlungen im Sinne einer Heiligen Hochzeit verfasst worden ist.[450]
Das ist auch der These Wyatts entgegenzusetzen, der versucht, Eislers Rekonstruktion einer heiligen Hochzeit in Ps 19 fortzuführen[451], indem er die inzwischen weitgehend abgelehnte[452] ugaritische Herleitung von Ps 19,2-7 zu rehabilitieren versucht. Er konstruiert sie im Interpretationsrahmen eines gemeinsamen „nexus of ritual practice",[453] worauf er die These eines kultischen „*royal ‚Sitz im Leben'*" von Ps 19 stützt, der in Israel auf einem polytheistischen Hintergrund entstanden sei.[454] Hierauf

---

die Herrin von Sippar'; vgl. dazu auch *Bongenaar*, É-babbar, 242f mit Anm. 223) von Aja unterschieden werden, s. hierzu *Joannès*, Temples de Sippar, 166-168.
448   *Joannès*, Temples de Sippar, 167. *Glass* (Observations, 151) sieht auch in der Formulierung von ʀᴊ II,27f: „der den Hochtempel der Aja mit Grün bekleidete" (*Borger*, TUAT I/1, 41) einen Hinweis auf eine heilige Hochzeit; diese Passage spielt allerdings in der assyriologischen Diskussion keine Rolle.
449   Der akk. Terminus *ḫadaššu* findet sich dabei in Verbindung mit einer Vielzahl von Göttern – und eben nicht in erster Linie mit Šamaš. In bemerkenswerter Nähe zu V.6 befindet sich die über Marduk getroffene Aussage: *iḫīš ana ḫa-da-áš-šu-tu* – ‚er lief zu seinem Hochzeitsfest' (Text nach *Reisner*, SBH, 148 Z.8; vgl. hierzu auch CAD *ḫ* s.v. *ḫaddāššutu(m)*: ‚marriage' / ‚status of bridegroom'). Auch Nabû kann als Bräutigam gelten: „in (his) state of bridegroom in the garment (befilling) his rank as a supreme god – ᵈAG *ša ḫa-da-áš-tu immandiq tēdiq am ītu*" (nach CAD *ḫ* aaO).
450   Vgl. zu Recht *Glass*: „In the psalm is neither a positive nor a negative attitude towards this material that may ultimately be cultic in origin; it is simply used", Observations, 153, vgl. ganz anders *Wyatt*, Liturgical context, passim.
451   Darüber täuscht seine Relativierung der Wiederaufnahme von *Eislers* Position (Liturgical Context, 561, Anm. 5) nicht hinweg, ebensowenig seine präventiven Dementi, dass er hier keinesfalls überholte ‚myth-and-ritual'-Deutungskategorien wiederbelebe (aaO passim).
452   *Donner*, Ugaritismen, 331, vgl. *Van Zijl*, 146f sowie unter Berufung auf *Donner Petersen*, Mythos, 94; *Craigie*, NceB 180 und *Meinhold*, Theologie, 121. Eine zunächst positive Aufnahme fand sie bei *Dahood*, AncB I, 121 und *Kraus*, BK XV/1, 304.
453   Liturgical context, 576. Er sieht in KTU 1.3 III 20-31 u.a. (sowie in weiteren Text-Passagen auch aus dem El-Zyklus) eine dreiteilige Struktur (‚Buriel Rite', ‚Spear Rite', ‚Cosmic Secret'; s. aaO 575).
454   Vgl. *Wyatt*: „(I)t is surely in the context of the rituals of kingship that we are to imagine a pattern of this kind" (aaO 576). Dass er für Ps 19,2-7 denselben Sitz im Leben wie für einen (bei seiner Datierung des Psalms in die frühe Königszeit) mindestens 500 Jahre älteren Text postuliert, scheint für *Wyatt* völlig unproblematisch. Zur Kritik an einem Vorgehen, „‚von einem gemeinorientalischen *pattern* einer Kö-

C) Der Sonnenlauf: V.5b-7

baut Wyatt die Annahme eines „hieros gamos between El ... and his wife, the sungoddess"[455] als kultischer Verortung des Ps 19 auf. Die polytheistische Interpretation führt aber zu Problemen, die nur unter Annahme abenteuerlicher Zusatzhypothesen gelöst werden können.[456] Deshalb überzeugen Wyatts Vorgehen, Argumentation und Ergebnis in keiner Weise. Zwar kann Herrmanns Kritik, es fehlten ugaritische Texte, in denen Šapšu 'Ilu subordiniert ist,[457] von Taylor mit dem Hinweis auf ihre enge Beziehung zu El zurückgewiesen werden.[458] Dass wir es hier aber nicht mehr mit überarbeiteten El-Überlieferungen zu tun haben, wurde bereits gezeigt. Und da gerade signifikante Züge des Sonnenlaufs in V.5b-7, wie der Vergleich mit einem Held und Bräutigam, in kanaanäischen oder gar ugaritischen Sonnengottüberlieferungen keine spezifischen Parallelen haben, bleibt für einen spezifischeren traditionsgeschichtlichen Zusammenhang keinerlei Indiz.[459] *(Ende des Exkurses)* —

Dass in Ps 19 *direkte* Überlieferungen aus Sippar oder überhaupt aus Mesopotamien zugrunde liegen, ist insgesamt sehr unwahrscheinlich, und das hat mit der Vorstellung von einem אֹהֶל bzw. einer חֻפָּה als Göttersitz zu tun. Denn dass Gottheiten in einem Zelt wohnen – sei es als Wohnstatt der irdischen, sei es der mythologisch-himmlischen Sphäre –,[460] wäre für mesopotamisches Denken mehr als untypisch,[461] und ist vielmehr vorrangig aus dem (nord-)westsemitischen bzw. syropalästinischen Raum überliefert.

---

nigsideologie ... [sc.: auszugehen], ohne die geschichtlichen und kulturgeschichtlichen Besonderheiten der je für sich zu betrachtenden einzelnen Kulturen hinreichend zu würdigen", s. *Podella*, Transformationen, 109.
455 Liturgical context, 588. Bereits seine Datierung auch des Torahymnus von Ps 19 in die (frühe!) Königszeit (aaO) kann schwerlich in die Begriffsgeschichte von ‚Tora' und in die Literaturgeschichte Israels im Ganzen eingeordnet werden und ist deshalb kaum ernstzunehmen.
456 *Wyatt* entfernt zunächst das Determinativum in V.5b durch Textänderung, um die Göttin שֶׁמֶשׁ zu erhalten, bezieht הוּא auf El und nimmt dann um der These eines *hieros gamos* willen dessen Lunarisierung an. Hierin sind seine Thesen nahezu identisch mit denen *Eisler*s, der הוּא (V.5) zunächst auf den kanaanäischen El (*Eisler*, Hochzeit, 31), später dann auf den ‚Mondgott' JHWH (Nochmals, 25) bezieht und die Sonnengöttin Šæmæš als dessen Partnerin ansieht.
457 Psalm 19, 77. Schon *Schröder* blieb die Erklärung schuldig, wie die von ihm angeführten mesopotamischen Motive in den „der El-Religion angehörigen Teil" (Psalm 19, 70) gelangt sind und warum der für (spät-)vorexilische Abgrenzungsbedürfnisse merkwürdig zweideutige Gottesname אֵל, und nicht יהוה, beibehalten wurde.
458 Vgl. KTU 1.2 III 15-18; 1.6 VI 22-29. Letztlich führt diese Art der Argumentation nur zur Akkumulation von an sich nicht haltbaren Hypothesen.
459 So *Donner*, Ugaritismen, 3.
460 Zu Zeltheiligtümern nomadischer Völker vgl. u.a. *Koch*, אֹהֶל, 133.
461 Zur nomadischen Lebensweise aus der Sicht der mesopotamischen Städter, die die Nomaden ikonographisch als ‚unzivilisierten Feind' darstellen, s. *Staubli*, Image, 67-114. Zum *bīt ṣēri* als (‚Haus der Wüste' =) Nomadenzelt vgl. AHw III 1095, s.v. *ṣērum*. Bei *maškanu(m)*, das im Akkadischen u.a. ‚Zelt', ‚Baldachin' bedeutet, handelt es sich bei der (erst sb. belegten) Bedeutung ‚Heiligtum' sehr wahrscheinlich um einen Aramaismus (CAD M 373 s.v.).

In KTU I.15 III 18 (Keret-Epos) kehren die Götter nach der Zusage von Segen zu ihren Zelten zurück, in KTU I.17 V ist von den Zelten von Koṯar und Ḫasis die Rede, nach KTU I.19 50.52.60 (Dani'ilu und Aqhat) kehrt Pughat mit Sonnenuntergang in die Zelte des Yaṯpan ein,[462] etc. Vor allem das Zelt des ugaritischen 'Ilu (‚El') wurde vielfach – gerade auch als Parallele für das priester(schrift-)liche Zeltheiligtum JHWHs – angeführt.[463] Die syropalästinischen ‚irdischen' Zeltheiligtümer[464] korrespondieren z.T. wiederum im Sinne des Entsprechungsdenkens (s.o.) solchen mythologischen Zeltwohnsitzen, und sind dabei nicht allein im nomadischen Umfeld anzusiedeln.[465]

Das Fehlen positiver Konnotationen eines Zeltes als eines göttlichen Wohnsitzes in Mesopotamien jedenfalls zeigt, dass diesbezüglich eine direkte Übernahme dortiger Überlieferungen ausgeschlossen werden kann. Ps 19,5a verarbeitet babylonische kosmographische Vorstellungen lediglich aus zweiter Hand und verrät sich auch dadurch als Kreation spätalttestamentlicher Zeit, dass es die Zeltvorstellung wie selbstverständlich am Himmel situiert.[466] Der Rückgriff auf solche Zeltheiligtumsvorstellungen geschieht im nachexilischen Israel zudem häufig aus der Absicht heraus, besonders altertümlich zu wirken.[467]

Will man die im nachexilischen Israel mit einer Zelt-Wohnstatt verbundenen Konnotationen verstehen, wird man die Prägekraft der priester(schrift-)lichen Konzeption des אֹהֶל מוֹעֵד wohl kaum unterschätzen dürfen.[468] Den Wechselbezügen der in den Psalmen recht geläufigen Bezeichnung des Jerusalemer Tempels als Zelt[469] mit der Zeltheiligtumstradition des Pentateuch wird zwar eher selten Beachtung geschenkt, obwohl diese z.T. archaisierende Tendenz auch für die Tempeltheologie durchaus

---

462   S. *Caquot / Sznycer*, TO I, 457f, vgl. auch aaO 121; s. hierzu auch *Habel*, He who stretches, 427f.
463   V.a. *Cross*, Tabernacle, 171ff; *Fleming*, Priestly Tent, 484ff.496ff; *Habel*, ebd.
464   Zur Diskussion um das 1969 in Timna gefundene midianitische Zeltheiligtum s. *Staubli*, Image, 217ff.
465   So weist die Bauweise eines großen öffentlichen Zeltes in Mari, insbesondere die Verwendung von *qersu*, Ähnlichkeiten zu einer nicht aus dem Jerusalemer Tempel ableitbaren Baueigentümlichkeit des אֹהֶל מוֹעֵד hin, die קְרָשִׁים (vgl. mehrfach in Ex 26; Ex 36): „the Mari *qersū* suggest that the Hebrew term stands in an ancient heritage of large tent construction" (*Fleming*, Priestly Tent, 497). Damit führt er *Cross'* Überlegungen (Tabernacle, passim, v.a.) fort.
466   Dass der Himmel im syropalästinischen Raum erst in späterer Zeit zu dem ‚bevorzugten' Wohnort von Gottheiten und quasi-divinen Wesen gehörte, wurde oben bereits ausgeführt, s. V. B) 1. Der mythologische Ort des Heiligtums des ugaritischen El wird etwa noch auf einem Berg angesetzt, vgl. NIEHR, Wohnsitze, 327ff; vgl. Ex 25,40.
467   Zu diesem archaisierenden Gebrauch s. *Staubli*, Image, 217ff.
468   Die Diskussion zum Zeltheiligtum ist, wie sich fast von selbst versteht, uferlos, für einen Überblick s. *Janowski*, Sühne², 296ff.328ff mit der älteren und aaO 448 mit der neueren Literatur.
469   Vgl. auch 1QH XX,3.

C) Der Sonnenlauf: V.5b-7

von Bedeutung ist. Denn wenn etwa die Vertrauensaussage in Ps 27,5a[470] der Jerusalemer Tempeltradition zuzurechnen ist[471], und wenn auch in Ps 15,1a[472] die Formulierung ‚‚‚Zelt JHWHs' ... eine archaisierende Metapher" ist, die als solche der Zionstradition zugehört,[473] dann ist es auch unzureichend, in der Formulierung: ‚In deinem Zelt werde ich wohnen' (אָגוּרָה בְאָהָלְךָ) in Ps 61,5a lediglich eine „Metapher" für „ein intimes Zusammenleben auf engstem Raum"[474] zu sehen.[475] Es ist vielmehr auch hier eine Anspielung auf den Tempel zu sehen. Den Tempel archaisierend JHWHs ‚Zelt' zu nennen, ist ein durchaus geläufiger Sprachgebrauch.[476]

Für Ps 19,5b heißt das: Hinter der Vorstellung eines himmlischen Zeltes der Sonne[477] ist weniger eine mesopotamische Überlieferung zu vermuten als vielmehr eine archaisierende Vorstellung syropalästinischer Färbung. Ähnliches ist auch für den Baldachin, die חֻפָּה, anzunehmen.

Dieser im Alten Testament seltene Ausdruck kennzeichnet in Joel 2,16 (par. חֶדֶר) „the inner room of a house were the married couples go"[478], der offenbar in Israel Bestandteil des Hochzeitsrituals war.[479] Die oben festgestellten kosmographischen und funktionalen Affinitäten zwischen חֻפָּה und *bīt majāli* sind also spätestens hier an ihre Grenze gelangt, denn eine Hochzeit unter zeltartigen Dächern ist für den mesopotamischen Kulturkreis nicht kennzeichnend. Vielmehr ist die Vorstellung einer חֻפָּה als Ort eines Hochzeitsrituals vor allem im syrisch-arabischen Kulturbereich[480] und in (früh-)jüdischen Überlieferungen (bis heute) geläufig;[481] Etymolo-

---

470 Hier heißt es: ‚Er wird mich bergen im Schutze seines Zeltes' (יַסְתִּרֵנִי בְּסֵתֶר אָהֳלוֹ).
471 Vgl. *Hossfeld / Zenger*, NEB 29, 174 (*Hossfeld*).
472 Ps 15 hebt an: ‚JHWH, wer darf in deinem Zelt wohnen?' (יהוה מִי־יָגוּר בְּאָהֳלֶךָ).
473 *Hossfeld*, aaO 106.
474 *Hossfeld / Zenger*, HThK, 174 (*Zenger*).
475 Vgl. auch 1 Kön 7,45. In Thr 2,4 ist es umstritten, ob es sich bei בְּאֹהֶל בַּת־צִיּוֹן um den Tempel handelt, s. *Renkema*, Lamentations, 234; bei שֻׂכּוֹ in Thr 2,6 dagegen ist es sicher.
476 *Keel* erwägt, dass der salomonische Debir u.a. deshalb ‚Zelt' genannt worden sei, weil er in seiner Cella die Nachfolge des davidischen Zeltes im Blick auf die Lade (2 Sam 7,1-7) antreten sollte; AOBPs⁶, 143f. Die Hoffnung des Beters, in JHWHs Zelt geborgen zu sein (Ps 27,5) oder in seinem Zelt zu wohnen, wird aber kaum einen Aufenthalt im Debir im Blick haben. So wird man im Anschluss an *Busink* eher vermuten, dass אֹהֶל an jenen Stellen den Tempel als Ganzen meint (Tempel, 609), wenn es ihn auch – so wiederum *Keel* zu Recht – „im Hinblick auf einen Aspekt, der sich vor allem im Debir konzentriert", im Blick hat (aaO 144).
477 Dass hier bei der Vorstellung von einem Zelt im Himmel auch die Symbolik des Heiligtums an- bzw. nachklingt, notiert auch *Glass*, Observations, 151.
478 *Stuart*, WBC 31, 253.
479 HALOT (339, s.v.) notiert unter חֻפָּה ‚porch' (Vorbau) und ‚nuptial chamber' (Brautgemach), vgl. HAL ‚Schutzdach' und ‚Brautgemach' (325, s.v.), vgl. auch חֻפָּה in Gen 24,67; ferner Ri 4,17.
480 S. hierzu *Staubli*, Image, 130; *Dalman*, AuS VI, 35, vgl. auch das bei *Eisler*, Weltenmantel, 596ff zur Bedeutung des Zeltes in arabischen und syropalästinischen Hochzeitsritualen gesammelte Material.
481 V.a. im (frühjüdisch-)rabbinischen Bereich ist חוּפָּה deutlich ein Terminus für einen Hochzeitsbaldachin bzw. das Brautgemach, s. *Jastrow*, 437 s.v. חוּפָּה mit einer

gisch steht חֻפָּה mit arab. *miḫaffat* (Sänfte) und Iraq-arabisch *ḥoufa* in Beziehung,[482] andererseits wird es gerne mit den arabischen, *qubbā* genannten transportablen Zeltheiligtümern in Verbindung gebracht.[483] Doch auch im Blick auf den Wortgebrauch des Talmudhebräischen[484] kann חֻפָּה bereits im Alten Testament zugleich mit einer Art Zeltheiligtum konnotiert sein.[485] Es ist daher wahrscheinlich, dass den Ausschlag für die Wahl dieser Motive gar nicht vorgegebene Sonnengotttraditionen gegeben haben. Vielmehr legte der Begriff חֻפָּה, der sowohl mit Zeltheiligtümern von Göttern, als auch mit bekannten Hochzeitsbräuchen konnotiert war, dem Psalmisten die Wahl auch des Vergleichs der Sonne mit einem Bräutigam nahe – zumal damit ein bekanntes Sonnengott- bzw. überhaupt Götterepitheton anzitiert werden konnte. Die Stimmigkeit in der Verbindung dieser Motive liegt eher auf einer symbolisch-assoziativen Ebene als auf derjenigen vorgegebener Überlieferung. Hinzu kommt, dass die Freude des Bräutigams bzw. des Brautpaares im Alten Testament auch sonst fast sprichwörtlich ist: So „erscheint der ‚Bräutigam' – wie auch die ... ‚Braut' ... – fast immer als der Typus des Menschen, der besondere Freude hat".[486] Auch das wird dazu beigetragen haben, von diesem Motiv Gebrauch zu machen. Denn so war es möglich, der Sonne mit größter Plastizität Dynamik, Freude und königliche Attribute beizulegen. Die Stilfigur, die Sonne durch einen Vergleich zu personifizieren, tat dabei zugleich dem Interesse an einer mythologisierend-archaisierenden Redeweise Genüge.[487]

Die Darstellung des Ortes des Sonnenaufgangs als Zelt und Hochzeitsbaldachin חֻפָּה ist also als eigenständige und originelle, aber eben spezifisch israelitische Kreation anzusehen, durch die die Aufnahme von Vorstellungen aus Šamaš-Traditionen bzw. ihren (westsemitischen und) israelitischen Adaptionen nur noch hindurchschimmert.[488]

Vielzahl an Belegen. Vgl. auch חוּפָּאָה ‚cover'; ‚roofing' aaO s.v. sowie *Jastrow*, 437 s.v. חִפּוּי ‚covering', ‚wrap'.
482 So HALOT 339 s.v.; HAL 325 s.v.; *Tur-Sinai*, Handwörterbuch, 558.
483 *Dalman*, AuS VI, 35; *Eisler*, Weltenmantel, 596ff. Zur arabischen *qubbā*, einem transportablen Zeltheiligtum der Protobeduinen (Rundzeltbauweise), das „im 7. / 6. Jh. vom frühbeduinischen schwarzen Langzelt aus Ziegenhaar abgelöst wurde" (*Staubli*, Image, 130), danach aber in verkleinerter Form als Götterschrein in Gebrauch war, der auf einen Kamelsattel aufschnallbar war, s. aaO 116ff; vgl. hierzu auch *Fleming*, Priestly Tent, 498.
484 In yMeg. I,72^d bezeichnet חוּפָּה Zeltheiligtümer – genauer: JHWHs Zelte in Schilo, Gilgal etc., zu weiteren Stellen s. *Jastrow* aaO s.v.
485 Vgl. zu חֻפָּה auch Jes 4,5, wo eher allgemein an ein Schutzdach gedacht ist (vgl. das Verb חפה mit der Bedeutung ‚verhüllen, verkleiden, überziehen'). Der Text ist allerdings beträchtlich gestört (vgl. nur die Rekonstruktionsversuche bei *Wildberger*, BK X/1, 151f.159ff); bereits die Formulierung: עַל־כָּל־כָּבוֹד bereitet Schwierigkeiten.
486 *Kutsch*, חָתָן, 292. So ist das ‚Verstummen' der noch soeben jubelnden Brautleute wohl v.a. um des scharfen Kontrastes willen so ein häufiges Motiv der Gerichtsankündigung, vgl. Jer 7,34; 16,9; 25,10, vgl. Jer 33,11; Joel 2,16. Zur v.a. figurativen Verwendung des Begriffs ‚Bräutigam' im Alten Testament s. *Zimmermann*, Geschlechtermetaphorik, 89.
487 Die Figur einer (attributiven) Metapher wäre dagegen möglicherweise missverständlich gewesen.
488 Um in Ps 19,5b-6 einen Bezug zu einem unter einer baldachinartigen Bedeckung thronenden Sonnengott zu sehen, wie es das Nabû-apla-iddina-Relief darstellt,

C) *Der Sonnenlauf: V.5b-7*

Wie aber hängen Zelt (אֹהֶל) und (Hochzeits-)Baldachin (חֻפָּה) zusammen? Zelt und Baldachin sind oft miteinander identifiziert worden,[489] und es gibt hier auch einige Übereinstimmungen und Überschneidungen beider, die ihre Identität nahe legen: Sie werden fast in einem Atemzug genannt, eine חֻפָּה ist eine Art ‚Zelt', und bei beiden war eine Affinität zu Heiligtumsvorstellungen festzustellen (s.o.). Dennoch spricht wiederum einiges dafür, zwischen dem אֹהֶל und der חֻפָּה zu unterscheiden, bereits deshalb, weil אֹהֶל direkt auf die Sonne bezogen wird, die חֻפָּה sich aber nur innerhalb des Vergleichs der Sonne mit dem Bräutigam findet. Während das Zelt primär als himmlischer Wohnsitz der Sonne im bzw. am Himmel gekennzeichnet wird, wird die חֻפָּה vornehmlich mit der Vorstellung der Hochzeitsbrauchs verbunden. Diese Unterschiede, Überlappungen und Vagheiten auf der Bildoberfläche ordnen im Sinne der ‚multiplicity of approaches' beide Bereiche einander zu und sorgen für ihr Oszillieren, und somit für eine größere Plastizität des Dargestellten.

3. Die schöpfungstheologische Aussage von V.5b-6a

Es ist hier also von einem grundlegenden Konstitutionshandeln die Rede (V.5b: SK / VS), das anfänglich die tagtägliche Restitution der Weltordnung (V.6a: Ptz. / INS; V.6b: PK [iter.] VS) veranlasst. So liegt für eine weitere Profilierung der schöpfungstheologischen Aussage von V.5b.6a nichts näher als ein Vergleich mit Gen 1,14-16.

Die in Ps 19,5b implizierte schöpfungstheologische Vorstellung zeigt gegenüber derjenigen von der Erschaffung der Sonne in Gen 1,14-16 eine durchaus andere Prägung: Dort wird strukturgemäß zunächst die Erschaffung (mit היה) der ‚Leuchten', מְאֹרֹת, mit ihrer Funktion, zwischen Tagen und Nächten zu scheiden (לְהַבְדִּיל בֵּין הַיּוֹם וּבֵין הַלָּיְלָה) als begrenzte[490] Herrschaftsausübung[491] beschrieben und dann die

---

müsste man – angesichts der Eigentümlichkeit der Darstellung, vgl. dazu u.a. *Metzger*, Wohnstatt, 144; *Berlejung*, aaO 144 – fast die Kenntnis desselben Reliefs voraussetzen; das aber ist äußerst unwahrscheinlich. Angesichts des weitgefächerten altorientalischen (v.a. auch ikonographischen) Motivtransfers ist die Wiederkehr einer engen Motivparallele wiederum leicht möglich.

489 *Fischer*, Komposition, 20 Anm. 14, vgl. *Steck*, Bemerkungen, 235; *Glass*, Observations, 150.

490 Jedoch ist zu beachten, dass מְאֹרֹת in Gen 1,14-16 nicht, wie oft vorausgesetzt, einfach nur ‚Lampen' bedeutet – die einzige Parallele bildet der siebenarmige Leuchter, den man gewiss nicht als gewöhnliche Lampe ansehen kann. Der Begriff ist vielmehr *terminus technicus* für die Himmelskörper (*Soggin*, Genesis, 37). Die hier so gerne im Feld geführte ‚Depotenzierung' der Gestirne ist durchaus auf die Entkleidung göttlichen Ranges beschränkt.

491 Zur begrenzten Herrschaft der ‚Leuchten' (מְאֹרֹת) und zu ihrer den Schöpfer nachahmenden Funktion des Scheidens (בדל hi.) s. *Jacob*: „Zu der Scheidung hat Gott selbst das Vorbild gegeben" (Das erste Buch der Tora, 49; ferner *Albani*, Gott und Gestirne, 183.201).

Erschaffung (mit עשׂה) der Leuchtkörper (mit der Funktionsbestimmung: לְהָאִיר עַל־הָאָרֶץ) und ihre Befestigung (mit נתן) an der Himmelsplatte geschildert. Von einer Erschaffung der Sonne ist dagegen in Ps 19,5b keine Rede: Ihre Existenz wird fraglos vorausgesetzt, ihr wird vielmehr ein ehrbarer Wohnsitz am Himmel bereitet (שׂים).[492] Das hinwiederum zeigt, wie religionspolemische Aussageabsichten im monotheistischen Horizont von Ps 19 bereits fernliegen. Deutlich wird hier vor allem die Einsetzung der Sonne in bedeutende Funktionen in der Schöpfung und ihre Repräsentanz der Herrschaft des Schöpfergottes.

Gen 1 ist notwendiger Verstehenshintergrund für den in dieser Psalmhälfte dargestellten Zusammenhang von tag-nächtlich gelingender kosmischer Ordnung und dem Ort der Sonne am Himmel. Die mit V.5b implizierte Vorstellung, dass der Schöpfer für die Sonne in vorgängiger Zeit einen Zeltwohnsitz bereitete, ist aber nicht nur deutlich weniger nüchtern und ‚technisch' als die priesterliche Darstellung der Befestigung der מְאֹרֹת am רָקִיעַ, sondern steht der Tendenz ihrer Entkleidung jeglichen divinen Ranges[493] sichtlich entgegen, denn hier werden ja vielmehr Erinnerungen an Sonnengottepitheta geradezu wachgehalten.
Worauf zielt nun diese mythisierende Vorstellung von V.5b? Gerade der mesopotamische Hintergrund ist hier wiederum erhellend: Im „Enūma eliš erhielt die Sonne von Marduk, dem Gott, der die Weltordnung etablierte, den Auftrag, als Richter über das Geschehen der Welt zu stehen und [Mord] und Gewalt zu zügeln"[494]. Für V.5b-7 kann daher durchaus von einer Funktionsanalogie zu Ee V Z.24f gesprochen werden,[495] insofern die Konstitution einer gerechten Weltordnung die hohe Positionierung der Sonne und die positive Beziehung Gottes zur Sonne plausibilisiert. Die anschaulichste und nahe liegendste Art und Weise, dies auszudrücken, ist aber eine solche mythisierende Darstellung.

Insofern kommt auch Hi 38,12-15 unserer Stelle sehr nahe, zumal hier die gerechtigkeitsstiftende Absicht von Gottes Einsetzung der Sonne deutlich wird: Zu Beginn der ersten Gottesrede, wo JHWH die Weisheit des Weltplanes und seine Gerechtigkeit gegenüber Hiobs Vorwürfen verteidigt, die Welt sei ein Chaos,[496] wird Gottes

---

492 Die Funktion, auf die ‚Erde zu leuchten', setzt offenbar voraus, dass die Leuchten unterhalb des רָקִיעַ angebracht werden (s. hierzu *Jacob*, Das erste Buch der Tora, 52). Bei Ps 19,5b.6a ist es dagegen denkbar, dass die Sonne wie in einigen o.g. Vergleichstexten eine von der Erde aus sichtbare Position ‚im Innern des) Himmel(s)' einnimmt.
493 Zur neueren Diskussion dieser abgrenzenden Tendenz in Gen 1,14ff s. *Albani*, Der Eine Gott, 184ff.
494 *Maul*, Hüter der Weltordnung, 202, mit einem Zitat aus Ee V, Z.24f unter Hinweis auf *Lambert*, TUAT III/4, 588. Allerdings ist gerade die Passage Z.23-46, in der die Einsetzung der Sonne beschrieben wird – bis auf einige Hinweise auf die nunmehr gelingende jährliche und tägliche Ordnung der Zeit – leider nur schlecht erhalten, vgl. hierzu *Horowitz*, Cosmic Geography, 116f.
495 Vgl. zur Festsetzung der Gestirnsordnung in Ee V, Z.1ff auch *Albani*, Der Eine Gott, 67f.73f.
496 Dies ist als Antwort auf Hiobs Klage über das uneingeschränkte nächtliche Treiben der Frevler Hi 24,13-17 zu verstehen, vgl. hierzu *Keel*, Entgegnung, 156-

C) Der Sonnenlauf: V.5b-7

tägliche Neukonstituierung der Ordnung des Kosmos durch die Brechung der Macht der רְשָׁעִים beschrieben (vgl. dazu auch Hi 40,9-14), und zwar auf dem Hintergrund des Motivs der „Hilfe Gottes am Morgen":

12 Hast du an einem deiner Tage dem Morgen geboten?
    Hast du der Morgenröte[497] ihren Ort kundgetan,
13 auf dass sie die Säume der Erde erfasse,
    so dass die Frevler von ihr abgeschüttelt werden?
14 Sie wird umgewandelt wie Siegelton,
    so dass sie sich hinstellen wie bekleidet,[498]
15 und so wird den Gottlosen ihr Licht entzogen,
    und der erhobene Arm zerbrochen.

Cornelius, der Hi 38,12-15 als „sun-epiphany" bezeichnet und anhand eines breiten Spektrums an ikonographischem Material erhellt, deutet treffend die Bildsprache dieser Verse: „This experience of the early morning light which gives the formless world of the night sharp contours, is compared with an imageless piece of clay which becomes alive when a cylinder seal is rolled over it and an impression is left in the clay ..."[499]. Im Unterschied zur ‚am Morgen' erhofften Hilfe in den Psalmen[500] ist die Perspektive hier jedoch diejenige Gottes, dessen schöpferisch-machtvolles Befehlen (צוה pi.) allein den Prozess der mit dem Morgen heraufkommenden Gerechtigkeit veranlassen kann.[501] Dies schöpferische, Gerechtigkeit heraufführende Handeln wird als Kundgabe an den Morgen (ידע pi.) formuliert: Die Kommunikation des Schöpfers mit den geschöpflichen Ordnungen konstituiert jeden Morgen neu die Weltordnung.[502]
Während physikalisch gesehen das Licht der ‚Morgenröte' ja noch keinesfalls alles erfasst, ist die Formulierung von V.12 auf dem Hintergrund mythologisch-kosmologischer Vorstellungen hochplausibel: Denn wenn etwa der mesopotamische Šamaš am Morgen die kosmisch dimensionierten Horizontberge besteigt, überschaut er be-

---

159. Zur Bestimmung der Maße der Schöpfung in Hi 38,5ff s. bereits oben V. B) 4. In Hi 38,7 ist der die anfängliche Schöpfung begleitende ‚Jubel der Morgensterne' und der ‚Söhne Gottes' als ein weiteres, unverstellt mythisierendes Motiv in der weisheitlichen Literatur zu notieren.
497 Das Ketib hat den Eigennamencharakter von שַׁחַר beibehalten und kommt dem ursprünglichen Text wahrscheinlich näher; vgl. *Strauß*, aaO 337.
498 Nach Morphologie und Syntax zu urteilen, bezieht sich יצב hit. (3.ps.m.pl.) auf die Frevler: Auf der durch das Sonnenlicht konturierten Erdoberfläche müssen auch die Frevler wie verwandelt dastehen. So ergibt sich für V.13-14 die Abfolge a (Erde) – b (Frevler) – a' – b'; s. hierzu auch *Strauß*, aaO 361. לבש wird des Öfteren in Bildern der Verwandlung gebraucht, vgl. Ps 102,27.
499 Sun epiphany, 25f, vgl. dazu *Keel*, AOBPs 286 Abb. 53, 54, 55; 90a.
500 V.a. Ps 3,6-8; 5,4; 17,1f.15; 46,6; 57,9; hierzu s. *Janowski*, Rettungsgewißheit, 184-191; *ders.*, Der barmherzige Richter, 67-69.
501 Vgl. auch *Keel*, Entgegnung, 56.
502 Auf diese Weise wird ihnen hier dann wohl auch jenes Wissen zuteil, von dem Ps 19,2-5a(5b-7) und ganz ähnlich auch Ps 104,19 spricht: Es ist ihnen also nicht ‚substanzhaft' inhärent, wird ihnen aber ebensowenig entzogen, sondern täglich von Gott gewährt.

reits den gesamten Erdkreis⁵⁰³, wie es in Z.21 des Großen Šamašhymnus formuliert ist:

> Du beugst dich über die Berge und überblickst die Erde.
> *šu-ra-ta ana ḫur-sa-a-ni er-ṣe-ta ta-ba-ri*⁵⁰⁴

Damit treten nicht nur Gut und Böse in voller Klarheit und Plastizität auseinander, sondern so wird auch die Verkehrtheit der Welt zurechtgebracht: Den Frevlern, denen jegliches ‚Lichthafte' eigentlich gar nicht zukommt – eine Art Oxymoron –, wird ihr ‚Licht' wieder entzogen.⁵⁰⁵ Anders als hier, wo die tagtägliche Zurechtbringung der Welt von einem direkten Gebieten Gottes veranlasst wird, geschieht dies in Ps 19,5b durch die Einsetzung der Sonne an ihren zu Gott nahen Ort, zu ihrem täglichen, ‚freudigen' Lauf.

Vergleicht man Ps 19,5b nunmehr auch mit Ps 104,2f, so fällt zunächst die frappierende Analogie zwischen diesem himmlischen Palastbau JHWHs und der Bereitung eines himmlischen Wohnortes der Sonne in Ps 19,5b ins Auge. Im Vergleich zum Palastbau ist aber zugleich festzustellen, dass es sich hier *lediglich* um ein ‚Zelt' handelt. So charakterisiert אֹהֶל den kosmischen Sitz der Sonne als den himmlischen Wohnsitz eines Gott untergeordneten, aber zugleich auch nahe zugeordneten, weil für die kosmische Ordnung äußerst bedeutenden Geschöpfes. Der Sonne wird hier insgesamt ein durchaus hoher Rang zuerkannt – andererseits ist es Gott (אֵל), von dem die Initiative zu seiner durchaus positiven Beziehung zur Sonne ausgeht.

Auch wenn man die Situierung des Throns JHWHs im Himmel etwa in Ps 11,4 (verbunden mit solaren Konnotationen)⁵⁰⁶ zum Vergleich mit Ps 19,5b heranzieht, wird deutlich: In Ps 19,5b werden sonnen- bzw. lichthafte Erscheinungsform und richterliche Kompetenzen Gottes in eine von ihm unterschiedene Repräsentationsform ‚ausgelagert', die aus irdischer Perspektive sichtbar ist.

Eine weitere Parallele ist für diesen Zusammenhang aufschlussreich. Denn die mythisierende Rede von einem Zeltwohnort begegnet in zeitlicher Nähe zu Ps 19 auch bei der personifizierten Weisheit, und zwar in Sir 24,4ff.⁵⁰⁷ Hier ist in V.4 von der

---

503 Vgl. hierzu Ex 14,24, wo bemerkenswerterweise allein JHWHs (Sich-Hinüberlehnen und) ‚Schauen' (שׁקף) in der Zeit der Morgenwache das Heer der Ägypter in Verwirrung bringt.
504 Akk. Text nach *Lambert*, BWL², 137, s. zum Großen Šamašhymnus auch unten V. C) 5.
505 Zur Wendung אור + ePP s. Jes 58,8.10; 60,1; Hi 25,3, vgl. Ps 27,2.
506 Zum solaren Hintergrund von Ps 11 s. *Janowski*, Der barmherzige Richter, 69-71, v.a. Anm. 185; zur Vorstellung vom Thron JHWHs im Himmel (Ps 11,4; 14,2) u.a. *Hartenstein*, Unzugänglichkeit, 58; *Bartelmus*, šāmajim, 97 mit Anm. 41.
507 Für den Abschnitt Sir 24,3-7 war im Gefolge einer These von *Conzelmann* lange Zeit die Adaption von Isis-Aretalogien sowie die These, in diesem Abschnitt finde sich nichts spezifisch Jüdisches, im Gespräch, vgl. *Sauer*, ATD Apokryphen 1; 31.180f. In jüngerer Zeit begegnet man dem eher mit Skepsis: „the link made with Isis is highly hypothetical" (*Rogers*, Wisdom, 149, vgl. aaO 153f; *Lebram*, Jerusa-

C) Der Sonnenlauf: V.5b-7

‚Einwohnung'[508] und vom Thronen der Weisheit in den höchsten Höhen die Rede. Der Terminus κατασκηνεῖν wird bemerkenswerterweise auf ein Zelten der Weisheit übertragen, und zwar in sehr konkreten Bildern. So wird in V.8a ihr Wohnort explizit als Zelt bezeichnet, das der Schöpfer zur Ruhe führt[509], bevor in V.8bα von ihrem Einwohnen in Israel berichtet wird,[510] und bevor durch die Betonung ihres priesterlichen Dienstes im heiligen Zelt (ἐν σκηνῇ ἁγίᾳ) vor JHWH ihr Verhältnis zu ihrem Schöpfer präzisiert wird.
Möglicherweise spielt Sir 24,4ff hier auf Ps 19,5b an – neben Hi 8,8; 22,12-14; 38,16.[511] Hierfür spricht, dass einige weitere, höchst eigentümliche Züge[512] des Wandels der Weisheit in der himmlischen Sphäre durch die Sonne als implizitem Bildspender erklärt werden können – etwa, wenn davon die Rede ist, dass die Weisheit allein den Kreis des Himmels[513] umkreiste[514] und ‚in der Tiefe des Abyss umherwandelte'.[515] Dieser solare (Bild-)Hintergrund wiederum ermöglicht Universalitätsaussagen über das Herrschen[516] der Weisheit „in sonst nur Gott zugänglichen Bereichen"[517] und in jedem Volk. In beiden Passagen wird nicht nur eine besondere Nähe und Beziehung (der Sonne wie der Weisheit) als eines ausgezeichneten Geschöpfs zu Gott beschrieben, sondern hier werden auch (ohne dass von einer ‚Hypostasierung' geredet werden müsste) Eigenschaften, Kompetenzen und Herrlichkeit des Einen Schöpfers – dort durch Personifikation, hier durch Mythisierung – in die Welt verlagert. Das geschieht offenbar, um das kosmologische Konzept der ‚immanenten Transzendenz'[518] aufrechtzuerhalten bzw. auf zeitgemäße Weise zu aktualisieren.[519]

---

lem, 122ff. Dagegen werden die Bezüge auf Prov 8,22-31; Hi 28,14ff etc., deutlicher herausgestellt, vgl. *Lebram*, ebd.; *Sheppard*, Wisdom, 35-43; *Skehan / DiLella*, AncB 39, 332f; *Marböck*, Gottes Weisheit, 76 etc.
508 κατασκηνεῖν, vgl. *Marböck*: „Thronen" (Gesetz, 58).
509 Entsprechend der Formulierung κατέπαυσεν τὴν σκηνήν μου ist es möglich, dass die Weisheit bereits vor ihrer Einwohnung in Israel einen Zeltwohnsitz hatte. Der Rekurs auf die Wüstenzelttradition, den *Fournier-Bidoz* herausarbeitet (Siracide XXIV 10-17, 3ff), reicht als Hintergrund des Bildes dann aber nicht aus.
510 Hier gebietet Gott der Weisheit: „Wohne in Jakob ein (ἐν Ιακωβ κατασκήνωσον).
511 In Hi 22,14 𝔊 heißt es über Gott bemerkenswerterweise, er wandele am Kreis des Himmels (γῦρον οὐρανοῦ διαπορεύσεται); zu Hi 22,13f s. auch unten V. C) 5.
512 Der Bezug auf Ps 19,6-7 sowie auf solare Vorstellungen wurde jüngst ebenfalls gesehen bei *Reitemeyer*, Weisheitslehre, 192.
513 Zu γῦρον – ‚Kreis', ‚Horizontkreis' (im MT meist חוג) s. auch 𝔊 Jes 40,22; Hi 22,14 (Kreis des Himmels).
514 Die Formulierung lautet: γῦρον οὐρανοῦ ἐκύκλωσα μόνη. *Conzelmann* leitet auch dieses Element aus Isisaretalogien her, zur Kritik vgl. *Lebram*, Jerusalem, 122f.
515 Der Text lautet: καὶ ἐν βάθει ἀβύσσων περιεπάτησα. – Selbst *Sheppard*, der an dieser Passage eine Vielzahl von atl. Bezügen aufweist und zeigt, „that the composition of these verses belongs to an anthological style of biblical interpretation" (Wisdom, 35), beachtet jedoch die Bezüge zu Ps 19 nicht.
516 Mit der meist bevorzugten Lesart ἡγησάμην in V.7.
517 *Marböck*, Gesetz, ebd.
518 Nach *Krüger*, der diese Konzeption in Ps 104 nachzeichnet, geht es dem alttestamentlichen Denken hierbei darum, einen eigenen Weg zwischen mythologischem Kosmo-Theismus und ‚entmythologisierter' Kosmologie zu beschreiben (Kosmo-Theologie, 66ff).
519 Demgegenüber ist es unzutreffend, in Ps 19 eine „durchdringende Omnipräsenz Jahwes in der Natur ..." zu sehen (*Oeming*, Verbindungslinien, 263). Ebenso wird die präzise Verhältnisbestimmung des Psalms zwischen Schöpfer und Sonne

Ps 19 nimmt diesbezüglich eine Mittelposition zwischen Ps 104,2f und Sir 24,4 ein, teilt aber darüber hinaus mit Sir 24 die Verbindung von schöpfungsinhärenter Weisheit und Tora. Ferner zeigt sich, dass zwischen Ps 19 und Sir 24 nicht nur ein vager traditionsgeschichtlicher Bezug besteht, sondern dass der Sonnenlauf in Ps 19 wahrscheinlich von Ben Sira als Paradigma der immanenten Weisheit angesehen wurde und in seine Darstellung der personifizierten Weisheit eingeflossen ist.

Mit all dem ist für das Verständnis von Ps 19,5b-7 aber bereits Wesentliches gesagt: Bedenkt man, dass Gott der Sonne einen ehrenhaften Wohnsitz im Himmel zuordnet, also nahe dem eigenen himmlischen Wohnsitz, dann geschieht damit vor monotheistischem Hintergrund eine bemerkenswerte Aufwertung der Sonne – die aber wiederum nur in einem schon recht unangefochtenen Monotheismus einen so vollmundigen, unpolemischen Klang bekommen konnte:[520] Denn in diesem Kontext verstärkt – anders als noch im religionshistorischen Kontext von Gen 1,14-16 – die hohe Ansetzung der Sonne die Majestät des Einen Gottes.

4. Der vorbildliche Lauf des Helden (V.6b)

Dass der Sonne in diesem Abschnitt in Sonnengotttraditionen und Königsideologie verwurzelte Attribute beigelegt werden, macht insbesondere der zweite Vergleich mit einem Helden bzw. Krieger[521] (גִּבּוֹר) deutlich.[522] Die Prädikation als ‚Held'[523] war im mesopotamischen Raum[524] wie im gesamten Alten Orient[525] Epitheton einer ganzen Reihe von Gottheiten. Darunter befindet sich an vorderer Stelle auch der Sonnengott, insofern mit der Durchsetzung von Recht und Gerechtigkeit durchaus auch kriegerische Aspekte verbunden sind.[526] Denn da Šamaš als ‚Bezwinger des Bösen' galt, „kam er in seinem Wesen auch dem

---

520 Vgl. anders die Wertung von V.5b als Beleg für die Unterordnung der Sonne unter JHWH bei *Stolz*, Strukturen, 167f; *Schroer*, Bilder, 285 u.a; s. hierzu bereits oben *Exkurs 1*.
521   S. dazu im Einzelnen *Kosmala*, גִּבּוֹר, 909.
522   Dass an dieser Stelle das Sonnengottepitheton des ‚Helden' anklingt, notieren u.a. auch *Mathys*, Dichter, 303 und *Arneth*, Psalm 19, 83 Anm. 6.
523   Das im Sumerischen gebräuchlichste Wort ist Ur-Ság, im Akkadischen *qarrādu(m)*; demgegenüber bedeuten Nir-Gál bzw. *eṭlu(m)* vorrangig ‚Prinz' bzw. ‚junger Mann' u.ä., s. dazu *Heimpel*, Held, 288.
524   S. die umfangreiche Auflistung bei *Heimpel*, Held, 289f.
525   Zu *gbr* als Epitheton nordwestsemitischer Gottheiten (etwa des Hadad in der Tell Fekheriye-Inschrift), s. DNWSI I 211 s.v. *gbr₃*.
526   Vgl. zur Häufigkeit dieses Epithets *Seux*, Epithètes royales, 229-229.459; *Mulder*, Studies, 103; *Tallqvist*, Götterepitheta, 162-164.457. Hierzu und zum Sonnengott als Held auch *Albani*, Der Eine Gott, 193 mit Abb. 12.

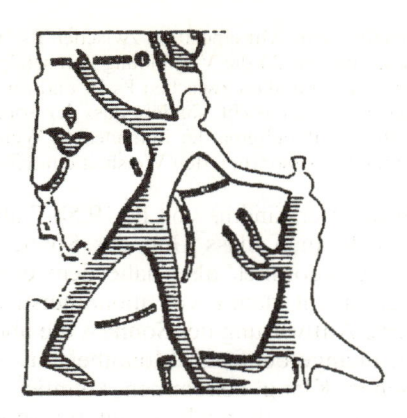

B) *Die doxologische Lehrrede des Himmels: V.2-5a* 197

Abb. 5: König beim Niederschlagen des Feindes. Elfenbein aus Samaria (EZ II B)

Heldengott Ninurta nahe".[527] „Der Beiname des Sonnengottes šul = eṭlu, ‚junger, kampffähiger Mann' ist wohl in diesem Zusammenhang zu sehen".[528] So wird Šamaš nicht selten als Krieger dargestellt.[529] Das Bedeutungsspektrum der Prädikation als ‚Held' und darüber hinaus die ‚Handlungsrolle des jugendlichen Helden'[530] ist jedoch durchaus nicht auf Šamaš beschränkt. In Ägypten ist die Darstellung des Re als eines jugendlichen Herrschers bereits im Tageszeitenlied (dritte Stunde)[531] zu finden:

> ‚Schöner Jüngling', der in seinem rechten Auge ist,
> der erscheint als Falke,
> der früh aufsteht in der Morgendämmerung,
> der hervorkommt als der Herr der Nacht, Herrscher der Stunden,
> Herr der Furchtbarkeit, mit weitem Schritt.[532]

Als Repräsentant des Sonnengottes war es eine Hauptaufgabe des ägyptischen Pharao, die inneren wie äußeren Feinde zu bezwingen und so die Ma'at aufrechtzuerhal-

---

527 *Maul*, Gottesdienst, 307. Zu Ninurta / Ningirsu als ‚Held' unter den Göttern s. auch *Heimpel*, Held, 290.
528 *Maul*, Gottesdienst, 307 Anm. 110 Zu *idlum* als (häufigem) Šamaš-Epitheton *Tallqvist*, Götterepitheta, 110f.168.245.255.
529 S. hierzu *Frankfort*, Cylinder seals, 100f.
530 Zu ‚Kriegsheld' als einer königlichen ‚Handlungsrolle' s. *Adam*, Der königliche Held, 1ff.8ff.
531 Zur dreiteiligen Struktur des Tageszeitenliedes, des traditionellen Typus des ägyptischen Sonnenhymnus, mit der Abfolge: Aufgang, Himmelsüberfahrt, Untergang' s. *Assmann*, ÄHG², 31ff; *Janowski*, Rettungsgewißheit, 137ff. Gemäß der Konzeption des Sonnenlaufs als Lebenszyklus von der Geburt bis zum Sterben stellt der Hymnus der dritten Stunde, der noch der Morgenphase zugehört, den Sonnengott als Jüngling dar.
532 Übersetzung nach *Assmann*, ÄHG² Nr.3, Hymnus 12-16; ab Z.13 nach der jüngeren Fassung aus dem Tempel von Edfu.

ten:[533] „the master of the earth and the master of the universe were of the same nature: one was the mirror image of the other"[534]. Er galt deshalb als *nḫt* ‚Starker' (Sinuhe B 51= § 11,1) und als ‚Tapferer' *prj-ʿ* (Sinuhe B 52 = § 11,2).[535] Eine vergleichbare Handlungsrolle des siegreichen Helden ist im ganzen Alten Orient ein wichtiges Element der Königsideologie: Die Rolle des Königs als Repräsentant des kämpfenden Königsgottes[536] nimmt dort einen großen Raum ein,[537] und ist auch in Israels Konzept vom Verhältnis des Königtums JHWHs[538] zum irdischen Königtum auf unterschiedliche Weise integriert worden.[539] Wiederum ist Heldenhaftigkeit nicht auf Könige beschränkt, sondern wird auch für die den König repräsentierenden Helden reklamiert, wie etwa bei den in 2 Sam 23,8-39 aufgelisteten ‚Helden Davids', die die Darstellung der Königsherrschaft Davids komplettieren.[540]

Mit dieser auffälligen Beigabe königlicher Attribute bzw. solchen des königlichen Kriegers ist also offenbar intendiert, die Sonne als herausragenden, täglich sichtbaren Repräsentanten des königlichen Schöpfers

---

533 Vgl. hierzu auch *Schoske*, Feindvernichtung, passim.
534 *Müller*, Re, 123.
535 Vgl. auch seine Darstellung in Sinuhe B 56 = § 11,8: „Er ist es, der weite Schritte macht, wenn er den Fliehenden vernichtet" (nach der Übersetzung von *Blumenthal*, TUAT III/3, 892). S. zum Ganzen auch *Bonhème*, Kingship, passim, v.a. 243f; *Janowski*, Rettungsgewißheit, 135 Anm. 684. Vgl. dazu auch *Abb. 5*.
536 So wird z.B. Gilgameš in dem nach ihm benannten Epos als ‚Held' des Šamaš gezeichnet (vgl. dazu *Virolleaud*, Shamash, 64ff) und in den Überlieferungen, in denen er divinisiert ist, wie Šamaš angeredet: „O Gilgamesh ... grand roi, juge délégué des dieux du ciel! Tu juges souverainement, et, comme un dieu, tu dictes des sentences; le dieu Shamash a confié à tes mains le sceptre de la justice" (zit. nach *Virolleaud*, aaO 77).
537 Vgl. hierzu *Adam*, Der königliche Held, 1ff.8ff. Das ist in Mesopotamien für epische Texte (Lugalbanda, Gilgameš, etc.) wie für Königshymnen und Königsinschriften festzustellen: „Wie sich das Epitheton ‚H.' beim Herrscher in erster Linie auf dessen Rolle als Kriegsherr bezieht, so deutet es hier den kriegerischen Aspekt eines Gottes" (*Heimpel*, Held, 290), gepaart mit dessen Machtfülle an. Zum königlichen Heroenkonzept in Sumer vgl. auch *Bartelmus*, Heroentum, 36ff sowie aaO 49ff zu Ugarit; zu Ägypten s.o.
538 Vgl. dazu *Adam*, passim. Zu JHWH als גבור s. Jes 10,12; Ps 24, 7-10; Dtn 10,17; Neh 9,32 u.ö.; sowie *Kosmala*, גבור, 912.
539 Vgl. etwa das Königslied Ps 45. Es ist in traditionsgeschichtlicher Hinsicht also kein Zufall, wenn gerade mit der Bezeichnung des Königs als Held (V.4) und mit dem Topos der Freude (V.16) Motive genannt sind, die ähnlich auch in Ps 19,6 anklingen, vgl. hierzu *Mulder*, Studies, 148; zu Ps 45,4 s. aaO 103f; *Adam*, Der königliche Held, 141f.214.
540 *Heimpel* bemerkt zu den ‚Helden' des Herrschers für den mesopotamischen Raum: „Die Helden sind hier Mitglieder eines zahlenmäßig begrenzten Gefolges eines Herrschers bzw. eines Gottes" (aaO 291). Der königliche Held ist wiederum Repräsentant und Kriegsherr des Königs; hiervon weicht die alttestamentliche Überlieferung von Davids Helden (2 Sam 23,8ff; vgl. dazu *Bartelmus*, Heroentum, 6ff) kaum ab. Die nicht als König herrschenden ‚Helden' sind es auch, die seit der ältesten Zeit in der Ikonographie der Glyptik eine große Rolle gespielt haben, s. hierzu die bei *Boehmer* (Held, 295.298) abgebildeten Siegelabdrücke.

B) Die doxologische Lehrrede des Himmels: V.2-5a

darzustellen.⁵⁴¹ Dafür spricht auch, dass die Gestirne häufig „als himmlische Schutzmächte des Königtums in Aktion treten"⁵⁴². So ruft JHWH Zebaoth in Jes 13,3ff seine גִּבּוֹרִים aus den himmlischen Heerscharen zum Kampf,⁵⁴³ und eine ähnliche Vorstellung wirkt möglicherweise auch in Sir 43,5 fort.⁵⁴⁴ Wie in Ps 18 der König den königlichen Gott repräsentiert, so ist es in Ps 19 die Sonne bzw. שֶׁמֶשׁ, der als prachtvoller Krieger den im Himmel thronenden Königsgott auf einzigartige Weise vertritt:⁵⁴⁵ Durch die Stetigkeit, mit der die Sonne als Held ohne jeden Kampf die Bahn zieht, stellt sie dessen unübertreffliche Souveränität und unangefochtene Herrschaft dar.

Auch von der Freude des Sonnengottes ist im Alten Orient und in Ägypten⁵⁴⁶ recht häufig die Rede, und für das Motiv des ‚Laufes' des Sonnengottes finden sich ebenfalls zahlreiche Parallelen durchaus unterschiedlicher Herkunft: Sowohl Re-Harachte⁵⁴⁷ als auch der hethitische Ištanu werden als ‚Läufer' bzw. ‚Querer' des Himmels bezeichnet.⁵⁴⁸ Aber es finden sich auch nahe mesopotamische Parallelen, wie das Šamaš-Epitheton: „*rīdū arḫāt šamē [u irṣiti]*" – (der dem Weg des Himmels und der Erde folgt).⁵⁴⁹ Die Beschreibung des Sonnenlaufs mit

---

541 Das betont auch *Adam*: „Mit dem Vergleich der Sonne mit einem Helden (Ps 19,6) nimmt Ps 19,1-7 Königstraditionen in solarer Metaphorik auf" (Der königliche Held, 139).
542 Zu den Gestirnen (und v.a. der Sonne in Jos 10,12f) als himmlische Krieger im Alten Testament sowie in Ugarit, s. *Albani*, aaO 186-195. Sie werden als wesentlich am Ausgang von Schlachten beteiligt dargestellt. *Albani* dokumentiert auch die Vorstellung des Sonnengottes als Anführer der Gestirne u.a. in Ugarit und weist deren Zusammenhang mit der JHWH-Zebaoth-Tradition auf (aaO 195ff). Zu den Engeln als גִּבּוֹרִים s. *Kosmala*, גִּבּוֹר, 912f.
543 Zu Jes 13,3ff s. *Albani*, Der Eine Gott, 225.233. In äthHen 75,1ff werden Sonne und Mond als „Führer zum Haupt von (je) tausend (von Sternen), die über die ganze Schöpfung und über alle Sterne (gesetzt) sind", bezeichnet (Übersetzung von *Uhlig*, JSHRZ V/6, 650). Hinzu kommt hier, dass gerade Sonne und Mond in Gen 1,14-16 – wenn auch ‚entdivinisiert' – immerhin einen begrenzten ‚Herrschaftsauftrag' über Tag und Nacht erhalten haben, weshalb die Sonne für ein Konzept der Repräsentation des Königsgottes in Ps 19 wiederum als besonders geeignet empfunden werden konnte.
544 Dort wird die Sonne zu den ‚Starken' (אבירים) Gottes gezählt; zu Sir 43,2-5 s. im folgenden Abschnitt.
545 So auch *Glass*, Observations, 41. Auch hierin zeigt sich in Ps 19 – zusammen mit der Zuweisung des Psalms zu David als königlichem Beter – eine königsideologische Topik, die in sich stimmig ist.
546 So beginnt etwa der Hymnus der vierten Stunde des Tageszeitenliedes mit den Worten: „O Aufgehender, der aufgeht in Jauchzen ..." (nach *Assmann*, ÄHG² 4, Z. 1ff; vgl. *Sarna*, Psalm XIX, 172).
547 Vgl. hierzu auch ÄHG² Nr. 3, Z.16 (dritte Stunde des Tageszeitenliedes; s. bereits o.). Vgl. auch die Prädikation des Sonnengottes als „Eilender, der den Umlauf vollbringt" im Hymnus der Baumeister Suti und Hor aus der Amarnazeit; nach *Assmann*, ÄHG² Nr. 89,47.
548 *Gueterbock*, Prayers to the Sun, 241.
549 *Tallqvist*, Götterepitheta, 456.

dem Begriff אֹרַח wiederum ist mit der terminologischen Bezeichnung der Sonnenbahn im Akkadischen, *ḫarran šamši*[550], vergleichbar. Wenn die Darstellung des Sonnenlaufs hier einer klassischen, mit dem Sonnengott verbundenen Topik folgt, so ist hiermit aber noch ein zweites beabsichtigt: Den freudigen Lauf der Sonne als Vorbild für den Lebensweg des Beters vor Augen zu führen. Darauf verweist zum einen die thematische Verbindung mit V.9, wonach dem toratreuen Beter durch die Tora Freude zuteil wird. Dass es hier auch implizit um den rechten Weg des Beter selbst geht, klingt aber zum anderen auch durch אֹרַח an. Denn אֹרַח ist gemeinhin *der* Begriff, mit dem der Wandel bzw. der ‚Lebensweg' eines Menschen beschrieben wird.[551] Dass die Bahn der Gestirne, insbesondere der Sonne, vor allem in der apokalyptischen Literatur Vorbildfunktionen übernehmen kann, ja dass ihre ‚Gesetzmäßigkeit' im Sinne einer ‚Anthropomorphose des Kosmos' als ein tora- und kanongemäßes Treueverhalten interpretiert werden kann, wurde bereits oben angesprochen.[552] So heißt es z.B. in äthHen 75,2:

> Denn jene Lichter dienen in Gerechtigkeit an den Stationen des Olam ... und es wird vollendet Gerechtigkeit des Olam in je 364 Stationen des Olam.[553]

Im Zusammenhang mit der ‚Astralisierung der Gerechtigkeitsvorstellung' findet sich auch dieser Topos vom Gehorsam der Gestirne'. „Sowohl die Gerechten als auch die Sonne ... wandeln auf dem Weg der Gerechtigkeit. Sie befolgen streng das göttliche Gesetz, ohne davon abzuweichen"[554]. Darauf, dass hier eine Identifikationsmöglichkeit für die Psalmbeter/innen gegeben wird, weist ferner die nahe Parallele Ri 5,31aβ hin, wo die, die JHWH lieben, mit dem Aufgang der Sonne in ihrer Heldenhaftigkeit (הַשֶּׁמֶשׁ בִּגְבֻרָת כְּצֵאת) verglichen werden.[555] Eine ganz ähnliche Funktion hat das Licht der Tagessonne auch in Prov 4,18: Hier dient, vergleichbar mit 1Q27, Frg. 1 Kol I 1-5[556], der Vergleich des

---

550 Vgl. hierzu sowie zu anderen Bezeichnungen für die ‚Wege' der Gestirne am Himmel *Horowitz*, Geography, 256ff sowie AHw I 327 s.v. *ḫarranum*.
551 Vgl. Hi 8,13; 13,27; Ps 25,10; 119,9.32; 139,3. Gerade in weisheitlichem Denken ist er entweder ein ‚Weg des Lebens' (אֹרַח חַיִּים; Ps 16,11; Prov 5,6; 10,17, vgl. Prov 2,19; 15,24) bzw. ein gerader, rechter Weg יֹשֶׁר אָרְחוֹת u.ä. (Prov 2,8.13.19, vgl. 17,23; Jes 30,11; vgl. ferner Prov 15,10; Jes 26,7f) oder ein übler Weg (רָע אֹרַח; Ps 119,101, vgl. Ps 17,4; 119,9; Prov 1,19; 9,15) bzw. ein ‚Weg der Lüge' (שֶׁקֶר אֹרַח; Ps 119,104.128). Im Kontext des Tun-Ergehens-Zusammenhangs werden hiermit oft sowohl die Handlung eines Menschen als auch deren Folgen qualifiziert.
552 *Exkurs 2*, vgl. hierzu auch äthHen 41,6-9.
553 Übers. nach *Albani*, Astronomie, 102, vgl. auch *Uhlig*, JSHRZ V/6, 650.
554 *Albani*, aaO 120, vgl. auch aaO 325.
555 Dabei handelt es sich womöglich um eine spätere Glosse (vgl. hierzu *Arneth*, Psalm 19, 83 Anm. 6; *Albani*, Der Eine Gott, 194 Anm. 813), so dass man eine gewisse Nähe beider Stellen in Zeit und Milieu vermuten könnte.
556 S. dazu oben *Exkurs 2*.

B) *Die doxologische Lehrrede des Himmels: V.2-5a*   201

Weges der Gerechten (אֹרַח צַדִּיקִים) mit dem täglichen, unaufhaltbaren Aufstieg der Sonne der Vergewisserung des gerechten Lebenswandels:

> Aber der Pfad der Gerechten ist wie das strahlende Licht:
> Es leuchtet immer heller, bis es voller Tag ist.[557]

Die königliche Darstellung der Sonne als Bräutigam und Held stimmt also insofern mit der Mittlerfunktion eines altorientalischen Herrschers nach zwei Seiten überein: Als Held des Königsgottes bringt die Sonne seine Stabilisierung der Weltordnung und seinen Sieg über das Böse zur Darstellung – als Identifikationsfigur für die Beter/innen vollzieht die Sonne ihren Weg ‚in Gerechtigkeit' und lässt sie an der gerechten Weltordnung partizipieren.

5. Die alles durchdringende Sonnenglut – Repräsentanz der richterlichen Kompetenz Gottes (V.7)

Gegenüber der plastischen, mythisierenden Darstellung der voraufgehenden Verse wirkt V.7 nahezu trivial. Ist dieser Vers also nur eine „allgemeine Sentenz"[558]? Wendet man auf V.5b-7, diese singuläre israelitische Fassung einer hymnischen Darstellung des Sonnenlaufs, Assmanns Systematik der Topik ägyptischer Sonnenhymnik an, deren vierteilige Begriffskonfiguration ‚Leben, Herrschaft, Licht und Bewegung' in die Opposition ‚kosmisch' (Licht und Leben) – ‚personhaft' (Leben und Herrschaft)[559] aufzugliedern ist, so wird deutlich: Mit dieser Darstellung wird der Sonnenlauf aus zwei Perspektiven, gleichsam stereometrisch dargestellt, und zwar komplementär in einer konstellativen / mythisierenden Ansicht in V.5b-6, und in einer universalen, von alltäglicher Beobachtung gespeisten Perspektive in V.7. Was aber besagt V.7 auf dem Hintergrund vergleichbarer alttestamentlicher und altorientalischer solarer Universalitätsaussagen?
Wie eines der verbreitetsten Charakteristika des Sonnengottes sein allumfassender Aktionsradius ist,[560] so ist die Universalität seines Einflussbereichs vielleicht der meistgenannte Topos in der altorientalischen

---

557 Für die Formulierung עַד־נְכוֹן הַיּוֹם (mit dem ptz.nif.cstr. von נָכוֹן) schlägt KBL 427, s.v. כון, vor: „bis d. Tag feststeht, bis es heller Tag ist" (vgl. auch DCH III 373). 𝔊 geht hier mit dem Vergleich weiter und überträgt das Leuchten (analog Dan 12,3) auf die Gerechten selbst.
558 *Wagner*, סתר, 979. *Wagner*s Einschätzung von Ps 19,7 als „Schöpfungshymnik gepaart mit weisheitlichem Erfahrungswissen" (ebd.) geht dabei durchaus in die richtige Richtung.
559 *Assmann*, AHG, 31ff, vgl. auch *ders.*, Amun und Re, 54-60.96ff.100ff.
560 Vgl. bereits o., III. C) 2. a).

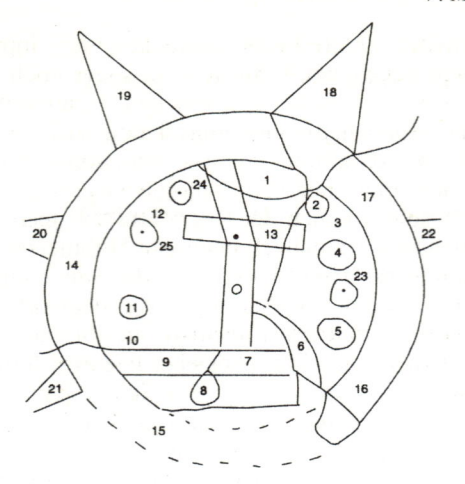

Abb. 6: ‚*mappa mundi*' *(Nachzeichnung), BM 92687 Vorderseite*

Sonnenhymnik.[561] In V.7 werden die umfassenden Dimensionen des Sonnenlaufs durch die explizite Nennung der äußersten Grenzen des Kosmos in der Horizontale markiert: Analog zu dem von der Ordnung des Himmels erfassten Rand der Erde (קְצֵה תֵבֵל V.5a) kommt hier der קְצֵה הַשָּׁמַיִם genannte Bereich in den Blick,[562] jener Randbereich des Himmels, an dem nach mesopotamischer Vorstellung zugleich das ‚Fundament' des Himmels *išid šamê* (vgl. im Alten Testament מוֹסְדוֹת הַשָּׁמַיִם)[563] anzusiedeln ist. Wenn es sich von der kosmischen Geographie her auf den ersten Blick um denselben (Horizont-)Bereich zu handeln scheint wie beim ‚Ende des Erdkreises', so ist mit Blick auf den Sonnenlauf doch noch mehr zu erschließen. Denn wenn am Rande des Erdkreises noch, wie auf der babylonischen *mappa mundi* (vgl. *Abb. 6*)[564],

---

561 Der Akzent der Aussage liegt hier nicht auf der Begrenzung des Sonnenlaufs durch die Enden der Erde, vgl. anders *Bartelmus, šāmajim,* 95.
562 Demgegenüber findet sich קְצֵה הַשָּׁמַיִם (s. V.7a) weit seltener und fast nur in exilisch-nachexilischen Texten: Dtn 4,32 30,4; Jes 13,5; Neh 1,9. Vgl. zur Formulierung קְצֵה הָאָרֶץ oben V. B) 4.
563 2 Sam 22,8 (vgl. auch מוֹסְדוֹת תֵבֵל in 2 Sam 22,16 sowie weitere Konstruktionen mit מוֹסָד in Jes 24,18; 58,12; Mi 6,2; Ps 82,5; Prov 8,29; ferner Hi 26,11 שָׁמַיִם עַמּוּדֵי). Zu den kosmologischen Implikationen der Unterschiede von 2 Sam 22 gegenüber Ps 18 s. *Hartenstein*, Himmelsfeste, 131-136; ferner *Bartelmus, šāmajim,* 95; *Adam,* Der königliche Held, 58ff.
564 Die Kopie späterer Zeit aus Sippar, die wahrscheinlich auf ein Original des ausgehenden achten Jh. zurückgeht, zeigt u.a. in der Mitte Babylon; s. dazu *Horowitz,* Cosmic Geography, 21. Zu den einzelnen topographischen Angaben von *Abb. 6* s. ebd. 20-42.

B) *Die doxologische Lehrrede des Himmels: V.2-5a* 203

ein Randbereich wie der ‚bittere Fluss' zu denken ist,[565] impliziert diese Universalitätsaussage gegenüber V.5b in V.7a sogar noch eine Steigerung. Dass an dieser ‚Schnittstelle' zwischen Unterwelt, Erde und Himmel der Ort des Sonnenaufgangs angesiedelt ist,[566] wird hier nun also nicht, wie inV.5b, verbal und mythisierend, sondern nominal und in ‚technisch'- kosmographischer Terminologie ausgesagt.

Wie das Verb יצא[567], so wird auch der Begriff מוֹצָא[568] technisch für den Sonnenaufgang selbst und die danach benannte Himmelsrichtung[569] gebraucht – bzw. wie hier für den Ort, von dem die Sonne täglich aus der Unterwelt ‚auszieht'.[570] Mit der Nennung des Wendepunkts (תְּקוּפָה) findet sich – anstelle von מְבוֹא הַשֶּׁמֶשׁ (Eintrittsort der Sonne[571]) in den Bereich unterhalb des Horizonts – hier eher eine fast astrologisch-wissenschaftlich zu nennende Terminologie.[572] Der Schwerpunkt des Interesses liegt auf der Regelhaftigkeit des Sonnenlaufs. Die Darstellung der täglichen Wende zur Nacht hin entfernt sich damit von der dramatischen Konzeptualisierung des Sonnenuntergangs, wie sie für die ältere ägyptische oder mesopotamische Sonnenhymnik kennzeichnend ist.[573]

---

565 Nur durch eine Vorstellung, die der auf der Weltkarte aus Sippar niedergelegten ähnelt, ist die Vorstellung vom Himmelskreis (חוּג שָׁמַיִם) in Hi 22,14 (parallel zum Erdkreis, חוּג הָאָרֶץ, Jes 40,27) erklärbar, s. dazu auch *Seybold*, חוג, 783f; *Keel*, AOBPs, 17f.
566 In Hi 26,10 wird am Himmelskreis das Ende (תַּכְלִית) von Licht und Finsternis angesetzt; vgl. auch die Vorstellung vom חוג, den JHWH über der Tiefe einritzt (Prov 8,27); parallel ist von der Befestigung des Himmels die Rede.
567 Vgl. hierzu Gen 19,23; Ri 5,31; *Preuß*, יצא, 800f; *Janowski*, Rettungsgewißheit, 42 Anm. 121; *ders.*, Sonnengott, 232 mit Anm. 118, vgl. akk. *waṣûm* und die bei *Preuß* (ebd.) angeführten ugaritischen und ägyptischen Äquivalente.
568 Vgl. sein akk. Äquivalent *ṣīt šamši*; zum ‚Ort des Sonnenaufgangs' (sum. ki.ᵈutu.è / akk. *ašar ṣīt šamši*) s.o.
569 Vgl. Ps 65,9; 75,7. Zum ‚Aufgehen' JHWHs in Hos 6,3 s.o III. C) 2. b).
570 *Preuß* sieht bei יצא in Ps 19 – mit Blick auf die Darstellung als königlicher ‚Held' zu Recht – noch eine „Nähe zum militärischen Gebrauch ... Geht es doch beim Aufgehen der Sonne auch um den Antritt ihrer Herrschaft" (aaO 800).
571 Vgl. u.a. Gen 24,62; Dtn 11,30; Jos 1,4; 23,4; Sach 8,7; Mal 1,11; Ps 50,2; 104,19; 113,3 etc., vgl. auch hebr. עֶרֶב ‚Abend / Westen' (z.B. in der Wendung בְּעֶרֶב כְּבוֹא הַשֶּׁמֶשׁ in Dtn 16,6) mit akk. *ereb šamsi* ‚Sonnenuntergang', eigentlich Hineingehen der Sonne.
572 In Sir 43,7 wird der Mondzyklus תְּקוּפָה genannt. Zu תְּקוּפָה als Wendezeit von Jahren oder größeren Zeiträumen s. Ex 34,22; 2 Chr 24,23; 1 Sam 1,20. Vgl. zur Benennung des gleichen, durch das Herbstäquinoktium gekennzeichneten Zeitraums als ‚Ausgang des Jahres' in Ex 23,16 *Körting*, Schall des Schofar, 58-62. Zur Umkehrung der Begrifflichkeit in den Qumranschriften, wo in 1QH XX,4ff der Sonnenaufgang als ‚Eintritt' (מבוא אור) und der Sonnenuntergang als ‚Ausgang des Lichts' (מוצא אור) bezeichnet wird, s. dazu oben Exkurs 2. Im rabb. Hebräisch steht תְּקוּפָה häufig für die Solstitien, s. *Jastrow*, 1690.
573 Zur Dramatik der Durchsetzung der Ordnung im Bereich der Toten auf der Nachtfahrt der Sonne, wie sie v.a. in den Pyramidentexten und in den Unterweltbüchern entfaltet worden ist s. *Assmann*, ÄHG², 52-56; *ders.* Sonnengott, 1089f; *Griffiths*, Solar Cycle, 477f; *Müller*, Re, 123-125; *Janowski*, Rettungsgewißheit, 142ff;

Der Sonnenlauf kommt hier – auch wenn er den gesamten Bereich unterhalb des Horizontes umgreift – nicht unter dem Aspekt des Eintritts in den Unterwelts- und Finsternisbereich in den Blick, sondern als ein regelmäßiger Umlauf mit einem kalkulierbaren Wendepunkt über (עַל) den Enden des Himmels.

Vergleichbare Universalitätsaussagen, die den bis an die äußersten Grenzen der Welt reichenden Einflussbereich des Sonnengottes thematisieren, sind in der altorientalischen Sonnenhymnik nahezu zahllos. Als ein Beispiel seien Z.20-24 aus dem Großen Amarna-Hymnus genannt:

> Du bist aufgegangen im östlichen Lichtland.
> Du hast jedes Land erfüllt mit deiner Schönheit.
> Du bist schön, gewaltig und funkelnd
> Du bist hoch über jedem Land.
> Deine Strahlen, sie umfassen die Länder bis ans Ende deiner ganzen Schöpfung,
> als RE dringst du an ihre Grenzen
> und unterwirfst sie deinem geliebten Sohn.[574]

Mit Ps 19,7 nah verwandte ‚Kurzzusammenfassungen' des universalen Sonnenlaufs finden sich jedoch gerade auch innerhalb der frühjüdischen Literatur und vor allem in der Apokalyptik recht häufig. Eine solche Formulierung leitet z.B. in äthHen 72,2 den ersten Teil der Offenbarungen Uriels an Henoch ein – diejenigen über das Sonnenjahr:

> Und dies ist das erste Gesetz, das des Sonnenlichtes:
> Das Licht (hat) seinen Aufgang in den Toren des Himmels,
> die nach Osten zu liegen,
> und seinen Untergang in den westlichen Toren des Himmels.[575]

Nach der Einführung in das System der Sonnentore, durch das die Verkürzung bzw. Längung der Tage im Verlauf des Jahres erklärt werden, schließt der Passus in äthHen 72,37 mit den Worten:

> Wie sie aufgeht, ebenso geht sie (unter),
> und sie nimmt nicht ab und ruht nicht, sondern läuft Tag und Nacht.[576]

Die Einführung in ein spezifisches astrologisches System liegt zwar nicht in der Absicht von V.7, dennoch hat er ein ähnliches Interesse:

---

zur ‚dramatischen Sicht der Wirklichkeit' im Alten Orient s. *Janowski*, aaO 175, *Assmann*, Ägypten, 84ff.
574 Übersetzung *Assmann*, ÄHG² Nr. 92.
575 Übersetzung nach *Uhlig*, JSHRZ V/6, 638.
576 Übersetzung nach *Uhlig*, ebd. Vgl. äthHen 80,1 und ferner slHen 12,3: „Sie geht unter und wieder auf über den Himmel und über die Erde mit dem Licht ihrer Strahlen, und sie läuft eine ununterbrochene Bahn" (Übersetzung nach *Böttrich*, JSHRZ V/7, 868f).

B) *Die doxologische Lehrrede des Himmels: V.2-5a*

Auf prägnante Weise die extreme Reichweite und die vollkommene Regelmäßigkeit des Sonnenlaufes darzustellen. Diese universale Zusammenfassung zielt aber auch auf eine Aussage, die eng mit einem der wichtigsten Charakteriska altorientalischer Sonnengottheiten verbunden ist, nämlich „der Gott [sc.: zu sein], der alles sieht und dessen Licht überall eindringt"[577] – und dem insofern Allwissenheit und damit auch juridische Kompetenz zukommen.[578] Es wird in klassischen altorientalischen Texten aus zwei Perspektiven entfaltet: Einerseits dringt der Sonnengott tagsüber mit dem Licht seiner Strahlen bis in die äußerste Tiefe – andererseits durchwandert er selbst des Nachts die unterirdische Welt.

Letzteres ist in Mesopotamien in der Vorstellung vom nächtlichen Aufenthaltsort des Šamaš im *kummu* (s.o.) entfaltet, wie auch in derjenigen eines unterirdischen Ganges, durch den er seinen Weg zum östlichen Aufgangsort zurücklegt. In der ninivitischen Fassung des Gilgameš-Epos durchwandert Gilgameš, als dessen Schutzgott Šamaš sich immer wieder zeigt,[579] dessen unterirdischen Gang, den er am mythischen Berg Mašu betritt, und aus dem er in einem Edelsteingarten hinausgelangt (Gilg. IX).[580] Er gilt gerade auch deshalb als derjenige, der alles sah (*ša nagba imuru*[581]), und dessen Weisheit deshalb vollkommen ist[582] – und der dennoch das ewige Leben, das er sucht, nicht erlangen kann.[583]

Das universelle Wirken des Sonnengottes wird vor allem im Großen Šamašhymnus umfassend geschildert, der – wenn auch seine Komposition nicht in allen Teilen einleuchtet[584] – eines der größten Zeugnisse mesopotamischer Sonnenhymnik ist.[585] In-

---

577 *Edzard*, Sonnengott, 126 (mit Bezug auf den mesopotamischen Šamaš). Vgl. auch *Frankfort*: „the regularity of the sun's movements suggested the thought of inflexible justice and an ubiquitous judge" (Kingship, 157). Zu Ps 19,7 vgl. auch *Sarna*: „the meaning is certainly to the all-pervasive effects of the sun's presence" (Ps XIX, 172).
578 S. auch oben III. C. 2. a).
579 Vgl. zur Beziehung von Šamaš und Gilgameš *Virolleaud*, Shamash, 64ff.
580 S. v.a. Gilg. IX ii 33-iv 50; nach *Parpola*, Gilgamesh, Gilg. IX, 37-199. Zum Text s. *Parpola*, Gilgamesh, 101f; *Hecker*, TUAT III/4, 717; zur kosmologischen Bedeutung des Berges Mašu und dem Edelsteingarten s. *Horowitz*, Cosmic Geography, 96-98, ferner *Janowski*, Rettungsgewißheit, 40 mit Anm. 108.
581 So die Benennung des Gilgameš in der ersten Zeile der Zwölf-Tafel-Version, nach der diese Fassung aus dem Archiv Assurbanipals (668-626) benannt ist (Gilg. I 1, s. *Parpola*, Gilgamesch, 71; vgl. ferner *Foster*, Gilgamesh, 458f; *Hecker*, TUAT III/2, 646f).
582 Vgl. die hierauf folgenden Zeilen Gilg. IX i 2-7.
583 Mit den Worten: „Das Leben, das du suchst, wirst du nicht finden" (nach der Meissner-Millard-Tafel, einer ab. Version, Kol. iii 1-2; s. dazu *Hecker*, TUAT III/2, 664-667) deutet die Schenkin Siduri unmissverständlich die Situation des Gilgameš.
584 Die vielfach angemerkte Unausgeglichenheit seines Stils (vgl. u.a. *Lambert*, BWL², 123) wird durch *Castellino*s Beobachtung, dass der konzentrisch strukturierte Hymnus den Sonnenlauf vom Aufgang über den Bergen (Z.5-22) bis zu seiner Rückkehr in das *bīt majāli* (Z.185-200) nachahmt, bereits relativiert; zur Struktur s. *Castellino*s Vorschlag: *ders.*, Šamaš Hymn, 72f.74 Anm. 6. Bei der Beurteilung seiner literarischen Form verdienten zudem die häufig als Doppelungen angesehenen Wiederholungen als stilistisches Mittel der Motiv- und Stichwortaufnahme eine ein-

dem immer wieder das Wirken des Šamaš in Kosmos und Menschenwelt aufeinander bezogen wird,[586] entfaltet der Text umfassend[587] Handlungsrollen, Kompetenzbereiche und Charakteristika des Sonnengottes, wie die Perpetuität seines Laufs (Z.27f.35.44 u.ö.), die Universalität seines Einflussbereichs in horizontaler (die vier Weltgegenden, Z.152) und vertikaler Dimension (‚Herr der oberen und unteren', vgl. Z.2.4.25.31-36.38), aus der wiederum seine Allwissenheit folgt: Weil der Sonnengott Einblicke in die tiefsten kosmischen Regionen hat –

Z.35 Immer wieder überquerst du das Meer in seiner ganzen Weite,
   te-te-ni-bir ta-ma-tum ra-paš-tum^{tum} šá-di-il-ta
Z.36 dessen Innerstes die Igigi nicht kennen.
   [*šá*] ^{d}*Igì-gì la i-du-ú qí-rib lìb-bi-šá*
Z.37 Šamaš, deine Strahlen reichen hinab bis hinunter in den Apsu,
   [^{d}*Šama*]*š bir-bir-ru-ka ina ap-si-i ú-ri-du*
Z.38 so dass die Ungeheuer der Tiefe dein Licht anschauen.[588]
   [^{d}*laḫ-m*]*u šut támti* (a.ab.ba) *i-na-aṭ-ṭa-lu nu-úr-ka*

kennt er auch die verborgensten Dinge:

Z.9 Deine Strahlen ergreifen fortwährend Geheimnisse[589],
   pu-uz-ru sat-tak-ku šu-ḫu-zu ba-ri-ru-ka
Z.10 durch das Aufstrahlen deines Aufgangs wird ihre Spur sichtbar.
   ina na-mir-ti ṣīti(ud.da)*-ka ki-bi-is-si-na in-na-[mar]*

Mit dem durchdringenden Licht seiner Strahlen sieht er alles und entsendet im Zenit Gluthitze auf die Erde:

Z.19 Dein Strahlenglanz bedeckt die gewaltigen Berge,
   ša-di-i bi-ru-ti e-ri-ma šá-lum-mat-ka
Z.20 Dein Glutlicht erfüllt die Oberfläche der Länder.[590]
   nam-ri-ru-ka im-lu-ú si-ḫi-ip mātāti(kur.kur)
Z.21 Du beugst dich über die Berge und überblickst die Erde,[591]

---

gehendere Beachtung als bisher – vgl. z.B. Z.100.106.119 und dazu *Vogelzang*, Repetition, v.a. 174f.177-179.
585 Die überkommenen Texte stammen (bis auf eine Ausnahme aus sb. Zeit) aus der na. Ära. Wenn auch einige Teile auf ab. Handelspraktiken hinweisen (*Lambert*, aaO 122f) und auf deren Entstehung in jener Zeit zurückschließen lassen, geht sein vorliegender Umfang eher auf mb. Zeit zurück. Die ursprüngliche Verwendung des Textes ist unsicher: Nach *Lambert* (BWL², 121) zu liturgischem Gebrauch bestimmt, ist der Hymnus nach *Foster* „one of the ‚literary prayers' of the Babylonians" (Shamash Hymn, 418).
586 Vgl. dazu *Castellino*s Kompositionsanalyse aaO 72ff.
587 Der Form nach wird die umfassende hymnische Beschreibung des Šamaš durch die ideale Zahl von 20 x 10 Zeilen symbolisiert: 20 ist die Symbolzahl des Šamaš – am 20. jeden Monats findet daher sein Fest statt; vgl. dazu Z.156-159 sowie *Harris*, Sippar, 199-201.
588 Vgl. Z.171-173.
589 Oder auch ‚Verstecke', ‚Verborgenes'; s. AHw s.v. *puzrum*.
590 Vgl. auch Z.47f.
591 Indem der Sonnengott beim Aufgang die kosmisch dimensionierten Weltenberge besteigt, überschaut er bereits den gesamten Erdkreis; vgl. zu dieser Stelle bereits oben V. C) 3. im Zusammenhang mit Hi 38,12-15.

B) Die doxologische Lehrrede des Himmels: V.2-5a

šu-ra-ta ana ḫur-sa-a-ni er-ṣe-ta ta-ba-ri
Z.22 Du hängst den Kreis der Länder im Innern des Himmels auf.
kip-pat mātāti(kur.kur) ina qirib šame^e šaq-la-a-ta

Z.178 Der du den Tag aufleuchten lässt, der du Gluthitze auf das Land hinabsendest am Mittag,
[m]u-šaḫi-lu-ú u$_4$-mu mu-še-rid an-qul-lu ana erṣetim^{tim} qab-lu u$_4$-me
Z.179 Der du die weite Erde erglühen lässt wie eine Flamme ...
[m]u-šaḫi-miṭ ki-ma nab-li erṣetim^{tim} rapaštim^{tim}

Seine Allwissenheit macht ihn zum Gott der Divination und Mantik (vgl. Z.53f)[592] sowie der Offenbarung für die ganze Menschheit (Z.129.149-151). Seine Omnipräsenz hingegen ermöglicht sein schützendes und helfendes Handeln für Reisende (vor allem Kaufleute), für Menschen auf der Flucht und im Gefängnis (Z.65-82), selbst im ‚Land ohne Wiederkehr', das heißt in der Unterwelt bzw. in deren Nähe (Z.57[?].61f.80145).[593] Ebenso wacht er aber über das Ethos – in Ehe (Z.88f), Vertragsangelegenheiten bzw. Eid (vgl. Z.55f), Justiz (Z.97-102) und vor allem im Handel (z.B. Zinsnahme: Z.95f.103-121) etc. und fällt selbst richterliche Entscheidungen (Z.58.122-127). Letztendlich sucht ihn die ganze Menschheit auf – und wird auch mit ihm konfrontiert (Z.132-148; vgl. die sechsfache Wiederholung des Themaworts mahāru, wörtlich: ‚gegenüberstehen'), und so durchschaut er auch die Herzen.[594] Des Šamaš sprichwörtliche Allwissenheit zeigt sich auch bei der in diesem Zusammenhang gerne zitierten babylonischen Redensart:

Wo kann der Fuchs (schon) hingehen in Gegenwart des Šamaš?
šelibu la-pa-an ^{d}Šamaš e-ki-a-am il-lak.[595]

Schilderungen der Allwissenheit des Sonnengottes sind aber auch in Ägypten in einem breiten Spektrum an Gattungen und Epochen verbreitet. Vor allem für die vor der Amarnazeit bereits anhebende neue Sonnentheologie,[596] aber nicht nur dort, lässt sich das so formulieren: „Das Licht ist der Blick Gottes, mit dem er seine Schöpfung betrachtet"[597]. So heißt es in einem Hymnus auf der Stele der Baumeister Suti und Hor:

---

592 Die große Bedeutung des ‚allwissenden Sonnengottes' ist u.a. an seiner Bedeutung im Gilgameš-Epos ersichtlich, in dem er v.a. in Träumen und Traumdeutungen den Weg des Gilgameš schützend begleitet; s. hierzu *Virolleaud*, Shamash, 64-77.
593 So zählt auch bēl mīti – ‚Herr der Totengeister'– zu den Epitheta des Šamaš, vgl. hierzu *Healey*, Sun Deity, 239f; *Edzard*, Sonnengott, 126. Allerdings ist seine Kompetenz auf einen gewissen Schutz der Totengeister bzw. die Rettung Lebender aus Todesnähe beschränkt; zu Letzterem s. *Janowski*, Rettungsgewißheit, 64ff; s. auch das etwas weiter oben zur paradigmatischen Figur des Gilgameš bereits Angemerkte.
594 *Langdon*, VAB IV, 255 I Z.12.
595 Akk. Text nach *Lambert* (BWL², 282), der vermutet, dass der den unterlegenen Feinden Asarhaddons in den Mund gelegte Spruch auf eine Fabel anspielt (ebd.). Zugleich ist es kein Zufall, dass hier gerade der neuassyrische König Bildempfänger dieser Sentenz wird.
596 Vgl. die umfangreiche, kommentierte Belegsammlung bei *Assmann*, Re und Amun, 108ff.
597 *Assmann*, ÄHG², 39, vgl. hierzu auch *Assmann*, Re und Amun, 118-123.

> Urgott der beiden Länder, der sich selbst erschuf,
> der alles sieht, was er erschaffen hat, als er allein war,
> der an die Grenzen der Länder vordringt Tag für Tag,
> im Anblick derer, die auf ihnen wandeln![598]

Hinzu kommt hier ebenso: „Die Allgegenwart des als Blick Gottes gedeuteten Lichts führt zur Vorstellung von Gottes Allwissenheit, die auch in das Herz des Einzelnen dringt".[599] So heißt es in den Eingangszeilen von pChester Beatty IV:

> ... dein Auge ist in jedem Leib ...[600]

Im zwanzigsten Lied aus der Leidener literarischen Hymnensammlung an Amun und seine Stadt, pLeiden I 350, bilden Z.10-20 in mehrerlei Hinsicht eine enge Parallele zu unserer Passage:

> Der Millionen aufdeckt mit seinem schönen Angesicht,
> kein Weg ist frei von ihm, sein Glanz (?) ist auf Erden.
> Eilenden Schrittes beim Strahlen,
> der die Erde umläuft in einem Augenblick,
> dem nichts verborgen bleibt.
> Der den Himmel überquert und die Unterwelt durchläuft
> Licht auf jedem Wege,
> Umlaufender in den Gesichtern;
> jedes Gesicht, ihre Gesichter ruhen auf ihm,
> von Menschen und Göttern, die sagen: „Willkommen"![601]

So ist auch an dieser Stelle aus der universalen Reichweite seines Einflussbereichs die Anschauung entfaltet, dass dem Sonnengott kein Geschehen auf der Erde entgeht. Daneben findet sich auch hier das Motiv des souveränen Laufes des Sonnengottes.

Erneut ist aber in Ps 19,7 das eigene Gepräge der Darstellung des Sonnenlaufs auf dem Hintergrund der innerisraelitischen Traditionsentwicklung und Sprachwelt zu verstehen. Denn dort hat zumindest das (solar interpretierbare) Motiv von JHWHs ‚Herabblicken' vom Himmel eine gewisse Verbreitung.[602] Häufig ist es mit der Frage verbunden, ob der Menschen Weg vor JHWH verborgen sei – bzw. warum er sich verberge, und Ungerechtigkeit anscheinend nicht sieht.[603] Dass Gott nicht

---

598 Übersetzung nach *Assmann*, ÄHG² Nr. 89, Z.52-53 (BM 826); vgl. ähnlich auch ÄHG² Nr. 89, Z.52-53 42,40-43 (Einführungshymnus an den Sonnengott aus dem Totenbuch des Hunefer, pBM 9901).
599 *Assmann*, ÄHG², 39.
600 Übersetzung *Assmann*, ÄHG² Nr. 195,4.
601 Nach *Assmann*, ÄHG² Nr. 133.
602 Vgl. zu Ps 11,4; 14,2 u.a. *Janowski*, Der barmherzige Richter, 69-71 mit Anm. 182-184.
603 Vgl. Jes 40,27; Ps 38,10; Hi 3,23 u.ö.; s. dazu auch *Strauß*, BK XVI/2, 64f. Zu dieser im Hiobbuch zentralen Frage s. auch *Köhlmoos*, Auge Gottes, 355ff und passim.

B) Die doxologische Lehrrede des Himmels: V.2-5a

sieht, folglich auch nicht für Gerechtigkeit sorgt, ist nach des Elifas Darstellung die Ansicht Hiobs,[604] die an solare Vorstellungen im Hintergrund denken lässt (Hi 22,13f):

> 13 Du aber sagst: Was weiß denn Gott?
> Richtet er denn hinter dem Wolkendunkel?
> 14 Wolken sind ihm ein Versteck, daß er nicht sieht,
> und am Kreis des Himmels wandelt er umher.[605]

Hiobs Antwort zeigt dagegen sehr wohl sein Wissen darum, dass Gott sieht, ja, dass vor dem Schöpfer nichts verborgen bleiben kann (Hi 26,5f):[606]

> 5 Die Refaim unter den Wassern und ihre Bewohner zittern.
> 6 Nackt (liegt) die Scheol vor ihm, und keine Hülle hat der Abgrund.

Auch dieser Topos steht in denkbarer Nähe zu den oben besprochenen Passagen mesopotamischer und ägyptischer Sonnenhymnik. Ob sich dies Motiv aber bereits zuvor von seinem solaren Hintergrund gelöst hat, oder auf dem Hintergrund eines solaren Gottesverständnisses in Israels Traditionen Eingang gefunden hat, ist schwer zu beurteilen. In Ps 19,7 jedenfalls wird Vergleichbares wieder auf die Sonne selbst bezogen.
In der Weisheit kann, wie in Prov 15,11,[607] das Wissen um JHWHs tiefen Einblick in die entferntesten kosmischen Regionen zugleich auf das Innere des Menschen bezogen werden:

> Scheol und Abgrund liegen offen vor JHWH
> – wieviel mehr die Herzen der Menschenkinder![608]

Auf ähnliche Weise werden auch in Ps 19 die kosmologische wie die anthropologische Dimension der ‚Tiefe' aufeinander bezogen: Die Unmöglichkeit, sich vor der Sonne als dem Repräsentanten JHWHs zu verbergen (vgl. V.7b), bezieht auch hier sowohl die Unterwelt als auch die in den tiefsten inneren Regionen des Menschen verborgenen, unab-

---

604 Dabei hat Hiob selbst diese Ansicht nie geäußert, s. *Köhlmoos*, Auge Gottes, 294f.
605 Das fiktive Zitat ist (zusammen mit V.12) möglicherweise eine Fortschreibung; *Strauß*, BK XVI/2, 64f.
606 Zu Gottes Möglichkeit, sich vor dem Menschen zu verbergen (vgl. hierzu Sir 17,15) gegenüber der Unmöglichkeit für den Menschen, sich vor Gott zu verbergen, s. auch *Strauß*, BK XV/2, 65.
607 Eine Datierung und Situierung des Spruchs wie der übergreifenden Sammlung Prov 10-15 (spätvorexilisch oder frühnachexilisch?) ist schwierig, vgl. hierzu *Scoralick*, Einzelspruch, 242f.
608 Vgl. hierzu wiederum *Assmann*, ÄHG² Nr.195,126-131.136f u.a. sowie *Assmann*, Re und Amun, 112.

sichtlichen Sünden (V.13) mit ein, wie es auch die Stichwortverknüpfung (סתר ni.) nahe legt.
Nun geht es in Ps 19,7 aber zudem um einen durchaus spezifischen Aspekt der, wie wir sahen, vielschichtigen Motivik solarer Omnipräsenz, nämlich im Gesamtzusammenhang der Recht schaffenden Tätigkeit um den Aspekt des Zorns über Ungerechtigkeit. Das könnte man bereits in der Wortwahl אֵין נִסְתָּר angedeutet sehen, denn: „Die Unmöglichkeit, sich vor JHWH verbergen zu können, ist ein bekanntes Theologumenon"[609], das nicht selten im Gericht über die Frevler vorkommt.[610] Im Kontext von Gerichtsankündigungen greift es, wie bereits in Am 9,1-4; Jes 28,15ff[611] und Hi 14,13f[612] in kosmische Regionen aus, die in Israels Frühzeit noch kaum JHWHs Kompetenz zugerechnet werden konnten.[613]
In V.7 repräsentiert die Glut der Sonne[614], wie wir bereits sahen, Eigenschaften JHWHs in der Welt.[615] Auf ähnliche Weise wie in Ps 19[616] spiegelt nach Sir 42,15-43,33 die Schöpfung, insbesondere die Sonne, Eigenschaften Gottes wieder. Ist in Sir 42,18 von Gottes in die Tiefen des Kosmos wie des Menschen reichende Allwissenheit[617] die Rede –

---

609 *Wagner*, סָתַר, 976, vgl. *Wehmeier*, סתר, 180 und Ps 69,6; Hos 5,3 u.ö.
610 So z.B. in Hi 34,21f, wo auch von den Augen Gottes die Rede ist. In Zef 2,3 ist das Verborgenwerden eine Möglichkeit der Rettung im Gericht. Vgl. auch die Formulierungen in 2 Sam 12,11f: לְעֵינֵי הַשָּׁמֶשׁ – ‚vor den Augen der Sonne', sowie נֶגֶד הַשֶּׁמֶשׁ (sic; pausal) – ‚gegenüber der Sonne'.
611 Hiernach muss auch Israels Versuch misslingen, sich durch den Bund mit dem Tod und der Zuflucht in der Lüge vor dem Morgen für Morgen und Tag und Nacht ergehenden Gerichtshandeln JHWHs (Jes 28,19) zu entziehen, vgl. ferner Jes 29,15.
612 So erscheinen Tod, Aufenthalt in der Scheol und Wiederbelebung in Hi 14,13 für Hiob als eine nur im Irrealis formulierte Möglichkeit, den Zorn Gottes an sich vorübergehen zu lassen: Der Tod wäre, wenn Gott ihn für den Einzelnen zu begrenzen vermöchte, leichter zu ertragen als Gottes Zorn, vgl. dazu *Horst*, BK XV/1, 210f. Möglicherweise steht dieser Beweggrund auch im Hintergrund der Fluchtversuche in die Scheol, wie in Am 9,4, vgl. Jes 28,15ff. Es steht zur Diskussion, inwiefern hier solare Konnotationen JHWHs zu einer solchen Kompetenzerweiterung beitrugen, s. hierzu *Uehlinger*, Josianische Reform, 68f. Die noch deutlich hyperbolische Formulierung von Am 9,1-4 (vgl. Jes 28,15ff) kann als Katalysator für eine spätere Vorstellbarkeit des Eingriffs JHWHs in die Scheol gedient haben.
613 Vgl. hierzu auch Jer 16,17; 23,24; 49,10.
614 Nicht selten wird die Sonne selbst חַמָּה genannt (vgl. z.B. Cant 6,10): „Die Bezeichnung der Sonne als ‚die Heiße' ... ist ein poetischer Ausdruck" (*Jastrow*, 476 s.v.), der im rabbinischen Hebräisch zunehmend Verwendung fand (vgl. ebd.).
615 Vgl. dazu *Beyse*: „Gerade in eschatologischen Texten wie in Jes 30,26 wird die Endzeit so geschildert, daß Sonne und Mond in ihrer Intensität um ein Vielfaches zunehmen und damit JHWHs Herrschaft symbolisieren" (חמם, 1048).
616 Möglicherweise rezipiert Ben Sira hier Ps 19,7, so auch *Sauer*, ATD Apokryphen 1, 297.
617 Vgl. auch Ps 90,7f: Die verborgenen Taten kommen vor das ‚Licht des Angesichtes' JHWHs (לִמְאוֹר פָּנֶיךָ; V.8); ihnen gilt der Zorn JHWHs (אַף V.7). Zu einem mit Sir 42,18ff und abermals mit Ps 90,4 vergleichbaren Ewigkeitsbegriff im Sinne der „Präsenz aller Zeitpunkte im Bewußtsein Gottes" (*Assmann*, ÄHG², 40f) in der

B) Die doxologische Lehrrede des Himmels: V.2-5a

> Die Tiefe und das Herz erforscht er,[618]
> und er kennt alle ihre Verborgenheiten.[619]
> Denn der Höchste hat Kenntnis von allem,
> er blickt auf die kommenden Dinge der Weltzeit.[620]

– so heißt es in Sir 43,2-5:

> 2 Die Sonne lässt bei ihrem Aufgang Glut[621] aufstrahlen[622] –
> wie Ehrfurcht gebietend sind die Werke JHWHs!
> 3 In ihrer Mittagshöhe versetzt sie den Erdkreis in Glut,
> wer kann bestehen vor ihrer Hitze?[623]
> 4 Ein angefachter Ofen ist das Werk des Schmelzers,
> der die Sonne sendet, so dass sie die Berge in Brand setzt;
> die Zunge der Leuchte verbrennt das bewohnte Land,
> ihr Brennen versengt das Auge.
> 5 Ja, groß ist JHWH, ihr Schöpfer,
> und seine Worte lassen seine Starken[624] erstrahlen

Gleichwohl schwingt hier in Ps 19,7 noch deutlicher als beim Ben Sira der Bedeutungsaspekt der Gluthitze und des Zorns mit,[625] die häufig explizit Aspekt seines Richtertums ist. Auch in Mesopotamien[626] und Ägypten[627] ist eine mit seiner Allwissenheit zusammenhängende Dimension des Handelns des Sonnengottes seine Zornesglut.[628] So ist der

---

ägyptischen Sonnenhymnik vgl. auch pBerlin 3049 (Ramessidenzeit): „Der die Zukunft vorhersagt in Millionen von Jahren: die Ewigkeit steht vor dir wie der gestrige Tag, wenn er vergangen ist" (aaO ÄHG² Nr. 127B, 81f).
618 Hebr. חקר ולב תהום; vgl. *Vattioni*, Ecclesiastico, 229.
619 Zur Textkritik vgl. *Sauer*, ATD Apokryphen 1, 291 Anm. 4
620 Vgl. dazu auch *Sauer*, aaO, 291-294.
621 Zur MasSir-Variante נכסה ‚das Versteckte' s. wiederum *Sauer*, aaO 294 Anm. 14.
622 Zu den hebr. Varianten vgl. auch *Vattioni*, Ecclesiastico, 231.
623 Zu חֹרֶב ‚Hitze' s. HAL 336 s.v.
624 Hebr. אבירױ. Die von *Sauer* gewählte Übersetzung ‚Held' (ebd.; *ders.*, Hintergrund, 315) geht zu nachdrücklich von der Möglichkeit der Rezeption von Ps 19,6 aus.
625 Den Bezug der Sonnenglut auf den Gerichtszorn hat bereits die jüdische Auslegung des Psalms deutlich gesehen, darunter sowohl der Midrasch Tehillim als auch Raschi, s. hierzu u.a. *Arndt*, Tora, 258ff; *Grund*, Tora, 15.
626 Vgl. zur Gluthitze des Šamaš u.a. Z.20.178 des oben zitierten Šamaš–Hymnus sowie zur Ahndung des Bösen Z.95.97.
627 Zum Zorn als Aspekt der Herrschaftsausübung des Sonnengottes s. *Assmann*, Ma'at, 180ff; zum Zorn des Amun-Re vgl. auch den Amun-Hymnus auf der Stele der Verbannten (21. Dynastie, Z.14-15; ÄHG², 51; s. dazu auch *Janowski*, Rettungsgewißheit, 155f). Vgl. ferner den ‚Mythos von der Himmelskuh', nach dem Re mit seinem Auge in Gestalt der Hathor beinahe die Vernichtung des Menschengeschlechts heraufgeführt hätte; s. dazu auch *Griffiths*, Solar Cycle, 478.
628 Der für Sonnengottheiten charakteristische Aspekt der Gluthitze hat ferner bei der altsüdarabischen Sonnengöttin zu einer Ausdifferenzierung in zwei Erscheinungsformen geführt: *ḏāt Ḥimyam* (‚die Ferne') ist die Sonnengöttin der Morgen- und Abendsonne (bzw. möglicherweise der kühleren Jahreszeit), *ḏāt Baʿdān* (‚die

Aspekt von juridischem Handeln und Gericht JHWHs kaum prägnanter als durch die Gluthitze der Sonne repräsentierbar.

Der Bezug von חֵמָה auf den Aspekt des Gerichts zeigt auch, dass der von Dohmen eingeschlagene Weg der Interpretation des Sonnentextes über die Ikonographie bei seiner Herangehensweise zu falschen Ergebnissen führt: Dohmen stellt zu Recht fest, dass die Kombination der Themen Himmel (V.2-5a) und Sonne (V.5b-7) „in der altorientalischen Ikonographie in Form der sogenannten ‚geflügelten Sonnenscheibe' weit verbreitet ist"[629]. Dass das Symbol[630] aufgrund seiner Internationalität im ersten Jt. v.Chr. für den Vorstellungshintergrund von Ps 19 bedeutsam ist, steht außer Frage, denn mit ihm benutzten „das assyrische, urartäische und achämenidische Großreich ein und dasselbe Herrschaftssymbol ...: einen am Himmel licht- und vogelartig verkehrenden höchsten Gott mit seinem auf der Erde ihn stellvertretenden König"[631]. Tatsächlich symbolisiert das königliche Motiv der Flügelsonne eine durch die „Aktions- und Gestalteinheit" von „König und (solarisiertem) Himmelsgott"[632] garantierte, allumfassende Ordnung. Dohmen folgert hieraus jedoch, dass es sich in Ps 19,2-7 einzig um den Lebens- und Schutzaspekt des Motivs handelt: „Der Inhalt des Textes Ps 19A lebt geradezu von dieser positiven Wirkung, die das Symbol ausdrückt"[633]. Ein solcher Schluss ist jedoch methodisch auch deshalb nicht zulässig, da er das breite Bedeutungsspektrum des Flügelsonnensymbols in seinen (auch diachron und regional) sehr verschiedenartigen Ausprägungen[634] auf eine einzige Dimension reduziert und weil er den Text mit seinem präziseren Sinngehalt nicht mehr aus sich sprechen lässt. Angemessener für die Verhältnisbestimmung von Bild und Text scheint es hier vielmehr, von der Textsemantik ausgehend und ohne eine Übereinstimmung von Einzelaspekten zu erwarten, die ganze Vielfalt von *in der Schwebe bleibenden* Bezügen zu beachten. Ohne andere Aspekte auszuschließen, sind jedoch in diesem Fall die Bezüge zwischen der ikonographischen und der textlichen Motiv-Konstellation weit eher in der Handlungsrolle des königlichen Helden[635] als des Stellvertreters des königlichen Himmelsgottes zu sehen, dem gleichermaßen ein numinoser ‚Schreckensglanz' eignet. Auf den Flügelsonnendarstellungen werden diese Aspekte zum einen durch die kriegerische Darstellung des Gottes in der Flügelsonne

---

Heiße') die Sonnengöttin der Mittagssonne (bzw. der heißeren Jahreszeit), s. hierzu *Höfner*, Südarabien, 245.
629 Einheit, 511.
630 Zum ägyptischen, königsideologischen Ursprung (dereinst v.a. dem Horus von Edfu zugehörigen) Symbols, dem die Vereinigung des königlichen Falken mit der Sonnenscheibe noch anzusehen ist, s. *Müller*, Re, 123.125; *Wildung*, Flügelsonne, 277-279; *Pering*, Geflügelte Scheibe, 281ff; *Mayer-Opificius*, Sonne, 190. Zur neueren Diskussion um den anthropomorphen Gott in der Flügelsonne s. *Podella*, Lichtkleid, 26-34.
631 Lichtkleid, 158.
632 *Podella*, aaO 159.
633 *Dohmen*, aaO 512.
634 Vgl. zu den räumlichen und diachronen Ausdifferenzierungen von Darstellung und Symbolgehalt der Flügelsonne die reiche Dokumentation von *Mayer-Opificius*, Sonne, passim. Für Assyrien fasst sie zusammen: „Nach anfänglicher Betonung des himmlischen Aspekts wird zu Beginn der neuassyrischen Zeit anscheinend mehr Gewicht auf die Epiphanie des Sonnengottes gelegt. ... Šamaš, der Wahrer des Rechts, ... vor allem der kriegerische Gott, hat in dieser ... Periode die Rolle desjenigen inne, der sowohl dem Gott Assur als auch dem Repräsentanten des Landes Assur, seinem König, unterstützend und kämpfend beisteht" (aaO 207).
635 S.o. zu. V.6.

D) Der Lobpreis der Tora

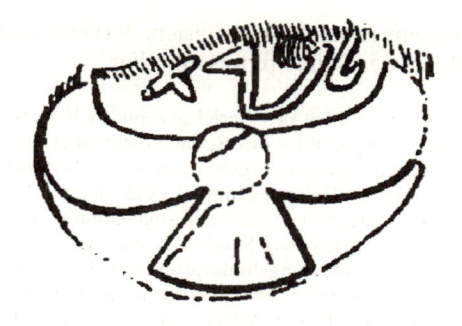

Abb. 7: Geflügelte Sonnenscheibe. Bulle aus En-Gedi (EZ III)

(u.a. mit Bogen[639] oder im Kontext von Schlachtdarstellungen[640]), zum anderen durch den als ‚Schreckensglanz' (*melammu*) interpretierbaren Strahlennimbus verbildlicht.[641]

So dient die alles durchdringende Sonnenglut hier der weltimmanenten Repräsentation des richterlichen Handelns Gottes, dessen zu keiner Zeit und an keinem Ort aussetzende Gerechtigkeit durchaus auch seine Bereitschaft umfasst, um der gerechten Ordnung seiner Schöpfung willen Ungerechtigkeit zu ahnden.

D) Der Lobpreis der Tora: V.8-11

Auf die Darstellung der Gluthitze der Sonne folgt in diesem Abschnitt nun der Hymnus auf die Tora und ihre Leben spendende Rechtsordnung. Erinnern wir dafür kurz die von der Forschung aufgeworfenen und an diesen Abschnitt zu richtenden Fragen:[642] Was erfahren wir über das Toraverständnis des Psalms – ist in V.8-11 von schriftlicher oder auch von mündlicher Tora,[643] bzw. im kanongeschichtlichen Sinn von der ‚autoritativ gültigen heiligen Schrift' die Rede? Oder eher von einer

---

639 Vgl. hierzu *Keel*, AOBPs, 195f, Abb. 295-297; *Mayer-Opificius*, Sonne, 234 Abb. 25.26; zu urartäischen Darstellungen, auf denen auch Pferdegeschirre und Wagenbeschläge zu seiner Ausstattung gehören, s. *Podella*, Lichtkleid, 27ff.
640 S. dazu *Mayer-Opificius*, Sonne, 200.232 Abb. 22.
641 Vgl. dazu bereits oben V. A) 2.
642 Vgl. hierzu den forschungsgeschichtlichen Überblick in der Einleitung.
643 *Buttenwieser* z.B. sieht in Ps 19 „not the majesty of the moral law ... but law reduced to a code, in particularly, the law of Moses" (Psalms, 853; vgl. ferner *Girard*, Psaumes, 384 u.a.).

Weisung im weisheitlichen[644], also weniger im ‚offenbarungstheologischen' Sinne? Steht der Psalm in dtr. Traditionen (bzw. in ihrer Nachfolge)[645] und / oder in einer Frühphase der ‚Sapientalisierung' der Tora? Für die Beantwortung dieser Fragen ist zunächst das sprachliche und literargeschichtliche Profil, aber auch die Oberflächenstruktur dieses Abschnittes zu beachten.

1. Das Phänomen der Reihung von Gebotssynonymen

Nicht nur der wegen der Gesetzesfreude des Psalmisten häufig abgewertete Inhalt, sondern vor allem auch die strenge Form und das Stilmittel der Wiederholung dieses Abschnittes haben häufig eine heftige Aburteilung erfahren, etwa: „Note what monotony of style there is in the five first distichs ..."[646]. Formelhaftigkeit und Repetition, „die dem altorientalischen Publikum angenehm sind, unserem Empfinden aber wenig entgegenkommen"[647], als ein Stilmittel abzuwerten,[648] geht allerdings weitenteils auf eine erst seit der Romantik einsetzende Mentaliät zurück,[649] die auf stete Originalität und Innovation dringt, der wesentliche Aspekte von V.8-11 aber zwangsläufig entgehen werden. Denn die strukturelle Einzigartigkeit dieses Abschnitts im gesamten Alten Testament verdeutlicht bereits, welch unbemerkt hohes Maß an Innovation und Originalität gerade diesem Abschnitt eignet. Dass die Repetition auch nicht eine bloße Addition ähnlicher Aussagen ist, war bereits im Hinblick auf die Rezeptionsformen dieser Passage festzustellen.[650] Bedenkt man, dass die Wiederholung als die israelitisch-frühjüdische Grundform des Lernens überhaupt und auch des Schriftstudiums gelten kann, so veranschaulicht sie hier nun als eine Ausdrucksform das Lernen der Tora selbst. Dabei führt sie sowohl das Gleichbleibende[651] als auch die Pluriformität des Dargestellten[652] vor Augen[653] und führt in die

---

644 *Barr*, Law, 16.
645 Vgl. *Kraus*, Gesetzesverständnis, 186; *Meinhold*, Theologie, 129.
646 *Buttenwieser*, Psalms, 170.
647 *Streck*, Bildsprache, 239. Vgl. etwa die (wahrscheinlich zwölffach) die gleichen Formulierungen repetierende Schilderung des Weges des Gilgameš durch den unterirdischen Weg des Šamaš (Gilg. IX iv 47 – v 46), an der sich die altorientalische Mentalität zeigt, diesen Weg durch die völlige Finsternis auch in der Darstellung Schritt für Schritt mitzuvollziehen. Das Stilmittel der Wiederholung von Synonymen ist auch sonst in mesopotamischer Literatur weit verbreitet, s. dazu mit zahlreichen Beispielen *Vogelzang*, Repetition, passim.
648 *Gunkel* z.B. nennt diesen Teil „schwerlich ein Kunstwerk" (HK II/2, 79).
649 Vgl. dazu *Eco*, Serialität, 49ff.
650 S.o. II. C).
651 Vgl. *Meinhold*, Theologie, 126.
652 Vgl. bereits *von Rad*: „Hier ist also von Gesetzen die Rede ... Der Umstand, daß vom Alten Testament aus die pluralische Formulierung so viel sachgemäßer er-

D) Der Lobpreis der Tora

Meditation der gepriesenen Gebote hinein. Dies repetierende Lob will also nicht informieren, sondern sich seinem Gegenstand meditativ nähern.
Wie kommt es inhaltlich zu einer solchen Reihung von Gebotssynonymen? Die Tendenz zu immer längeren und umfassenderen Reihen solcher Synonyma[654] ist seit langem bekannt und wird als solche gerne auch als Grundlage literargeschichtlicher Zuordnungen genutzt. Sie spiegelt offenkundig die Absicht wider, immer umfassendere Ausdrücke für die anwachsende schriftliche Tradition der Gebotsüberlieferung und die in ihr enthaltene Fülle zu finden,[655] und diese Entwicklung setzt sich dann vor allem in den sogenannten ‚Torapsalmen' Ps 19 und 119 fort.
Gewiss ist die Zuordnung bestimmter Prädikationen und Wirkungen zu den jeweiligen Tora-Synonymen nicht ohne Bedeutung.[656] Im Folgenden sollen jedoch jeweils die Rechtssatzsynonyme, ihre Prädikationen und die Aussagen über ihre Wirkungen je für sich betrachtet werden, um vor allem das Profil dieser Reihung zu charakterisieren.

2. Die Gebotssynonyme (V.8-10)

Zunächst ist die Zuordnung der Gebote zu keinem anderen als zu JHWH allein zu notieren. Ohne dass man hierin spezifische Abgrenzungen sehen müsste, steht hier das Mittlertum des Mose hintan gegenüber der unmittelbaren Rückführung der Gebote auf JHWH. Auf dieser Grundlage ergeben sich hier dann auch einige (fast) singuläre Ausdrücke, wie מִשְׁפְּטֵי יהוה, עֵדוּת יהוה und מִצְוַת יהוה.
Es verwundert kaum, dass der Begriff תּוֹרָה (V.8a) hier am Beginn dieser Reihe steht.[657]

---

scheint als die Rede von ‚dem' Gesetz, gibt ... zu denken" (Theologie II, 417). In V.8-10 ist diese ‚Vielfalt in Einheit' offenbar strukturbildendes Prinzip.
653   Vgl. zu Wirkungen der Repetition *Eco*, Serialität, 52.
654   In den prophetischen Büchern dominiert die Kombination von תּוֹרָה und דָּבָר (sg. und pl.), im Pentateuch die mit מִצְוָה, חֹק und מִשְׁפָּט, im DtrGW (vgl. v.a. Jos 24,25f; 1 Kön 2,3; 2 Kön 17,34.37) und ähnlich im ChrGW kommen noch עֵדוּת, דֶּרֶךְ, דָּבָר u.a. hinzu, s. hierzu *García López*, תּוֹרָה, 603.
655   Vgl. hierzu u.a. *Limbeck*: „Nachdem diese ursprünglichen Bedeutungsunterschiede der einzelnen Gesetzestermini nicht mehr empfunden wurden, so daß ...[sie] promiscue gebraucht werden konnten, bildeten sich drei- oder viergliedrige Reihen aus diesen Worten, um nunmehr durch Addition die umfassende Verpflichtung des Gesetzes zum Ausdruck zu bringen" (Ordnung des Heils, 47).
656   *Briggs* z.B. meint, die Gebotstermini und ihre Prädikate seien völlig austauschbar (WBC, 169). An einigen Stellen ist jedoch zu sehen, dass nicht das Zufallsprinzip allein für die Zuordnung verantwortlich ist. Der Versuch wiederum, in jedem Kolon Gründe für gerade diese Auswahl zu finden, ist allerdings auch nicht sinnvoll.
657   Vgl. ähnlich in Ps 119,1 und dazu *Deissler*, Ps 119, 75; ferner *Gese*, Einheit, 142.

Allerdings: Aus welchen Gründen gerade der Terminus תּוֹרָה zu dem zusammenfassenden Begriff der gesamten Gebotsüberlieferung bzw. in kanonischer Hinsicht für den Pentateuch wurde, kann weder aus seiner Etymologie[658] noch aus seiner vorexilischen Begriffsgeschichte völlig befriedigend erklärt werden. Ganz unabhängig jedoch davon, wie man sich in der Diskussion um seine Herkunft aus dem priesterlichen,[659] prophetischen[660] oder weisheitlichen[661] Umfeld bzw. aus allen gemeinsam[662] entscheidet – in einem großen Teil älterer Belege wird Tora „äquivalent mit einer Unterweisung mit Orakelcharakter"[663] gebraucht, und in einem weiteren Sinne steht dann „Tora" für eine Unterweisung bzw. Norm, die fast immer göttliche Herkunft und Autorität beansprucht.

Wie dem auch sei, תּוֹרָה wird schon im dtr. Deuteronomium (zunächst nur in Bezug auf das Buch Deuteronomium selbst) und umso mehr in der darauf folgenden Zeit „zum wichtigsten Begriff für den einen, umfassenden und schriftlich vorliegenden Willen Gottes"[664] und „umfaßt dabei wie in allen seinen weiteren Verwendungen Information und Anweisung, Instruktion und Normsetzung".[665] Die in Ps 19,8a vorliegende Wendung תּוֹרַת יהוה[666] ist allerdings vornehmlich in den Chronikbüchern[667] und in Esra/Nehemia anzutreffen[668] und fungiert dort ähnlich

---

658 „Die Etymologie ...[von Tora] ist oft im Laufe der Wissenschaftsgeschichte diskutiert worden, ohne daß man zu einem befriedigenden Ergebnis gekommen wäre" (*García López*, תּוֹרָה, 599). Gegenüber der Herleitung von ירה ‚werfen' über ‚die Hand ausstrecken' zu ‚Weisung geben' (Gesenius u.a.) oder von ‚werfen' zu ‚Orakel' bzw. ‚Los werfen' (Wellhausen) ist die jenige von akk. *warûm* (vgl. AHw III 1473 s.v. *warûm*) bzw. ug. *jr(j)* aufgrund des Gebrauchs von *têrtum* in den Mari-Texten für ‚Anweisung', ‚Orakel' oder ‚Vorhersage' die wohl wahrscheinlichste, vgl. hierzu *Seow*, Torah, 874; *Cazelles*, Torah, 136f. *Cazelles* fasst die Entwicklung treffend zusammen: „Ce vieux mot, tout chargé de valeur réligieuse, et significatif d'une intervention directe de la divinité dans les affaires humaines, allait recevoir une mutation profonde dans le culte du Dieu d'Abraham et de David sans rien perdre de sa transcendance" (aaO 138). Am Anfang der Begriffsgeschichte stand demnach die Bezeichnung für eine göttliche Anweisung, die deutlich in das priesterliche bzw. prophetische Umfeld weist.
659 So prägend *Begrich*, Priesterliche Tora, passim.
660 Vgl. als früher Beleg Jes 8,16; ferner Jes 1,10; 2,3 u.ö.
661 *Liedke* hat תּוֹרָה ursprünglich als *terminus technicus* für die „in Imperativen und Vetitiven ergehende" weisheitliche Mahnrede zu identifizieren versucht (Rechtssätze, 199; ähnlich *Crüsemann*, Tora, 7f); doch ist damit der Weg zur Priestertora in Hos 4,4-6 kaum noch zu erklären.
662 *García López* z.B. meint, dass ein weisheitlicher und prophetischer neben dem priesterlichen Gebrauch des Begriffs existiert hat (תּוֹרָה, 604).
663 *García López* , תּוֹרָה, 631.
664 *Crüsemann*, Tora, 8; ähnlich *Chapman*, Words, 26-33 u.a.
665 Ebd. 7.
666 Ferner steht sie dem Gebrauch von תּוֹרָה cstr. + Gottesbezeichnung im prophetischen Textbereich besonders nahe, vgl. *García López*, aaO 611 und dazu Jes 5,24; 30,9; Am 2,4 (dtr. oder dtr.-nahe Texte).
667 1 Chr 22,12; 2 Chr 12,1; 2 Chr 17,9; 2 Chr 34,14 (dabei gerne in gegenüber den Königebüchern eigenen Formulierungen). Auffällig ist hier ferner die relative Seltenheit des Ausdrucks ‚Tora des Mose', vgl. dazu *Willi*, Thora, 104f.
668 Esr 7,10; Neh 8,1.18; 9,3; vgl. hierzu *Cazelles*, Torah, 140f.

D) Der Lobpreis der Tora

wie hier[669] als Zusammenfassung der gesamten protokanonischen Tradition.[670]

‚Vertragsbedingung' (עֵדוּת[671], V.8b) gehört dagegen nicht gerade zum gängigsten dtn./dtr. Sprachgebrauch.[672] Es weist zur Entstehungszeit von Ps 19 eher auf seine große Bedeutung in der priester(schrift)lichen Überlieferung[673] zurück. In einer Cstr.-Verbindung mit יהוה ist es jedoch ohne Parallele. Der Gebrauch im Pl. mit ePP 2.sg.m. (עֵדוֹתֶיךָ), vor allem mit seinem ausdrücklichen Bezug der ‚Bestimmungen' auf JHWH selbst, deutet aber angesichts der Belege u.a. in 1 Chr 29,19; Neh 9,34 und Ps 119,14.31.36.99.111.129.144.157 auch für unsere Stelle dezidiert auf einen Sprachgebrauch der späteren ‚Tora-Frömmigkeit' hin.[674] In die gleiche Richtung weist auch der Begriff פִּקֻּד ‚Auftrag'[675] (V.9a), der als Rechtsatzterminus tatsächlich nur in späten, zumeist toraweisheitlichen Psalmen begegnet,[676] denn von den insgesamt 24 Belegen des Alten Testaments findet er sich abgesehen von unserer Stelle außerhalb von Ps 119 (mit 21 Belegen!)[677] nur in Ps 103,18 und Ps 111,7.

---

669 Das geht aus der Voranstellung vor die weiteren Rechtssatz-Synonyme klar hervor. Kaum wird es sich hier also noch um „die Weisung, die der priesterliche Experte ... als Gotteswort ... vermittelte" handeln (*Seybold*, HAT I/15, 87).

670 Es scheinen unter den Begriff ‚Tora' auch immer mal wieder Nicht-Pentateuch-Überlieferungen zu fallen, und auch ein exklusiver Bezug auf Schriftlichkeit ist nicht auszumachen – wohl aber auf kanonische Geltung. Vgl. zum Gebrauch von ‚Tora' in den Chronikbüchern *Willi*: „Ja es scheint sogar so zu sein, dass die Thora des Chronisten grundsätzlich offen war oder jedenfalls die Möglichkeit bot, sich auf eine nicht schriftlich fixierte Anweisung des Mose zu berufen" (Thora, 149; vgl. *Chapman*, Law, 228f). Zu nicht vom Pentateuch vorgeschriebenen Pessach-Praktiken s. 2 Chr 30,13-17. Zur כַּכָּתוּב-Formel in Esr 6,18, die sich auf nicht-pentateuchische Bestimmungen bezieht, *Chapman*, aaO 236.

671 Die Herleitung von aram. 'dn / 'dj / 'dj' / akk. adê ‚Treueid, Vertrag, Vertragsbedingungen' ist sehr wahrscheinlich; für einen Überblick s. etwa *Lohfink*, 'd(w)t, 86ff.

672 S. *Lohfink*, 'd(w)t, 86f.

673 Vgl. Ex 16,34; 25,16; 27,21; in den Psalmen vgl. Ps 78,5; 81,6.

674 Anzumerken ist lediglich, dass in Ps 119 nur einer der 23 Belege von עֵדוּת wie hier im Sg. steht (Ps 119,88), vgl. den aufgrunddessen erfolgenden, jedoch nicht gerade zwingenden Emendationsvorschlag von *Simian-Yofre*, עוּר, 1123.

675 Dabei spielt in den Begriff nicht nur die allgemeinere Verbbedeutung ‚mustern', ‚beauftragen', sondern auch deren spezifischerer juridischer Gebrauch mit hinein, vgl. u.a. den עַל שפט nahe stehenden Gebrauch in den Klageliedern, wie in Ps 17,3; 59,5f; Jer 15,15 sowie die Wendungen mit פקד עַל, פקד עָוֹן u.ä.; s. dazu *André*, פקד, 715-719.

676 *André*, פקד, 720; *Levine*, מִצְוָה, 1093.

677 Vgl. V.4.15.27.40.45.56.63.69.78.87.93.94.100.104.110.128.134.141.159.168. 173. In Ps 119 fällt zwar auf, dass er meist ans Ende der Strophe gestellt wird (– das Gegenteil ist bei דְּבָרִים und אִמְרָה festzustellen –), jedoch lässt sich „ein genauer Bedeutungsunterschied innerhalb des semantischen Feldes [sc.: ‚Gebotssynonyme'] ... nicht feststellen" (*André*, פקד, 72; vgl. hierzu auch *Deissler*, Psalm 119, 79f).

Auch מִצְוָה ‚Gebot' (V.9b) ist in einer Constructusverbindung mit יהוה eher ungewöhnlich.[678] Dieser Ausdruck findet sich nur in 1 Sam 13,13 für ein einzelnes, aber paradigmatisches Gebot an Saul, sowie in Jos 22,3, wo es für die Gesamtheit der Gebote steht. Eine solche singularische Formulierung, die auch in Ps 119,96 kollektiven Sinn hat,[679] ist (fast wie etwa bei כָּל־הַמִּצְוָה im dtn.-dtr. Bereich)[680] zusammenfassend zu verstehen.

Auch die Formulierung מִשְׁפָּט im Pl.cstr. + יהוה (V.10b) findet man lediglich hier. Am nächsten kommen ihr מִשְׁפָּט im Pl.cstr. mit ePP in der 1.ps.sg.c. mit Bezug auf JHWH, wie es typisch ist für Gottesreden des priesterlich-ezechielischem Bereichs,[681] und vor allem מִשְׁפָּט im Pl.cstr. mit ePP 2.ps.sg.m. mit Bezug auf JHWH – eine Formulierung, die sich allein 14-mal in Ps 119 findet,[682] und die auch ansonsten tendenziell eher späteren Gebeten bzw. gebetsähnlichen Texten[683] zuzurechnen ist. Auf dem Hintergrund der mehrfachen Wendung מִשְׁפְּטֵי צִדְקֶךָ in Ps 119[684] erscheint Ps 19,10b fast wie eine hymnische Zusammenfassung des Topos von den ‚gerechten Rechtsurteilen' JHWHs aus Ps 119.[685] Diese erneut sehr konkrete Nähe zu Ps 119 veranschaulicht zum einen, dass hier der Sprachgebrauch toratreuer Kreise für die von JHWH gegebenen Rechtssätze im Ganzen vorliegt.[686] Wie in Ps 119 ist zum anderen auch hier die Gerechtigkeit herstellende, rettende Dimension der Rechtsurteile JHWHs dem Psalmisten gegenwärtig.[687]

Damit ist über den literatur- und theologiegeschichtlichen Ort und das Profil dieser Reihung schon Wesentliches gesagt. In Ps 19,8-11 nun noch „vorbildliche Worte Gottes"[688] zu vermuten oder (spät-)dtr. Hände am Werk zu sehen,[689] kann wegen der gewählten Begriffe, vor allem aber aufgrund der vorliegenden Kombination als obsolet gelten. Vielmehr liegt hier ein spätnachexilischer Versuch vor, mit diesen Begriffen

---

678 Im dtn.-dtr. Sprachgebrauch ist der Pl. gebräuchlicher, wie etwa bei der Wendung כָּל־מִצְוֺת יהוה im priesterlichen Sprachgebrauch.
679 *Soll*, Psalm 119, 42.
680 Dtn 5,31; 6,1.25; 7,11; 8,1; 11,8.22; 15,5; 17,20; 19,9; 27,1; 30,11; 31,5; Jos 22,5 u.a.
681 Dort meist in Kombination mit חֻקַּת + ePP 1.ps.sg.m. s. Lev 18,4.5.26; 19,37 u.ö.; Ez 5,6.7; 11,12.20; 18,9.17 u.ö.
682 V.19.20.30.39.43.52.75.91.102.108.120.137.149.156.175.
683 Vgl. Neh 9,29; Ps 10,5; 36,7; 97,8; Jes 26,8f; Dan 9,5.
684 V.7.62.106.164; s. zu מִשְׁפָּט in Ps 119 auch *Deissler*, Psalm 119, 82f; vgl. ferner מִשְׁפַּט־צֶדֶק in Jes 58,2.
685 *Soll* findet in Ps 119 gerade daher diese häufige Verbindung „scarcely accidental" (aaO 41).
686 Auch in Ps 119 bezeichnet מִשְׁפָּט im Pl. oft „a body of laws" (*Soll*, Psalm 119, 40), vgl. *Johnson*: „Wenn die Synonyma aneinandergereiht werden, wird eher die Menge oder die Totalität der Gebote unterstrichen (מִשְׁפָּט, 100).
687 Zu מִשְׁפְּטֵי צִדְקֶךָ s. auch unten zu צדק.
688 *Seybold*, HAT I/15, 87.
689 Vgl. z.B. *Kraus*, Gesetzesverständnis, 186; *Meinhold*, Theologie, 129.

D) Der Lobpreis der Tora

auf eine Vielzahl von autoritativen Gebots- und Rechtstraditionen Bezug zu nehmen.[690]
Ist diese Reihung zu jener Zeit aber lediglich als ein Versuch anzusehen, alles zusammenzufassen, was über Tora zu sagen ist? Haben wir hier ein unumgrenztes Verständnis von Tora vor uns? Das ist unwahrscheinlich, denn da die Reihung problemlos um einige Glieder hätte erweitert werden können, kann mit Blick auf diejenigen Begriffe, die nicht vorkommen, ein klarer umrissenes Profil des Torakonzepts des Psalms gewonnen werden.

So ist etwa häufig bemerkt worden, dass ausgerechnet der Terminus חֹק, der ja JHWHs Setzungen in Schöpfung und Tora begrifflich zu vereinen vermag,[691] in Ps 19 gerade nicht verwendet wird.[692] Sein Fehlen[693] könnte sich aber u.a. aus der Absicht erklären, den ‚stereometrisch' auszusagenden, rätselhaften Zusammenhang von Schöpfung und Tora nicht auf einen einzigen Begriff zu bringen, und daraus, dass חֹק keiner der beiden Psalmhälften vorrangig hätte zugeordnet werden können. Ps 19 formuliert die Beziehung zwischen kosmischer Ordnung und Tora nach Art der Weisheit offen und eher spekulativ – als ein Geheimnis, dem nachzuforschen und nachzudenken ist.
Auch ein Äquivalent zum in Ps 119 so häufigen Begriff אִמְרָה, der gerne in Form einer Konjektur auch in Ps 19,10a hineingebracht wurde, taucht lediglich in V.15 auf, dort jedoch in Bezug auf die Worte des betenden Ich selbst.[694] Ebenfalls fehlen hier דָּבָר bzw. דְּבָרִים. Letzteres findet man zwar in V.4, ohne dass man allerdings diesem ‚Allerweltswort' dort einen spezifischen Bezug auf die Gebotstradition oder die Prophetenworte zuschreiben könnte, von der sich der Psalm hätte absetzen wollen. – Durch das Fehlen dieser Begriffe wird wiederum der Akzent von ‚Aussprüchen' Gottes in einem allgemeinen Sinne weg und auf den Gebotscharakter hin verlagert.[695] Und im Unterschied zum den Pl. עֵדֹת bevorzugenden Ps 119[696] wird hier mit עֵדוּת ein eher priester(schrift)licher Ton angeschlagen.[697]

---

690 So bereits *Mays*, Place, 4ff.
691 Vgl. hierzu *Ringgren*, חקק, 150; *Hentschke*, Satzung, 23ff.112f. In Hi 38,33 wird zur Veranschaulichung der חֻקּוֹת שָׁמַיִם paradigmatisch die ‚Himmelsschrift' genannt, vgl. dazu oben V. B) 4. Zu חֻקּוֹת in Jer (v.a. Jer 5,22f; 22,24; 31,35f) s. *Albani*, Astronomie, 121. Vgl. ferner Prov 8.29; Ps 148,6; Hi 26,10; 28,26; 38,10. Auch im hebräischen Sirach ist eine solche doppelte Semantik von חוֹק für Ordnungsstrukturen in Schöpfung (14,12.17; 16,22, vgl. 11,20) und Tora (42,2; 45,5.17) nachweisbar.
692 Vgl. dagegen die 21 Belege in Ps 119.
693 Vgl. v.a. *Mowinckel*, Psalms, 267, vgl. ähnlich *Taylor*, Yahweh and the Sun, 147.
694 Vgl. hierzu unten V. E).
695 *Soll* sieht bei den Begriffen דָּבָר und אִמְרָה in Ps 119 (u.a. wegen häufiger Formulierungen mit כְּ) Verheißungs- statt Gebotsterminologie (Psalm 119, 38f) – ausgerechnet sie bleiben in Ps 19 ausgespart. Zum Fehlen von דָּבָר und אִמְרָה gegenüber Ps 119 s. auch *Meinhold*, Theologie, 126 Anm. 35.
696 Zu den acht Belegen von עֵדוֹתֶיךָ gegenüber lediglich einem mit עֵדוּת in Ps 119 s.o.
697 Ähnlich *Deissler*, Psalm 119, 188.

Damit ist deutlich, dass ‚Tora' nach V.8-11 weder primär Story-Charakter hat, noch auf einen abstrakten Willen JHWHs, noch auf sein ‚Wort' in einem umfassend offenbarungstheologischen Sinn Bezug nimmt.[698] Ebensowenig bezieht sie sich explizit auf ihre schriftliche Form, die in Gestalt von fünf Schriftrollen vorzustellen wäre. All das mag in unterschiedlicher Intensität mit hineinspielen, und doch wird Tora mit Hilfe einer Fülle von Synonymen primär als eine *Gesamtheit von konkreten Geboten und rechtlichen Bestimmungen JHWHs* verstanden.

Ein Fortschreiten von allgemeinen zu besonderen Formen[699] ist hier jedoch nicht festzustellen. Bedeutender ist da schon die Abfolge von je zwei singularischen und je einer pluralischen Form,[700] die als Strukturmerkmal jedoch wiederum hinter der semantisch engen Verknüpfung der Parallelismen innerhalb von V.8, V.9 und V.10 zurücksteht.[701]

Nach der Untersuchung auch der anderen Aspekte dieses Abschnitts wird weiter präzisiert werden können, was ‚Tora' in Ps 19 ist.

3. Der theologische Erkenntnisweg der Toraweisheit (V.10a)

Das besondere Profil dieses Abschnitts ergibt sich freilich aus dem Begriff, der als auf den ersten Blick ‚unpassend' gerne emendiert wurde:[702] יִרְאַת יהוה. Er ist aber nicht nur für weisheitliches Denken generell[703], sondern eben auch für die ‚toraweisheitlichen' Psalmen Ps 111; 112; 119 und eben Ps 19 im Speziellen von großer Bedeutung.[704] Im Gefolge Beckers ist allerdings häufig von einem ‚nomistischen' Verständnis der יִרְאַת יהוה in späteren Psalmen die Rede gewesen – in dem Sinne, dass die JHWH-Furcht nicht mehr die ‚Treue zum Bundesgott' wie im dtn./dtr. Bereich,[705] sondern das ‚Gesetz' selbst bezeichne.[706] Die

---

698 So u.a. *Meinhold*, Theologie, 125; *Jacquet*, Psaumes, 257.
699 *Gese*, Einheit, 143.
700 *Arneth* macht auf diese Abfolge aufmerksam, überbewertet sie jedoch in ihrer Bedeutung für die Komposition (Psalm 19, 96f).
701 S. dazu unten V. D) 5.
702 S. dazu oben I. B) 4.
703 Zu יִרְאַת יהוה, das man auch mit ‚Religion' übersetzen könnte (vgl. u.a. *Fuhs*, יָרֵא, 875), in weisheitlichen Texten s. Ps 34,12; 111,10; Prov 1,7; 2,5; 8,13; 9,10; 10,27; 14,27; 15,33; 19,23; 22,4; 31,30.
704 Vgl. Ps 111,5.10; 112,1; 119,38.63.74.79.120. Die Übertragung der JHWH-Furcht auf die Ehrfurcht gegenüber seinen Rechtsurteilen ist auch aus jüdischer Perspektive gewagt, vgl. dazu *Amir*, Psalm 119, 8ff.
705 Vgl. dazu *Becker*, Gottesfurcht, 85-124.
706 *Becker*, Gottesfurcht, 263-280.282f. Eine seiner Hauptbelegstellen hierfür ist Ps 19,10. Vgl. in seinem Gefolge *Stähli*: „In einigen Weisheitspsalmen, in denen das Gesetz als ‚absolute Größe in der Spätzeit' steht ... wird der Begriff der ‚Gottesfurcht' ganz zu einem ‚nomistischen'„ (ירא, 778, mit Zitat aus *Noth*, Gesetze, 70ff). Vgl. bereits die Kritik hieran bei *Derousseaux* (Crainte de Dieu, 348f; v.a. im Blick auf den Siraziden) und bei *Fuhs* (יָרֵא, 893), der jedoch nichtsdestoweniger die glät-

D) Der Lobpreis der Tora 221

Annahme, dass die Hineinstellung der יִרְאַת יהוה in die Reihe der Rechtssatzsynonyme schlicht deshalb erfolgt wäre, weil nunmehr auch sie den Status eines Gebotsterminus erworben hätte, greift jedoch bei weitem zu kurz, wenn man die Entwicklung des Verständnisses der יִרְאַת יהוה bis zu Ps 19 und seinem Umfeld betrachtet.

Denn es ist zwar eine Lösung von תּוֹרָה und בְּרִית voneinander feststellbar[707] – dennoch führt die Verbindung der Gebote mit dem weisheitlichen Erkenntnisweg der JHWH-Furcht die dtn.-dtr. Tradition durchaus legitim weiter.[708] Und sie entspricht durchaus, wenn auch unter veränderten Vorzeichen, weiterhin dem weisheitlichen Denken, in dem die JHWH-Furcht „fast als Synonym zu *da'at* ‚Erkenntnis' ... gebraucht"[709] wurde. Als das Wissen um und die Bindung an JHWH ist sie ‚Anfang der Weisheit'[710], das heißt „Voraussetzung und Ziel jeder Erkenntnis des Menschen"[711]. In der spätnachexilischen Weisheit im Umfeld des Psalms trat die intensive Beachtung der Gebotstradition selbst als notwendige Erkenntnisquelle hinzu. In der ‚theologischen Weisheit' wird andererseits in deren ‚skeptischer' Linie wie in Hi 28,28[712] die Gottesfurcht als ein von Gott selbst eröffneter Zugang zur nur Gott einsichtigen Weisheit angesehen.[713] Bei Ben Sira begegnet dieses Konzept schließlich durchgängig: Wer weise werden will, ist an die Gebote gehalten.[714] Andererseits empfiehlt er aus seinem weisheitlichen Denken heraus gerade auch JHWH-Furcht als eine Haltung, die für einen verstehenden Zugang zur Gebotstradition unabdingbar ist,[715] die aber auch fast notwendig auf jene zurückkommen lässt (Sir 2,15f).[716]

Ein solch differenzierteres Verhältnis als das einer schlichten Identität von JHWH-Furcht und Gebot ist auch bei ihrer Ein-Reihung in die Gebotsbegriffe von Ps 19,8-10 vorauszusetzen: Es erfolgt hier eine dezidierte Aufnahme der Gebotstradition in das weisheitliche Denken und umgekehrt. Und das geschieht, indem zugleich ein weisheitlicher Be-

---

tende Interpretation von יִרְאַת יהוה in Ps 19,10a als eine „Bezeichnung für Tora" wählt (aaO 892).
707 Vgl. dazu etwa *Hossfeld*, Bund und Tora, 75f.
708 S. v.a. Dtn 4,10; 5,29; 6,2.13.24; 8,6; 10,12.20; 13,5; 14,23; 17,19; 31,12f und hierzu u.a. *Fuhs*, יָרֵא, 885-887; *Becker*, Gottesfurcht, 85-124, v.a. 123f.
709 *Stähli*, ירא, 775.
710 So u.a. in Prov 1,7; 8,13; 9,10.
711 *Fuhs*, Furcht, 715.
712 Zu Hi 28,28 s. VIII. A) 1.
713 Als „die geoffenbarte Art und Weise, wie man ihn zu fürchten hat" interpretiert auch *Delitzsch* hier die יִרְאַת יהוה in der Reihe der Gebotstermini (BC IV/1, 169).
714 Vgl. u.a. Sir 1,25f; 15,1; 33,1f. Bei Ben Sira ist Gottesfurcht „das innere Fundament der Treue zum Bundesgesetz" – so *Haspecker* (Gottesfurcht, 153) unter Bezug auf Sir 17,10ff. Gemeinsam sind sie „der dem Menschen zugewiesene Teil der göttlichen Weltordnung" (aaO 331, vgl. hierzu auch *Schnabel*, Law and Wisdom, 45f).
715 S. hierzu Sir 32,15f; ferner Sir 19,20, wo Weisheit als Tun der Tora gilt. Vgl. zu dem für eine „vertrauensvolle Hingabe an den Gesetzeswillen Gottes ... positiven Einfluss" des weisheitlichen Denkens von Ben Sira *Haspecker*, aaO 338 Anm. 1.
716 Zum Verhältnis von JHWH-Furcht und Tora im Sirachbuch s. *Haspecker*, Gottesfurcht, 153ff.165ff.262ff.330ff; *Derousseaux*, Crainte de Dieu, 348-353.

griff wie die Furcht JHWHs zu den Begriffen für die Überlieferung hinzugestellt wird,[717] da sie als wichtige Voraussetzung für den Zugang zu und den Umgang mit der Gebotstradition erkannt ist. Mit der יִרְאַת יהוה ist der Tora hier eine Haltung direkt zugeordnet, die denen, die sich mit den Geboten beschäftigen, eine Anleitung gibt, wie die Gebote selbst den ‚Einfältigen' wirklich weise machen (V.8b). Damit wird bereits hier der Notwendigkeit entsprochen, dass Überlieferung einer ihr adäquaten Aktualisierung bedarf, und es werden damit explizit Grundvoraussetzungen und Folgen eines lebendigen Traditionsprozesses benannt.

Auf das Verhältnis von Weisheit und Tora wird weiter unten noch einmal zurückzukommen sein.[718]

4. Die Prädikationen der Torasynonyma (V.8-10)

a) Die einzelnen Prädikationen

Welche Qualitäten werden den Geboten nun im Einzelnen zugeschrieben? Mit dem Begriff תָּמִים (V.8a), der an dieser Stelle ohne unmittelbaren Bezug auf seinen (meist opferterminologischen) kultischen Gebrauch bleibt,[719] werden rechtschaffene, ethisch integre Menschen und ihre Worte[720], aber auch die Erkenntnis[721] und das Handeln JHWHs,[722] allerdings nicht JHWH[723] selbst bezeichnet.

Mit תָּמִים ist dabei ein Wort gewählt, das sowohl die Prädikate umfasst, die für ‚Gerechtigkeit' und ‚Wahrheit' (נֶאֱמָן, V.8a; יָשָׁר, V.9a; אֱמֶת V.10b) als auch die, die für ‚Reinheit' (בָּר, V.9b; טָהוֹר V.10a)[724] stehen, was dem übergreifenden Charakter der ‚Tora' am Anfang der Reihe entspricht.

---

717 Ähnlich *Meinhold*: „Das Gottesverhältnis ... ist – obgleich Folge – hier in die Grundlage mit hineingedacht" (Theologie, 125). Vgl. bereits *Hupfeld*, der in ihr den „Zweck des Gesetzes" und die „Grundlage aller Gebotserfüllung" erkennt (Psalmen, 17). Ähnlich meint *McKay*, die Furcht JHWHs sei „the man's proper response to it [sc.: die Tora]" (CBC, 88). Die Haltung der Gottesfurcht ist in diesem weisheitlichen Ansatz aber eben nicht nur Folge der Beschäftigung mit den Geboten, sondern beschreibt auch eine Bereitschaft und Offenheit gegenüber der Tora als Verstehensvoraussetzung.
718 S. v.a. unten V. D) 7. c) und VIII. A) 4.
719 Vgl. anders *Wagner*, Dynamics, 255.
720 Vgl. Hi 36,4; ferner Am 5,10. In diesem Sinn überschneidet sich תָּמִים mit dem Wortfeld von צָדִיק und יָשָׁר, vgl. hierzu *Kedar-Kopfstein*, der תָּמִים semantisch in der Nähe von akk. *išaru*, *kānu* und *šalmu* ansiedelt (תָּמִים, 691; ferner *Koch*, תמם, 1047f). S. hierzu auch unten V. E) 4.
721 Vgl. etwa Hi 37,16.
722 Vgl. Dtn 32,4; 2 Sam 22,31.
723 *Koch*, aaO 1049.
724 *Metzger* bringt die Vollkommenheit der Tora mit der Kanonformel in Zusammenhang; Zodiakos, 238.

D) Der Lobpreis der Tora

Wie bei תָּמִים ist auch beim parallelen Begriff נֶאֱמָן (V.8b)[725] wohl weniger von der Sachbedeutung ‚andauernd, beständig, fest', sondern eher von der an sich ‚personalen' Bedeutung ‚verlässlich' auszugehen.[726]

Die Prädikation der Gebote als verlässlich[727] hat ihre Parallelen in anderen späten Psalmtexten: Etwa in Ps 111,7 sowie im zwar wohl sekundären V.5[728] von Ps 93. Dieser fügt sich aber gut in das Konzept von Ps 93 ein,[729] insofern die Stabilisierung der Weltordnung durch Schöpfungs- und Rechtshandeln im Alten Orient wie im Alten Testament Charakteristika des Königsgottes sind, was bei der für Israel so kennzeichnenden, auf die ‚Tora' zulaufenden Theologisierung des Rechts mit einer gewissen Stimmigkeit auf ein solches Konzept hinausläuft. Die Parallelität von Ps 93 und Ps 19 in dieser Hinsicht ist also kaum zufällig – mit dem Unterschied, dass sich der insgesamt späte Ps 19 die Spätform dieser Komplementarität von himmlischer Schöpfungs- und irdischer Rechtsordnung von vornherein für sein Gesamtkonzept zu eigen gemacht hat.

Auch eine Prädikation der Worte und Gebote als יָשָׁר wie in V.9a ist nicht singulär. Ein ähnlicher Gebrauch wie hier findet sich z.B. in Neh 9,13, wo von den ‚rechten' Rechtsurteilen (מִשְׁפָּטִים יְשָׁרִים) auf eine ganz ähnliche Weise die Rede ist, wie es in Ps 119,137 der Fall ist (יָשָׁר מִשְׁפָּטֶיךָ[730]).[731]

Gegenüber der nur vagen Übersetzung des Wortes יָשָׁר als ‚recht' wäre an dieser Stelle dessen Semantik noch etwas zu präzisieren, zumal sie – was hier selbstverständlich nicht nachgeholt werden kann – bisher nur unzureichend untersucht ist. Das ist wahrscheinlich u.a. darauf zurückzuführen, dass die Abstraktnomina מִישׁוֹר bzw. מֵישָׁרִים, anders als in den nordwestsemitischen Sprachen oder im Akkadischen, nicht Eingang in das in Israel bei weitem gängigste Binom für ‚Recht und Gerechtigkeit'[732] מִשְׁפָּט וּצְדָקָה gefunden hat.[733] Dabei sind die oft mit der Sonnengottheit in Beziehung stehenden Binome ṣdq wmšr bzw. kittu(m) und mī/ēšarum[734] funktional

---

725 Zu תָּמִים (vgl. Ps 101,6) und יָשָׁר als Parallelbegriffen von נֶאֱמָן s. *Wildberger*, אמן, 183.
726 So auch *Jepsen*, אָמַן, 317f.
727 Damit stehen die Gebote neben den verlässlichen Verheißungen, vgl. 1 Chr 17,23; 2 Chr 1,9 u.ö.
728 Hier werden JHWHs עֵדֹת als verlässlich bezeichnet.
729 Zum Konzept der Stabilität der kosmischen Ordnung nach behobener Krise in Ps 93 vgl. v.a. *Janowski*, Königtum Gottes, 167ff.
730 Zur augenscheinlichen Inkongruenz von מִשְׁפָּטִים und יָשָׁר vgl. *Kraus*: „ישר kann unflektiert beibehalten bleiben" (BK XV/2, 995).
731 S. auch Ps 33,4: כִּי־יָשָׁר דְּבַר־יהוה; vgl. ferner Qoh 12,10.
732 Dabei ist „Recht und Gerechtigkeit" eher ein Binom des deutschen Sprachgebrauchs, das insofern funktional מִשְׁפָּט וּצְדָקָה entspricht, aber dessen Semantik nur ungenau trifft.
733 Für einen ausführlicheren Vergleich zwischen der Kombination der Wurzeln ישר und צדק sowie ihren Derivaten im Hebräischen und in den Nachbarsprachen s. *Krašovec*, Justice, 54-56.
734 Zu den solaren Bezügen der Wurzel יָשָׁר s.u. V. D) 7. a) sowie bereits oben III. C) 2. a).

hiermit in jeder Hinsicht vergleichbar.[735] Ersteres ist im nordwestsemitischen Bereich von ugaritischen[736] bis hin zu späten phönizischen[737] Belegen anzutreffen, und zwar sehr häufig in der Königsideologie. Das akkadische Binom *kittu(m)* und *mī/ēšarum* ist eher mit ‚Beständigkeit' / ‚Wahrheit' bzw. ‚Ordnungshaftigkeit' / ‚Geradheit' zu übertragen, wird aber ganz ähnlich auf die „‚Gerechtigkeit' der (irdischen und himmlischen) Machthaber in Rechtsprechung und Regierung"[738] bezogen. Das akkadische Abstraktnomen *mī/ēšaru(m)* selbst „ist von dem ... Verb *ēšeru(m)* ‚gerade sein' ... abgeleitet und bedeutet wörtlich ‚Akt oder Instrument des Geradewerdens; Instrument, um etwas geradewerden zu lassen', also ein Akt, durch den die Dinge in Ordnung kommen im Sinne von Gerechtigkeit als einem dynamischen, aktiven Prinzip"[739]. Dass das hebräische Abstraktnomen מִישׁוֹר[740] bzw. מֵישָׁרִים[741] auf das akk. *mī/ēšaru(m)* zurückgeht, ist möglich, aber für eine semantische Parallelität nicht unbedingt notwendig. U.a. in Ps 98,9, wo JHWHs Gericht über die Völker ‚durch Geradheit' (מֵישָׁרִים mit בְּ *instrumentalis*) beschrieben wird, ist diese inhaltliche und funktionale Kongruenz recht gut ersichtlich.

Wenn in Israel dem Binom *ṣdq wmšr* weitestgehend das Wortpaar מִשְׁפָּט וּצְדָקָה entspricht, das vor allem durch die klassische Prophetie eine so große Bedeutung erlangte, mag man eine Tendenz zur Bezugnahme auf konkrete Rechtsprechung in Einzelfällen erkennen, sofern nämlich מִשְׁפָּט die Stelle von מֵישָׁרִים / מִישׁוֹר einnimmt.[742] Dennoch ist die Verbreitung der Derivate von יָשַׁר und ihre Bedeutung für das Denken vor allem der israelitischen Weisheit[743] keineswegs zu schmälern.

---

735 Vgl. für einen Überblick über die entsprechenden Binome für die gerechte Weltordnung in den nordwestsemitischen Sprachen *Niehr*, Constitutive Principles, 113-119; *Mayer*, יָשַׁר, 1059f
736 Dort werden in der akkadischen Götterliste Anu (RS 20. 121,166) ein Gott ^d*mēšarum* sowie in Ritualtexten (KTU 1.123.14) neben anderen Göttern auch *ṣdq* und *mšr* geführt – sie nehmen allerdings nicht gerade einen hohen Rang im Pantheon ein, vgl. *Niehr*, aaO 114f; ferner *Watson*, Misharu, 577.
737 Noch in der phönizischen Geschichte des Philo Byblios werden Μισωρ und Συδυκ (vgl. Euseb., Praep. evang. I 1,13) als Götterpaar aufgeführt, vgl. *Lipiński*, SYDYK et MISOR, 491; *Krašovec*, Justice, 50f; *Watson*, Misharu, 577. Aramäische Belege für eine vergleichbare Verbindung fehlen, vgl. *Niehr*, aaO 118.
738 *Mayer*, יָשַׁר, 1060f.
739 *Maul*, König, 203; zu *mī/ēšaru(m)* etc. s. ferner CAD *M* 2, 117-119 s.v.; AHw s.v.; 494f.659f.
740 Vgl. Ps 27,11; 67,5.
741 Ps 17,2; 58,2; 75,3; 99,4; Prov 8,6; Jes 26,7; 33,15; 45,19; Dan 11,6.
742 Vgl. zur primär juridischen Semantik von מִשְׁפָּט s. *Johnson*, מִשְׁפָּט, 95 und passim. מֵישָׁרִים dagegen ließe vielleicht eher an gelegentliche, aber tiefer greifende königliche *mī/ēšaru(m)*-Edikte denken. – *Niehr* erörtert gründlich die Bedeutung der durch מֵישָׁרִים / מִשְׁפָּט / צְדָקָה zusammengefassten Weltordnungsvorstellung in der Königsideologie (vgl. 2 Sam 8,15; 1 Kön 10,9 und v.a. die dtr. Formel: עָשָׂה אֶת הַיָּשָׁר בְּעֵינֵי יהוה, z.B. in 1 Kön 15,5.11; 22,43; 2 Kön 10,30 u.ö.) im Zusammenhang mit ihren kosmischen Dimensionen sowie ihrer Hypostasierung bzw. Personifikation (etwa in Ps 85,11-14; 89,15; 97,2; s. aaO 121-124).
743 Vgl. zur besonderen Bedeutung von יָשַׁר in der Weisheit und zu weiteren Belegen oben III. C) 1. sowie *Alonso-Schökel*, יָשַׁר, 1064; *Liedke*, יָשַׁר, 794; ferner Hos 14,10; Qoh 7,29; 12,10.

D) Der Lobpreis der Tora

Denn sie sind (auch an der Seite der Derivate von צדק)⁷⁴⁴ durchaus verbreitet und gehören zu den „Verhältnisbegriffen"⁷⁴⁵, die ein das ‚Rechte' befördendes, „gemeinschaftsgemäßes Verhalten"⁷⁴⁶ beschreiben, das im Rahmen konnektiver Gerechtigkeit zum Leben im vollen Sinne gereicht. Werden die פִּקּוּדִים in Ps 19,9a also als ‚gerade' bzw. ‚recht' bezeichnet, so werden sie damit nicht nur als der rechten Weltordnung *entsprechend*, sondern als eine diese Weltordnung *ingang haltende* Größe beschrieben – als etwas, ‚durch das die Dinge in Ordnung kommen'.⁷⁴⁷

Bei der Beschreibung des Gebotes JHWHs als בַּר ‚rein' (V.9b) spielen sowohl kultische als auch vor allem ethische Vorstellungen von Reinheit mit hinein.⁷⁴⁸ Auch für die Qualifizierung von Gottesworten als ‚rein' hat Ps 19 bereits Vorbilder oder zumindest Parallelen in Ps 12,7⁷⁴⁹; 18,31; 119,140 und Prov 30,5.⁷⁵⁰

Dass im anschließenden Kolon V.10a nun explizit auch der im Kultischen beheimatete Terminus טָהוֹר ‚rein'⁷⁵¹ genannt wird, ist insofern umso bemerkenswerter, als es gerade die JHWH-Furcht ist, für die dies ausgesagt wird: Ein weiteres Mal zeigt sich die Integration kultischer Begriffe in weisheitliche Zusammenhänge.

Wenn in V.10b schließlich von den Rechtsurteilen JHWHs gesagt wird, sie seien ‚Wahrheit' (אֱמֶת), so wird damit etwas, was sonst oft von Verheißungen⁷⁵², von Gottesworten durch die Propheten⁷⁵³, aber auch von den Worten der Weisheit (Prov 8,7) bzw. der Weisen / Gerechten selbst⁷⁵⁴ verlautete,⁷⁵⁵ hier nun auf die Gebote angewendet. Vergleichbares begegnet nur in späteren Texten, wie in Neh 9,13,⁷⁵⁶ Mal 2,6⁷⁵⁷

---

744 Vgl. aber z.B. מֵישָׁרִים par. צֶדֶק (bzw. Derivate v. צדק) in Ps 9,9; 58,2; 96,10; 99,4; Jes 11,2; 45,19.
745 *Liedke*, יָשַׁר, 794.
746 *Von Rad*, Theologie I, 383 Anm. 6.
747 Ein ‚aktives' Verständnis von יָשַׁר mit Bezug auf das Zustandebringen einer gerechten Weltordnung liegt ebenso bei der Bezeichnung JHWHs als יָשָׁר (Ps 92,16) vor; vgl. auch den Gebrauch von ישר pi. mit JHWH als Subjekt in Prov 3,6; ferner Prov 11,5; Ps 5,9 Q. Zu den ‚rechten' Wegen JHWHs s. Dtn 32,4; Hos 14,1.
748 Vgl. v.a. Ps 24,4, ferner Ps 18,21.25; 73,1.13; Hi 11,4. Zum seltener kultischen als moralischen Wortgebrauch *Hamp*, בָּרַר, 844f. Bemerkenswert ist aber auch, dass die Tora hier mit ganz ähnlichen Begriffen gepriesen wird, wie in Cant 6,9 die Geliebte, vgl. dort ‚vollkommen' (תָּם) / ‚rein' (בַּר). Zu Cant 6,10 s. weiter unten.
749 ‚Die Worte JHWHs sind reine Worte' (אִמְרוֹת יהוה אֲמָרוֹת טְהֹרוֹת).
750 Jeweils mit צרף ptz.pass.qal.
751 Hierzu und zur eher selten übertragenen Bedeutung im Sinne von moralischer Reinheit s. *Ringgren*, טָהֵר, 309; *Maass*, טהר, 648.
752 Z.B. 2 Sam 7,28; vgl. Ps 132,11.
753 1 Kön 17,24; 22,16; Jer 23,28.
754 Vgl. Prov 11,18; 12,19; 22,21.
755 Vgl. Ez 18,9, und Sach 7,9 (vgl. 7,16), wo vom Ausüben der wahrhaftigen Rechtsprechung (מִשְׁפַּט אֱמֶת) die Rede ist.
756 Hier ist von ‚rechten Rechtsbestimmungen und zuverlässigen Weisungen' (מִשְׁפָּטִים יְשָׁרִים וְתוֹרוֹת אֱמֶת) die Rede.

und vor allem in Ps 119, wo in V.43 und V.160 vom wahren Wort, in V.142 von der wahren Tora und in V.151 von den wahren Geboten JHWHs die Rede ist.[758]

Die Gebote werden also in V.8-10 mit je zwei Begriffen für Reinheit, Gerechtigkeit und Zuverlässigkeit beschrieben – Begriffe, deren Bedeutungssphären sich (vor allem bei תָּמִים), wie bereits angedeutet, nicht nur zufällig überschneiden.Zu diesen Qualitäten der Tora, die in V.8f jeweils im ersten Kolon beschrieben werden, sind noch die Aussagen V.10aβ.bβ hinzuzunehmen, die durch ihre abweichende Form eine Klimax des Abschnitts bilden. Auch sie beziehen sich auf die Verlässlichkeit (vgl. נֶאֱמָן in V.8b und אֱמֶת in V.10b) und Gerechtigkeit der Tora (vgl. תָּמִים in V.8a und יָשָׁר in V.9a) und intensivieren so die voraufgehenden Aussagen.

Die Kombination von לָעַד + Ptz.qal.akt.f. von עמד findet sich fast[759] nur noch in den als ‚weisheitlichen Tora-Psalmen' bekannten Ps 111 und 112,[760] was sowohl die Bedeutung und das Profil der Vorstellung von beständiger Ordnung in jenen Psalmen als auch wiederum eine bestimmte tora-weisheitliche Prägung von Ps 19 zum Ausdruck bringt.

Wie der ersten Tora-Prädikation in V.8a, so ist auch der letzten eine besondere Bedeutung beizumessen. Entsprechend dem ‚dynamischen' Wahrheitsverständnis, das sich in אֱמֶת ausdrückt – wahr ist, was sich als wahr und verlässlich erweist[761] – stellt V.10b abschließend fest, dass sich die Gebote in ihrer Gesamtheit auch „als gerecht ... erwiesen"[762] haben und es insofern sind.[763] Zu dieser Formulierung weisen wiederum eine Reihe von Ausdrücken in Ps 119 eine besonders große Nähe auf, wo in V.7.62.106.164 von den ‚Rechtsurteilen deiner Gerechtigkeit'[764] und in V.160 zusammenfassend von ‚jedem Rechtsurteil deiner Gerechtigkeit' (כָּל־מִשְׁפַּט צִדְקֶךָ) die Rede ist; auch heißt es in V.75,

---

757 Auch hier geht es um die ‚zuverlässige Weisung' (תּוֹרַת אֱמֶת).
758 Dass gerade die מִשְׁפָּטִים bevorzugt ‚gerecht' genannt werden, hat möglicherweise auch die Formulierung חֻקִּים וּמִשְׁפָּטִים צַדִּיקִים von Dtn 4,8 zum Hintergrund, eine Formulierung, die *Braulik* wiederum mit dem keilschriftrechtlichen Ausdruck *dīnāt mīšarim* parallelisiert (Weisheit, 59).
759 Lediglich in Ps 148,6 findet sich noch לָעַד + עמד, vgl. ferner Prov 12,19; 29,14 (לָעַד + כון).
760 Diese auffällige Stichwortverbindung zwischen den Zwillingspsalmen setzen die Gerechtigkeit (Ps 111,3; 112,9), die Befehle (vgl. Ps 111,7f), den Ruhm JHWHs (Ps 111,10) und die Gerechtigkeit dessen, der Freude an den Geboten hat (vgl. Ps 112,3, ferner V.5.7f), zueinander in Beziehung. Zur strukturierenden Bedeutung von עֹמֶדֶת לָעַד in der konzentrischen Struktur von Ps 111 s. *Scoralick*, Psalm 111, 194f.
761 Vgl. dazu *Jepsen*, אָמַן, 337ff.
762 Vgl. *Zenger*s betonte Übersetzung der SK (Tora, 183).
763 Darin besteht letztlich auch die Funktion von ‚Rechtsurteilen' מִשְׁפָּטִים, nämlich in der Wiederherstellung des שָׁלוֹם bzw. der צְדָקָה, vgl. hierzu etwa *Liedke*, Rechtssätze, 73.78 u.a.
764 *Krašovec* schlägt vor, den wiederkehrenden Ausdruck מִשְׁפְּטֵי־צִדְקֶךָ mit „‚tes décisions salvifiques'" zu übersetzen (Justice, 171). Vgl. auch das Ersuchen des Volks um JHWHs מִשְׁפְּטֵי־צֶדֶק in Jes 58,2.

D) Der Lobpreis der Tora

JHWHs Rechtsurteile (מִשְׁפָּטִים) seien gerecht (צֶדֶק). Und ebenso wie in Ps 119[765] ist bei diesem Sprachgebrauch durchaus eine Kontinuität zu denjenigen Bitten vor allem der Klagelieder des Einzelnen um JHWHs gerechtes Urteil[766] zu konstatieren, insofern auch diese Rechtsurteile auf JHWHs rettendes und richtendes Handeln zurückgehen.[767] Zumal gerade auch späte Psalmen dieses Theologumenon bewahren, bleiben die nunmehr zur Gebotsüberlieferung zählenden Rechtsurteile JHWHs im Horizont der Vorstellung von JHWH als gerechtem Richter.[768] In diesem Horizont konnte die Gebotsüberlieferung aber nunmehr in die Rolle einer Vermittlungsinstanz der rettenden Gerechtigkeit JHWHs eintreten.[769] Dass den indes als Traditionsliteratur vorliegenden, ja bereits kanonischen Rechtsurteilen ein Gerechtigkeit und Leben schaffendes Potential zugetraut wurde, erscheint damit als eine konsequente Folgeentwicklung in der Dynamik der Theologisierung des Rechts, die mit dem Kanonisierungsprozess ineinandergreift. Umgekehrt zeigt sich an Ps 19 wie an Ps 119, dass für eine anwachsende kanonische Geltung der Rechts- und Gebotstradition auch ihre Anerkenntnis als Hoffnungsgrund und als Gerechtigkeitsinstanz in der persönlichen Frömmigkeit des einzelnen von nicht zu unterschätzender Bedeutung gewesen ist.

b) Zusammenfassung

Die Gebote sind also, so der Tenor dieses Abschnitts, nicht nur lauter – auf sie als auf Gebote JHWHs selbst ist vollkommen Verlass.[770] Dass sie hier mit נֶאֱמָן, אֱמֶת, תָּמִים, יָשָׁר und צֶדֶק, also vor allem mit Begriffen

---

765 *Soll* betont, dass es sich bei JHWHs מִשְׁפָּט in Ps 119 (etwa in V.132.156) häufig um den Hoffnungsgrund der Bitte des betenden Ich um Rettung handelt (Psalm 119, 40f; ähnlich *Krašovec*, Justice, 170-172). Vgl. auch V.151 mit der Bitte an JHWH, des Beters Rechtsstreit zu führen (רִיבָה רִיבִי וּגְאָלֵנִי).
766 Vgl. hierzu die umfassende Studie zu צֶדֶק in den Psalmen bei *Krašovec*, Justice, 130-180 sowie *Janowski*, Der barmherzige Richter, 58-76. Zu JHWHs מִשְׁפָּט als Hoffnungsgrund und Heil des betenden Ich s. Ps 7,7; 9,17; 37,28; 140,13; 146,7.
767 *Krašovec* attestiert auch der Formulierung in Ps 19,10 „une signifiance salvifique" (Justice, 136).
768 *Liedke* erinnert daran, dass „alle von uns früher aufgezeigten Bedeutungen von מִשְׁפָּט – ‚das, was einem zukommt', Urteil, Urteilsvorschlag, Rechtsanspruch – auch präsent sind, wenn ein Rechtssatz als מִשְׁפָּט bezeichnet wird" (Rechtssätze, 97). Zur auch in späterer Zeit umfassenden Bedeutung von מִשְׁפָּטִים (hinzuzunehmen wären noch ‚Gericht', ‚Recht', ‚Entscheidung', ‚Maß' s. auch *Krašovec*, Justice, 255ff.
769 Auch *Soll* betont „the ‚salvific' aspect of this ‚justice'" in Ps 119 (Psalm 119, 41). Vgl. ähnlich *Johnson* unter Bezug auf Ps 119,132: „An einer Reihe von Stellen bekommt *mišpāṭ* in dieser Bedeutung einen Inhalt in Richtung auf das rettende Eingreifen" (מִשְׁפָּט, 101). Auch in Ps 119 wird JHWH immer wieder aufgefordert, den Rechtsstreit des betenden Ich zu führen (vgl. u.a. V.154). Als Gebotsüberlieferung sind die מִשְׁפְּטֵי־צֶדֶק nunmehr zugleich aber auch etwas ‚Lernbares' (vgl. Ps 119,7 u.a.).
770 Vgl. ähnlich z.B. bereits Jes 40,8 u.ö.

ethischer Integrität belegt werden,[771] scheint auf der Hand zu liegen, denn von ihnen kann leichter noch als von rechtschaffenen Menschen solche Vollkommenheit ausgesagt werden. Als rechtliche und ethische Größen sorgen sie zudem für eine gerechte und verlässliche Gemeinschaftsordnung. Wenn bei ihnen selbstverständlich nicht im gleichen Sinne wie bei Personen etwa von einer ‚schicksalwirkenden Tatsphäre' bzw. von ‚konnektiver Gerechtigkeit' gesprochen werden kann, so kann im Rahmen des weisheitlichen Denkens des Psalms doch von einer *Wirksphäre* der vollkommen, gerechten und ‚rechten' Tora die Rede sein: Sie vermittelt beständig heilvolle Gemeinschaftstreue. Und für den einzelnen Beter ist sie zudem eine greifbare Manifestation des Gerechtigkeit schaffenden göttlichen Handelns.

Damit ist aber bereits der innere Zusammenhang von Qualitäten und Wirkungen der Tora benannt.

5. Die Wirkungen der Tora (V.8-10)

a) Die einzelnen Wirkungen

Die erste Wirkungsweise der Tora, die hier in V.8a genannt wird, ist wiederum die gewichtigste Aussage von allen.[772] Zwar formuliert mehrfach auch Ps 119, dass JHWH das betende Ich durch die Gebote belebt.[773] Aber mehr noch als שׁוב pi. + נֶפֶשׁ (Ps 23,4) ist שׁוב hi. + נֶפֶשׁ[774] eine Wendung, mit der nicht nur Belebung und Wieder-Bringung der Vitalität[775] in einer Situation völliger seelischer wie körperlicher Kraftlosigkeit (vgl. Thr 1,11.19), sondern häufig sogar die Rettung des Lebens aus Todesgefahr zum Ausdruck gebracht wird, wie z.B. in Hi 33,30 aus der Grube (מִנִּי־שָׁחַת), in Ps 35,17 aus den ‚Verwüstungen' der Feinde (שׁוֹאָה pl. + epp 3.ps.pl.m.) etc.[776]

---

771 *Wagner*, Dynamics, 256.
772 Auch *Ridderbos* sieht in V.8a „die fundamentale Aussage dieses Abschnittes" (Psalmen, 177).
773 Das ist etwa in Ps 119,50.93 (jeweils חיה pi., vgl. ferner V.149.154.156.159) zu sehen. In V.107 dient JHWHs Verheißungswort als Begründung für die Bitte um Belebung (חַיֵּנִי כִדְבָרֶךָ).
774 S. zu dieser Wendung *Becker*, *hēšīb næpæš*, 46; *Seebass*, נֶפֶשׁ, 547f; *Westermann*, נֶפֶשׁ, 85.
775 „Der Ausgangsbedeutung von *hēšīb næpæš* ... liegt die Vorstellung zugrunde, daß die *næpæš* ..., die gleichsam entschwunden war, zurückgebracht wird. Das Entschwinden ist zurückzuführen auf lebensbedrohende Situationen aller Art" (*Becker*, *hēšīb næpæš*, 46). Häufig geschieht die ‚Rückkehr' der *næpæš* auch schlicht durch Speise und Trank, vgl. ebd.
776 Als Gefährdung wird ferner schwere Krankheit genannt (1 Kön 17,21). מֵשִׁיב נֶפֶשׁ, wie der Sohn der Ruth und des Boas, den Noomi adoptiert, genannt wird (Rut 4,15), wäre mit ‚Erquicker der Seele' ebenfalls nur unzureichend übersetzt, denn er setzt ja ihren und den (judäischen) Stammbaum ihres Mannes Elimelech fort, der mit

D) Der Lobpreis der Tora

Aber auch in V.8b wird über die Wirkung der Gebote Außergewöhnliches ausgesagt. Denn hier wird das Verb חכם das einzige Mal im Hif'il verwendet – und wenn es auch wie חכם pi. faktitiv aufzufassen ist,[777] so ist der Nachdruck, der auf die weise machende Wirkung der Tora gelegt wird, doch unverkennbar. Im Ensemble derjenigen Größen,[778] die nach der Vorstellung des Alten Testaments Weisheit verleihen, tritt hier nun die Tora an die vorderste Stelle. Dieser Gedanke hat – wenn auch nicht so vollmundig – Parallelen in Ps 119, wo das betende Ich in V.98-100 betont, durch die Gebote weiser als seine Feinde, verständiger als seine Lehrer und einsichtiger als Alte[779] zu werden.
Wiederum treten die Gebote hiermit einen Status und eine Rolle an, die nach Prov 8,5; 9,4 die Weisheit selbst innehat:[780] Hier lädt sie die Unerfahrenen zu sich auf den Weg der Einsicht ein.[781] Nun bringt der פֶּתִי offenbar an Weisheit von sich aus gar nichts mit. Denn er ist im Proverbienbuch der leicht verleitbare, gänzlich ‚Unerfahrene' als Gegenüber des יָשָׁר oder des חָכָם – einer, von dem in Prov 21,11 gesagt wird:

> Wenn man dem Spötter Geldbuße auferlegt, dann wird der Einfältige weise (חכם qal);
> und wenn man den Weisen belehrt, nimmt er[782] Erkenntnis an.[783]

Damit wird aber in Ps 19,8b der Tora Großes zugetraut: Denn der im Proverbienbuch als Gegentypus des Gerechten gezeichnete פֶּתִי[784] gilt

---

dem Tod ihrer Söhne ausgestorben wäre. Vgl. ferner in Ps 116,7 die Aufforderung an die eigene נֶפֶשׁ, nach Rettung aus Todesgefahr (vgl. V.3f) zur Ruhe zurückzukehren.
777 Wie חכם pi. ist חכם hi. als faktitiv anzusehen (so *Jenni*, חָכָם, 85; vgl. *Müller*, חָכָם, 927), also als „Herbeiführung des vom *qal* Perf. bezeichneten Zustandes" (*Müller*, aaO).
778 Subjekte von חכם pi. sind der ‚weise' Joseph (Ps 105,22), Gott selbst als Weisheitslehrer (Hi 35,11) und JHWHs Gebote (Ps 119,98), vgl. hierzu *Sæbø*, חכם, 559.
779 Nicht ganz zufällig wird die Einsicht durch die Gebote in V.104f und in V.130 mit Lichtmetaphorik (– aber auch mit der Lebensthematik, vgl. Ps 119,144: ‚Gerecht sind deine Zeugnisse für immer. Gib mir Einsicht, auf dass ich lebe!' –) kombiniert, und diese Kombination liegt auch hier in Ps 19,8f vor; s. hierzu weiter unten.
780 Auch *Mosis* bemerkt dazu: Die פְּתָאִים „sollen durch die Belehrung und Erziehung der Weisheit dazu befähigt werden, ... ihr Leben glücken zu lassen. Diese Aufgabe der Weisheit wird in den beiden Thorapsalmen Ps 19B und 119 von der Thora, der Weisung JHWHs übernommen" (פתה, 826, vgl. ähnlich *Sæbø*, חכם, 566).
781 Nach 9,16 lädt auch die Torheit mit den gleichen Worten ein, aber nur, um zu verführen.
782 Auf den Weisen zu beziehen, vgl. *Fuhs*, Sprichwörter, 306; *Meinhold*, ZBK.AT 16/1, 353.
783 Insofern hier von der Belehrung des Unerfahrenen die Rede ist, ist Prov 21,11 die engste Parallele.
784 Prov 1,22.32; 7,7; 14,15.18; 22,3; 27,12, vgl. *Meinhold*, ZBK.AT 16/1, 49f. Die negativen Konnotationen sind beim פֶּתִי allerdings geringer zu veranschlagen als etwa beim כְּסִיל oder beim אֱוִיל – größer sind „das Moment des Mangels an Erfah-

hier nun keineswegs als nur durch Negativbeispiele belehrbar, vielmehr wird es dem Vermögen der עֵדוּת יהוה zugeschrieben, ihn weise zu machen. Auch nach Ps 119,130 macht das Wort JHWHs die Einfältigen einsichtig (מֵבִין פְּתָיִים).[785] Damit hat die Tora auch im weisheitlichen Erziehungsideal die zentrale Position übernommen, und tritt also auch in der Pädagogik ihren kanonischen Rang an.[786]
Dass hier der פֶּתִי genannt wird, der in die Reihe der ‚Körperbegriffe' לֵב, נֶפֶשׁ und עֵינַיִם nun zunächst gar nicht hineinzupassen scheint, kann nur so recht verstanden werden, dass sowohl נֶפֶשׁ als auch פֶּתִי, anders als לֵב und עֵינַיִם, hier den gesamten Menschen in einer grundlegenden Bedürftigkeit,[787] seinem latenten oder manifesten Mangel an Lebenskraft bzw. Weisheit bezeichnen. V.8 und V.9 sind also insofern voneinander abzusetzen, da sie in sich jeweils engere Parallelismen bilden. Es ist nach V.8 die Tora, die dem Menschen grundlegend Vitalität bringt, wo vorher keine (mehr) war, und die, nicht weniger elementar, Weisheit dorthin bringt, wo zuvor jede Weisheit fehlte.
Nicht so grundlegende, aber dennoch umfassende Wirkungen auf den Einzelnen bringt V.9 zum Ausdruck: Es ist vor allem das ‚Herz', in dem nach hebräischem Denken die Freude – neben anderen „Gefühlsstimmungen"[788] wie Kummer, Angst und Mut – ihren Sitz hat.[789]

Anlässe zur ‚Freude des Herzens'[790] sind nach Jer 15,16 für den Propheten die Worte JHWHs und in Sir 1,12 die Furcht JHWHs, die zur Freude des Herzens gereicht.[791] Nach Prov 15,30a ist es das ‚Leuchten der Augen' selbst:

Leuchten der Augen erfreut das Herz (מְאוֹר־עֵינַיִם יְשַׂמַּח־לֵב)

Es wird hier nicht gesagt, wessen leuchtende Augen wessen Herz erfreuen – möglich, aber unwahrscheinlich ist, dass es sich um die gleiche Person handelt. Da es im parallelen Kolon um eine gute Nachricht geht, ist auf die Begegnung eines Freuden-

---

rung und Reife, also eine gewisse Unfähigkeit und Hilflosigkeit" (*Mosis*, פתה, 826; ähnlich *Sæbø*, פתה, 496).
785 S.u., vgl. Ps 119,169.
786 Vgl. zur Tora als Weg zur Weisheit Sir 1,25-27; 15,1; 33,1f. S. zu diesem bereits im Dtn angelegten Konzept auch unten V. D) 7. c) und VIII. A) 4.
787 Vgl. hierzu grundlegend *Wolff*, Anthropologie, 47f.
788 *Wolff*, Anthropologie, 75; ferner *Stolz*, לב, 862.
789 Hinsichtlich der נֶפֶשׁ (Ps 86,4) oder der כְּלָיוֹת (vgl. Prov 23,16) ist z.B. weit seltener von Freude die Rede, vgl. die Aufstellung bei *Ruprecht*, שמח, 830.
790 Weitere Anlässe solcher ‚Freude des Herzens' sind: die Begegnung mit Vertrauten (vgl. Ex 4,14), Essen und Trinken (z.B. Ps 104,15), die Erfüllung der Wünsche (z.B. Qoh 2,10; vgl. zum Verständnis *Vanoni*, שָׂמַח, 821), das gute Wort (Prov 12,25), das rettende und vergebende Eingreifen JHWHs (Jes 30,29; Zef 3,14; Sach 10,7), seine den Lebensweg festigende Nähe (Ps 16,9) und das Vertrauen auf JHWH (Ps 33,21); vgl. hierzu auch *Fabry*, לב, 428; *Stolz*, לב, 861; *Vanoni*, שָׂמַח, 812.
791 S. zu Sir 1,11-30 unten V. D) 4.; zum Motiv von Jer 15,6 auch als Hintergrund von V.11 s.u. V. D) 6. Vgl. ferner Ps 1,2.

D) Der Lobpreis der Tora 231

boten mit jemandem zu schließen, der von dessen leuchtenden Augen erfreut wird.[792] Festzuhalten ist, dass allein mit der Nennung der Körperteile Auge und Herz eine gesamte zwischenmenschliche Interaktion eingefangen werden kann, ja, dass gerade durch diese reine körper(sprach)liche, nonverbale Darstellung eine allgemein menschliche Alltagssituation unmittelbar und zugleich umso prägnanter gezeichnet wird.

So ist es wohl kein Zufall, wenn auch in V.9b mit dem ‚Leuchten der Augen' und der ‚Freude des Herzens' diese beiden Dimensionen der elementar belebenden Wirkung der Tora gemeinsam genannt werden.[793] Und immerhin werden hier mit dem Auge, das als „Sitz personaler Wahrnehmung und Erkenntnis"[794], und dem Herz, das als das ‚Eigentliche' der Person[795], als das Erkenntnis- und Entscheidungszentrum gelten kann, die Außen- und die Innen-Dimension des Menschen genannt – eine Polarität, die auf das Ganze des Menschen zielt.
Gerne wurde in V.9b ein Bezug auf geistige Erleuchtung gesehen.[796] Für die Wendung אור + עֵינַיִם hi. ist das aber fraglich,[797] denn zunächst einmal sind erleuchtete Augen im Alten Testament meist ein Ausdruck der Vitalität,[798] der Belebung,[799] ja der Lebenskraft,[800] die nach Erschöpfung wiederkehrt.[801] Andererseits wird aber in Ps 119 die Licht-Meta-

---

792 S. *Meinhold*, ZBK.AT 16/2, 486; *Fuhs*, Sprichwörter, 248.
793 Auch sonst werden die ‚Freude des Herzens' und ein leuchtendes (u.ä.) Angesicht gemeinsam, als zwei Aspekte *einer* Gefühlsbewegung wahrgenommen (vgl. Ps 104,15; Jes 60,5; Sir 13,25f). Und auch im Akkadischen findet man diese Verbindung: An einer Stelle der El-Amarna-Tafeln heißt es: „Als [ich] hörte die Worte der Tafel des Königs ... [d]a freute sich mein Herz, und meine Augen wurden sehr glänzend (*ji-iḫ -di libbi-ia ù [e]n-nam-mu-ru înā-ia danniš*)" (nach *Knudtson*, EAT 142,7-10).
794 *Stendebach*, עַיִן, 35.
795 *Stolz*, לֵב, 863.
796 *Gunkel*: „es [das Gesetz] erleuchtet den Verstand" (HK II/2, 78); *Seybold*: Die Gebote „machen hellsichtig" (HAT I/15, 87; vgl. ferner *Hupfeld*, Psalmen, 16; *Wagner*, Dynamics, 255; *Clines*, Tree, 10 u.a.).
797 Vgl. bereits *Aalen*: „Nicht in diesen Zusammenhang gehört der Gedanke, daß das Gesetz oder die Weisheit die Augen bzw. das Angesicht ‚erleuchtet' ... Die Erleuchtung geht hier auf die Stärkung der Lebenskraft zurück" (אוֹר, 176); vgl. ähnlich *Stendebach*: „Das ‚Erleuchten' (*'wr hiph*) der Augen ... impliziert die Erneuerung bzw. Erhaltung der Lebenskraft" (עַיִן, 35f).
798 Vgl. Ps 38,11.
799 S. Esr 9,8, par. zu מִחְיָה; Anlass zur Freude ist dort der neue Tempelbau.
800 Vgl. Prov 29,13; nach *Meinhold* geht es auch in diesem Spruch um die Gewährung von Leben (ZBK.AT 16/2, 486).
801 Vgl. 1 Sam 14,27.29, ferner Bar 1,12. – Der Zusammenhang zwischen dem Leuchten des Antlitzes JHWHs (vgl. Num 6,25; Ps 31,17; 67,2; 80,4.8.20; 119,135; Dan 9,17) und dem erleuchteten Antlitz des Beters ist kein zufälliger. Nach Ps 13 genügt es, wenn JHWH davon abläßt, sein Angesicht zu verbergen (V.2) und zum Beter ‚hinblickt', um dessen Augen wieder zu erleuchten (V.4).

phorik[802] häufig mit der Einsicht und der Erkenntnis verbunden, die die Gebote vermitteln, wie z.B. in V.130:[803]

> Die Pforte[804] deiner Worte leuchtet (אור hi.),
> sie gibt Einsicht den Einfältigen (פְּתָיִים).

Nach Ps 119 wird beides gemeinsam, Einsicht und Leben, durch die Gebote vermittelt, wenn es in V.144 etwa heißt: ‚Lass mich verstehen und ich werde leben' (הֲבִינֵנִי וְאֶחְיֶה). Der Einsicht wohnt gewissermaßen ein belebendes Potential für den ganzen Menschen inne.[805] Wenn Ps 19,9b gewiss nicht im Sinne von spiritueller oder intellektueller ‚Erleuchtung' zu verstehen ist, so ist ein mittelbarer Zusammenhang von der durch die Tora bewirkten Einsicht und der ‚Erleuchtung der Augen' durchaus vorhanden. Anders herum gewendet: Belebung durch die Tora wäre, reduziert man sie auf die ‚Stärkung der Lebenskraft',[806] falsch verstanden, wenn nicht mit der Festigung der Weisheit eines Menschen eine wesentliche Dimension seines Menschseins miteinbezogen ist[807] – die wiederum auch seine körperliche und seelische Seite (‚erleuchtete Augen') erfasst.

Dass die Tora ‚erleuchtet' und in metaphorischem Sinne ein ‚Licht' sei, weiß auch Prov 6,20-23:[808]

> 20 Bewahre, mein Sohn, das Gebot deines Vaters,
> verwirf nicht die Weisung deiner Mutter!
> 21 Binde sie stets auf dein Herz,
> winde sie um deinen Hals!
> Bei deinem Gehen leite sie dich,
> bei deinem Liegen behüte sie dich,
> und wachst du auf, so sei sie es, die dich anredet!
> 23 Denn eine Leuchte ist das Gebot
> und die Weisung ein Licht,
> und ein Weg zum Leben sind Ermahnungen der Zucht.

Hier wird – über die gewohnte Verwendung von ‚Tora' in Prov 1-9 hinaus[809] – auf die katechetische Umsetzung von Dtn 6,4-9[810] angespielt. Kontextgemäß wird hier

---

802 S. dazu auch u., V. D) 7. a).
803 S. ferner Ps 119,18.
804 Es ist hier bei der konkreten Bedeutung zu bleiben (ähnlich *Kraus*, BK XV/2, 992; *Deissler*, Psalm 119, 227f) – auf eine ‚Eröffnung der Auslegung' nimmt die Stelle nicht Bezug. Eine Anspielung auf die ‚Pforte der Weisheit' (vgl. Prov 8,35) ist dagegen nicht unmöglich (vgl. Prov 1,21; 8,3).
805 Nach Qoh 8,1 hellt Einsicht die Gesichtszüge eines Menschen auf.
806 Vgl. *Aalen*, aaO 175.
807 Von der großen Bedeutung der Weisheit für die נֶפֶשׁ weiß auch Prov 24,14.
808 *Schäfer* zählt den Abschnitt mit V.24-26 zu einer Gruppe von Lehrgedichten, die der Gruppe der Gedichte über die ‚fremde Frau' nahe stehen (Poesie, 184). *Müller* sieht in V.24 einen Übergangsvers und zählt ihn zur seiner Ansicht nach kohärenten Texteinheit Prov 6,20-35* (Prov 1-9, 119ff.133f).

D) Der Lobpreis der Tora

der Generation der Söhne und Töchter die den ganzen Lebensweg umfassende Dimension der Weisung der Tora in V.22[811] mit (בְּהִתְהַלֶּכְךָ und בְּשָׁכְבְּךָ; vgl. Dtn 6,7: בְּשָׁכְבְּךָ וּבְלֶכְתְּךָ) anempfohlen. Die Wendung ‚und wachst du auf, so rede sie dich an' (V.22b; וַהֲקִיצוֹתָ הִיא תְשִׂיחֶךָ עָלֶיךָ, vgl. Dtn 6,7) zeigt, dass die von Vater und Mutter weitergegebene Tora und die anredende Weisheit in Prov 1-9 hier ineinander übergehen:[812] Dieser für die personifizierte Weisheit charakteristische Zug wird auf die Tora übertragen. Nicht nur die Metapher von der Tora als Licht in V.23 (כִּי נֵר מִצְוָה וְתוֹרָה אוֹר) erinnert also an Ps 19,9b – dieser Abschnitt kommt dem Psalm auch insofern nahe, als beide Texte ins Umfeld der ‚Sapientalisierung der Tora' gehören. Als ein ‚Licht' ist die Tora demnach eine Quelle von Freude, aber auch der ethischen und intellektuellen Orientierung.

Das heißt aber auch, dass die in den jeweils ersten Aussagen der Parallelismen (V.8a.9a) beschriebene Wirkung der Tora sich nun doch eher auf die emotionale und die in den zweiten mehr auf die geistige Dimension des Menschseins bezieht (V.8b.9b). Unter beiden Aspekten wird die den ganzen Menschen belebende Wirkung der lauteren, gerechten und verlässlichen Gebote umschrieben.

b) Zusammenfassung

Was wird in V.8-10 über die Gebote ausgesagt? Sie haben eine ‚Ausstrahlung', die in den Heilsbereich der Gerechtigkeit hineinführt. Dabei spielt hier das Tun der Tora keine Rolle, lediglich die Furcht JHWHs wird in ihrer Bedeutung für die Teilhabe an der Weisheit und Leben spendenden Tora unterstrichen. Es wird dabei auch nicht behauptet, dass sie den Ungerechten gerecht machte, wohl aber wird gesagt, dass sie den Einfältigen weise macht, und dass sie – wenn auch keine Vergebung, diese bleibt JHWH anheimgestellt (V.14, s.u.) – so doch ‚Leben' im Vollsinn des Wortes mit sich bringt, soweit es für den Psalmdichter vorstellbar war. Das wird hier aber an keinerlei Bedingung geknüpft.
In welchen Traditionslinien und in welchen Kontexten haben wir nun diese hymnische Prädikation der Gebote zu verorten? Die ursprünglich aus der dtr. Tradition stammende Tendenz immer umfassenderer Reihen von Gebotstermini findet ihre Fortsetzung in der Reihung von positiv prädizierten Geboten, wie in Neh 9,13b.[813] Die engsten formalen und in-

---

809 Vgl. Prov 6,21: das Binden auf das Herz (קשׁר עַל לֵב) mit Dtn 6,6: auf das Herz (עַל־לְבָבֶךָ) und Dtn 6,8: das Binden auf die Hand (קשׁר עַל־יָד).
810 So auch u.a. *Whybray*, NCeB, 102.
811 V.22 als spätere Glosse anzusehen (so *Schäfer*, Poesie, 169), besteht m.E. kein Anlass. Die ePP 3.ps.m.pl. in V.21 beziehen sich auf Gebot und Tora, die 3.ps.f.sg. SK auf die Tora in V.20, so auch *Meinhold*, ZBK.AT 16/1, 117.
812 *Schäfer* (aaO 178f)) und *Müller* (aaO 123) halten V.22 für problematisch und sekundär; *Müller* kann so den Bezug auf Dtn 6,6-8 und Dtn 11,18 ablehnen (aaO 124f).
813 Hier ist von rechten Rechtsentscheiden, wahren Weisungen, guten Satzungen und Geboten (מִשְׁפָּטִים יְשָׁרִים וְתוֹרוֹת אֱמֶת חֻקִּים וּמִצְוֹת טוֹבִים) die Rede.

Tabelle 2: Hymnische Prädikationen von Geboten

Textstelle	Gebotsterminus	Prädikat
Ps 19,8a	Tora JHWHs (תּוֹרַת יהוה)	lauter (תְּמִימָה)
Ps 19,8b	Bestimmung JHWHs (עֵדוּת יהוה)	verlässlich (נֶאֱמָנָה)
Ps 19,9a	Anweisungen JHWHs (פִּקּוּדֵי יהוה)	recht (יְשָׁרִים)
Ps 19,9b	Gebot JHWHs (מִצְוַת יהוה)	rein (בָּרָה)
Ps 19,10aα	(Furcht JHWHs; יִרְאַת יהוה)	(makellos; טְהוֹרָה)
Ps 19,10aβ		(ewig bestehend; עוֹמֶדֶת לָעַד)
Ps 19,10bα	Rechtsurteile JHWHs	wahr (אֱמֶת)
Ps 19,10bβ	(מִשְׁפְּטֵי יהוה)	gerecht (צָדְקוּ qal)
(Ps 111,7a)	(Taten seiner Hände; מַעֲשֵׂי יָדָיו)	(Wahrheit und Recht; אֱמֶת וּמִשְׁפָּט)
Ps 111,7b-8	alle seine Aufträge (כָּל־פִּקּוּדָיו)	verlässlich (נֶאֱמָנִים) unerschütterlich auf immer und ewig (סְמוּכִים לָעַד לְעוֹלָם) auszuführen[814] in Wahrheit und Geradheit (עֲשׂוּיִם בֶּאֱמֶת וְיָשָׁר)
Ps 119,39b	deine Rechtsurteile (מִשְׁפָּטֶיךָ)	gut (טוֹב)
Ps 119,75a	deine Rechtsurteile (מִשְׁפָּטֶיךָ)	Gerechtigkeit (צֶדֶק)
Ps 119,86	deine Gebote (מִצְוֹתֶיךָ)	Treue (אֱמוּנָה)
Ps 119,129	deine Zeugnisse (עֵדְוֹתֶיךָ)	‚wunderbar' (פְּלָאוֹת)
Ps 119,137	deine Rechtsurteile (מִשְׁפָּטֶיךָ)	recht (יָשָׁר)[815]
Ps 119,142	deine Weisung (תּוֹרָתְךָ)	Wahrheit (אֱמֶת)
Ps 119,144	deine Zeugnisse (עֵדְוֹתֶיךָ)	Gerechtigkeit (צֶדֶק)
Ps 119,151	deine Gebote (כָּל־מִצְוֹתֶיךָ)	Wahrheit (אֱמֶת)
Ps 119,160a	die Summe deines Wortes (רֹאשׁ־דְּבָרְךָ)	Wahrheit (אֱמֶת)
Ps 119,160b	jedes Urteil deiner Gerechtigkeit (כָּל־מִשְׁפַּט צִדְקֶךָ)	‚ewig' (לְעוֹלָם)
Ps 119,172b	deine Gebote (מִצְוֹתֶיךָ)	‚Gerechtigkeit' (צֶדֶק)

haltlichen Parallelen finden sich aber, kaum erstaunlich, in Ps 119, dessen Einzelbitten im Rahmen des akrostichischen Strophenbaus selbst jedoch eine viel größere formale und inhaltliche Varianz zeigen, indem Vertrauensaussagen, Schilderung von Bedrängnissen, Feinden u.a. mit dem Lob der Tora abwechseln. Affirmationen, die Gebote zu bewahren, bewahrt zu haben und über die Vorzüge, sie zu bewahren,[816] finden sich

---

814 Zur Diskussion des Ptz.pass.qal s. *Scoralick*, Psalm 111, 199 Anm. 27.
815 Zur Inkongruenz von מִשְׁפָּטֶיךָ und יָשָׁר vgl. *Kraus*, BK XV/2, 995.
816 S. dazu unten *Exkurs 4*, vgl. Ps 19,12.

D) Der Lobpreis der Tora

ja in Ps 119 weit häufiger als hymnische Aussagen über die Gebote.[817] Dennoch bietet Ps 119 die engsten formalen Parallelen zur ‚hymnischen' Prädikation der Gebote von Ps 19,8-10 (vgl. **Tab. 2**). Aus dieser großen formalen Nähe lässt sich nun zumindest auf eine auch literarische Nähe schließen. Wo aber finden sich die nächsten Parallelen für diese geschlossene Wiederholungsstruktur und für die hymnischen Prädikationen, die auch in Ps 111f; 119 zugrunde liegen? Im Selbstpreis der Weisheit in Prov 8,6ff ist die (neben Ps 19,8-10) einzige Stelle des Alten Testaments zu finden, an der innerhalb von drei Versen eine Größe als יָשָׁר, אֱמֶת und צֶדֶק prädiziert wird, nämlich die Weisheit selbst.[818] Auch die Gewährung von Leben und Freude (vgl. Ps 19,8f) durch die Weisheit ist ein Topos der Weisheitsliteratur, den man ausgesprochen häufig und in vielen Variationen wiederfindet.[819]
Der repetitiven Form nach hat V.8-11 dann im Lobpreis der JHWH-Furcht in Sir 1,11-21 seine engste Parallele,[820] in der neben ihrer Bezeichnung als ‚Anfang', ‚Fülle' und ‚Krone' der Weisheit auch ihre lebensspendende[821] und weise machende Wirkung[822] den Tora-Prädikaten von Ps 19,8-10(.11) sehr nahe kommen.
Nicht nur die Form dieser Lobrede, sondern auch die genannten Qualitäten der Tora sind offenbar dem Lob auf die Weisheit entlehnt.[823] In dieses Konzept fügt sich dann auch die Hineinstellung der JHWH-Furcht in die Reihe der Torasynonyma[824] nahtlos ein. Im Torahymnus V.8-10 wird einerseits Weisheit bzw. JHWH-Furcht als eine wichtige Größe im Umgang mit den Geboten erkannt, andererseits übernimmt die Tora hier deutlich *Funktionen und Prädikate der Weisheit*. Mit diesem Wechselbezug von Tora und Weisheit werden die sich in Ps 19 manifestierenden *Anfänge der Sapientalisierung der Tora* konkret sichtbar.
Die Herkunft dieser Form des Lobpreises aus der Weisheit ist auch in V.11 deutlich zu erkennen.

---

817 Sie finden sich in nur elf Kola der 176 Verse / 352 Halbverse. Neben den in *Tabelle 2* aufgeführten Stellen vgl. ferner Ps 119,152.
818 Vgl. zu Texten, zu denen wiederum der Abschnitt Prov 8,12-21 sprachliche Gemeinsamkeiten hat (z.B. Hi 12,13-21) vgl. *Müller*, Prov 1-9, 224ff.
819 Die Gaben der Weisheit sind z.B. Sicherheit (Prov 1,33), Rettung vor Bösen (Prov 2,12), Leben (Prov 3,22; 4,22; 6,23; 8,35; 10,17).
820 Sir 1,11-21 ist der erste Teil des zweiteiligen, für das Sirachbuch programmatischen Gedichts Sir 1,11-2,18, in dessen Komposition und Thematik *diLella* instruktiv einführt; Fear of the Lord, 114ff; vgl. auch *Sauer*, ATD 101/1, 45-53.
821 So Sir 1,12: ‚erfreut das Herz' (vgl. Ps 19,9), ferner Sir 1,17f.
822 So Sir 1,19, vgl. v.a. Ps 19,9.
823 Zu Struktur- und Sachparallelen zwischen der Gottesfurchtparänese Sir 1-2 und Prov 1-9 s. *Haspecker*, Gottesfurcht, 101-105.
824 Vgl. oben V. D) 3.

Tabelle 3: *Reihung von Prädikaten der Weisheit / der Furcht JHWHs in Prov 8,7-9 und Sir 1,11-20*

	Weisheit / Furcht JHWHs	Prädikat / Wirkung
Prov 8,7	(Rede der Weisheit)	Wahrheit (אֱמֶת)
Prov 8,8	Worte meines Mundes (אִמְרֵי־פִי)	in Gerechtigkeit (בְּצֶדֶק)
Prov 8,9	"	richtig (נְכֹחִים) / recht (יְשָׁרִים)
Sir 1,11	Furcht des Herrn (φόβος κυρίου)	Ruhm (δόξα), Ehre (καύχημα), Freude (εὐφροσύνη), Kranz der Freude (στέφανος ἀγαλλιάματος)
Sir 1,12	"	erfreut das Herz (τέρψει καρδίαν), Freude (εὐφροσύνη), Freude (χαρά), langes Leben (μακροημέρευσις)[825]
Sir 1,14	den Herrn zu fürchten (φοβεῖσθαι τὸν κύριον)	Anfang der Weisheit (ἀρχὴ σοφίας)
Sir 1,15	"	ewiger Wohnort (θεμέλιον αἰῶνος), wird bleiben (ἐμπιστευθήσεται)
Sir 1,16	den Herrn zu fürchten φοβεῖσθαι τὸν κύριον	Fülle der Weisheit (πλησμονὴ σοφίας)
Sir 1,18	Furcht des Herrn (φόβος κυρίου)	Kranz der Weisheit (στέφανος σοφίας), Frieden (εἰρήνη) / vollkommene Gesundheit (ὑγίεια ἰάσεως)
Sir 1,19		Einsicht (ἐπιστήμη), verständiges Erkennen (γνῶσις συνέσεως), Ehre (δόξα)
Sir 1,20	den Herrn zu fürchten (φοβεῖσθαι τὸν κύριον)	Wurzel der Weisheit (ῥίζα σοφίας), langes Leben (μακροημέρευσις)

6. Der Wertvergleich mit Gold und Honig (V.11)

Hier kommt nun, durch einen deutlichen Strukturwechsel zusätzlich markiert, die Bewertung der Tora durch das betende Ich zur Sprache.

Diese Bewertung ist aber keineswegs eine rein intellektuelle Angelegenheit, denn als נֶחְמָד werden im Alten Testament meist Dinge angesehen, die „dem Aussehen oder Wesen nach begehrenswert"[826] sind, und so spielt hierbei stets die Empfindung von

---

825 Zu anderen Textversionen s. *diLella*, Fear of the Lord, 115 Anm. 8.
826 *Wallis*, חָמַד, 1022; vgl. *Gerstenberger*, חָמַד, 580.

D) Der Lobpreis der Tora

Freude und Lust mit hinein.[827] Von abstrakten Größen sagt man solches eher selten, und wenn, so meist in späteren Texten. Und auch hierbei gilt: Was als נֶחְמָד angesehen wird, hat zumeist eine sinnenfällige Gestalt – es wird aber vor allem durch das, wofür es steht, begehrenswert. So sind die Bäume des Paradiesgartens ‚köstlich anzusehen' (Gen 2,3), darunter vor allem der Baum der Erkenntnis von Gut und Böse (Gen 3,5). Bei dem begehrenswerten Schatz, den der Weise in seiner Behausung hat (Prov 21,3), geht es bereits um die Weisheit selbst. Und so sind nach weisheitlichem Denken gerade nicht-sinnenfällige Güter Köstlichkeiten, die von längerwährendem Bestand und tiefergehendem ‚Genuss' ist.

In dieser Linie bewegt sich auch die Gegenüberstellung der Gebote mit Gold. Sie ist hier mit Bedacht gewählt, denn sie eröffnet Vergleichsmöglichkeiten auf verschiedenen Ebenen. So ist das in Kanaan und Mesopotamien den Wert des Silbers bis um das Zehnfache übersteigende Gold[828] zunächst einmal und vornehmlich Symbol für höchsten materiellen Wert und großen Reichtum.[829] Doch neben dem materiellen Wert des Goldes spielen hier auch seine ästhetischen Qualitäten und seine religiöse Symbolik mit hinein.

Letztere wird nicht nur an der Ausstattung des Begegnungszeltes und des Tempels,[830] sondern auch an goldhaltigen Intarsien am hohepriesterlichen Ornat sichtbar, das dessen Träger „der profanen Sphäre entrückt"[831]. Auch der lichthafte Nimbus einiger altorientalischer Gottheiten wurde auf verschiedene Weise durch glänzende (goldene oder andere metallische) Elemente des Götterbildes selbst oder durch dessen zeitweise (rituelle) Ausstattung symbolisiert.[832] Andererseits werden manche Gottheiten, insbesondere ägyptische Sonnengötter, sogar „metaphorisch als ‚das Gold' bezeichnet"[833]. In nur mittelbarem Zusammenhang hiermit steht Hi 22,24, wo JHWH selbst als ‚das Gold' des Weisen bezeichnet wird.[834]

Um die Kostbarkeit des Goldes noch stärker herauszustellen, die wiederum von den Geboten übertroffen wird, ist hier – wie sonst auch häu-

---

827 Vgl. *Wallis*, aaO 1023f.
828 *Kedar-Kopfstein*, זָהָב, 539f. Zum unterschiedlichen Gebrauchs- und Tauschwert und der davon abhängigen Reihenfolge im Sprachgebrauch für Silber und Gold vgl. *Kessler*, Silber und Gold, 61ff; ferner *Singer*, Metalle, 135ff.
829 *Kedar-Kopfstein*, aaO 540f; *Singer*, aaO 158ff.
830 Vgl. 1 Kön 6,20ff; 2 Chr 3,5, vgl. *Kedar-Kopfstein*, זָהָב, 542; *Singer*, Metalle, 164ff.
831 *Singer*, Metalle, 166
832 Zum Zusammenhang von Lichtglanz von Götterstatuen und deren Bekleidung mit Insignien s. *Podella*, Lichtglanz, 116-124 und passim. Ihre glänzende Ausstattung ist in abbildhafter Weise auf ihren numinosen Lichtglanz bezogen. Zur goldenen Tiara von Aššur und Šamaš s. *Boese*, Gold, 506.
833 *Kedar*-Kopfstein, זָהָב, 538. In akk. Synonymlisten wiederum wird als poetische Bezeichnung für Gold auch *šaššu* – ‚Sonne' – genannt, s. dazu *Boese*, Gold, 504.
834 S. hierzu *Singer*, Metalle, 167.

fig – זָהָב mit פַּז um des Pleonasmus willen kombiniert.[835] פַּז ist eines der vielen anderen Begriffe des Althebräischen für ‚Gold'. Wenn מוּפָז (1 Kön 10,18) in 2 Chr 9,17 mit זָהָב טָהוֹר zutreffend paraphrasiert wird, und פַּז möglicherweise von פזז ‚hüpfen' abzuleiten ist, „also das ‚Glitzernde' meint"[836], handelt es sich hierbei wohl um ‚Feingold'.[837] Dafür spricht auch, dass der Begriff selbst nicht mit weiteren, den Feingehalt bezeichnenden Adjektiven kombiniert wird.[838] Feingold aber war „sehr selten und daher höchst begehrenswert"[839].
So sind materielle Kostbarkeit, Reinheit und über das Profane weit hinausweisender Glanz die Eigenschaften des Goldes, die für den Vergleich mit der Tora den Ausschlag gegeben haben. Zudem fügt sich das Gold auch hervorragend in die Licht- und Sonnenmotivik der voraufgehenden und folgenden Verse[840] und ebenso in das Begriffsfeld von ‚Reinheit' und ‚Lauterkeit' der Gebote von V.8-10 ein. Gold und materiell-ästhetische Werte werden durch diesen Komparativ nun keineswegs als *nicht begehrenswert* eingestuft oder gar verachtet – eine größere Freude, eine größere Kostbarkeit aber sind dem betenden Ich die gerechten Rechtsurteile JHWHs.

Nun werden gerade im Rahmen des sogenannten Evaluativspruchs sehr häufig für das weisheitliche Denken kostbare Dinge mit Gold verglichen: Ein wahrhaft guter Ruf (Prov 22,1), die erkenntnisreiche Rede (Prov 20,15), ein weiser Ermahner (Prov 25,12) und das Erwerben von Weisheit (Prov 16,16).[841] Auch das große Weisheitsgedicht Hi 28,1-28 speist sich aus dem Vergleich des Wertes der Weisheit mit den nur schwer zugänglichen und allein mit Mühe aus den Tiefen der Erde zu Tage zu fördernden (Edel-)Metallen.[842] Es gestaltet diesen Topos in Bezug auf die nirgends in der Welt auffindbare Weisheit *in extenso* aus: ‚Denn weder kann man geläutertes Gold für sie [die Weisheit] geben, noch kann man Silber abwiegen als Kaufpreis für sie' (Hi 28,15).
Eine Entwicklung des Motivs kann man im Proverbienbuch nachzeichnen: „Daß die Weisheit das höchste Gut ist, ihr Erwerb wertvoller als Gold und Silber, das konnte dort [in der Spruchweisheit] auch gesagt werden (Prov 16$_{16}$) ... In fast wörtlicher

---

835 Vgl. in 2 Sam 1,24; 2 Kön 25,15 der Pleonasmus זָהָב זָהָב. Zu verschiedenen Formen der Kombination mit anderen *termini technici* für Goldarten s. *Singer*, Metalle, 38f.
836 *Kedar-Kopfstein*, זָהָב, 536.
837 Hiergegen spricht möglicherweise die Auffassung von פַּז als Edelstein im Talmud (bJoma 44b), doch gibt die durchgängige Parallelität des recht häufig in poetischen Texten verwendeten Begriffs zu anderen Worten für Gold, wie חָרוּץ oder כֶּתֶם, einen deutlichen Beleg dafür, dass es sich hierbei ursprünglich um eine Goldart handelt.
838 *Singer*, Metalle, 34f.
839 *Singer*, Metalle, 55. Zu Schmelzverfahren, durch die Gold in verschiedenen Feingehalten hergestellt wurde vgl. ebd; für Mesopotamien s. *Boese*, Gold, 505ff.
840 Vgl. hierzu auch unten V. E) 1. zu זהר ni. in V.12.
841 Prov 16,16 ist ein ‚Evaluativspruch' in der klassischen Form des טוֹב מִן-Spruchs, hier im Vergleich mit Gold und Silber. Die Bevorzugung der Weisheit selbst findet man dann auch in Sap 7,9; vgl. ferner Sir 51,21.28.
842 Vgl. zum Gold Hi 28,1.15.16.17.18.19.

D) Der Lobpreis der Tora

Entsprechung kehrt der Topos ‚wertvoller als Gold, als erlesenes Silber' Prov 8,19 wieder, aber doch in einem tiefgreifend veränderten Zusammenhang. Jetzt ist es die Urordnung selbst, die sich in persönlichster Anrede dem Menschen als Geberin empfiehlt"[843]. In der Tat findet sich der Topos der Vorzüglichkeit der Weisheit vor Gold und allem Reichtum im großen Lehrgedicht Prov 8 in äußerst gedrängter Form, nämlich in V.10f.18f:

10 Nehmt meine Zucht an und nicht Silber,
und Erkenntnis lieber als erlesenes Gold (מִחָרוּץ)!
11 Denn besser ist die Weisheit als Korallen,
und alle begehrenswerten Dinge sind mit ihr nicht zu vergleichen.[844] ...
18 Reichtum und Ehre sind bei mir,
altehrwürdiger[845] Besitz und Gerechtigkeit.
19 Besser ist meine Frucht als Gold (מִחָרוּץ) und Feingold (פָּז),
und mein Ertrag als auserlesenes Silber.

Die Weisheit gewährt demnach bleibenden Reichtum, und dazu vor allem Wertvolleres als Gold allein, nämlich Segen und Weisheit selbst.

In Ps 19,11a wird dieser Topos nun auf die Gebote übertragen[846] – wiederum wohl vor allem auf dem Hintergrund von Prov 8.[847] Dass – nachdem V.8-10 in seinen Prädikationen so nah an die Selbstbeschreibung der Weisheit in Prov 8,7-9 herankommt (s. *Tab. 4*) – auch V.11 eine solch ausgesprochene Nähe zu Prov 8,10f.19 zeigt, ist kaum als Zufall zu verbuchen, sondern wird auf eine bewusste Bezugnahme zurückzuführen sein. Hierfür spricht auch, dass in Prov 8,12-21 ebenfalls – weniger signifikant, aber dennoch beachtenswert – Einsicht (V.14) und Lebensfülle (V.18.20f, vgl. V.35) als Wirkungen der Weisheit (vgl. Ps 19,8aβ.8bβ.9aβ.9bβ) beschrieben werden. Nicht unmöglich erscheint es daher, dass die auffällige Hineinstellung der יְראַת יהוה in Ps 19,10a u.a. auch auf die Rezeption dieser Verse zurückzuführen ist (vgl. Prov 8,13). Dass ein besonderer Bezug von Ps 19,11 gerade zu Prov 8,19 vorliegt, wird auch daran ersichtlich, dass das „Wort für ‚Feingold'...[sc.: פָּז] in

---

843 *Von Rad*, Weisheit, 224.
844 V.11 wird gerne als sekundär (möglicherweise Prov 3,15 entnommen) angesehen, s. *Meinhold*, ZBK.AT 16/1, 137; *Fuhs*, Sprichwörter, 143. Nach *Meinhold* sind auch die anderen vergleichbaren Textstellen (Prov 16,16; 20,15) Zusätze (ebd.).
845 Zum seltenen Wort עָתֵק s. *Meinhold*, ZBK.AT 16/1, 142.
846 Die ganze Spannweite der Topik ist dann auch bei Ben Sira zu beobachten: Einerseits findet man die klassisch weisheitliche Bevorzugung abgewogener Worte (Sir 20,12), des treuen Bruders (7,18), der ‚Freude des Herzens' (30,15), des guten Rates (40,25) und schließlich auch der Weisheitslehre selbst (51,20) vor dem Gold. Hinzu kommt hier aber, dass ein Leben gemäß den Geboten als ein Schatz angesehen wird, der mehr wert ist als Gold (29,11).
847 Auf die Nähe von V.11 zu Prov 8,19 hat bereits *Meinhold* hingewiesen: Die „Wendung, daß die Frucht der Weisheit besser als erwähltes Gold und Feingold sei, wird hier auf die Äußerungen Gottes angewendet, und zwar nicht einfach als eine Wertaussage, sondern bereits als eine Beziehungsaussage, denn das menschliche Begehren nach diesem Gut ist der Vergleichspunkt" (*Meinhold*, Theologie, 128).

den Sprüchen nur hier"[848] vorkommt (V.19: מֵחָרוּץ וּמִפָּז). Umso auffälliger ist auch, dass Ps 119,127 sogar die gleichen Worte wie in Ps 19,11 (מִזָּהָב וּמִפָּז) für diesen Wertvergleich benutzt. Auch ansonsten sind fast nur noch in Ps 119 weitere Wertvergleiche der Gebote mit Gold und Silber zu finden.[849] In Ps 19 scheint also beides zusammenzulaufen: Strukturell und motivlich nimmt Ps 19,8-11 auf Prov 8, insbesondere auf V.7-21 Bezug.[850] Andererseits ist die wörtliche Übereinstimmung von V.11a mit Ps 119,127 ein Signal für eine Rezeption beider Texte in Ps 19,8-11: Der Verfasser unseres Psalms scheint die Anwendung des Motivs auf die Tora aus Ps 119 gekannt[851] und auf dem Hintergrund von Prov 8 in seinen Text eingearbeitet zu haben.[852] Deutlicher als mit dieser Übertragung konnte es der Psalmist kaum anzeigen, dass er die Gebotstradition in das Gewand der Weisheit zu kleiden beabsichtigte, weil sie für ihn in ihrem Wesen und Gehalt mit der Weisheit übereinstimmte.

Schließlich ist noch festzustellen, dass das betende Ich auch hiermit als jemand gezeichnet wird, der als ein idealer König aufgefasst werden konnte – wie es durch die Zuordnung des Psalms zu David auch geschehen ist.[853] Denn mit dieser Haltung entspricht er mustergültig dem dtn. Königsideal – nicht nur hinsichtlich seiner Toratreue (vgl. Dtn 17,18-20), sondern auch darin, dem Gold keinen zu hohen Wert beizumessen (vgl. Dtn 17,17).

Noch weit mehr bezieht der zweite ‚Evaluativspruch' in V.11b die sinnliche Wahrnehmung mit ein, nämlich den Geschmackssinn. Gerade Dinge, die man als „bes. lieblich, wohltuend und angenehm, als gesund und lebensfördernd, ja als geradezu himmlische Köstlichkeit" empfindet,[854] werden im Alten Testament häufig als ‚süß' (מָתוֹק) bezeichnet[855]

---

848 Meinhold, ZBK.AT 16/1, 142.
849 Z.B. in Ps 119,72. Vgl. auch die Bevorzugung der Bestimmungen JHWHs gegenüber allem Reichtum in Ps 119,14. Daneben ist noch Ps 12,7 zu beachten, wo der aus Prov 30,4-6 und Ps 18,31 bekannte Topos von der geläuterten Rede Gottes hiermit kombiniert wird.
850 S.u. Tabelle 4. An dieser Stelle sei daran erinnert, dass Prov 8 mit seiner dichotomischen Struktur eine ähnliche Form zugrunde liegt, allerdings in umgekehrter Reihenfolge als der von Ps 19, nämlich fortschreitend von der irdischen hin zur kosmischen Präsenz der Weisheit, vgl. dazu oben III. C) 3. b).
851 Ob die Überlieferungsrichtung von Ps 119 zu Ps 19 verlaufen ist, oder umgekehrt, ist damit allerdings noch nicht sicher; vgl. hierzu aber unten Exkurs 4.
852 Vgl. Meinhold: „Das kann nur ein wahrhaft Einsichtiger sein, der ... die Rede Gottes als das ... Begehrenswerteste kennt" (Theologie, 128).
853 S. hierzu auch unten VII.
854 Maiberger, Honig, 193. Zum Honig im Ritual als ‚Speise der Götter' vgl. Lambert, Honig, 469; Maiberger, Dulcedo Deo, 146.
855 Übertragen gebraucht wird מָתוֹק u.a. beim Schlaf (Qoh 5,11), bei freundlichen Worten (Prov 16,24), bei der ‚Frucht des Geliebten' (Cant 2,3) und beim Licht (Qoh 11,7)

D) Der Lobpreis der Tora

Tabelle 4: *Stichwort- und Motivbezüge zwischen Prov 8,4-21 und Ps 19,8-11*

Prov 8	Ps 19
7-9 Selbstprädikation der Weisheit / ihrer Worte: wahr (אֱמֶת), in Gerechtigkeit (בְּצֶדֶק), recht (יָשָׁר)	8-11 Prädikation der Tora: recht (יָשָׁר) wahr (אֱמֶת), gerecht (צדק qal)
13 Furcht JHWHs (יִרְאַת יהוה)	10a Furcht JHWHs (יִרְאַת יהוה)
Wirkungen: 14 Einsicht (בִּינָה) 18.20f Lebensfülle (vgl. הוֹן u.a.)	Wirkungen: 8b Weisheit (מַחְכִּימַת פֶּתִי) 8a Leben (מְשִׁיבַת נָפֶשׁ)
19a Besser als Gold (מֵחָרוּץ) und Feingold (פָּז) (vgl. 10b: als ‚erlesenes Gold' – מֵחָרוּץ נִבְחָר)	11 Köstlicher als Gold (מִזָּהָב) und viel Feingold (פַּז רָב)

und mit Honig verglichen.[856] Der hier genannte, häufigste Begriff für ‚Honig', דְּבַשׁ[857], bezieht sich wohl nicht durchweg auf das Bienenerzeugnis, sondern so manches Mal auf sirupartige Substanzen oder andere Süßstoffe[858], deren Süße im buchstäblichen Sinne sprichwörtlich war (vgl. Ri 14,14.16; Prov 16,24). Demgegenüber scheint נֹפֶת[859] eher „eine speziellere Bezeichnung des Bienenhonigs"[860] zu sein, und bei צוּף handelt es sich um „überfließende Honigmasse, Seim"[861]. Bei aller Unsicherheit, ob es im alten Israel Bienenzucht[862] gab, bezeichnet צוּפִים נֹפֶת doch mit Sicherheit ein Erzeugnis von hoher Qualität, wenn nicht ein seltenes Luxusgut. Ähnlich wie in Prov 16,24 (צוּף־דְּבַשׁ) stellt der Pleonasmus bzw. das Hendiatrion von V.11b dessen einzigartige Köstlichkeit und Erlesenheit heraus.[863] Und so wird das Angenehme und Köstliche des Honigs andernorts ebenfalls zu einem Vergleichspunkt in der Gegenüberstellung mit der Weisheit:

---

856 Von 12 Belegen von מָתוֹק wird es siebenmal im Zusammenhang mit Honig gebraucht.
857 *Caquot*, דְּבַשׁ, 135f, vgl. *Maiberger*, aaO 193.
858 Ein weiteres Indiz hierfür ist die nachbiblische Unterscheidung zwischen דְּבַשׁ von Bienen und דְּבַשׁ von Datteln bzw. Feigen; s. *Caquot*, aaO 136.
859 Vgl. noch Prov 5,3; 24,13; 27,7; Cant 4,11.
860 Darauf weisen das akk. *nub/ptu* und das äth. *nēḥēb* (‚Biene') hin; *Caquot*, aaO 136; vgl. KBL 628 und HAL 674 s.v. נֹפֶת sowie *Maiberger*, Honig, 193.
861 HAL 950 s.v. צוּף, vgl. KBL 798 s.v.
862 *Asen*, Bees, 516ff; *Maiberger*, Honig, 193; *ders.*, Biene, 293.
863 Dass man in der „Antike ... nichts Süßeres als H. [sc.: Honig]" kannte (*Maiberger*, Honig, 193), verdeutlicht den hyperbolischen Charakter dieses Komparativs.

13 Iss Honig (דְּבַשׁ) mein Sohn, denn er ist gut,
    und Honigseim (נֹפֶת) ist deinem Gaumen süß.
14 Genauso erkenne Weisheit für deine Seele (לְנַפְשֶׁךָ)!
    Wenn du sie gefunden hast, so gibt es Zukunft,
    und deine Hoffnung wird nicht vernichtet. (Prov 24,13f)

Wie der Honig für den Gaumen das Angenehmste, so ist für die נֶפֶשׁ die Weisheit das Köstlichste.[864] Insofern geht es, wie auch aus 1 Sam 14,27.29 und Ps 119,130.144; Sir 1,12 ersichtlich,[865] zugleich um das mit dem Honig verbundene Höchstmaß an belebender Wirkung.[866] Auch dieses aus der Weisheit bekannte *tertium comparationis* kann in Ps 19,11, zumal wenn zuvor von der belebenden Wirkung der weisemachenden Gebote (V.8-9; s.o.) die Rede war, einen Ausschlag für die Wahl dieses Vergleichsspenders gegeben haben.
Im Hintergrund der Gegenüberstellung der Tora mit Honig stehen dann aber nicht so sehr Erfahrungen „‚mystische(n) Empfinden(s)'"[867], sondern auch konkrete motivgeschichtliche Vorgänge.

Denn neben dem weisheitlichen Traditionsstrang spielt in diesen Vergleich auch das Motiv vom ‚köstlichen Gotteswort' hinein. Man muss also motivgeschichtlich zugleich auf Jer 15,16 aus der zweiten der ‚Konfessionen Jeremias' (Jer 15,10-21) zurückgehen, wo das Motiv vom Wort JHWHs als Speise bereits recht plastisch ausgestaltet ist:

16a Fanden sich deine Worte, so habe ich sie gegessen;[868]
     dein Wort[869] wurde mir zur Freude meines Herzens.

Während nach Jer 1,9 JHWH dem Propheten das Wort zur Verkündigung in den Mund legt[870], wird es hier zu seinem eigentlichen Lebens-Mittel. Diese außerordentliche ‚Speise' zeigt die exklusive, ausgesonderte Beziehung des Propheten zu JHWH und seine Angewiesenheit auf ihn. Dass hier das Wort JHWHs auch als Quelle der Freude des Propheten genannt wird,[871] spricht zusätzlich dafür, dass diese Stelle in Ps 19,8-10 einen Nachhall findet.

---

864 Auffällig ist, dass hier nicht etwa der לֵב im Hinblick auf das menschliche Urteilsvermögen genannt ist, sondern eben die נֶפֶשׁ.
865 Vgl. hierzu oben V. D) 5. zur belebenden Wirkung der Gebote.
866 V.14b geht aber hierüber sofort hinaus, indem er auf die von der Weisheit eröffnete unverlierbare Zukunftsperspektive Bezug nimmt.
867 *Maiberger*, Honig, 193.
868 𝔊 bietet eine vollkommen andere Variante, nach der Jeremia sein Leiden auf JHWH selbst zurückführt und um das Vergehen der Verächter des Gotteswortes bittet; zur textkritischen Diskussion s. *Lundbom*, AncB 31A, 743.
869 Nach dem Qere. Das mit וַיְהִי inkongruente Ketib דבריך wurde von einigen Textzeugen übernommen, vgl. BHS.
870 Vgl. Dtn 18,18; Jeremia wird hier demnach als ein ‚Prophet wie Mose' gezeichnet.
871 Vgl. das oben V. D) 5. zur Freude an den Anweisungen JHWHs in Ps 19,9 Gesagte.

D) Der Lobpreis der Tora

Dies Bildwort ist in Ez 2,8-3,3 in eine szenische Handlung zwischen JHWH und Prophet umgesetzt:[872]

> 1 Und er sprach zu mir: Menschensohn, was du findest, iss![873]
> Iss diese Rolle, und geh hin, rede zum Haus Israel!
> 2 Und ich öffnete meinen Mund, und er gab mir diese Rolle zu essen.
> 3 Und er sprach zu mir: Menschensohn, deinem Leib gib zu essen, und dein Inneres fülle mit dieser Rolle, die ich dir gebe!
> Und ich aß sie, und sie wurde in meinem Munde wie Honig an Süße (כִּדְבַשׁ לְמָתוֹק).

Bedarf Ezechiel anders als Jeremia der ausdrücklichen Aufforderung zum Essen der überreichten Schriftrolle, welche die von Ezechiel zu verkündende Botschaft darstellt, ist hier jedoch bereits ausdrücklich von ihrer Süßigkeit ‚wie Honig' die Rede. In Ps 119,103 ist die Herkunft des Motivs des Wortes JHWHs als Speise aus Jer 15,16 und Ez 2,8-3,3 noch zu erkennen:

> 103 Wie wohlschmeckend[874] sind meinem Gaumen deine Aussprüche,
> mehr als Honig (מִדְּבַשׁ) meinem Mund!

Das Motiv wird hier aber nunmehr auf einen der acht Termini für die Gebotstradition bezogen, die nach der Auffassung von Ps 119 somit in großer Nähe zum unmittelbar an die Propheten ergehenden Wort JHWHs steht. Hier zeigt sich deutlich, dass das betende Ich des 119. Psalms sich und seine angefeindete Situation in der Nachfolge der bedrängten Propheten Jeremia und Ezechiel sieht und die Nähe der Aussprüche JHWHs auf vergleichbare Weise als Trost und Freude empfindet.[875] Wie in Ps 119,103, so fehlt auch in Ps 19,11 gegenüber Ez 2,8-3,3 das Element der konkreten Einverleibung. Zugleich aber ist zu jener Zeit bereits eine gewisse Verbreitung und Bekanntheit des Topos vom Wort JHWHs als Speise vorauszusetzen (vgl. z.B. Dtn 8,3; Ps 81,11; Am 8,11)[876]. Dass ein Wertvergleich des Wortes JHWHs mit Honig in formaler Nähe zum Evaluativspruch sich jedoch erst und ausschließlich in

---

872 *Zimmerli* etwa hält eine direkte Beeinflussung und plastische Ausgestaltung von Jer 15,6 im drastischen Bild vom Verschlingen der Buchrolle für wahrscheinlich (BK XIII, 76-79).
873 Dieser von 𝔊 nicht bezeugte Relativsatz ist nach *Zimmerli* eine Glosse (BK XIII, 11.78), was allerdings den von ihm favorisierten Bezug auf Jer 15,6 (vgl. dort נִמְצְאוּ דְבָרֶיךָ וָאֹכְלֵם mit אֵת אֲשֶׁר־תִּמְצָא אֱכוֹל in Ez 2,8) schmälert.
874 Das Hapaxlegomenon מָלַץ ‚glatt sein', das mit der arab. und äth. Wurzel dieser Bedeutung verwandt zu sein scheint, bedeutet hier wohl ‚köstlich schmecken', vgl. *Deissler*, Psalm 119, 203.
875 So *Deissler*, Psalm 119, 202.275.
876 In Dtn 8,3 wird das die Wüstengeneration physisch sättigende Manna als belehrender Hinweis auf das Wort JHWHs aufgefasst: Das Wort JHWHs steht hinter dem Speisungswunder und zeigt sich dabei als im wörtlichen und im tieferen Sinn Leben schaffend (vgl. Dtn 30,15; 32,47), vgl. hierzu u.a. *Veijola*, Deuteronomium 8, 157. Auch Ps 81,11 scheint bereits mit dem Motiv von der Gebotstradition als Speise des Gottesvolkes zu spielen, s. hierzu *Hossfeld / Zenger*, HThK, 476 (*Hossfeld*). In der Interpretation von 𝔗 zu Ps 81,11 ist es explizit das Wort JHWHs, das Israel in den Mund gelegt wird, vgl. hierzu *Maiberger*, Dulcedo Deo, 148. S. ferner Am 8,11, wo das künftige Ausbleiben des prophetenvermittelten Gotteswortes warnend in Bilder der Hungersnot gefasst wird.

Ps 119 und Ps 19 findet, ist bemerkenswert und setzt zugleich die Aufnahme des Vergleichs mit Honig aus den Proverbien voraus. In dieser Linie ist es dann folgerichtig, dass in Sir 23,27 die JHWH-Furcht und das Halten der Gebote als das Süßeste schlechthin bezeichnet werden – ebenso wie einige Verse weiter in Sir 24,20 die Beschäftigung mit der Weisheit, die dort mit der Tora geglichen wird, mit ‚süßer als Honig' (ὑπὲρ τὸ μέλι γλυκύ) und ‚besser als Wabenhonig' (ὑπὲρ μέλιτος κηρίον) prädiziert wird.[877] Es ist angesichts der auch sonst sehr engen Bezüge sehr wahrscheinlich, dass hier literarische Kenntnis und konkrete Bezüge auf Ps 19,11 bzw. Ps 119,103 vorliegen.

Auch hier macht der Komparativ deutlich: Die belebende Wirkung, die Sinnenfreude und der angenehme Geschmack, ja der Genuss, den der Honig bereitet, wird von der Tora auf ihre Art noch übertroffen. Auch hierbei geht es also durchaus nicht um eine asketische Haltung, sondern um eine allemal mit Lust und Freude verbundene Wertschätzung der Tora. Diese mit *ästhetischen* Kategorien beschriebene Haltung des betenden Ich gegenüber der Tora ist also nicht eine, die mit späteren guten Auswirkungen für sich selbst rechnet, sondern einen sehr unmittelbaren Zugang zum unschätzbaren Wert der Gebote hat. Nicht das Tun der Gebote, sie selbst wird als unmittelbar lebensspendend und heilvoll angesehen.[878]

7. Zusammenfassung: Aspekte des Toralobs in V.8-11

a) Solare Motive in der Prädikation der Gebote

Es ist bereits häufig bemerkt worden und für das Konzept des Gesamtpsalms von einiger Bedeutung, dass sich in der Beschreibung der Gebote auch einige ansonsten typische Sonnen(gott)prädikate finden.[879] Das ist aufgrund des engen traditionsgeschichtlichen Zusammenhangs von Sonne(ngott) und Weisheit bzw. Gerechtigkeit nicht wirklich erstaunlich;[880] dennoch ist die Übertragung typisch ‚solarer' Eigenschaf-

---

877 Zum Manna als Symbol des Gotteswortes bei Philo vgl. *Maiberger*, Honig, 194.
878 Dass in V.11 „der objektive (Gold) und der subjektiv-‚ästhetische' Wert der Tora für den Menschen" (*Garcia-López*, תּוֹרָה, 620) notiert wird, ist undeutlich formuliert bzw. schwer einzusehen: Für wen soll etwas von wert sein, wenn nicht für (ein) Subjekt(e)?
879 Vgl. v.a. die umfassende Auflistung bei *Metzger*, Zodiakos, 238f; ferner *Arneth*, der aber solare Bezüge lediglich für V.9b-10 geltend macht (Psalm 19, 97f). Jedoch kann man Vollkommenheit, die Gabe von Leben (vgl. V.8a), Weisheit, Verlässlichkeit (V.8b) und ‚Geradheit' (V.9a) kaum aus dem solaren Traditionskomplex heraushalten. Dieser enge traditionsgeschichtliche Zusammenhang (s. dazu oben III. C) 2.) wiederum ist auch für die lexikalischen Entsprechungen zwischen Ps 19 und 2 Sam 23,1-4 verantwortlich, die *Arneth* jedoch auf eine literarische Abhängigkeit zurückführt (s. ebd.).
880 S. dazu ausführlich oben III. C) 2.

D) Der Lobpreis der Tora

ten auf die Tora bemerkenswert. Der mesopotamische Šamaš z.B. ist vollkommen[881] (*gitmalum*[882]; vgl. V.8a), ‚beständig', ‚wahr' (*kajjanum / kajjamānum*[883]; vgl. V.8b.10b) und ‚recht' (*išaru*[884]) bzw. ‚recht leitend' (*muštešurum*[885]; vgl. V.9a.10b), ‚weise' bzw. allwissend (*mūdū mimma šumšu*[886], vgl. V.8b), aber auch ‚rein' (*zaku(m)*[887], vgl. V.[8a.]9b.10a). Er gibt Leben (*napišta qīašu(m)*)[888], ja er lässt im wahrsten Sinne des Wortes die Lebenskraft zurückkehren, denn er ist *muballiṭ mīti* – ‚der den Toten belebt' (vgl. V.8a).[889] Er erfreut[890], und – nicht zuletzt – er erleuchtet (*munammir*)[891], und zwar im wörtlichen wie im metaphori-

---

881 *Kedar-Kopfstein* z.B. siedelt תָּמִים semantisch in der Nähe der auf Šamaš bezogenen Qualitäten *išaru*, *kānu* und *šalmu* an (תָּמִים, 691).
882 *Tallqvist*, Götterepitheta, 459.
883 *Tallqvist*, aaO 459. Ferner sind z.B. im Großen Šamašhymnus Z.27.28.30.35 zu nennen. Unabänderliche Gültigkeit gilt insbesondere für die Urteile des Šamaš: *ina di-in ki-na-a-ti* ᵈ*šamaš šá taq-bu-u* [......] *šu-pu-u zikru-ka ul in-nen-nu-u pa-na* ... – Was du sprichst beim wahren Rechtsurteil, Šamaš [.....] deine glanzvollen Aussprüche können nicht geändert werden ..." (Z.63f des Šamašhymnus, akk. Text nach *Lambert*, BWL², 129). Auf ähnliche Weise wird in einer sumerisch-mittelassyrischen Bilingue (K 4160 + 13184) mit Sprichwörtern die Worte des Königs mit den beständigen Aussprüchen des Šamaš (*ki-ma* ᵈ*šamaš a-mat-su ki-na-at*) verglichen.
884 *Tallqvist*, aaO 457. Die Gottheit ᵈ*mīšaru* wird, ebenso wie die Gottheit ᵈ*kittu* auch mit dem Epithet *āšib maḫri* Šamaš (der vor Šamaš sitzt) geführt, s. *Watson*, Misharu, 577.
885 AaO 456-458, vgl. dazu bereits mehrfach oben sowie v.a. *Janowski*, Rettungsgewißheit, 85ff.
886 *Tallqvist*, aaO 459. Vgl. ferner im Großen Šamašhymnus Z.100.
887 Hierfür ist der Gebrauch der *kīma šamši*-Klausel in mesopotamischen, ugaritischen und aramäischen Rechtsurkunden im Zusammenhang mit dem Freiwerden von Rechtsansprüchen von Bedeutung, auf den *Janowski* hingewiesen hat (Rettungsgewißheit, 94): Wie der Akt des Freilassens selbst durch das Verb *zakû(m)* D-Stamm ‚rein machen' formuliert wurde, so wurden die Befreiten selbst *kīma šamši zaki* ‚wie die Sonne so rein' u.a. genannt, vgl. im Ugaritischen: *km špš dbrt* (‚wie Šapšu, die rein ist'); s. auch CAD E s.v. *elēlu* 1.a.
888 S. u.a. in der Gebetsbeschwörung Bît Rimki, s. dazu den Text bei *Borger*, JCS 21, 11 Z.97; ferner *qā'iš balāṭi / šāriqu balāṭi* (‚Lebensspender') bei *Tallqvist*, Götterepitheta, 459.
889 Vgl. z.B. *kīma šamši mīta bulluṭu* ‚wie Šamaš, der die Toten belebt' in AMT 71,1,34 sowie die bei *Tallqvist* unter „Herr des Lebens und des Todes" aufgeführten Epitheta (Götterepitheta, 459). S. zur Kompetenz des Sonnengottes ‚die Toten zu beleben' wiederum umfassend *Janowski*, aaO 64-68.
890 Vgl. Z.7f im Großen Šamašhymnus.
891 Vgl. die zahllosen bei *Tallqvist* aufgelisteten Epitheta, die meist mit Partizipien von *nawarum* Š-Stamm gebildet werden (aaO 456), sowie *nūr ilāni* (‚Leuchte der Götter') u.a. Klassische Belegstelle ist hier Kₕ I,40-44, wo Ḫammurapi seine Aufgabe mit *ki-ma* ᵈ*šamaš*(ᵈUTU) *ana ... ma-tim nu-wu-ri-im* (‚wie Šamaš das Land zu erleuchten') beschreibt. ‚Erleuchtung' durch Šamaš schließt an manchen Stellen augenscheinlich mantische Offenbarung mit ein, vgl. im Großen Šamaš-Hymnus Z.54: ‚Du erleuchtest die Traumpriester (*mu-ši-mi ša-ili*(meš) und deutest Träume (*pa-še-ru u-na-ti*(má.ge.meš)). Vgl. hierzu und zum Zusammenhang von Sonne / Licht und Leben bereits oben III. C) 2. a).

schen Sinn. Ähnliche Belege für den traditionsgeschichtlichen Hintergrund solcher Prädikationen könnten auch aus anderen Bereichen des Alten Orients bzw. Ägypten beigebracht werden.[892] Der Sonne beigegebene Epitheta und eine vergleichbare Anzahl ähnlicher Prädikate würde man im Alten Testament selbstverständlich vergeblich suchen. Allerdings wird auch im Alten Testament, wie häufig bemerkt,[893] z.B. in Cant 6,10 die Geliebte ‚rein' (בָּרָה) ‚wie die Sonne' (כַּחַמָּה) genannt. Für die Sonne bzw. Sonnengottheiten charakteristische Eigenschaften[894] sind hier also auf die Gebote angewendet: „Der Helligkeit und dem Glanz der Sonne entsprechen die Lauterkeit, die Klarheit und Reinheit der Tora"[895], wobei die Aspekte von Gerechtigkeit und Beständigkeit[896] hier noch hinzuzufügen sind. Diese Übertragung erstaunt wenig, zumal bereits andernorts die Tora als Licht bezeichnet worden ist, wie in Prov 6,23[897] und in Ps 119,105:

Eine Leuchte (נֵר) für meinen Fuß ist dein Wort (דְּבָרֶךָ),
und ein Licht (אוֹר) für meinen Pfad.

Wie die Sonne in ihrer Symbolik auf die gerechte Weltordnung transparent ist, so sind die Gebote als ‚Sonne' der Schöpfung'[898] zu sehen: Sie stabilisieren die Weltordnung, strahlen Gerechtigkeit aus, repräsentieren JHWH und bringen Licht,[899] Gerechtigkeit, Leben und Weisheit in die Welt und zum Einzelnen. Aber gerade auf dem Hintergrund dieses Entsprechungsverhältnisses wird umso deutlicher, dass gegenüber den der Sonne zugeordneten Aspekten, nämlich dem Kriegerischen (V.6b)

---

892 Vgl. hierzu die bei *Sarna* angeführten Belege (Psalms, 88f).
893 In den meisten Kommentaren z.St. sowie u.a. *Mathys*, Dichter, 306; *Metzger*, aaO.
894 Eindeutig nicht hinzuzuzählen sind die gelbe Farbe von Honig / Gold (V.11), die weder zur Tora noch zur Sonne ernsthaft in Beziehung zu bringen ist, vgl. jedoch *Glass*, Observations, 154.
895 *Metzger*, Zodiakos, 238.
896 Vgl. *Wagner*, Dynamics, 253.
897 S. dazu bereits oben III. C) 2. c).
898 Vgl. *Zenger*s nicht unzutreffende Beschreibung des Tora-Konzepts von Ps 19 mit „Die Tora als Sonne der Schöpfung" (Tora, 178; vgl. *Girard*: „le soleil métaphorique – la Loi"; Psaumes, 384). Allerdings sind die solaren Motive nicht ohne weiteres auf die Tora zu übertragen, zumindest nicht in der Form, wie *Zenger* die Tora in Ps 19 als „Israels liebende(n) und belebende(n) Bräutigam, siegreiche(n) Kämpfer gegen das Böse und alles aufdeckende(n) Richter" ausdeutet (Nacht, 194). Das wird der sehr genauen Motivauswahl und dem Kontrast von Sonne und Tora kaum gerecht und hat auch in der jüdischen Auslegung des Psalms keinen Anhalt. Auch von einer „sich in der Schöpfung aussprechende(n) Tora" (*ders.*, Tora, 188) kann in Ps 19 keinesfalls die Rede sein; vgl. zur erst allmählichen Entwicklung zur Schöpfungsmittlerschaft der Tora im antiken Judentum unten VIII. A) 4.
899 Vgl. mit אור hi. in Ps 19,8 (bezogen auf das Gebot JHWHs) auch Gen 1,15 (bezogen auf die Sonne).

und der omnipräsenten Gluthitze (V.7)[900] die positiv konnotierten solaren Prädikate dezidiert der Tora zugeschrieben werden.[901]

b) Übertragung von Mittlerfunktionen des Tempels auf die Tora

Dem bisher Gesagten ist eine weitere Dimension hinzuzufügen, die sich aus der impliziten Kosmologie des Textes ergibt – der ja durchaus tempeltheologische und kultische Bezüge hat,[902] jedoch konkrete Tempelbezüge vermissen lässt. Als Pendant zur himmlischen Repräsentation der Herrlichkeit Gottes in V.2-7, gewissermaßen als ‚Himmel auf Erden' wären Tempelbezüge zu erwarten.[903] Diese Stelle und diese Funktion einer Vermittlungsinstanz von Gerechtigkeit und von Leben im vollen Sinne nimmt hier nun die Tora ein. Auf kultische Bezüge weist ferner auch die Bezeichnung der Gebote als בַּר und טָהוֹר hin,[904] wonach sie nicht nur ‚kultisch' rein sind, sondern auch eine Sphäre des ‚Reinen' bzw. Heiligen vermitteln. Damit gehört Ps 19 zu denjenigen Überlieferungen, die Möglichkeiten der Kompensation des Tempelverlusts bereitstellten, ohne dass sie damit zu ihrer Zeit den existierenden Tempel kritisieren oder gar ersetzen wollten.[905]

c) Die Übertragung von Funktionen und Qualitäten der Weisheit auf die Tora

Der Abschnitt V.8-11 weist Ps 19 als einen toraweisheitlichen Text aus, in dem an mehreren Einzelbeobachtungen Anfänge der Sapientialisierung der Tora festzumachen sind, nämlich an der Bedeutung der יִרְאַת יהוה als Voraussetzung und Wirkung des rechten Umgangs mit den Geboten sowie an der Übertragung typisch sapientieller Prädikate auf die Tora.[906]

---

900 Vgl. anders *Dohmen*, Ps 19, 511ff.
901 So auch *Fischer*, Komposition, 21. In diese Richtung geht meist auch die jüdische Auslegung, wie die des Midrasch Tehillim und Ibn Esras, die noch deutlicher als der Psalm selbst zwischen der Gerichtsfunktion der Sonne und dem Schutz- und Lebensraum der Tora unterscheidet, vgl. dazu *Arndt*, Tora, 258ff; *Grund*, Tora, 14f.
902 Zur himmlischen Doxologie in V.2 s.o. V. B) 2., zu kultischer Terminologie in V.13-15 s.u. V. E) 2.-4.
903 So auch *Spieckermann*, der auf die „Seelenerquickung" und die „Erleuchtung der Augen" als „Variationen eines Schauens des göttlichen Angesichtes" hinweist; Heilsgegenwart, 72. Zu einer ähnlichen Übernahme von Tempelfunktionen durch die Tora im theologisch benachbarten Sir 24 s. v.a. *Ego*, die für diesen Text von einer „Sapientalisierung des Kultes" spricht (Strom der Tora, 208; vgl. hierzu auch *Grund*, Tora, 18ff).
904 Ähnlich *Reitemeyer*, Weisheitslob, 191.
905 Vgl. später zum rabbinischen Topos der Äquivalenz von Torastudium und Opferdienst s. bMen119a „Jeder der sich mit der Tora beschäftigt, befestigt Himmel und Erde" (MRE 254 und dazu *Ego*, Himmel, 24).
906 Zu den Wurzeln dieses Prozesses im Dtn s.u. VIII. A) 4.

Die Tora wird in das Gewand der Weisheit gekleidet, weil sie nach Auffassung des Psalmisten weise macht (V.8b)[907] und lehrt, wie ein Leben in Gerechtigkeit aussieht, auf das nach weisheitlichem konnektiven Denken ein Leben im vollen Sinne folgt (vgl. V.12). Sie ist für ihn der tiefere Gehalt der Weisheit. Die Tora tritt damit in die Leben, Freude und Gerechtigkeit vermittelnde Funktion der Weisheit ein.

Auf diese Übertragung von Eigenschaften der Weisheit auf die Tora ist es auch zurückzuführen, wenn auf die Gebote – ebenso wie auf die Weisheit, wie in Prov 3,16-18 – Lebensbaummotive angewendet zu sein scheinen, wie Clines es in seiner intertextuellen Lektüre von Ps 19 und Gen 2-3 zu zeigen versucht hat. Etwaige Verbindungen – die Erlangung von Leben und Erkenntnis sowie der Begriff נֶחְמָד[908] – sind jedoch von zu allgemeiner Art für direkte Bezugnahmen.[909] Auch die Lebensbaummetaphorik von Ps 1,3, mit der der dem Toratreuen verheißene Segen zum Ausdruck gebracht wird, gehört in diesen *traditionsgeschichtlichen* Zusammenhang.

Diese Überlappung von drei Ebenen[910] – nämlich der Übertragung von Funktionen des Tempels, von solaren und von Weisheitsprädikaten auf die Tora – ist selbstverständlich nicht zufällig; sie führt vielmehr traditionsgeschichtlich immer schon teilweise verbundene Themen und Motive zusammen.[911] Und es ist auf diesem Hintergrund auch kein Zufall, dass die Tora gerade diese Themen, diese Eigenschaften und diese Mittlerfunktionen an sich zieht.

E) Vergebung und Erlösung: V.12-15

Das Verhältnis von Tora, Vergebung und Erlösung sind für das Gesamtverständnis des Psalms von größter Bedeutung. Klarheit hierüber kann erst V.12-15 geben – ein Abschnitt, dessen Relevanz häufig unter-

---

907 Vgl. bereits *Meinhold*: „Auf dem Weg zur späten und allmählichen Identifizierung von Weisheit und Tora ... bildet die Aussage vom Weisemachen des Toren durch die Weisung JHWHs in Ps 19,8b ... einen wichtigen Schritt" (Theologie, 130; ähnlich *Harrelson*, Psalm 19, 145f; *Anderson*, NceB, 98 u.a.).
908 An Köstlichkeit werden hier aber Gold und Honig, und nicht etwa der ‚begehrenswerte' Baum der Erkenntnis überboten. Zur späteren jüdischen Applikation von Prov 3,16-18 und damit der Lebensbaummotivik auf die Tora s. *Grund*, Tora, 21ff.
909 *Clines*, Tree, 8ff; vgl. hierzu kritisch auch *Meinhold*, nach dem diese Lektüre „dem komplexen Hintergrund des Psalms nicht ausreichend Rechnung" trägt (Theologie, 128f, Anm. 47). *Clines'* Belege für seine These stammen nicht von ungefähr zum größten Teil aus dem Proverbienbuch.
910 Eine ähnliche Beobachtung macht *Wagner*: „The Tora takes on the most desirable qualities in several overlapping realms: the aesthetic, the cultic, and the moral" (Dynamics, 256). *Mathys* vermutet eine Übertragung von Epitheta Jahwes auf die Tora, benennt sie jedoch nicht (Dichter, 305). Tatsächlich finden sich hierfür auch keine besonders signifikanten Beispiele – תָּמִים etwa ist nur selten ein Prädikat JHWHs, vgl. *Koch*, תמם, 1049.
911 Vgl. hierzu bereits oben, v.a. III. C) 2. c).

schätzt,[912] bzw. dessen theologisches Konzept aufgrund unscharfer Textwahrnehmung bis in die neuere Diskussion hinein kritisiert wird. So wird dem betenden Ich etwa unterstellt, dass sein eigentliches Ziel die Perfektion sei[913] bzw. es sich vom Halten der Gebote Lohn ausrechne.[914] Welches Denken liegt also der Erwartung guter Folgen eines gebotstreuen Lebens zugrunde? Ist sündlose Vollkommenheit das, was das betende Ich zu erlangen strebt, oder worauf sonst richtet sich seine Hoffnung? Eine entscheidende Rolle für die Beantwortung dieser Fragen spielt hierfür bereits V.12.

1. Das Bewahren der Gebote und die konnektive Gerechtigkeit (V.12)

In V.12 thematisiert sich zum ersten Mal, wie für einen Psalm an sich zu erwarten, nunmehr auch das betende Ich selbst. Dadurch wird gegenüber dem Voraufgehenden ein deutlicher Einschnitt markiert. Andererseits wird der Abschnitt durch die ePP 3.ps.m.pl. – ähnlich wie V.5b an V.2-5a – eng an V.8-11 rückgebunden.[915] Die konzeptionelle Kontinuität steht außer Frage, was noch deutlicher wird, wenn man beachtet, wie nahe dieser Vers in Sprache, Struktur und Rhythmus den ebenfalls mit גַּם beginnenden[916] Zeilen aus V.23f aus der Gimel-Strophe des verwandten Ps 119 kommt. Doch die Perspektive richtet sich nun auf Haltung und Selbstverständnis des betenden Ich, die bereits an der Selbstbezeichnung als ‚Knecht' zum Ausdruck kommen.

Die Selbstbezeichnung als עֶבֶד bzw. עַבְדְּךָ ist ein verbreiteter Höflichkeitsausdruck, eine ‚Unterwürfigkeitsformel', die in der Alltagssprache, aber auch im Hofstil bzw.

---

912 Seine große Bedeutung wurde meist nur in der englischsprachigen Exegese gesehen, etwa bei *Wagner*, der V.12-15 als „climax and goal" (Dynamics, 248) ansieht, ferner bei *Eaton* (Kingship, 132 und passim), bei *Fishbane* (Psalm 19, 86) und im deutschsprachigen Raum zumindest bei *Meinhold* (Theologie, 130).
913 *Knierim* z.B. interpretiert ohne jede weitere Erörterung der Semantik von תמם V.14b die Haltung des Beters als Streben nach Perfektion: „completeness and innocence ... resulting of being spared by God and observing the Law, is based on and guaranteed by these conditions" (Theology, 452).
914 *Gunkel* z.B. meint dementsprechend: „Mit dem Gesetze aber ist der Glaube an V e r g e l t u n g u n d L o h n gegeben" (HK II/2, 72) und deutet die Haltung des betenden Ich auch folgendermaßen: „Beweggrund ... [sc.: für das Halten der Gebote] ist der Gedanke an den reichen Lohn, der daran geknüpft ist" (aaO 78). *Kittel* vermutet, dass neben anderen Autoren des AT auch der Psalmist von Ps 19 „nicht frei ist von der Meinung, als habe der sittlich Gute den *Anspruch* auf seinen Lohn" (KAT XIII, 72).
915 S. bereits oben unter II. A) 2.
916 Die Partikel גַּם hat hier (u.a. aufgrund des Neuansatzes) weniger eine hinzufügende als vielmehr eine emphatische Bedeutung, die man (mit HAL 188 s.v.) auch als ‚seinerseits' übertragen könnte.

im altorientalischen Brief ganz allgemein begegnet.⁹¹⁷ Seine Verwendung in den Psalmen hat seine Parallelen u.a. im *aradka*-Stil der akk. Handerhebungsgebete (bzw. ‚Gebetsbeschwörungen').⁹¹⁸ Diese Selbstbezeichnung begegnet im Alten Testament aber auch häufig außerhalb des Psalters in Gebeten.⁹¹⁹ Denkt man an die ‚Knechte JHWHs' Abraham, Mose, David,⁹²⁰ den deuterojesajanischen Knecht JHWHs⁹²¹ oder ‚JHWHs Knechte, die Propheten'⁹²², so erhält auch die Selbstbezeichnung als עַבְדְּךָ in den Psalmen des spätnachexilischen Israel einen besonderen Klang. Sehr wahrscheinlich ist sie an einer ganzen Reihe von Stellen auf psalter-redaktionelle Arbeit später Kreise zurückzuführen, die damit ihr Selbstverständnis zum Ausdruck brachten.⁹²³ Doch auch ohne Zuordnungsversuch zu bestimmten Schichten ist festzustellen, dass sich die Selbstbezeichnung als Knecht äußerst häufig in den Klageliedern des Einzelnen, vor allem in der Erhörungsbitte findet.⁹²⁴ Beides, Demut und enge Zugehörigkeit zu JHWH,⁹²⁵ wirft das betende Ich damit in die Waagschale, um JHWH zum Eingreifen zu bewegen.⁹²⁶ Gerade in Ps 119 ist das häufig zu beobachten,⁹²⁷ und dieser Sprachgebrauch späterer Psalmen findet in den Hodayot aus Qumran ihre Weiterführung.⁹²⁸

---

917 *Ringgren*, עֶבֶד, 1000. Ähnliches kann allgemein für äquivalente Ausdrücke im altorientalischen Vergleich geltend gemacht werden. Zur Beheimatung im Hofstil vgl. die zahlreichen Belege in 1 Sam 17,32ff und 2 Sam 9,11ff sowie dazu *Ringgren*, עֶבֶד, 999; *Westermann*, עֶבֶד, 186
918 *Mayer*, Gebetsbeschwörungen, 49f.53; ferner *Ringgren*, ebd.
919 So z.B. bei den prominenten Betern Abraham (Gen 18,3), Mose (Ex 4,10; Dtn 3,24), Salomo (1 Kön 8,28; 2 Chr 6,19), Nehemiah (Neh 1,6.11; vgl. 9,14) und Daniel (Dan 9,17), v.a. aber eben bei David (1 Sam 23,10; 2 Sam 7,19; 1 Chr 17,17). Von ihnen werden jedoch nur Abraham, Mose und David in den Erzähltexten explizit mit dem Titel ‚Knecht JHWHs' belegt.
920 Der Zeichnung Davids als ‚Knecht' JHWHs (2 Sam 3,18; 7,8; 1 Kön 11,13.32.34.36.38) entspricht die Selbstbezeichnung als עַבְדְּךָ in einer Vielzahl David zugeschriebener Psalmen (Ps 27,9; 89,4; 109,28; 143,2.12).
921 Zur Nähe der Selbstbezeichnung in den Psalmen zum deuterojesajanischen ‚Knecht JHWHs' s. *Westermann*, עֶבֶד, 192.
922 Zu diesem meist dtr. Ausdruck s. *Westermann*, עֶבֶד, 192; *Ringgren*, עֶבֶד, 1002.
923 Nach *Berges* waren die sich als ‚Knechte' verstehenden Psalmenredaktoren an der vorletzten Psalmenredaktion bzw. -komposition beteiligt und gehören einer ähnlichen Gruppe zu wie die Schlussredaktoren des Jesajabuches (ders., Knechte im Psalter, 176ff). Doch ist zwischen singularischen und pluralischen Selbstbezeichnungen jedoch noch zu unterscheiden – der Pl. עֲבָדֶיךָ findet sich v.a. im vierten und fünften Psalmenbuch, vgl. in Ps 90,13.16; 102,15.29.
924 So in Ps 27,9; 31,17; 69,18; 86,2.4; 109,28; 119,23.49.124f; 132,10; 143,2.12. Insofern JHWH in dieser Bitte häufig als Königsgott angesprochen wird, schimmert hier weiterhin Hofstil durch.
925 *Berges* spricht bei dieser Selbstbezeichnung von einer Art „Rechtstitel, ... der JHWH zur Hilfeleistung auffordert" (Knechte im Psalter, 162).
926 Ähnlich *Ringgren*, עֶבֶד, 1000.
927 Die Bezeichnung als עַבְדְּךָ findet sich in der Bitte um Aufrechterhaltung des Verheißungswortes (V.49.65.76), um das Ende der Feindbedrängnis (V.84.122), um Belehrung in den Geboten (V.124.135) bzw. ihr Verstehen (V.125) und – wie hier in Ps 19,12 – im Bekenntnis, die Gebote zu halten bzw. zu lieben (V.23.140) und sie nicht zu vergessen (V.176).
928 Die Selbstbezeichnung als ‚Knecht' findet man hier in der Erhörungsbitte (VIII,18), in der Feindklage (XIII,28), bei der Hervorhebung der Zugehörigkeit zu

E) Vergebung und Erlösung: V.12-15 251

Auch in Ps 19,12.14 werden mit der Selbstbezeichnung עַבְדְּךָ Demut und enge Zugehörigkeit zu JHWH ausgedrückt, zumal das betende Ich[929] in V.12b seine Bereitschaft bekundet, sich von den gerechten Rechtsurteilen JHWHs belehren zu lassen (זהר ni.).[930] Das Verb זהר ‚warnen', ‚kundtun'[931] kann nach Tropper[932] als ein „Terminus der Rechts*belehrung* fungieren"[933], was nicht nur für Ez 3,17-21; 33,3-9 (hi./ nif.)[934] und 2 Chr 19,10 (hi.)[935], sondern durchaus auch für Ex 18,20 (hi.)[936] geltend gemacht werden kann.[937] Es begegnet im Sinne des Belehrens und Warnens auch in späten, weisheitlichen Passagen, wie in Qoh 4,13 sowie vor allem in Qoh 12,12. Hier, im kanonbewussten Epilog des Qoheletbuchs, wird der ‚Sohn' aufgefordert, sich warnen zu lassen.[938] So ist also die mit זהר ni. umschriebene, stets positiv gewertete Haltung, belehrbar zu sein vom recht ausgelegten Gottesrecht, von prophetischer Warnung oder von weisheitlicher Belehrung. Eine solche Haltung hat das betende Ich von Ps 19 gegenüber den Rechtsurteilen JHWHs eingenommen: Es hat sich durch die Tora belehren und

---

Gott (XV,16), im Dank über Bewahrung vor bzw. Auslösung aus Sünde (IV,11.23), im Dank für Einsicht (VI,8.25) und der Aussage, dass Gott selbst die Worte des Flehens eingibt (XVII,11; XIX 33). Vgl. ferner 1QS XI,16.
929 Eine kollektive Deutung des עֶבֶד von V.12.14 auf ganz Israel, wie *Baethgen* sie vertreten hat (HK II/2, 56, vgl. ähnlich *Briggs*, ICC 1, 170), ist hier unwahrscheinlich.
930 *Baethgen* bemerkt zu Recht, dass es sich hierbei um ein *Nif'al tolerativum* handelt; HK II/2, 56, vgl. GK § 116d-e. Es muss also als ‚sich belehren lassen' oder noch genauer ‚to allow oneself to be warned' (JM § 51c) übersetzt werden. Möglich wäre auch: ‚auch dein Knecht ist in ihnen unterrichtet', vgl. *Tropper*, Hebräisch *zhr₂*, 145. Da es sich hier aber nicht um eine „persönliche Erklärung" (ebd.), sondern um ein Bekenntnis handelt, sich von den Gebote belehren zu lassen, ist Ersteres zu bevorzugen.
931 Vgl. ferner im Biblisch-Aramäischen הֱוֵה זָהִיר – ‚sich hüten' (Esr 4,22).
932 Bei ihm findet sich eine gründliche semantische und etymologische Studie über die Wurzel. Er kommt zu dem Schluss, dass es „im Niph. an sich ‚sich belehren lassen, belehrt werden', in gewissen Kontexten aber auch ‚sich warnen lassen, gewarnt werden' bedeutet" (Hebräisch *zhr₂*, 146).
933 AaO 145.
934 Hier wird es bekanntlich von der prophetischen Warnung (hi.) bzw. von denen gesagt, die sich angesichts des drohenden Gerichts warnen und zur Umkehr bewegen lassen (ni.).
935 Hier ist die Rede von Rechtsstreitigkeiten, in denen Leviten und Priester (durch Auslegung) die rechte Anwendung verschiedener Toragebote herausfinden, das Volk darüber *belehren* und dadurch vor Falschverhalten *warnen* sollen.
936 An dieser Stelle geht es um die Belehrung über die Gebote bei der Delegierung der Rechtsprechung an Richter durch Mose (vgl. 2 Chr 19,10).
937 In 2 Kön 6,10 (hi.) ergeht die warnende ‚Information' wie in Ez 3; 33 durch einen Propheten.
938 Dass hier von der (kanonischen) Sammlung der Weisheitssprüche (vgl. V.11) die Warnung ausgeht, ist zwar eher unwahrscheinlich. Bemerkenswert ist jedoch, dass sich auch hier die Verbindung von JHWH-Furcht und Wahrung der Gebote zusammen mit dem Topos vom Gericht über das Verborgene findet, vgl. Ps 19,7.13.

von ihr warnen lassen,[939] und ist nun auch weiterhin bereit, ihr und damit dem Geber der Tora nötigenfalls auch gegen sich recht zu geben. Diese Haltung resultiert aus dem Wissen, dass es zum Rettenden gerechter Rechtsurteile gehört, vor dem Unheilsbereich außerhalb des Gebotsbereichs, das heißt vor Sünde und ihren Folgen zu warnen, was jedoch ‚lediglich' dem Heil der so Gewarnten dient.[940] Zugleich wird durch die Verwendung von זהר II mit der homophonen, etymologisch jedoch nicht verwandten Wurzel זהר I ‚glänzen'[941] gespielt und so an die solare Motivik von V.5b-7 und an die Lichtmetaphorik von V.8-11 angeschlossen.[942] So bezeugt das betende Ich hier gegenüber JHWH seine Einsicht und seine Belehrbarkeit durch dessen Gebote, und fährt im folgenden Stichos V.12b in der gleichen Haltung mit dem Lob Bekenntnis zum Wahren der Gebote fort.

Die vielfältigen Formulierungen mit שמר + Gebotsbegriff sind im dtn.-dtr. wie im priesterlich-ezechielischen Literaturbereich beheimatet,[943] sind aber auch auf breiter Basis in die Sprache von 1-2 Chr und in Esr-Neh eingegangen. Unter den Psalmen ist es, neben den dtr. beeinflussten Pss 78; 105; 106,[944] wie fast zu erwarten, vor allem Ps 119, der diese geprägte Wendung vielfältig einsetzt: Hier wird jeder der acht Gebotstermini des Psalms mit שמר kombiniert.[945] Dem entspricht, dass sich in Ps 19,12 das ePP 3.ps.m.sg. nicht nur im strengen Sinne auf die Rechtsurteile von V.11, sondern auch auf die Gesamtheit der Gebote in V.8-11 zurückbezieht. Sie zu bewahren heißt, sie als Gebote JHWHs zu beachten[946] und sich in der täglichen Lebenspraxis nach ihnen zu richten.

---

939   Auch hier ist ein Aspekt der Warnung enthalten, anders *Tropper*, aaO 145.
940   In Ez 3,21 ist genau davon die Rede, dass der Gerechte lebt, weil er sich vom Propheten hat warnen lassen – in Ps 19,12 lässt sich das betende Ich nunmehr von der Tora warnen. Auf diesem Hintergrund tritt also die Tora hier in eine ‚prophetische' Funktion ein.
941   *Tropper* zeigt, dass keine etymologische Beziehung und auch keine gemeinsame Grundbedeutung von זהר I und זהר II vorliegt (aaO 146-148; anders noch *Görg*, זָהַר, 544f).
942   Ähnliches lässt sich in Dan 12,3 in umgekehrter Richtung beobachten: Hier spielt in die Bedeutung ‚leuchten' (זהר hi.) durch den synonymen Parallelismus mit צדק hi. die Konnotation ‚belehren' mit hinein.
943   Vgl. die umfassende Aufstellung bei *García López*, שמר, 290 sowie aaO 291-299 zur Entwicklung des Sprachgebrauchs.
944   Ps 78,10.56 (Bund bzw. Bestimmungen); 105,45 (Ordnungen und Weisungen); 106,3 (Recht), ferner 89,32 (Gebote); 132,12 (Bund und Bestimmungen); s. dazu *García López*, aaO 300. Häufig in weisheitlichen Psalmen ist die Formulierung: JHWHs Weg (18,22; 37,34) bzw. den eigenen Weg bewahren (39,2).
945   In V.4.8.9.17.33.44.55.57.63.67.88.101.106.134.136.146.158.168; s. hierzu *García López*, aaO 300f. Vgl. auch die Häufigkeit von נצר (V.2.22.34.56.69.100.115.129.145).
946   Bei שמר geht es nach *Sauer* und *García López* stets um das Behüten, Halten oder Bewachen eines materiellen oder auch geistigen Gutes oder Wertes (*Sauer*, שמר, 986; *García López*, שמר, 286).

E) Vergebung und Erlösung: V.12-15

Gewiss ist für diese Aussage die Bindung von Segen und Fluch an das gebotsgemäße Leben entsprechend dem Denken der dtn.-dtr. Literatur[947] von großer Bedeutung. Nach allem, was über die unmittelbar lebensspendende, in einem tieferen Sinne ‚bereichernde' Wirkung der Gebote in V.8-11 gesagt wurde, gilt aber auch hier, dass die Wirksphäre der Tora zugleich im Rahmen weisheitlichen konnektiven Denkens formuliert wird. Das wird auch am Gebrauch des seltenen Begriffs עֵקֶב[948] deutlich, der das ‚Hinterste' bzw. das ‚Ergebnis' eines Sachverhalts oder einer Tätigkeit (bzw. ihren ‚Ertrag') bezeichnet.[949] Insofern ist er besonders geeignet, in der Weisheit – an der Seite von Begriffen wie שָׂכָר[950] – häufig den Zusammenhang von Tun und Ergehen zu beschreiben, wie in Prov 22,4:

> Die Folge (עֵקֶב)[951] der Demut und der Furcht JHWHs
> ist Reichtum und Ehre und Leben.

Im Lebenszusammenhang gelingender Konnektivität widerfährt einem Leben in Gerechtigkeit das, was ihm zukommt, nämlich Leben im vollen Sinne. Das wird hier durch die Klimax von der materiellen über die soziale bis hin zur umfassenden Lebensfülle verdeutlicht. Diese weisheitliche Begrifflichkeit und Denkart ist auch in Ps 119 eingegangen,[952] wo in V.112 ebenfalls die letztlich positiven Folgen einer demütigen Haltung, hier nun gegenüber den Geboten, beschrieben werden:

> Ich neige mein Herz, deine Satzungen zu tun;
> auf ewig ist der Lohn.[953]

Der Bezug von עֵקֶב ist hier nicht ganz sicher – worin besteht der erwartete Lohn? Deissler bezieht ihn auf die Gebote selbst,[954] wofür auch Ps 119,33 spricht:

---

947 Im Dtn ist hierbei v.a. an die Segensverheißung in K. 28,1-14 zu denken sowie an Stellen wie Dtn 5,29; 6,10; 8,1; 12,28, wo der Zusammenhang von Bewahren der Gebote und (gutem) Leben bzw. Landnahme (vgl. Dtn 11,22) formuliert wird. S. hierzu im Einzelnen v.a. die differenzierte Beschreibung bei *Köckert*, Wandel, 501ff; *García López*, aaO 291-298.
948 In Prov 22,4; 119,33.112 und hier finden sich die einzigen sicheren Belege des *Nomens* עֵקֶב. Hinzu kommt die Verwendung als Konjunktion bzw. in Konjunktionen, vgl. HAL s.v.
949 S. HAL 826 s.v., ferner KBL 729 s.v.; vgl. *Zobel*: „das, was nachher folgt = Konsequenz" (עקב, 340).
950 Der Begriff für ‚Lohn' im Zusammenhang von Tun und Ergehen ist in der Weisheit sonst meist שָׂכָר (Prov 11,8, Qoh 4,9; 9,5; vgl. Ps 127,3 u.ö.).
951 *Meinhold* übersetzt hier, ebenso treffend, „Ergebnis" (ZBK.AT 16/2, 362).
952 Als zugehörig zum weisheitlichen Denken im Rahmen des Tun-Ergehen-Zusammenhanges wertet auch *Zobel* den Begriff עֵקֶב in den Torapsalmen (aaO 342).
953 Der Begriff ‚Lohn' bietet sich hier für die Übersetzung vornehmlich wegen der Sprödigkeit der Worte ‚Ergebnis' oder ‚Folge', wegen seiner eigentlich positiven Konnotationen und wegen des Adjektivs רַב an.

> Lehre mich, JHWH, den Weg deiner Ordnungen,
> und ich will ihn bewahren als Lohn.[955]

Das Leben auf dem von JHWH gelehrten Weg ist demnach selbst Sinn und Ziel dieses Lebenswandels. Diese Sichtweise ist nun auch für die Frage von Belang, welcher Art der erwartete Lohn, oder besser: das ‚positive Ergebnis'[956] des Bewahrens der Gebote in Ps 19,12 ist. Auf dem Hintergrund von Prov 22,4 kann man schließen, dass auch hier die guten Folgen des gerechten, gebotsgemäßen Lebens die in der Weisheit als die höchsten angesehenen Güter sind, wie eben Weisheit, Gerechtigkeit und Leben im vollen Sinne. Von noch größerer Bedeutung für unsere Stelle ist jedoch die Auffassung des theologisch näheren Ps 119, nach der das Leben im Heilsraum der Gebote selbst bereits die erhoffte längerfristige Folge des Beachtens von JHWHs Ordnungen ist.[957]

Und das wird auch aus dem Zusammenhang[958], vor allem mit Blick auf den ganzen Abschnitt V.8-11 deutlich: Die Gebote erfahren vom betenden Ich in V.8-10 gerade wegen ihrer lebensspendenden und weise machenden Wirkung eine so hohe Wertschätzung. Deshalb wird der Tora auch in V.11 ein so unzählbar höherer Wert zugeschrieben als materiellen Gütern; deshalb ist sie an ‚Köstlichkeit' nicht zu überbieten. Daher sind Weisheit, ein Leben in vollem Sinne und ein toragemäßer Lebenswandel selbst als der ersehnte ‚Lohn' des betenden Ich auszumachen.[959]

Wie nun hat man sich hier den Zusammenhang von Bewahren der Tora und diesen guten Folgen vorzustellen? Hiervon hängt ja u.a. auch ab, ob der mit בְּ konstruierte Infinitiv von שׁמר hier konditional, instrumental[960] oder modal zu deuten ist, bzw. ob das Halten der Gebote als Bedingung oder ‚Heilsweg' zu einem heilvollen Leben führt, oder ob es hier eines komplexeren Zusammenwirkens verschiedener Größen bedarf.

Zunächst ist für diesen Zusammenhang wiederum die in V.8-11 beschriebene, weise machende und belebende Wirkung der Tora mitzubedenken: Die gerechten Gebote und ihre Wirkung vermitteln im rechten

---

954 *Deissler*, Psalm 119, 211.
955 *Deissler* versteht den Zusammenhang so, dass für das betende Ich „Leben nach Gottes geoffenbartem Willen in sich selbst schon Gewinn, Glück und Gnade" ist (aaO 131f). Ähnlich auch *Soll*: „in this verse and in V.112 the commandments are themselves a reward for fidelity to YHWH" (Psalm 119, 159). Zur Reflexion über den Ertrag der Weisheit, der nicht vor Gott, sondern nur dem Weisen selbst zugute kommt, vgl. auch Hi 22,1-3.
956 Vgl. *Meinhold* zu Prov 22,4 (aaO 365).
957 *Baethgen* gesteht diese Auffassung für Ps 119,33.112 zu, verwirft sie jedoch für Ps 19,12 (HK II/2, 357), vgl. dagegen im Folgenden.
958 Dafür spricht deutlich auch die Stichwortverknüpfung von V.11a und V.12b mit רַב.
959 Ebenso *Meinhold*, Theologie, 132.
960 Nach *Spieckermann* etwa ist Tora dem Beter hier „‚Produktionsmittel' für großen Lohn" (Heilsgegenwart, 71).

E) Vergebung und Erlösung: V.12-15 255

Umgang mit ihnen (vgl. V.10a: יִרְאַת יהוה) Gerechtigkeit und Weisheit (vgl. V.8-9, s.o.). Das heißt: Die von JHWH gegebene, Weisheit und Gerechtigkeit vermittelnde und stabilisierende Tora ist die Vor-Gabe eines Heilsraumes und einer Heilssphäre, die umso intensiver unter Menschen und in deren Verhältnis zu JHWH präsent ist und fortwirkt, je intensiver man sich um sie bemüht und je ernsthafter man sie beachtet (שמר), und tora-gemäß, das heißt: gerecht handelt. Für diesen Zusammenhang ist nun, was am Begriff עֵקֶב deutlich wird, das weisheitliche konnektive Denken ausschlaggebend,[961] das hier mit der Treue gegenüber den Geboten verbunden wird: Ein die Gebote beachtendes Handeln, das selbst zur Gemeinschaftsgerechtigkeit beiträgt, wird sich nach der Erwartung des betenden Ich in seinem Leben gut auswirken. Diese Erwartung guter Folgen erwächst dabei zum einen aus dem Vertrauen in gelingende konnektive Gerechtigkeit,[962] in der sich – zumal in einem Tora-orientierten Umfeld – durch soziale Interaktion eine Reziprozität von Tun und Ergehen einstellt. Zum anderen entsteht es aus dem Vertrauen gegenüber JHWH selbst.[963] Als Geber der Tora ist er es, der – gemäß den überlieferten Verheißungen – den Zusammenhang zwischen tora-gemäßem und heilvollem Leben zu garantieren vermag, auch wenn die erwartete Gerechtigkeit durch soziale Interaktionen ausbleibt. Damit ist hier aber weder von einem Automatismus die Rede, der menschliches Tun und Leisten beim Halten der Gebote belohnt, noch von einem ‚Anspruchsdenken', noch vom Halten der Gebote als einem ‚Heilsweg', noch etwa davon, dass JHWH das Tun der Tora gemäß ‚distributiver' Gerechtigkeit vergilt. Denn vielmehr handelt es sich hierbei um einen dynamischen Kreislauf, der von JHWHs Gabe der gerechten Gebote ausgeht und in dem durch seine Vor-Gabe von Gerechtigkeit auch im Handeln der Einzelnen füreinander die toragemäße Gemeinschaftsgerechtigkeit realisiert wird. Dadurch wiederum wird die Erwartbarkeit guter Tatfolgen für die einzelnen stabilisiert – doch garantiert wird sie letztlich von JHWH selbst. Das heißt aber auch: Die meist (auf dem Hintergrund der Unterscheidung von ‚Gesetz und Evangelium' bzw. , Evangelium und Gesetz') zur Erfassung des Verständnisses von ‚Tora' angewandten Kategorien von Indikativ und Imperativ erfassen dieses weisheitliche Tora-Konzept nur ungenügend, wenn der

---

961 Den weishseitlichen Vorstellungsrahmen betont u.a. auch *van der Ploeg*, Psalmen, 138.
962 Gegenüber der *Koch*schen These, nach der in der Tat eine ‚schicksalwirkende Tatsphäre' und darin auch die Tatfolgen begründet sind, wurde jüngst zu Recht vermehrt die Bedeutung der sozialen Interaktionen für den sogenannten Tun-Ergehen-Zusammenhang hervorgehoben (*Assmann*, Ma'at, 58-91; *Janowski*, Tat, 175ff; *Backhaus*, Qohelet, 54-58).
963 Zu JHWHs Intervention gemäß den Prinzipien der Gegenseitigkeit und der Beendigung der Feindschaft s. *Janowski*, aaO 186ff. Dabei bleibt trotz begründeter Erwartbarkeit solcher Intervention die Unverfügbarkeit von JHWHs Eingreifen gemäß der Gerechtigkeit gewährt; vgl. aaO 189.

heilvolle Zusammenhang von JHWHs Gabe von Tora und Gerechtigkeit, menschlichem Bewahren der Tora und der Etablierung von Gemeinschaftsgerechtigkeit zwischen Menschen und JHWH beschrieben werden soll.
Dass dieser Zusammenhang allgemeine Gültigkeit habe, ist hier eine Bekenntnisaussage des betenden Ich, die zugleich beansprucht, Erfahrungswissen zu sein.

2. Freispruch von unabsichtlichen Vergehen (V.13)

Als nötiges Pendant zur Reflexion des Lebenswandels innerhalb der Heilsbereichs der Gebote kommt in V.13-14 die Gefährdung dieses Lebensweges in den Blick. Denn sosehr das Halten der Gebote ein heilvolles Leben bereitet, sosehr gefährden unbeabsichtigte Sünden und ihre Folgen diesen Heilszusammenhang.[964] Und so geht der Psalm fast mit Notwendigkeit von der Vertrauensaussage zur Bitte an JHWH über, bis er erst beim Ausblick auf die überwundene Gefährdung (V.14b) wieder zur Vertrauensbekundung gelangt.

Die in V.13 aufgeworfene Problematik nicht erkannter Sünde und ihrer Folgen wird auch in mesopotamischen Gebeten häufig thematisiert, wie in einem Klagelied, in dem der leidende Beter wiederholt beteuert:

        die Sünde, die ich getan, kenne ich nicht.[965]

Ähnlich heißt es an folgender Stelle einer ‚Gebetsbeschwörung' (*šiptu*) aus der Šu-ila-Serie an den Gott Zalbatânu:

    10 ana an-ni īdû(u) ù lā i-du[u]
    11 e-gu-u aḫ-ṭu-u e-šē-ṭu (u) ú-qal-[-li-lu]
    12 ap-laḫ a-dur napišt-i maḫar ilū-tīka rabītu(tú) [ub-la]

    10 wegen der Sünde, die ich kenne und die ich nicht kenne,
    11 wo ich nachlässig war, gefehlt habe, verstockt war oder gering geschätzt habe,
    12 bin ich in Furcht und in Sorge geraten, und habe mich *(mein Leben)* vor deine große Gottheit gebracht.[966]

---

964 Darauf, dass das betende Ich „fürchtet, unwillentliche ... Übertretungen würden ihm [von Feinden] zum Vorwurf gemacht" (*Seybold*, HAT 1/15, 88), gibt der Psalm jedoch an keiner Stelle einen Hinweis: V.13 ist an JHWH allein gerichtet, und mögliche Bedränger kommen erst in V.14 in den Blick, bleiben aber marginal.
965 *Zimmern*, Babylonische Hymnen und Gebete, 23 Z.25, vgl. Z.11. Aus einem „Klagelied mit der Unterschrift ‚Klagepsalm von 65 Zeilen, für jeden Gott (geeignet)'" (*Zimmern*, aaO 22; vgl. hierzu auch *Stolz*, Monotheismus, 49f).
966 Nach *Ebeling*, Handerhebung, 8, Z.10-12; zitiert und besprochen auch bei *Mayer*, Gebetsbeschwörungen, 114. Vgl. auch die dort zitierte Passage aus dem Hymnus an Šamaš: „Als ich noch klein war, wusste ich nicht Bescheid und kannte

E) Vergebung und Erlösung: V.12-15 257

Doch um welche Art Sünde geht es bei den שְׁגִיאוֹת (V.13a) genau, und in welchem Verhältnis stehen sie zu den נִסְתָּרוֹת (V.13b)? Wie ist dies Sündenverständnis auf dem Hintergrund vergleichbarer Aussagen des Alten Testaments[967] zu präzisieren? Welche Art von Sündentilgung ist in V.13b gemeint, und wie weit reicht sie? Das sind die Fragen, die sich bei der Deutung dieses Verses stellen.

Das Hapaxlegomenon שְׁגִיאָה, eine Substantivbildung von שׁנא ~ שׁגה, das ‚abirren‘, ‚taumeln‘, aber eben auch ‚sich (unbewusst) vergehen‘ heißen kann,[968] geht auf das gleiche Basismorphem wie שׁגג ‚sich unwissentlich verfehlen‘[969] zurück. Eine besondere theologische Bedeutung kommt als dem wichtigsten Derivat dieser Wurzel dem Substantiv שְׁגָגָה in der priester(schrift)lichen Theologie zu[970]: „Eine Sünde בשׁגגה ist eine nicht vorsätzliche und darum auch sühnbare Sünde"[971]. Dass die „Objektivität der Verschuldung" jedoch auch bei einem Versehen besteht[972], ist von großer Tragweite und Wirkung in der alttestamentlichen Anthropologie und Sündentheologie,[973] denn die „Gefahr unwissentlicher, aber nichtsdestoweniger vollverantwortlicher Verirrung zeigt den Menschen als total abhängig von Gottes Enthüllung ..., Leitung ... und Gericht oder Vergebung".[974]

Diese geprägte Terminologie und die mit ihr gegebene kultische Vorstellungswelt ist in der weisheitlichen Reflexion über unbeabsichtigte Vergehen nicht ohne Einfluss geblieben.[975]

In einer ganzen Reihe weisheitlicher Texte geht es bei den durchaus auch kultisch gebrauchten Verben שׁגה und שׁגג zwar eher um das Abirren vom rechten Weg.[976] In Ps 119 aber ist es zumindest sehr wahrscheinlich, dass שׁגה und ebenso שׁגג[977] den Aspekt der Unabsichtlichkeit beinhalten.[978] Qoh 5,5 ist deutlich um ein vertieftes

---

nicht den Frevel, den ich begangen hatte; ich war klein und sündigte und überschritt gar sehr die Grenze meines Gottes" (Übersetzung nach *von Soden*, SAHG, 322).
967 Vgl. *Mayer*, Gebetsbeschwörungen, 114.
968 Vgl. HAL 1312 s.v. und KBL 948.
969 S. HAL 1312 und KBL 948 s.v.
970 S. zur Sünde בִּשְׁגָגָה ‚aus Versehen' im Gegensatz zur Sünde בְּיָד רָמָה ‚mit erhobener Hand' *Rendtorff*, Leviticus, 149f.152f.179; zur formelhaften Feststellung einer solchen Sünde *Seidl*, שָׁגַג, 1064; *Knierim*, שׁגג, 870.
971 *Rendtorff*, Studien, 203. Nach *Knierim* kennzeichnet שְׁגָגָה „ungeachtet der subjektiven Verfassung des Täters das objektive Resultat als ein nicht vorsätzliches" (שׁגג, 871).
972 *Janowski*, aaO 255.
973 Das findet seine Fortsetzung gerade auch in Qumran besonders in 1 QS, wo den Irrtumsvergehen großes Gewicht beigemessen, vgl. hierzu *Knierim*, aaO 872; *Seidl*, שָׁגַג, 1064.
974 *Knierim*, aaO 872.
975 Vgl. hierzu (jedoch unangemessen generalisierend) *Milgrom*: „the cultic שְׁגָגָה of P turns moral in Psalms and doctrinal in Job" (Cultic שׁגגה, 125).
976 Bzw. im Hi.: ein ‚Irreleiten'; oder Ni.: ein ‚Irregeleitetwerden', vgl. z.B. in Prov 19,27; 28,10.
977 In V.21.118 שׁגה qal; in V.10 שׁגה hi. und in V.67 שׁגג.
978 Dass hier kein *unmittelbarer* priesterlich-kultischer Einfluss vorliegen dürfte (vgl. *Deissler*, Psalm 119, 100.115.169.217), ist deutlich. Dass der Aspekt der Unab-

Verständnis unabsichtlicher Sünde bemüht: Da hier wahrscheinlich nicht die voraufgehende Diskussion der Gelübde weitergeführt wird,[979] ist שְׁגָגָה hier ein Terminus für Sünde, und zwar in kultischem Zusammenhang. Da die Unsühnbarkeit von Sünden ‚mit erhobener Hand' die rasche Einordnung möglichst aller Sünden in die Kategorie ‚unabsichtliches Vergehen' nahelegt, warnt Qoh hier offenbar vor Verharmlosung der Vergehen – da gerade dies Gottes Zorn zu erregen vermag.[980]

Insbesondere im Hiobbuch geht es immer wieder um die Vermutung der Freunde, dass Hiobs Leiden auf unabsichtliche Vergehen zurückzuführen sind,[981] worauf Hiob erwidert, sie mögen sie ihm doch aufzeigen – wie z.b. in Hi 6,24:

> Belehrt mich, so will ich schweigen!
> Und macht mir bewusst (בין hi.), worin ich versehentlich geirrt habe (שגה)[982]!

Hiob fordert die Freunde heraus, ihm zu Bewusstsein zu bringen, worin denn sein Vergehen bestehe.[983] Es ist dabei bemerkenswert, dass sich die Kombination von בין und שגה im gesamten Alten Testament lediglich hier und in Ps 19,13 findet. Auch in Ps 19,13 fragt ja das betende Ich danach, ob und wie die unabsichtlichen Vergehen zu Verstande kommen können – allerdings in einer rhetorischen Frage. Anders als Hiob geht es aber davon aus, dass es auch bei ihm unabsichtliche Vergehen gibt, die Folgen haben können. Ähnlich ist dann auch das Sündenverständnis der Elihu-Re-

---

sichtlichkeit hier jedoch völlig fehlt, weil die sich Vergehenden in Ps 119,21.118 als ‚verworfen' bezeichnet werden (so *Rendtorff*, ebd.), setzt für Ps 119 jedoch uneingeschränkt priester(schrift)liches Denken voraus, was unwahrscheinlich ist. *Deissler*s Argument, der Psalmist würde „kaum eine enge Relation sehen zwischen seinem Irren und seiner Bedrängnis, wenn es sich nur um ein versehentliches Abirren vom Gottesweg handelte" (169), würde dagegen auf einem zum priester(schrift)lichen geradezu konträren Sündenkonzept basieren, was ebenfalls unwahrscheinlich ist; v.a. ist es auch auf dem Hintergrund der Hiob-Parallelen (s.u.) und vom Kontext her nicht haltbar. In Ps 119,10 z.B. geht es wesentlich darum, dass das betende Ich seine ganze Person in das Suchen JHWHs und seine Gebote investieren *will* und deshalb darauf angewiesen ist, dass JHWH es nicht diesem Willen zuwiderlaufenden, unabsichtlichen Vergehen überlässt. In Ps 119,67 ist zwar nicht restlos zu klären, ob Unabsichtlichkeit bei diesem Vergehen mitgedacht ist, doch zu Recht verweist *Strauß* darauf, dass „dort die durchgängige Bitte um Gottes Beistand beim Halten der Tora erst auf diesem präzisen Hintergrund sinnvoll wird" (BK XVI/2, 8).

979 Dann würde hier die Behauptung verhandelt, nicht in vollem Maße für abgelegte Gelübde (vgl. Lev 5,4) verantwortlich zu sein. S. jedoch die Diskussion bei *Krüger*, BK XIX Sonderband, 210ff.
980 Zur mehrdeutigen Stelle Qoh 10,5, wo die kultische Herkunft von שְׁגָגָה für einen weiteren ironischen Zug sorgt, s. *Krüger*, aaO 324-326.
981 Vgl. z.B. Hi 4,17-21; 11,4-6; 13,26b; 15,14-16; 22,22f; 25,4-6; 34,31f, vgl. Hiobs Antworten: Hi 6,24-30; 7,20; 19,4.28; vgl. hierzu auch *Milgrom*, Cultic שגגה, 121ff. In Hi 12,16 ist nicht deutlich, ob es um ein Irregehen als Sünde geht; *Horst*, BK XVI/1, 193.
982 So auch *Horst*, BK XVI/1, 111.
983 Ähnlich erwägt er in Hi 19,4f die Möglichkeit, versehentlich gesündigt zu haben, zugleich aber zeigt er den Freunden auf, dass sie den Beweis hierfür nicht werden erbringen können, s. hierzu *Strauß*, BK XVI/2, 8; *Köhlmoos*, Auge Gottes, 262ff. שגה ist nach *Strauß* inhaltlicher „Leitbegriff" dieses Abschnitts (aaO 8).

E) *Vergebung und Erlösung: V.12-15*

den: In seiner Kritik an Hiobs Unschuldsbeteuerung[984] unterstreicht Elihu die Unmöglichkeit der Sündlosigkeit und die Notwendigkeit der Vergebung.[985] Ps 19,13 steht insofern der Argumentation des Elihu nahe,[986] und dennoch besteht hier aufgrund der vollkommen anderen Kommunikationssituation ein entscheidender Unterschied: Während Elihu mit dieser allgemeinen Aussage über menschliche Sünde implizit die unbeabsichtigte Sünde eines anderen, nämlich des leidenden Hiob beurteilt, schließt das betende Ich zwar auch hier implizit alle anderen in die Problematik unbewusster Sünde ein – aber es spricht dies vor JHWH aus der Not der eigenen Vergebungsbedürftigkeit heraus aus.

Worum nun geht es also bei dem Abstraktum שְׁגִיאָה in Ps 19,13? Ein unverändert priesterlicher Vorstellungsrahmen ist hier von vornherein ebenso unwahrscheinlich wie ein völlig hiervon und vor allem von den oben angesprochenen Diskursen der Weisheitsliteratur unbeeinflusstes Verständnis. Auch als Abstraktbildung lässt שְׁגִיאָה ein erweitertes Reflexionsstadium über das Wesen und die Verbreitung unabsichtlicher Vergehen vermuten. Ebenso setzt die rhetorische Frage[987] eine gewisse Bekanntheit und Akzeptanz des Theologumenons von der Unmöglichkeit der Freiheit von unbeabsichtigten Sünden voraus. Und unbestreitbar ist hier auch, dass die Frage tatsächlich auf die Unabsichtlichkeit und schwere Bemerkbarkeit dieser Vergehen Bezug nimmt,[988] denn בין qal bedeutet hier ‚bemerken':[989] Das priesterliche Verständnis der שְׁגָגָה wirkt im Begriff שְׁגִיאָה also fort, ist jedoch durch weisheitliche Reflexion transformiert und vertieft worden.

In welchem Verhältnis steht dieser Sündenterminus zum Begriff נִסְתָּרוֹת? Das ist bereits deshalb nicht leicht zu bestimmen, weil im Alten Testament weder das Ptz.ni.fem. von סתר noch irgendein anderes Derivat der Wurzel im Sinne von ‚Vergehen' u.ä. gebraucht wird. Er ist deshalb zunächst im weitesten Sinne als ‚Verborgenheiten' oder ‚verborgene Fehler'[990] aufzufassen. Und so wird seine Bedeutung an dieser

---

984 Vgl. Hi 33,9 mit Hi 9,21; 16,17; 23,10-12; 27,5f und dazu *Wahl*, Der gerechte Schöpfer, 57ff. S. zum Topos von Gottes Gericht über das Verborgene ferner Hi 34,22.
985 Sie geschieht durch die Interzession eines Boten JHWHs (Hi 33,23-25) und die Erhörung der Vergebungbitte (33,26-28); s. dazu *Wahl*, aaO 63ff.71f.
986 Vgl. *Oesch*: „der Beter steht eher auf Seiten von Ijobs Freunden" (Übersetzung, 88).
987 Die rhetorische Frage ist überhaupt ein bevorzugtes Stilmittel des weisheitlichen Diskurses, vgl. etwa Hi 38,36 u.ö.
988 *Rendtorff*, aaO 201. Dieser Aspekt kommt in der Übersetzung der 𝔊 mit παραπτώματα ‚Übertretungen' nicht zum Tragen.
989 Das ist schließlich auch die Ausgangsbedeutung von בין. Erst an zweiter Stelle heißt es ‚achten auf' und dann auch ‚verstehen, einsehen' (*Ringgren*, בין, 621; vgl. anders *Milgrom*: „the root בין, in any of its aspects, never connotes with consciousness", aaO 121). *Ringgrens* Vorschlag für Ps 19,13 ‚aufmerken' (aaO 622; vgl. auch HAL 116 s.v.) trifft jedoch das Gemeinte recht gut. – Schwerlich geht es um das *Verstehen* der unabsichtlichen Sünden.
990 So *Wehmeier*, סתר, 175.

Stelle oft lediglich aus dem Parallelismus näher bestimmt,[991] und implizit oder explizit von der Synonymie zu שְׁגִיאוֹת ausgegangen. Nun kann man jedoch, wie u.a. Milgrom und bereits Kittel,[992] nicht einen synonymen, sondern einen antithetischen bzw. synthetischen Parallelismus Membrorum voraussetzen und zu der Deutung gelangen, dass es sich bei den שְׁגִיאוֹת um versehentliche Vergehen handelt, die später als solche bewusst werden und für die eine חַטָּאת zu bringen ist, bei den נִסְתָּרוֹת[993] dagegen um diejenigen versehentlichen Sünden, die verborgen bleiben, deren Tilgung jedoch umso dringlicher wäre.[994] Auf dem Hintergrund seines sonstigen Gebrauchs ist es jedoch kaum möglich, נִסְתָּרוֹת als einen spezifischen, kultische Implikationen verratenden Sündenterminus anzusehen,[995] denn im Zusammenhang mit versehentlichen Sünden findet sich in priester(schrift)lichen Texten eher die Wurzel עלם ni.[996], und der theologische Gebrauch von סתר ni. ist (wie vor allem in Dtn 29,28), meist ein offenbarungstheologischer.[997] Was im Verborgenen geschieht, ist aber auch darüber hinaus – auch ohne einen spezifischen Bezug auf verborgene Vergehen – im Alten Testament meist negativ konnotiert, eben weil dort oft Untaten, Verbrechen und Sünden begangen werden.[998] Möglicherweise haben neben diesen inhaltlichen

---

991 Vgl. *Knierim*, שׁגג, 871; *Rendtorff*, Studien, 201.
992 *Milgrom*, ebd.; ihm folgt *Wagner*, Dynamics, 258; *Kittel*, Psalmen, 116.
993 Die von *Milgrom* für die Unterscheidung von verborgenen Sünden und solchen mit erhobener Hand angeführte Stelle 1QS 5,11-12 (aaO 120 mit Anm. 27) ist für seine Argumentation unbrauchbar: Es handelt sich hier bei den נגלות und נסתרות um offenbare und verborgene (nur der Qumrangemeinschaft erschlossene) *Tora-Gesetze*. Letztere führten nach Ansicht der Gemeinschaft im übrigen Israel *auch* zu (allerdings anders bezeichneten) unerkannten Sünden; vgl. hierzu *Andersen*, Unintentional Sin, 57. Zum Ganzen s. neben seiner differenzierten Studie auch diejenige von *Shemesh / Werman*, Hidden Things, 413ff sowie *Maier*, Texte I, 179.
994 Bei nicht erkannter Sünde, aber ‚bestehender Schuldpflicht' (אָשֵׁם; Lev 5,14-26; s. hierzu *Rendtorff*, BK III/1, 147-153.199-206; *Janowski*, Sühne, 255ff) ist ein אָשָׁם–Opfer zu bringen; vgl. auch *Porúbčan*, Sin, 334-338.
995 Lediglich in von kultrechtlichen Vorschriften und Gebeten geprägten Qumrantext 4Q512 (‚Rituel de purification') ist von der Vergebung von נסתרות im Sinne von verborgenen *Sünden* die Rede (und zwar in Frg. 34 I,15), s. hierzu *Maier*, Texte II, 662. Im rabbinischen Judentum dagegen überwiegt sogar dieses Verständnis der נסתרות (*Shemesh / Werman*, Hidden Things, 414-417; *Anderson*, aaO 56f). Diese Bedeutungslinie ist also seit Ps 19 durchgängig belegt.
996 Lev 4,13; 5,2-5,13; vgl. ferner Ps 69,6 (mit den Termini כחד ni. und אַשְׁמָה).
997 Vgl. Jes 45,19; 48,16; Sir 3,22; 42,19; 48,25; Dan 2,22 und dazu *Wagner*, סתר, 971.975. Zum extensiven Gebrauch von סתר und seinen Derivaten im offenbarungstheologischen Sinn in Qumran, z.B. in 1QS XI,6; CD III,14; 4Q401 14,2; vgl. auch *Wagner*, סתר, 977 sowie *Shemesh / Werman*, Hidden Things, 411-414.418-427. Dennoch ist es trotz der späten Entstehung des Psalms und seiner Nähe zu spekulativer Toraweisheit kaum möglich, in Ps 19,13 eine Ablehnung der Beschäftigung mit besonders geoffenbarten Toragesetzen anzunehmen.
998 Vgl. Dtn 13,7; 27,15.24; 28,57; 2 Sam 12,12; Hi 13,10; 24,15; 31,27; 34,22; Ps 101,5; Prov 25,23; 27,5; Jes 28,17; 29,15; Jer 16,17; 37,17; 38,16; 40,15; Am 9,3 etc. (meist mit בַּסֵּתֶר). Vgl. hierzu *Wagner*, ebd. und bereits ausführlich o. V. C) 5.

E) Vergebung und Erlösung: V.12-15   261

auch poetische Gründe, nämlich der strukturell wichtige Rückbezug auf V.7, der bereits das Gericht über alles Verborgene thematisiert, dem Psalmisten die Wahl des polyvalenten, schillernden Begriffs נִסְתָּרוֹת nahegelegt.[999]
Obwohl die שְׁגִיאוֹת also nicht mit den Sünden ‚aus Versehen' (בִּשְׁגָגָה) gleichzusetzen sind, und es sich hierbei um eine weisheitliche *Neuprägung* priesterlicher bzw. kultischer Sündenterminologie handelt, so besteht in V.13a doch ebenfalls die Schwierigkeit, sie weder vermeiden noch sich ihrer bewusst werden zu können, obwohl bzw. gerade weil auch sie der Tilgung bedürfen. Ihre Beseitigung geschieht jedoch nach der Vorstellung des Psalmisten keineswegs gemäß den priesterlichen Vorschriften durch ein חַטָּאת- (bzw. ein אָשָׁם-)Opfer. Bereits der nichtkultische Klang von נקה (s.u.) spricht gegen einen solch priesterlichen Denkrahmen.[1000]
Beide Termini sind also auf ihre Weise singulär und gegenüber den üblichen Begriffen für Sünde[1001] auffällig. Auffällig ist zudem, dass das betende Ich weder eine aktuelle Sünde oder Schuld vor JHWH bringt, noch ein absichtliches Vergehen zu bekennen hätte. Damit kommt hier ein vertieftes Sündenverständnis zur Sprache.[1002]

Mit seiner Einsicht in die Unvermeidbarkeit und in die Tiefe der Sünde[1003] sowie in JHWHs Kenntnis verborgener Vergehen steht V.13 aber vor allem in den (späteren) Psalmen keineswegs allein.[1004] Eine fortgeschrittene Reflexion über ‚verborgene Sünden' ist auch in Ps 90,8 erkenntlich:

   Du hast unsere Ungerechtigkeiten vor dich gestellt,
   unser Unerkanntes (עֲלֻמֵנוּ) vor das Licht deines Angesichts.

Das Ptz. pass. qal von עלם (sonst meist im Ni. ‚verborgen sein')[1005] ist, mit נִסְתָּרוֹת auch in dieser Hinsicht vergleichbar, ebenfalls eine singuläre Bildung.[1006] Es bezieht sich jedoch – wie das Verb עלם überhaupt gegenüber סתר – mehr auf das dem Erkennen Entzogene.[1007] Die Schwierigkeiten, das Verständnis der unerkannten Sünden in Ps 90,8 auf dem Hintergrund des Gesamtpsalms zu präzisieren, können hier je-

---

999   Lediglich in Num 5,13 findet sich ein Derivat von סתר im kultischen Zusammenhang, bei der Feststellung verborgener Vergehen.
1000 Dieser Vorstellungsrahmen leitet offenkundig *Milgrom*s Deutung.
1001 V.a. פֶּשַׁע, חַטָּאָה, עָוֹן u.a.; s. die Auflistungen und Untersuchungen bei *Knierim*, Hauptbegriffe, 13 Anm. 13 und passim; *Koch*, Sünde, 25ff u.a.
1002 Es kann dagegen nur verwundern, wenn dies Sündenbewusstsein des betenden Ich als eine kleine „Verlegenheit" charakterisiert wird (*Smend / Luz*, Gesetz, 36).
1003 Die ausführliche und intensive Schilderung des Wissens um die Sünde gehört häufig zum Sündenbekenntnis (vgl. Ps 32,[3-4.]5; 38,19; 51,3-5).
1004 Zur Vertiefung der Sündentheologie in spätnachexilischer Zeit, v.a. in der Weisheit, s. u.a. *Irsigler*, Psalm 90, 63f.
1005 HAL 789 s.v.
1006 Hiermit vergleichbar ist lediglich noch Ps 44,22, wo nach Gründen für JHWHs Abwendung gesucht wird, aber noch nicht einmal ‚im Herzen' verborgene, unerkannte Sünden (תַּעֲלֻמוֹת לֵב) entdeckt werden.
1007 *Locher*, עָלַם, 163.

doch nur angedeutet werden.[1008] Meist wird diese Stelle so interpretiert, dass hier von unerkannten Sünden ganz allgemein die Rede ist, die den berechtigten Zorn Gottes heraufbeschwören: „Das Wir der Beter wird zum Wir aller Menschen"[1009]. Da aber den am ehesten resultativ zu verstehenden SK-Formen von Ps 90,7-9 Beachtung zu schenken ist, ist die Aussage eher auf die aktuelle, konkrete Situation der betenden Wir zu beziehen.[1010] Dadurch wiederum hebt sich dieser Abschnitt von der universalen Vergänglichkeitsklage des ersten Psalmabschnitts ab. Und so wird die menschliche Vergänglichkeit hier gar nicht auf allgemeine verborgene Sünden zurückgeführt. Somit geht es hier zwar nicht um die Allgemeinheit der Sünde – mit Sicherheit aber um JHWHs Vermögen, verborgene Verschuldungen ans Licht zu bringen und zu ahnden:[1011] Gerade von ihnen weiß man in solch späteren weisheitlichen Psalmen, dass auch sie Folgen haben.

In anderen Psalmen wird weniger die Verborgenheit, dafür aber die Universalität der Sünde zum Ausdruck gebracht, wie in Ps 130,3f:

> Wenn du Verschuldungen (עֲוֹנוֹת) behieltest, Jah,[1012]
> Herr, wer könnte bestehen[1013]?
> Doch bei dir ist die Vergebung, auf dass du gefürchtet werdest.[1014]

Dass keiner ohne Verschuldungen vor JHWH dasteht, kommt hier im Horizont der Vergebung in den Blick.[1015] Die Ähnlichkeit zu Ps 19,13 wird dabei nicht nur dem Inhalt, sondern auch der Form der rhetorischen Frage[1016] nach deutlich: Das betende Ich spricht hier ja nicht nur JHWH an, sondern richtet sich implizit an alle Psalmre-

---

1008 S. zur neueren Diskussion des Psalms *Schnocks*, Gegenwart Gottes, 163ff; *Irsigler*, Psalm 90, 49ff; *Krüger*, Psalm 90, 191ff; *Hossfeld / Zenger*, HThK, 603ff (*Zenger*).
1009 *Irsigler*, Psalm 90, 51. Ob hier „die traditionelle These" vorliege, „der Tod sei der ‚Sünde Sold'" (*Hossfeld / Zenger*, HThK, 611 [*Zenger*]), darf mit Blick auf das Fehlen einer solchen Sentenz im Alten Testament bezweifelt werden; vgl. auch die Relativierung des Zusammenhangs zwischen Sünde und Vergänglichkeit bei *Schnocks*, Vergänglichkeit, 174.
1010 So *Krüger*, Psalm 90, 201.
1011 Zum Thema des Gerichts über das Verborgene s. ferner Qoh 12,4 (mit נֶעְלָם); zu JHWHs Kenntnis des Verborgenen s. Sir 42,18-20 sowie auch oben V. C) 5. zu Ps 19,7, wonach die Sonne die Unmöglichkeit, sich vor Gott zu verbergen, und zugleich seine Herrschaft über alles Verborgene symbolisiert.
1012 *Weber*, Psalm 130, 149.
1013 *Sedlmeier* bezieht עמד hier auf das ‚Ereignis der Tempelbegehung' (Psalm 130, 481). Wahrscheinlicher geht es um das ‚Bestehen' vor JHWH, vgl. in einer ähnlichen Funktion in der Frage מִי יַעֲמֹד in Ps 76,8; 147,17, so auch *Weber*, Vergehen, 149.
1014 𝔊 und θ´ lasen hier offenbar nicht לְמַעַן תִּוָּרֵא, sondern לְמַעַן תּוֹרָתֶךָ und übersetzten: ἕνεκεν τοῦ νόμου σου ‚wegen deines Gesetzes', was jedoch nicht weniger ungewöhnlich ist; s. zur Diskussion *Sedlmeier*, Psalm 130, 474f. Zudem wurde der Zusammenhang von Vergebung und Furcht JHWHs häufig problematisiert, doch ist ‚Furcht JHWHs' durchaus als Beschreibung eines intakten Gottesverhältnisses und dieses eben als Folge der Vergebung zu verstehen, vgl. *Sedlmaier*, aaO 487f.
1015 „Der Satzzusammenhang macht deutlich, dass der mit der Partikel einsetzende und mit *yiqtōl*-Formen operierende Konditionalsatz als *Irrealis* aufzufassen ist; *Weber*, Psalm 130, 146.
1016 Zur Funktion der rhetorischen Frage an dieser Stelle *Sedlmaier*, aaO 490; *Weber*, aaO 149.

E) Vergebung und Erlösung: V.12-15 263

zipient/inn/en.[1017] In Ps 19 liegt der Akzent dagegen nicht primär auf der Unmöglichkeit menschlicher Sündlosigkeit, sondern zusätzlich auf der Schwierigkeit, ihrer nicht bewusst zu werden – und der darin liegenden menschlichen Grundsituation, seiner selbst nicht völlig habhaft zu sein.

Auch diese verborgenen Sünden haben Folgen, aus denen nur JHWHs Lossprechung befreien kann. Als Terminus für Vergebung ist נקה pi.[1018] in den Psalmen allerdings singulär[1019] und setzt damit einen besonderen Akzent. נקה hat (weder im Pi. noch im Ni.) einen kultischen Beiklang, sondern ist „in der Rechtssprache beheimatet und [sc.: bezeichnet] das ‚Ledig-Sein' von (sozial-)ethischer Verpflichtung, Strafe oder Schuld"[1020]. Wenn es dabei häufig *terminus technicus* für die Auflösung eines als Schuld gewerteten[1021] Tatbestandes ist,[1022] so geht es in theologischen Zusammenhängen häufig um die Lossprechung von der Haftung für ein Vergehen und damit von dessen (Straf-)Folgen. So existentiell wichtig es ist, vor JHWH ungestraft zu bleiben (נקה ni.)[1023], umso schwerer wiegt die Häufigkeit der formelhaften Wendung, dass JHWH *nicht* ungestraft lässt (נקה pi.) – sei es in der einprägsamen Form לֹא יְנַקֶּה z.B. im Namensgebot beider Formen des (‚ethischen') Dekalogs[1024] oder in der durch Inf.abs. verstärkten Form לֹא יְנַקֶּה נַקֵּה[1025]. Bedenkt man nun, dass Ps 19,13 die einzige Stelle ist, an der נקה pi. nicht verneint ist, dass es also sonst stets im Zusammenhang des gerechten Schuldspruchs gebraucht wird, wird deutlich, dass das betende Ich hier von JHWH etwas Großes erbittet. Der Appell an JHWH, den negativen Zusammenhang von Tun und Ergehen, von unabsichtlichen Vergehen und ihren Straffolgen zu durchbrechen, setzt ein tiefes Vertrauen des

---

1017 Eine ähnliche rhetorische Frage, die Einsicht in die Universalität der Sünde heischt, findet man auch in Hi 25,4 (vgl. dann auch im NT Joh 8,7). In Hi 9,2 geht es eher um eine sarkastische Bemerkung aus dem Munde Hiobs, dass er im Rechtsstreit mit Gott ja allein wegen dessen Macht bereits notwendig unterliegen müsse. – Das Wissen um die Allgemeinheit menschlicher Ungerechtigkeit vor JHWH bringt aber auch Ps 143,2 zum Ausdruck; zur Universalität der Sünde vgl. auch Ps 14,2f.
1018 Es handelt sich dabei um ein deklarativ-estimatives Pi'el, vgl. *Porúbčan*, Sin, 12.
1019 Zu den gebräuchlicheren Vergebungstermini, wie נשא, סלח, טהר, כסה pi., כפר, מחה pi., כבס pi., גמל + אל / לֹא, זכר + אל / לֹא s. u.a. *Koch*, Sünde, 136ff.
1020 *Van Leeuwen*, נקה, 101.
1021 Dabei ist der Unterschied zwischen Schuld- und Straflosigkeit unbedingt zu beachten, vgl. hierzu Ex 21,19; Num 5,31; Sach 5,3. Gerade an dieser Differenz von (nur subjektiver?) Rechtschaffenheit und Leiden bzw. Strafe hängt ja u.a. Hiobs Klage, dass Gott grundlos zürnt, vgl. Hi 9,28 und 10,14 in ihrem Kontext; zur Diskussion s. *Warmuth*, נקה, 595.
1022 *Liedke*, Rechtssätze, 47, vgl. zur formelhaften Wendung נַקֵּה לֹא יְנַקֶּה in der ‚Gnadenformel' u.a. Ex 34,7; Num 14,18 u.a.
1023 Vgl. die Formulierungen נְקִי מֵיהוה ‚ungestraft vor JHWH' u.ä. in Num 32,22f; 1 Sam 26,9; 2 Sam 3,28 und hierzu *van Leeuwen*, נקה, 101.
1024 Ex 20,7; Dtn 5,11; vgl. Prov 6,29; 11,21; 16,5.
1025 Ex 34,7; Num 14,18; Nah 1,3; Jer 30,11; 46,28.

betenden Ich voraus. Die verborgenen Sünden sind mit dem Freispruch dann aber weder ungeschehen, noch erwartet das betende Ich damit für sich, fortan sündlos leben zu können. Vielmehr ist es ja offenkundig von ihrer grundsätzlichen, das heißt auch künftigen Unvermeidbarkeit überzeugt. Aber es erbittet, dass sie ungestraft bleiben, und damit durch JHWHs Freispruch auch gänzlich *unwirksam*.

3. Bewahrung vor Anmaßenden (V.14a)

In Entsprechung und Ergänzung[1026] zum Vorangegangenen bittet nun das betende Ich JHWH um Bewahrung. Indem es sich abermals als JHWHs Knecht bezeichnet, unterstreicht es wiederum seine enge Beziehung zu ihm und verstärkt damit seine Schutzbitte. Dabei handelt es sich hierbei entweder darum, eine Kontaktaufnahme von seiten des betenden Ich mit den זדים zu verhindern,[1027] da die üblichere Bedeutung von חשׂך qal ‚zurückhalten' ist. Oder es geht um den Appell, das betende Ich vor ihnen zu verschonen.[1028] Die Vereindeutigung dieser Alternative wird dadurch nicht erleichtert, dass es auch fraglich ist, worum es sich bei den זדים handelt: Um hochmütige Menschen oder um Hochmutssünden? Bittet das betende Ich JHWH um Bewahrung vor Hochmütigkeiten bzw. darum, vor ihrer Macht verschont zu werden?[1029]

Für eine Entscheidung über die Bedeutung von חשׂך in diesem Zusammenhang gibt die Präposition מִן keinen Hinweis, denn sie kann bei der Bedeutung ‚zurückhalten' wie bei ‚schonen' stehen und also sowohl ‚von – weg' als auch ‚vor' bedeuten. Für die Bedeutung ‚(ver-)schonen' spricht aber, dass חשׂך recht häufig gebraucht wird, wenn JHWH jemanden vor Unheil verschont: Z.B. den Sünder am Unheilstag (Hi 21,30 [ni.]), verschiedene Menschen vor dem Tod (Hi 33,18; Ps 78,50) und auch vor Strafe (Esr 9,13; Jes 14,6). Dieser Sinn liegt wohl auch hier vor. Dann ist es aber auch zu vermuten, dass die Verschonung von זדים mit dem Freispruch von den verborgenen Sünden und ihren Folgen zusammenhängt.

Wer aber sind die זדים[1030]? Oftmals wurde vermutet, dass der Begriff als Abstraktplural aufzufassen und als ‚Hochmutssünden' in eine Reihe mit

---

1026 So ist der durch גַּם hier gesetzte Akzent aufzufassen.
1027 *Meinhold* etwa, der davon ausgeht, dass es sich um ‚Hochmütige' handelt, sieht hier eine Haltung des betenden Ich: „als könnte auch er [sc.: ihrer] Art ... anheimfallen (Überlegungen, 133).
1028 S. HAL 345 s.v., vgl. im Ni.: ‚ausbleiben', ‚verschont werden' (ebd.). Sicher ist, dass חשׂך mit חשׁך nichts zu tun hat und hier keinerlei Anspielung auf eine Licht-Finsternis-Motivik gesehen werden kann, vgl. anders *Fisch*, Analogy, 171.
1029 Letzteres könnte aus Gen 20,5 und 1 Sam 25,39 geschlossen werden, wo es um Gottes Macht geht, „die Handlungen der Menschen zu lenken" (*Clements*, חָשַׂךְ, 243). S. auch Prov 10,19; 17,27; Hi 7,11; 16,5; Jer 14,9, wo es um das ‚Sich-Zurückhalten' vor bestimmten Handlungsweisen geht.
1030 S. hierzu bereits oben (I.) die textkritische Diskussion u.a. der 𝔊-Lesart: καὶ ἀπὸ ἀλλοτρίων (d.h.: וּמִזָּרִים) sowie verschiedener Konjekturen, wie זָדוֹן u.a.

E) Vergebung und Erlösung: V.12-15 265

den Sündentermini von V.13 zu stellen sei.[1031] Das jedoch wäre ohne jegliche Parallele im Alten Testament:[1032] Vielmehr begegnen die זֵדִים gerade in späteren Texten[1033] als hochmütige „Menschen, die sich gegenüber dem Frommen Rechte anmaßen, die ihnen nicht zustehen"[1034], und so als Gegenspieler der JHWH- und toratreuen Gruppe bzw. als Feinde des betenden Ich auftreten.[1035] Da sie parallel zu den Gewalttätigen עָרִיצִים (Ps 86,14; Jes 13,11) und ‚Frevlern' (vgl. Mal 3,19) genannt werden, kann man זֵדִים als einen recht mustergültigen ‚Feindbegriff' ansehen. Gerade auch in dem Ps 19 so verwandten Ps 119[1036] ist er der häufigste Begriff für die Widersacher des betenden Ich.[1037] Und so ist auch die Vermutung haltlos, dass es sich hierbei um Dämonen handele:[1038] Es geht hier um anmaßende Menschen als Feinde des betenden Ich.

Wenn hier parallel zur Gefährdung von innen in V.13 also die Verschonung vor äußerer Gefährdung in den Blick kommt, so besteht hier wahrscheinlich auch ein sachlicher Zusammenhang. Denn nicht selten wird in den Psalmen Anfeindung als eine indirekte Folge von Sünde[1039] aufgefasst:[1040] Der Freispruch von Vergehen (V.13) hängt insofern mit dem Schutz vor Feinden (V.14a) zusammen.

Worin aber besteht nach der Sicht des betenden Ich die Bedrohung – welches Handeln ist von den זֵדִים zu befürchten? Das wird an der Bitte der zweiten Satzhälfte deutlich. Auf den ersten Blick liegt hier מָשַׁל I

1031 So z.B. *Delitzsch* (BC IV/1, 170); *Kittel* (KAT XIII, 72) und *Clements* unter Hinweis auf den „verinnerlichten und vergeistigten Tenor von Ps 19B" (חָשַׁךְ, 243). Nach *Milgrom* ist auch זֵדִים ein Sündenterminus, und zwar eine Art Synonym für eine Sünde בְּיָד רָמָה (aaO 120). Solches kann jedoch lediglich für זָדוֹן vermutet werden; vgl. zu זָדוֹן als rabbinischem Terminus für Hochmutssünden *Anderson*, Unintentional Sin, 52.
1032 So auch *Hirsch*: „זֵדִים sind nie und nimmer mutwillige Handlungen, sondern mutwillige Menschen" (Psalmen, 117; ebenso *Baethgen*, HAT 2/2, 57 u.a.).
1033 S. Ps 86,14; Jes 13,11; Jer, 43,2; Mal 3,15.19. Zum Sg. s. Prov 21,24; Sir 12,4(.5).
1034 *Scharbert*, זוּד, 552.
1035 Das Verb זוּד wird häufig für eine „vorsätzliche..., dreiste ... Mißachtung Gottes und seiner religiös-sittlichen Ordnung" gebraucht; *Scharbert*, ebd.
1036 Ab der Gimel-Strophe sind dort die Feinde oft im Blick, s. hierzu *Soll*, Psalm 119, 138ff.
1037 Von 13 Belegen des Begriffs im AT findet man allein sechs in Ps 119: In V.21.51.69.78.85.122. Daneben findet man nur vereinzelte Begriffe für Feinde: Es kommen dort Verfolger (Ptz.pl.qal akt. v. רדף; V.84.157); Frevler (רְשָׁעִים; V.95.110.155); Bedränger (צַר; V.157), ‚Gemeine' (סֵעֲפִים; V.113), Übeltäter (מְרֵעִים; V.115) und Treulose (Ptz.pl.qal.akt. v. בגד; V.158) ins Blickfeld.
1038 So *Mowinckel*, Psalmenstudien I, 72f; 102.
1039 Die These von *Lindström*, wonach Leiden und Krankheit in den Psalmen nicht mit Sünde und Sündenfolgen des Einzelnen in Beziehung gebracht wurden (Suffering, passim), ist an einer ganzen Reihe von Punkten nicht plausibel, kann hier jedoch nicht im Einzelnen widerlegt werden.
1040 Vgl. hierzu Ps 25,2ff; 31,9ff; 38,18ff; 69,5f.

vor, womit es hier um ihre mögliche politische oder auch gesellschaftliche (Vor-)Herrschaft ginge,[1041] die dem betenden Ich als Bedrohung vor Augen stünde. Dass die Hochmütigen aber durch eine gesellschaftliche ‚Vorherrschaft',[1042] ja, durch eine politische Führungsrolle charakterisiert würden, wäre jedoch für Feinde in den Psalmen nahezu singulär. Deshalb handelt es sich hier wahrscheinlich gar nicht um משל II ‚herrschen', ‚regieren'[1043], sondern um משל I, das nicht nur ‚gleich sein', ‚ein Gleichnis' bzw. ‚einen Spruch machen', sondern auch ‚Spottverse sagen' (ב ‚über') heißen kann. Man findet dies vom Nomen מָשָׁל, das bekanntlich gerne auch für Spottlieder über das Mißgeschick anderer verwendet wird,[1044] denominierte Verb[1045] z.B. auch in Joel 2,17b für den beißenden Spott anderer:

> Hab Mitleid, JHWH, mit deinem Volk,
> und überlass dein Erbe nicht der Schande,
> dass die Völker über sie spotten (לִמְשָׁל־בָּם)[1046].
> Warum soll man sagen unter den Nationen: „Wo ist nun ihr Gott?"

Ein solches Höhnen und Spotten der Feinde in den Psalmen ist eine geradezu typische Aktivität der Feinde.[1047] Und dies Tun gehört eben auch zum Profil der זֵדִים, der Anmaßenden, in Ps 119[1048]: Neben dem Abirren (שׁגה) von den Geboten (V.21) kennzeichnet sie die unterdrückerische (V.122), lügnerische (V.69.78), und vor allem spöttische Rede über das betende Ich (V.51):

1041 So die gängige Deutung, die man von *Delitzsch* (BC IV/1, 171) über *Schmidt* (HAT I/15, 32); *Kittel* (KAT XIII, 74); *König* (Psalmen, 104); *Gunkel* (HK II/2, 80) bis zu *Seybold* (HAT I/5, 85.88) und *Hossfeld / Zenger* (NEB 29, 134 [*Hossfeld*]) findet.
1042 Darum handelt es sich bei משל I aber nur selten, vgl. dazu *Groß*, מָשָׁל II, 74f.
1043 S. *Groß*, מָשָׁל II, 73, vgl. HAL 611f s.v.
1044 S. u.a. Jes 14,4; Ez 14,8; Mi 2,4; Hab 2,6; Ps 44,15; 69,12; Hi 17,6; dabei wird diese Spottrede anderer nicht selten als Strafe JHWHs aufgefasst, vgl. *Beyse*, מָשָׁל II, 72. Die Dichter spöttischer Sprüche heißen in Num 21,27 und Jes 28,14 מֹשְׁלִים (vgl. *Beyse*, ebd.).
1045 S. *Beyse*, מָשָׁל I, 70, vgl. HAL 611 s.v. Zur Bedeutungsentwicklung schlägt *Beyse* vor: „Der Begriff in seinem Ursinn geht direkt auf die Grundbedeutung der Verbwurzel I ‚gleich sein' zurück, während die denominierte Bedeutung, wie sie jetzt im AT begegnet, eine spätere Bildung ist" (aaO 73).
1046 Dass hier משל II ‚spotten' vorliege, vertreten u.a. *Crenshaw*, AncB 24C, 145f; *van Leeuwen*, Predeking van het Oude Testament, 118-120. Vgl. hierzu auch Thr 5,21.
1047 Vgl. zur Spottrede der Feinde in den Psalmen: Ps 73,8 (mit dem Hapaxlegomenon מוק); 80,7; 123,4 (mit לעג ‚spotten' bzw. Derivaten); 42,11; 74,10; 89,52; 89,52; 102,9 (mit חרף ‚schmähen' bzw. Derivaten); s. hierzu u.a. *Barth*, Errettung, 105.
1048 In Ps 86,14 heißt es sogar, dass sie dem betenden Ich nach dem Leben trachten.

E) Vergebung und Erlösung: V.12-15 267

Die Anmaßenden (זֵדִים) haben mich über die Maßen verspottet (ליץ hi.)[1049], aber von deinem Gesetz bin ich nicht abgewichen.

Da man voraussetzen darf, dass eine bestimmte Gruppe typischer ‚Feinde' im gleichen Entstehungsmileu auch ähnlich gezeichnet wird, empfiehlt es sich auch in Ps 19,14a, anders als bisher angenommen, nicht eine Bitte um Bewahrung vor einer drohenden Herrschaft (also משׁל II) der Hochmütigen zu sehen, sondern um Schutz vor ihrem Spott (d.h. משׁל I). Dass es beileibe keine Bagatelle ist, zum Gespött von Feinden – das heißt: in seiner sozialen Existenz angegriffen zu werden –, wird nicht nur an Hi 17,6 und Ps 69,12 zur Genüge deutlich.[1050] Auffällig und in dieser Form im Psalter singulär ist jedoch der sozusagen präventive Charakter von V.13-14a. Denn das betende Ich ist sich weder einer konkreten Sünde bewusst, noch ist es aktuell von Anmaßenden bedrängt, deren Treiben es schilderte. Und so kommen hier umso weniger die konkreten Nöte eines Einzelnen als vielmehr Grundbedingungen des Menschseins in den Blick. Auch dass beim betenden Ich ein solches Interesse an der Verschonung vor dem Gespött der Anmaßenden besteht, hat viel mit der Auffassung von der Bestimmung menschlicher Existenz in Israel zu tun: „Das neu gewonnene Leben besteht ... (u.a.) in der Sicherheit vor Feinden, die den Einzelnen irgendwie daran hindern wollen, an das Ziel seines Lebens zu kommen. Sicherheit und Friede gehört zu den wesentlichen Merkmalen wirklichen Lebens ... Erst Friede und Sicherheit erlauben es dem Israeliten, das zu werden, was er nach der von Jahwe ausgesprochenen Verheißung ... ist".[1051]
Dies „Ziel der Rettung'[1052] vor Sünden und Feinden formuliert V.14b auf seine Weise.

4. Erhoffte Integrität (V.14b)

Hier nun antizipiert das betende Ich die Erhörung seiner Bitten. Denn אז markiert nicht nur häufig nach einem Vordersatz mit אם oder einer Infinitivkonstruktion einen futurischen oder modalen Sinn, sondern auch

---

1049 Nach *Deissler* ist ‚spotten', ‚lächerlich machen' (so auch HAL s.v.) für ליץ hi. noch nicht stark genug (*ders.*, Psalm 119, 481).
1050 Die Ernsthaftigkeit dieser Bedrohung wird u.a. auch da deutlich, wo „Feindesnot ... als Aufenthalt im Totenreich" (*Barth*, Errettung, 106) angesehen wird, vgl. hierzu auch aaO 64-66.104-107 unter Hinweis auf Ps 18,5f.17f; 144,7 sowie Sir 51,1-12.
1051 *Barth*, Errettung, 117. Dass dies „teils durch die Fernhaltung oder Vernichtung der Feinde, teils dadurch bedingt [ist], daß der Einzelne an einem festen und sicheren (darum meist ‚hohen') Ort seine Zuflucht findet", wie *Barth* zugleich feststellt (ebd.), bewährt sich auch insofern an Ps 19, als er im Bekenntnis des betenden Ich zu JHWH als ‚Fels'gipfelt (V.15).
1052 Vgl. die Kapitelüberschrift bei *Barth*, Errettung, 146.

dann, wenn die Bedingung, unter der der Sachverhalt des mit אז eingeleiteten Satzes eintritt, zu ergänzen ist. Das ist in diesem Falle die Erhörung der an JHWH gerichteten Bitten,[1053] die das betende Ich in Gewissheit und Vertrauen an JHWH herangetragen hat. Der erbetene Freispruch von versehentlichen Vergehen und die Bewahrung vor sozialer Schädigung sind also die *Voraussetzungen* dieses ‚vollkommenen' Lebenswandels.

Welcher Art aber ist diese Vollkommenheit? Unzweifelhaft geht es hierbei nicht um ‚Perfektion',[1054] denn weder der Kontext noch das Verb תמם[1055] legen die Vorstellung von restloser Sündlosigkeit nahe.[1056] Vielmehr bezeichnet „die Wortgruppe *tmm* das Richtige, Gutartige, Gerade, Rechte, wie dies in einer einmaligen Handlung oder in der gesamten Lebensführung seinen Ausdruck findet"[1057]. Damit ist ein ethisches Ideal schuldfreien Lebens und rechten Lebenswandels ausgedrückt, in dem sich die konnektive Gerechtigkeit auswirkt[1058] – ein Ideal, das man demgemäß häufig in der Weisheit findet.[1059] Meist wird mit den verschiedenen Ausdrücken dieser Wortgruppe, gerne auch in (weisheitlich gefärbten) Psalmen,[1060] der ‚Typos' des Gerechten oder

---

1053 S. hierzu HAL 26 s.v. אז; vgl. KBL 24 s.v. אז; GK § 159dd; vgl. 1 Kön 13,19; Hi 3,13; Mi 3,4; Zef 3,9. Auch in Ps 51,21; 56,10 wird mit אז auf die Folge von JHWHs Eingreifen Bezug genommen; in Ps 119,6.92 auf die von Aktivitäten des betenden Ich.

1054 *Knierim* verkennt das, wenn er erwägt: „the psalmist's servanthood for Yahweh is to be in the service of his own perfection rather than, however perfect, in the service of Yahweh" (Theology, 452). Vgl. bereits u.a. *Kittel*: „In vergnügter Selbstzufriedenheit rechnet der Beter sich zu denen, die das Ideal so gut wie erreicht haben", das seiner Interpretation nach darin besteht, „vollkommen und ... sündlos" zu sein (KAT XIII, 74).

1055 In der Bedeutung ‚unsträflich, vollkommen sein', ist תמם eher selten (s. HAL 1615 s.v.), ist dann jedoch unschwer als synonym zu היה תמים u.ä. zu erkennen.

1056 *Kedar-Kopfstein*, תָּמַם, 696.

1057 So *Kedar-Kopfstein* (aaO 696) zur Verwendung dieser Wortgruppe im ethisch-moralischen Bereich. Vgl. *Tropper* zu den zu תמם synonymen Wendungen הלך תמים / היה תמים, die der „Charakterisierung des integren Lebenswandels von Menschen" dienen (*Tmym 'm YHWH*, 298).

1058 Vgl. hierzu etwa Ps 18,24 sowie dazu *Koch*: „(L)etzlich [sc.: bezeichnen] alle diese Wendungen ein der Gemeinschaftsbeziehung zu Gott adäquates menschliches Tun, andererseits ein glückhaftes, harmonisches Ergehen" (תמם, 1050). Vgl. Prov 11,5, wonach die Gerechtigkeit eines Integren ihm den Weg gerade macht, sowie Prov 28,18; Hi 4,6. Zum Gebrauch von תמם in Hi und Sir s. ausführlich *Eggert-Wenzel*, Gebrauch von תמם, v.a. 232ff.

1059 Auf Menschen bezogen findet man es im Pentateuch lediglich in priester(schrift)lichen Texten, s. *Koch*, תמם, 1049.

1060 Z.B. in Ps 15,2; 84,12 (הלך תָּמִים); 101,2.6 (דֶּרֶךְ תָּמִים). Ps 119,1 preist die in Bezug auf ihren Wandel Rechtschaffenen (תְּמִימֵי־דָרֶךְ; par.: הַהֹלְכִים בְּתוֹרַת יהוה) glücklich. Es ist wenig erstaunlich, dass dieses Ideal – in Fortführung des Sprachgebrauchs der Psalmen und des Proverbienbuchs – in essenischen Qumrantexten *in extenso* aufgenommen wird, s. hierzu *Koch*, aaO 1050 und ebd. auch die zahlreichen Belege v.a. aus 1QS.

E) Vergebung und Erlösung: V.12-15 269

besonders vorbildliche Menschen beschrieben, wie z.B. Noah.[1061] Eine große Nähe zu unserer Stelle weist wiederum Ps 119 auf, wo das betende Ich in V.80 um ein ‚lauteres Herz in JHWHs Ordnungen' bittet.[1062] Auch hiernach ist die Verwirklichung eines rechtschaffenen Lebens auf JHWHs Handeln am betenden Ich angewiesen. Möglicherweise hat die erhoffte ethische Integrität auch einen kult- bzw. opfermetaphorischen Beiklang.[1063] Vor allem aber prägt hier weiterhin ein weisheitlicher Denkrahmen die innere Struktur dieses Abschnitts: Dass sich Sündenfolgen durch JHWHs Freispruch nicht im Leben des betenden Ich auswirken, ermöglicht überhaupt erst eine integre Lebensführung.[1064] Dass es wirklich auf diesen Zusammenhang ankommt,[1065] wird durch die Stichwortverbindung bzw. den Gebrauch des gleichen Verbs נקה[1066] (in V.13 im Qal und in V.14b im Nif.) eigens hervorgehoben: Dass das betende Ich auf ein von großer Sünde befreites Leben ausblickt, ist anders als durch Erhörung der Vergebungsbitte V.13b nicht vorstellbar.

Was genau ist aber hier mit פֶּשַׁע רָב gemeint? Hierüber ist in der Forschung bereits eine Vielzahl von Vermutungen angestellt worden,[1067] wie etwa, dass es sich um Ehebruch oder Fremdgötterverehrung handele.[1068] Für dies Verständnis wurde auf außerisraelitische Parallelen hingewiesen. Dass die ‚große Sünde' in ägyptischen Texten (präziser: vor allem Eheverträgen) ein Ausdruck für Ehebruch sein kann, hat zwar nach Rabinowitz[1069] in Gen 20,5 seine Parallele, und womöglich ist er

---

1061 Gen 6,9, vgl. auch Sir 44,16 (Noah) und 17 (Henoch) sowie Hi 12,4 (Hiob).
1062 Sir 49,3 spricht mit einer ähnlichen Wendung (תמם לב) von Josia. Im Hintergrund von Ps 119,80 steht wahrscheinlich die Formulierung in Dtn 18,13 (תָּמִים תִּהְיֶה עִם יהוה), die in Ps 18,24 aufgenommen zu sein scheint: ‚und ich war rechtschaffen vor ihm (תָמִים עִמּוֹ). *Tropper* plädiert für eine direkte Aufnahme, s. aaO 299. Ps 119 dagegen formuliert diese Vollkommenheit als Bitte und weder imperativisch wie Dtn 18,34 noch als einen Rückblick auf ein vor Sünde bewahrtes Leben.
1063 S. hierzu unten V. E) 5. zu V.15b.
1064 Ähnliche Akzente setzt *Baethgen*s Verständnis der Sündentilgung: Die Vergebung Gottes bewirkt, dass die Gemeinde „tadellos dastehn" wird, so dass „Gott nun nichts mehr an ihr auszusetzen hat" (HK II/2, 57).
1065 Die erbetene Bewahrung vor den Anmaßenden ist demgegenüber nicht nur inhaltlich, sondern auch von der Textstruktur her von nur zweitrangiger Bedeutung für den integren Lebenswandel des betenden Ich.
1066 Nicht unmittelbar parallel, aber fast synonym verwendet werden Derivate von נקה und תמם auch in Hi 4,6f; 9,23f.
1067 Da *Clines'* Auslegung des Psalms im Horizont der Erzählung vom Baum der Erkenntnis in keiner Weise überzeugt, kann allerdings auch seine Deutung der ‚großen Sünde' in V.14 auf die Erzählung vom ‚Fall' (– der ‚großen Sünde' auf Adams Sünde und der זדים auf die Schlange [sic!] –) als obsolet angesehen werden; Tree of Life, 13f).
1068 So u.a. *Dahood*, AncB I, 125; *Glass*, Observations, 247.
1069 Great Sin, 73. Ähnliches gilt für Ugarit, s. *Moran*, Great Sin, 280f.

auch auf Israels Fremdgottverehrung übertragen worden.[1070] Diese Stellen weisen jedoch allesamt die Begrifflichkeit חֲטָאָה גְדֹלָה auf, und nicht פֶּשַׁע רָב. Von größerem Gewicht ist hier deshalb die alttestamentliche Semantik selbst, wenn man danach fragt, ob hier eine bestimmte Art von Vergehen gemeint ist.

Die Grundbedeutung von פֶּשַׁע ist nicht, wie noch Köhler vorgeschlagen hat, vornehmlich in ‚Protest', ‚Bestreitung' u.ä. zu sehen,[1071] sondern nach Knierim eher in ‚Verbrechen', ‚Bruch' (gegen ein Gemeinschaftsverhältnis)[1072] zu suchen. Dabei ist zwar generell zu beachten: פֶּשַׁע „heißt nicht ‚Sünde'. Denn sosehr der Begriff eine theologische Dimension hat, sosehr ist das Alte Testament, wie auch sonst, daran interessiert, von ‚Sünde' so zu reden, daß es Taten und Vorgänge bei ihrem eigenen Namen nennt"[1073]. Dennoch ist der Begriff je später, desto geprägter, so dass bei פֶּשַׁע „in den Psalmen tatsächlich ein bestimmtes Vergehen nicht mehr sichtbar"[1074] ist. An eine spezifische Art von Sünde gegen die Gemeinschaft und darin zugleich gegen JHWH ist hier deshalb auch kaum gedacht. Der Aussageschwerpunkt liegt ja ohnehin auf einem von Sünde *befreiten* Leben – wie auch immer eine mögliche Verfehlung aussähe.

Aber wie ist die Näherqualifizierung durch רָב zu verstehen – geht es um die Vielzahl oder um die Schwere der Sünde? Zwar ist oftmals im Alten Testament von einer großen Menge[1075] oder zahlreichen Sünden[1076] die Rede, oder auch davon, dass sie zahlreich sind oder vermehrt werden.[1077] Doch handelt es sich dabei immer auch um Pluralformen von פֶּשַׁע.[1078] Und da פֶּשַׁע auch kaum als ein Kollektivum anzusehen ist, das eine *Vielzahl* von einzelnen Sünden umfasst, so dreht es sich hier kaum um eine große Zahl.[1079] Vielmehr geht es hier um eine denkbare, aber unbestimmte schwerwiegende Sünde mit ihrer ‚Last', von der das Leben des betenden Ich durch JHWHs Lospruch fernerhin unbelastet bleiben soll. Auch für eine unbestimmte ‚große Sünde' finden sich Parallelformulierungen in der ‚Umwelt', wie in einem akkadischen Gebet:

anna rabâ ša ultu ṣeḫērīja i-pu-šu (E: *i-p[u-šú]*)
suppiḫ-ma adi sebîšu puṭur[1080]

1070 Vgl. Ex 32,21.30.31; 2 Kön 17,21.
1071 So auch noch *Porúbčan*, Sin, 24.
1072 *Knierim*, Hauptbegriffe, 176ff; *ders.*, פֶּשַׁע, 489ff.
1073 *Knierim*, פֶּשַׁע, 493f; ähnlich Seebaß, פֶּשַׁע, 803.
1074 *Koch*, Sünde, 42.
1075 Meist in Cstr. Verbindungen mit רב: Ps 5,11; Lam 1,5.
1076 Vgl. Am 5,12: רַבִּים פִּשְׁעֵיכֶם.
1077 Mit רבב qal: Hi 35,6; Jes 59,12; Jer 5,6; mit רבב hi. + Inf.cstr.: Am 4,4.
1078 Lediglich im Proverbienbuch ist in singularischen Formulierungen vom ‚Großwerden' der Sünde die Rede, vgl. z.B. Prov 29,16.
1079 So z.B. *Briggs*, ICC, 171; *van der Ploeg*, Psalm XIX, 200.
1080 *Von Soden*, AGH 74,36f; s. hierzu auch *Mayer*, Gebetsbeschwörungen, 115.

E) Vergebung und Erlösung: V.12-15 271

Die große Sünde, die ich seit meiner Jugend begangen habe,
zerstreue und löse sie siebenmal.

Durch die Stichwortverbindung zu V.12b ist im Freisein von großer
Sünde zudem ein (kontrastiver) Bezug zu der Menge an guten Folgen
(עֵקֶב רָב; V.12b) zu erkennen, der aus dem Bewahren der Gebote folgt.
Nun war aber zuvor vom Lossspruch von versehentlichen oder verborgenen Sünden die Rede (V.13b) – wären es nicht eigentlich auch sie, von denen das betende Ich in einem wahrhaft integren Leben hoffen dürfte, frei zu sein? Wenn es die vorausgesetzte Situation nach diesem Freispruch lediglich als ein Leben ohne eine *schwerwiegende* Sünde mit JHWH bzw. ihre (Straf-)Folgen formuliert, so erklärt sich das durch die Haltung der Demut, in der es auf die Erhörung blickt. Auch darin wird aber deutlich, dass es nicht ‚Vollkommenheit', sondern schlicht ein rechtschaffenes Leben vor JHWH erhofft.

5. Weihe an den Löser JHWH (V.15)

In diesem Abschlussvers nun bittet das betende Ich um Annahme seiner Worte (אֵמֶר pl.cstr.) und seines ‚Sinnens' (הִגָּיוֹן sg.cstr.). Doch welchem sprachlich-theologischen Hintergrund entstammen die Begriffe und worauf genau beziehen sie sich hier?
Wenn die Bedeutung von אֵמֶר ‚Ausspruch', ‚Kunde'[1081] nur recht vage zu sein scheint, so ergibt sich vom Gebrauch des Begriffs her doch ein recht klares Bild: Im Pl.cstr. mit פֶּה + ePP wird es für Gottesworte[1082] und für Worte des klagenden Gebets[1083], aber auch für weisheitliche Diskussionsworte[1084] verwendet. Der Gebrauch ohne Näherbestimmung bzw. im St.abs. weicht hiervon kaum ab: Neben dem Bezug auf Worte Gottes[1085] findet man es im Pl. gerne in der Weisheit: für die Worte weisheitlicher Lehrrede und Diskussion,[1086] für die Lehre an den Sohn[1087] bzw. für Worte der Weisheit selbst.[1088] Als weisheitliche Lehre kann sie sogar parallel zum Gebot Gottes (מִצְוָה; Hi 23,12) bzw. zu seiner Weisung (תּוֹרָה; Hi 22,22) stehen. Und auch die in Form eines Psalms ergehende ‚Lehre'[1089] des Mose in Dtn 32 wird als אִמְרֵי־פִי bezeichnet (vgl. V.1f). Es liegt also nahe, dass der Begriff auch in Ps 19,15b für weise, lehrende und in die Form des Psalms gegossene

---

1081 HAL 65 s.v.
1082 Hi 23,12; Ps 138,4; Hos 6,5.
1083 Ps 5,2; 54,4 (par. zu תְּפִלָּה).
1084 Hi 8,2.
1085 Vgl. Num 24,4.16; Jos 24,27; Hi 6,10; Ps 107,11.
1086 Prov 1,2; 15,26; 16,24; 17,27; 22,21; Hi 32,12.14; 33,3; 34,37. Zu den אֲמָרִים als ‚weisheitliche(r) Kategorie" s. *Wagner*, אָמַר, 370f.
1087 Prov 2,1; 4,10; 7,1 (par מִצְוֹת).
1088 Prov 1,21; 8,8.
1089 Vgl. לֶקַח in V.2 par. אֵמֶר (Pl.cstr.) in V.1.

Worte gewählt wurde. Dass sich אִמְרֵי־פִי auf die Worte des Psalms selbst bezieht, wird auch durch den Stichwortbezug auf אָמַר (V.3) im ersten Psalmteil unterstützt.[1090] Er unterstreicht, dass das betende Ich, indem es seinen Schöpfer anredet, etwas der doxologischen Rede des Himmels Entsprechendes vollzieht,[1091] das beim vergebungs- und schutzbedürftigen Menschen jedoch vor allem die Form der Bitte und des Vertrauensbekenntnisses annimmt.
Auf den ersten Blick spezifischer ist das seltene Wort הִגָּיוֹן.

Neben einem nicht restlos erklärten technischen Gebrauch in den Psalmen, wo es wahrscheinlich ein musikalisches Zwischenspiel bezeichnet,[1092] begegnet es nur noch – negativ konnotiert – in Thr 3,62 für das ‚Raunen‘ von Feinden. Beides ist – ebenso wie die Parallelität zu אֲמָרִים[1093] – für die Semantik des Begriffs nur wenig erhellend. Die Bedeutung des Verbs allerdings, das für allerlei nichtartikulierte Laute, für ein Murmeln oder Flüstern, aber auch für das Loben und allgemein für das Sprechen stehen kann[1094], gewinnt „in den späten Lehrpsalmen und den ihnen nahestehenden Textstellen des Alten Testaments ... das ruhebringende Moment des Nachsinnens und Bedenkens, das stetige Moment des Sinnens und Murmelns"[1095] hinzu. In den Psalmen bekennt das betende Ich, über JHWH (Ps 63,7), über seine Taten (Ps 77,13; 143,5 par. שִׂיחַ) oder über seine Gerechtigkeit (Ps 35,28) nachzusinnen.[1096] Nach Prov 15,28 hat dieses Meditieren im ‚Herzen‘ des Gerechten seinen Ort. Bereits wegen der Konstruktusverbindung mit לֵב[1097] geht es auch an unserer Stelle bei הִגָּיוֹן um ein Nachsinnen, und wahrscheinlich auch hier über Überlieferungen. Das erhärtet sich durch den Gebrauch des Verbs הגה in Texten, die wahrscheinlich in etwas spezifischerer Weise im Hintergrund von Ps 19,15 stehen. Erneut fällt der Blick auf die Rede der Weisheit in Prov 8, wo in V.7f die personifizierte Weisheit ‚Aussprüche ihres Mundes‘ (אִמְרֵי־פִי) ‚murmelt‘ (הגה). In Ps 19,15b ist es dagegen das betende Ich des Psalms, das solche weisen Worte vor sich hin spricht (הגה). In Ps 37,30f wiederum werden die Themen ‚weisheitliche Rede‘ und ‚Tora‘ miteinander verbunden:

30 Der Mund des Gerechten murmelt Weisheit,
und seine Zunge redet Recht.
31 die Tora seines Gottes ist in seinem Herzen,

1090 S. oben II. B) 1. zur Struktur des Psalms.
1091 S. dazu oben II. B) 3. c), vgl. *Fischer*, Komposition, 15.
1092 In Ps 92,4 wird es für den mit der Leier (כִּנּוֹר) erzeugten Klang gebraucht, und „in Ps 9,17 bezeichnet es ein ‚Zwischenspiel‘, das offensichtlich zum Bedenken des davor stehenden Psalmenabschnitts anregen soll" (*Hossfeld / Zenger*, HThK, 632 [*Zenger*]), vgl. *Negoiţă*, הָגָה, 344; *Augustin*, ‚Meditieren‘, 503 Anm. 47.
1093 So jedoch *Augustin*, der meint, dass „der Parallelismus eine Lautäußerung verlangt" (ebd.), was jedoch bei לֵב als vorauszusetzendem Subjekt dieser Lautäußerung schwer möglich erscheint.
1094 *Negoiţă*, aaO 343f.
1095 *Augustin*, ‚Meditieren‘, 501f. Vgl. HAL, das (neben den nichtmenschlichen Lautäußerungen) die Bedeutungen ‚halblaut lesen‘, murmelnd bedenken‘, ‚planen‘ und ‚reden‘ angibt (s.v. הגה).
1096 S. hierzu auch die detaillierte Besprechung dieser Textstellen in *Augustins* Begriffsstudie aaO 497ff. In jedem Fall liegt bei ihnen „der Ton nicht auf dem Hersagen, sondern auf der vertrauensschaffenden Erinnerung an das Geschichtshandeln Gottel [sic!]" (*Negoiţă*, הָגָה, 344).
1097 Vgl. ähnlich הֲגוּת לִבִּי (ersteres ein Hapaxlegomenon) in Ps 49,4.

E) Vergebung und Erlösung: V.12-15

seine Schritte werden nicht wanken.

Wahrscheinlich wird hier auch ein innerer Zusammenhang gesehen: Weil im ‚Herzen' (לֵב) des Gerechten die Tora seines Gottes ist, murmelt (הגה) sein Mund (פֶּה) Weisheit.[1098] Ein ähnliches Denken liegt auch Ps 19,15b zugrunde, wo allerdings das Herz (לֵב) Ort des ‚Murmelns' ist; es geht also nicht um die Rezitation, sondern primär um die Meditation. Möglicherweise greift Ps 19,15 aber auch auf Jos 1,8 und seinen Kontext zurück, eine Passage, die in ihrer kanonstrukturierenden Aufnahme durch Ps 1,2 seit langem erkannt ist.[1099] Dort wird das Nachsinnen (הגה) des prototypischen Mose-Nachfolgers Josua über die Tora als ein Ideal vor Augen geführt, das nicht nur in Ps 1,2 nachgewirkt hat.

Bei הִגָּיוֹן geht es also um das Sinnen über weise Worte bzw. belehrende Überlieferung, und das bezieht sich wahrscheinlich auf beides – auf die Meditation der Psalmworte wie der Tora. Das wiederum läuft im Abschnitt V.8-11 zusammen: Er ist nämlich sowohl Lehrrede des betenden Ich als auch Nachsinnen über die Gebote.

Wir haben es also in V.15aα.β mit einem synthetischen Parallelismus zu tun, der auch polare Elemente in sich trägt und beides, die weisheitliche Lehre in Psalmform (אִמְרֵי־פִי) und das Meditieren dieser Lehre *und* der Tora (הֶגְיוֹן לִבִּי), miteinander verbindet. Diese Polarität zeigt sich auch an der Polarität von Mund (פֶּה) und Herz (לֵב), von Reden und Denken,[1100] die deutlich macht, dass das betende Ich sein ganzes Menschsein hieran beteiligt sein lässt.[1101] Und so kommt in der sehr weiten Perspektive dieses Parallelismus nicht nur der gesamte Psalm, sondern auch das vergangene wie das künftige Psalmdichten und Meditieren des betenden Ich in den Blick.

Das betende Ich bittet JHWH in V.15b nun um wohlgefällige Annahme dieses seines Redens und Meditierens, und zwar mit einer Formulierung, die der Opferdarbringung entstammt: „Als kultspezifischer Terminus begegnet uns der Ausdruck *lerāṣôn* in der Bedeutung ‚Annahme' (von Opfern)"[1102]. Unter Verwendung des Ausdrucks לְרָצוֹן werden in Lev 1,3; 22,20.21; Jes 56,7 die Bedingungen genannt, unter denen Opfer vor JHWH wohlgefällig sind.[1103] Ähnliches kann auch unter Verwendung anderer Ausdrücke mit רָצוֹן bzw. רצה ni. geschehen.[1104]

Diese kultische Begrifflichkeit ist vor allem in der Weisheit bereits auf das Gebet übertragen worden, wie etwa in Prov 15,8:

1098 Zu diesem Zusammenhang s. auch *Irsigler*, Gerechtigkeit, 78.
1099 Vgl. u.a. *Kratz*, Tora Davids, 6ff, vgl. bereits *Duhm*, KHC XIV, 3.5.
1100 Ähnlich wie in V.9, wo mit der Polarität von Augen und Herz die menschliche Wahrnehmung als Ganze in den Blick kommt, geht es auch hier um Außen und Innen als Gesamtheit.
1101 Vgl. פֶה und לֵב, ähnlich in Ps 49,4.
1102 *Barstad*, רָצָה, 647.
1103 Vgl. Mal 2,13; ferner Jer 6,20 (לֹא לְרָצוֹן). Vgl. auch die Wendung לִרְצֹנְכֶם ‚Wohlgefallen zu euren Gunsten' (Lev 19,5; 22,19.29; 23,11).
1104 S. hierzu *Gerleman*, רָצָה, 812.

Das Opfer (זֶבַח) der Frevler ist ein Greuel für JHWH (תּוֹעֲבַת יהוה),
aber das Gebet (תְּפִלָּה) der Aufrichtigen ist sein Wohlgefallen (רְצוֹנוֹ).

Sowohl der weitgehend kultische Begriff תּוֹעֵבָה[1105] als auch רָצוֹן werden hier auf die religiöse Praxis der in ethischer Hinsicht makellos Lebenden angewandt. Dabei handelt es sich hier nicht um eine Opferkritik, sondern vor allem um die Gegenüberstellung von Frevlern und ‚Rechtschaffenen'.[1106] Denn es ist zwar deutlich, dass eher das Bittgebet eines Gerechten die (kultterminologisch formulierte) Annahme vor JHWH findet;[1107] doch wird eine der hier ausgesparten Alternativen, das Gebet des Frevlers,[1108] in Prov 28,9 ausdrücklich negativ bewertet – das Gebet tritt also nicht *grundsätzlich* an die Stelle des Opfers.
Eine enge Parallele zu Ps 19,15a findet man wiederum in Ps 119, wo das aktuelle Beten als freiwillige Opfergabe vor JHWH gebracht wird (V.108):

> Die freiwillige Gabe meines Mundes lass dir doch wohlgefallen (רְצֵה־נָא),
> JHWH!
> Und deine Rechtsurteile lehre mich!

Dabei sieht das betende Ich die mit dem Mund dargebrachten נְדָבוֹת als ein Opfer*äquivalent* an.[1109] Der Opferkult bildet dabei nicht nur den Hintergrund und den Vorstellungsrahmen dieser Aussage. Als eine weiterhin *realiter* ausgeübte, durch diese Aussage auch nicht kritisierte Praxis spiegelt sich in der nachdrücklichen Bitte um Annahme dieses besonderen Opfers der Lippen, dass das Opfer vom Psalmisten seinem Gehalt nach uneingeschränkt ernstgenommen wird. Dabei wird das Gebet als ein wohlgefälliges Opfer hier mit dem Lernen der Tora verbunden.[1110]
Auch das Lobgelübde in Ps 69,31ff, das Ps 19,15a in Stellung und Funktion im Psalm in etwa entspricht,[1111] hat seinen Aussageschwerpunkt nicht in der Opferkritik. Dort vergleicht das betende Ich sein in V.31 ausgesprochenes Lobgelübde in V.32 explizit mit einem Opfer. Dabei werden die Opfer als gut, Lied und Dank jedoch als

---

1105 Zu תּוֹעֵבָה im Opferkontext vgl. Ex 8,22; Dtn 17,1; Jes 1,13. Als kultisch beheimateter Begriff (vgl. *Fuhs*, Sprichwörter, 88; *Meinhold*, ZBK 16/1, 87.251) begegnet er v.a. in Fremdkult-polemischen Texten (Dtn 7,25f; 12,3; 18,12; 22,5; 23,13.19; 27,15), wird jedoch in Prov oft zur Kennzeichnung ethisch verwerflicher Lebensführung gebraucht (vgl. Prov 3,32; 6,16; 11,1.20; 12,22; 15,8f.26; 16,12; 17,15; 20,10[vgl. Dtn 25,16.23]; 29,27).
1106 So *Fuhs*, Sprichwörter, 242; *Ernst*, Kultkritik, 10-20; *Meinhold*, ZBK 16/1, 251.
1107 Vgl. ähnlich Prov 10,32; 11,1.27; 12,2.
1108 Über das Opfer der Rechtschaffenen wird hier leider nichts gesagt, doch es ist nicht zu erwarten, dass es negativ beurteilt würde.
1109 Vgl. zu dieser nächsten Parallele von Ps 19,15a *Deissler*: „Wenn unser Psalmist nun die Ergänzung ‚meines Mundes' vornimmt, so meint er damit das Lob- und Dankgebet *als* Opfer" (Psalm 119, 207; Hvbg vom Vf).
1110 Eine sehr ähnliche, jedoch ausführlichere und somit greifbarere Position vertritt Ben Sira; zu seiner ‚Kultfreudigkeit' s. *Stadelmann*, Schriftgelehrter, 44ff; zu seiner Stellung zum rechten Opfer in Sir 31,21-32,20 s. ebenfalls *Stadelmann*, aaO 68ff.
1111 S. dazu oben IV.

E) Vergebung und Erlösung: V.12-15 275

noch besser angesehen:[1112] Der Akzent liegt nicht auf der Herabsetzung des Opfers, sondern auf der Höherbewertung des Dankliedes.

So handelt es sich noch weniger in Ps 19,15b um eine implizite Kultkritik. Auch der Begriff der Spiritualisierung[1113] trägt in diesem Zusammenhang nicht besonders weit, da es sich beim ‚Gebet als Opfer' nicht nur um ein Geschehen handelt, das auf rein spiritueller oder innerlicher Ebene zwischen dem betenden Subjekt und JHWH abliefe, sondern das unter Umständen die gesamte Handlung von Komposition (im Falle des Psalmisten) und möglicherweise liturgischer Rezitation des Psalmes innerhalb der Gemeinde einschließt. Besser wäre hier auf literarischer Ebene vielleicht von einer Übertragung bzw. Metaphorisierung der Opferterminologie auf das Psalmgebet zu reden. Doch auch dann ist nicht zu vergessen, dass diese Übertragung meist – wie hier – vor dem Hintergrund der Ausübung des Opferkultes und nicht als seine Ersetzung geschah. Vielmehr werden in Ps 19,15b die Worte des Mundes und das Sinnen des Herzens *als eine Art Opfer*[1114] verstanden, durch das das betende Ich eine Form Lebensäquivalent darbringt, auf dessen Annahme durch JHWH es hofft.[1115]

Es kommt dem betenden Ich also auf die gnädige Annahme seines Redens und Sinnens *vor JHWH* (לְפָנֶיךָ; V.15a) an. Auch diese Begrifflichkeit weist auf tempeltheologische Ursprünge zurück,[1116] muss aber nicht mehr kultisch verstanden werden. Denn Ausdrücke wie לְפָנָיו (in Bezug auf JHWH), לִפְנֵי יהוה u.ä. beziehen sich an vielen Stellen (mit oder ohne kultischen Bezug)[1117] auf die Konfrontation des gesamten Lebens der einzelnen mit JHWHs Gegenwart und Willen. Vor allem in den Psalmen geht es, ähnlich wie hier, immer wieder darum, wie jemand

---

1112 In Ps 51,19f dagegen werden tierische Opfer zwar tatsächlich abgelehnt. Hos 14,3 spricht jedoch von der Frucht der Lippen *als* Opfer und Ps 141,2 vom Bittgebet *als* Räucherwerk (קְטֹרֶת), das vor JHWH (לְפָנֶיךָ, vgl. Ps 19,15) ‚fest hingestellt' sein möge.
1113 *Hossfeld* z.B. sieht hier eine „Weiheformel mit spiritualisierendem Kultverständnis" (*Hossfeld / Zenger*, NEB 29, 134 (*Hossfeld*); *Kraus* (BK XV/1, 160) zitiert *Delitzsch*: „Das Gebet ist ein Opfer des inneren Menschen" (BC IV/1, 171); die Beispiele ließen sich vermehren. Vgl. jedoch zur Kritik an der vermeintlichen ‚Vergeistigung' des Opferkultes in Israel u.a. *Stadelmann*, Schriftgelehrter, 99ff.
1114 Ähnlich sieht das (als einer der wenigen) *Anderson*: „In the intention of the psalmist, this prayerpoem *is* such an offering" (NceB, 100, Hvbg. von mir).
1115 Das kann auch tatsächlich formgeschichtlich belegt werden, insofern nämlich am Ende des KE (bzw. des DE) ursprünglich das Opfergelübde stand (vgl. Ps 54,8; 56,13), an dessen Stelle äquivalent das Gelübde eines Liedes treten konnte (vgl. v.a. Ps 61,9).
1116 Vgl. z.B in Lev 1,3, wo die לִרְצוֹן-Formel mit לִפְנֵי יהוה kombiniert bzw. verstärkt wird, s. dazu *Rendtorff*, BK III, 30f.
1117 Zum meist kultischen Hintergrund der לִפְנֵי יהוה-Formulierungen sowie zu ihrem außerkultischen Gebrauch vgl. van der Woude, פָּנִים, 458; *Simian-Yofre*, פָּנִים, 653.

‚vor JHWH' dasteht[1118] und dass seine Worte ‚vor JHWH' Gehör und Annahme finden.[1119] Insofern kann für לִפְנֵיךָ auch an dieser Stelle die Bedeutung „‚in den Augen, nach dem Urteil, nach Ansicht Jahwes'"[1120] festgestellt werden.
Auch dort, wo Opferbegrifflichkeit auf das Reden und das gesamte Leben von Menschen übertragen wird, ist in Analogie zum kultischen Opfer[1121], zuweilen von der wohlgefälligen Annahme des Makellosen die Rede, wie etwa in Prov 11,20:

> Ein Greuel für JHWH sind, die verkehrten Sinnes sind;
> aber seinem Wohlgefallen entsprechen die, die rechtschaffen ihren Weg gehen (תְּמִימֵי דָרֶךְ)[1122].

Mit תּוֹעֵבָה und רָצוֹן wird hier durch mehrere kultisch beheimatete Begriffe[1123] ein kultischer Beiklang des an sich ethisch gebrauchten Begriffs תָּמִים evoziert. Auf diesem Hintergrund erscheint es auch in Ps 19 wahrscheinlich, dass bereits in V.14 die erhoffte Integrität nicht nur ethisch zu verstehen ist,[1124] sondern dass auch hier eine kultische Metaphorik mit hineinspielt.[1125]

Ein solch kultmetaphorischer Beiklang auch bei ethisch denotiertem תָּמִים ist nicht ohne Parallelen: In essenischen Qumrantexten wird der vollkommene Lebensweg der Gemeindeglieder, die oft deskriptiv wie präskriptiv תמים דרך u.ä. genannt werden, häufig in einen kultmetaphorischen Zusammenhang gebracht und als Opfergabe o.ä. verstanden.[1126] Dies Verständnis kongruiert, wie in 1QS 9,4-5, häufig mit der Auffassung vom Gebet als Opfer:

> ותרומות שפתים למשפט כניחוח צדק ותמים דרך כנדבת מנחת רצון

> Und ein Hebopfer von Lippen gemäß dem Recht
> als eine gerechte Beschwichtigung,
> und vollkommener Wandel als wohlgefällige freiwillige Gabe.[1127]

1118 Der Tenor der Aussagen zur Stellung des Menschen ‚vor JHWH' in den Psalmen ist: Zwar kann vor JHWH an sich keiner bestehen (vgl. etwa Ps 76,8; 143,2 mit Ps 19,13), doch vermag JHWH die einzelnen in Rechtschaffenheit zu bewahren und sie vor sich bestehen zu lassen (Ps 41,13, vgl. auch Ps 102,29).
1119 Vgl. die Bitte, dass das Flehen der Einzelnen ‚vor ihn' kommen möge (Ps 79,11; 88,3; 119,169f).
1120 *Van der Woude*, aaO 459; vgl. Gen 6,11.13; Jes 66,22; Ps 143,2 u.a.
1121 In Lev 22,21 etwa heißt es über ein Opfer: תָּמִים יִהְיֶה לְרָצוֹן – ‚Als Makelloses wird es wohlgefällig sein'.
1122 Zu תְּמִימֵי דָרֶךְ vgl. auch Ps 119,2f.
1123 S. zu תּוֹעֵבָה und רָצוֹן bereits oben.
1124 *Tropper*, *Tmym 'm YHWH*, 296.
1125 Vgl. o.zum Nachhall kultisch beheimateter Sündenterminologie in V.13.
1126 Vgl. 1 QS XIII,10.18.21; IX,5.9 u.ö.; s. hierzu *Kedar-Kopfstein*, aaO 700.
1127 Hebräischer Text nach *Charlesworth*, DSS 1, 38.

E) *Vergebung und Erlösung: V.12-15*

Die zu diesem Beten und dieser lauteren Lebensführung ausgesonderte Gruppe innerhalb der Gemeinschaft nimmt auch eine Tempel-Ersatzfunktion wahr, die nach Auffassung der Qumrangemeinschaft in Ermangelung des rechtmäßigen Tempelkultes vonnöten war.[1128]

Die diesem Abschnitt von Ps 19 zugrunde liegende Logik besteht wohl ebenfalls darin, dass das betende Ich auch deshalb selbst ein rechtschaffenes Leben führen (תמם; V. 14b) möchte, damit sein Reden und Meditieren als ein wohlgefälliges Opfer[1129] Annahme finde.[1130] Ein einheitlich ausdeutbares Bild bietet der metaphorische und anspielungsreiche Zusammenhang auch hier nicht, was bereits die Inkongruenz der Zeitstufen verdeutlicht: Während das erhoffte makellose Leben von JHWHs Freispruch abhängt und noch aussteht, spricht das betende Ich die Hoffnung auf Annahme des Gebets noch aus der Vergebungsbedürftigkeit (vgl. V. 13f) heraus aus.
V.15b geht in seiner Eindringlichkeit hierüber noch einmal hinaus, wenn das betende Ich nun seine Hingabe an JHWH in der bekennenden Invocatio צוּרִי וְגֹאֲלִי gipfeln lässt.[1131]

Im Hintergrund der häufigen Bezeichnung und Anrede JHWHs als ‚Fels' in den Psalmen steht nicht nur eine altorientalische Tradition äquivalenter Begriffe als Epithet und Gottesbezeichnung[1132], sondern auch die positive Bedeutung des ‚Fels' in den heilsgeschichtlichen Traditionen im Allgemeinen,[1133] insbesondere aber des Zion, der seine Schutzbedeutung vom Tempel und vom dort präsenten JHWH selbst her erhält.[1134] Die konkrete Sicherheit hoher Felsen, wegen der sie so geeignet waren als Ort militärischer Befestigungsanlagen gegenüber politischen bzw. militärischen Gegnern, machte sie vor allem in den Individualpsalmen zu einem idealen Bildspender in der Beschreibung der von JHWH gewährten Sicherheit gegenüber Feinden.[1135] Auch deshalb wird mit „besonderer Dichte ... in den Psalmen die Metapher JHWH

1128 Vgl. hierzu *Maier*, Texte I, 190.
1129 Vgl. auch Sir 15,9f.
1130 *Meinhold* überzieht die Interpretation der kultmetaphorischen Anklänge jedoch, wenn er V.15 auf eine Selbsthingabe des betenden Ich deutet; Theologie, 133).
1131 Diese Klimax betont auch *Eaton* „The note of human ... dependance on the Redeemer grows stronger through vv. 12-15 to its climax in the last word: גֹאֲלִי" (Psalms, 132). Den Zielpunkt des Gedankengangs von Psalm 19 in dieser Klimax zum Ende des Psalms hat auch *Meinhold* zu recht hervorgehoben (Überlegungen, 134).
1132 Zu ‚Fels' als ugaritischem Götterepitheton bzw. als hethitischem Götternamen s. *Korpel*, Rock, 709; zu akk. *šadû* als Epitheton s. *Fabry*, צוּר, 981; zu ugaritischen Parallelen vgl. ferner *Knowles*, aaO 319f.
1133 Zu Dtn 32,13; Hi 29,6 u.ö. als Reminiszenzen der Tradition vom Wasser aus dem Felsen vgl. *Fabry*, aaO 979.
1134 Vgl. u.a. *Eichhorn*, Gott als Fels, 89-91.123. Die Herleitung der Felsmetaphorik lediglich vom Zion als dem prototypischen ‚Felsen des Heils' (vgl. tendenziell *Kraus*, BK XIV/3, 36; *Adam*, Der königliche Held, 121f) ist in Frage zu stellen, vgl. hierzu auch *Riede*, Im Netz, 357.
1135 Zum realienkundlichen Hintergrund der Fels-Metaphorik in den Individualpsalmen und ihrer Bedeutung in Ps 31,3; 62,3; 71,3; 94,22; 144,1f s. v.a. *Riede*, aaO 357-63; ferner *Knowles*, Rock, 306-311; *van der Woude*, צוּר, 542.

als Fels aufgenommen und zum Erhörungsmotiv ausgestaltet".[1136] Dabei ist vor allem צוּר, ein Leitwort im Moselied Dtn 32 (V.13.15.18.37), ausgesprochen häufig aufgenommen worden, vor allem in Ps 18 / 2 Sam 22.[1137]

In Ps 19,15b ist bei der Anrufung JHWHs als ‚mein Fels' (צוּרִי) vor allem an seine unerschütterliche Beständigkeit und seinen immerwährenden Schutz für das betende Ich gedacht.[1138] In Ps 73,26 wird dieses Epitheton sogar in der Formulierung der Hoffnung des betenden Ich über die leibliche Existenz hinaus gebraucht.[1139] Wie in Dtn 32,3, in Ps 18,31-33 und in dtn.-dtr. Texten wird aber auch hier mit diesem Epitheton[1140] das besondere Verhältnis des betenden Ich zu JHWH gekennzeichnet: „צוּר als Anrede und prädikative Bezeichnung Gottes, die durch das Suffix der 1. Pers. sg determiniert ist, begegnet im Munde eines Individuums nur in solchen Psalmen, die ... auf eine Offenbarung JHWHs bezogen sind, die ... durch das so charakterisierte existentielle Verhältnis Jahwes zu dem Beter qualifiziert wird".[1141] Diese Beobachtung trifft auch auf Ps 19 zu: In diesem Falle ist es die Tora JHWHs, die das betende Ich als Mittlerin der Gerechtigkeit JHWHs in die sachliche

---

1136 *Fabry*, צוּר, 980.
1137 Zu den Beziehungen zwischen Dtn 32 und Ps 18 und 2 Sam 22 hinsichtlich der Prädikation JHWHs als Fels s. *Eichhorn*, Gott als Fels, 53; *Knowles*, Rock, 312 mit Anm. 10; *Hossfeld / Zenger*, NEB 29, 127 (*Hossfeld*). Auffällig ist auch die große Bedeutung von צוּר gerade in Unvergleichlichkeitsaussagen, vgl. Ps 18,32; Jes 44,8; 1 Sam 2,2. Möglicherweise hat Ps 18,3 / 2 Sam 22,2f, wo neben צוּרִי in der Invokation סַלְעִי, מְצוּדָתִי, מִשְׂגַּבִּי u.a. genannt werden, insofern Vorbildcharakter gehabt, als sich die Anrufung JHWHs als צוּרִי häufig in längeren Reihen von Prädikationen findet, die Synonyme für Befestigungsanlagen und sichere Orte anhäufen, etwa im Davidpsalm Ps 28 (neben צוּרִי in V.1 in V.7: מָגִנִּי, in V.8: מָעוֹז), im Davidpsalm Ps 62 kehrversartig wiederkehrend (V.3.7 neben צוּרִי u.a. מִשְׂגַּבִּי) und im Davidpsalm Ps 144, der in vielerlei Hinsicht auf Ps 18 par. zurückgreift (neben צוּרִי finden sich dort in V.2: מְצוּדָתִי, מִשְׂגַּבִּי, מָגִנִּי). Für die spätere Rezeption von צוּר als ‚typisch davidische' Gottesanrede spricht auch die Bezeichnung JHWHs als Fels innerhalb der ‚letzten Worte Davids', 2 Sam 23,3.
1138 So *Knowles*, Rock, 309; *Riede*, aaO 363. Vgl. ferner auch Jes 26,4: עוֹלָמִים צוּר.
1139 Gerade wenn man V.26b als „nachträgliche Kommentierung" (*Hossfeld / Zenger*, HThK, 351 [*Zenger*]) einschätzen wollte, vgl. bereits *Duhm*, KHC², 73; *Gunkel*, HK II/2, 320 u.a.; s. dort auch zur Diskussion), fiele die Wahl des Ausdrucks צוּר־לְבָבִי in diesem Zusammenhang besonders ins Gewicht. Zur neueren Diskussion des Psalms und einer möglichen Vorstellung von der Gemeinschaft mit Gott jenseits der Todesgrenze s. ferner aaO 334ff; *Irsigler*, Gerechtigkeit, 91f; *Eichhorn*, ebd.; *Fabry*, aaO 980.
1140 Ferner schwingen bei diesem Epitheton auch immer JHWHs Gerechtigkeit und (Bundes-)treue mit. Ersterer Aspekt, den auch Ps 92,16 und 1 Sam 2,2 so klar hervortreten lassen, wird gerne übersehen, vgl. jedoch *Knowles*, Rock, 311f. Einen Bezug von Ps 19 v.a. auf Dtn 32 nimmt deswegen auch *Wagner* an (Dynamics, 260).
1141 *Eichhorn*, Gott als Fels, 45f. *Eichhorn* sieht die Ursprünge der Anrede Gottes als ‚Fels' im Gebet des Königs als kultischem Mittler, die durch Propheten, levitische Tempelsänger bzw. Prediger und Weisheitslehrer übernommen wurde, vgl. aaO 123-125.

E) Vergebung und Erlösung: V.12-15

Mitte des Psalms stellt. Sie wird dadurch näher bestimmt, dass sie in Händen eines ‚Knechtes JHWHs' ist, der sich äußerst eng an JHWH, seinen Fels[1142] und ‚Löser', gebunden weiß.
Der dem Familien- und Besitzrecht entstammende Begriff גאל[1143] hat sich zur Entstehungszeit von Ps 19 allerdings schon um einiges von seinen ursprünglichen Bezügen gelöst: Seit seinem erstmals spezifisch theologischen Gebrauch bei Dtjes für den Loskauf der jüdischen Exulanten aus der Macht Babylons, wo JHWH zum ersten Mal als גאל bezeichnet wird,[1144] ist er in nachexilischer Zeit neben פדה u.a.[1145] zu einem Terminus für JHWHs Rettungshandeln geworden. Wenn auch seine Grundbedeutung zu verblassen droht,[1146] und er je nach Kontext wegen seiner theologisch-religiösen Aufladung nicht nur mit ‚auslösen', sondern durchaus mit ‚erlösen' wiedergegeben werden kann, so schwingen doch auch beim übertragenen Gebrauch rechtliche Kategorien weiterhin mit.[1147] Auch ist eine gänzliche Verflachung seiner Bedeutungsdimensionen angesichts des weiterhin geltenden Löserechts kaum anzunehmen. So klingt vermutlich auch in Ps 19,15b der Gedanke mit, dass das betende Ich bereits eng zu JHWH gehört,[1148] und wenn es loszukaufen ist, es stets aus einem fremden Machtbereich zu befreien ist, um wieder ganz dem Eigentumsbereich JHWHs unterstellt zu sein. Schwieriger zu beantworten ist die Frage, ob bei diesem Epitheton hier bereits an eine Hoffnung über den Tod hinaus gedacht ist – also ob etwa die Scheol als ein Bereich gesehen wird, aus dem JHWH bereits die Macht hat, die Seinen loszukaufen.[1149]

Das ist möglich, weil bereits Hos 13,4 mit גאל (par. פדה) die allerdings von JHWH abgelehnte Möglichkeit erwähnt, Efraim aus der Scheol loszukaufen. Hier wird mei-

---

1142 Auch *Riede* unterstreicht bei diesem Epitheton die „persönliche Beziehung zu Gott, die durch unzählige Erfahrungen gesättigt ist" (Im Netz, 537).
1143 S. zum atl. Löserecht sowie zum גאל הדם *Ringgren*, גאל, 886; *Willmes*, Erlösung, 566f; *Mullen*, Go'el, 372; *Stamm*, Erlösen, 27ff.
1144 גאל begegnet hier im Ptz. qal akt. neunmal als Epitheton JHWHs, vgl. *Ringgren*: „Auf Grund der Gesamtanschauung von DtJes ist also *gō'ēl* zum stehenden Gottesepitheton geworden, das auch ohne direkten Zusammenhang mit einer im Kontext erwähnten Erlösung gebraucht werden kann" (aaO 889). Vgl. hierzu auch immer noch *Stamm*, Erlösen, 39ff.
1145 Zu weiteren Begriffen s. *Stamm*, aaO 44f.
1146 Vgl. *Barth*: „Nun ist aber zu beobachten, daß da, wo Jahwe als Löser auftritt, der differenzierte Gebrauch von ... *gā'al* aufhört zu wirken ... Besonders bei der Erlösung des Einzelnen gewinnt man den Eindruck, daß die Eigenschaft JHWHs als ursprünglicher Herr und Eigentümer keine Rolle mehr spielt" (*Barth*, Errettung, 107; vgl. *Stamm*, aaO 46).
1147 Vgl. z.B. in Thr 3,58; Prov 23,10f.
1148 Auch in Jes 63,13, wo גאל par. zu אב steht, „klingt die Vorstellung von nächster Verwandtschaft an" (*Ringgren*, גאל, 889).
1149 Vgl. zur Diskussion um die Bedeutung von צור in Ps 73,26 bereits oben.

stens jedoch lediglich eine Errettung aus Todesnähe angenommen.[1150] Für die einzige Parallele eines Ptz.qal akt. mit ePP 1.ps.sg.c. von גאל, die zudem in relativer zeitlicher und theologischer Nähe zu unserer Stelle anzusetzen ist, nämlich in Hi 19,25, wird diese Möglichkeit bekanntlich ebenfalls diskutiert. Dort jedoch ist es zum einen bekanntlich äußerst fraglich, ob Hiobs Gewißheit eines persönlichen ‚Lösers' sich auf den Gott bezieht, mit dem er gerade als seinem Feind den Rechtsstreit führt, oder auf einen persönlichen Schutzgott, auf einen himmlischen Zeugen oder auf einen *angelus intercessor*.[1151] Vor allem bleibt unsicher, ob hier überhaupt über den Tod hinaus gedacht wird.[1152] Auch in Ps 103,4 wird JHWH als ‚der mein Leben aus der Grube auslöst' (הַגּוֹאֵל מִשַּׁחַת חַיָּיְכִי) prädiziert, doch handelt es sich auch bei dieser ‚Errettung vom Tode' ebenfalls um eine Rettung aus Todesnähe.[1153] Eine Verbindung von צוּר und גאל als JHWH-Epitheta liegt neben Ps 19,15b allein in Ps 78,35 vor:[1154]

> Sie vergegenwärtigten sich, dass Gott ihr Fels ist,
> und der höchste Gott ihr Erlöser.

Für die Frage nach einem über die physische Existenz hinausreichenden Rettungshandeln JHWHs ist diese Stelle zwar kaum weiterführend. Jedoch wird auch hier mit צוּר und גאל sehr umfassend auf JHWHs früheres Heilshandeln erinnert und seine gegenwärtige Rettungsmächtigkeit vor Augen geführt.

In Ps 19,15b bekennt das betende Ich JHWH also als seinen persönlichen Retter und ‚Auslöser' im weitesten Sinne. Eine solche Invocatio JHWHs ist dabei in ihrer Eindringlichkeit kaum ohne die Erinnerung von erfahrener Rettung vorstellbar, hat aber zugleich auch einen futurischen bzw. prospektiven Sinn. Auch weil jede konkrete Angabe fehlt, wovon JHWH befreit hat oder befreien wird, ist die Anrufung als persönlicher גאל in einem ganz umfassenden Sinn zu verstehen,[1155] da die Anrufung JHWHs sowohl als צוּר wie auch als גאל sich in späteren Psalmen in Passagen findet, in denen das betende Ich JHWHs Rettungshandeln als unerschütterliche Gottesgemeinschaft und uneingeschränkte Erlösung beschreibt. Ob das betende Ich von Ps 19 dies in der vorliegenden Invocatio auch auf eine Existenz jenseits seines physisch-irdischen Lebens bezieht, muss zwar der Spekulation anheimgestellt

---

1150 *Stamm*, Erlösen, 31; *Jeremias*, ATD 24/1, 165f. Aufgrund des Kontextes wird man die Sätze kaum als indikativische Aussagesätze ansehen, vgl. jedoch *Andersen / Freedman*, AncB 24, 639.
1151 Für Gott als Löser votieren u.a. *Stamm*, aaO 13; *Strauß*, BK XV/2, 18. Die diskutierten Alternativen werden von Hi 9,33-3-35; 16,19-22; 33,23f nahe gelegt. Vgl. zu ihrer Diskussion ferner *Mullen*, Go'el, 373; *Ringgren*, גאל, 889f; *Mende*, Erlöser, 26ff; *dies.*, Auferstehungshoffnung 1.21f; *Strauß*, BK XV/2, 18.
1152 *Willmes* (aaO 568) tendiert in diese Richtung, vgl. anders *Mullen*, ebd.; *Strauß*, ebd.; *Mende*, Erlöser, 25f.31ff; *dies.*, Auferstehungshoffnung, 21ff; *Mende* setzt die Stelle eher spät an und schreibt sie einer „Ergänzung des Elihu-Verfassers" zu (Auferstehungshoffnung, 21).
1153 *Stamm*, Erlösen, 16; *Barth*, Errettung, 111.142.
1154 Vgl. jedoch auch (neben vielen weiteren in jenem Vers) das archaisierende Epitheton ‚Fels Isaaks' und ‚Erlöser Israels' in Sir 51,12.
1155 Vgl. auch Thr 3,58: גָּאַלְתָּ חַיָּי.

E) Vergebung und Erlösung: V.12-15

werden, ist jedoch auf dem Hintergrund des Gesagten auch keineswegs auszuschließen. Auch bei dieser zweigliedrigen Aussage ist ein Rückbezug auf voraufgegangene Themen des Psalms zu erkennen: Die Bezeichnung JHWHs als Fels ist auf die Bewahrung des betenden Ich vor Feinden, und die Anrufung als Erlöser auf den Freispruch von versehentlichen Vergehen zu beziehen.[1156] Doch gehen sie beide über konkrete Gefährdungen weit hinaus und lassen an das umfassende Rettungshandeln JHWHs denken. Das ist insofern auffällig, als in den Psalmen im Allgemeinen der „Blick auf die der Errettung folgende Zeit ... nicht die Regel"[1157] ist. Vielmehr wird „auch Gottes Eingreifen als ein zeitlich bestimmter Akt [sc.: angesehen], ... auf den der Gerettete nur zurückblicken kann"[1158]. Es zeugt also von einer besonders weitsichtigen und ausgereiften Theologie, wenn hier dagegen zum einen weder eine erkenntliche Sünde noch aktuelle Feinde thematisiert werden, sondern unabsichtliche und soziale Bedrängnisse als der *conditio humana* zugehörige Gefährdungen in den Blick genommen werden, und wenn zum anderen am Ende hinausgeblickt wird auf das, was über mögliche Gefährdungen gelingenden menschlichen Lebens hinaus Bestand hat – und das ist die Beziehung zu JHWH selbst.

1156 Auch *Willmes* sieht den Bezug zwischen der Lossprechung von unabsichtlichen Vergehen und JHWH als ‚Erlöser' (Erlösung, 570). Zu JHWHs Erlösen (גאל) als Befreiung von Sünde vgl. Jes 44,22; 59,20 (koll.); Ps 103,3f u.ö.
1157 *Barth*, Errettung, 120.
1158 *Barth*, ebd.

VI. Historischer Ort

Im Verlauf der Untersuchung sind bereits zahlreiche Beobachtungen gemacht worden, die auf den historischen Ort des Psalms zurückschließen lassen. Gebündelt erlauben sie es, seine Entstehung zeitlich etwas präziser einzuordnen, seinen Verfasser[1] einer theologischen Strömung zuzurechnen und, in religionssoziologischer Hinsicht, dessen Nähe zu gesellschaftlichen Gruppen und Institutionen seiner Zeit soweit möglich zu benennen.

A) Die Zugehörigkeit zur ‚Tora-Weisheit'

Bereits die sprachliche Analyse[2] führt beim gesamten Text in die spätnachexilische, toraorientierte Weisheitsliteratur.[3] Hinzu kommen als weitere Indizien die in der spätalttestamentlich-frühjüdischen Zeit wachsende Bedeutung des Himmels und des himmlischen Lobpreises,[4] das weisheitliche Theologumenon einer schöpfungsinhärenten Ordnungsstruktur[5] sowie mythisierende und archaisierende Elemente.[6] Da V.2-7 also weder ‚sehr alt' noch überhaupt ‚vorexilisch' sein kann,[7] kann wiederum die unpolemische, hymnische Darstellung des Sonnenlaufs nur auf dem Hintergrund eines ausgeprägten Monotheismus recht

---

[1] Nicht nur die sehr allgemein gehaltene Form von V.12-15 verwehrt eine genauere, etwa ‚biographische' Situierung des Psalms im Leben seines Verfassers.
[2] S.o. III. C) 1.
[3] Vgl. ähnlich u.a. *Deisslers* Ansetzung in der ‚theologischen Weisheit' (Datierung, 51).
[4] Nach *Bartelmus* wird „‚Himmel' ab dem dritten Jh. v.Chr. zu einem zentralen Thema der Theologie" (*šāmajim*, 115), vgl. hierzu seine Behandlung der ⅚-, Qumran- und äthHen-Belege aaO 114-122. Zum Gottesnamen ‚El' in spätalttestamentlichen sowie Qumrantexten s.o. V. B) 1.
[5] Vgl. dazu auch unten VIII. A) 1.
[6] S.o. V. C), v.a. 2.; s. ferner unten VIII. A) 3.
[7] *Dürr* und *Sarna* dagegen haben die Datierung des ganzen Psalms in die Zeit der josianischen Reform vertreten (*Dürr*, Einheit, 48; *Sarna*, Psalm XIX, 175), was nicht nur eine rasante Entwicklung vom josianisch-deuteronomischen zum vorliegenden Tora-Konzept erfordert hätte. V.a. die Mehrdeutigkeit der Gottesbezeichnung ‚El' und die unpolemische Haltung von V.2-7 mit seiner positiven Darstellung des Sonnenlaufs verunmöglicht eine Datierung in die Phase intoleranter JHWH-Monolatrie, aber auch eine exilische oder frühnachexilische Situierung.

A) Die Zugehörigkeit zur ‚Tora-Weisheit'

verstanden werden. Am Phänomen von Mythisierung und Archaisierung, an Begriffen wie חוה pi., נבע hi., דַּעַת (V.3) und מִלָּה (V.5a)[8] sowie am Interesse an unabsichtlichen Vergehen (שְׁגִיאוֹת; V.13)[9] kann zudem eine gewisse Nähe zu (jüngeren) Teilen des Hiobbuches,[10] insbesondere zur Sprache der Elihureden sowie deren Gotteskonzept des ‚gerechten Schöpfers' festgestellt werden.[11] In die späte Weisheit deutet auch die auf die theologische Weisheit (insbesondere Prov 8) zurückgreifende Form des Toralobes (V.8-10), der auf die Tora angewandte Evaluativspruch (V.11), das vertiefte Sündenverständnis usf. Gleiches gilt von der auf verschiedene Gebotstraditionen Bezug nehmenden Reihung von Gebotssynonymen und vom freiem Umgang mit vorfindlichen Gattungen, die vor allem bei Texten zu finden sind, die selbst wiederum eher der nachexilischen Weisheit angehören, wie Hi 28, Ps 25 und Ps 104.[12] Der nichtkultische, meditative Charakter des höchstwahrscheinlich zur individuellen, halblauten Lektüre verfassten Psalms dient der Reflexion eines Selbstverständnisses als eines toratreuen ‚Knechtes JHWHs' und damit der identitätsstiftenden Hineinvertiefung in die Gebotsüberlieferung,[13] was ihn wiederum recht sicher als ein Produkt von „Gruppierungen, in welchen die individuelle Aneignung religiöser Orientierung besonders wichtig war",[14] ausweist. Die bewusst stereometrisch komponierte Meditation des geheimnisvollen Zusammenhangs von schöpfungsinhärenter Weisheit und Tora im Rahmen des himmlisch-irdischen Entsprechungsdenken weist recht deutlich in die jüngere, zu kosmologischen Spekulationen neigende *Tora-Weisheit*.

‚Toraweisheit' wird hier im gleichen Sinne verstanden, wie Küchler ihn umschreibt: „Das Schlagwort ‚Tora-Weisheit' fasst jene Weisheitsvorstellungen zusammen, die sich seit dem Exil bei der intellektuellen Elite der Schriftgelehrten, Pharisäer und Rabbinen herausbildeten ... Diese grundsätzlich positive Wertung übersieht keineswegs, dass die Verbindung vom ‚Gesetz des Mose' mit der Weisheit den Weisheitsbegriff wesentlich beeinflusst und verändert hat, doch hütet sie sich davor, diesen zu einer erstarrten, geschichtsenthobenen Form ... zu erklären"[15]. Die Toraweisheit im engeren Sinne knüpft insbesondere an der Linie der ‚skeptischen' Weisheit an, wie es z.B. an Äußerungen in den ‚Worten Agurs', Prov 30,1-14[16] sichtbar wird. Agur

---

8   Zu Belegstellen s.o. III. C) 1.
9   S.o. V. E) 2.
10 Etwa zu Hi 28 und innerhalb der Gottesreden v.a. Hi 38,5-7.12-15.31-33.
11 Vgl. hierzu *Wahl*, Der gerechte Schöpfer, v.a. 132ff. Der juridische Sprachgebrauch etwa in Hi 36,6f; 37,24 ist zwar nicht unterzubewerten, doch „kennt der Dichter der Elihureden den Gedanken der Weisheit als Torafrömmigkeit ... nicht" (aaO 163).
12 Zur Aufnahme von Formelementen weisheitlicher Texte s. auch oben IV.
13 Vgl. *Stolz*, Monotheismus, 201.
14 *Stolz*, ebd.
15 Weisheitstraditionen, 33ff.
16 Zu Text, Überlieferung und Auslegung der gesamten Perikope s. *Meinhold*, ZBK.AT 16/2, 494-503; *Fuhs*, Sprichwörter, 381-385 sowie v.a. *Franklyn*, Sayings of Agur, 238ff; *Gunneweg*, Proverbia 30,1-9, 253ff.

weiß als „*homo sapiens ignorans*'[17] um die Unzulänglichkeit der eigenen, menschlichen Weisheit gegenüber derjenigen Gottes (vgl. V.1-4) und sucht sie nunmehr explizit in der geoffenbarten Tradition auf. So heißt es dort in V.5f:[18]

> 5 Alle Rede Gottes ist geläutert.
> Ein Schild ist er denen, die bei ihm Zuflucht suchen.
> 6 Füge zu seinen Worten nichts hinzu,
> damit er dich nicht überführt und du als Lügner dastehst!

Um seinen Bezug auf die vorgegebene Schrift zu unterstreichen, greift er in V.5 selbst bereits auf Überlieferung (Ps 18,31; vgl. Ps 12,7; 119,140)[19] zurück. Hier verbindet sich also weisheitliche Skepsis gegenüber der Reichweite menschlichen Verstehens mit einer kanonbewussten Form von Toraweisheit, die unter Aufnahme der Kanonformel Dtn 4,2[20] vor der Verfälschung der autoritativen Tradition durch eigene Weisheit(en)[21] warnt.[22] Dies Konzept ist für toraweisheitliches Denken geradezu exemplarisch.

Der ebenfalls toraweisheitliche Ps 119 steht Ps 19 von allen Texten des Alten Testaments – auch hinsichtlich der signifikanten Verbindung von Toralob und Klageliedelementen – deutlich am nächsten. Die bereits vielfach beobachteten, sehr engen Beziehungen von Ps 19 und Ps 119 zueinander, die auch die Frage möglicher Abhängigkeitsverhältnisse aufwirft, sind es wert, an dieser Stelle etwas eingehender betrachtet zu werden, um das unmittelbare theologische Umfeld von Ps 19 zu beleuchten. Da die Tora-Theologie beider Texte eine breite gemeinsame Grundlage hat, Ps 119 jedoch hierzu viel deutlichere, explizite Aussagen macht, ist er aber auch für in Ps 19 unausgesprochen vorhandene Auffassungen aufschlussreich.

---

17 Vgl. *Zimmermann*s gleichnamige Studie zu Hi 28: *ders.*, Homo sapiens ignorans.
18 Den häufigen Versuchen, bei diesem Abschnitt V.1-4 und V.5-6.7-9 auf zwei Sprecher – einen ‚Skeptiker' und einen ‚gläubigen Juden' zu verteilen (s. hierzu *Franklyn*, Sayings of Agur, 238), kann aus grammatikalischen wie inhaltlichen Gründen nicht gefolgt werden (s. wiederum *Franklyn*, aaO 248ff). Sie beruhen ferner auf einem undifferenzierten Verständnis von ‚Skepsis' und ‚Offenbarungstheologie'.
19 Diese Rezeptionsrichtung wird in neuerer Zeit favorisiert, s. zur Diskussion *Gunneweg*, Proverbia 30,1-9, 253ff. Wenn hier auch ‚nur' ein Zitat von Ps 18,31 vorliegt, so ist doch anzunehmen, dass die bereitwillige Aufnahme dieser Wendung auf ein ähnliches, nämlich toraweisheitliches Denken und Milieu hinweist.
20 Mit Dtn 4,2 wird zugleich der Kontext dieser Passagen, die Übereignung von Weisheit an Israel in Form der Gebote, in Erinnerung gerufen und zugleich implizit vor falschem Eid, Idolatrie und Unwahrhaftigkeit gewarnt, vgl. dazu auch *Franklyn*, aaO 249.
21 *Meinhold* geht davon aus, dass hier „die Dreiteiligkeit der hebräischen Bibel vorausgesetzt ist" (aaO 496), und datiert diesen Abschnitt später als Esra/Nehemia; vgl. auch *Müller*, Weisheit, 182; *Gunneweg*, Proverbia 30,1-9, 257f.
22 S. zu weiteren Entwicklungen in der Toraweisheit, wie etwa der ‚Sapientalisierung' der Tora, auch unten VIII. A) 4.

A) Die Zugehörigkeit zur ‚Tora-Weisheit' 285

Exkurs 4: Das Verhältnis von Ps 19 zu Ps 119

Ps 19,8-15 wurde gerne als eine Art Kurzform von Ps 119, bzw. Ps 119 *vice versa* als Langform von Ps 19 angesehen.[23] Bei allen formalen Ähnlichkeiten lassen sich aber auch die Unterschiede und die Eigenarten beider Psalmen umso leichter erkennen: Vor allem die Mischung von Bitt- und Klageelementen der Individualpsalmen, von Affirmationen, die Gebote zu bewahren, und von (selteneren) hymnischen Aussagen über die Gebote[24] im Rahmen seines strengen akrostichischen Aufbaus unterscheidet Ps 119 auf den ersten Blick von Ps 19.[25]
Ps 119 ist kaum als didaktischer Text,[26] z.B. als ein Lehrgedicht[27] anzusehen, sondern als ein *Gebet*. Ein kultischer Gebrauch scheidet aber nicht nur wegen seiner Länge von vornherein aus:[28] Ps 119 ist ein zu lesendes Gebet, und Gleiches wurde bereits oben für Ps 19 gezeigt (IV.). Die überwiegenden Gattungselemente von Ps 119 (Klageliedelemente, die der Feindklage nahe kommen, sowie Bitten, Vertrauensbekenntnisse als Vertrauen auf die Gebote, der Glückwunsch, aber auch hymnische Elemente) lassen ihn insgesamt am ehesten vom Klagelied des Einzelnen her verstehen[29] – wobei ein Gedankenfortschritt von der Klage zum Vertrauen auszumachen ist.[30] Doch ist es auch bei ihm nicht anzuraten, seine Individualität und seinen äußerst durchdachten Aufbau[31] einer herkömmlichen Gattung unterzuordnen.
Wenn nun Ps 19,8-11 sich demgegenüber nicht an JHWH selbst wendet, sondern vornehmlich die Gebote preist, lässt das jedoch keineswegs auf eine Verabsolutierung der Tora schließen. Denn die Gebote sind damit völlig von ihrem Geber her bestimmt, und da V.12-15 sich direkt an JHWH wendet, handelt es sich bei Ps 19,8-15 eher um eine strukturelle Variante einer sehr ähnlichen Matrix, insofern man fast von einer Aufteilung der Elemente ‚Toralob' und ‚Klagelied des Einzelnen' des Ps 119 auf zwei Abschnitte in Ps 19,8-11.12-15 sprechen möchte. Das gilt umso mehr, als mit Ps 19,12 ein Vers vorliegt, der sich in Sprache, Inhalt, Form und Rhythmus von Ps 119 fast nahtlos einfügen ließe und in Ps 19 am Übergang zwischen diesen beiden Abschnitten zu stehen kommt.[32]

---

23 Vgl. z.B. *Levenson*, Sources, 562. Ps 19,8-15 bietet gewissermaßen in geraffter Form, was Ps 119 in anderer Anordnung enthält: Toralob, Vertrauensaussagen, Feindbitten. Zu Ps 119,89-91 als Pendant zu Ps 19,2-7 s. bereits oben III. C) 2. d) sowie weiter unten *Exkurs 4*.
24 Sie finden sich in nur elf Kola der 176 Verse / 352 Halbverse. Für einen Einzelvergleich s.o. *Tab. 2*. Über die dort aufgeführten Lobaussagen hinaus vgl. ferner Ps 119,152.
25 *Amir* bringt diese Differenz zwischen Ps 19 und Ps 119 auf den Begriff: „Nicht also das Wesen der Thorah ist Gegenstand des Gebetes, sondern die R e l a t i o n des Beters z u   i h r" (Psalm 119, 4, Hvbg. im Original).
26 *Deissler*, Psalm 119, 287; *Soll*, Psalm 119, 116ff.
27 *Kittel*, KAT XIII, 381.
28 Vgl. bereits *Deissler*, aaO 282.
29 *Deissler*, aaO 285.
30 Das hat *Soll* in seiner Monographie herausgearbeitet: „(T)he movement of the individual lament from complain to assurance is recapitulated seven times" (Psalm 119, 110, vgl. aaO 87-111).
31 Vgl. ferner die für die Psalmstruktur sehr aufschlussreichen Auflistungen der Anzahl der Tora-Synonyme in den Einzelabschnitten bei *Freedman*, Structure, 734ff. *Levenson* stellt allerdings zu Recht fest: „Unfortunately it is not the theology of Psalm 119 but its sheer formal complexity, that has preoccupied exegetes for generations" (aaO 561).
32 S. dazu V. E) 1.

Zwischen Ps 119 und 19 bestehen darüber hinaus, wie bereits anklang, spezifische, bis in seltene Einzelformulierungen und Motive hineinreichende Parallelen: Nach beiden Psalmen geschieht Belebung durch die Gebote,[33] in beiden werden durch die Gebote Weisheit und Einsicht vermittelt,[34] in beiden werden sie mit Lichtmetaphorik beschrieben[35] und in beiden Honig und Gold vorgezogen.[36] Ebenso kommt es in beiden Psalmen zur Übertragung von Opfersprache auf das eigene Psalmbeten.[37] Und wenn die toraweisheitliche Konzeption von Ps 119 so zusammenzufassen ist, dass die „wahre Chokmah ... nach der Lehre unseres Psalms in der Kenntnis, Anerkenntnis und Erfüllung der Torah"[38] besteht, so kann das ähnlich auch für Ps 19 gesagt werden.[39]

Das Tora-Verständnis in Ps 119 ist umfassend. Da es aber sehr deutlich auf Gebotsbegriffe bezogen ist, ist es nicht einfach auf das göttliche ‚Wort' auszudehnen.[40] Was ‚Tora' in Ps 119 ist, ist am besten daran zu erkennen, was das betende Ich mit ihr tut bzw. was zu tun es gutheißt. Auffällig ist dabei: Nur zweimal redet es vom Tun der Gebote[41] und etwas häufiger vom Bewahren der Gebote.[42] Doch vorrangig ist das meditative, geradezu kontemplative Verhältnis zu den Geboten: Das betende Ich möchte sie betrachten,[43] bedenken,[44] lernen, über sie belehrt werden[45] und sie auch verstehen[46] etc. Nicht das Tun, sondern das Betrachten und Lernen der Gebote sind in diesem Psalm die Handlungen, die Leben und Heil mit sich bringen. Hieran wird ferner deutlich, dass die Gebotsüberlieferung dem Psalmisten zwar schriftlich vorliegt und Objekt intensiven Studiums ist – dass sie gerade deshalb aber ein stets lebendiges Gegenüber bleibt. Gerade am Suchen bzw. Forschen nach den Geboten (דרש, V.45.94) wird diese Dialektik von Betrachtung der Überlieferung und ihrer je neuen Erschließung deutlich.[47]

---

33 Ps 19,8a.9a.b, vgl. Ps 119,18.130.144 und ferner V.103.131.
34 Ps 19,8b, vgl. Ps 119,98-100.104.130.144.169.
35 Ps 19,9b, vgl. Ps 119,105.
36 Ps 19,11, vgl. Ps 119,72.103.127.
37 Vgl. Ps 19,15 und Ps 119,108.
38 *Deissler*, Psalm 119, 290; vgl. aaO 279.
39 S.o. V. D) 7. c).
40 So *Deissler*, aaO 292ff.
41 עשה; V.112.166.
42 S. dazu *Deissler*, aaO 270-272; *Garçia López*, שמר, 300f.
43 ביט, V.5.15.18; שעה, V.117.
44 שיח, V.15.23.78.97.99.148.
45 למד, V.7.12.64.64.71.73.108.124.135.171; ירה, V.102.
46 בין qal V.27; hit. V.95.100.104; ידע, V.79.125.
47 Daneben steht, wie oft schon vermerkt, das gesamte Wortfeld positiver Emotionen gegenüber den Geboten, z.B. sie lieben (אהב, V.97.113.119.127.140.160.163.165.167), an ihnen Freude haben (שוש, V.14.16.111.162), nach ihnen Verlangen haben (אבה und Derivate, V.20.40.131), an ihnen Lust haben (שע und Derivate, V.24.47.70.77.92.143.174), an ihnen Gefallen haben (חפץ, V.35) u.ä. Darüber hinaus nennt das betende Ich eine ganze Reihe von positiv bewerteten Tätigkeiten religiöser Bindung an die Tora, z.B. das Gedenken (זכר, V.52), das Anhangen (דבק, V.31), das Hoffen / Warten (יחל, V.43.49.74.81.114.147), Vertrauen (אמן, V.66; בטח, V.42), die Ehrfurcht (ירא, V.120), ja sogar das Aufheben der Hände (נשא כפים, V.48). Als negativ gesehene Handlungsweisen sind zu nennen: das Vergessen (חשך, V.61.83.109.139.141.153.176) und das Brechen der Gebote (פרר hi., V.126), v.a. aber das Abirren / Abweichen von ihnen (שנה, V.10.21.118; נטה, V.51.157; סור, V.102; תעה, V.110) und das Verlassen (עזב, V.53.87), wodurch die Gebote als ein Raum bzw. Weg des Heils (im Gegensatz zu einem ‚Heilsweg') erkenntlich werden.

A) Die Zugehörigkeit zur ‚Tora-Weisheit' 287

Selbstverständlich liegen die Gebote JHWHs schriftlich[48] vor und genießen autoritatives Ansehen.[49] Als solche werden sie dem betenden Ich aber zu einem „lebendige(n) Sprechen Gottes in der Gegenwart"[50], in dem JHWHs Belehrung gesehen wird (V.66.102.135). Als gerechte Gebote JHWHs selbst werden sie geliebt[51] und verehrt (vgl. V.48a)[52]. Zugleich sind sie wiederum Anlass zum Lobpreis JHWHs selbst (V.164). JHWH-Nähe bzw. JHWH-Lob und Tora-Nähe bzw. Tora-Lob durchdringen und verstärken sich gegenseitig – die von JHWH gegegebene Tora ist immer transparent auf JHWH und erhält von ihm her ihren Eigenwert, der sie preiswert macht. Damit ist ein heilvoller Zirkel beschrieben, in dem der Beter durch JHWH in die Tora eingewiesen wird, die Tora selbst schätzen lernt und durch die Tora wiederum größere Nähe zu JHWH erfährt. Auch wenn Ps 19,8-11 diesen Zirkel nicht beschreibt, so ist die sechsfache Nennung des Namens JHWHs doch ein eindeutiges Indiz dafür, dass die Tora auch hier in ihrer Transparenz auf JHWH selbst gelobt wird. Implizit wird damit auch JHWH gepriesen, der lautere und gerechte Gebote gegeben hat, die dem Beter Leben und Weisheit vermitteln. Dass der Psalmist an Person und Mittlerschaft des Mose, am Bundesbegriff wie auch am Story-Charakter der Überlieferung offenbar uninteressiert ist, zeigt deshalb gerade nicht, dass Tora hier eine ‚absolute Größe' wäre, sondern dass sie eben völlig auf JHWH bezogen ist.

Auch im Blick auf kosmologische Bezüge ergeben sich erstaunliche Parallelen; hier geht Ps 119 in seinen expliziten Aussagen zur kosmischen Dimension der Rechtsurteile JHWHs im Himmel in V.89-91[53] weiter als der lediglich himmlische und irdische Ordnung eng aufeinander beziehende Ps 19, bei dem allerdings dieser Zusammenhang die Psalmstruktur völlig bestimmt.

Insgesamt kann für den Tora-Begriff von Ps 119 Levensons Zusammenfassung gefolgt werden: „We have seen that the author of Psalm 119 recognizes three sources of *tôrâ*: (1) received tradition, passed on most explicitly by teachers (vv. 26-29) but including perhaps some sacred books now in the Hebrew Bible, (2) cosmic or natural law (vv. 89-91), and (3) unmediated divine teaching (e.g. vv. 26-29) ... he never identifies with the Pentateuch"[54]. Dabei ist nicht das Tun, sondern das Nachdenken und das Forschen über, ja, das ‚Schauen' der Gebote dem betenden Ich eine Quelle des Lebens.[55] Dass die Tora des Ps 19 vom Beter auf eine ganz ähnliche Weise aufgefasst wurde – nämlich primär als Gebotsüberlieferung, als auf die kosmische Ordnung bezogene Größe und als je neu an die Gegenwart gerichtetes, Gerechtigkeit garantierendes Rechtsurteil JHWHs – , ist zwar teilweise nur zu erschließen, ist aber äußerst wahrscheinlich. Wie nahe sich beide Psalmen in ihrem Tora-Verständnis

---

48 Vgl. Ps 119,18.148 sowie *Deissler*, aaO 294.
49 *Deissler* hat den ‚anthologischen Stil' des Psalms aufgezeigt, der v.a. auf Texte des Dtn., aus Prov 1-9 sowie aus Jer, Ez und Jes Bezug nimmt (aaO 277ff). Zu den Bezügen auf das Jeremiabuch s. auch aaO 308; *Amir*, aaO 32. Die bewusste Bezugnahme auf proto-kanonische Texte ist hier aufgrund vielfältiger Anspielungen tatsächlich vorauszusetzen (*Levenson*, Sources, 563). Auch für Ps 19,8-11, bei dem konkretere Bezüge wegen dessen strengerer Form nicht möglich wären, steht wohl solches im Hintergrund.
50 *Deissler*, aaO 311, vgl. hierzu v.a. *Amir*, Psalm 119, 25ff.
51 S. V.47f.97.113.119.127.140.159.163.165.
52 Zur außerordentlichen Bitte, JHWH möge seine Gebote nicht ‚verbergen', in Ps 119,19b (vgl. die gleiche Bitte in Bezug auf JHWHs Angesicht (!) in Ps 27,9; 69,18; 89,47; 102,3; 143,7) s. die Stellungnahme u.a. von *Seow*, Torah, 875.
53 S.o. III. C) 2. d).
54 AaO 570.
55 Vgl. bereits *Amir*, aaO 21-25.

kommen, wird auch daran deutlich, dass sich viele der fünf Gebots-Synonyme von Ps 19 in ähnlichen Formulierungen und einer vergleichbaren Kombination fast nur in Ps 119 finden.[56] Ebenso existieren zu solcherlei Lob der Tora nahezu nur hier Parallelen.[57] Gerade bei dieser nicht zufälligen Nähe fällt aber, wie bereits bemerkt, das Fehlen der Verheißungsbegriffe אִמְרָה und דָּבָר / דְּבָרִים auf,[58] was bei Ps 19 einen Akzent auf die (schriftlich vorliegenden) Gebotsüberlieferung erkennen lässt. Zudem ist in Ps 19 (u.a. aufgrund von עֵדוּת gegenüber עֵדֹת in Ps 119) eine Betonung der priesterlichen Überlieferung zu notieren.[59] Und die explizite und auffällige Nennung der יִרְאַת יְהוָה deutet auf eine noch größere Bedeutung des weisheitlichen Denkens in Ps 19 hin.

Ein wichtiger Unterschied ist aber auch hinsichtlich des Sündenverständnisses beider Psalmen auszumachen. Gewiss thematisiert das betende Ich in Ps 119 auch das eigene versehentliche Abirren von den Geboten (vgl. V.67), dennoch spielt hier eigene Sündhaftigkeit eine recht untergeordnete Rolle. Eine der wenigen Aussagen des Psalms zu dieser Thematik ist, dass das betende Ich die Aussprüche JHWHs in seinem Herzen verwahrt hat, um nicht gegen JHWH zu sündigen (V.11). Sicherlich ist das nicht als eine furchtsame Haltung zu verstehen, die durch Festhalten an den Geboten ängstlich Sünden zu vermeiden trachtet, sondern als die Bereitschaft, JHWHs Gebote beständig in sein Innerstes aufzunehmen und, soweit es einem Menschen ermöglicht wird, bereits jetzt das mitzuvollziehen, was nach Jer 31,31-34 im neuen Bund durch JHWHs Handeln vollbracht wird. Und doch kommt in Ps 19,13 mit dem Wissen um die Schwierigkeit, unabsichtliche Vergehen und verborgene Sünden in ihrer ganzen Dimension zu bemerken, ein tieferes Sündenverständnis zum Ausdruck. Die Sünde, die Notwendigkeit des Freispruchs und die Bedeutung JHWHs als des umfassenden ‚Erlösers' nimmt hier einen weit höheren Rang ein.

Bei aller ansonsten feststellbaren Nähe zum Dtn und zum Proverbienbuch ist Psalm 119 aufgrund seines lexikalischen und theologischen Befundes am ehesten in die Nähe von Ben Sira,[60] in eine „Weisheitsschule der späteren nachexilischen Zeit", genauer: der ersten Hälfte des dritten Jh.[61] zu bringen.[62] Aufgrund der zahlreichen und engen Parallelen ist wohl auch Ps 19 in diesem Umfeld zu situieren.

Wie ist diese große Ähnlichkeit einzuschätzen? Lässt sich eine ‚Abhängigkeit', eine literarische Bekanntschaft oder zumindest eine chronologische Abfolge beider Texte ausmachen? Ihre Nähe ist nicht auf ‚Abhängigkeit' im Sinne eines Epigonentums,[63] aber auch schwerlich auf bloßen Zufall zurückzuführen[64] – eine Kenntnis des frühe-

---

56 Vgl. das oben in V. D) 2. zu פִּקֻּד (von 24 Belegen des AT 21 mal in Ps 119) und das zur Wendung מִשְׁפְּטֵי צִדְקֶךָ (in Ps 119,7.62.106.164 vgl. Ps 19,10b) Gesagte.
57 S. hierzu oben mit *Tabelle 2*.
58 Anders Ps 119; s. *Deissler*, aaO 295.
59 Vgl. *Deissler*, Psalm 119, 275f.
60 S. *Levenson*, aaO 563-567; ähnlich *Deissler*, aaO 281ff.
61 AaO 287, vgl. 288ff. Zu Art und Vorkommen weisheitlicher Begriffe s. aaO 272ff. *Soll*s ansonsten gründliche Untersuchung überzeugt in ihrer Situierung in keiner Weise – weder in der Rekonstruktion Jojachins als des Psalmisten (aaO 153f), noch in der Meinung, die Begriffe תמם, חכם, ישר, ירא, דַּעַת [und ihre Derivate] wiesen (auch in ihrem Ensemble) nicht auf weisheitliche Sprache hin (aaO 123f).
62 *Deissler*, aaO 290. Vgl. anders die relative Frühdatierung bei *Kraus*, der hier zudem noch mit einer kultischen Tora-Unterweisung des Einzelnen rechnet (BK XV/2, 1000).
63 Vgl. zur Unterscheidung von ‚Abhängigkeit' und literarischer Bekanntschaft bzw. Bezugnahme oben III. A).
64 So jedoch *Levenson*, Sources, 563.

A) Die Zugehörigkeit zur ‚Tora-Weisheit'

ren von beiden beim jüngeren ist sehr wahrscheinlich. Doch welcher Psalm wäre der frühere? Die Frage, welcher von beiden Psalmen älter ist und für den anderen als Vorbild gedient haben mag, ist von Duhm[65], Gunkel[66] und von vielen nach ihnen[67] aufgrund von dessen geringerer Abweichung von der ‚reinen Form' zugunsten von Ps 19 beantwortet worden. Dies war unter Zugrundelegung einer Entwicklungsvorstellung von der ‚reinen' zur Mischform innerhalb eines gattungsgeschichtlichen Ansatzes plausibel. Die methodische Grundlage eines solchen Schlusses stellt sich mittlerweile jedoch als sehr problematisch dar.

Ps 19 setzt gegenüber Ps 119 einen priesterlichen Akzent zuungunsten dtn.-dtr. Bezüge, rückt von den ‚mündlichen' Gottesworten einen Schritt ab auf die reine Gebotsüberlieferung, und geht auch mit der Hineinstellung der JHWH-Furcht in seiner sapientiellen Interpretation der Tora einen Schritt über Ps 119 hinaus. Die reine Nebeneinanderstellung von himmlischer und irdischer Ordnung setzt zudem in seinem Adressatenkreis mehr voraus als die knappe, aber explizite Spekulation über die Bedeutung von JHWHs דָּבָר und מִשְׁפָּטִים für seine Regentschaft über das All, wie in Ps 119,89-91.[68] Wahrscheinlicher ist es also, dass diese überraschende Zusammenstellung stillschweigend Erstrezipient/inn/en voraussetzt, denen solcherlei Spekulation bereits geläufig ist. Auch die abrupten Strukturwechsel und die eigenständige Durchsetzung eines Gestaltungsprinzips sind gewagter. Ps 19, der offenbar weniger Konkretes über die Stellung des Psalmisten zu den Geboten durchblicken lassen muss, wird also eher eine Fortentwicklung von Motiven, Formen und Themen des 119. Psalms sein. *Wahrscheinlich* ist Ps 19 daher später anzusetzen als Ps 119 und setzt diesen voraus. (*Ende des Exkurses*) —

Ps 19 und Ps 119 teilen bereits eine gewisse Nähe zu Ben Sira.[69] Vor allem aber der in Ps 19 vorliegende Beginn der Spekulation über den Zusammenhang von kosmischer Ordnung und Tora führt bereits in das zeitliche und theologische Vorfeld des Sirachbuchs hinein (s.u.), in dem dann auch die Rezeption einiger Motive aus Ps 19 nachweisbar sind.

Zum gleichen Schluss kommt auch Reitemeyer,[70] der eine ganze Reihe von weiteren Ähnlichkeiten zwischen Sir und Ps 19 aufführt, wie den kosmischen Lobpreis (Sir 43,1f; Ps 19,2ff), die Tora als Quelle der Weisheit (Sir 24,23; 38,24; Ps 19,8a), das Bittgebet des Torafrommen (Sir 36; 51,1-2; Ps 19,12-15), die Sündentheologie (Sir 39,5; Ps 19,13), Gott als Erlöser (Sir 51,1; 36,1; 39,18.20; Ps 19,15) sowie selbstverständlich die Verbindung der Themen ‚Schöpfung' und ‚Tora' (vgl. Sir 17,11; 24,23; Ps 19,8-11).[71]

Die Entstehungszeit des Psalms lässt sich nunmehr recht eng eingrenzen: Die Übertragung bis dahin der personifizierten Weisheit zugeordneter Prädikate auf die Tora setzt das Vorliegen von Prov 1-9 voraus,

---

65 KHC², 419.
66 Psalmen, 80.
67 Nach *Weiser* ist Ps 19 „das ältere Vorbild" (ATD 14, 136).
68 S. zu diesem Text oben III. C) 2. d).
69 S. für Ps 119 oben *Exkurs 4*.
70 Er bemerkt: „Damit sind wir in dem gleichen Milieu!" (Weisheitslehre, 193).
71 S. aaO 192-195.

das am ehesten in die Perserzeit, ca. um 400 zu datieren ist.[72] *Terminus ante quem* ist die Endredaktion des Psalters im dritten Jh. v.Chr.[73] Gehört er damit noch der Zeit der Achämenidenherrschaft[74] oder bereits der hellenistischen Zeit an? Die Grundstimmung des Psalms mit seinem vollmundigen, präsentischen Lobpreis lässt zwar keinerlei Verunsicherung erkennen, die man in der Zeit des Alexanderzugs, der Diadochenkämpfe oder der bald folgenden syrischen Kriege vielleicht vermuten würde. Das deutet zunächst auf ein gewisses Selbstbewusstsein des stabilisierten judäischen Gemeinwesens in der achämenidischen Provinz Jehud hin. Doch spiegelt sich in den Texten des Alten Testaments, vor allem in den Psalmen, der Übergang in die hellenistische Zeit kaum wider. Die Nähe zum allermeist in frühhellenistische Zeit datierten Ps 119 und zu späten Teilen des Hiobbuches[75] sowie die bereits engen Parallelen zu Ben Sira weisen sehr deutlich in die nachachämenidische Periode. Hinzu kommt eine ganz Reihe von Ähnlichkeiten zu den gemeinhin der frühhellenistischen Zeit zugerechneten Büchern Esr/Neh, 1/2 Chr und Teilen des Danielbuchs.[76] In diese Zeit weist auch – auf den ersten Blick erstaunlich, angesichts der (im Gefolge Mowinckels)[77] herrschenden Tendenz, das Königtum JHWHs in späten Texten als eine vor allem eschatologische Größe anzusehen – die durative, präsentische Gestalt des Motivs des himmlischen Lobpreises, und die damit verbundene präsentische Auffassung des Königtums JHWHs, die gerade in sehr späten Hymnen, mithin den spätesten Texten des Psalters überhaupt anzutreffen ist.[78] Damit gehört Ps 19 also kaum einer eschatologischen Strömung[79] des

---

72 S. z.B. *Baumann*, Weisheitsgestalt, 272; *Müller*, Proverbien 1-9, 312f.
73 Ps 1 nimmt wahrscheinlich bereits auf Ps 19 Bezug (vgl. u.a. הגה Ps 1,3 mit הֶגְיוֹן Ps 19,15); so z.B. *Kratz*, Tora Davids, 9.
74 Vgl. z.B. *Geses* Datierung von Ps 19: „nicht vor dem 4. Jahrhundert" (Einheit, 148).
75 Insbesondere die Elihureden wurden jüngst in hellenistische Zeit datiert, vgl. *Wahl*, Der gerechte Schöpfer, 184.
76 Es finden sich v.a. in den drei Bußgebeten Dan 9; Neh 9 und Esr 9 einige auf zeitliche Nähe zurückführbare Parallelen zu Ps 19: JHWH als Gott des Himmels und der himmlische Lobpreis (Neh 9,6), die Treue zu den Geboten (Dan 9,5; Esr 9,10; Neh 9,1.17.26.29), Reihungen von Gebotstermini (Neh 9,13; vgl. Neh 10,30) und das Selbstverständnis als Knecht JHWHs (Dan 9,17; vgl. auch Esr 5,11).
77 Worship I, 189ff.
78 Vgl. Ps 148,13; 149,2; 150,1 und v.a. 145,3f.10-13; s. dazu *Zenger*, Komposition, 9f. Auch Ps 146,10a (יִמְלֹךְ יהוה לְעוֹלָם) ist eher eine jussivische, doxologische Aussage (vergleichbar mit Ex 15,5 sowie Ps 104,31) denn eine futurisch-eschatologische, vgl. anders *Zenger*, aaO 17. Dass der Lobpreis von Ps 150 weder im Tempelkult noch im himmlischen Heiligtum seinen Ort haben könne, sondern erst im neuen Kosmos (*Lohfink*, Lobgesänge, 109), setzt zum einen abwegige Alternativen voraus und müsste zum anderen am Text erst noch gezeigt werden.
79 Zu den unterschiedlichen Lokalisierungen des orientierungskräftigen jenseitigen Bereichs in nachexilischer Zeit (temporal-zukünftig bzw. temporal-vergangenheitlich oder räumlich [meist vertikal]) s. *Stolz*, Monotheismus, 186f.

nachexilischen Judentums an. Wird hier das gegenwärtige Königtum des universalen Himmelsgottes JHWH[80] und die schöpfungsinhärente Weisheit bereits mit der Tora in Beziehung gesetzt,[81] so kommt der Psalm nahe an das Konzept eines als gegenwärtig gesehenen und gefeierten Königtums Gottes heran, wie es in Esr/Neh sowie 1/2 Chr vorliegt. ‚Theokratisch'[82] allerdings kann diese Position im Hinblick auf die politische und gesellschaftliche Struktur Jehuds[83] sowie auf die integrative Theologie im Umfeld von Esr/Neh und 1/2 Chr[84] kaum genannt werden. Die ‚Eschatologie' von Ps 19 konzentriert sich zwar deutlich auf die Bedeutung JHWHs als des individuellen Erlösers des betenden Ich (V.15) – bei einem Bittgebet des Einzelnen, wie man zumindest V.12-15 aufzufassen hat, ist das allerdings auch kaum anders erwartbar. Dass die Konzentration des Psalms auf die Tora bereits der hellenistischen Herausforderung begegnet, ist ebenfalls sehr gut vorstellbar.[85]

B) Datierung und religionssoziologische Verortung

Auch die Situierung des Psalmisten lässt sich im Blick auf seine Nähe zu gesellschaftlichen Gruppen und Institutionen noch weiter präzisieren.

---

80 JHWH als ‚Gott des Himmels' anzusehen, ist allgemein als ein Spätzeitcharakteristikum bekannt und begegnet v.a. in Dan, Esr und Neh (vgl. Dan 2,18f.37.44 (aram.; eine meist ab der Perserzeit, eher ins vierte oder auch dritte Jh. datierte Passage); Esr 1,2; 5,11; 6,9f; Neh 1,4f; 2,5.20; 9,6; 2 Chr 36,23 (hebr.: אֱלֹהֵי הַשָּׁמַיִם), vgl. ferner Dan 5,23 (aram.). Zur Verbreitung der Vorstellung von JHWH als ‚Gott des Himmels' seit der Perserzeit und zur Diskussion ihrer Herkunft s. im Einzelnen *Niehr*, Der höchste Gott, 43ff.49ff; *Bartelmus*, šāmajim, 103. Zu JHWH als Gott des Himmels bzw. zum Himmel als Wohnort JHWHs in 1/2 Chr s. *Japhet*, Ideology, 25f.83ff.
81 S. zur Parallelisierung von Weisheit und Tora innerhalb des Artaxerxes-Erlasses Esr 7,12.25 unten VIII. A) 4.
82 So situiert *Oesch* Ps 19 „mitten in der theokratisch konzipierten nachexilischen Gemeinde" (Übersetzung, 88). Zum Begriff der „Theokratie" vgl. u.a. *Plöger*, Theokratie, v.a. 132ff; *Hanson*, Dawn, 209ff.
83 Kritisch zum Begriff der ‚Theokratie' u.a. *Schaper*: „Wohl war der Einfluß der Priesterschaft innerhalb der judäischen Gemeinschaft im Vergleich zur vorexilischen Zeit gestiegen, doch gelang es den Priestern in der gesamten achämenidischen Zeit nicht, sich zu Herren über Jehud zu erheben" (Priester, 210f; vgl. ähnlich *Albertz*, Religionsgeschichte, 475f; *Crüsemann*, Israel, 208ff; *Blum*, Volk oder Kultgemeinde, 26ff). Wenn in hellenistischer Zeit der Hohepriester politischer Repräsentant des Gemeinwesens wurde, so hatte das ansonsten keine tiefergreifenden Veränderungen in der Gesellschaftsstruktur zur Folge, vgl. hierzu u.a. *Albertz*, aaO 594.
84 S. u.a. zu den Zukunftshoffnungen in 1/2 Chr *Japhet*, Ideology, 503f.
85 Dass sich zugleich – aus Gründen der Konzentration auf die eigene Identität – keinerlei hellenistisches Gedankengut findet, ist eine weitere Parallele zu Esr/Neh; 1/2 Chr u.a.

R. Albertz hat eine recht eindeutige religionssoziologische Situierung der von ihm so genannten ‚Torafrömmigkeit' versucht, zu der er die in frühhellenistische Zeit datierten Ps 19 wie Ps 1 und 119 zählt.[86] Der lediglich textlich greifbaren Funktionsübernahme der Weisheit durch die Tora im 119. Psalms meint er entnehmen zu können, dass „der Verfasser dieses Psalms ... wohl selbst zu den Anhängern der persönlichen Weisheitstheologie gehört hatte, bevor er sich der ‚Torafrömmigkeit' zuwandte"[87]. Daher meint er die Torafrömmigkeit „als Fortentwicklung des speziell in der Oberschicht gepflegten Types der persönlichen Frömmigkeit"[88] ansehen zu können. Aus ihrer Nähe zur ‚Armenfrömmigkeit' wiederum liest er die Intention der Trägerkreise ab, „den Frommen aller Schichten ein einendes Band"[89] anzubieten, und sich zugleich gegen die – aus der eigenen Schicht stammenden – „unsozial wirtschaftende[n] Kreise der Oberschicht"[90] zu wenden.

Es empfiehlt sich an dieser Stelle, etwas weniger konkrete, dafür möglicherweise abgesichertere Ergebnisse zur soziologischen Situierung der Verfasser der ‚Torapsalmen' festzuhalten. Sie werden – zumal die Tora in ihnen vor allem als eine zu betrachtende und zu erforschende Größe wahrgenommen wird – wahrscheinlich zu einem weisheitlich geschulten Stand von Schriftgelehrten gehört haben, die bereits mehr als nur gelehrte Schreiber waren. Dass erst mit Esra[91] der Begriff ספרים die Bezeichnung für den Stand der Schriftgelehrten wurde,[92] wird heute von einer Mehrheit vertreten.[93] Damit ist ihre Nähe bzw. auch partielle Zugehörigkeit zu priesterlichen Kreisen wahrscheinlich[94] In der anderen, u.a. dann bei Sir dokumentierten Linie wird Schriftgelehrsamkeit vor allem als Tätigkeit des ‚Weisen' gesehen,[95] was jedoch keineswegs als

---

86 Religionsgeschichte, 623.
87 AaO 629.
88 Ebd.
89 AaO 630.
90 AaO 631, vgl. jedoch die von ihm selbst vorgenommene Einschränkung (ebd.). Das Handlungsprofil der ‚Feinde' in Ps 19 und Ps 119 bietet wenig Anhalt für derartige Schlüsse, vgl. oben V. E). 3.
91 Dessen Bezeichnung als Priester und „Staatskommissar für das Gesetz des Himmelsgottes" (so viel zitiert *Donner*s Interpretation des Titels כָּהֲנָא סָפַר דָּתָא דִּי־אֱלָהּ שְׁמַיָּא (Geschichte, 461; vgl. *Schaeder*, Esra) im Artaxerxes-Firman Esr 7,12-26 hat zwar noch nicht seine Schriftgelehrtentätigkeit im Blick, sondern erst Neh 8,1.4.9.13.
92 In 𝔊 meist mit γραμματεύς übertragen.
93 Zur Entwicklung, „in deren Verlauf aus den gelehrten Schreibern echte Schriftgelehrte wurden", s. *Veijola*, Moses Erben, 193; *Niehr*, ספר, 927; *Weiss*, Schriftgelehrter, 511f; *Stadelmann*, Schriftgelehrter, 20; *Fishbane*, Biblical Interpretation, 36ff; *Schnabel*, Law and Wisdom, 63ff.
94 Vgl. *Stadelmann*, Schriftgelehrter, 222.
95 Es ist zwar nicht unwahrscheinlich, dass „die nomistischen Deuteronomisten ... als Kenner, Ausleger und Lehrer des Gesetzes echte Vorgänger der Schriftgelehrten waren" (*Veijola*, Moses Erben, 192). Man wird die Herkunft des Schriftgelehrtenstandes jedoch letztlich kaum auf die dtr. Schule reduzieren können. Kritisch zu den Deuteronomikern als der weisheitlichen Strömung zugehörig (so *Weinfeld* in mehreren Publikationen) jedoch *Braulik*, Weisheit, passim.

B) Datierung und religionssoziologische Verortung

eine dezidierte Entwicklung weg vom Tempel anzusehen ist;[96] beide ‚Berufszweige' werden nebeneinanderher und mit Kontakten und Überlappungen existiert haben.[97] Zwischen den tempelnäheren und den weisheitlich geprägten Schriftgelehrten, jedoch näher an Letzteren, wird man auch den Verfasser von Ps 19 ansetzen können. Dass der Psalmist in ihrem Ursprung priesterliche Sündentheologie umprägt (V.13), dass er den Psalm als Opfer versteht (V.15), dass Hinweise auf den Tempel*kult* jedoch fehlen und stattdessen die Tora Vermittlungsfunktionen des Tempels übernimmt[98] und auch, dass der Akzent auf dem himmlischen Gottesdienst liegt – alles das deutet auf eine intellektuelle Auseinandersetzung mit und eine weisheitliche Durchdringung von tempeltheologischem Gedankengut hin. Eine gewisse innere Distanz zum Kult ist an der dezidierten Konzentration auf die schriftliche religiöse Überlieferung deutlich spürbar. Damit gehörte der Psalmist gewiss zu den ‚Intellektuellen', und damit zu einer wohlhabenderen Schicht, jedoch kaum automatisch zur ‚Aristokratie'[99] hinzu. Der Tätigkeit jener Kreise sind ferner wesentliche Anteile an Sammlung, Redaktion und Kanonisierung der biblischen Bücher zuzusprechen, und damit gibt Ps 19 wiederum Auskunft über deren Denken.[100] Gerade in diesem Umfeld sind eine primäre Verwendung des Psalms in der privaten Meditation und ein sekundärer Gebrauch in gottesdienstlichen und auch katechetischen Vortragssituationen (s.o. IV.) gut vorstellbar.

---

96 Zur positiven Stellung Ben Siras zu Kult und Priestertum s. u.a. *Stadelmann*, Schriftgelehrter, 21ff.40ff.222. Mit dem weisheitlichen Schriftgelehrtenideal der hellenistischen Zeit wurden außer der Tora nunmehr auch weisheitliche Stoffe in die Reflexion einbezogen, s. dazu aaO 225ff.
97 Vgl. hierzu u.a. *Weiss*, Schriftgelehrte, 512; zu Priestern und Weisen als Schriftgelehrte in Qumran s. CD 4,2-5; 6,2-11.
98 S.o. V. D) 7. b.
99 Vgl. oben zu *Albertz*' Situierung der ‚Torapsalmen'.
100 Vgl. *Veijola*: „Der biblischen Kanon ... ist ... Ergebnis eines etwa ein halbes Jahrtausend dauernden Prozesses, an dem die Schriftgelehrten ... mit ihrer Vorstellung von der Priorität der Tora maßgeblich beteiligt waren (Moses Erben, 214).

VII. Der Psalter als Kontext:
Ps 19 in der Teilkomposition Ps 15-24

Der Stellung von Ps 19 innerhalb der Komposition des Psalters ist bereits deshalb besondere Aufmerksamkeit zu schenken, da, wie bei jedem Psalm, der Einzeltext durch den Kontext ‚Psalter' bzw. ‚Kanon' um neue, ‚kanonische' Sinndimensionen bereichert wird.[1] Hinzu kommt hier, dass viele späte weisheitliche Psalmen wie Ps 19 zwar keinen kultischen Sitz im Leben haben[2] – „but they do have a place in the book"[3]. Mit dem Umfeld der Formierung des Psalters, einem tora-weisheitlichen Milieu, ist dabei zugleich auch dasjenige von Ps 19 benannt.[4] Eine kanonische Auslegung, die ohne Verlust der Qualität des Einzelpsalms als eines theologischen Hologramms nach dessen Sinnanreicherung durch den Kontext fragt, berücksichtigt zudem die typische Gebrauchssituation des Psalters zur Zeit seiner Gestaltwerdung. Denn dessen Verwendung wird heute primär in der ‚*lectio continua*'[5] als eines

---

1 In diesem Sinne ist „der Psalter der erste Exeget des Einzelpsalms" (*Barbiero*, Psalmenbuch, 30).
2 S.o. IV.
3 *Mays*, Place, 12.
4 S. hierzu oben VI. So urteilt *Mays* insbesondere über die ‚Torapsalmen': „To take up the torah psalms as the problem children of the Psalter is in the end to take up the question of the entire book of psalms ... The torah psalms point to a type of piety ... that used the entire book as prayer and praise. The Psalms were reread in the light of this piety, and it in turn was ... shaped by the Psalms" (Place, 12; vgl. auch *Lange*, Endgestalt, 115-120.130).
5 Vgl. hierzu v.a. *Füglister*, Verwendung, 344ff und passim; *Millard*, Komposition, 245ff; *Barbiero*, Psalmenbuch, 30; *Lohfink*, Psalmengebet, 3-7; *Hossfeld / Zenger*, NEB 29, 25 u.a. – Die liturgische Verwendung von Einzelpsalmen, aber auch von Psalmengruppen wie des Ägyptischen Hallels (vgl. hierzu *Millard*, Komposition, 30-32), muss jedoch weiterhin geltend gemacht werden. *Brueggemann* etwa wirft ein: „Thus I suggest that in some way even a post-exilic, post-temple, or ‚postcultic' context Israel must still be engaged in intentional communal symbolization" (Response, 31). Dass gerade die Kanonisierung des Psalters sich in einem liturgischen, gemeinschafts- und identitätsstiftenden Gebrauch der Psalmen manifestiert hat, zeigt z.B. die Entsprechung der Zuordnung von Ps 24; 48; 82; 94; 81; 93; 92 zu den Wochentagen in den 𝔊-Überschriften und einer frühjüdischen, in mTam 7,4 bezeugten liturgischen Praxis. Die Diskussion um die Verwendung der Psalmen und des Psalters in der Situation der Formation seiner Endgestalt, in die u.a. auch die Frage nach dem Gebrauch der qumranischen Psalmentexte hineinreicht, ist längst noch nicht abgeschlossen.

„häusliche(n) Gebetsbuch(s)"[6] gesehen. Da der Psalter als an einem Stück lesbarer Textzusammenhang überdimensioniert wäre,[7] und deshalb Kompositionsbögen bzw. Psalmengruppen als Unterabschnitte den literarischen Primärkontext eines Psalms bilden, wird im Folgenden nun die Einbindung von Ps 19 in die Psalmengruppe Ps 15-24 betrachtet – zunächst synchron, auf der Ebene der Endgestalt. In einer diachronen Betrachtung werden dann redaktionelle und kompositionelle Überlegungen zur Einfügung von Ps 19 in diesen Kontext diskutiert.
Die folgende Beschreibung des unmittelbaren Kontextbezugs von Ps 19 berücksichtigt jeweils die inhaltlich und motivlich signifikanten Stichwortverbindungen[8] und versucht, im Leseduktus und in der Abfolge der Psalmen sich eröffnende neue Sinndimensionen und von der Komposition der Teilsammlung nahe gelegte Lesevarianten und Identifikationsmöglichkeiten herauszuarbeiten.[9]

A) Die Stellung von Ps 19 im Zentrum von Ps 15-24

Die Einheit Ps 15-24 ist, wie es Auffret[10] in Grundlinien in seiner strukturellen Analyse gezeigt hat, die in z.t. unterschiedlicher Weise von Millard, Hossfeld und Zenger, sowie P.D. Miller, Barbiero und Podella[11] rezipiert wurde, als eine konzentrische Struktur komponiert:

```
15 ‚Toreinlassliturgie'
 16 Vertrauen
  17 Klage
   18 Königsgebet
    19 Schöpfung und Tora
   20 Königsgebet
   21 Königsgebet
  22 Klage
 23 Vertrauen
24 ‚Toreinlassliturgie'
```

---

6 *Millard*, Komposition, 249.
7 Vgl. *Millard*, Komposition, 245ff.
8 Zu den strukturbildenden Prinzipien der Psalterkomposition, wie *concatenatio* und Vernetzung, vgl. u.a. *Barbiero*, Psalmenbuch, 20-29.
9 Die Komposition des Psalters bzw. von Teilsammlungen ergibt einen sinnvollen Zusammenhang, bei dem es jedoch von vorneherein nicht in allen Teilen möglich ist, vom Kompositor Beabsichtigtes und Unbeabsichtigtes zu trennen – vielmehr würde das auch dem Charakter dieser zwar durchdachten, aber dennoch offenen Anordnung nicht entsprechen. Die Interpretation orientiert sich im Folgenden daher nicht an der *intentio auctoris* sondern an der (regulativen) Idee einer *intentio operis* dieser Teilsammlung.
10 Sagesse, 409ff.
11 *Millard*, Komposition, 24f; *Hossfeld / Zenger*, Redaktionsgeschichte, 169ff; *Miller*, Kingship, passim; *Barbiero*, Psalmenbuch, 189ff; *Podella*, Transformationen, 11. Vgl. auch *Füglister*, Verwendung, 372 Anm. 127.

In ihrer Mitte[12] ist mit Ps 19, wie so häufig in der Psalterkomposition, ein weisheitlicher Psalm,[13] zudem ein Schöpfungshymnus (vgl. Ps 8; 29), positioniert.

Folgte man M. Millards Analyse, dann wäre Ps 19 sogar die Stellung im Zentrum des „mittleren Kompositionsbogens und damit der gesamten Komposition des ersten Psalmbuches" zuzuordnen.[14] Millards Analyse, derzufolge Ps 11-31 den Mittelteil und Ps 1-10[15] und Ps 32-41[16] die Rahmenteile des ersten Psalmbuchs bilden, kann jedoch die Formation von Ps 25-41 nicht plausibel erklären.[17] Daher ist ihr die u.a. von Hossfeld / Zenger[18] und Barbiero[19] vorgeschlagene Strukturierung in die Teilkompositionen Ps 3-14; 15-24; 25-34[20] und 35-41 als die einleuchtendere vorzuziehen. Vergleichbar mit dieser zentralen Stellung eines Torapsalms im Zusammenhang mit einer Wallfahrtsliturgie ist diejenige von Ps 119: in der Mitte zwischen dem ägyptischen Hallel Ps 111-118[21] und der מַעֲלוֹת-Psalmensammlung Ps 120-134. Dem ähnelt auch die Stellung von Ps 119 in der Anordnung von 11QPss^a, die er durch seine Länge regelrecht zweiteilt.[22] Denn auch dort bildet er (im Anschluss an die מַעֲלוֹת-Psalmen Ps 120-132) zusammen mit Ps 132 als einem davidischen Königspsalm eine ähnliche Kombination von Königtum und Tora wie Ps 18-19 und Ps 1-2.[23] Diese Stellung von Torapsalmen je als Mittel- bzw. Höhepunkt von Teilkompositionen stimmt also mit der von Ps 1(-2) vorgegebenen Konzeption des „Psalter(s) als Leseanweisung zur Torafrömmigkeit"[24] überein.

In der folgenden Betrachtung von Ps 19 im Zentrum dieser Teilkomposition werden sowohl die Rezeptionsform der *lectio continua*, also eines fortlaufenden Leseprozesses,[25] als auch die Strukturvorgabe beachtet, „that this collection is shaped ... by a ring or concentric structure so that

---

12 Zur Schwierigkeit, dass Ps 18 mit Ps 20f zwei Psalmen gegenüberstehen, s.u.
13 Vgl. *Millard*, Komposition, 140.
14 *Ders.*, Komposition, 140.
15 Er bezeichnet die Gruppe als weisheitlich-nachkultische Dankliturgie (Komposition, 127).
16 AaO 138-140; 168.
17 *Millard* selbst bemerkt: „Der Schluß des ersten Psalmenbuchs ist uns nicht völlig erklärbar" (Komposition, 140).
18 *Dies.*, NEB 29, 12.
19 Psalmenbuch, v.a. 719ff und passim.
20 Zu den Abweichungen des Strukturvorschlags *Barbiero*s von demjenigen *Hossfeld / Zenger*s, die Ps 31 als Klagelied ansehen und daher die Stellung von Ps 33 nicht aufzeigen können, vgl. *Barbiero*, Psalmenbuch, 325-328.
21 Auf die analoge Kombination von Königtum und Tora in Ps 118-119 und Tora hat *Mays* hingewiesen (Place, 11).
22 So auch *Kleer*, Sänger, 312; *Millard*, Komposition, 225f; *Wilson*, Editing, 227.
23 „The focus upon Yahweh's torah and obedience to its divine instruction is the touchstone for this collection" (*Miller*, Kingship, 127). Dabei ist Ps 19 innerhalb von Ps 15-24 zentraler Schlussstein, in 11QPss^a ist Ps 119 dagegen ein vorläufiger Zielpunkt der ‚literarischen Wallfahrt'.
24 *Steck*, Abschluß, 162.
25 Hierfür wird erneut (s.o. II. C) auf die *Iser*sche Theorie des Leseprozesses, v.a. auf die des ‚wandernden Blickpunkts' (Akt des Lesens, 177ff) zurückgegriffen. Eine ‚*lectio continua*' ist demgemäß ein Fortschreiten von Raum zu Raum – zwischen den Räumen der je individuellen Textwelt der Einzelpsalmen.

ends are in beginnings, beginnings in endings, and the center looks in both ways"[26]. Daher sind vor allem die Eckpsalmen der Sammlung, Ps 15 und Ps 24, besonders zu betrachten.

B) Synchrone Bezüge zur Teilkomposition Ps 15-24

1. Die poetische Struktur von Ps 15 und Ps 24

Die sich als sogenannte Tor- oder Tempeleinlassliturgien[27] auffällig entsprechenden Ps 15,1-5 und Ps 24,3-6 rahmen als Inclusio diese Psalmengruppe. Der Sitz im Leben dieser Einlassliturgien wurde von Gunkel (1924) so beschrieben: Auf die Frage eines ‚Chors der Laien' erfolgte als Antwort von einem ‚Chor der Priester' die Verkündung des Gotteswillens in Form einer Priestertora.[28] Daher wird als Gemeinsamkeit von Ps 15, Ps 19 und Ps 24 häufig die ‚Tora' genannt: „Die sogenannten Toreinzugsliturgien stellen mit ihren konkreten Torafragen einen wichtigen Nebenpfeiler der Komposition neben dem Zentrum Ps 19 dar"[29]. Kann man tatsächlich den Begriff der ‚Tora' als gemeinsames Merkmal der drei Eckpfeiler der Psalmengruppe Ps 15-24 ansehen? Wie sind Ps 15 und Ps 24 strukturiert, und welche Perspektiven werden durch sie bei einer fortlaufenden Lektüre dieser Psalmengruppe zusammengeführt? An beiden Texten sind für diese Fragen vor allem die formgeschichtliche Fragestellung und die Struktur ihrer vorliegenden Gestalt von Interesse.

Doch zunächst sei auch der literargeschichtlichen Fragestellung Aufmerksamkeit geschenkt. Am Beginn des literarischen Wachstums von Ps 15 sehen Steingrímsson und Hossfeld einen Grundbestand nur in V.1f.5[30], letzterer vor allem aufgrund des Wechsels in die SK zwischen V.2 zu V.3.[31] Es ist jedoch in sich schlüssig, dass auf die allgemeine Charakterisierung (partizipial) ein (Rück-)Blick auf das Leben der

---

26 *Miller*, Kingship, 133.
27 Vgl. hierzu auch Jes 33,14-15; Ez 22,1-16; Mi 6,6-8; Ps 118,19f sowie die Prüfung auf Reinheit am Tempeltor durch Torhüter nach 2 Chr 23,19.
28 *Gunkel*, Jesaja 33, 193, vgl. u.a. *Begrich*, Priesterliche Tora, 79f; *Koch*, Tempeleinlaßliturgien, 50ff.
29 *Millard*, Komposition, 141; vgl. *Barbiero*, Psalmenbuch, 189f mit Anm. 3.
30 *Steingrímsson*, Tor, 43; *Hossfeld*, Nachlese, 145.151. Es ist zu bezweifeln, dass eine so allgemeine Antwort wie V.2.5 mit V.1 einen inhaltlich vollständigen Psalm je hat bilden können; vgl. *Ottos* Bemerkung, dass diese „inhaltlich umfassenderen Beschreibungen der rechtschaffenen ... Lebensführung ... so abstrakt und allgemein gehalten [sind], daß sie ohne inhaltliche Konkretion funktionslos wären" (Kultus, 165). *Otto* selbst jedoch scheidet V.2 und V.3 aus, da er vom Vorliegen eines überlieferungsgeschichtlichen Kerns von Rechtssätzen ausgeht, zu deren Rahmen er V.2 zählt. Die weit wahrscheinlichere Abfassung von Ps 15,1-3.5 in weisheitlichem Milieu (s.u., vgl. *Beyerlin*, aaO 90ff.103f) spricht aber für eine bereits vor der Verschriftlichung erfolgte Integration dieser rechtlichen Normen in die Ethik.
31 *Ders.*, Nachlese, 145.151.

Kultteilnehmer mit Konkretionen (SK) folgt. So ist auch nach Beyerlin der Wechsel von allgemeinen zu detaillierten Bestimmungen ein Gattungsspezifikum „sozialer Reihen", wofür er sich auf die nahe Parallele Ps 24,3b-4 berufen kann.[32] V.4aα ist – u.a. aufgrund der von V.2-3 abweichenden Gestaltung[33] – möglicherweise ein Zusatz aus spätalttestamentlicher Zeit,[34] in dem rechtes Verhalten mit Gruppenzugehörigkeit verbunden wird. V.4b schließt an das (vgl. V.3aβ) Treueverhalten gegenüber dem Nächsten an.[35] Der Grundbestand von Ps 15,1-3.5 wird wohl erst in spätvorexilischer Zeit anzusetzen sein.[36]

Ps 15 liest sich in seiner vorliegenden Gestalt nun wie folgt:

1 JHWH, wer darf weilen in deinem Zelt,
   wer darf wohnen auf dem Berg deiner Heiligkeit?
2 Der makellos wandelt,
   und Gerechtigkeit übt,
   und Wahrheit redet in seinem Herzen.
3 Nicht hat er verleumdet mit seiner Zunge,
   nicht tat er seinem Nächsten Böses,
   und Schmähung erhob er nicht gegen den, der ihm nahe steht.
4 Der Verächtliche ist in seinen Augen verworfen,[37]
   aber die JHWH-Fürchtigen ehrt er.
   Schwor er dem Nächsten, so ändert er es nicht.[38]
5 Sein Geld gab er nicht auf Zinsen
   und Bestechungsgeld gegen den Unschuldigen nahm er nicht an.
   Wer dies tut, wird niemals wanken.

Die Struktur der vorliegenden Gestalt von Ps 15 lässt sich so beschreiben:[39]

1 Invocatio und Doppelfrage nach den Einlassbedingungen
2-5 Antwort
   2 allgemeine Beschreibung des rechten Kultteilnehmers *(Ptz.)*
   3-5aβ Konkretion
      3 Schutz des Nächsten *(SK)*

---

32 Heilsordnung, 27.
33 V.4a: SK – PK; V.4b: SK – PK.
34 Dieser gewisse Konsens (vgl. etwa *Steingrímsson*, Tor, 5; *Beyerlin*, Heilsordnung, 33; *Hossfeld*, Nachlese, 150) ist nachvollziehbar.
35 Gegen *Steingrímsson*, der auch V.4b.5a zum sekundären Bestand zählt; Tor, 5).
36 Dafür spricht die Verflechtung von kultischen und spruchweisheitlichen Traditionen, vgl. *Beyerlin*, Heilsordnung, 101f. Zu Gattung und weisheitlichem Einfluss s.u.
37 Ein Bezug des ePP 3.ps.m.sg. von בְּעֵינָיו auf JHWH (so *Beyerlin*, Heilsordnung, 21f) ist unwahrscheinlich, da an dieser Stelle nicht mehr von JHWH die Rede ist, vgl. *Seybold*, HAT 68; *Steingrímsson*, Tor, 1. Eine aktivische Übersetzung von נִמְאָס (vgl. *Otto*, Kultus, 168) ist schwer möglich.
38 Bei Beibehaltung des MT muss mit einer Breviloquenz in Analogie zu Lev 5,4 gerechnet werden, so *Steingrímsson*, Tor, 68f; *Hossfeld*, Nachlese, 159f. Doch ergibt sich hier die Schwierigkeit, dass die Hauptsache, eine reflexive Deutung, ergänzt werden muss, vgl. bereits *Gunkel*, HK II/2, 50. Die ⊕-Variante entspricht zudem inhaltlich der die Treue akzentuierenden Nächstenethik von V.3, so auch *Beyerlin*, Heilsordnung, 19ff. Sie ist auch deshalb zu bevorzugen, da sie keinen Eingriff in den Konsonantenbestand erfordert.
39 Zur Diskussion der Struktur vgl. *Miller*, Poetic Ambiguity, 416.

B) Synchrone Bezüge zur Teilkomposition Ps 15-24

4a Näherbestimmung: Übereinstimmung mit der Gruppenidentität *(Ptz. / PK)*
4b-5aβ Unbedingtes Treueverhalten *(4b SK – PK; 5aαβ SK)*
5b zusammenfassende Lebenszusage: Beständigkeit *(Ptz. – PK)*

Für Ps 24 wird meist ein stufenförmiges Wachstum angenommen. Es sei vom Kristallisationskern V.7-10 ausgegangen, an den sich der formal stark differierende V.1f (Trikola / Bikola; liturgischer Frage-Antwort-Stil / Stil des Hymnus) angeschlossen hat. Darauf sei V.3-5, das durch Form, Thematik und weisheitliche Prägung von V.1f.7-10 abweicht, hineingestellt.[40] Da diese Teile aber so enge inhaltliche Bezüge haben (aus der hymnischen Proklamation JHWHs als Eigentümer des Erdkreises folgt seine Identifikation als rechtmäßiger מֶלֶךְ הַכָּבוֹד, und der Frage nach dem einziehenden Gott entspricht diejenige nach dem hinaufziehenden Kultteilnehmer), ist nicht auszuschließen, dass diese Abschnitte literarisch auf der gleichen Stufe stehen. V.6 allerdings scheint von einer nachexilischen Redaktion, die auf die Gruppenzugehörigkeit zu ‚Jakob' Wert legt, angefügt worden zu sein.[41] In der viel diskutierten Frage möglicher gegenseitiger Abhängigkeit von Ps 15 und 24 hat Steingrímsson Ps 15[42] als eine Vorlage von Ps 24,3-5 und Jes 33,14f eingestuft.[43] Ein gegenläufiges Abhängigkeitsverhältnis vertreten Duhm[44] und Spieckermann[45]. Eine über die Formanalogie hinausgehende „literarische Bekanntschaft"[46] wäre nur durch noch größere inhaltliche und auch wörtliche Übereinstimmungen wirklich nachweisbar, bleibt also unsicher.[47]

Der Text von Ps 24 lautet:

1 JHWHs gehört die Erde und was sie erfüllt,
   der Erdkreis und die darauf wohnen.
2 Denn er hat sie über Meeren gegründet,
   und über Strömen gibt[48] er ihr Bestand.
3 Wer darf wallfahrten zum Berg JHWHs,
   und wer stehen an seinem heiligen Ort?
4 Der unschuldige Hände und ein lauteres Herz hat,
   der nicht bei mir[49] zu Nichtigem geschworen hat[50]

---

40 *Hossfeld* datiert sie vorexilisch-exilisch; *Hossfeld / Zenger*, NEB 29, 157.
41 So u.a. *Steingrimsson*, Tor, 72.89 Anm. 410; *Hossfeld / Zenger*, NEB 29, 157 (*Hossfeld*); *Podella*, Transformationen, 119 Anm. 110 *Spieckermann*, Heilsgegenwart, 199.
42 Er sieht in ihm die einzige erhaltene Einzugsliturgie mit originalem Sitz im Leben im Tempelgottesdienst; seine vorexilische Datierung des Grundbestandes von Ps 15 verankert er in der Verwendung von Wortes גוּר (Tor, 19). Zur Kritik an diesem unsicheren Indiz – möglicherweise liegt ja archaisierende Redeweise vor – vgl. *Hossfeld*, Nachlese, 144f.
43 Tor, 133; so auch *Koch*, Tempeleinlaßliturgien, 52.
44 KHC XIV, 58.
45 Heilsgegenwart, 201f.
46 *Spieckermann*, Heilsgegenwart, 201 Anm. 13.
47 Vgl. *Beyerlins* gattungsgeschichtliche Lösung (Heilsordnung, 65).
48 Es wäre unnötig, יְכוֹנְנֶהָ analog zu יְסָדָהּ in eine SK-Form zu ändern; so *Petersen*, Mythos, 97; dagegen *Spieckermann*, Heilsgegenwart, 201. Im vorliegenden Text wird JHWHs urzeitliches (V.2a) und andauerndes Handeln (V.2b) zur Stabilisierung des Kosmos als komplementär und damit vollständig beschrieben.

und nicht trügerisch Eid abgelegt.
5 Er wird Segen mit sich tragen von JHWH,
und Gerechtigkeit vom Gott seiner Hilfe.
6 Das ist das Geschlecht, das nach ihm fragt,[51]
die dein Angesicht suchen: Jakob. [Sela][52]
7 Erhebt, Tore, eure Häupter,
und erhebt euch, ewige Pforten,
dass der König der Herrlichkeit einziehe.
8 Wer ist der König der Herrlichkeit?
JHWH, der Gewaltige[53] und Held
JHWH, der Kriegsheld.
9 Erhebt, Tore, eure Häupter
und erhebt euch, ewige Pforten,
dass der König der Herrlichkeit einziehe.
10 Wer ist dieser König der Herrlichkeit?
JHWH Zebaoth.
Er ist der König der Herrlichkeit.

Für unseren Zusammenhang ist nun vor allem die Struktur des Psalms von Bedeutung:

1f schöpfungstheologische Einleitung
  1 Eigentumserklärung;
  2 schöpfungstheologische Begründung
3-6 ‚Einlassliturgie'
  3 Doppelfrage nach dem rechten Kultteilnehmer

---

49 Einige folgen hier den vielen hebräischen Mss und ⅭⅭ, u.a. *Seybold*, HAT I/15, 103. Bei Beibehaltung des MT ist V.4 als Gottesrede aufzufassen und נַפְשִׁי auf JHWH zu beziehen. Da im AT gerade in Kultbescheiden und ähnlichen Texten von JHWHs נֶפֶשׁ die Rede ist (vgl. Jes 1,14; Am 6,8) und die inhaltliche Nähe zu Ex 20,7 par. auch hier eine Gottesrede nahe legt, ist diese schwierigere Lesart des MT vorzuziehen, so auch *Koch*, Tempeleinlaßliturgien, 52; *Spieckermann*, Heilsgegenwart, 198f; *Otto*, Kultus, 165f und *Podella*, Transformationen, 118.
50 Die abweichende Gestaltung von V.4 als Trikolon mit einer inhaltlichen Doppelung gibt Anlass zu literarkritischen Überlegungen; *Spieckermann* etwa sieht in V.4aβ einen Zusatz (aaO 198).
51 Aus Gründen der Kongruenz wird mit einer gewissen Übereinstimmung das Ketib דֹּרְשׁוֹ V.6 gegen das Qere דֹּרְשָׁיו beibehalten bzw. die verdeutlichende Lesart der Ⅽ ζητούντων bevorzugt.
52 Äußerst zweifelhaft ist die von *Lohfink* (Psalmengebet, 19), *Hossfeld* und *Zenger* (Redaktionsgeschichte, 168.181) und *Barbiero* (Psalmenbuch, 313) vorgelegte Interpretation, der Glossator habe den Rechttuenden von V.4 mit denen aus der Völkerwelt identifiziert, die das Angesicht Jakobs als eines JHWH-Mittlers suchen. Denn דּוֹר bezieht sich im gesamten AT nie explizit auf Proselyten o.ä., sondern fast nur auf zu Israel Zugehörige, und פָּנֶה bezieht sich in den Psalmen (bis in Ps 17,13: auf den Feind) ausschließlich auf JHWH; zusammen mit בקשׁ pi. (vgl. Ps 27,8; 40,17; 69,7; 70,5; 83,17; 105,3f; Jes 51,1) liegt hier eine geprägte Terminologie für den Tempelbesuch vor. Der Wechsel in die 2.ps.m.sg. ist als Übergang zur Anrede JHWHs, und ‚Jakob' ist als eine Näherbestimmung der JHWH-Sucher *in* Israel anzusehen.
53 So der Übersetzungsvorschlag des substantivierten Adjektivs עִזּוּז in HAL 764 s.v.

4 Antwort: Beschreibung des rechten Lebenswandels
  aα: allgemeine Charakteristika
  aβ-b: konkretes Handeln
5 Ergehen: Gerechtigkeit / Segen
6 zusätzliche Näherbestimmung der Antwort
7-10 ‚Torliturgie'
7 Bereitung für den Einzug des universalen Königsgottes (A)
8 Frage nach seiner Identität (B)
  Antwort: JHWH (C)
9 Bereitung für den Einzug des universalen Königsgottes (A')
10 Frage nach seiner Identität (verstärkt) (B')
  Antwort JHWH Zebaoth; Affirmation (C')

Die Struktur von Ps 24[54] ist recht klar: Auf die universale schöpfungstheologische Aussage (V.1f; Eigentumserklärung und schöpfungstheologische Begründung) folgt in V.3-5 die ‚Einzugsliturgie', in der auf die identifikatorische Frage nach dem rechten Kultteilnehmer in V.4 die Antwort durch Beschreibung des im Alltag ethisch Handelnden (aα: allgemein; aβ-b: konkret) erfolgt, für den dann V.5 Gerechtigkeit und Segen (im Tempel) in Aussicht stellt. Die weitere Näherbestimmung in V.6 ist inhaltlich wie strukturell an den zweiten Teil, V.3-5, angehängt. Dieser dritte, nunmehr in gewichtigen Trikola gestaltete Teil besteht aus zwei nahezu gleichen, klimaktisch aufgebauten Stücken (A-B-C-A-B'-C'), in denen der Einzug des universalen Königsgottes in den Tempel vorbereitet wird (V.7 / V.9): In Frage-Antwort-Struktur wird er als JHWH (B) / JHWH Zebaoth (B') identifiziert, was im letzten Kolon abschließend affirmiert wird. Zugleich wird mit dem Gottesnamen auf den Anfang (V.1a) zurückgegriffen, und mit dieser Inclusio wird dann auch der enge sachliche Bezug der Eigentumserklärung V.1 zur Proklamation des universalen Königsgottes unterstrichen.

Der Text entwirft zunächst (V.1f) einen universal dimensionierten Raum, der in V.3 durch die Zionsthematik konzentrisch strukturiert wird. In ihn werden zwei konvergierende Bewegungen eingezeichnet: Die Wallfahrt des in Frage und Antwort charakterisierten rechten Kultteilnehmers und der Einzug des in Frage und Antwort identifizierten und proklamierten Gottes.[55] Sie laufen auf die Begegnung im Tempel zu, die in der gottesdienstlichen Doxologie ihr Ziel findet.

Für die Diskussion von Gattung und Sitz im Leben von Ps 24 ist nun nach wie vor Mowinckels Rekonstruktion des Sitzes im Leben im israelitischen Herbst- bzw. Thronbesteigungsfest JHWHs im Zusammenhang mit einer Ladeprozession (vor allem für V.7-10)[56] prägend, wie sie bis in jüngere Zeit ähnlich u.a. von Jeremias[57] weiter vertreten wird. Es ist aufgrund bewusster Anspielungen auf kultische Vor-

---

54 Hinsichtlich der *poetischen* Gestaltung von Ps 24 sind beachtenswert: der durch das ePP 3.ps.f.sg. bedingte ‚Endreim' (V.2a.b), die Wiederholungen von מ und ק (vgl. die Konsonanten in V.3b; מִי־יָקוּם בִּמְקוֹם קָדְשׁוֹ) und von שׁ / שׂ und נ in V.4aβ (לֹא־נָשָׂא לַשָּׁוְא נַפְשִׁי) sowie die Alliteration in V.6a (דֹּר דֹּרְשָׁו). Auf die phonetische Inclusio durch יֵשַׁע und יְשׁוּעוֹ in V.5 macht *Podella* aufmerksam (Transformationen, 119), und *Otto* auf die Bedeutung von נשא als V.4aβ; V.5a und V.7aα.β; V.9aα.β verknüpfendes Stichwort (Kultus, 165).

55 Insofern sind die mit מי anhebenden Fragen in V.3a und V.7a.9a mit ihrer formalen Ähnlichkeit am Anfang der beiden Einheiten V.3-6 und V.7-10 auch inhaltlich für den Gesamtpsalm bestimmend.

56 Psalmenstudien II, 118f.

57 *Jeremias*, Königtum, 60-62; *ders.*, Lade, 170.181.

gänge[58] weiterhin zwar von einem kultischen Haftpunkt von V.7-10 auszugehen, der auf den Referenzrahmen der Ladeüberführung bzw. des Herbstfestes verweist. Ein Erweis der Rezitation im Sitz im Leben des Herbstfestes im Zusammenhang mit einer Ladeprozession kann für V.7-10 aber nicht erbracht werden:[59] Es ist unwahrscheinlich, dass man hier den originalen Wortlaut eines an einem solchen Fest zu rezitierenden Textes vor sich hätte.[60] Abgesehen vom nur hypothetischen Sitz im Leben ‚Ladeprozession' bereitet auch die Rekonstruktion einer die Einlassbedingungen regelnden, von Priestern in liturgischem Rahmen verkündeten mündlichen Gattung ‚Tora' in Ps 15,2-5* und Ps 24,3-5* noch weitere Probleme. Die schon in Begrichs Arbeit von 1936 auftretende Schwierigkeit der Rekonstruktion einer priesterlichen Tora besteht bis heute fort, u.a. weil man neben Belegen aus der priester(schrift)lichen Literatur, die durchweg die Form von Prohibitiven (לא + PK Langform) und ‚heischenden Präsentia' (PK Langform) haben, sonst durchweg auf prophetische Nachahmungen zurückgreift, die hingegen aus Imperativen und Vetitiven (אל + PK) bestehen. Die infragekommenden Verse von Ps 15 und 24 sind – anders als Ez 18,5-9 – jedoch in der Abfolge: Ptz. bzw. Adj. (Ps 15,2; 24,4aα) – לא + SK (Ps 15,3.5; in Ps 24,4aβ-b im Relativsatz) formuliert. Koch hat daraufhin versucht, diese Differenz zu apodiktischem Recht so zu erklären, „dass hier *Rückschau* gehalten wird"[61], so dass Rechtssätze umgeformt wurden, „um solche dekalogähnlichen Sätze der Situation der Torliturgie anzugleichen"[62]. Ganz anders folgert aus dieser Differenz Steingrímsson (1984), die betrachteten Passagen „enthalten keine Indizien, die für einen Vergleich mit apodiktischen Rechtssätzen sprechen"[63]. Auch in der Sicht Ottos (1986), der bei Ps 15 und 24 analog zum Bundesbuch die Theologisierung nachbarschaftlicher Solidarethik nachzeichnen will,[64] findet die Einschätzung als Priestertora keine Nachfolge mehr.[65] Wie Otto in Ps 15 / 24 die „Promulgation von Normen des Prozeßrechts am Tempeleingang" zu konstruieren, kann sich jedoch, so jüngst Podella, auf die angeführ-

---

58 Zu den im Textverlauf angedeuteten „kulttopographischen Bewegungen" vgl. im einzelnen *Podella*, Transformationen, 121-124.
59 *Jeremias* stützt sich primär auf den in 1 Sam 1,3.11; 2 Sam 4,4 im Zusammenhang mit der Lade erwähnten Titel JHWH Zebaoth. Dieser ist u.a. deshalb ein unzureichendes Indiz, da selbst in den recht frühen Belegen für dieses Epitheton, Jes 6,3 und Ps 48,9, ein expliziter Bezug auf die Lade fehlt und dort auch nicht einfach eingetragen werden sollte, vgl. hierzu v.a. *Janowski*, Königtum, 183ff.189ff. Anstelle der nur unzureichend im Text belegbaren Lade hat *Niehr* ein hier textlich noch weit weniger belegbares JHWH-Kultbild als Gegenstand einer zu Ps 24 gehörigen Prozession postuliert, vgl. *ders.*, In search, 86f.
60 Vgl. *Spieckermann*, Heilsgegenwart, 200; *Podella*, Transformationen, 121.
61 Tempeleinlaßliturgien, 50 Anm. 14. Einer Herleitung des israelitischen Rechts aus diesem kultischen Kontext sind die neueren Konzepte von Israels Rechtsgeschichte doch deutlich entgegengesetzt, wie z.B. dasjenige *Otto*s, der im Gegenteil bei Ps 15 und Ps 24 von der Integration der Rechtsüberlieferungen in priesterliche Theologie ausgeht (Ethik, 224). Vorsichtig auch *Crüsemann*, der als Parallele zum priester(schrift-)lichen Denken notiert, dass auch Ps 15 und 24 „auf kultische Präsenz Gottes hin ausgelegt" seien (Tora, 358).
62 *Koch*, ebd.
63 Tor der Gerechtigkeit, 144.
64 *Hossfeld* kritisiert dabei zu Recht an *Otto*s Konzept, dass die Parallelisierung des literarischen Wachstums von Ps 15 und Ps 24 mit der am Bundesbuch zu beobachtenden Theologisierung familiar-tribaler Handlungsnormen die Psalmen in ein Prokrustesbett spanne (Nachlese, 142).
65 So auch *Spieckermann*, Heilsgegenwart, 201f mit Anm. 13.

B) Synchrone Bezüge zur Teilkomposition Ps 15-24

ten spätägyptischen und mesopotamischen Analogien nicht stützen und ist abermals nicht vom Text gedeckt.[66] Es fällt also schwer, hier weiterhin undifferenziert mit dem Begriff der ‚Tora‘ zu operieren.

Aufgrund der offenkundigen Differenz zwischen der Form priesterlicher Rechtssätze und der primär nicht-kultischen, sondern profanethischen, weisheitlichen Prägung sowohl von Ps 15,2-5[67] als auch von Ps 24,3b-5 und dem Akzent auf der Beschreibung des rechten Kultteilnehmers ist es wahrscheinlicher, dass der Verfasser die wohl zu seiner Erfahrungswirklichkeit gehörende Situation der Prüfung am Tempeltor (bzw. allgemeiner: der Introitusphase des Tempelkultes) als den textlich inszenierten Schauplatz wählte,[68] an dem in einer der weisheitlichen Lehrsituation nahe kommenden dialogischen Struktur[69] (vgl. z.B. Ps 34,17) der exemplarische Gerechte charakterisiert wird.[70] Das Verständnis kultischer Reinheit wird dadurch so umgeprägt, dass nunmehr die צְדָקָה im täglichen Lebenswandel als vorrangiges Kriterium der Kultfähigkeit verstanden wird. Zugleich ermöglicht dieser im Umkreis des Tempelpersonals entstandene Text[71] eine ‚private‘ Verwendung als ‚Beichtspiegel‘[72], die gleichzeitig konkrete kultische Abläufe vergegenwärtigt.[73] Die Möglichkeit solcher Rezeption kommt nun gerade in

---

66 Transformationen, 115. Damit sind zugleich die mit einer Auswertung von Ps 15 und Ps 24 für die vorexilische israelitische Rechtsgeschichte verbundenen Schwierigkeiten deutlich. Die Vielfalt weiterer Interpretationsmöglichkeiten zeigt *Willis* auf (Ethics, 145ff).
67 Bemerkenswert ist, wie in V.2 der meist kultische Terminus תָּמִים auf den Lebenswandel bezogen wird (הוֹלֵךְ תָּמִים), und mit פֹּעַל צֶדֶק ein Antitypos zu den פֹּעֲלֵי אָוֶן gezeichnet wird, vgl. *Steingrímsson*, Tor, 67; *Podella*, Transformationen, 128; eine ausführlichere Begriffsanalyse bietet *Hossfeld*, Nachlese, 142.
68 *Beyerlin* urteilt treffend, es werde dem „weisheitlichen Verfasser des Textes Ps 15 zupaß gekommen sein, daß, was er da übernahm, Frage und Antwort aufwies" (Heilsordnung, 88), so dass er diese kultische Reminiszenz in seinen der spruchweisheitlichen Aussagesentenz nahe kommenden Text aufgenommen habe. In seiner jetzigen Form sei Ps 15 jedoch eher „ein kunstvoll prägnantes Verkündigungsstück" (ebd).
69 Vgl. *Beyerlin*, Heilsordnung, 103f.
70 Die Leistung solcher dialogischer Frage-Antwort-Strukturen ist, dass sie Möglichkeiten zur Rollenübernahme bieten, ja, diese geradezu einfordern, vgl. *Podella*, Transformationen, 128.
71 So *Beyerlin*, Heilsordnung, 103f.
72 Vgl. *Koch*, der bereits die literarische Funktion dieser Texte als Bestandteile heiliger Bücher reflektiert, vgl. *ders.*, Tempeleinlaßliturgien, 60. *Galling* verwendet denselben Begriff, jedoch im Sinne eines als regelrechte Einlasstora rezitierten Textes, vgl. *ders.*, Beichtspiegel, 292f.
73 *Podella* beschreibt beide Psalmen als „priesterliche ... oder weisheitliche ... Lehrdichtungen, die zwar der komplementären Struktur sozialen und kultischen Lebens in lyrisch stilisierter Form nachgehen, aber selbst nicht zur Kultlyrik zählen", und durch die die Korrelation zwischen dem ‚kultisch semiotisierten Alltag‘ und dem Tempelkult gefestigt werde (Transformationen, 128).

der Komposition der von diesen Psalmen gerahmten Teilkomposition zum Tragen.

2. Die Bezüge von Ps 15, Ps 19 und Ps 24

Die vielfältigen Strukturanalogien gerade von Ps 15,1-5 und Ps 24,3-5 sorgen, wie bereits bemerkt,[74] auf synchroner Ebene für eine inclusionsartige Struktur der Teilkomposition Ps 15-24.

So werden in Ps 15,1-5 und Ps 24,3-5 die gleichen in einen gerechten Lebensweg involvierten Aspekte des Menschseins genannt: mit לֵב das emotionale, kognitive bzw. voluntative Zentrum des Menschen (Ps 15,2; 24,4aβ) sowie sein Reden (Ps 15,3a.4b; 24,4b) und sein Handeln (Ps 15,2a.3aβ.5b; 24,2.4a). Zudem verstärkt der Psalmtitel מִזְמוֹר לְדָוִד von Ps 15,1 mit dem ungewöhnlichen לְדָוִד מִזְמוֹר von Ps 24,1, also mit einer chiastischen Figur, die Verbindung beider Psalmen.[75] Und auch die Dissoziierung von הַר קָדְשֶׁךָ in Ps 15,1 in הַר־יהוה und מְקוֹם קָדְשׁוֹ in Ps 24,1 sorgt für ihre Verknüpfung.[76]

Auch zwischen Ps 15 und Ps 19 bestehen (inhaltlich oder wegen ihrer Seltenheit) bemerkenswerte Verbindungen.[77] Hierzu gehören u.a. אֹהֶל (Ps 19,5; 15,1) und יהוה יְרֵאת bzw. יִרְאַי יהוה (Ps 19,10; 15,4).[78] Hinzu kommen נקה pi. / ni. bzw. נָקִי (Ps 19,13.14; 15,5), חמם bzw. תָּמִים (Ps 19,8.14; 15,2) und צדק bzw. צֶדֶק (Ps 19,10; 15,2). An den letzten drei Begriffen fällt auf: „Was Ps 19 von der Tora bzw. von JHWH aussagt, wird in Ps 15 meistens vom Gottesfürchtigen gesagt"[79]. Anders als in Ps 15 werden Gerechtigkeit, Verlässlichkeit und Vollkommenheit in Ps 19 also etwas vorsichtiger nicht den Qualitäten der Kultteilnehmer, sondern der Tora zugeschrieben. Die kultische Annahme bei JHWH wird in beiden Psalmen gleichermaßen mit Unschuld und Makellosigkeit verknüpft[80], jedoch mit der entscheidenden Modifikation von Ps 19,14, dass sie allein auf der Nicht-Zurechnung der Sünden durch

---

74 Es sind dies u.a. die doppelte, mit מִי formulierte Eingangsfrage, die gleiche Abfolge: Ptz. bzw. Adj. – לֹא + SK sowie das Alternieren von positiven und negativen Bestimmungen, vgl. *Barbiero*, Psalmenbuch, 311f.
75 Diese Art kunstvoller Überbrückung an sich sehr verschiedener Psalmen gerade durch Psalmtitel geht nach *Wilson* häufig auf „editorial activity" zurück, vgl. *ders.*, Editing, 163.
76 Vgl. *Barbiero*, Psalmenbuch, 311f. Differenzen bestehen hinsichtlich der Sprecherrichtungen darin, dass in Ps 15,1 zunächst JHWH angeredet wird, der Psalm jedoch in der 3.ps.m.sg. fortsetzt, während Ps 24,3 in der 3.ps von JHWH spricht, doch in V.4 in die Gottesrede wechselt.
77 Lexematische Entsprechungen zwischen Ps 15 und Ps 19 von eher geringer Prägnanz sind z.B. דְּבָרִים bzw. דבר qal (Ps 19,4; 15,2); לֵב bzw. לֵבָב (Ps 19,9.15; 15,2); עֵינַיִם bzw. עֵינָיו (Ps 19,9; 15,4); כָּבוֹד bzw. כבד pi. (Ps 19,2; 15,4); מַעֲשֵׂה bzw. עשׂה (Ps 19,2 bzw. 15,5), vgl. ferner die vollständige Auflistung bei *Barbiero*, Psalmenbuch, 263.
78 An dieser Entsprechung wird der den beiden Psalmen in ihrer Endgestalt gemeinsame weisheitliche Hintergrund deutlich.
79 *Barbiero*, Psalmenbuch, 262. *Barbiero* sieht den Zusammenhang beider Psalmen auch darin, dass „diese Attribute eine Folge der Beobachtung der Tora sind" (ebd).
80 Vgl. 19,14f mit Ps 15,1f.

B) Synchrone Bezüge zur Teilkomposition Ps 15-24

Gott beruht.[81]
Zwischen Ps 19 und Ps 24 gibt es ebenfalls auffällige Wortentsprechungen.[82] Bedeutsamere Verbindungen sind z.B.: צְדָקָה bzw. das Verb צדק qal (Ps 19,10; 24,5), ברר / בַּר (Ps 19,9; 24,4)[83] und wiederum נקה pi. / ni. bzw. נָקִי (Ps 19,13.14; 24,4). Diese Lexeme bringen ein den beiden Psalmen gemeinsames Ideal auf den Begriff. Unverkennbar ist aber vor allem die Strukturanalogie von Ps 19 und Ps 24,1-6:[84] Beide beginnen mit einem schöpfungstheologischen hymnischen Abschnitt (Ps 19,2-7; 24,1f), an den jeweils – in vergleichbar hartem strukturellen Übergang – ein Abschnitt mit ethischen Normen in variierenden Konkretionen angeschlossen wird. Innerhalb der schöpfungstheologischen Passagen beider Psalmen tritt durch die Stichworte אֶרֶץ (Ps 19,5a; 24,1) und תֵּבֵל (Ps 19,5; 24,1) die Gemeinsamkeit universaler kosmologischer Aussagen, und durch כָּבוֹד (Ps 19,2; 24,7.8.9.10) die Gemeinsamkeit der doxologischen Proklamation des universalen Königtums Gottes hervor. Die Eckpfeiler dieser Teilkomposititon sind also durch die Stich- und z.T. auch Schlüsselworte נָקִי, כָּבוֹד, לֵב und צְדָקָה verbunden. Ein Fortschreiten ist darin zu erkennen, dass, während in Ps 15,2 das Tun der Gerechtigkeit Voraussetzung für den Aufenthalt im Tempelbereich ist, in Ps 19 das Gerechtsein der Tora zugeordnet, und in Ps 24,5 die צְדָקָה als Gabe empfangen wird.[85]

Dass es die ‚Tora' sei, die inhaltlich die Gemeinsamkeit der drei Psalmen richtig benennt, wie es neben Millard[86] vor allem Barbiero[87] vertreten haben, oder dass sie gar den Ausschlag gaben, Ps 15, Ps 19 und Ps 24 in dieser Form zusammenzustellen, muss aber aufgrund der oben geschilderten Schwierigkeit, in Ps 15 und Ps 24 eine ‚Priestertora' zu finden, bezweifelt werden.[88] Es ist zwar anzunehmen, dass die Kreise, die in spätnachexilischer Zeit Ps 19 in das Zentrum zwischen Ps 15 und

---

81   S. hierzu oben V. E) 2. Vgl. zu diesem Unterschied auch *Barbiero*, Psalmenbuch, 263.
82   Weniger auffällig sind נֶפֶשׁ (Ps 19,9; 24,4); לְפָנֶיךָ (Ps 19,15; 24,6); לֵב bzw. לֵבָב (Ps 19,9.15; 24,4), vgl. hierzu *Barbiero*, Psalmenbuch, 314.
83   Diese Wortentsprechung ist deshalb auffällig, da dies Adjektiv außer in Ps 73,1 im Psalter nur hier vorkommt.
84   Vgl. *Auffret*, Sagesse, 435-438; *Barbiero*, Psalmenbuch, 313.
85   Das Verständnis von צְדָקָה nicht als Vorbedingung, sondern als Gabe, die aber nicht durch Perversion der ethischen Normen zerstört werden soll, unterstreicht auch *Otto*, Kultus, 166.
86   *Millard*, Komposition, 141.
87   *Barbiero* beobachtet u.a., dass „Ps 19 ... die Brücke [bildet] zwischen den Psalmen 15 und 24, indem er das Gesetz ... mit dem Kosmos ... verbindet" (Psalmenbuch, 313).
88   Nach *Barbiero* übernehmen die beiden Eckpsalmen „15 und 24 ... das Thema von Ps 19 und [sc.: sind] stark von der Thematik der Gesetzesfrömmigkeit bestimmt" (Psalmenbuch, 190). Gerade auch wenn er meint: „Daß in ... 15 und 24 das Thema Tora eine wesentliche Rolle spielt, braucht nicht erörtert zu werden" (aaO 189 Anm. 3), ist doch sein Verständnis von ‚Gesetzesfrömmigkeit' zu befragen. Denn es bleibt undeutlich, ob er den Begriff der Tora auf die schwer rekonstruierbare Priester-Tora (s.o.) stützt oder ob er einen äußerst allgemeinen Begriff von Tora benutzt. Aufgrund der vielfältigen semantischen Verschiebungen des Begriffs ‚Tora' tut man gut daran, ihn mit mehr Präzision zu verwenden. Das wird v.a. da deutlich, wo er die Torafrömmigkeit als eine Motivverbindung zwischen Ps 15 und 16 bezeichnet und sich dafür sogar auf Ps 16,7.11 beruft, vgl. aaO 202.

Ps 24 stellten, die unleugbaren inhaltlichen Bezüge zu Dekalog und Bundesbuch in Ps 15 und Ps 24 – Teilen der möglicherweise bereits als ‚Tora' bezeichneten Pentateuchs – gesehen haben. Doch gerade hieran werden auch die Differenzen umso deutlicher: Während Ps 15 und Ps 24 den rechten Kultteilnehmer anhand einer Aufzählung konkreter ethischer Normen charakterisieren, besteht die Konkretion von Tora in Ps 19,8-11 in der hymnischen Prädikation variierender Rechtssatztermini, die in der bereits kanonisierten, sich vor allem im Pentateuch manifestierenden Form des Rechtswillens JHWHs finden. Als Gemeinsamkeit der drei ‚Pfeiler' dieser Sammlung kann man daher etwas genauer feststellen, dass sie das Nahen an den Sakralbereich und die Annahme beim universalen Königsgott JHWH (vgl. Ps 19,15) mit ethischen Normen verknüpfen, die inhaltlich Israels Traditionen der Willenskundgabe JHWHs entstammen.[89]

Wie nun liest sich die Psalmengruppe Ps 15-24 bei einer *lectio continua* bis zu Ps 19, dem Höhepunkt dieser Teilkomposition?

3. Ps 15-17 und Ps 19

Gerade an den sich durch Ps 11-14 und Ps 15ff[90] hindurchziehenden Topoi vom ‚Reden im Herzen' (אמר בלב)[91], vom ‚Trug' auf der Zunge oder Lippen[92] und vom ‚Nicht-Wanken' (מוט + Negativpartikel) wird der Kontrast von Ps 15-24 zur voraufgehenden Psalmengruppe deutlich. Hieran zeigt sich u.a. der Gegensatz zwischen dem Verderben bringenden Weg des רשע in Ps (10)11-14 und dem heilvollen Weg des Gerechten: Während nämlich ersterer von sich selbst behauptet, er werde nicht wanken (Ps 10,6; 13,5), wird dies in Ps 15,5; 16,8; 17,5; 21,8 über den צדיק gesagt. Um ihn und die Herrlichkeit dessen, der diese Beständigkeit verleiht, geht es in dieser Teilstruktur.

Von allen Nachbarpsalmen von Ps 19 fehlen lediglich in Ps 16 konkrete Bezüge zu ihm.[93] Beachtlich sind jedoch die vielfältigen, auch inhaltlich

---

89 *Crüsemann* sieht hier eine Analogie zum priester(schrift-)lichen Denken darin, dass „das Recht, um das es geht, durch das vom präsenten Gott ausgehende Kraftfeld geprägt" ist (Tora, 358).
90 Ps 15; 16 und 17 stellen durch die gemeinsame Wegmetaphorik (vgl. Ps 15,2; 16,11; 17,4) und die Tempelperspektive (Ps 15,1; 17,8; vgl. 16,1.4.11) eine Psalmenreihe dar, vgl. *Barbiero*, Psalmenbuch, 192ff.
91 Vgl. Ps 10,6.11.13; 11,2; 12,3; 14,1; 15,2 mit Ps 19,15.
92 Vgl. v.a. Ps 12,3-5 mit Ps 15,2f und Ps 17,1b-4a mit Ps 19,15.
93 Signifikant sind einzig die ‚Freude des Herzens' (שמחת לב; Ps 16,9.11; vgl. Ps 19,9) und die Wegmetaphorik (ארח; vgl. Ps 16,11 mit Ps 19,6).

B) Synchrone Bezüge zur Teilkomposition Ps 15-24

prägnanten Bezüge[94] des von solaren Motiven und der Gerechtigkeitsthematik geprägten Ps 17 zu Ps 19.[95]

Dies Thema wird in beiden Psalmen mit den gleichen Schlüsselworten, mit צֶדֶק (Ps 17,1.15)[96] bzw. צדק qal (Ps 19,10) und מֵישָׁרִים (Ps 17,2) bzw. יָשָׁר (Ps 19,9) entfaltet: In Ps 17 werden sie auf die erhoffte und in Ps 19 auf die mit der Tora gegebene Gerechtigkeit bezogen.[97] Dass die Bitte um das ‚Ausgehen' des Rechtsurteils JHWHs in Ps 17,2 mit dem als *terminus technicus* des Sonnenaufgangs verwendeten Motivwort יצא formuliert wird, kann als Anspielung auf solare Motivik gewertet werden (vgl. Ps 19,5a.6a.7).[98] Ebenso ist auch in Ps 17,8 mit großer Wahrscheinlichkeit auf das Motiv der Flügelsonne angespielt.[99] Während mit סתר hi. in Ps 17,8 (vgl. Ps 17,12: בְּמִסְתָּרִים) die Schutzbedeutung der Flügelsonne dominiert, wird in Ps 19,7 (vgl. Ps 19,14: נִסְתָּרוֹת) mit dem gleichen Lexem (im Ni.) die Unmöglichkeit ausgedrückt, sich vor der Glut der Sonne zu verbergen.

Im Blick auf die Gestalt des Gerechten von Ps 15, der im Lesezusammenhang (u.a. durch Ps 15,5: לֹא יִמּוֹט und Ps 16,8: בַּל־אֶמּוֹט) mit dem vertrauenden Beter von Ps 16 identifiziert werden kann, erscheint die Feindbedrängnis des Beters in der Klage (Ps 17) und der Kriegsnot des Königs (Ps 18) wie eine Prüfung seines Vertrauens. Im Lichte von Ps 17,15: „Ich aber werde schauen dein Angesicht in Gerechtigkeit, ich werde sattwerden beim Erwachen an deiner Gestalt"[100] liest sich dann

---

94 Einige Stich- und Schlüsselwörter verstärken die inhaltlichen Verbindungen: So z.B. שמר in Ps 17,4(.8) / 19,11; פֶּה in 17,3; 19,15; לֵב in Ps 17,3; 19,9.15 sowie אֹרַח in Ps 17,5; 19,6.
95 Sowohl *Barbiero* (aaO) als auch *Hossfeld* und *Zenger* (NEB 29) lassen sie unerwähnt.
96 Die Inclusio unterstreicht den hohen Stellenwert jenes Schlüsselbegriffs in diesem Psalm.
97 Vergleichbar ist in beiden Psalmen die Verknüpfung der Gerechtigkeit mit dem Halten (שמר) des Wortes JHWHs, s. Ps 17,4 und Ps 19,11.
98 S.o. V. C) 2. zu יצא in Ps 19. Zu den ‚solaren Konnotationen' JHWHs in Ps 17,2f s. u.a. *Janowski*, Psalm 7, 120 Anm. 123; *ders.*, Der barmherzige Richter, 69.
99 Die Deutung der Wendung von בְּצֵל כְּנָפֶיךָ תַּסְתִּירֵנִי ist allerdings umstritten: Andere sehen hier das Bild der ihre Jungen schützenden Vogelmutter, so etwa *van der Woude*, כָּנָף, 835; *Miller*, Biblical Prayer, 105. Zum Motiv der Flügelsonne und dem (m.E. misslungenen) Versuch *Dohmens*, das Motiv der Flügelsonne für Ps 19,2-7 als hermeneutischen Schlüssel anzuwenden, s.o. V. C) 5.
100 Die Deutung dieses Verses ist freilich umstritten: Während früher häufiger die Interpretation als *visio beatifica*, als Gottesschau nach dem Tode vertreten wurde (vgl. u.a. *Kittel*, KAT XIII, 58f; *Dahood*, AncB I 93.99), wird in jüngerer Zeit von *Loretz* (Ugarit, 210-215) und *Niehr* (In search, 83-85) die Schau der תְּמוּנָה JHWHs als Betrachtung eines JHWH-Kultbildes im Tempel verstanden. Aufgrund der tempeltheologischen und zugleich solaren Konnotationen der Wendung vom ‚Schauen des Angesichts JHWHs' in V.15a sowie des Symbolgehaltes des Morgenmotivs (s.o., vgl. *Janowski*, Rettungsgewißheit, 182.188 u.ö.) ist es jedoch plausibler, dass man hier die in Bildsprache gefasste, im Sonnenaufgang anschaulich werdende Erfahrung der Durchsetzung der Gerechtigkeit vor sich hat. *Smith* etwa urteilt: Ps 17,15 „does not reduce the experience of God's presence to a solar theophany, but ... the experience of dawn helped to evoke the perception of the luminiscent dimension

die Rettung des betenden Ichs in Ps 18 als Bestätigung dieses Vertrauens, und Ps 19 wie eine Veranschaulichung genau dieser nun nicht mehr verborgenen, sondern sich am Himmel zeigenden,[101] solar symbolisierten Gerechtigkeit JHWHs.
Die engen Bezüge von Ps 19 zu Ps 18 in der Unterstruktur Ps 18-21,[102] dem Zentrum der Teilkomposition, verdienen eine eingehendere Beachtung.

4. Ps 19 im Zentrum von Ps 18-21

Die u.a. von zahlreichen Stichwortverbindungen[103] getragene Verbindung von Ps 19 mit Ps 18 und die Parallelität beider Psalmen zum Psalterprolog Ps 1-2 hinsichtlich der Verbindung der Themen Königtum und Tora ist häufig beobachtet worden.[104] Zusätzlich zur Zuordnung beider Psalmen zu David wird seine Identifikation mit dem königlichen Knecht David[105] durch Ps 18,1 (לְדָוִד עֶבֶד יהוה, vgl. Ps 18,44) und durch das Selbstverständnis des betenden Ich als JHWHs עֶבֶד (Ps 19,12.14)[106] nahe gelegt.

Das Bild des ‚Königs David' wird in beiden Psalmen durch unterschiedliche Ausprägungen von Toratreue gezeichnet: In beiden Psalmen werden das ‚Wahren' (שמר; Ps 18,22.24; 19,11) der Worte[107] und Rechtsurteile JHWHs (מִשְׁפָּטִים; Ps 18,23; 19,10) sowie Gerechtigkeit,[108]

---

of the divine presence" (ders., Seeing God, 181; vgl. ähnlich *Podella*, Lichtkleid, 200).

101 Zu den solaren Konnotationen des Motivs von JHWHs ‚Herabblicken' vom Himmel s.o. zu Ps 19,7b.

102 *Miller* (Kingship, 128) und *Barbiero* (Psalmenbuch, 130) sehen Ps 18-21 als Zentrum der Gruppe (mit Ps 19 als ‚Mitte der Mitte') an.

103 Dabei sind die weniger prägnanten Stichworte: יוֹם (Ps 18,1.19; 19,3, vgl. 20,2.10); שמע (Ps 18,7; 19,4); יצא (Ps 18,20; 19,5.6.7); עֵינַיִם (Ps 18,25.28; 19,9, vgl. 15,4); עמד (Ps 18,34; 19,10); סתר (Ps 18,12; 19,7.13); פָּנִים (Ps 18,7; 19,15) sowie שׁוּב hi. (Ps 18,21.25; 19,8). Bemerkenswert – bei nur 17 Vorkommen im ersten Psalmenbuch – ist hier das als Bezeichnung JHWHs gewählte אֵל (Ps 18,3.31.33.48; 19,2), das daneben noch in Ps 16,1; 17,6; 22,2 zu finden ist und diese Psalmen zusammenhält; vgl. die vollständige Auflistung der Wortentsprechungen bei *Barbiero*, Psalmenbuch, 241f.

104 Vgl. bereits *Ewald*, Dichter; 31 (²1866); *Delitzsch*, BC IV/1, 162 (³1873); sowie *Allen*, Exemplar, 545f; *Barbiero*, Psalmenbuch, 241f; s. dazu im Folgenden.

105 Diese Entsprechung wurde schon oft notiert: *Barth*, Concatenatio, 34; *Allen*, Exemplar, 546; *Miller*, Kingship, 128 und passim; *Hossfeld / Zenger*, NEB 29, 122.130 (*Hossfeld*); *Barbiero*, Psalmenbuch, 241 Anm. 235. Auch die Reihe Ps 34-36 wird von עֶבֶד verbunden, vgl. *Barbiero*, ebd.

106 Dieser Bezug wird hervorgehoben von *Delitzsch* (BC IV/1, 162) und *Barbiero* (Psalmenbuch, 243).

107 Vgl. אִמְרָה in Ps 18,31; 19,15, vgl. אֹמֶר 19,3.4.

108 Vgl. צֶדֶק bzw. צדק in Ps 18,21.25; 19,10, vgl. 15,2; 24,5.

B) Synchrone Bezüge zur Teilkomposition Ps 15-24

Makellosigkeit[109] und Reinheit[110] als Ideale formuliert. Dabei sind dahingehend Unterschiede in der Torafrömmigkeit zu bemerken, dass die Eigenschaften, die das betende Ich in Ps 18,21.24.25.26.33 bei sich selbst wahrnimmt,[111] in Ps 19 auf die Tora konzentriert werden. Entsprechend ist das Selbstverständnis des betenden Ich von vertieftem Sündenbewusstsein und zugleich von Vergebungsgewissheit geprägt (Ps 19,14).[112] Anders als der kriegerische und siegreiche König in Ps 18 bittet der anfechtbare Knecht von Ps 19 in demütiger Haltung um Bewahrung vor innerer und äußerer Gefährdung. Dieser Knecht bietet sich als „exemplar of spirituality"[113] für das messianische Gottesvolk an, was dadurch noch verstärkt wird, dass durch die Bezüge zum Psalterprolog wie auch im Zusammenhang von Ps 18 – Ps 19 – Ps 20f das dtn-dtr. Königsideal aufgenommen wird, und zwar in der Gleichstellung des Königs mit seinen Volksgenossen wie in seiner Vorbildfunktion für sie.[114]

Auf eine weitere augenfällige Gemeinsamkeit hat u.a. Mays hingewiesen: die kosmologischen Perspektiven in beiden Psalmen: „Both begin with a cosmic theophany which reveals the power of God"[115]. In diesem Zusammenhang steht auch die Ps 18 und 19 gemeinsame Licht(-Finsternis)-Motivik,[116] die vor allem an der Stichwortverbindung mit אור hi. (Ps 18,29; 19,9)[117] hervortritt.

---

109 Vgl. תָּמִים / תמם in Ps 18,24.26.33; 19,8.14, vgl. 15,2. Diese (bei nur 19fachem Vorkommen von Adjektiv und Verb im Psalter auffällige) Verbindung wurde hervorgehoben von *Allen*, Exemplar, 545f; *Miller*, Kingship, 128; *Hossfeld / Zenger*, NEB 29, 122 (*Hossfeld*); *Auffret*, Sagesse, 435 und *Barbiero*, Psalmenbuch, 242.
110 Vgl. בָּר / ברר / בֹּר in Ps 18,21.25.27; 19,9. Diese Wortentsprechung ist bei der Seltenheit der Derivate von ברר auffällig: Das Adjektiv kommt sonst im Psalter nur in Ps 24,4 und 73,1 vor, vgl. dazu *Miller*, Kingship, 129; *Barbiero*, Psalmenbuch, 242 Anm. 242.
111 Nämlich Reinheit, Gerechtigkeit und Vollkommenheit, v.a. in Ps 18,25.
112 Vgl. *Barbiero*, der bei einer *lectio continua* des Psalters in Ps 19 zum ersten Mal die persönliche Sünde des betenden Ich thematisiert sieht, Psalmenbuch, 722.
113 Vgl. *Allen*, Exemplar, 546 und passim, vgl. *Barbiero*, Psalmenbuch, 245.
114 Dies beobachtet auch *Miller*: „the point of the Deuteronomic law of the king is ... to keep the torah continually and completely. Thus he embodies faithful Israel and models Israel's way with the Lord ... [;] ... this collection ... resonates with Deuteronomy at one crucial point: the equality of the king with other Israelites ... and the royalization of the people" (Kingship, 130).
115 *Ders.*, Place, 11, vgl. *Barbiero*: „Man kann sagen, daß die zwei ‚Theophanien' eine Polarität darstellen" (Psalmenbuch, 244). Die Stichwortverbindungen mit שָׁמַיִם (Ps 18,10.17; 19,2.7), אֶרֶץ (Ps 18,8; 19,5) und תֵּבֵל (Ps 18,16; 19,5) stehen in diesem Zusammenhang. Allerdings trifft der Begriff der Theophanie auf Ps 19,2ff nicht recht zu, s. hierzu V. B) 2.
116 Vgl. in Ps 18 ‚Feuer' (אֵשׁ; V.9.13.14) und ‚Wolkendunkel' (עֲרָפֶל; V.10) bzw. ‚Finsternis' (חֹשֶׁךְ; V.12.29) und den Sonnenlauf in Ps 19.
117 Diese Verbindung sehen auch *Allen*, Exemplar, 546 und *Barbiero*, Psalmenbuch, 242.

Die kosmischen Dimensionen der Szenerie von Theophanie und Kampfesgeschehen zwischen den Feinden und ‚König David' sind insofern bemerkenswert, als im Kontrast dazu mit Ps 19 die Schilderung des Sonnenlaufs und damit der idealen Ordnung des Kosmos folgt.[118] In Ps 18,8-20 wird ja, was bereits in Ps 10-14 (vor allem in Ps 10,12; 12,2), aber auch in Ps 17,1f.6f erbeten wird, geschildert: JHWHs Eingreifen vom Himmel zur Rettung des betenden Ich. Und so scheint das in Ps 10-14 kontrafaktisch formulierte Motiv der Souveränität JHWHs im Himmel (vgl. vor allem Ps 11,4.7; 12,6) in Ps 19,2-7 in der Schilderung der Doxologie des Himmels und des Gerechtigkeit symbolisierenden Sonnenlaufs aufgenommen. Außerdem entspricht dem Motiv der Prüfung vom Himmel her (Ps 11,4f; 14,2)[119] zum einen das der Prüfung am Tempel in Ps 15 und 24 sowie die Unschuldsbeteuerung Ps 17,3-5,[120] zum anderen aber auch das der alles durchdringenden Sonnenglut in Ps 19,5b-7.[121]

Die Verknüpfungen von Ps 19 zu Ps 20-21 sind nicht sehr zahlreich,[122] doch identifiziert – von den voraufgehenden Psalmen her gelesen – die „basic declaration"[123] von Ps 21,8 den ‚König' David von Ps 19 als denjenigen Gerechten, der die Gültigkeit der normengebundenen Verheißung von Ps 15,5 erfährt: ‚er wird nicht wanken' – בַּל־יִמּוֹט (vgl. Ps 16,8). Durch die – hier zum ersten Mal in dieser Teilkomposition hörbare – fürbittende und bestätigende Antwort einer „corporate voice"[124] werden für die Beter/innen Identifikationsmöglichkeiten gegeben – nunmehr im Gegenüber zur messianischen Gestalt. So nimmt z.B. Ps 20,7 auf Ps 18 Bezug und deutet die Rettung des Königs für die Wir-Gruppe.[125] Eine besondere Rolle spielt in diesem Bogen von Vertrauen, Bedrängnis und Rettung des Gerechten bzw. des Königs auch die Hilfe durch ‚die Rechte JHWHs' (Ps 16,11; 17,7; 18,36; 20,7).

Gerahmt ist diese mittlere Einheit Ps 18-21 u.a. durch das Lexem זמר bzw. מִזְמוֹר. Es begegnet in der biographischen Notiz Ps 18,1 und folgt unmittelbar auf das Lobgelübde in Ps 18,50 (וּלְשִׁמְךָ אֲזַמֵּרָה) in Ps 19,1, wo nach Ps 15,1 erstmals wieder der Psalmtitel מִזְמוֹר erscheint.[126] Hier-

---

118 Vgl. zu diesem Kontrast bereits *Ewald*, Dichter, 31.
119 Zu dem in Ps 11-14 vorherrschenden Motiv des ‚Prüfens', das JHWH als Richter charakterisiert, vgl. *Janowski*, Der barmherzige Richter, 65-71, v.a. 70 Anm. 184.
120 Das Motiv des Prüfens in Ps 17 und 15 / 24 betonen auch *Hossfeld / Zenger*, NEB 29, 114 (*Hossfeld*) sowie *Barbiero*, Psalmenbuch, 220).
121 Im Kontrast zur Rede der רְשָׁעִים in Ps 10,11: ‚er hat sein Angesicht verborgen' steht die Aussage Ps 19,7b: ‚Nichts ist verborgen vor seiner Glut'.
122 Vgl. *Barbiero*, Psalmenbuch, 247 und die dort aufgeführten Stichwortverknüpfungen.
123 *Miller*, Kingship, 133.
124 *Miller*, ebd.
125 *Miller* bemerkt: „The structure of prayer incorporates the people. They move from prayer for help ... to their praise when help has come" (Kingship, 134; vgl. *Hossfeld / Zenger*, NEB 29, 138 [*Zenger*]).
126 In Ps 16, Ps 17 und Ps 18 weichen die Psalmtitel von dem in Ps 15.19-22 üblichen (לַמְנַצֵּחַ) מִזְמוֹר לְדָוִד ab.

B) *Synchrone Bezüge zur Teilkomposition Ps 15-24* 311

auf scheint die Wir-Gruppe in ihrem Dankgebet für den König in Ps 21,14 abschließend mit einer Bestätigung zu antworten (וּנְזַמְּרָה גְּבוּרָתֶךָ).[127] Der Kontrast dieses ‚Chorschlusses' Ps 21,14 zum Neueinsatz Ps 22,1 ist denkbar deutlich; zudem erfolgt bereits hier der Perspektivwechsel vom Königtum Davids in Ps 18-21 auf das Königtum JHWHs in Ps 22-24,[128] und zwar durch das schon in Ps 19,6 für die Sonne gebrauchte Stichwort גִּבּוֹר / גְּבוּרָה, das auf die Prädikation JHWHs als גִּבּוֹר וְעִזּוּז in Ps 24,7-10 vorausweist.

5. Ps 19 und Ps 22-24

Das vertiefte Sündenbewusstsein des betenden Ich von Ps 19, das in der Gestalt Davids als Knecht JHWHs nicht das Umkommen der Feinde beschwört, sondern das JHWH demütig um Schutz vor Hochmütigen bittet, zeigt bereits eine veränderte Auffassung über die Rolle des Messias gegenüber derjenigen der voraufgehenden Davidspsalmen, was sich in den nächsten Psalmen fortsetzt.[129] Die zu Ps 15-17 spiegelbildlich angeordneten Ps 22-24 bilden nicht nur durch die Abfolge der Gattungen von der Klage über das Vertrauenslied zum Hymnus eine zusammenhängende Reihe, sondern auch durch das sich hindurchziehende Thema der Gerechtigkeit.[130] Im Duktus der Teilkomposition klingt in Ps 22,21-32 wieder der Lobpreis der Herrlichkeit des universalen Königsgottes von Ps 19,2ff an (vgl. כָּבוֹד Ps 19,2 / כבד pi. Ps 22,24), der dann in Ps 24,7-10 zum Ziel kommt. Anstelle der Verkündigung (נגד hi.) der Werke JHWHs durch den Himmel in Ps 19,2 ergeht in Ps 22,21 (ebenfalls נגד hi.) die Aufforderung hierzu an die יִרְאֵי יהוה.[131] In diesem Zusammenhang ist die Beobachtung Millards von Bedeutung,[132] dass Ps 22-24 literarisch eine kleine Wallfahrtsliturgie inszenieren, sozusagen als textliche Vergegenwärtigung eines liturgischen Ablaufs.[133] Denn das Thema der Wallfahrt, das in Ps 22,28-32 und Ps 23,6[134] anklingt, mündet in die literarisch inszenierte Toreinlassliturgie von Ps 24. Hier nun darüber hinaus das Motiv der Völkerwallfahrt zu erkennen, kann man

---

127 Vgl. *Barbiero* (Psalmenbuch, 241), der diesen Bezug als *concatenatio* notiert.
128 Vgl. Ps 22,29; 23,2 [Hirt als Königsepitheton] und v.a. Ps 24,7-10.
129 *Barbiero* sieht v.a. in Ps 22 eine Annäherung des königlichen Gesalbten an die deuterojesajanische Gottesknechtsgestalt (Psalmenbuch, 726).
130 Vgl. das in Ps 22,32; 23,3; 24,5 vorkommende Lexem צֶדֶק bzw. צְדָקָה; s. dazu *Barbiero*, Psalmenbuch, 276f.
131 Vgl. יִרְאַת יהוה in Ps 19,10 und יְרֵאָיו in Ps 22,26.
132 *Ders.*, Komposition, 137; aufgenommen bei *Barbiero* (Psalmenbuch, 276ff) sowie bei *Podella* (Transformationen, 117).
133 Das heißt mit Worten *Podellas*: „Auf dem Wege der Literaturwerdung wird so das kultische Element der Tempel-Wallfahrt nun vom Einzeltext auf eine Textgruppe verlagert" (Transformationen, 117).
134 Einziger, allerdings bemerkenswerter Bezug von Ps 19 zu Ps 23 ist der zwischen den seltenen Wendungen שׁוב hi. in Ps 19,8 bzw. שׁוב pi. in Ps 23,3: Hier bringt die Tora, dort JHWH selbst die Lebenskraft wieder.

zwar nicht, wie Barbiero und Lohfink es tun, darauf stützen, dass man פָּנֶיךָ (Ps 24,6b) auf יַעֲקֹב bezieht und eine Völkerwallfart zum Angesicht Jakobs konstruiert.[135] Das Motiv der Völkerwallfahrt in Ps 22-24 ist in der universalen Perspektive von Ps 22,28-32 allerdings eine mögliche Lesevariante.

6. Zusammenfassung: Ps 19 als Höhepunkt der Teilkomposition Ps 15-24

Analog zur Rettung des Gerechten im Duktus von Ps 15-19 und zum Lobpreis des Schöpfers in Ps 19-24 hat Auffret in dieser Teilkomposition ganz treffend zum einen eine Linie zwischen Ps ‚19B' und den Psalmen der zweiten Hälfte von Ps 15-24 gesehen, in denen JHWH vor allem als „intervénant en faveur des siens" in Erscheinung tritt, und zum anderen eine Linie zwischen ‚Ps 19A' und den Psalmen der zweiten Hälfte, in der „Yahvé comme créateur" erkennbar wird.[136] Höher zu veranschlagen ist aber bei dieser Teilsammlung ihr Charakter einer literarischen Wallfahrt des bzw. der Gerechten zum Heiligtum JHWHs. Das Wallfahrtsmotiv wird in Ps 15,1 aufgenommen, aber in Ps 15,2-5 und Ps 16 zunächst gar nicht weitergeführt; es rückt zunächst gewissermaßen in eine Horizontstellung. Es geht jedoch durch die häufigen Tempelbezüge (z.B. in Ps 16,1.4.11; 17,8.15; 18,7; 20,2) beständig als Horizont des ‚wandernden Blickpunkts' weiter mit,[137] steigert sich dann mit den Wallfahrtsbezügen Ps 22,28-32 und Ps 23,6 und wird letztlich in Ps 24,7-10 zu seinem Ziel gebracht. Denn insofern die als Aufzählung ethischer Normen gestaltete Einheit Ps 15,1-5 in Ps 19,8-11 und Ps 24,3-6 ihre Entsprechung findet, und insofern dem Lobpreis der Herrlichkeit Gottes am *Himmel* in Ps 19,2-7 die auf die *Erde* bezogene Schöpfungsaussage Ps 24,1-2 korrespondiert, und beide zusammen einen ‚zerdehnten Merismus' bilden, wird deutlich: Ps 24 schießt in seinem letzten und darin entscheidenden Teil, V.7-10, über die beiden ers-

---

135 S. dazu bereits oben zu Übersetzung und Textkritik von Ps 24,6. Diese Offenheit für die Völkerwelt sieht *Barbiero* im Gegensatz zum abgrenzenden Gruppenbewusstsein von Ps 15,4 und der starken Israelbezogenheit, für die er sich auf das Zinsverbot Ps 15,5 als auf ein typisch innerisraelitisches Gebot beruft. Das ist m.E. dann nicht unproblematisch, wenn man in Ps 24,4 den MT beibehält, denn dessen schwierigere Lesart V.4aαβ (לֹא־נָשָׂא לַשָּׁוְא נַפְשִׁי) ist wiederum kaum vom durchaus israelbezogenen Schwurverbot des Dekalogs zu trennen (vgl. Ex 20,7).
136 *Auffret*, Sagesse, 436, vgl. 435-438. Weiter geht seine Deutung, dass diese beiden Hauptstränge (‚Tora und Schöpfung') ein Diptychon bildeten, das in der Mitte Ps 19 (Schöpfung und Tora) als einem regelrechten Scharnier chiastisch gekreuzt ist. Sie überzeugt deshalb nicht, weil die von ihm aufgeführten Stichwörter ein im Vergleich zu *Barbiero*s Auflistung nur sehr eklektisches Bild wiedergeben.
137 Auf welche Weise Themen, die jedoch im Horizont des ‚wandernden Blickpunkt' der Leser/innen weiter mitgehen, im Leseprozess in den Hintergrund treten, arbeitet *Iser* heraus (Akt des Lesens, 161-174).

ten Psalmen hinaus. Wird hier, nachdem zuvor die Identifikation des rechten Kultteilnehmers festgestellt wurde,[138] nach dem מֶלֶךְ הַכָּבוֹד gefragt, so wird in einer dem Tempeleinzug der Kultgemeinde entgegenkommenden Bewegung der Einzug JHWHs in den Tempel inszeniert. Die Identifikation und Proklamation JHWHs als des מֶלֶךְ הַכָּבוֹד bringt so den Kompositionsbogen Ps 15-24 zum Ziel dieser seiner ‚literarischen Wallfahrt', und das ist der Lobpreis des universalen Königsgottes JHWH Zebaoth in der Gemeinde der Gerechten, der צַדִּיקִים.[139]
Dies Ziel der Wallfahrt bedeutet zugleich Gerechtigkeit und Segen für die Wallfahrer, denn Ps 24,6 „closes the collection by declaring that the one who does ṣedeq, that is the tora lover of Ps 15 and the king in Ps 18, shall receive ṣedeqa from the Lord"[140]. Das heißt: Auf die innerhalb der von Klagepsalmen der ‚Armen' geprägten, anthropologisch orientierten Psalmengruppe Ps 3-14[141] in ihrem Zentrum, in Ps 8,5, gestellte Frage: „Was ist der Mensch? – מָה־אֱנוֹשׁ" wird im zweiten, dem Israel- bzw. Messias-zentrierten Kompositionsbogen, der zudem mit der Frage: „Wer darf wohnen in deinem Zelt?" – מִי־יָגוּר בְּאָהֳלֶךָ eingeleitet wird, geantwortet. Denn in ihrem Zentrum entwirft Ps 19 als Antwort auf Ps 8,5 ein Idealbild des Israelmenschen, und zwar mit dem Bild des toratreuen Knechtes JHWHs,[142] eines dem dtn. Königsideal entsprechenden Gesalbten.

C) Diachrone Folgerungen: Die Einfügung von Ps 19 in die Teilkomposition

Im Anschluss an Chr. Barth, der auf die im Vergleich etwa zu den Klageliederreihen recht lockere Kontextverknüpfung der Hymnen Ps 8, Ps

---

138 In Analogie zur Frage am Ende von Ps 14, in V.7: מִי יִתֵּן מִצִּיּוֹן יְשׁוּעַת יִשְׂרָאֵל – „Wer gewährt aus Zion die Hilfe für Israel?".
139 Wie für die Vielfalt der Kompositionsbögen des Psalters gilt speziell für die Psalmengruppe Ps 15-24, dass die „Reintegration des klagenden Einzelnen in das Gotteslob der auf Jerusalem bezogenen Gemeinde ... als die wesentliche Funktion der Kompositionsbögen" (*Millard*, Komposition, 250) zu bezeichnen ist.
140 *Miller*, Kingship, 129. Zur Anwendung das Torabegriffs auf Ps 19 s.o.
141 Vgl. *Barbiero*, Psalmenbuch, 719ff; *Janowski*, Der barmherzige Richter, 67.
142 Vgl. ähnlich *Miller*: „the king / Israelite ... not only delights in and keeps torah ... but demonstrates in the rest of the psalms the way of faithful prayer in trust" (Kingship, 134). Bringt man das in Ps 15-24 skizzierte Bild des toratreuen Gesalbten (mit *Wilson*, Editing, passim) in den Zusammenhang des Psalters als einer Nachzeichnung der Geschichte Israels, in dem die Königspsalmen das Scheitern des geschichtlichen davidischen Königtums skizzieren und kommentieren, kann man mit *Miller* übereinstimmen: „the collection in Psalms 15-24 may be seen as defining the proper kingship" (Kingship, 140). Zu differenzieren wäre diese Beobachtung jedoch dadurch, dass in einer fortlaufenden Lektüre das Königtum erst ab Ps 18 in den Blickpunkt rückt.

19 und Ps 29 hingewiesen hat,[143] haben Hossfeld und Zenger geschlossen: „All dies spricht dafür, dass Ps 19 erst nachträglich in die ursprünglich eng zusammengehörige Trias Ps 18.20.21 eingesetzt wurde".[144] Die bestehenden Verbindungen von Ps 19 vor allem zu Teilen von Ps 18 haben beide zum Anlass genommen, V.12-14.15 als redaktionelle Bearbeitung[145] im Zuge der Einfügung von Ps 19,2-11 in die exilisch redigierte dtr. Teilsammlung Ps 15.17-18*.20-22*.24 anzusehen. Zur gleichen Bearbeitung gehörten demnach auch Ps 15,4-5aβ, die Einfügung von Ps 16* und Ps 23 sowie von Ps 18,26-32, der hymnischen Elemente Ps 22,4-6.24-27 sowie Ps 24,6 in die jeweiligen Psalmen.[146] Diese von Hossfeld und Zenger im Rahmen eines Entstehungsmodells des ersten Davidpsalters vorgebrachte Redaktionshypothese ist kritisch zu überprüfen, denn es ist ja für den Prozess der Psalterkomposition neben der Redaktion auch mit alternativen Formen der Einfügung, wie etwa der (weniger absichtsvollen) Sammlung sowie der gezielten *iuxtapositio* zu rechnen.[147] So ist Ps 19 zunächst auf den redaktionellen Zusammenhang mit Ps 18 und den weiteren vorgeblich aus derselben redaktionellen Hand stammenden Teilen von Ps 15-24 hin zu betrachten, bevor eine diachrone Skizze der Kontexteinbindung von Ps 19 gegeben wird.

1. Redaktionelle Zusammenhänge mit Ps 18?

Ps 18 wirft einige formgeschichtliche[148] und literarkritisch-redaktionsgeschichtliche Fragen auf. Als Doppelüberlieferung ist er für psalterkompositionelle und übergreifende redaktionsgeschichtliche Fragestellungen von besonderem Interesse. Zur Beurteilung einer möglichen, mit Ps 19 gemeinsamen Bearbeitung sei er daher etwas eingehender betrachtet.

---

143 Concatenatio, 37f.
144 *Hossfeld / Zenger*, Redaktionsgeschichte, 169.
145 S. zur Problematik dieser – rein literarkritisch kaum schlüssigen – redaktionsgeschichtlichen Zuteilung bereits oben III. B) 4.
146 Die Passage Ps 22,28-32 gehört nach *Hossfeld* und *Zenger* erst zu der auch für Ps 9/10 verantwortlichen hellenistischen Bearbeitung (Redaktionsgeschichte, 169 und passim, vgl. auch *dies.*, NEB 29, 145 [*Hossfeld*]). Zur Würdigung und Kritik ihres Ansatzes vgl. *Millard*, Psalterexegese, 316ff sowie die Antwort hierauf von *Hossfeld* und *Zenger*, Psalmenexegese, 333ff. Dort erneuern sie ihre redaktionsgeschichtlichen Zuteilungen (zu Ps 18,26-32 vgl. aaO 337).
147 Mit einer Mischung der drei Vorgänge ist die Entstehung des Psalters mit *Millard* am besten zu beschreiben, vgl. *ders.*, Psalterexegese, 325.
148 *Gunkel* rechnet ihn zu den „Dankpsalmen des Einzelnen" (HK II/2, 62); *Dahood* (AncB I, 122) und *Craigie* (WBC IV/1, 19) sehen ihn – indem sie den Akzent mehr auf den zweiten Teil legen – als ein königliches Danklied des Einzelnen an.

C) Diachrone Folgerungen: Die Einfügung von Ps 19

Bei der Frage nach dem Zustandekommen der zweifachen Kontexteinbindung des nahezu gleichen Textes in Ps 18 und 2 Sam 22 sprechen sich die einen für eine wechselseitige Beeinflussung in einer (gemeinsamen) Wachstumsgeschichte aus, während andere eine gemeinsame Quelle voraussetzen, auf die beide Redaktoren zurückgriffen.[149] Hiergegen sprechen u.a. die großen wortgetreuen Übereinstimmungen bis in die Rahmenteile hinein. Denkbar wäre desweiteren, dass der Psalm von 2 Sam 22* aus den Samuelbüchern in den davidischen Psalter gelangt ist.[150] Er könnte aber auch als Ps 18*, möglicherweise zusammen mit 1 Sam 2,1-10 (und 2 Sam 23,1-7?),[151] in die Davidgeschichte eingefügt worden sein.[152] Für die Aufnahme von Ps 18 in den Schlussabschnitt der Samuelbücher plädierten neben Duhm[153], Kraus[154] und Schmuttermayr[155] zuletzt Hossfeld[156], Kleer[157] und Rösel[158]. Letztere Alternative ist m.E. die wahrscheinlichere, u.a. weil die Einbindung von bereits zu Vorformen des Psalters gehörigen Psalmen(teilen) in den Kontext von Geschichtswerken zu den Gestaltungsprinzipien der letzten kanonformativen Kompositionen zu gehören scheint.[159] *Locus classicus* hierfür und Indiz für einen analogen Vorgang bei Ps 18 / 2 Sam 22 ist vor allem 1 Chr 16 als Komposition aus Ps 105,1-15; 96,1-13 und 106,1.47f.[160] Problematisch an der von Hossfeld, Kleer und Rösel vorgetragenen Sicht[161] ist jedoch, dass in V.21-25 eine dtr. Redaktion *im Psalter* vonstatten gegangen sein soll.[162] Es stellt sich aber erst noch die Frage, ob Ps 18,21-25 tatsächlich einer Ausprägung dtr. Schrifttums zugerechnet werden kann.[163]

---

149 Vgl. hierzu im Einzelnen den aktuellsten und umfassendsten Forschungsüberblick bei *Adam*, Der königliche Held, 30ff sowie die dort angeführte Literatur.
150 So etwa *Veijola*, Dynastie, 122 Anm. 97; *Mathys*, Dichter, 146ff u.a.
151 *Mathys*, Dichter, 146-157.
152 Vgl. *Rösel*, Redaktion, 115f mit Anm. 137.
153 KHC XIV ², 68.
154 BK XV/I, 284.
155 Psalm 18, 16.31.
156 Wandel, 172.
157 *Ders.*, Dichter, 26.30 und passim.
158 Redaktion, 114f. Gegenüber dem weit umfassenderen Umfang der Redaktionsschichten bei *Hossfeld* und *Kleer* ordnet er nur Ps 18,51; 20,7 einer ‚messianischen Redaktion' zu.
159 Vgl. hierzu auch im Einzelnen die detaillierte Argumentation für eine Einfügung von Ps 18 in die Samuelbücher bei *Adam*, Der königliche Held, 58ff. Er nennt v.a. Differenzen in der kosmologischen bzw. Heiligtumskonzeption, die Ps 18 als weitenteils früheren Text ausweisen. – Durch 2 Sam 22 wird die Davidgeschichte so abgeschlossen, dass sie das Gelingen des Lebenswegs des *coram deo* stehenden David auf Gottes Hilfe zurückführt und dem Moselied Dtn 32 ein Lied Davids an die Seite stellt; vgl. die analoge (Vor-)Schlussstellung von Psalmen in anderen biblischen Büchern: Jes 38; Hab 3; Jon 3. S. hierzu auch *Mathys*, Dichter, 317ff. So wiederum begünstigt 2 Sam 22 / Ps 18 die Lektüre des Psalters als ‚Tora Davids'.
160 Zur Richtung der literarischen Abhängigkeit vgl. detailliert *Kratz*, Tora Davids, 15f.30. Dagegen ist die andere Richtung, der Weg von Psalmen außerhalb Psalters in ihn hinein, kaum nachzuweisen.
161 Sie stützt sich im Hinblick auf eine vermutete dtr. Redaktion v.a. auf die Position von *Veijola*, Dynastie, 121ff.
162 Das scheint zumindest auf den ersten Blick insofern problematisch, als eine dtr. Redaktion im Zuge der Integration in das DtrGW wahrscheinlicher wäre, was ja eher für einen Weg des Textes aus den Samuelbüchern in den Psalter spräche.
163 S. hierzu weiter unten.

Gehen wir also noch einen Schritt zurück zur literar- bzw. redaktionsgeschichtlichen Problematik des Psalms. Seine heterogen anmutende Gestalt wurde gerne durch die Zusammensetzung aus zwei Psalmen (Ps 18A: V.1-31 und Ps 18B: V.32-51),[164] meist aber durch ein komplexeres Wachstumsmodell[165] erklärt. Hossfeld, dessen Redaktionsmodell hier von vorrangigem Interesse ist, rekonstruiert folgende Entwicklung: Das vorexilische ‚Sieges- und Danklied eines Königs' (V.2.33-50) sei durch einen ebenfalls vorexilischen Rettungsbericht (V.3-20* mit der Theophanieschilderung V.8-16) ausgebaut, danach durch eine spätexilische dtr. Redaktion (V.1.21-25.51)[166] davidisiert und in nachexilischer Zeit durch eine armentheologische Redaktion kollektiviert worden.[167]

Problematisch ist hierbei vor allem aber die Beurteilung von V.21-25 als „deuteronomistisch"[168], insbesondere da sie aufgrund so vager Indizien erfolgt, wie der „Reihung der Gesetzestermini ... wie in H/Ez/Dtr und Ps 89,13f und 119"[169]. Die Wendung שמר דרך etwa findet sich aber genauso in Gen 3,24; 18,19; Hi 23,11 und Ps 37,34; 39,2.[170] So ist Mathys', Rösels und Adams Kritik am vorgeblichen ‚Deuteronomismus' dieses Abschnitts berechtigt.[171] Denn „V.21-25 nehmen dtr. Sprache auf, stehen aber in ihrer Verwendung vielfach auch anderen, nachexilischen, weisheitlichen Texten nahe"[172]. Und so ist es wahrscheinlich, dass V.26-32 von der gleichen Hand stammen, denn die Lexeme תָּמִים / דֶּרֶךְ und ברר ziehen sich durch V.21-32.33 ebenso hindurch wie die gedrängt mit Inclusionen und Stichwortverknüpfungen arbeitende Komposition. Lediglich in V.28 mag man Hinweise auf ‚Armentheologie' entdecken, die nichtsdestoweniger weisheitlich geprägt ist. Das wiederum ist aber für den ganzen Abschnitt festzustellen, der durchgängig von einem weisheitlichen Tun-Ergehens-Zusammenhang bestimmt ist. Dieser wird lediglich auf unterschiedlichen Ebenen entfaltet: In V.21-25 wird das betende Ich als *exemplum fidei* hingestellt, in V.26f wird dies in der Form des affirmativ-lehrhaften Gebets formuliert, während V.31-33 immer noch lehrhaft, doch nunmehr hymnisch formuliert, wie der vollkommene Gott am Lebensweg des betenden Ich handelt. Insofern ist aber auch die Abtrennung von V.33 von V.26-32 und seine Zuordnung zu V.34-46 aus kompositorischen Gründen durchaus fraglich:[173] Denn V.31-33 bildet mit הָאֵל am Satzbeginn von V.31 und V.33 eine konzentrische Struktur, die durch eine Inclusio von תָּמִים דַּרְכִּי / דַּרְכּוֹ[174] und die Unvergleichlichkeitsausage in V.32 im Zentrum markiert ist.[175] Zugleich verbindet V.33 als ein Scharnier[176] den vorangehenden

---

164 Z.B. von *Schmidt*, HAT I/15, 29.
165 Vgl. *Kraus*, BK XV/1, 285-287; *Seybold*, HAT I/15, 80; *Adam*, v.a. 204ff.
166 Vgl. ähnlich *Kraus*, aaO 285; *Veijola* zählt sie zu ‚DtrN' (Dynastie, 121).
167 *Wandel*, 186-190 und passim, vgl. *dies.*, NEB 29, 12. *Kleer* modifiziert dieses Bild geringfügig, indem er V.1βb.b und V.51bβ erst einer (spät)nachexilischen Stufe zuordnet, vgl. *ders.*, Dichter, 26-28.
168 *Hossfeld*, Wandel, 181.
169 Ebd. Dass Ps 119 kaum als deuteronomistisch angesehen werden kann, dürfte mittlerweile Konsens sein. Zur Situierung von Ps 119 s.o. Exkurs 4.
170 Für eine detaillierte sprachliche Analyse s. *Adam*, Der königliche Held, 128-130.
171 *Mathys*, Dichter, 148f; *Rösel*, Redaktion 109f; vgl. *Miller*, Kingship, 130.
172 *Adam*, ebd.
173 Vgl. ferner *Kraus*, BK XV/1, 284; *Crüsemann*, Formgeschichte, 254-258.
174 Vgl. zur analogen Kombination der Begriffe דֶּרֶךְ / תָּמִים und צוּר in der Beschreibung JHWHs Dtn 32,4.37; vgl. auch den Terminus מִשְׁפָּט Dtn 32,4 / Ps 18,23.
175 Die Unvergleichlichkeitsaussage V.32 wurde strukturell meist als Abschluss oder als Neueinsatz gewertet, so dass auch der literarkritische Einschnitt entweder

C) *Diachrone Folgerungen: Die Einfügung von Ps 19* 317

Schaubild 4

Struktur von Ps 18

┌── 1 *Titel / Überschrift* (Stichworte: יהוה / דָוִד)
│ ┌ 2-4 *innerer Rahmen*
│ │   2 Aufgesang (אֶרְחָמְךָ)
│ │   3 Invocatio – Stichworte: אֱלוֹהֵי יִשְׁעִי / צוּרִי / יהוה
│ │   4 Benediktion und Zusammenfassung: Rettung durch JHWH
│ │ 5-46 *Corpus*
│ │   5-20 Dank: Rückblick auf Not und Rettung
│ │   5 -7 Schilderung der Not: Todesnähe
│ │   8-16 Theophanie und Rettung
│ │   17-20 Schilderung der Rettung aus Chaos / vor Feinden
│ │   21-33 weisheitliche Reflexion
│ │   21-25 konzentrische Struktur;
│ │   Inclusio mit שׁוּב hi. כְּצִדְקִי / בֹּר יָדַי
│ │   26f vierfaches עִם
│ │   28-30 dreifaches כִּי + 2.ps.sg.
│ │   31-33 konzentr. Struktur;
│ │   Inclusio הָאֵל / תָּמִים דַּרְכִּי / בְּדַרְכּוֹ (Zentrum: 32)
│ │   34-46 Danklied des Königs
│ │   34-37 Dank für die Bereitung zum Kampf
│ │   38-46 Dank für Kampf und Sieg
│ │ 47-50 *innerer Rahmen*
│ │   47 Benediktion (אֱלוֹהֵי יִשְׁעִי / צוּרִי / יהוה)
│ │   48f hymnische Zusammenfassung: Dank für die Rettung
│ └   50 Lobgelübde (אוֹדְךָ)
└── 51 *Postskript* (יהוה / דָוִד)

Abschnitt mit dem Dank- und Siegeslied in V.34ff und inkludiert es gleichzeitig mit dem dankliedartigen Schluss des Psalms V.47-50 (vgl. vor allem V.48a). Insofern ist bei diesem Vers eher zu vermuten, dass er auf die gleiche literargeschichtliche Ebene wie V.21-32 gehört und der Integration in die Gesamtkomposition dient. Der Abschnitt V.21-25 bildet dann in der vorliegenden Gestalt als ebenfalls konzentrische Unterstruktur das Gegenüber von V.31-33, und die Einheit V.26-30 (V.26f zweifaches עִם und V.28 dreifaches כִּי) ist so das Zentrum dieses Mittelteils des ganzen Psalms. Aufgrund dieser inneren und äußeren Kohärenz wird man V.21-33 also

---

davor (vgl. u.a. *Schmidt*, aaO 29) oder danach gezogen wurde (vgl. *Hossfeld*, Wandel, 176f sowie *Vesco*, Lecture davidique, 13f). Anderes ergibt sich bei der Sicht von V.32 als Zentrum einer Teilstruktur. Eine zentrale Stellung nehmen ähnliche Unvergleichlichkeitsaussagen im Schilfmeerlied Ex 15,11 und in Jer 10,6f ein, vgl. auch die Scharnierstellung in Ps 35,10 (mit V.9) und die zentrale Stellung des Bewunderungsrufes Ps 104,24 zwischen den Teilstrukturen ‚Erde' (V.10-23) und ‚Meer' (V.25-26).
176 So auch *Rösel*, Redaktion, 109-111.

nicht auf zwei verschiedene Redaktionsstufen verteilen können.[177] Eine nachexilische Datierung von V.21-33[178] und eine Situierung in einem (tora-)weisheitlichen Milieu[179] ist auch aufgrund sprachlicher Merkmale[180] angemessener.

Die jetzige Gestalt von Ps 18, der bisher vom 10./9. Jh.[181] bis in die Makkabäerzeit[182] datiert wurde, kann somit kaum vor der spätnachexilischen Zeit vorgelegen haben.[183] Die Gattung seiner Endgestalt ist mit „Königsdankpsalm" vertretbar beschrieben.[184] Er ist in einen dreiteiligen konzentrischen Corpus V.5-46 gegliedert, um den sich ein innerer (V.2-4.47-50) und äußerer Rahmen (V.1.51) legt.[185]

Während nun Hossfeld den „Löwenanteil der Bezüge ... zwischen den ... exilisch-nachexilischen Abschnitten von 18,26-32 und ... 19,12-14.15"[186] findet, hat bereits die synchrone Betrachtung beider Psalmen ein etwas anderes Bild ergeben (s.o.). Doch seien Hossfelds Argumente kurz genannt. Zunächst möchte er die Selbstbezeichnung des betenden Ich als עֶבֶד in Ps 19 als Indiz für eine mit Ps 18 (vgl. V.1.44) gemeinsame Redaktion werten.[187] Jedoch ist es sehr gut möglich, dass לַמְנַצֵּחַ

---

177 Vgl. neben *Hossfeld* und *Zenger* v.a. *Rösel*, Redaktion, 116.
178 *Arneth* sieht in V.26-31 ebenfalls eine Ringkomposition und scheidet den strukturell zentralen V.32 aus dem Zusammenhang aus, übersieht aber die deutlichen Verbindungen zwischen V.31 und V.33 (Ps 19, 101f Anm. 56).
179 Vgl. hierzu auch die enge Parallele Prov 30,5 (s. hierzu auch oben VI. A). Die (bis auf אֱלוֹהַּ / יהוה) fast wörtliche Entsprechung wäre auch als ein Zitat aus Ps 18,31 nicht ohne die ähnliches theologisches Konzept beider Texte vorstellbar (s. auch *Rösel*s Einordnung von V.21-25 als erste bzw. von V.26-32 als zweite weisheitliche spätnachexilische Ergänzung; Redaktion, 116) – in beiden Fällen hat man es mit einer Form von ‚Toraweisheit' zu tun.
180 Vgl. etwa den Terminus אִמְרָה, der von 33 Belegen des AT 19-mal in Ps 119 begegnet, vgl. anders das in Ps 19,15 gewählte אֵמֶר, das in Ps 119 kein einziges Mal vorkommt.
181 Vgl. *Schmuttermayer*, 17-24; *Craigie*, WBC IV/1 19, 16ff.
182 Vgl. z.B. *Duhm*, KHC², 79.
183 So u.a. *Mathys*, Beter, 147.
184 *Crüsemann*, Studien, 257; *Millard*, Komposition, 50; vgl. *Gerstenberger*: „MESSIANIC THANKSGIVING SONG of the jewish community" (FOTL 14, 100).
185 Eine Gliederung in die Hauptteile V.1, V.2-4, V.5-46, V.47-50; V.51 nimmt u.a. auch *Girard* (Psaumes, 363) vor.
186 *Hossfeld / Zenger*, NEB 29, 130 (*Hossfeld*). Gegen einen literarischen Zusammenhang von Ps 18,24ff und Ps 19,8ff votiert hingegen z.B. *Mathys*, Dichter, 305 Anm. 37.
187 Vgl. dagegen die Problemanzeige von *Kleer* gegenüber *Hossfeld*s Modell, dass es „merkwürdig" wäre, wenn ein Bearbeiter, der Ps 18* an 2 Sam 21 anfügte, „den Titel ‚Knecht JHWHs' ... in 2 Sam 22 nicht übernahm" (Sänger, 27). Auf den Hintergrund dieser Beobachtung ist *Kleer*s Zuteilung des Verses zur dtr. Redaktion erstaunlich (ebd.). Gegen die Zuordnung zur dtr. Bearbeitung spricht weiterhin, dass der Titel עֶבֶד יהוה im dtr. Textbereich bis auf Ri 2,8 (Josua) fast ganz für Mose reserviert zu sein scheint, vgl. Dtn 34,5; Jos 1,1.13.15; 8,31.33; 11,12; 12,6; 13,8; 14,7; 18,7; 22,2.4.5; 24,29.

C) Diachrone Folgerungen: Die Einfügung von Ps 19

לְעֶבֶד יהוה לְדָוִד (Ps 18,1α)[188] erst später, möglicherweise erst durch eine späte ‚editorial activity' zu Ps 18 hinzugefügt wurde und also vor der Zusammenstellung mit Ps 19 noch gar nicht vorhanden war.[189]

Dass es hier und an anderer Stelle (vor allem in der Rahmung) spätere Angleichungen an den Kontext gegeben hat, macht auch die von 2 Sam 22,3 MT und 11QPs^c (אלהי) abweichende Bezeichnung Gottes אֵלִי in Ps 18,1 wahrscheinlich, da sie, in Ps 16,1; 17,6; 18,3.31.33.48; 19,2; 22,2 zumeist kontextuell fest eingebunden, in der Komposition zu einem Verbindungsglied dieser Psalmen geworden ist. Unter den Verdacht, psalter-editorische Eingriffe (und nicht Textverderbnis o.ä.) in Ps 18 nach der Einbindung von 2 Sam 22 in seinen Kontext zu sein, geraten darüber hinaus: (1) das als Stichwortverbindung auffällige und sich nicht in 2 Sam 22 findende סִתְרוֹ (V.12a, vgl. סתר Ps 19,7.13),[190] sowie (2) das in 2 Sam 22,29 fehlende אוֹר hi. V.29; ferner (3) der ganze in 2 Sam 22,36b fehlende Passus V.36b (וִימִינְךָ תִסְעָדֵנִי), der mit dem in Ps 16,11; 17,7; 18,36; 20,7 begegnenden Motiv der Hilfe durch die ‚Rechte JHWHs' auf erstaunliche Weise übereinstimmt.

Die breite Verwendung der Selbstbezeichnung עֶבֶד in anderen Gebeten außerhalb wie innerhalb des Psalters[191] macht sie als Indiz für eine gezielte redaktionelle Verknüpfung von Ps 19,2-11 mit Ps 18 unbrauchbar.[192] Vor allem aber sind die theologischen und terminologischen Unterschiede klar zu erkennen: Von einem „Bewahren der Weisungen 18^{22} 19$^{14.}$"[193] ist in Ps 19 in völlig anderer Begrifflichkeit die Rede – die Ausdrücke דַּרְכֵי יהוה und חֻקֹּתָיו von Ps 18,22f erscheinen in Ps 19 gerade nicht.[194] Auch sind Ps 19,12-15 und Ps 18,26 gar nicht „durch das Thema der Unschuld und Vollkommenheit ... verbunden"[195]. Vielmehr kommt gegenüber der Makellosigkeit als Bedingung für ein vergelten-

---

188 Diese seltene Form der Überschrift findet man auch noch in Ps 36,1.
189 Vgl. neben *Vesco* (Lecture davidique, 57) v.a. *Rösel* (Redaktion, 107 mit Anm. 97), der so ebenfalls das Fehlen dieser Formulierung in 2 Sam 22,1 erklärt. Er unterscheidet die Selbstbezeichnung als Knecht in einigen späteren Psalmen von dem Würdetitel der Fremdbezeichnung in der messianischen Redaktion, die diese häufige Selbstbezeichnung zur Brücke für Identifikationsmöglichkeiten macht (aaO 183). In der Einschätzung von Ps 19,12.14 als nachträgliche Einfügung (aaO 183 Anm. 131) befindet er sich allerdings im Gefolge des von *Hossfeld / Zenger* vorgelegten Redaktionsmodells.
190 Vgl. dazu *Schmuttermayer*, Ps 18, 70f, der dies jedoch durch Dittographien erklärt.
191 Zu Bedeutung und Vorkommen dieser Selbstbezeichnung in den Psalmen s.o. V. E) 1.
192 Die Zuordnung von Ps 34,23 aufgrund von עֲבָדָיו zur selben nachexilischen Redaktion – obwohl hier mit dem Pl. wiederum eine andere Begrifflichkeit vorliegt –, verdeutlicht exemplarisch die Problematik des redaktionsgeschichtlichen Vorgehens von *Hossfeld* und *Zenger*, vgl. die diesbezügliche Kritik von *Millard*, Psalmenexegese, 319f.
193 Sic; gemeint ist Ps 19,12 (*Hossfeld / Zenger*, NEB 29, 130 [*Hossfeld*]).
194 Die tatsächlich einzige Überschneidung mit der umfassenden Aufzählung von Ps 19,8-10 hinsichtlich der Gebotstermini ist der nicht sonderlich auffällige Terminus מִשְׁפָּטִים (Ps 19,10; 18,23).
195 *Hossfeld / Zenger*, NEB 29, 130 (*Hossfeld*); vgl. *Kleer*, Sänger, 25.

des Handeln JHWHs am Frommen in Ps 18,26 die Vollkommenheit des betenden Ich allein aufgrund der Nicht-Anrechnung von Schuld zustande (vgl. Ps 19,13). Ein „Bewahren vor Schuld"[196] ist deshalb in Ps 19 gerade nicht im Blick. Vielmehr wird der Freispruch selbst verborgener Sünden[197] allein bei JHWH gesucht (Ps 19,14). Ein „Gruppenbewußtsein des Armen 18²⁸"[198] ist in jüngeren Psalmen insgesamt häufig, trifft aber das Selbstverständnis von Ps 19 nicht, in dem ansonsten lediglich noch eine als hochmütig aufgefasste Fremdgruppe in den Blick kommt.[199] Der Wunsch, dass JHWH die Hochmütigen zu Fall bringe (Ps 18,28), ist dagegen aus einer anderen Grundhaltung heraus geschrieben als die denkbar unaggressive Schutzbitte des עֶבֶד gegenüber den Anmaßenden in Ps 19,14. Zwischen Ps 18,26-32 und Ps 19,12-15 sind also doch erhebliche inhaltliche Unterschiede zu beobachten. Viele der von Hossfeld genannten, insgesamt recht losen Stichwortbezüge bestehen auch zu proportional gleichen Anteilen zwischen Ps 18,21-25 und Ps 19,12-15.[200]

Nun beziehen sich, wie auch Arneth feststellt, „die Entsprechungen zwischen Ps 19 und 18 nicht nur auf den zweiten Teil von 19, sondern umfangen den ganzen Psalm":[201] Denn auch zwischen dem ‚vorexilischen' Bestand von Ps 18 und Ps 19,2-7 finden sich Wortentsprechungen, wie z.B. שָׁמַיִם (Ps 19,2.7; 18,10.14); יוֹם (Ps 19,3; 18,1.19); שׁמע (Ps 19,3; 18,7); סתר / סֵתֶר (Ps 19,7; 18,12);[202] תֵּבֵל (Ps 19,5; 18,16), ohne dass diese einer gemeinsamen redaktionellen Bearbeitung zugeschrieben werden müssten. Da sich zudem bereits zwischen Ps 19,8-11 und der sogenannten nachexilischen (Ps 18,26-32), aber auch den sogenannten ‚spätexilisch-dtr.' Redaktion (Ps 18,21-25) eine beträchtliche Anzahl von Wortentsprechungen findet,[203] wäre für den Anschluss an

---

196 So *Hossfeld* zu Ps 19,12-15; *Hossfeld / Zenger*, NEB 29, 130. S. zum Sündenverständnis von Ps 19 oben V. E) 2.
197 Wiederum ist die unterschiedliche Begrifflichkeit zu beachten: עָוֹן in Ps 18,24 gegenüber נִסְתָּרוֹת / שְׁגִיאוֹת in Ps 19,13.
198 *Kleer*, Sänger, 25; *Hossfeld / Zenger*, NEB 29, 130 (*Hossfeld*).
199 Dabei weisen die divergierenden Begriffe für die jeweilige ‚outgroup' eher auf unterschiedliche Verfasserkreise hin: עֵינַיִם רָמוֹת in Ps 18,28 bzw. זֵדִים in Ps 19,13. Termini wie עָנִי (Ps 18,28) oder explizite Hinweise auf eine ‚Armenredaktion' begegnen in Ps 19 gar nicht.
200 Diese Beobachtung bringt auch *Arneth* zu Recht vor: „Die Bezüge zwischen Ps 18 und Ps 19 konzentrieren sich nicht nur auf Ps 19,12-15, sondern Ps 19,8-15 weist Relationen zu Ps 18,21-25 und 18,26-31 auf" (Ps 19, 102 Anm. 56). *Adam* geht, obwohl er den Bezug u.a. von גבר in Ps 18,26b (2 Sam 22,26b: גִּבּוֹר) und גְּבוּר in Ps 19,6 durchaus unterstreicht, mit der früheren Forschung von der literargeschichtlichen Zweiteilung von Ps 19 aus und hält V.8-15 für diejenige (mit Ps 18,21-33.44a zusammenhängende) Bearbeitung, mit der Ps 19 in die Psalmengruppe gelangt ist, und der ferner auch Ps 1 zuzuordnen ist (Der königliche Held, 140).
201 *Barbiero*, Psalmenbuch, 243
202 Vgl. zu סֵתֶר in Ps 18,12 und dem Fehlen des Worts in 2 Sam 22,12 bereits weiter oben.
203 Dabei werden צדק (Ps 19,10; 18,21.25), ברר / בַּר / בֹּר (Ps 19,9; 18,21.25) und

C) Diachrone Folgerungen: Die Einfügung von Ps 19

Ps 18 eine redaktionelle Bearbeitung gar nicht mehr notwendig gewesen. Dadurch erweist sich die These einer redaktionellen Bearbeitung zum Zwecke der Einfügung in Ps 15-24* als von vorneherein obsolet. Auch aufs Ganze gesehen ist der Nachweis der Einheitlichkeit der besagten, von Hossfeld und Zenger vermuteten nachexilischen Redaktionsschicht nur schwer zu erbringen. Das zeigt sich nicht nur am Beispiel von Ps 18 und 19, denn ähnlich problematisch ist es, Ps 15,4-5aβ; Ps 24,6 sowie Ps 22,4-6.24-27[204] zur gleichen, in sich einheitlichen Schicht zu zählen.[205] Denn hier ist im Vergleich zu Ps 18,28 zwar eine Art Gruppenbewusstsein, aber keine vergleichbare Form toraweisheitlichen Denkens feststellbar.[206]

2. Die Einfügung von Ps 19 in die Teilkomposition Ps 15-24

Nun stellen sich folgende Alternativen, die die Stichwortbezüge und die doch recht passende Stellung des einheitlich verfassten Psalms im Kontext erklären können: Es ist einerseits möglich, dass Ps 19 aufgrund seiner Verbindung kosmologischer Motive mit der Rechts- und Torathematik,[207] aufgrund der oben beobachteten szenischen Kontraste zu Ps 18 und aufgrund sich zufällig in ihm findender Stichwörter für ein kompositionelles „juxtaposing"[208] neben Ps 18 und ins Zentrum dieser Psalmengruppe bestens geeignet war und als Ganzer dort eingefügt wurde. Andererseits ist es möglich, dass Ps 19 unter Berücksichtigung der vorliegenden Psalmengruppe abgefasst und in sie an zentraler Stelle eingesetzt wurde.

תָּמִים / תָּמִים (Ps 19,8a.14b; 18,26.31.33) hier auf die Tora und dort auf das betende Ich bezogen.
204 Ps 22,28-32 gehören nach *Hossfeld* und *Zenger* erst in die auch Ps 9/10 redigierende, hellenistische Bearbeitung (Redaktion, 81).
205 Vgl. hierzu u.a. die sprachliche Analyse bei *Adam*, der zu dem gleichen Ergebnis kommt (Der königliche Held, 131f).
206 So fragt *Millard* zu recht: „Und was ist, wenn es *die* weisheitliche Bearbeitung des Psalters ebensowenig gibt wie *die* armentheologische, sondern ähnliche Motive immer wieder in die Entwicklung des Psalters geflossen sind?" (Psalterexegese, 323, Hvbg. von mir). Das wird durch die oben gemachten Beobachtungen bestärkt: Auch wenn manche Zuordnungen *Hossfeld*s bzw. *Zenger*s zu jeweils einer Redaktion überzeugen (z.B. von Ps 18,51; 20,7, vgl. auch *Rösel*, Redaktion, 106-124), so doch kaum die Einheitlichkeit der mutmaßlichen Redaktionsschichten im Ganzen. Man braucht *Levin*s Vorgehen bei der Beurteilung glossatorischer Eingriffe nicht zu teilen, um nicht doch sein Votum gelten zu lassen: „Auf eine Redaktion im einschlägigen Sinne deutet nichts, ebensowenig darauf, daß wir es mit einer einmaligen, zielgerichteten Bearbeitung zu tun haben" (Gebetbuch, 371).
207 Dass „die Hauptthemen [sc.: von Ps 19] Schöpfung und Tora ... in der Nachbarschaft nicht" auftauchen (*Zenger*, Redaktion, 169), ist angesichts etwa von Ps 24,1f bzw. Ps 18,21-26 schwer nachzuvollziehen.
208 So u.a. *Allen*s Begriff für die geschickte Anordnung als Kompositionstechnik (Exemplar, 546).

Eine ähnliche These wie die letztgenannte hat jüngst Arneth vertreten, jedoch unter einer Reihe von gewagten Zusatzannahmen. Aufgrund einiger Lexementsprechungen in Ps 19 und 2 Sam 23,1-7 gelangt er zu der These, dass ersterer Text vom zweiten abhängig sei, und dass Ps 19 als Gegentext gegen die messianisch davidische Ausrichtung dieser Psalmgruppe, und mit Ps die Tora stattdessen ins Zentrum dieser Teilkomposition gestellt werden sollte. Mit Blick auf das Problem einer ohne Ps 19 zentrumslosen Vorstufe der Teilkomposition Ps 15-24* schließt er, dass „sogar 2 Sam 22* und 2 Sam 23,1-7 in diesem Zusammenhang geschlossen aus dem Psalter in die Anhangskapitel 2 Sam 21-24 ... ausgelagert wurden"[209]. Diese These hängt nun zum einen an der problematischen Einschätzung von 2 Sam 23,1-7 als eines „Messiaspsalm[s]"[210] und ist bereits deshalb sehr zweifelhaft.[211] Man fragt sich, wie ein Text, dem kaum Formelemente der Textsorte ‚Psalm' überhaupt zugeordnet werden können,[212] einen ursprünglichen Ort im Psalter erhalten haben soll.[213] Weiter werde, so Arneth, durch Ps 19 die „solar konnotierte, unmittelbare Zugangsweise des Königs zur Gottheit"[214] kritisiert. Nun kann allerdings gerade in Ps 19 die Unmittelbarkeit des betenden Ich zu JHWH aufgrund der Selbstbezeichnung als Knecht JHWHs[215], aufgrund seiner äußerst vertrauensvollen Bitte um Nicht-Anrechnung der Sünden[216] und aufgrund der Anrufung JHWHs als Fels[217] nicht geleugnet werden – sie ist kaum geringer zu veranschlagen als in der prophetischen Zeichnung Davids von 2 Sam 23,1-7.[218] Doch bereits die Aussagekraft der seiner These zugrunde lie-

---

209 Psalm 19, 110.
210 AaO 109.
211 Die im Zusammenhang mit der Endredaktion der Samuelbücher (vgl. etwa 1 Sam 2,1-10) viel diskutierte Eigenart von 2 Sam 23,1-7 (vgl. hierzu etwa *Adam*, Der königliche Held, 193ff; *Mathys*, Dichter, 126ff.157ff) wird von *Arneth* als „für unseren Zusammenhang nicht unmittelbar erheblich" (aaO 99 Anm. 52) angesehen, wird es faktisch aber spätestens dann, wenn *Arneth* die Auslagerung dieses Textes aus dem Psalter vermutet.
212 Dass 2 Sam 23 kein (Königs-)Psalm ist, dürfte deutlich sein (vgl. bereits *Gunkel*, Einleitung, 146; *Eichhorn*, Gott als Fels, 72 u.a.). Als Gattungsvorschläge kursieren ‚prophetisches Orakel', ‚Maschal mit prophetischer Einleitung', ‚Testament', s. dazu *Mathys*, Dichter, 158.
213 Die Zuschreibung prophetischer Rede zu David in 2 Sam 23,1f mag in dem Interesse begründet liegen, den Herrscher in die Geschichte der ‚früheren Propheten' einzuordnen und dieses Kanonsegment zum Abschluss zu bringen; vgl. zur ‚Kanonbewusstheit' dieses Textes u.a. *Mathys*, aaO 163f. Dort hat sie auch einen sinnvollen Ort, was man von einem Kontext wie Ps 15-24* schlechterdings nicht behaupten kann.
214 AaO 103.
215 Vgl. das oben in V. E) 1. zur Selbstbezeichnung als Knecht JHWHs Gesagte, vgl. ferner etwa die Feststellung von *Berges*, dass diese Selbstbezeichnung „einem Rechtstitel nahe(kommt), der JHWH zur Hilfeleistung auffordert" (Knechte im Psalter, 162).
216 Zur Seltenheit eines nicht-negierten נקה pi. und der Außerordentlichkeit der Bitte von V.13 s.o. V. E) 2.
217 Zur besonderen Mittlerrolle desjenigen betenden Ich, das JHWH als ‚Fels' anruft s. *Eichhorn*, Gott als Fels, passim, v.a. 123 sowie dazu oben V. E) 5.
218 Auch davon, dass die „wesentliche Differenz – und damit auch eine Hauptintention des Verfassers von Ps 19 – ... darin [sc.: besteht], daß Ps 19,2-7* das ‚Wortgeschehen konsequent in den Himmel verlegt" (aaO 100), kann angesichts der eindringlichen, den Gesamtpsalm betreffenden Bitte des betenden Ich von Ps 19,15,

C) Diachrone Folgerungen: Die Einfügung von Ps 19

genden Beobachtungen zu Wortübereinstimmungen zwischen Ps 19 und 2 Sam 23,1-7 müssen angefragt werden. Denn die Bezüge, durch die Ps 19 nach Arneth zu einem Gegentext zu 2 Sam 23,1-7 werden soll, sind entweder Allerweltswörter (דְּבָרִים; אָמַר; שָׁמַר), für weisheitliche Literatur erwartbar (מִלָּה; יִרְאַת יהוה; צֶדֶק) oder ansonsten wenig prägnant (גִּבּוֹר / גֶּבֶר). Dass sich hier ferner auch אוֹר hi. findet, verdankt sich wie vieles dem traditionsgeschichtlichen Zusammenhang der Licht-Recht-Relation mit ihrem steten Bezug zur altorientalischen Königsideologie und wird hierdurch bereits hinreichend erklärt. Und so ist daher auch die solare Beschreibung der Tora wohl kaum „in Anlehung [sic] an 2 Sam 23,3bf"[219] entstanden, sondern in Anbindung an einen auch in Israel präsenten Traditionsstrom der Verbindung von Sonne und Recht. Wenn der „Widerspruch des Autors von Ps 19 ... sich ... an einer Facette des Messiasbildes ..., der traditionellen Königsfunktion der Etablierung von ‚Gerechtigkeit'" entzündet hätte, wie Arneth will, so hätte er die Tora sehr viel dezidierter als die gesellschaftliche Gerechtigkeit establierende Instanz schlechthin gezeichnet.[220] Wie die Alternative ‚Tora' oder ‚Messias' im Ganzen überzeichnet ist, so ist sie es insbesondere im Blick auf den Akzent, der durch eine Hineinstellung von Ps 19 in Ps 15-24 gesetzt wird – Ps 19 erbringt ja vielmehr die Verbindung von davidischem Königtum und Tora. Hierdurch wird keineswegs dem König die Gerechtigkeit schaffende Funktion abgesprochen – es wird vielmehr deutlich, in welcher Frömmigkeit der ideale König David sein Gerechtigkeit etablierendes Amt realisiert, nämlich diese Gerechtigkeit an der Tora auszurichten .

Arneths Problematisierung einer ehemals zentrumslosen Komposition ist zwar zu beachten, denn dass Ps 20 schwerlich dereinst eine tragende Stellung als Mittelpfeiler der Psalmengruppe innegehabt haben wird, versteht sich von selbst. Diese Unausgewogenheit, dass Ps 18 zwei Psalmen, die allerdings eine gewisse Einheit bilden, gegenüberstehen, wird aber durch die Länge von Ps 18 als einer ausreichenden kompositionellen Balance zu Ps 20f durchaus überzeugend erklärt. Und es ist auch andernorts zu vermuten, dass in der Endgestalt zentral positionierte Psalmen erst in einem späteren Stadium in die Komposition gelangten, wie etwa bei Ps 78 und Ps 119.[221]
Gewiss kann eine Vielzahl von Bezügen von Ps 19 zur Teilsammlung Ps 15-24 auf das Konto geschickter Anordnung des vorliegenden Psalms gehen. Doch scheint es auch nicht unwahrscheinlich, dass die oben notierte Vielzahl von Lexem- und Motivverbindungen, vor allem zu Ps 15, zu Ps 17, zu Ps 24 und zu Ps 18 tatsächlich nicht nur durch ei-

---

seine *Aussprüche* (אִמְרֵי־פִי, in Entsprechung zu אָמַר in V.3) mögen vor JHWH Gefallen finden, keine Rede sein.
219 *Arneth*, aaO 100.
220 So würde man eine Rühmung des Kodex Ḫammurapi wohl kaum als eine Kritik an Ḫammurapis Aussage verstehen, Gerechtigkeit im Lande aufzurichten und „dem Sonnengott gleich den Schwarzköpfigen [den Menschen] aufzugehen" (KḪ I 40-42, nach *Borger*, TUAT I, 40). Sonnengleicher König und gottgegebenes Gesetz sind traditionsgeschichtlich eng miteinander verbunden und kaum gegeneinander auszuspielen.
221 Zu Ps 119 zwischen den (schon recht früh stabilen) Wallfahrtspsalmengruppen wie dem Ägyptischen Hallel Ps 112-118 und Ps 120-134 s. etwa *Koch* (Psalter, 255). Zu ebenfalls ‚überlangen' Ps 78, der möglicherweise später in die Mitte der Asaphpsalmengruppe gelangte s. *Millard*, Komposition, 89ff, v.a. 102.

nen Zufallsfund zustande kommt.²²² Es ist gut möglich, dass der Psalmist von Ps 19 die Psalmengruppe Ps 15-24* kannte und ihre kompositionellen Eigenheiten, wie signifikante Stichworte und Themen (s.o.) bei der Abfassung seines Textes mitberücksichtigte. Dann aber ist es auch wahrscheinlich, dass sogar V.1 ursprünglich zum Psalm dazugehört. Einen solchen Vorgang – dass Texte im Blick auf andere Texte, mit anderen Texten *vor Augen* verfasst werden –, ist mit einem Begriff wie ‚Abhängigkeit' jedoch in keiner Weise getroffen²²³ und würde auch nicht der durchgehaltenen Gestaltungsidee des Psalmisten gerecht, der mit Ps 19 einen theologisch ausgesprochen eigenständigen und strukturell originellen Text abgefasst hat. Mit Sicherheit entscheidbar ist die Frage, inwieweit Ps 19 in Kenntnis oder in Rücksichtnahme auf die vorliegende Teilkomposition abgefasst wurde, jedoch letztlich nicht. Gerade auch im Hinblick auf den historischen Ort des Psalms in frühhellenistischer Zeit und in einem toraweisheitlichen, schriftgelehrten Umfeld,²²⁴ ist seine Nähe zu psalterkompositionellen Kreisen aber sehr wahrscheinlich. Die Verbindung etwa des Themas ‚David als idealer König' im Kontext mit dem der ‚Tora' in Ps 19 deckt sich weitgehend mit den Kompositionsideen der formativen Phase²²⁵ des ersten Psalmbuchs²²⁶ bzw. des ganzen Psalters,²²⁷ die die Absicht erkennen lässt, eine Komplementarität beider zu demonstrieren.

---

222 Vgl. oben die ausführliche Besprechung bei der synchronen Betrachtung. Die – gewiss nicht immer, aber doch oft – signifikanten lexematischen Übereinstimmungen seien hier übersichtshalber noch einmal aufgelistet: Zwischen Ps 19 und Ps 15: אֹהֶל (Ps 19,5; 15,1), יִרְאַת יהוה / יְרֵאֵי יהוה (Ps 19,10; 15,4), נקה pi. / ni. bzw. נָקִי (Ps 19,13.14; 15,5), תָּמִים / תמם (Ps 19,8.14; 15,2), צֶדֶק / צדק qal (Ps 19,10; 15,2), דְּבָרִים bzw. דבר qal (Ps 19,4), לֵב bzw. לְבָב (Ps 19,9.15; 15,2), עֵינָיו bzw. עֵינַיִם (Ps 19,9; 15,4), כָּבוֹד bzw. כבד pi. (Ps 19,2; 15,4), מַעֲשֵׂה bzw. עשה (Ps 19,2; 15,5); zwischen Ps 19 und Ps 17: שמר (Ps 19,11; 17,4(8)), פֶּה (Ps 19,15; 17,3), לֵב (Ps 19,9.15; 17,3), אֹרַח (Ps 19,6; 17,5), צֶדֶק / צדק (Ps 19,10; 17,1.15) מֵישָׁרִים / יָשָׁר (Ps 19,9; 17,2); zwischen Ps 19 und Ps 18: יוֹם (Ps 19,3; 18,1.19, vgl. 20,2.10), שמע (Ps 19,4; 18,7), יצא (Ps 19,5.6.7; 18,20), עֵינַיִם (Ps 19,9; 18,25.28; vgl. 15,4), עמד (Ps 19,10; 18,34), סתר (Ps 19,7.13; 18,12), פָּנִים (Ps 19,15; 18,7) שׁוב hi. (Ps 19,8; 18,21.25); zwischen Ps 19 und Ps 24: צְדָקָה / צדק (Ps 19,10; 24,5), בָּרַר / בַּר (Ps 19,9; 24,4), נקה pi. / ni. bzw. נָקִי (Ps 19,13.14; 24,4), נֶפֶשׁ (Ps 19,9; 24,4), לְפָנֶיךָ (Ps 19,15; 24,6), לְבָב / לֵב (Ps 19,9.15; 24,4).
223 Angesichts je eigenständiger Gestaltung und je individueller *intentio operis* bzw. *intentio auctoris* ist der Begriff der ‚Abhängigkeit' eines Textes an sich meist eine unsachgemäße Verengung.
224 S.o. VI. B)
225 Auch die Nähe zur – ebenfalls weitgehend als literarische Wallfahrt konzipierten – Komposition des 5. Psalmenbuchs, v.a. hinsichtlich der zentralen Positionierung des wie Ps 19 in hellenistische Zeit datierenden Ps 119, führt das deutlich vor Augen. *Millard* setzt den Hauptteil jener Komposition in hellenistischer Zeit an, wo insgesamt mit der literarisch-kompositorischen Nachahmung von Wallfahrtsliturgien zu rechnen ist (Komposition, 227ff).
226 So etwa *Millard*: Die „Komposition [sc. des ersten Psalmbuchs in seiner formativen Phase] scheint ... mit der Gesamtkomposition der Bucheinteilung des Psal-

C) Diachrone Folgerungen: Die Einfügung von Ps 19

Durch die Identifikation mit dem königlichen Beter David (u.a. durch den Psalmtitel) wird also eine große Übereinstimmung des betenden Ich von Ps 19 mit dem Ideal des toratreuen Königs in einer Linie mit Dtn 17,14-20 erreicht.[228] Durch die von Ps 19 im Anschluss an Ps 18 gesetzten Akzente wird die voraufgehende Komposition theologisch aber durchaus auch modifiziert. So wird u.a. Ps 18,20-33, wo der Erfolg des Königs als Folge seiner Gerechtigkeit und Reinheit dargestellt wird, im Sinne eines vertieften Sündenbewusstseins korrigiert.[229] Maßgeblich ist aber der besondere theologische Akzent, den die Psalmengruppe Ps 15-24* durch diesen die schöpfungsinhärente Weisheit mit der Tora verbindenden Schlussstein erhält.

---

ters und besonders im ersten Kompositionsbogen mit dem Kanon in engem Zusammenhang zu stehen" (Komposition, 144).

227 Es ist möglich, dass diese Zusammenstellung bereits zu der gleichen Komposition gehört, die Ps 1 mit Ps 2 zum Psalterproömium verband (so etwa *Adam*, Der königliche Held, 140). Wahrscheinlicher ist, dass sie zur Rahmung des Psalters durch Ps 1-2 und Ps 146-150, d.h. zur Endkomposition des Psalters, gehört, vgl. *Hossfeld / Zenger*, NEB 29, 11f.45; *Millard*, Komposition, 144ff; *Lange*, Endgestalt, 111ff u.a.

228 Vgl. *Kleer*, Sänger, 25.

229 Vgl. *Barbiero*, Psalmenbuch, 246.

VIII. Zusammenfassung und Ausblick

A) Zusammenfassung und Kontextualisierung

Eines der Hauptergebnisse dieser Studie ist gewiss, dass es dieser Psalm mit höchster Wahrscheinlichkeit von vorneherein darauf angelegt hat, die grundlegenden Ordnungsinstanzen in der himmlischen Sphäre und auf der Erde aufeinander zu beziehen, einander gegenüberzustellen und damit seine Leser/innen danach zu fragen, wie sie diesen Zusammenhang verstehen. Die weiteren wichtigsten Einsichten betreffen die sog. Selbstoffenbarung der Schöpfung, die Funktion der mythisierenden Elemente, das Torakonzept und die Auffassung von Vergebung und Heil in diesem Psalm. Sie seien hier nun zusammengefasst und in einen weiteren Zusammenhang gestellt.

1. Die schöpfungsinhärente Weisheit in Ps 19

Über das Theologumenon der schöpfungsinhärenten Weisheit und ihrer Zugänglichkeit für menschliches Verstehen ist in der (insbesondere jüngeren) israelitischen Weisheit ein vielstimmiger Diskurs geführt worden. In ihm kommt, wie zu sehen war, auch Ps 19 eine wichtige, allerdings sehr unterschiedlich beurteilte Position zu, die an dieser Stelle abschließend zu präzisieren ist.

Während Dohmen hier mit V.4 in negativer Übersetzung als ‚hermeneutischem Schlüssel' zu V.2-7 die „Erkenntnis von der Unerkennbarkeit der die Schöpfung durchwaltenden Ordnung"[1] betont und die Theologie des Psalms in die Nähe von Hi 28,1-27.28 und sogar von Qoh 8,16f bringt,[2] sieht Zenger, u.a. aufgrund seiner positiven Übersetzung von V.4, in V.2ff geradezu einen Gegentext gegen die sogenannten ‚skeptischen' Texte Qoh 3,11; 8,17 und 11,5.[3] Doch sind dies nicht die einzigen in diesem Zusammenhang diskutierten Passagen. Unter den weiteren ‚optimistischen', das heißt die Zugänglichkeit der Weisheit akzentuierenden Passagen wird meist auch Prov 8,1-31[4] geführt, ein Text, in dem von Rad bekanntlich die ‚aus der Schöpfung ergehende Stimme der Urordnung' erblickte. Problematisch ist diese Sicht aber u.a., weil der Ort der Rede der Weisheit hier der öffentliche Raum (auf

---

1 Ps 19, 513.
2 Er bemerkt: „So ist doch die absolute Skepsis, die er der Vernehmbarkeit und Erkennbarkeit der vorhandenen ‚Selbstoffenbarung der Schöpfung' entgegenbringt, nicht zu übersehen" (Ps 19, 514).
3 Tora, 182.
4 Vgl. etwa *von Rad*, Weisheit, 213.

A) Zusammenfassung und Kontextualisierung

der Straße, auf den Stadtmauern) ist und lediglich in der Rede selbst die kosmische Präexistenz der Weisheit thematisiert wird – ein Ort, von dem her hingegen kein Anruf der Menschen erfolgt.[5] Desweiteren sind als *loci classici* für das ‚Wissen' der Tierwelt um die Geschöpflichkeit der Schöpfung[6] Prov 6,6-11 und Hi 12,7-10 zu nennen, doch fehlt dort jede Erwähnung einer Anrede durch die personifizierte Weisheit selbst. An einigen weiteren Stellen ist von der Vorbildhaftigkeit der Schöpfungswerke die Rede,[7] doch die Erkennbarkeit des Schöpfers aus seinen Werken mittels der ins menschliche Herz gegebenen Gottesfurcht nimmt erst Sir 17,6-10 in den Blick.[8]

Als ‚skeptischer' Text wurde dagegen immer wieder Hi 28,1-27.28[9] eingeschätzt, den auch Dohmen im Sinne der Unerfassbarkeit der die Schöpfung durchwaltenden Ordnung versteht. Allerdings „ist hier stärker als bisher in der Auslegung hervorzuheben, daß nach integraler Auskunft des Kapitels die Weisheit dem Menschen keineswegs völlig entzogen wird"[10] – sie wird lediglich in eine fast unerreichbare Ferne gerückt, insofern sie im Letzten als Gottes Weisheit selbst anzusehen ist.[11] Hi 37,1-24, darin vor allem V.1-7, spricht von Gottes Wundern in der Schöpfung, die die Menschen nicht erkennen. Das Ausbleiben eines Zeugnisses der Schöpfung für den Schöpfer thematisiert ferner Ps 151A (vgl. 𝔊 Ps 151 V.1-5).[12] Ausgesprochen pessimistisch hinsichtlich des *Resultates* menschlicher Erkenntnis Gottes aus den Werken zeigt sich schließlich Sap 13,1-14,11.[13]

---

5 Zudem versucht *von Rad*, sehr verschiedene Inhalte und Textsorten unter diesen Oberbegriff zu bringen, doch hat etwa die Lobaufforderung an die Schöpfungswerke in Ps 148 mit der Anrede der Weisheit an den Menschen von Prov 8 wenig zu tun; s. hierzu bereits oben V. B) 2. c).
6 Für ein Konzept natürlicher Theologie fehlt hier jedoch strenggenommen der Gedanke einer *gelingenden* menschlichen Gotteserkenntnis aus der Natur.
7 Etwa in Sir 16,26-28. Dabei gehört der Topos der möglichen Erkenntnis des Schöpfers aus den Schöpfungswerken weniger in eine Theorie, die auf Aussagen über ‚Gottes Sein und Wesen' zielt. Vielmehr haben die Schöpfungswerke eine appellative und lehrende Funktion für die Menschen, deren Ziel das dem Schöpfer gemäße Handeln und der dem Schöpfer gebührende Lobpreis ist. Dieses höhere Ziel kommt daher meist nur aus der Perspektive in den Blick, nicht erreicht zu werden, weshalb auch die Bewertung dieses Zugangs überwiegend unter ein negatives Vorzeichen gerät; vgl. hierzu auch weiter unten zu Sap 13,1-14,11.
8 Nach dem späten Psalm Ps 154 (syrPsII), der in der Version 11Q5 XVIII (11QPs^a) auch im Schlussteil des 11QPsalters platziert ist, ist ‚Weisheit dem Menschen kundgetan' (Z.3-9), allerdings wird hier nicht deutlich gemacht, auf welchem Wege.
9 Zur Auslegung von Hi 28 s. *Strauß*, BK XVI/2, 129-158; *van Oorschot*, Hi 28, 183ff; *Zimmermann*, Homo sapiens ignorans, 80ff; vgl. auch zur älteren Forschung *von Rad*, Weisheit, 189ff.
10 *Strauß*, BK XVI/2, 157.
11 Ps 19, 513. Eine gewisse Vergleichbarkeit der Theologien von Ps 19 und von Hi 28 in seiner Endgestalt (*Oorschot*: „eine theozentrisch begründete Skepsis", aaO 200) ist dabei in der großen Bedeutung der Furcht Gottes (vgl. Hi 28,28a; Ps 19,10a) und im ähnlichen Textverlauf vom Geheimnis der Schöpfungsweisheit zur offenbarten Weisheit (vgl. Hi 28,28a und in Ps 19,8-10 die Tora) erkennbar.
12 Zu den Einleitungsfragen sowie zu Stellung und Bedeutung von Ps 151A im Zusammenhang von 11QPss^a s. *Kleer*, Sänger, 204-206.
13 Diese Passage steht bekanntlich im Hintergrund von Röm 1,18ff; vgl. hierzu auch *Oeming*, Verbindungslinien, 261.

Dieser in der späten Weisheit geführte Diskurs über die der Schöpfung innewohnende Weisheit Gottes und ihre Zugänglichkeit für menschliches Verstehen ist also sehr vielfältig und lässt sich kaum auf die simplifizierende Alternative: ‚Erkennbarkeit der Weisheit Gottes in seinen Werken' versus ‚Verborgenheit der Weisheit vor dem Menschen' reduzieren. Die einschlägigen Texte differenzieren selbst bereits sehr genau und setzen wirkliche Weisheit durchgängig an den Grenzen menschlicher Erkenntnisfähigkeit an,[14] wobei zugleich nie ihr universaler Charakter und ihre Allgemeingültigkeit in Frage stehen. Diese Spannung liegt jedoch im Konzept von ‚Weisheit' selbst begründet, die stets sowohl universales wie schwer erreichbares, aber immer auch tiefes Wissen ist.[15]

Wo kommt nun Ps 19 in diesem Zusammenhang zu stehen? Ps 19 hat Teil an dieser Diskussion der jüngeren Weisheit, auch wenn er keine eindeutige Position bezieht. Es war festzustellen, dass vor allem das Metapherngeflecht von V.2-7 die in der Ordnung der Zeit sich ausdrückende schöpfungsinhärente Weisheit als Lobpreis Gottes charakterisiert. Die Frage nach der Zugänglichkeit oder Unzugänglichkeit dieser Weisheit für Menschen bzw. nach einer gelingenden Schöpfungserkenntnis spielt hier jedoch keine wesentliche Rolle – von einer direkten Anrede der Weisheit an den Menschen ist keine Rede. Akzentuiert wird mit dieser metaphorischen, paradoxen Darstellungsform vielmehr der Geheimnischarakter dieser Ordnung. Der Psalm teilt also weder – etwa als Gegenposition[16] gegen die ‚Skepsis' eines Qohelet[17] – den ‚Optimismus' von Ben Sira, noch will er gemeinsam mit der ‚weisheitlichen Skepsis' Qohelets die Unzugänglichkeit der Ordnungsstrukturen der Schöpfung herausstellen.[18] Ihm ist es um die schöpfungsinhärente Weisheit zu tun, deren prinzipiellen Geheimnischarakter er poetisch umschreibt. Ohne sie selbst in irgendeiner Form abzuwerten, bezieht er sie aber vor allem auf den nicht minder geheimnisvollen Zusammenhang mit der vom Schöpfer gegebenen Tora. Mit dieser differenzierten Aussage steht Ps 19, wie wir sahen, im frühjüdischen Denken bei weitem nicht allein – das Umfeld der Toraweisheit war immerhin

---

14 Vgl. Ps 139,6; Prov 30,1f.18; vgl. hierzu *Perdue*, Cosmology, 461.
15 So mit Blick auf Weisheitskonzepte der gesamten Kulturgeschichte *Assmann*, Weisheit, 16f.
16 Das ist allein deshalb bereits der Fall, da eine positive Übersetzung von V.4 wegen fehlender Litotes im Hebräischen nicht möglich ist; die bewusst paradoxe Aussage von V.4 verwehrt die von *Zenger* (Tora, 182) vermutete Frontstellung gegen eine skeptische Haltung.
17 Zur grundlegenden Skepsis des Predigers, der – anders als Hi 28 – neben der Verborgenheit des ‚Grundes aller Dinge' auch explizit Gottes vollkommene Unergründlichkeit herausstellt s. *van Oorschot*, Hiob 28, 196.
18 *Dohmen* überbewertet also sowohl den skeptischen Charakter von Hi 28 als auch innerhalb von Ps 19 die Aussage von V.4.

A) Zusammenfassung und Kontextualisierung

der Hintergrund, auf dem schließlich auch der Gedanke des ‚Naturgesetzes' und des ‚Buches der Natur' entstand.[19]
Auf diesem Hintergrund kann nun die vieldiskutierte Frage nach etwaiger ‚natürlicher Theologie'[20] bzw. nach einer „Selbstoffenbarung der Schöpfung"[21] in Ps 19 abschließend beurteilt werden.

2. Natürliche Theologie in Psalm 19?

Grundsätzlich muss man sich der Gefahr des Anachronismus bewusst sein,[22] wenn man nun doch der Frage nachgeht, ob in Ps 19 ‚natürlicher Theologie' vergleichbare Gedanken enthalten sind.

Beim vielfach undeutlichen Verständnis von natürlicher Theologie in der exegetischen Literatur[23] ist zunächst festzuhalten: Die „Aufgabe der ‚Natürlichen Theologie' besteht darin, Gott aus der Welt zu erkennen"[24], was insofern von Problemen belastet ist, als sie die Fähigkeit menschlicher Vernunft voraussetzt, Gottes Wirk-

---

19 Die Entstehung der Vorstellung des ‚Buches der Natur' wird im hellenistischen Judentum vermutet: Nach *Bayer* (Schöpfung als Anrede, 10 Anm. 4) integriert *Philo* von Alexandrien dabei mit Hilfe des stoischen Logosbegriffs auch Ps 19 in sein Denken, wenn er schreibt: „Dass die Welt mit dem Gesetz als auch das Gesetz mit der Welt im Einklang steht" (Op III,28; vgl. zu *Philos* Konzept auch *Collins*, Natural Theology, 13ff und passim). So hat *Philo* nach *Koester* auch den entscheidenden Beitrag für die Entwicklung und Ausgestaltung des Begriffs des ‚Naturgesetzes', νόμος φύσεως, geleistet. Es markiert bei ihm durch das Verständnis von φύσις als vom Schöpfer gebotene Ordnung – anders als vor ihm in der griechischen Philosophie – den Gegensatz zu menschlicher Gesetzgebung (*ders.*, NOMOS PHYSEOS, 530ff, v.a. 540; auch Röm 2,14.2,27 spiegelt diese Vorstellung wider). Dieses Konzept widersetzt sich jedoch dem neuzeitlichen Verständnis des Naturgesetzes, das aus einem modernen Naturbegriff anstelle des Schöpfungsgedankens abgeleitet wird. Dies Konzept nämlich bindet den Begriff ‚Naturgesetz' im Gegensatz dazu an die Tora des gnädigen und barmherzigen Schöpfers.
20 Vgl. hierzu v.a. *Barr*: „In the tradition of natural theology, this beautiful poem was always considered to be one of the basic evidences in favour of that approach" (Law, 14; vgl. *Mathys*, Dichter, 300). Besonders *Weiser* spricht im Zusammenhang mit Ps 19 von einer ‚Offenbarung Gottes in der Natur': „Die gesamte Natur ... ist ... Vermittler seiner Offenbarung" (ATD 14, 133). Diese (durchaus häufig anzutreffende) Ausweitung auf die gesamte Natur ist aber an sich äußerst unpräzise. Zudem ist bei der israelitischen Sicht der Schöpfung bereits der Begriff der ‚Natur' fehl am Platze, vgl. hierzu auch *von Rad*, Theologie I, 439.
21 *Von Rad*, Weisheit 189.
22 Der Sache nach ist das Theologumenon wohl erst im ersten vorchristlichen Jahrhundert wirklich nachweisbar. Den Begriff hat Augustin in die christliche Theologie eingeführt, s. hierzu *Collins*, Natural Theology, 2ff.
23 Es müsste vielfach genauer in den Blick genommen werden, ob lediglich Aussagen über die schöpfungsinhärente Weisheit bzw. das Zeugnis der Schöpfung zur Ehre des Schöpfers getroffen werden, oder ob tatsächlich von der ‚Erkennbarkeit JHWHs in den Werken der Schöpfung' die Rede ist, vgl. dazu etwa die berechtigte Kritik *Collins*' an *Barr* (Natural Theology, 2) sowie im Folgenden.
24 *Petit*, Theologie der Natur, 4, vgl. *Link*, Natürliche Theologie, 631f.

lichkeit erfassen zu können,[25] und insofern unausgesprochen eine bestimmte Gottesvorstellung zugrunde legt, die nämlich an der Natur aufgezeigt werden kann.[26] Problematisch ist sie auch, sofern ‚Natur' selbst darin nicht als solche, sondern als Übergangsstelle zur Gotteserkenntnis in den Blick kommt.[27] Abgesehen von den theologischen und anthropologischen Gründen, aus denen vor allem die protestantische Theologie ihr meist mit deutlicher Distanz begegnete,[28] kann die unhintergehbare kulturelle bzw. weltanschauliche Geprägtheit bzw. Subjektivität der Naturwahrnehmung schwer geleugnet werden:[29] Natur kann nicht ‚vorurteilsfrei' wahrgenommen werden; vielmehr kommen unter kulturell etc. geprägten Bedingungen faktisch immer implizite Kriterien in der Wahrnehmung der ‚Natur' zur Anwendung, die ihre Beobachtung vorstrukturieren.[30]

Fragt man also ohne die naive Annahme voraussetzungsloser Naturerkenntnis nach der ‚Wahrnehmung der Natur' in Ps 19, kommt ihre Vorprägung durch das altorientalische, stets religiöse Weltbild und den ebenso überall vorhandenen Schöpfungsglauben in den Blick.[31] Damit kann ihre Wahrnehmung auch nicht von der Vorstellung von JHWH als königlichem Schöpfergott und als Garant der gerechten Weltordnung gelöst werden.

Dies ist in Ps 19 im Textverlauf bereits deutlich, noch bevor die sachliche Mitte des Psalms, nämlich die schöpfergegebene Rechtsordnung, die Tora, deutlich wird. Mit ihr zeigt sich dann spätestens, dass der Psalm es von vorneherein auf die innere Verknüpfung von Schöpfung und Tora angelegt hat. Dass der Himmel die Herrlichkeit Gottes verkünde, ist eben von der kosmischen Ordnung als Korrelat der Rechtsordnung der Tora gesagt.

---

25 Vgl. dazu *Link*: „Da aber solche Evidenz nur im Blick auf eine sinnliche oder geistliche Anschauung ausgesagt werden kann, zielt das Attribut ‚natürlich' zugleich auch auf die Fähigkeit menschlicher Erkenntnis und verbindet sich mit der These eines rational einsichtigen, ‚angeborenen Wissens' von Gott" (Natürliche Theologie, 631).
26 Vgl. *Petit*, ebd.
27 Vgl. *Petit*, aaO 4f.
28 Vgl. für einen Überblick *Link*, Natürliche Theologie, 631. V.a. im Anschluss an Röm 1,18-3,20, wonach die unbestrittene Erkennbarkeit Gottes aus seinen Werken (faktisch und prinzipiell) anstatt zur befreienden Erkenntnis und Verherrlichung des wahren Gottes nur zu Verstrickung, Sünde und Gericht führt, werden v.a. anthropologische und hamartiologische Bedenken gegen eine natürliche Theologie ins Feld geführt, etwa *Luther*s „Non potest homo naturaliter velle deum esse deum, immo vellet se esse deum et deum non esse." (WA I, 225).
29 Vgl. dazu *Schoberth*, Natur, 628ff.
30 Das ist zugleich die viel versprechende Basis für das Gespräch mit den Naturwissenschaften, auch im Hinblick auf eine Theologie der Natur (vgl. *Link*, Natürliche Theologie, 633f), die deren Eigenwert neue Beachtung schenkt (vgl. *Petit*, Theologie der Natur, 3ff), die sich zugleich aber der Problematik des Naturbegriffs als eines „Interpretament[es] der Schöpfung" (*Schoberth*, Natur, 630) bewusst bleibt.
31 Der Sonnenlauf etwa wird für Psalmist und Erstrezipient/inn/en immer schon mit seinem vorgeprägten Symbolgehalt wahrgenommen und dargestellt. Er ist damit immer schon auf die von ihm repräsentierte gerechte Weltordnung bezogen.

A) Zusammenfassung und Kontextualisierung

Was aber sagt Ps 19,2-7 wirklich zur Erkennbarkeit JHWHs aus seinen Werken? Trotz der unleugbaren Universalität der metaphorisch als doxologische Lehrrede beschriebenen schöpfungsinhärenten Ordnung ist festzustellen, dass sich die einzige Aussage des Textes zu ihrer menschlichen *Wahrnehmung* in V.4b findet.[32] Barrs Präzisierung, dass es sich in V.4b nur um ein akustisches Ungehörtbleiben handele – „The question of intelligibility is another one"[33] – ist dabei zwar zuzustimmen. Tatsächlich aber gibt der Psalm an keiner Stelle explizit eine positive Antwort darauf, ob Menschen die universale, weisheitliche Doxologie des Himmels vernehmen oder verstehen.[34]

In textpragmatischer Hinsicht allerdings stellt sich das wieder anders dar: Denn der Psalmist weiß offenbar um den ständigen Lobpreis der Schöpfung,[35] und er teilt den Psalmrezipient/inn/en von diesem Wissen mit. Hierbei greift er auf die Traditionen Israels zurück: „It is to be noted, ... that the utterance of the psalm is on the lips of Israel. Without Israels's awed doxology, the testimony of nature is not direct or explicit ..."[36]. Wir befinden uns hier also auf dem Boden des ‚gläubigen Weltverständnisses Israels'.[37] Ein Wirklichkeitverständnis, dem der Schöpfungsglaube als Voraussetzung fehlt, wie es in der Neuzeit wohl eher die Regel ist,[38] war für den Psalmisten nicht vorstellbar.[39] Damit ist zwar eine grundlegende hermeneutische Schwierigkeit benannt, denn die Differenzen des israelitischen zu einem heutigen, auch einem gläubigen Wirklichkeitsverständnis sind ja nicht von der Hand zu weisen.[40] Sie sind jedoch, sofern sie auf der Grundlage des Glaubens an den gleichen Gott als den Schöpfer stehen, durchaus anschlussfähig füreinander.

---

32 Die in älteren Übersetzungen häufige Variante der positiven Übersetzung: ‚Es gibt keine Rede und keine Worte, in denen ihre Stimme ungehört bleibt' (vgl. auch *Calvin* Inst. I 5,1, s. *Weber* [Hg.], Institutio, 10), wirkt u.a. auch bei *Barr* fort (Biblical faith, 87); philologisch ist sie jedoch nicht möglich, vgl. oben I. B) 1.
33 Speech of the Heavens, 17; vgl. *Oeming*, Verbindungslinien, 250 Anm. 9.
34 Das heißt aber auch, dass *Kraus'* Interpretation: „Der Kosmos feiert Gottes *kbwd*, aber er lehrt nicht seinen Willen" (BK XV/1, 307) eine falsche Alternative aufstellt.
35 Vgl. bereits *Gunkel*: „Der Dichter aber weiß, was die Himmel singen" (HK II/2, 75).
36 *Brueggemann*, Theology, 529 Anm. 4, in Auseinandersetzung mit *Barr*, ebd.
37 In dem Sinne versteht auch *von Rad* die ‚Sprache der Ordnung der Welt' in der ‚Theologie'; vgl. Theologie I, 440f. Vgl. auch *Link*: „daß der Jahweglaube an der Ausbildung auch des hebräischen Weltverständnisses prägend mitbeteiligt war, ... liegt von vorne herein nahe" (Gleichnis, 275).
38 Vgl. hierzu etwa *Petit*, aaO 3-5.
39 Deshalb kreisen die Anfänge der natürlichen Theologie in Sap 13,1-14,11 (vgl. Röm 1,18ff) auch mehr um den Monotheismus und die Anikonizität der Verehrung des Einen.
40 S. zu den hermeneutischen Problemen der Differenzen des israelitischen Weltverständnisses zum unsrigen u.a. *von Rad*, Glaube, 255.

Wie nun können Rezipient/inn/en in die Textwelt des Psalms gelangen – wodurch vermag er Rezipient/inn/en in sein ‚gläubiges Weltverständnis' hineinzunehmen? Einen erheblichen Beitrag hierzu leistet seine metaphorische Sprache. Mit ihr zeigt er vom ersten Moment an, dass er keine Mitteilung beabsichtigt, deren Rationalität mit derjenigen menschlicher Alltagserfahrungen schlicht kommensurabel wäre. Eine Beschreibung der Welt oder der ‚Natur' ‚an sich', die in einen begrifflichen Diskurs überführbar wäre, strebt der Text mit seinem Metapherngeflecht gar nicht an. Dass der Himmel nicht im ‚wörtlichen' Sinne Gottes Werke verkündet, dass die Tage und Nächte nicht im ‚wörtlichen' Sinn reden, heißt jedoch in keiner Weise, dass ihre Lobrede nicht als eine – wenn auch hintergründige – Form von Realität ausgesagt wäre.[41] Die Wahrheitsfähigkeit des Gemeinten wird durch die metaphorische Redeform keineswegs reduziert. Sie bildet lediglich keine alltägliche Wirklichkeit ab, sondern erweitert um der Aussage außerordentlicher Wirklichkeit willen mit der semantischen Innovation der Metapher die Sprache und damit den Horizont dessen, was als Wirklichkeit bekannt zu sein schien.[42]

Die metaphorischen Personifikationen des Himmels und der Tage und Nächte[43] versprachlichen also einerseits die schöpfungsinhärente Weisheit, ohne deren Geheimnischarakter zu zerstören, und entziehen sie damit dem Zugriff beherrschender Vernunft.[44] Damit legen sie eine ästhetische Relation zur Schöpfung, eine „Aufmerksamkeit auf die Ökonomie Gottes"[45] nahe.[46] Hiermit gewinnt also eine Theologie der Schöp-

---

41 Vgl. anders die falsche Alternative bei *Donner*: „Der Psalmist ist nicht ernstlich der Ansicht, der Himmel ‚erzähle' ... er kleidet vielmehr die religiöse Erfahrung ... in das Gewand der Metonymie" (Ugaritismen, 328; vgl. ähnlich *Kraus*, BK XV/1, 301).

42 Vgl. dazu *Ricœur*: „Wie es die Verknüpfung von Fiktion und Neubeschreibung vermuten läßt, entfaltet auch das dichterische Gefühl eine Wirklichkeitserfahrung, in der Erfinden und Auffinden nicht mehr im Gegensatz zueinander stehen, und worin Schaffen und Aufzeigen zusammenfallen" (Metapher, 229). Vgl. zu *Ricœur*s Metapherntheorie auch oben V. B) 2.

43 Es sei hier auch an die Besonderheiten der metaphorischen Sprache auf dem Hintergrund des altorientalischen Weltbildes erinnert, die u.a. in der Transparenz auf die mythologische ‚Sphäre' besteht, vgl. oben V. B) 2. c).

44 Den Charakter der Unverfügbarkeit, ja der Widerfahrnis der Schöpfungserkenntnis in der Weisheit, und ihr kritisches Potential gegenüber dem neuzeitlichen Cartesianismus hebt *Link* (Schöpfung 2, 373ff) wiederholt als die zentrale Pointe ihrer Gegenwartsrelevanz hervor. Doch schon unter vor-neuzeitlichen Bedingungen redete Luther – wohl wissend um den Verlust der ‚ersten Naivität' – erst im Modus der vom auferstandenen Gekreuzigten aufgetanen ‚zweiten Naivität' von einem menschlichen Vernehmen der Anrede Gottes durch die Welt, vgl. hierzu *Bayer*, aaO 76-78.

45 *Schoberth*, Geschöpflichkeit, 262, vgl. dazu auch 256ff.

46 *Schoberth* hebt in seinem Entwurf einer theologischen Ästhetik mehrfach hervor, wie der Versuch *unmittelbarer* Präsentation des Unabbildbaren – der Qualität der Welt als Schöpfung und die Wahrnehmung ihrer Schönheit – misslingen muss.

A) Zusammenfassung und Kontextualisierung 333

fung an Sprachfähigkeit, die nun doch eine „Selbstverständlichkeit Gottes" und der Geschöpflichkeit der Natur[47] auszusagen versucht.[48] Das Metaphernnetz dieses Psalms bringt andererseits das Königtum Gottes als gegenwärtige Größe zur Sprache – und mit ihr zu den Rezipient/inn/en. Im Idealfall vermögen es seine ‚semantischen Innovationen', sie in eine doxologische Erfahrung der Wirklichkeit hineinzunehmen: Mit dem Betreten der Textwelt von Ps 19 stehen Rezipient/inn/en dann in einem kosmischen Gottesdienst.

3. Die Funktion der Mythisierung

Der himmlische Lobpreis und die plastische Darstellung des Sonnenlaufs, insbesondere deren mythisierende Redeweise sei in spätnachexilischer, vom JHWH-Monotheismus geprägter Zeit gar nicht vorstellbar oder allenfalls durch die Spuren einer weit zurückliegenden Depotenzierung einer Sonnengottheit erklärbar – so in etwa lautet in der Auslegung häufig eine der impliziten Voraussetzungen der Situierung von V.2-7. Nun hat sich gerade auch dieser Abschnitt als spätnachexilisch, ja als mit dem Torahymnus gleichzeitig verfasst gezeigt, in einer Zeit also, in der dem JHWH-Monotheismus in Israel bereits eine in religionssoziologischer Hinsicht recht breite Selbstverständlichkeit zugeschrieben werden kann.[49] Dennoch hat das Phänomen mythologischer Motive und Vorstellungen gerade in zeitlicher Nähe zu unserem Text eine ganze Reihe von Parallelen.[50] Wie kommt es zu diesem Aufleben mythologischer Redeformen[51] und – wenn man ihr Vorhandensein nicht allein dem Zufall oder der vermeintlichen Inkonsequenz eines (ebenso

---

Vielmehr gilt: „Ästhetische Repräsentation von Natur ist einzig da nicht trügerisch, wo sie emblematisch ist, weil dort das Abwesende als Abwesendes gegenwärtig ist" (Geschöpflichkeit, 256). Im enigmatischen Charakter der Darstellung von Ps 19 ist diese Gefahr aufgehoben.
47 *Link*, Natürliche Theologie, 634.
48 *Bayer*, Schöpfung als Anrede, 16, im Anschluss an *Hamann*. Nach *Hamann* führt erst die Heilung des Subjekts zu der neuen Wahrnehmung und zu der neuen Erschlossenheit der Welt, in der die Natur als Schöpfung gesehen werden kann (aaO 11ff; vgl. ebd. auch zur Rezeption von Ps 19 bei *Hamann)*.
49 S. hierzu die wohl konsensfähige Feststellung bei *Stolz*: „Von nun an [sc.: in nachexilischer Zeit] ist der Monotheismus *in den Kreisen, die prägend bleiben* für die kommende israelitische Religionsgeschichte, etabliert" (Monotheismus, 184, Hvbg. von mir).
50 Vgl. etwa im Hiobbuch Hi 3,8; 15,7f; 26,12f; ferner in den Elihureden Hi 37,2-4 sowie in den Gottesreden, v.a. in Hi 38,5-7.12-15.33.
51 Vgl. hierzu *Herrmann*: „So manches mythologische Gut kam jedoch zu vorgerückter Stunde erst im Glauben an Jahwe zur Geltung, als sich in der babylonischen Zeit mit dem Bekenntnis zu ihm neue Dimensionen erschlossen" (Mythos, 119). Auch *Ohler* attestiert der Spätzeit eine verminderte Scheu im Gebrauch mythologischer Motive (Mythologische Elemente, 217fff; ebenso *Petersen*, Mythos, 266ff; *Niehr*, Der höchste Gott, 206ff).

vermeintlichen) rationalistischen Ikonoklasmus der spätalttestamentlichen Zeit anheimgestellt sein lassen will[52] – welche Funktion müssen sie erfüllt haben? Wie wird ihre offenbar ungebrochene Plausibilität und ihr häufiges, ja teilweise noch anwachsendes Vorkommen hinreichend erklärbar?

Die vermeintliche Funktionsproblematik mythologischer Redeformen in Israels Spätzeit hängt mit dem zugrundeliegenden Verständnis des Monotheismus und des mythischen Denkens selbst zusammen.[53] Mythisches Denken wird zu Recht als personal-konstellativ, und damit zugleich gerne auch als vorrangig polytheistisch bestimmt. Sieht man allerdings andere Merkmale als für diese Anschauungsform konstitutiv an, wie etwa die symbolische Strukturierung des Kosmos, der transparent ist auf die ‚Sphäre der Gottheit'[54], die Verschmelzung von Ideellem und Materiellem[55], eine dramatische Auffassung regelhafter Abläufe und ihre Darstellung in Form von Konstellationen,[56] sowie die Unterscheidung von heilig und profan in den Kategorien Raum und Zeit,[57] so stellt sich die Problematik bereits ganz anders dar.

Ähnliches gilt, wenn man das implizite oder explizite Verständnis des JHWH-Monotheismus betrachtet. Meist wird mit einem Monotheismus-Verständnis eines „fernen und transzendent konzipierten Gottes"[58] operiert. Nach Assmann etwa ging deshalb die Entstehung des Monotheismus mit einem Verlust von Konstellationspartnern Gottes einher, während zugleich die Anikonizität zu einem Verlust an Welt, und in der Sprache an Plastizität geführt habe.[59] Die von Assmann formulierte Gleichung von einem Gott, „der allen kosmischen Identifikationen den Boden entzieht", mit einem, „der auf *nichts außerhalb seiner* verweist"[60], ist jedoch weder sachlich schlüssig, noch trifft sie auf die meisten Texte des nachexilischen JHWH-Monotheismus überhaupt zu. Wenn es einen theoretischen – das heißt auch einen begrifflich

---

52 Zum – vermeintlichen – Gegensatz von Monotheismus und mythologischen Denk- und Ausdrucksformen s. *Hübner*, Wahrheit des Mythos, 343; *Mowinckel*, Mythos, 1274; *Niehr*, aaO 206ff; *Stolz*, Einführung, 10.
53 Vgl. zu den Schwierigkeiten einer Definition des Mythos s. *Stolz*, Einführung, 7ff
54 Vgl. zur Begrifflichkeit, *Hartenstein*, Unzugänglichkeit, 14f.
55 *Hübner*, Mythos, 95ff.
56 Eine narrative Darstellung ist dabei nicht konstitutiv für das Mythische; das hat *Assmann* für Ägypten u.a. anhand des nicht in Geschichten, aber dennoch mythisch, nämlich in Form von ‚ikonischen' Handlungskonstellationen dargestellten Sonnenlaufs dargelegt, vgl. ders., Re und Amun, 54ff. Ähnliches kann auch für atl. Texte, insbesondere für Ps 19,2-7 festgestellt werden, vgl. hierzu auch im Folgenden.
57 Vgl. *Assmann*, aaO 133ff.
58 *Niehr*, Der höchste Gott, 206.
59 *Assmann*, Fünf Stufen, 32ff; vgl. ders., Monotheismus, 10ff.46. Ein für *Assmann* selbst hinderliches Vorgehen ist, dass er – trotz häufiger anderslautender Beteuerungen – das Werden des israelitischen Monotheismus weitgehend von der Amarnazeit her betrachtet und die Ikonoklasmus-Problematik in seiner Monotheismus-Konstruktion einen sehr hohen Stellenwert einnimmt; vgl. u.a. ders., Politische Theologie, 247ff, vgl. auch seine Beurteilung dieses ‚Ikonoklasmus' als ‚phobisch' (aaO 259). Zudem bleibt bei ihm die neuere Diskussion um den historischen Umfang der ‚josianischen Reform' leider weitgehend unberücksichtigt.
60 Monotheismus, 13 (Hvbg. von mir). Vgl. dagegen z.B. *Assmann*s eigene Beobachtungen zu Israel als JHWHs unabdingbarem Konstellationspartner (Re und Amun, 60).

A) Zusammenfassung und Kontextualisierung

entwickelten, ‚philosophischen' Monotheismus – im biblischen Israel je gegeben hätte, wären die beschriebenen Probleme der ‚Einsamkeit Gottes' sowie der Unanschaulichkeit und mythologielosen Darstellung tatsächlich gegeben.[61] Dieses Gotteskonzept lässt sich jedoch in den alttestamentlichen Texten wohl kaum nachweisen.

Tatsächlich wurde in Israel – wie Assmann selbst bemerkt[62] – in deutlich höherem Maß der individuelle Beter und auch Israel selbst zu JHWHs ‚Konstellationspartnern'. Doch haben sie bei weitem nicht die „ganze Last des Konstellationspartners"[63] zu tragen gehabt. Zwar stellt sich das Problem des grundlegenden Unterschieds zwischen Gott und Welt sehr viel deutlicher als etwa in polytheistischen Schöpfungstheologien,[64] doch war die symbolbeladene Wirklichkeit ja weiterhin (im Sinne einer ‚Doppelstruktur'[65]) durchsichtig auf die ‚Sphäre der Gottheit', die mit dem Aufkommen des Monotheismus nicht schlicht ‚entleert' wurde. Vielmehr führte das Denken in symbolischen Doppel-Strukturen mit seiner eigentümlichen ‚Verschmelzung von Ideellem und Materiellem'[66] mit einer gewissen Folgerichtigkeit auch im Monotheismus zu den von Krüger beschriebenen kosmotheistischen Konzepten, in denen JHWH in der – symbolisch mit dem ‚natürlichen' Kosmos verschmolzenen – Sphäre der Gottheit, das heißt in einer ‚immanenten Transzendenz'[67] lokalisiert werden konnte.[68]
Ferner bestand – da eine begrifflich-philosophische Explikation weder zur Debatte stand noch funktional gewesen wäre – eine gewisse Notwendigkeit, den seinem Ursprung nach politischen monotheistischen Anspruch[69] gerade in kosmologischer Hinsicht und in mythologischen

---

61 Zur problematischen Voraussetzung einer mythologielosen Zeit in Israel s. *Niehr*, Der höchste Gott, 203f. Der ‚Widerstreit zwischen Mythos und Logos' hat ja vielmehr in der griechischen Philosophie seine Ursprung, vgl. hierzu u.a. *Hübner*, Mythos, 50f.
62 Vgl. *ders.*, ÄHG, 7.29f.
63 *Assmann*, Re und Amun, 60.
64 S. zur Problematik der „Bildung eines monotheistischen Symbolsystems" und den verschiedenen nachexilischen Konzeptionen der Darstellung des jenseitigen Gottes grundlegend *Stolz*, Monotheismus, 187ff.202f.
65 S. zur Doppelbedeutung symbolbeladener Wirklichkeit im mythischen Denken *Hartenstein*, Unzugänglichkeit, 16.
66 S.o. zu dieser Charakterisierung des Mythologischen durch *Hübner*, ebd.
67 Danach wohnt JHWH im Himmel, ordnet von dort die Welt und steht dem Kosmos zugleich gegenüber (Kosmo-theologie, 60ff).
68 In Rechnung zu ziehen ist sicherlich auch der von *Niehr* zu Recht hervorgehobene ‚literarische Paganismus' einer gebildeten Oberschicht mit literarischen Interessen am Bildungsgut syrisch-kanaanäischer Kultur (Der höchste Gott, 210ff). Die Bedeutung der Wirklichkeitsauffassung des nachexilischen Israel, in der u.E. die nachexilische Mythisierung ebenfalls verankert ist, ist hierfür demgegenüber jedoch nicht zu vernachlässigen.
69 Vgl. richtig *Assmann*, Politische Theologie, 50ff.245ff u.ö.; *ders.*, Monotheismus, passim.

Darstellungsformen zu plausibilisieren.[70] Denn sollten die Kompetenzen und Bereiche anderer quasi-diviner Wesen dem Einen unterstellt werden und bleiben, so musste ja in mythologischer Sprache von der in uranfänglicher Zeit geschehenen Übernahme jener Bereiche durch JHWH erzählt werden.[71] Der vielfältig symbolisch strukturierte Kosmos war also für weitere Symbolisierungen nach der ‚Logik'[72] mythischen Denkens offen, nur waren es nunmehr andere Inhalte, die dargestellt, andere Vorstellungen, mit denen der ‚Hintergrund' der wahrnehmbaren Welt adäquat anzufüllen war. Eine von ihnen ist die in späterer Zeit so verbreitete und auch in Ps 19,2ff ausgestaltete Vorstellung vom himmlischen Lobpreis, in der ein gewisses Sonderrecht quasi-diviner Wesenheiten gerade erhalten blieb. So konnte der Polytheismus der Umwelt erklärt und eingeordnet, und der unvergleichlich Eine zugleich weder als unrepräsentierbar noch als einsam[73], sondern vielmehr in der Fülle seiner Herrlichkeit dargestellt werden.[74] Auf diesem Wege wird auch die für die Spätzeit so charakteristische Bedeutung des Himmels und der ihm zugehörigen Wesenheiten im Ganzen verständlich.[75] Denn solange es Polytheismus in der ‚Umwelt' oder vielmehr Mitwelt gab, so lange die Teilsiege anderer Wirklichkeiten und vor allem die Herrschaftsansprüche anderer Gottheiten vor Augen standen, bot sich die Darstellung von Wesen der ‚himmlischen Sphäre' wie der Sonne an, um die Einzigkeit und umfassende Herrschaft des Einen über alle Bereiche der Wirklichkeit auf dramatische bzw. narrative oder, wie in Ps 19, doxologische Weise zu plausibilisieren.

Gerade auch die zunehmende Bedeutung der Sonne bzw. von Sonnengottheiten im ohnehin zu Synkretismen neigenden Hellenismus[76] galt es, mit einem Text wie Ps 19 abzufangen und in Israels Wirklichkeitsverständnis zu integrieren. Das geschah, und das ist bemerkenswert, nicht in der abgrenzend-negativen Verarbeitungsform der Depotenzierung, sondern im positiven Sinne einer Aufwertung der Sonne *ad maio-*

---

70 Die Möglichkeiten der mythologischen Sprachform als eines in der Antike universal verständlichen Mediums betont auch *Petersen*, Mythos, 267.
71 Vgl. *Niehr*, Der höchste Gott, 206ff.
72 Zur Rationalität mythischen Denkens vgl. wiederum v.a. *Hübner*, Mythos, passim.
73 Die Einsamkeit des einzigen Gottes als Aspekt der Amarna-Religion und der voraufgehenden ‚neuen Sonnentheologie' (s. *Assmann*, Re und Amun, 98-101) besagt für die Religionsgeschichte Israels wenig.
74 Vgl. hierzu *Herrmann*: „Die Hoheit Jahwes und seine Schöpfertätigkeit, auch sein das menschliche Begreifen übersteigendes Vermögen ließen sich augenscheinlich im Urteil der Juden am eindrücklichsten in einem ... dem Mythos entlehnten Bilde darstellen" (aaO 121).
75 Vgl. zum Zusammenhang von Ausprägung des Monotheismus und der Macht JHWHs über die himmlischen Wesenheiten *Albani*, Der eine Gott, passim, v.a. 256-261.
76 Vgl. hierzu u.a. *Fauth*, Helios, passim.

rem gloriam Dei.[77] Zudem wurden durch diese in dieser Form im Alten Testament einzigartige Darstellung des Sonnenlaufs die – gerade auch in der Spätzeit noch sehr weit gehenden – solare Metaphorik in der Gottesrede (vgl. Jes 60,1-3.19f; Mal 3,22)[78] verarbeitet, jedoch hier, in einem nicht-eschatologischen Text, auf andere Weise: Sie wurden von JHWH selbst weg und wieder in den wahrnehmbaren und zugleich symbolisch bedeutsamen Kosmos verlagert. Dass JHWH als Schöpfer eine gerechte Weltordnung etabliert, wird hier in mythologischer Darstellungsform so ‚erklärt‘, dass er die Sonne als quasi-personales Geschöpf nahe dem eigenen himmlischen Bereich installiert. Insofern aber bleibt der Einzige Gott ein Handelnder, der zu Wesen der göttlichen Sphäre in spezifischen Konstellationen steht, durch die wiederum die Schöpfung tagtäglich wahrnehmbar strukturiert ist: Die mythologische und plastische Darstellung des Sonnenlaufs wird zu einer Repräsentationsform des einen Schöpfers.

Weder der mythologisch-symbolische Hintergrund der Welt, noch die Welt als Schöpfung JHWHs verlieren also an Gewicht. Sie bekommen jedoch eine *andere* Funktion und eine *andere* Bedeutung. Der in manchen Texten und Traditionen sogar wachsende Stellenwert der Wahrnehmung der Welt, etwa in späten weisheitlichen Psalmen wie Ps 104 und auch Ps 19, erklärt sich also durch ihre anschauliche Plausibilisierung der Schöpfertätigkeit des Einen Gottes, auf den die Schöpfung in ihrer strukturierten Komplexität verweist. Die weisheitliche Weltbetrachtung, die Auffassung der Welt als – wenn man so will – *theatrum Dei gloriae*, lässt auch im Monotheismus keinerlei ‚Weltverlust‘ aufkommen.

Diesem Phänomen der Mythisierung stellt sich nicht selten das der Archaisierung[79] an die Seite. Auch für Ps 19 ist das festzustellen: Innerhalb der mythischen Darstellung treten archaisierende Elemente hinzu, wie vor allem die Vorstellung vom ‚Zeltbau‘ für die Sonne, bei deren Ausgestaltung auch ein gewisser ästhetisch-kreativer, ‚mythopoeti-

---

77 Zum religionsgeschichtlichen Vorgang, dass nicht Entdivinisierung anderer Gottheiten, sondern ihre Aufwertung als Wesen des ‚himmlischen Thronrates‘ JHWHs Größe vermehrte, s. auch *Niehr*, Der höchste Gott, 217ff. Zum Rang der Sonne in der Schöpfung des Einen Gottes vgl. auch *von Stuckrad*, nach dem die Sonne in nachexilischer Zeit zugleich als „von JHWH geschaffen und inthronisiert" angesehen wurde; Frömmigkeit, 104.
78 Insofern ist *Taylor* recht zu geben, wenn er urteilt: „This phenomenon of the sun receiving praise ... can be understood easily by judging that the sun ... must be functioning here in continuity with God, as a kind or symbol of the power and the presence of God. In short, to speak proudly of the sun is to speak in praise of God" (Sun, 223; vgl. auch aaO 258f). Allerdings steht doch deutlich in Frage, ob *Taylor* die mit dem Monotheismus nachexilischer Prägung gegebenen Veränderungen der Auffassung des Zusammenhangs von Sonne und JHWH genügend zur Kenntnis nimmt, wenn er den Verfasser von Ps 19 als „a devout Yahwist who had a solar understanding of Yahweh" ansieht (aaO 225).
79 Vgl. *Herrmann*, aaO 126.

scher' Einschlag nicht zu übersehen ist.[80] Vorgängige, in anfänglicher Zeit geschehene Gründungsakte Gottes werden in ein urtümliches Gewand gekleidet, das den Eindruck der Herkunft aus nomadischer Religiosität erwecken soll. Auch das vorgeblich hohe Alter[81] dieser Vorstellungen dient – mit einer gewissen Aussicht auf Erfolg, bedenkt man die gerade in hellenistischer Zeit zunehmende Tendenz, die eigene Überlieferung als die allen anderen Kulturen und Religionen gegenüber älteste darzustellen – wiederum der Plausibilisierung der eigenen Konzeption, um anderen, polytheistischen Wirklichkeitskonzepten standzuhalten.

4. Die Stellung des Psalms im Kanonisierungsprozess und in der Sapientalisierung der Tora

Ps 19 hat ein sehr umfassendes Verständnis von Tora. Er ist dabei, wie wir gesehen haben, nicht als Repräsentant oder Nachfolger allein dtr. Traditionen anzusehen, sondern gehört einer weit späteren Phase zu, in der in einer ‚Mischsprache' auf verschiedene bereits verschriftete Traditionsströme (dtr., priesterliche u.a.) Bezug genommen und diese in einer genuin weisheitlichen Perspektive zusammengeführt werden.[82] Dabei wurden solare, tempeltheologische und weisheitliche Prädikate auf die Tora angewendet, und sie wurde als Zugang zur Weisheit aufgefasst. Die weisheitliche Rezeption der protokanonischen Gebotsüberlieferung entdeckt in ihr eine Mittlerin von Leben und Weisheit, ja von JHWHs Gerechtigkeit selbst. Dabei konnte für dieses weisheitliche Tora-Konzept der Mittlerschaft von heilvollem irdischen Leben in der Gegenwart JHWHs festgestellt werden, dass die oft für das Verständnis der Tora angewandten Kategorien von ‚Indikativ und Imperativ' dies Konzept nur ungenügend erfassen. Der heilvolle Zusammenhang von JHWHs Wirken an Israel in der Gabe der Tora, von menschlichem Ernstnehmen dieser Tora und der Stabilisierung von Gerechtigkeit und Heil zwischen Menschen und JHWH ist vielmehr als ein dynamischer Kreislauf zu beschreiben. Er geht von JHWHs Gabe von Gerechtigkeit und der Tora an Israel aus, durch deren Beachtung im menschlichen Bereich eine heilvolle Sozialität hergestellt wird, in der wiederum das Wahren der Gebote als gute Tatfolgen zu den toragemäß Lebenden zurückkehrt und andernfalls von JHWH selbst garantiert wird.
Mit diesem Konzept konnte die Tora neben und sogar an die Stelle anderer Vermittlungsformen heilvollen Lebens treten. Die universale Dimension des Torakonzeptes des Psalms zieht es aber keineswegs nach

---

80 S. hierzu auch *Niehr*, Der höchste Gott, 219; *Ohler*, Mythologische Elemente, 217f.
81 S. dazu oben V. C) 2.
82 Auch nach *Meinhold* deutet die Zusammenstellung „von singularischen und pluralischen Austauschbegriffen für Tora" auf „ein spätes weisheitliches und umfassendes Verständnis von Tora hin" (Theologie, 125).

A) Zusammenfassung und Kontextualisierung

sich, dass Tora hier nicht zugleich auch äußerst spezifische Züge trüge. So ist sie trotz des weisheitlichen Denkrahmens keine ‚Weisung' im rein weisheitlichen Sinne[83] – sie gelangt durch die Integration der Gebotsüberlieferung hierüber weit hinaus und wird mit Hilfe einer Fülle von Synonymen vor allem als eine Gesamtheit von sehr konkreten Geboten und rechtlichen Bestimmungen JHWHs verstanden. So geht es hier auch weder um sein ‚Wort' in einem allgemeinen offenbarungstheologischen Sinn, noch um einen abstrakten Willen JHWHs, sondern um seinen immer schon in den überlieferten Geboten konkret gewordenen und aus ihnen stets aufs Neue in die Gegenwart sprechenden Rechtswillen.[84] Und so bezieht sich Tora in Ps 19 nicht vorrangig auf ihre schriftliche Form, auch wenn sie bei seiner Abfassung in dieser Gestalt vorlag.[85] Tora ist vielmehr die in und hinter ihrer verschrifteten Form zu meditierende, zu suchende, von JHWH selbst als Lehrer zu lernende und insofern auch zu verstehende Unterweisung für ein Leben in Gerechtigkeit und Lebensfülle.[86] Insofern vermittelt die Tora JHWHs Gerechtigkeit, die sich in heilvollen Rechtsurteilen manifestiert.

Dennoch bleibt die Frage, auf welche Textbereiche ‚Tora' für den Psalmisten bezogen ist.[87] Die große Nähe zum Toraverständnis von Ps 119, wo sich ‚Tora' wohl nicht allein auf den Pentateuch bezieht,[88]

---

83 Im Ganzen ist der Begriff der ‚Weisung' als Übersetzung von תּוֹרָה nicht unbedingt glücklich. Nicht zu Unrecht wird das immer häufiger angemerkt (vgl. *Soll*, Psalm 119, 45f; *Chapman*, Law, X-XII), auch insofern er oft aus einer Art Verteidigungshaltung und in Abgrenzung vom Begriff des ‚Gesetzes' heraus verwendet wird; diese jedoch macht problematische Konzessionen an die Rechtsfremdheit weiter Teile der (protestantischen) Theologie. Diese Haltung erklärt u.a. auch die harsche, doch überzogene Kritik von *Willi* (Lebensprinzip, 341ff) an *Crüsemann* (Tora, passim). Sowohl der verpflichtende als auch der rechtliche Charakter des Begriffs kommen damit allerdings zu kurz. Auf den Begriff ‚Gesetz' könnte allerdings nur dann zurückgegriffen werden, wenn er im Bereich der evangelischen Theologie im positiven Sinne eines Gerechtigkeit wahrenden, Leben schützenden Rechts wiedergewonnen wird. Dazu müsste man ihn vom hergebrachten dogmatischen Gebrauch im Zusammenhang der Unterscheidung von Gesetz und Evangelium zunächst einmal absetzen, ohne diese traditionelle, sachlich notwendige Unterscheidung in irgendeiner Form aufzugeben.
84 Dies Konzept als ‚mündliche Tora' zu bezeichnen (vgl. ähnlich *Willi*, Israels Lebensprinzip, 343), ist zunächst insofern problematisch, als mit der Verwendung dieser Begriffe die Gefahr des Anachronismus gegeben ist, da es sich hierbei ja um einen erst rabbinischen Systematisierungsversuch handelt, und als auch die ‚mündliche Tora' das Ergebnis von Traditionsprozessen bezeichnet. Mit der Betonung der Unmittelbarkeit der Erschließung des Willens JHWHs ist aber das Richtige intendiert.
85 So auch *van Zyl*, Psalm 19.
86 Dies Verständnis kann u.a. aus dem zu Ps 19 so nahen Ps 119 auch für unseren Psalm erschlossen werden (s. dazu *Exkurs 4*).
87 Zur allmählichen Ausweitung der mit ‚Tora' bezeichneten proto-kanonischen Literatur, angefangen mit dem Buch Dtn, s. *Chapman*, Words, 32f.
88 S. dazu oben Exkurs IV; vgl. ferner *Freedman* „In my opinion, the poem not only refers to the Tora understood as the five books of Moses, but to the whole

spricht dafür, dass auch das Toraverständnis von Ps 19 die gesamte, vor allem als Gebote aufgefasste Willensoffenbarung JHWHs an Israel umfasst, die von einem breiten Traditionsstrom[89] als auch von den Propheten proklamiert aufgefasst wurde.[90] Das umfassende Verständnis von תּוֹרַת יהוה (V.8a) wird durch die Gebots- und Rechtssatzbegriffe (V.8b-9.10b) allerdings deutlich profiliert. Anders als in Ps 119 fehlen hier zwar Begriffe für Verheißung oder prophetisch ergangene Gottesworte – jedoch sind auch hier, wie z.B. in V.11, Anklänge an prophetische Motive zu entdecken.[91]

Diese Tora-Konzeption kann nun auch Auskunft über das Zustandekommen der kanonischen Geltung der Tora geben, denn es ist davon auszugehen, dass Texte wie Ps 19 (sowie andere ‚Torapsalmen') das Denken der an den Kanonisierungsprozessen beteiligten Strömungen widerspiegeln. Und damit sind für die nachexilische Auffassung von der ‚protokanonischen ‚Tora' noch andere Aspekte und treibende Kräfte der Kanonbildung in Anschlag zu bringen, als die in der jüngsten Kanondiskussion meist genannten.

Wie auch immer man die Frage nach dem achämenidischen Einfluss auf die Entstehung der ‚Endgestalt' des Pentateuch beantwortet[92] – ob die Beauftragung des Esra nach Esr 7 als Wiederspiegelung einer historischen persischen Sanktionierung des Pentateuch als Lokalgesetz der Provinz Jehud gelten kann, und ob man die geschichtlichen Vorgänge mit dem Begriff der ‚Reichsautorisation' belegen sollte[93] oder eher nicht[94] – : Es ist unwahrscheinlich, dass diese neue Stufe der Kanonisie-

---

Hebrew Bible as then constituted, including Tora, Prophets, and Writings, a composite that also reflects an alphabetic norm for completeness" (Structure of Psalm 119, 741). Setzt man jedoch wie er eine protokanonische Sammlung auch der Ketubim voraus, gelangt man allerdings zu einer äußerst späten Ansetzung des Psalms.
89 Vgl. zu den Anzeichen für einen die ‚Nebiim' umfassenden Tora-Begriff u.a. in 1 / 2 Chr *Chapman*, Law, 228-231; für das gleiche Phänomen in Esra / Nehemia aaO 238f sowie in Dan aaO 239f.
90 Vgl. z.B. *Levenson*: „There is no evidence whatsoever for a period in which the Pentateuch (or any other parts of the Hebrew Bible) alone held the allegiance of all Jewish groups" (Sources, 571, s. aaO 560f.570f u.ö.), vgl. dazu auch *Chapman*, Law, 276-282. Dieses umfassende Verständnis von Tora über *den Pentateuch hinaus* ist unschwer bis in ntl. und rabbinische Zeit hinein und darüber hinaus nachzuweisen, vgl. *Sanders*, Canon, 838f.
91 In der Nachfolge von Ps 119 wird mit dem Motiv des Wortes JHWHs als Speise ja auf prophetisches Selbstverständnis (Jer 15,6 und Ez 2,8-3,3) Bezug genommen; s. hierzu oben V. D) 6.
92 Diese Frage ist bekanntlich Gegenstand lebhafter Diskussionen. Gegen die im Gefolge von *Frei / Koch* (Reichsidee, passim) von *Crüsemann* (Tora, 387ff); *Blum* (*ders.*, Studien, 345ff; Esra, 12f.28ff) und unter kanongeschichtlichen Vorzeichen von *Assmann* (Fünf Stufen, 22ff) vertretene Ansicht, dass die Komposition und Kanonisierung des Pentateuch im Zusammenhang mit seiner Autorisation durch die achämenidische Reichsverwaltung geschehen sei, votieren u.a. *Otto*, Deuteronomium, 262.266f; *Rütersworden*, Reichsautorisation, 60f; *Karrer*, Verfassung, 28.
93 So *Blum*, Esra, 29.
94 So *Willi*, Lebensprinzip, 346; *Kratz*, Translatio Imperii, 255.

A) Zusammenfassung und Kontextualisierung

rung von Pentateuch bzw. Tora in dieser Phase als reines ‚Produkt' der persischen Politik anzusehen wäre.[95] Es ist anzunehmen, dass weit mehr Umstände an einer letztendlichen Durchsetzung dieses Kanons beteiligt sind als lediglich eine (Reihe von) Kanonsetzunge(n) ‚von oben', was auch durch parallele Vorgänge bei literarischen Kanonbildungen unterstützt wird.[96] Eine Kanonsendung durch staatliche bzw. institutionelle Gruppen zeitigt meist gerade nicht den intendierten Effekt der Kanonsetzung, sondern kann sogar die Entstehung durchsetzungsfähiger Gegenkanones befördern.[97] Ohne Berücksichtigung auch der Macht der Kanon-Rezipient/inn/en, die das Ansehen eines Kanons konstituieren, ohne Beachtung der Frage nach der Vorstellung vom Kanonischen und den jeweils leitenden Motiven der kanonbildenden Kreise, und ohne Beantwortung der Frage nach textinhärenten Qualitäten, die dieses Ansehen begründen[98], greift eine Theorie auch der alttestamentlichen Kanonbildung zu kurz. Auch hierfür ist die Sicht der proto-kanonischen Überlieferung zu präzisieren, wie sie sich in den Texten der kanonbildenden Epoche spiegelt.

Die Tora gewann – so zeigt es die Binnenperspektive der sogenannten Torapsalmen – offenkundig zu einem nicht unerheblichen Anteil aufgrund der besonderen Beziehung *Einzelner* zu dieser Überlieferung ihre Plausibilität, ihren Rang und ihre kanonische Geltung, also offenbar nicht allein durch die Kanonsetzung einer oder mehrerer politisch einflussreicher Gruppen innerhalb des nachexilischen Juda oder durch die identitätstabilisierende Funktion der Überlieferung einer eigenen ‚Story', die ein kulturelles Gedächtnis auszubilden verhilft.[99] In Ps 19 (vor allem in V.8-11) etwa kann der Story-Charakter der protokanonischen Überlieferung und der Aspekt der Erinnerung an fundierende Geschichte völlig fehlen, wenn hier ein Einzelner von den ‚kanonischen' Geboten die Vermittlung der Gerechtigkeit JHWHs, *seines persönlichen Gottes*, erwartet.

Gerade am Fehlen jeglichen Story-Bezugs in Ps 19 stellt sich die Frage, ob das „Gesetz" allein durch die fundierende und normative geschichtliche Rahmung nunmehr „durch seine bloße Schriftlichkeit, sola scriptura, ein für alle Mal zeit- und geschichtsenthoben seine Autorität entfalten"[100] konnte. In den sogenannten Torapsalmen ist allein der Bezug auf den Geber der Tora autoritätsbegründend; ihre Weisheit und Leben spendenden Qualitäten sind es, wegen derer ihr kanonischer Rang nach Ansicht kanonbildender Kreise nicht mehr zu bestreiten ist. Die Abwesenheit eines Bezuges auf Israels Bundesgeschichte in den Torapsalmen wurde zwar gerne im

---

95 Vgl. *Blum*, Esra, 13.
96 Vgl. hierzu *von Heydebrand*, Zusammenfassung, passim.
97 *Von Heydebrand*, Zusammenfassung, 612.615-619.
98 In literarischen Kanones sind dies ästhetische und existentielle Überzeugungskraft (s. hierzu *Von Heydebrand*, Zusammenfassung, 615.617); beim biblischen Kanon werden zudem theologische Kriterien zu nennen sein.
99 Vgl. *Assmann*, Das kollektive Gedächtnis, 212ff.236ff.248ff; *ders.*, Fünf Stufen, 11.17ff.
100 *Assmann*, Fünf Stufen, 18. Damit knüpft *Assmann* den Zusammenhang von Schriftlichkeit und Kanonisierung jedoch zu eng – denn auch mündliche Tradition kann kanonische Geltung und Funktion innehaben, vgl. *Sanders*, Canon, 847.

Sinne der ‚Tora als absoluter Größe der Spätzeit' gedeutet,[101] doch scheint hier vielmehr das Gegenteil der Fall: Gerade das auffällige Fehlen des in der ‚Story' so notwendigen Mittlers Mose unterstreicht die explizite Bindung der Tora an JHWH selbst (vgl. die sechsfache Repetition des Gottesnamens in V.8-10)[102] und vertieft die große Unmittelbarkeit, mit der das betende Ich als ein ‚Knecht' JHWHs der Tora und seinem persönlichen Gott entgegentritt.

Die protokanonische Überlieferung wird hier primär als ein ethischrechtliches Regelsystem aufgefasst, das an der Recht schaffenden, die gesellschaftliche mit der kosmischen Ordnung verbindenden Gerechtigkeit JHWHs selbst orientiert ist. Insofern wird hier auch der Zusammenhang des Kanonisierungsprozesses mit der „Theologisierung des Rechts" erkennbar.[103] Damit wäre zu den Motiven der Kanonbildung also auch die Absicht hinzuzählen, die überkommenen Gottesworte wegen ihrer Gerechtigkeit, Weisheit und Leben spendenden Qualitäten für kommende Generationen Israels in spezifischer Weise zu sammeln und zu formen.

Die Abfassung von Psalmen wie diesem ist damit aber nicht nur Ausdruck des Selbst- und des Toraverständnisses der für den kanonischen Prozess zuständigen Trägerkreise. Da ‚Torapsalmen' wie Ps 1; 19, 119 als Teil der Überlieferung selbst einen hermeneutischen Schlüssel, einen spezifischen Zugang zur Gebotsüberlieferung bereitstellten, gaben sie zugleich einen neuen Impuls für eine anwachsende Autorität der Tora und sind daher auch als treibende Kraft im kanonischen Prozess anzusehen. Das ist deshalb nicht unterzubewerten, weil diese Psalmen in literargeschichtlicher Hinsicht eine besondere Bedeutung in der Komposition des Psalters haben,[104] der selbst wiederum als Kristallisationskern[105] der zuletzt zum alttestamentlichen Kanon hinzukommenden

---

101 Auch *Kratz* spricht noch von einem „absoluten Charakter" des Gesetzes (Translatio imperii, 231).
102 Ähnlich *Albertz*, Religionsgeschichte, 626. Mit gewissem Recht erklärt Albertz den „entgeschichtlichte(n) und individualistisch zugespitzte[n] Charakter" der Torapsalmen durch ihre Eigenart als Dokumente der ‚persönlichen Frömmigkeit' – zugleich überbewertet er jedoch ihren Abstand zur ‚offiziellen Religion (aaO 625).
103 Zum Zusammenhang von Theologisierung des Rechts und Kanonisierung vgl. *Assmann*, Politische Theologie, 49; Fünf Stufen, 16ff. Er lässt allerdings außer Acht, dass mit der zunehmenden Bedeutungslosigkeit des politischen Königtums zugleich die Entstehung des Messianismus einherging, in dem die königlichen Aufgaben des Rechtshelfers weiterleben (vgl. Jes 9,6; 11,2; Jer 23,5; ferner Ps 72,1; 99,4 u.ö.).
104 Vgl. oben VII. A).
105 Dem Psalter als möglichem Kristallisationskern des dritten Kanonteils (vgl. etwa *Steck*, Kanon, 242f) und insbesondere der späteren ‚Tora-Psalmen' samt ihrer Einbindung in die Komposition des Psalters gebühren für den kanonischen Prozess eine besondere Aufmerksamkeit, vgl. dazu u.a. *Kratz*, Tora Davids, 33f. Insbesondere die Formulierung von 4QMMT (= 4Q394-397) wird hierfür immer wieder als Beleg angeführt.

Ketubim[106] zu gelten hat.[107] So wie die spätere Sammlung der weisheitlichen Schriften im Ganzen eine Zwischen- und Scharnierstellung im kanonischen Prozess innehat,[108] ebenso kommt gerade paradigmatischen Texten wie Ps 19 eine Schlüsselrolle zu. Dass in ihnen große Teile der Überlieferung als Ganzheit in den Blick kommen, spiegelt die einsetzende Vervollständigung der Sammlung der Schriften. Insofern sind gerade sie ein nicht zu unterschätzendes ‚kanonisches Abschlussphänomen'.[109] Obwohl solche Texte bereits Zeugnisse von Schriftgelehrsamkeit sind, beziehen sich die Torapsalmen jedoch noch nicht als ein ‚Kommentar' auf den abgeschlossenen Kanon,[110] sondern geben einen hermeneutischen Schlüssel für das Verständnis des Kern-Kanons an die Hand. Und so ist ihre wichtige Funktion schließlich, *innerhalb* der kanonischen Endgestalt des Tanakh, als Zeugnis *über* den Kern-Kanon von ‚Tora' und ‚Nebiim' diesen von *außerhalb* zu reflektieren und ihn *auf spezifische Weise* anwendbar – ‚adaptable for life'[111] – zu machen. In dieser Funktion kommen sie innerhalb des Kanons zu stehen und sorgen so für eine hermeneutische Eigenständigkeit der kanonisierten Schrift, so dass diese nunmehr sich selbst auslegen kann.[112] Dabei stehen diese Texte oftmals innerhalb der späteren dreiteiligen ka-

---

106 Weisheitliche Bearbeitungen vorliegender Überlieferung, ‚Sapientalisierung der Tora' und die v.a. weisheitlichen Bücher der Ketubim selbst weisen auf weisheitliche Gruppen als Trägerkreise der abschließenden Kanonisierungsphase hin: „The developing unity of the Writings as a collection, and the interpretive power of wisdom as theological construct, can also be seen in the increasing sapientialization of pentateuchal and prophetic tradition" (*Chapman*, Law, 272).
107 S. hierzu u.a. *Chapman*, der davon ausgeht, dass die Sammlung der Ketubim erst recht spät zum Kernkanon von Tora und Nebiim hinzugekommen sind und dass „the Writings [sc.: are] to be interpreted as a commentary on, and an application of a ‚more authoritative' Law and Prophets" (Law, 289).
108 Zu dem Phänomen des Kanonisierungsprozesses, dass die weisheitliche Bearbeitung des Tora bzw. des Kanons eine hermeneutische und lebenspraktische Applikation erbringt, s. v.a. *Sheppard*, Wisdom, 114-119.
109 Vgl. hierzu die gleichnamige Arbeit von *Steins*, Abschlußphänomen, passim; zur Sache aaO 507ff.
110 Vgl. zur kontextualisierenden Funktion des Kommentars für einen Kanon *Assmann*, Fünf Stufen, 24. Das Verhältnis von ‚Schrift' zu ‚schriftauslegender Literatur' ist für die Zeiten Esras mit *Assmann*s Kategorien von „schlechthin autoritative(m) Text" und Kommentar (Fünf Stufen, ebd.) nur unzureichend beschrieben – die Vielfalt schriftauslegender Literatur jener Zeit, die Bedeutung kanonreflexiver Texte im Kanon und ihre unterschiedlichen Funktionen kommen hierbei nicht in den Blick.
111 Vgl. die von *Sanders* wiederholt hervorgehobene Einsicht: „To call a tradition or a text ‚canonical' is to say it will be available for later communities to apply to their new situations" (Canon, 848).
112 Die von den kanonbildenden Kreisen so geformte Schrift sorgt also dafür, dass der Grundsatz der reformatorischen Skriptologie: „scriptura sacra sui ipsius interpres" in bestimmter Hinsicht tatsächlich zutrifft. Zu ähnlichen hermeneutischen Voraussetzungen in der rabbinischen Tanakh-Auslegung s. *Grohmann*, Aneignung, 247ff.253.

nonischen Endgestalt an Schlüsselstellen[113] und dienen in dieser Funktion als ‚hermeneutical guides'[114].
Der mit Ps 19 präsentierte hermeneutische Schlüssel zur protokanonischen Überlieferung bietet nun darüber hinaus ein außergewöhnlich weit, nämlich bis in Grundstrukturen der Schöpfung ausgreifendes Verständnis von Tora, das sie nicht mehr nur auf die Dimension der Geschichte, sondern der übergeschichtlichen, kosmischen Ordnung und ihrer gleichbleibenden Zeitstruktur bezieht. Damit erfüllt es die wichtige Aufgabe, die kanonische Überlieferung von der Geschichte – nicht nur von ihrer Entstehungsituation, sondern auch von der geschichtlichen Ursprungserzählung – in gewissem Sinne abzuheben bzw. sie auch jenseits derselben zu verankern. So wird die *überzeitliche* Bedeutung des Kanonischen und dessen jeweilige Aktualität für spätere kanonbezogene Gemeinschaften plausibilisiert und einer ‚Vergeschichtlichung' der Tradition im Sinne ihrer Relativierung vorgebeugt.[115]
Dies Verständnis von Tora ist selbst wiederum nur im Prozess ihrer ‚Sapientalisierung'[116] richtig zu deuten. Ort und Profil von Ps 19 in diesem Prozess sind an dieser Stelle noch etwas genauer zu bestimmen.

Bei der ‚Sapientalisierung' der Tora sind in der Forschung zwei Tendenzen zu beobachten: Während dem Prozess einer weisheitlichen Durchdringung der Tora[117] – nicht zuletzt aufgrund der Weiterentwicklung dieser Traditionslinie im Neuen Testament – in der Forschung viel Interesse und deutliche Wertschätzung begegnet,[118] wird der damit verbundene Prozess der Übernahme von Funktionen der Weisheit durch die Tora, ihre sogenannte ‚Nomisierung', im Allgemeinen als Verengung abgewertet.[119]

Während sich die Positionen der Forschungsdiskussion also meist im Spannungsfeld der Alternative von (abgewerteter) Partikularität oder (begrüßter) Universalität von Tora ansiedeln lassen, wird hier ‚Sapientalisierung' vor allem als das Phänomen angesehen, „that at a certain period in the development of the OT literature, wisdom became a theological category associated with an understanding of canon which formed a perspective from which to interpret Torah and prophetic tradition. In this sense wisdom became a hermeneutical construct to interpret

---

113 S. etwa zur zentralen Stellung von Psalm 19 im Kontext der Teilkomposition Ps 15-24 VII. A).
114 Zum Begriff s. *Chapman*, Law, 111.
115 Zur (notwendigen) Leistung des Kanons, zeitlose Räume jenseits der geschichtlichen Bedingtheit zu schaffen s. *Assmann*, Fünf Stufen, 18.24.34.
116 Dieser Vorgang der Angleichung von Weisheit und Tora bis zu ihrer Identifikation wurde auch wegen seiner theologiegeschichtlichen Bedeutung, u.a. als Hintergrund der Anfänge der Christologie (vgl. *Gese*, Weisheit, 234ff; *Schnabel*, Wisdom, 227 u.ö.), nicht zu Unrecht angeregt diskutiert.
117 Vgl. hierzu v.a. die viel zitierte Arbeit *Sheppard*s ‚Wisdom as a hermeneutical construct', dort v.a. 136-144.
118 Vgl. z.B. *Marböck*, Gesetz, 57ff.
119 Vgl. z.B. *Hengel*, Judentum, 308ff (zu Bar 3,9-4,4); *Lang*, Frau Weisheit, 32f.

A) Zusammenfassung und Kontextualisierung

scripture"[120]. Daher ist eher danach zu fragen, wie hierbei die für die Wahrung von Identität notwendige und wünschenswerte Besonderheit und die für eine universale Vermittelbarkeit notwendige Allgemeinheit wechselseitig aufeinander bezogen werden, und welche hermeneutischen Integrationsleistungen die Sapientalisierung der Tora damit vollbringt.
Die Wurzeln dieses Prozesses liegen bereits in der dtn.-dtr. Literatur.[121]

Dtn 4,4-8[122] bekundet, „daß die ‚Weisheit' und ‚Bildung' Israels ... in den Augen der Weltöffentlichkeit in der einzigartig gerechten Tora besteht"[123]. Wenn die Israel in Form des Haltens der Tora[124] ermöglichte Weisheit[125] an der Nähe JHWHs (V.7)[126] und an der Gerechtigkeit dieser Ordnungen und Rechtsurteile sichtbar werden soll (V.8),[127] so sind damit im ganzen Alten Orient einsichtige, gewissermaßen ‚universale' Kriterien für den ‚internationalen Vergleich' gottgegebener Rechtsordnungen und den Erweis der Weisheit eines Volkes genannt.[128] Damit ist man von einer

---

120 *Sheppard*, Wisdom, 13. Bei seinem Ansatz, diese Entwicklung in der spätalttestamentlichen Redaktionsgeschichte nachzuzeichnen, hat sich *Sheppard* jedoch auf wenige Texte beschränkt und Ps 19 und 119 ausgelassen.
121 Das kann – unabhängig von der (v.a. zwischen *Weinfeld* und *Braulik*, vgl. ähnlich *Houston*, Tora, 196ff) strittigen Frage, inwiefern die Autoren des Dtn einer ‚Weisheitsschule' zuzurechnen sind – aufgrund der vorhandenen Ansatzpunkte im Dtn. für eine ‚weisheitliche' Interpretation konstatiert werden, vgl. *Braulik*, Weisheit, 65f.
122 Der Abschnitt Dtn 4,1-10 gehört mit zu den späteren bis spätesten Texten des Dtn. *Braulik* und Houston z.B. siedeln ihn in spätexilischer Zeit an (Weisheit, 55; Tora, 90ff.119), und nach *Otto* weist er in die Nähe zu priester(schrift)lichen Formulierungen. Als ein „postdtr Text, der an die Konzeptionen von DtrD und DtrL anknüpft" (Deuteronomium, 172) ist er in die Nähe der Pentateuchredaktion einzuordnen (vgl. aaO 164ff).
123 *Braulik*, Weisheit, 57. Anders als *Braulik* meint, ist hier jedoch noch nicht von *der* Weisheit in einem generellen Sinne die Rede, die hier mit der Tora gleichgesetzt würde.
124 תוֹרָה meint hier wie in den meisten dtn. Texten das Buch Deuteronomium jener Zeit, verstanden als „in a legal sense ... as divine instruction" (*Houston*, Tora, 193).
125 Es handelt sich in Dtn 4,6 auch dann nicht um eine Identifikation von Tora und Weisheit (vgl. jedoch *Houston*, Tora, 196), wenn man dem Qere (das möglicherweise die spätere Identifikation von Tora und Weisheit im Sinn hat) folgt, da dann immer noch von der spezifischen Weisheit (ePP 2.ps.pl.) Israels die Rede ist. Folgt man dem Ketib (הוא als Demonstrativum), bezieht sich die Weisheit auf das Bewahren der Tora: Das wird vor dem Forum der Völker Erweis von Israels Weisheit und Ehre sein.
126 Eine wichtige Funktion des Konzepts des Tuns der Tora als Israels Gerechtigkeit ist auch der Erweis der Nähe und Wirkmächtigkeit JHWHs, vgl. *Houston*, Tora, 254f.
127 Zur Prädikation der מִשְׁפָּטִים als ‚gerecht' vgl. auch das zu Ps 19,10 in V. D) 4. Gesagte.
128 Dass seine Weisheit die Qualität eines Rechtscorpus erweise, wird auch im Epilog des Kodex Ḫammurapi vorgebracht, wo Ḫammurapi sich selbst und die Worte des Kodex weise nennt (XLVII Z.26.57; XLVIII Z.105f, vgl. zum Text Borger, TUAT I/2, 75-77; vgl. hierzu auch *Houston*, Tora, 173-176). Daher erblickt *Houston*

Gleichsetzung von ‚Weisheit' und gerechter Tora als festen Größen zwar noch weit entfernt, denn hier geht es um die spezifische, nämlich die Israel auszeichnende Weisheit. Insofern ‚Weisheit' aber ein universales Konzept ist, ist damit jedoch die Basis für eine in diese Richtung gehende Rezeption gelegt.[129] Damit wurde zugleich der einzigartige Wert der Gebote für weisheitlich geschulte Kreise auf einem universalen Hintergrund plausibilisiert und konnte dort in der Folge an Überzeugungskraft und Einfluss gewinnen.

In diese Linie gehört ebenfalls der Abschnitt Jer 8,8f:

> 8 Wie nur könnt ihr sagen:
> „Weise sind wir, und die Tora JHWHs ist bei uns"?
> Tatsächlich! Aber siehe: Zur Lüge hat sie[130]
> der lügnerische Griffel der Schreiber gemacht.
> 9 Beschämt werden die Weisen, sie stehen bestürzt da und werden gefangen.
> Siehe: Das Wort JHWHs haben sie verworfen,
> und welche Weisheit[131] bleibt ihnen?

U.a. weil das Theologumenon der Verknüpfung von Tora und Weisheit sonst nicht im Jeremiabuch zu finden ist, wird dieser Abschnitt gerne als „eine recht junge Erweiterung"[132] angesehen. Wie dem auch sei, offenkundig ist hier bereits von der Auslegung der ‚Tora' die Rede, und zwar durch סֹפְרִים, die hier nicht nur ‚Schreiber', sondern bereits Schriftgelehrte sein werden.[133] Ob es sich bei der ‚Tora' hier lediglich um das (Ur-)Dtn handelt[134] oder ein größerer Literaturbereich im Blick ist, hängt ebenfalls weitgehend von der unsicheren Datierung[135] ab. Mit großer Wahrscheinlichkeit allerdings bezieht sich die Kritik tatsächlich auf eine selbstgerechte Verfälschung der in Dtn 4,6-8 enthaltenen Überzeugung, mit der ‚Tora' und ihren gerechten Urteilen ohne weiteres als weise zu gelten. Daher wird Jer 8,8f schwerlich früher sein als jener dtr. Text und selbst kaum dtr. Händen entstammen. Denn er setzt diesem Missverständnis von Dtn 4,6-8 entgegen, dass Tora und Weisheit nur insofern miteinander verbunden bleiben, als auch das durch die Propheten vermittelte Wort nicht abgewiesen wird. Andernfalls werde die ‚Tora' durch Auslegung pervertiert und die Weisheit nutzlos und leer.

Nicht nur in der dtr. und der prophetischen Literatur, sondern auch in den späteren ‚Schriften' kann die Parallelisierung von Weisheit und Tora nachgezeichnet werden.

---

hierin eine Übertragung der Funktion des weisen, gerechte Gesetze gebenden Herrschers auf (Mose und) das Volk Israel (aaO 252f).
129 Vgl. *Sheppard*, Wisdom, 64f.
130 Objekt ist hier die Tora JHWHs, und so wird häufig vorgeschlagen, עָשָׂה zu punktieren, vgl. BHS; BHK.
131 Es ist nicht notwendig, hier mit BHS und BHK Haplographie anzunehmen und חָכְמַתְכֶם zu lesen, vgl. JM § 144c; § GK 137c.
132 *Wanke*, ZBK.AT 20/1, 98; anders *Veijola*, Moses Erben, 235.
133 S. hierzu oben VI. *Veijola*, der hier einen der frühesten Belege für den erweiterten Gebrauch des Begriffs סֹפֵר vor sich zu haben meint, stützt hiermit wie mit seiner Frühdatierung seine These von den Deuteronomisten als den Vorgängern der Schriftgelehrten (Moses Erben, 235ff und passim). Allerdings wird bereits in diesem Text kaum deutlich, worin genau die Aktivität der סֹפְרִים bestand – lediglich, dass sie für den „process of editorial elaboration and development of written law, or even the drawing of new laws" (*McKane*, ICC, 186) verantwortlich waren.
134 So *Graffy*, Disputation Speech, 34.
135 Vgl. *Wanke*, ebd.

A) Zusammenfassung und Kontextualisierung

Schwierig zu beurteilen ist allerdings die Parallelformulierung innerhalb des ‚Artaxerxes-Erlasses' Esr 7,12-25 von ‚Gesetz deines Gottes, das in deiner Hand ist' (דָּת אֱלָהָךְ דִּי בִידָךְ; V.14) und ‚Weisheit deines Gottes, die in deiner Hand ist' (חָכְמַת אֱלָהָךְ דִּי בִידָךְ; V.25). Sie deutet auf eine Parallelisierung und wechselseitige Beziehung des דָּת – in der Perspektive des Textes die Tora – mit der Weisheit Esras hin. Diese Parallelisierung von Tora und Weisheit[136] wird dabei in der Diskussion um Authentizität bzw. Fiktionalität des Artaxerxes-Erlasses wenig beachtet.[137] Kratz allerdings fragt: „Interessant, aber schwer zu deuten, ist die Nähe ... zu den späten Psalmen, die sich auf dem Wege zur Identifikation von Gesetz und Weisheit (Sir) befinden. Sollte die problematische Formulierung in Esr 7,25 ... von dort beeinflußt sein?"[138] Sollte es sich hierbei tatsächlich um eine theologische Pointe handeln – darauf deutet von struktureller Seite auch die Inclusio mit V.12 hin –, spräche dies allerdings kaum für die Authentizität gerade dieses meist für ‚echt' gehaltenen[139] Abschnitts V.25f. Möglicherweise handelt es sich um eine Anspielung auf Dtn 4,6-8, die zeigen soll, dass der Achämenidenherrscher als Repräsentant der gesamten Völkerwelt tatsächlich in der Tora die Manifestation der Weisheit erkannt hat. ‚Weisheit' ist hier aber nicht, wie in Dtn 4,6-8, eine mit der Tora verliehene Qualität Israels oder, wie in Jer 8,8f, vom Hören auf das prophetisch vermittelte Wort JHWHs abhängig. Hier ist es vielmehr ‚die' Weisheit, die Esra konkret in Händen hält: Das ‚Gesetz des Himmelsgottes'.

Eine zeitlich nahe, aber sehr stark aus weisheitlichem Denken stammende Auffassung der Tora als eigener Form der Weisheit, die nicht nur auf die dtn.-dtr. Linie, sondern vor allem auch auf das Proverbienbuch zurückgreift, liegt mit der Theologie von Ps 119 vor, dessen Beziehung zu Ps 19 wir bereits untersucht haben.[140] Kennzeichnend für die Auffassung von Tora ist in dieser weisheitlichen Linie, dass zwar das Halten der Gebote eine wichtige Rolle spielt,[141] dass aber die Tora vor allem durch Betrachtung und Studium zu einer Quelle von Lebensfülle und Weisheit wird.

In Ps 19 nun zeigt sich bereits auch ein Einfluss von Prov 8, der an sehr konkreten motivgeschichtlichen Vorgängen, wie u.a. an der Übertragung von Weisheitsprädikaten auf die Tora und an strukturellen Ähnlichkeiten gezeigt werden konnte.[142] Der Ansatz der Sapientalisierung der Tora manifestiert sich in Ps 19 nunmehr vor allem in der gewagten zweiseitigen Struktur, durch die die im wahrsten Sinne maßgeblichen Strukturen der kosmischen Ordnung auf die Rechtsnorm der Gebote bezogen wird. Dahinter ist bereits die Überzeugung zu erkennen, dass die Tora eine Art göttliche Norm ist, die derjenigen zutiefst ähnelt, die auch

---

136 Während *Lebram* in Sir 24 nicht von einer Identität von Weisheit und Tora sprechen will, hält er ihre Verbindung in Esr 7,14.25 für eine wirkliche Identifikation (Jerusalem, 109); damit greift er jedoch weit über den Text hinaus.
137 Vgl. als einer der wenigen *Koch*, Artaxerxes-Erlaß, 96.
138 Translatio imperii, 229 Anm. 337. *Gunneweg* zeigt sich hinsichtlich eines solchen Zusammenhangs skeptisch und spricht „von einer Ähnlichkeit mit solchen Ideen" (KAT 19/1, 137).
139 S. *Koch*, aaO; *Kratz*, Translatio imperii, 254.
140 S.o. *Exkurs 4*.
141 Vgl. hierzu das in *Exkurs 4* zu Ps 119 und in V. E) 1. zu Ps 19,12 Gesagte.
142 S. hierzu im einzelnen V. D) 4.-7., v.a. V. D) 7. c).

den Kosmos in rechter Ordnung zu halten vermag.[143] Die Sapientalisierung der Tora geschieht hier im Zeichen der Vorstellung von ‚Weltordnung als Gerechtigkeit'[144].
Wohlgemerkt: Es handelt sich hier noch lediglich um eine Parallelisierung und eine Korrelation von Tora und Weisheit[145] – vor dem Anachronismus, hier bereits eine explizite Identifikation beider anzunehmen, sollte man sich in acht nehmen.[146] Denn auch in Sir 24 handelt es sich lediglich um ein eng geknüpftes Verhältnis, nicht um eine Identität beider Größen.

Dass Ps 19 in seiner unmittelbaren Nachgeschichte gerade auch in Texten rezipiert wurde, die in der ‚Sapientalisierung der Tora' einen Schritt weiter gehen, ist in Sir 24,1-34 an einer Vielzahl von sehr konkreten Einzelmotiven zu sehen:[147] Hier ist u.a. vom sonnengleichen Kreisen der Weisheit am Himmel und in der Tiefe (Sir 24,4f, vgl. Ps 19,5b-7), von ihrem Einwohnen am Himmel und von ihrem Zelt die Rede (Sir 24,4.8, vgl. Ps 19,5b). Möglicherweise ist der Sonnenlauf in Ps 19,5b-7 von Ben Sira also als Manifestation der immanenten Weisheit rezipiert worden. Dass in Sir 24,20 die Beschäftigung mit der Weisheit als ‚süßer denn Honig' beschrieben wird, spricht ebenfalls für Bezüge zu Ps 19 (V.11).[148] Entscheidend ist freilich, dass beide Texte die Präsenz von Gottes gerechter Ordnung am Himmel und auf der Erde darstellen wollen und dass dieser Gedanke für beide Texte auch strukturbildend ist.
Wie das Verhältnis von Tora und Weisheit im Sirachbuch als ganzem zu beurteilen ist, kann hier selbstverständlich nicht erörtert werden.[149] Kontinuität und Veränderung innerhalb des bis hier nachgezeichneten Traditionsstrangs werden jedoch an Sir 24,23ff recht schnell deutlich:

23 Dies alles ist das Buch des Bundes[150] des höchsten Gottes,

---

143 Vgl. dazu oben V. D) 7. sowie *Ridderbos*: „Und dann fügen v. 8ff hinzu: תורת יהוה ist eine Richtschnur in viel höherem, viel herrlicheren Sinne" (Psalmen, 177).
144 Vgl. zur Umkehrung der von *H.H. Schmid* geprägten Fomulierung *Assmann*, Ma'at, 283ff.
145 Treffend bemerkt bereits *Meinhold*, dass Ps 19 „auf dem Weg zur Identifizierung von Tora und Weisheit und damit zur Erklärung der Tora als Sinn der Schöpfung eine *Vorstufe* bildet" (Theologie, 130, Hvbg. von mir).
146 Gegen eine Identifikation von Tora und Weisheit in Ps 19, wie z.B. *Gese* sie voraussetzt (Weisheit, 229f, vgl. die Einschränkung in *ders.*, Einheit, 147) s. *Meinhold*: „Allerdings sind Gedanken, die für eine Gleichsetzung von Tora und Weisheit ... aufkommen könnten, in Ps 19 nicht ausgeprochen" (Theologie, 129; s. auch *Mathys*, Dichter, 312f). Anachronistisch ist *Geses* Vorschlag, wenn er in diesem Zusammenhang mit dem ‚Logosbegriff' operiert (Einheit, 146).
147 S. dazu im Einzelnen V. C) 3. Vgl. ferner zur Sonne als Held und zu ihrer Glut in Ps 19,6 und in Sir 43,2-5 auch V. C) 5.
148 S. dazu oben V. D) 6. Vgl. in Sir 23,27 die JHWH-Furcht; wird die inneralttestamentliche Vorgeschichte dieses Motivs nicht erkannt, ordnet man es vorschnell einem mit hellenistischen Fruchtbarkeitsgöttinnen verbundenen Umfeld zu; vgl. *Lebram*, Jerusalem, 115).
149 Vgl. zur neueren Diskussion *Reiterer*, Review, v.a. 48-51; *Jolley*, Functions, v.a.147f; *Marböck*, Gesetz, 52ff; *ders.*, Gottes Weisheit, 73ff; *Boccaccini*, Preexistance, 330f, *Reitemeyer*, Weisheitslehre, 166ff u.a.
150 Vgl. Ex 24,7.

A) Zusammenfassung und Kontextualisierung 349

<blockquote>

das Gesetz, das Mose uns geboten hat,[151]
als Erbteil für die Gemeinde[152] Jakobs.
24 [][153]
25 Es[154] ist voll von Weisheit, wie der Pischon,
und wie der Tigris in den Tagen der Erstlinge;
26 es erfüllt sich mit Einsicht wie der Euphrat,
wie der Jordan in den Tagen der Ernte;
27 es lässt ausstrahlen[155] Belehrung wie der Nil[156],
wie der Gihon in den Tagen der Weinlese.
28 Wer als erster es zu verstehen versuchte, kam nicht ans Ende,
und so ergründete es auch nicht der letzte.
29 Denn mehr als das Meer ist es von (seinem) Sinn erfüllt,
sein Rat ist tiefer als die Urflut.

</blockquote>

Bei der Verhältnisbestimmung von Weisheit und Tora müssen hier die Unterschiede zwischen Identifikation und Identität[157] beachtet und einige Differenzierungen angebracht werden, denn: „saying that the Mosaic Tora is the historical manifestation of the heavenly wisdom is far from an affirmation of identity ... The Law, as the historical embodiment of Wisdom, is the means through which one can obtain the gift of wisdom"[158]. Die ‚Identifikationsformel' bringt immer noch die Spannung[159] zum Ausdruck, die zwischen kosmischer bzw. in Israel einwohnender Weisheit und dem ‚Bundesbuch des Höchsten Gottes' weiterhin deutlich besteht. Denn der V.1-22 interpretierende V.23 steht selbst wiederum seltsam unausgeführt in diesem Zusammenhang: Seine Explikation mit der Paradiesstrom-Metaphorik (V.25-27) und auch V.28f lassen an sich keinen spezifischen Bezug auf die Tora bzw. das Torastudium erkennen.[160] Noch werden über sie also keine Präexistenzaussagen getroffen, und

---

151 Vgl. Dtn 33,4.
152 Zur wahrscheinlich sekundären Entstehung der pluralischen Lesart s. *Sauer*, ATD Apokryphen 1, 177 Anm. 5.
153 V.24 ist nur in der lukianischen Rezension vollständig erhalten; vgl. wiederum *Sauer*, aaO Anm. 6.
154 Möglich wäre auch, dass hier Mose Subjekt ist.
155 Der überraschende Übergang zu einer solchen Lichtmetaphorik, die sich in die Sprachbilder des Nahkontextes nicht einfügt, aber auf V.33 vorverweist, ist angesichts seiner Nähe zu den lichthaften Prädikationen der Tora (v.a. in Ps 19,9b; Prov 6,23 s.o.) bemerkenswert.
156 𝔊 hat das wahrscheinlich zugrunde liegende כיאור als באור aufgefasst und ὡς φῶς übersetzt, vgl. *Sauer*, aaO 179 Anm. 7.
157 Von der Identität sprechen u.a. *Marböck*, Gottes Weisheit, 83ff; *Skehan / Di-Lella*, AncB 39A, 336; *Schreiner*, NEB 38, 132.
158 So stellt *Boccaccini*, wenn auch etwas überspitzt, zu Sir 24 fest (Preexistence of the Tora, 329), vgl. ähnlich nunmehr *Ego*, die die Tora hier „als Mittler der Weisheit" ansieht (Strom der Tora, 207). *Sauer* spricht von der „Weisheit in der Gestalt des Gesetzes" (ATD Apokryphen 1, 185), vgl. ferner die differenzierte Analyse von *Lebram* (Jerusalem, 108-111.118).
159 Ähnlich beurteilt *Küchler* den Neueinsatz in V.23. Dass er „zusammenfassend auf die lange Weisheitsrede zurückblickt und deren gesamte Weisheitsprädikationen ... in das ‚Bundesbuch des höchsten Gottes' investiert, verrät deutlich die Anstrengung dessen, der hier einen bedeutungsschweren denkerischen Kraftakt vollführt" (Weisheitstraditionen, 36).
160 Umso deutlicher ist der Bezug auf das Weisheitskonzept von Hi 28, vgl. dort v.a. V.14.22.

noch ist hier keine Rede davon, dass die Tora Funktionen in der Schöpfung ausübt.[161] Ohne die Identifikationsformel[162] hätte man es lediglich mit der unter Zuhilfenahme von Tempelsymbolik gezeichneten Weisheit und dem Theologumenon ihrer besonderen Präsenz in Israel zu tun. So entsteht hier mit der Übertragung der Unausforschlichkeit der Weisheit auf das ‚Bundesbuch des höchsten Gottes' ein Konzept von Tora, das sie als schriftlich vorliegende, an Sinnfülle unerschöpfliche Bundesurkunde Gottes versteht, die als Schrift und als ‚Kanon'[163] die Quelle und Mittlerin von Weisheit und Leben ist.[164] Anders als in Dtn 4,6-8[165] steht hier nicht die Auszeichnung Israels vor den Völkern durch die Gebote im Vordergrund. Vielmehr ist hier der Versuch einer internen Klärung über die universale und ‚partikulare' Funktion der Tora gemacht. Im Ergebnis steht ein hermeneutischer Ansatz,[166] der sowohl identitätsbildend als auch weisheitlich-offen ist.

Die also immer noch spannungsvolle, enge Verbindung von kosmischer Weisheit und Tora[167] steht in Kontinuität zu Ps 19, wo zwar jegliche Explikation dieses Zusammenhangs fehlt, aber ein impliziter Konnex besteht. Auch die Integration solarer und tempeltheologischer Topoi ist als Weiterführung in Ps 19 beobachteter Entwicklungen zu notieren.

Eine solche enge Verbindung von Weisheit und Tora[168] findet sich schließlich auch in Bar 3,33-4,4, der Sir 24 ausgestaltet. Dort werden weitere an Ps 19 und sein Umfeld erinnernde Motive, wie die Freude der Gestirne bei ihrem Dienst[169] und der Topos von der Tora als Licht,[170] wie selbstverständlich miteinander verwoben. In Bar 3,37-4,2 wird über Gottes Gabe der Tora gesagt:[171]

---

161 Ebensowenig kann hier von der Tora als einem Natur- oder Weltgesetz gesprochen werden (so jedoch *Marböck*, Gesetz, 9ff; *ders.*, Gottes Weisheit, 83), allein schon wegen der eindeutigen Mose- und Sinaibezüge, ähnlich *Lebram*, Jerusalem, 111; *Sheppard*, Wisdom, 62.115 u.a. Die Spannung von Präsenz der universalen Weisheit in der ‚Partikularität' der konkreten Heilsgeschichte Israels ist dabei letztlich nicht aufhebbar.
162 Zu verschiedenen Versuchen, V.23(.25ff) als spätere redaktionelle Interpretation zu betrachten, s. *Sheppard*, Wisdom, 62 Anm. 103.
163 Auch *Sheppard* sieht im Ausdruck ‚Buch des Bundes des höchsten Gottes' „a canonical expression in Sirach" (aaO 62).
164 Für dies hermeneutische Konzept ist der Zusammenhang mit der Lehre des Weisen ‚wie Prophetie' (V.33) von großer Bedeutung (V.31-34): Weisheitliche Lehre wird hier offenkundig als prophetische Schriftauslegung aufgefasst, vgl. hierzu *Lebram*, Jerusalem, 107; *Marböck*, Gottes Weisheit, 84.
165 Zur Bedeutung von Dtn 4,6-8 für diese Identifikationsformel s. u.a. *Sheppard*, Wisdom, 63-66 u.ö.
166 Die hermeneutische Bedeutung der Identifikationsformel hebt v.a. *Sheppard* hervor: „The Torah can be read as a guide to wisdom and resides a unique possession of Israel" (Wisdom, 68).
167 Vgl. *Boccaccini*: „More properly, we should speak of a connection of the two" (Preexistence, 328).
168 Einzubeziehen ist in Überlegungen zur ‚Nomisierung' der Weisheit' auch die Tendenz der 𝕲 im Proverbienbuch, חָכְמָה durch νόμος wiederzugeben oder zu erläutern (vgl. z.B. Prov 3,16; 9,10); s. hierzu *Cook*, der sich aber hinsichtlich der Identifikation beider skeptisch zeigt und betont: „There is a closer relationship between wisdom and law in Ben Sira than in 𝕲 Proverbs" (The Law, 221; vgl. 217f).
169 V.34-35; s. dazu oben V. C) 4.
170 Vgl. Prov 6,20-23 und Ps 19,9b.
171 Übersetzung nach *Steck*, ATD Apokryphen 5, 47, vgl. auch aaO 53-55 zur Aufnahme von Dtn 4,6-8; 30,10ff und Sir 24.

A) Zusammenfassung und Kontextualisierung

3,37 Er hat den ganzen Weg der Erkenntnis ergründet,[172]
und gab sie Jakob, seinem Diener, und Israel, seinem Liebling.
3,38 Danach erschien sie auf Erden,
und unter den Menschen hielt sie sich auf.
4,1 Sie ist das Buch der Satzungen Gottes,
und das Gesetz, das für immer Bestand hat;
alle, die an ihr festhalten, (finden) das Leben;
die sie aber verlassen, sterben dahin.
4,2 Kehr um, Jakob, und ergreife sie,
geh deinen Weg zu dem Glanz vor ihrem Licht![173]

Zwar ist auch hier keine der *kosmischen* Funktionen der Weisheit auf das Gesetz übertragen.[174] Dennoch ist die Tora hier enger mit der kosmischen Weisheit verbunden: Sie ist sozusagen ihre irdische Erscheinungsform. In der weiteren Entwicklung ist erst im Targum Neofiti die Identität von Weisheit und Tora auch hinsichtlich der Übernahme kosmischer Funktionen zu erkennen.[175] Doch auch dort ersetzt die Tora noch nicht die Weisheit.[176] Hiervon kann erst in mAbot 3,14 und in Sifr Dtn 11,10 gesprochen werden.[177] Ab dann ist es sehr häufig zu beobachten, dass in der Interpretation von Texten über die Weisheit die Tora an deren Stelle gesetzt wird.[178]

Das Theologumenon vom engen Verhältnis von kosmischer Ordnung bzw. Weisheit und Tora, das bis in die dtr. Literatur zurückverfolgt werden konnte, stellte bereits früh einen den Kanonisierungsprozess flankierenden Versuch dar, sich Rechenschaft über die eigene Tradition und das eigene Selbstverständnis abzulegen. Mit der Sapientalisierung der Tora konnte sich Israel bzw. das Judentum auf spekulative Weise der Bedeutung seiner eigenen Ursprungsurkunde und ihres universalen Geltungsbereichs vergewissern; damit erwies sie sich im weiteren Verlauf der Kanonisierung und der Interpretation der Tora als ein ausgesprochen funktionales Konzept.[179] Dabei blieb das Bewusstsein des Wagnisses solcher Spekulation über den Zusammenhang der Tora mit der schöpfungsinhärenten Weisheit stets groß genug, um immer wieder neu mit der Reflexion über diesen Zusammenhang beginnen zu müssen. Die welt- und schrifthermeneutischen Integrationsleistungen dieses ori-

---

172 Vgl. Hi 28,24-28.
173 Vgl. TgJes zu Jes 2,5.
174 Vgl. *Boccaccini*, aaO 332.
175 Dass die Verbindung von Weisheit und Tora keine glatte Entwicklung war, zeigt *Küchler* (Weisheitstraditionen, 35): Beide Größen konnten in ihrer Attraktivität für das Frühjudentum (u.a. durch die hellenistische Herausforderung) durchaus in einiger Konkurrenz zueinander stehen.
176 S. Targum Neofiti Gen 1,1; 3,22, vgl. die Übersetzung und Bearbeitung in der Ausgabe von *McNamara*, Targum Neofiti 1, 52.63 sowie dazu *Boccaccini*, Preexistence of the Tora, 344ff.
177 Zum synonymen Gebrauch von Weisheit und Tora in der rabbinischen Literatur und zur weiteren Entwicklung dieser Linie s. ferner die bei *Küchler* angegebenen Stellen (Weisheitstraditionen, 57).
178 Vgl. *Sheppard*, Wisdom, 117f; *Grund*, Tora, 19ff.
179 Zu seiner Anschlussfähigkeit und Vermittelbarkeit auch im Gespräch mit der Gräzität s. u.a. *Stolz*, Monotheismus, 200.

ginellen Konzeptes jedenfalls sind enorm. Einen nicht unwichtigen Schritt auf diese Weg stellt bereits das umfassende Toraverständnis des 19. Psalms dar.

5. Das Verhältnis von Tora, Vergebung und Erlösung

Es hat sich im Laufe dieser Untersuchung ein recht deutliches Bild davon ergeben, wie das betende Ich das Verhältnis von Tora, Sünde, Vergebung und Erlösung sieht: Vom Leben im Heilsraum der von JHWH gegebenen, gerechten Gebote hat es letztendlich gute Folgen zu erwarten.[180] Vergebung und Erlösung dagegen erwartet es von der Tora nicht[181] – das betende Ich „sucht Rettung bei Gott selbst, nicht bei der Tora"[182]. Das wäre an sich eine nahezu banale Feststellung, ist aber auf dem Hintergrund der häufigen Verdächtigung der Tora als eines Weges *zum* Heil zu unterstreichen; vielmehr ist Tora ein Weg *im* Heil. Mit unabsichtlichen – bewussten wie unbewussten – Vergehen jedoch, die diesen heilvollen Zusammenhang gefährden können, rechnet es für sich wie für alle Menschen und weiß sich des Losspruchs von ihnen bedürftig.

Damit findet sich in Ps 19,12-15 gewissermaßen eine Anthropologie *in nuce*.[183] Ist Ps 19 aber aufgrund dieses Schlussabschnittes auch ein ‚Rechtfertigungstext'? Mathys hat diese Interpretation als überzeichnend kritisiert: „Meinhold kann aus Ps 19 deshalb einen Rechtfertigungstext machen, weil es den Aussagen von V.12-15 an Eindeutigkeit mangelt. Er holt aus ihnen heraus, was sie nur hergeben"[184]. Gerade weil der Abschnitt V.12-15 jedoch eine sehr ausgesuchte und eindeutige Begrifflichkeit wählt,[185] können diese Aussagen aber durchaus mit späteren anthropologischen und soteriologischen Konzepten verglichen werden. Tatsächlich würde das Profil der Sündentheologie von V.13 aber eher verundeutlicht, wenn man es an das Theologoumenon der „Erbsünde" zu nahe heranbrächte.[186] Ebenfalls setzt die Interpretation von V.14 als Bitte um ‚Heiligung'[187] einen dem hebräischen Verständnis von תמם

---

180 Dagegen, dass das betende Ich des Psalms „seinen [sc.: des Gesetzes] Segen spüren darf", kann nach *Weiser* „auch vom chr. Standpunkt aus kaum etwas eingewendet werden" (ATD 14, 137). *Meinhold* formuliert, die Gebote wiesen hier „einen Weg zum Leben, aber nicht einen Heilsweg" (Theologie, 132).
181 So sieht auch *Ridderbos*: „Dieser Dichter erkennt den Reichtum des Gesetzes, er weiß aber, daß das Gesetz an und für sich noch nicht genügt, daß er von der Vergebung v. 13 und Bewahrung, v. 4 [sic!], Jahwes leben muß" (Psalmen, 176).
182 *Meinhold*, Theologie, 131.
183 So *Mathys* (Dichter, 315) im Anschluss an *Meinhold*.
184 *Mathys*, Dichter, 312.
185 Vgl. dazu im Einzelnen oben V. E), vgl. auch *Delitzsch*' zutreffendes Diktum vom „fast terminologische(n) neutest. dogmatische(n) Gepräge" (BC IV/1, 172).
186 Vgl. *Meinhold* selbst (Theologie, 132). Beim *peccatum originale* ist das Antonym die Aktualsünde, nicht, wie bei den שְׁגִיאוֹת, die bewusste oder beabsichtigte Sünde. Allerdings könnte man beim Psalmisten durchaus von einem Wissen um das *non posse non peccare* reden.
187 *Meinhold*, aaO 133.

fremden Vorstellungsrahmen.¹⁸⁸ Doch zumindest, was die Bitte um Nicht-Anrechnung der Sünden angeht, ist es aufgrund der Semantik von נקה sachlich nicht falsch, an ein Konzept von ‚imputativer Gerechtigkeit' zu denken: Die unabsichtlichen Vergehen sind vorhanden, sie werden aber eben nicht ‚zugerechnet'¹⁸⁹. Diese Einsicht ist auf gewisse Weise analog zu derjenigen, *simul iustus et peccator*' zu sein. Zugleich kann das betende Ich die warnende Funktion der Tora (V.12a) gelten lassen, ohne die Bedeutung der Gebote auf diesen aufdeckenden Sinn zu reduzieren, und ohne deshalb von ihren Leben spendenden Qualitäten abzusehen.

JHWHs Freispruch allein vermag das erhoffte, integre Leben zu schaffen, das von großer Sünde und ihren gefährlichen Folgen frei ist, so dass das betende Ich seine Psalmworte JHWH als ein Opfer zur wohlgefälligen Annahme bringen kann. Doch blickt das betende Ich über JHWHs Vergebung und Bewahrung hinaus auf die unerschütterliche Beziehung zu JHWH selbst, seinem ‚Erlöser'.
Es ist leicht zu erkennen, dass sich die Perspektive des Psalms von der Weite der universalen himmlischen Doxologie fortschreitend verengt bis hin zu der auf das individuelle Leben des betenden Ich.¹⁹⁰ Doch ist das wirklich eine Verengung? Denn mit der Invocatio JHWHs als Fels und Erlöser wird er mit äußerst gewichtigen Epitheta angerufen und damit sein umfassendes Rettungshandeln in Erinnerung gerufen. Und so gehört zumindest in der Wahrnehmung des betenden Ich beides zusammen: Das Wissen um den kosmischen Lobpreis für den Schöpfer und die Gewissheit seines unumgrenzten Rettungshandelns für es.

B) Ausblick

Nun wäre hier an sich der Ort, die zahlreichen Rezeptionen dieses Psalms im Judentum wie im Christentum¹⁹¹ zumindest in Auswahl zu berücksichtigen. Hierauf und auch auf Möglichkeiten eines christlichen Zugangs zur Torafreude von Ps 19 ist jedoch bereits andernorts eingegangen worden,¹⁹² daher können und sollen an dieser Stelle wenige Bemerkungen genügen.

---

188 Während im christlichen Denken in der ‚Heiligung' ein Moment der Besonderheit und oft der Anstrengung mitgedacht ist oder zumindest mithineinkommt, ist bei der in Ps 19,14b mit תמם umschriebenen Rechtschaffenheit ein schlichteres und ganzheitlicheres Konzept im Blick, das aber wiederum über ein rein passives ‚Gerechtfertigtsein' hinausgeht.
189 Vgl. o. V. E) 2.
190 V.a. *Wagner* hat das herausgestellt (Dynamics, 260f).
191 Ps 19,13 etwa wird in CA XI zitiert zur Begründung, dass „in der Beicht nicht not ist, alle Missetat zu erzählen noch möglich ist" (zit. nach Bekenntnisschriften, 66; dies Schriftzitat zielt ab auf eine Bestimmung des IV. Laterankonzils (1215), nach der in der Beichte sämtliche Sünden aufzuzählen sind).
192 S. dazu und v.a. auch zur jüdischen Auslegung des Psalms *Grund*, Tora, passim.

Dass die Wertschätzung der Tora, die Ps 19 zum Ausdruck bringt, in ihrer Dimension als ‚Pentateuch', als des Kernstückes des Alten Testaments im Schriftenkanon der Kirche, ohne größere Probleme von Christ/inn/en nachgesprochen werden kann, dürfte wohl kaum in Frage stehen. Im Blick auf die Tora als Gebotsüberlieferung ist zunächst einmal festzustellen, dass in Ps 19 von den חֻקּוֹת, die in der jüdischen Tradition als die spezifisch jüdischen Zeremonialgesetze angesehen werden, nicht die Rede ist, und der Schwerpunkt auf der Tora als einer universal gültigen Ordnung gelegt ist. Er stellt zwar die konkrete Vielzahl gegebener Gebote heraus, greift aber über ihre schriftliche Form weit hinaus. Dies Konzept ist also von einer gewissen – allerdings nicht profillosen – Offenheit für die Völkerwelt geprägt. Wichtig ist es aber vor allem festzuhalten, dass Gerechtigkeit für den Psalmisten tatsächlich eine Vor-Gabe ist und dass die Tora JHWHs diese Gerechtigkeit in einer Gemeinschaft stabilisieren und verlässlicher machen soll. Damit hat ihre Beachtung gute Folgen – etwa eine heilvolle Gemeinschaft in Gottes Gegenwart. Dass die Tora diesen *ganzen* Heilszusammenhang jedoch nicht zu etablieren vermag und es trotz dieser die Gemeinschaftgerechtigkeit stabilisierenden Mittlerin der Lossprechung von Sünde durch JHWH bedarf, böte keinen Anlass, eine Bindung an die Tora, wie der Psalmist sie zu erkennen gibt, in irgendeiner Form theologisch zu diskreditieren.

In der Einsicht, dass die Tora Gerechtigkeit und Erbarmen in der Gemeinschaft verlässlicher macht, und dass, eine angemessene Haltung vorausgesetzt, die Beschäftigung mit ihr Leben gewährt und Weisheit verleiht, können sich Christ/inn/en mit dem betenden Ich von Ps 19 an der zunächst Israel gegebenen Tora tatsächlich mitfreuen. Und so ist Ps 19 tatsächlich eine Brücke zwischen Christen und Juden, auf der sie mit dem gemeinsamen gottesdienstlichen Beten dieses Psalms bereits stehen.

Abkürzungen

Die Abkürzungen richten sich nach *S.M. Schwertner*, Theologische Realenzyklopädie (TRE). Abkürzungsverzeichnis, Berlin, New York ²1994; für die altorientalistische Literatur s. (soweit nicht eigens angegeben) The Assyrian Dictionary of the Oriental Institute of the University of Chicago, Chicago 1964ff (CAD). Darüber hinaus werden folgende besondere Abkürzungen verwendet:

Allgemeine Abkürzungen

ab.	altbabylonisch
aaO	am angegebenen Ort
akt.	Aktiv
chiast.	chiastisch
EZ	Eisenzeit
f, ff	folgende(r)
f.	femininum
hi.	Hif'il (als Subst.: Hi. etc.)
hitp.	Hitpa'el
hof.	Hof'al
m.	maskulinum
mb.	mittelbabylonisch
na.	neuassyrisch
nb.	neubabylonisch
ni.	Nif'al
ON	Ortsname
p.m.	Parallelismus Membrorum
pa.	Pa'el
pass.	Passiv
pi.	Pi'el
PK	Präfixkonjugation
pl.	Plural (als Subst.: Pl.)
PN	Personenname
Ptz.	Partizip
SB	Spätbronzezeit
sg.	Singular (als Subst.: Sg.)
SK	Suffixkonjugation

Biblische Bücher

Ri	Richterbuch
1 / 2 Sam	1. u. 2. Samuelbuch
1 / 2 Kön	1. u. 2. Königebuch
1 / 2 Chr	1. u. 2. Chronikbuch

Quellen, Nachschlagewerke, Grammatiken

ÄHG	s. *Assmann*
AOBPs[5]	*Keel, O.*, Die Welt der altorientalischen Bildsymbolik und das Alte Testament. Am Beispiel der Psalmen, Göttingen [5]1996
BAL[2]	s. *Borger*
BrS	*Brockelmann, C.*, Hebräische Syntax, Neukirchen 1956
BWL[2]	*Lambert, W.G.*, Babylonian Wisdom Literature, Oxford [2]1967
CAT	*de Moor, J.C.*, A Cuneiform Anthology of Religious Texts from Ugarit (Semitic study series. N.S. 6), Leiden 1987
DCH	The Dictionary of Classical Hebrew, ed.by *D.J.A. Clines*, Bd. 1-4, Sheffield 1995-1998
DDD[2]	*van der Toorn, K. / Becking, B. / van der Horst, P.W.* (Ed.), Dictionary of Deities and Demons in the Bible Including the Apocrypha, Leiden [2]1999
DNWSI	*Hoftijzer, J. / Jongeling, K.*, Dictionary of the North-West Semitic Inscriptions (HdO Abt. 1; Bd. 21), Leiden 1995
EAT	s. *Knudtson*
GGG	s. *Keel / Uehlinger*
GK	*Gesenius, W. / Kautzsch, E.*, Hebräische Grammatik, Leipzig [28]1909, Nachdruck Darmstadt 1985
HGŠ	s. *Schollmeyer*
H-R	*Hatch, E. / Redpatch, H.A.* (Ed.), A Concordance to the Septuagint and the Other Greek Versions of the Old Testament, Nachdruck Graz 1975
HAL	*Koehler, L. / Baumgartner, W.*, Hebräisches und aramäisches Lexikon zum Alten Testament Bd. 1-5, Leiden 1967-1995
HALOT	*Koehler, L. / Baumgartner, W.*, The Hebrew and Aramaic lexicon of the Old Testament Band 1-5, Leiden 1994-2000
Jastrow	A Dictionary of the Targumim, the Talmud Babli and Yerushalmi, and the Midrashic Literature; with an Index of Scriptural Quotations, Brooklyn / NY 1967
HThK	Herders Theologischer Kommentar, Freiburg i. Br. 1999ff
J-M	*Joüon, P. / Muraoka, T.*, A Grammar of Biblical Hebrew, Rom 1991
L-S	*Liddell, H.G. / Scott, R.*, A Greek-English Lexicon, Oxford, [9]1996
MCL	*del Omo Lete, G.*, Mitos e leyendas de Canaan segun la tradicion de Ugarit, Madrid 1981
SBH	s. *Reisner*
SAHG	s. *Falkenstein / von Soden*
TO	s. *Caquot*

Literatur

Aalen, S., Art. Licht und Finsternis, RGG³ 4 (1960) 357-359
- Art. אוֹר, ThWAT I (1973) 160-182
- Die Begriffe ‚Licht' und ‚Finsternis' im Alten Testament, im Spätjudentum und im Rabbinismus (SNAVAO), Oslo 1951

Adam, K.-P., Der königliche Held. Die Entsprechung von kämpfendem Gott und kämpfendem König in Psalm 18 (WMANT 91), Neukirchen-Vluyn 2001

Aistleitner, J., Wörterbuch der ugaritischen Sprache (hg.v. *O. Eißfeldt*) (Berichte über die Verhandlungen der Sächsischen Akademie der Wissenschaften zu Leipzig 106), Berlin ⁴1974

Albani, M., „Das Werk seiner Hände verkündigt die Feste". Die doxologische Bedeutung des Sonnenlaufes in Psalm 19, in: Gottes Ehre erzählen (FS *H. Seidel*, hg.v. *M. Albani*), Leipzig 1991, 237-256
- Astronomie und Schöpfungsglaube. Untersuchungen zum astronomischen Henochbuch (WMANT 68), Neukirchen-Vluyn 1994
- „Der das Siebengestirn und den Orion macht" (Am 5,8). Zur Bedeutung der Plejaden in der israelitischen Religionsgeschichte, in: *B. Janowski / M. Köckert* (Hg.), Religionsgeschichte Israels. Formale und materiale Aspekte (Veröffentlichungen der Wissenschaftlichen Gesellschaft für Theologie 15), Gütersloh 1999, 139-207
- „Wo sollte ein Haus sein, das ihr mir bauen könntet?" (Jes 66,1). Schöpfung als Tempel JHWHs?, in: *B. Ego / A. Lange / P. Pilhofer* (Hg.), Gemeinde ohne Tempel. Community without temple. Zur Substituierung und Transformation des Jerusalemer Tempels und seines Kults im Alten Testament, antiken Judentum und frühen Christentum (WUNT 118), Tübingen 1999, 37-56
- Der Eine Gott und die himmlischen Heerscharen. Zur Begründung des Monotheismus bei Deuterojesaja im Horizont der Astralisierung des Gottesverständnisses im Alten Orient (Arbeiten zur Bibel und ihrer Geschichte 1), Leipzig 2000
- „Kannst Du die Sternbilder hervortreten lassen zu ihrer Zeit ... ? (Hi 38,32). Gott und Gestirne im Alten Testament und im Alten Orient, in: *B. Janowski / B. Ego* (Hg.), Das biblische Weltbild und seine altorientalischen Kontexte (FAT 32), Tübingen 2001, 181-228

Albertz, R., Religionsgeschichte Israels in alttestamentlicher Zeit. Erster und zweiter Teilband (Grundrisse zum Alten Testament 8), Göttingen 1992

Allen, L.C., David as Exemplar of Spirituality. The Redactional Function of Ps 19, Bib 67 (1986) 544-546

Allen, J.P., Art. Hymns. Solar hymns, in: *J.B. Redford* (Ed.), Encyclopedia of Ancient Egypt II, Oxford 2001, 146-148

Alonso Schökel, L., Treinta Salmos. Poesia y oracíon, Estudio de Antiguo Testamento 2, Madrid 1981
- Art. יָשַׁר III. AT, ThWAT III (1982) 1061-1069
- / *Carniti, C.*, Salmos I (Nueva Biblia Española), Estella / Navarra 1992

Amir, Y., Psalm 119 als Zeugnis eines protorabbinischen Judentums, in: *ders.*, Studien zum antiken Judentum (BEATAJ 2), Frankfurt a.M. 1985, 1-34
Anderson, A.A., The Book of Psalms I (NceB), London 1977
Anderson, G.A., Intentional and Unintentional Sin in the Dead Sea Scrolls, in: Pomegranates and Golden Bells. Studies in Biblical, Jewish, and Near Eastern Ritual, Law, and Literature in Honor of *J. Milgrom*, ed.by *D. Wright / D.N. Freedman / A. Hurvitz*, Winona Lake / IN 1995, 49-64
André, G., Art. פָּקַד, ThWAT VI (1989) 708-723
Argall, R.A., 1 Enoch and Sirach. A Comparative Literary and Conceptual Analysis of the Themes of Revelation, Creation and Judgment (Early Judaism and its Literature 8), Atlanta / GA 1995
Arneth, M., „Möge Šamaš dich in das Hirtenamt über die vier Weltgegenden einsetzen". Der ‚Krönungshymnus Assurbanipals' (SAA III, 11) und die Solarisierung des neuassyrischen Königtums, ZAR 5 (1999) 28-53
Arneth, M., Psalm 19 – Tora oder Messias?, ZAR 6 (2000) 82-112
– „Sonne der Gerechtigkeit". Studien zur Solarisierung der Jahwe-Religion in vorexilischer Zeit im Lichte von Ps 72 (BZAR 1), Wiesbaden 2000
– Psalm 72 in seinen altorientalischen Kontexten, in: E. Otto (Hg.), „Mein Sohn bist du" (Ps 2,7). Studien zu den Königspsalmen (SBS 192), Stuttgart 2002, 135-172
Asen, B.A., Deborah, Barak and Bees: *Apis mellifera*, Apiculture and Judges 4 and 5, ZAW 109 (1997) 514-533
Assmann, A., Was ist Weisheit? Wegmarken in einem weiten Feld, in: *dies.* (Hg.), Weisheit (Archäologie der literarischen Kommunikation 3), München 1991, 15-44
Assmann, J., Das kulturelle Gedächtnis. Schrift, Erinnerung und politische Identität in frühen Hochkulturen, München 1999
– Fünf Stufen auf dem Wege zum Kanon. Tradition und Schriftkultur im frühen Judentum und seiner Umwelt (Münstersche Theologische Vorträge 1), Münster 1999
– Ma'at. Gerechtigkeit und Unsterblichkeit im Alten Ägypten, München 1990
– Re und Amun. Die Krise des polytheistischen Weltbildes im Ägypten der 19.-20. Dynastie (OBO 51), Fribourg / Göttingen 1983
– Ägyptische Hymnen und Gebete (OBO), Fribourg / Göttingen ²1999
– Art. Sonnengott, LÄ 3 (1980) 1087-1094
– Herrschaft und Heil. Politische Theologie in Altägypten, Israel und Europa, München / Wien 2000
– Politisierung durch Polarisierung. Zur impliziten Axiomatik altägyptischer Politik, in: *K. Raaflaub* (Hg.), Anfänge politischen Denkens in der Antike, München 1994, 13-28
– Monotheismus und Kosmotheismus. Ägyptische Formen eines "Denkens des Einen" und ihre europäische Rezeptionsgeschichte (Sitzungsberichte der Heidelberger Akademie der Wissenschaften, Philosophisch-Historische Klasse 1993,2), Heidelberg 1993
Augustin, M., Der Begriff ‚Meditieren'. Alttestamentliche Beobachtungen, PTh 72 (1983) 490-504
Auffret, P., Essai sur la structure littéraire des Psaumes CXI et CXII, VT 30 (1980) 257-279
– La sagesse a bâti sa maison. Etudes des structures littéraires dans l'Ancien Testament et specialement dans les Psaumes (OBO 49), Fribourg / Göttingen 1982

- En mémoire éternelle sera le juste. Etude structurelle du Psaume cxii, VT 48 (1998) 2–14
- De l'œuvre de ses mains au murmure de mon cœur. Étude structurelle du psaume 19, ZAW 112 (2000) 24-42

Auwers, J.M., „Les cieux racontent la gloire de Dieu". Sur l'unité et la théologie du Psaume 19, in: C. Cannuyer, Heaven in the oriental civilizations / Le ciel dans les civilizations orientales (Acta Orientalia Belgica), Bruxelles 1999

Avemarie, F., Tora und Leben. Untersuchungen zur Heilsbedeutung der Tora in der frühen rabbinischen Literatur (Texte und Studien zum antiken Judentum 55), Tübingen 1996

Babut, J.-M., Les expressions idiomatiques de l'Hébreu Biblique. Signification et traduction. Un essai d'analyse componentielle (Cahiers de la Revue Biblique 33), Paris 1995

Backhaus, F.J., Qohelet und der sogenannte Tun-Ergehen-Zusammenhang, BN 89 (1997) 30-61

Bader, G., Melancholie und Metapher. Eine Skizze, Tübingen 1990

Baethgen, F., Die Psalmen übersetzt und erklärt (HAT 2/2), Göttingen ²1897

Baillet, M., Les Paroles des Luminaires, RB 69 (1961) 195-250
- Remarque sur l'édition des ‚Paroles des Luminaires', RQ 5 (1965/66) 23-42

Barbiero, G., Das erste Psalmenbuch als Einheit. Eine synchrone Analyse von Psalm 1-41, Frankfurt a.M. 1999 (ÖBS 16)

Barr, J., Do we Perceive the Speech of the Heavens? A Question in Ps 19 (Greek and Latin 18), in: The Psalms and Other Studies in the Old Testament (Studies in Honour of *J.I. Hunt*, ed.by *J.C. Knight*), Nashota 1990, 11-17
- Biblical Faith and Natural Theology (Gifford Lectures 1991), Oxford u.a. 1993
- Biblical Law and the Question of Natural Theology, in: *T. Veijola* (Ed.), The Law in the Bible and its Environment (SESJ 51), Göttingen 1996, 1-22

Barstad, H., Art. רָצָה, ThWAT VII (1995) 640-652

Barré, M.L., Art. Night, DDD², 623f

Barta, W., Art. Königsbezeichnungen, LÄ 3 (1980) 477-481

Bartelmus, R., Art. שָׁמַיִם, ThWAT VII (1995) 204-239
- šāmajim – Himmel. Semantische und traditionsgeschichtliche Aspekte, in: *B. Janowski / B. Ego* (Hg.), Das biblische Weltbild und seine altorientalischen Kontexte (FAT 32), Tübingen 2001, 88-124
- Heroentum in Israel und seiner Umwelt. Eine traditionsgeschichtliche Untersuchung zu Gen. 6,1-4 und verwandten Texten im Alten Testament und der altorientalischen Literatur (AThANT 65), Zürich 1979

Barth, Chr., Concatenatio im ersten Buch des Psalters, in: Wort und Wirklichkeit I (FS *E.L. Rapp*, hg.v. *B. Benzing* u.a.), Meisenheim 1976, 30-40
- Die Errettung vom Tode. Leben und Tod in den Klage- und Dankliedern des Alten Testaments (neu hg.v. *B. Janowski*), Stuttgart 1997

Barth, J., Etymologische Studien, Leipzig 1893

Barth, K., Die Kirchliche Dogmatik. II/1. Die Erkenntnis Gottes (§§ 25-27), Zürich ³1948

Barthel, J., Prophetenwort und Geschichte. Die Jesajaüberlieferung in Jes 6-8 und 28-31 (FAT 19), Tübingen 1997

Barthélemy, D. / Milik, J.T., Qumran cave I (DJD 1), Oxford 1955

Barstad, H., Art. רָצָה, ThWAT VII (1993) 640-652

Baumann, G., Die Weisheitsgestalt in Prov 1-9 (FAT 16), Tübingen 1996

Bayer, O., Schöpfung als Anrede, Tübingen ²1990

Becker, J., Elliptisches *hêšîb næpæš* in Ps 68,23 und 73,10, BN 103 (2000) 43-52

Becking, B., Art. Day, DDD², 221-223
Begrich, J., Die priesterliche Tora, in: *P. Volz*, Wesen und Werden des Alten Testaments (BZAW 66), Berlin 1936, 63-88
Berges, U., Die Knechte im Psalter. Ein Beitrag zu seiner Kompositionsgeschichte, Bibl 50 (2000) 153-178
Berlejung, A., Die Theologie der Bilder. Herstellung und Einweihung von Kultbildern in Mesopotamien und die alttestamentliche Bilderpolemik (OBO 162), Fribourg / Göttingen 1998
Bergmann, J. / Botterweck, S.J., Art. יָדָה, ThWAT III (1982) 479-512
Bergmeier, R., Die Essenerberichte des Flavius Josephus. Quellenstudien zu den Essenertexten im Werk des jüdischen Historiographen, Kampen 1993
Beuken, W.A.M., Job's Imprecation as a Cradle of a New religious Discourse. The Perplexing Impact of the Semantic Correspondences Between Job 3, Job 4-5 and Job 6-7, in: *ders.* (Ed.), The Book of Job, BEThL 114 (1994), 41-78
Beyerlin, W., Die Rettung des Bedrängten in den Feindpsalmen auf institutionelle Zusammenhänge untersucht (FRLANT 99), Göttingen 1970
Beyerlin, W., Weisheitlich-kultische Heilsordnung. Studien zum 15. Psalm (BThS 9), Neukirchen-Vluyn 1985
Beyse, K.M., Art. חמם, ThWAT II (1977) 1045-1050
- Art. קֵן, ThWAT VII (1995) 1223-1225
- Art. מָשָׁל I u.a., ThWAT IV (1984) 69-73
- */ Groß, H.*, Art. סָתַר, ThWAT V (1986) 69-78
Bickell, G., Carmina Veteris Testamenti metrice. Notes criticas et dissertationem de re metrica Hebraeorum, Osnabrück 1882
Blum, E., Esra, die Mosetora und die persische Politik, Trumah 9 (2000) 9-34
- Volk oder Kultgemeinde? Zum Bild des nachexilischen Judentums in der alttestamentlichen Wissenschaft, KuI 10 (1995) 24-42
Blumenberg, H., Licht als Metapher der Wahrheit. Im Vorfeld der philosophischen Begriffsbildung, Studium Generale 10 (1957) 432-447
Blumenthal, E., Art. Königsideologie, LÄ 3 (1980) 526-531
Blumenthal, E., Die Erzählung des Sinuhe, TUAT III/3 (1993) 884-911
Boccaccini, G., The Preexistence of the Torah: A Commonplace in Second Temple Judaism, or a Later Rabbinic Development?, Henoch 17 (1995) 329-350
Boehmer, R.M., Art. Held. B. Philologisch, RLA 4 (1975) 293-302
Boese, J. / Rüß, U., Art. Gold, RLA 3 (1971) 504-531
de Boer, P.A.H., Étude sur le sens de la racine QWH, OTS 19 (1954) 145
Böttrich, Chr., Das slavische Henochbuch, JSHRZ V/7, Göttingen 1995
Bongenaar, A.C.V.M., The Neo-Babylonian Ebabbar-Temple at Sippar: Its Administration and its Prosopography (Uitgaven van het Nederlands Historisch-Archaeologisch Instituut te Istanbul 80), Istanbul 1997
Bonhême, M.-A., Art. Kingship, in: *J.B. Redford* (Ed.), Encyclopedia of Ancient Egypt II, Oxford 2001, 238-245
Booji, Th., Psalm 119,89-91, Bib 79 (1999) 539-541
Bordreuil, P., Art. SHAMASH, in: *E. Lipiński* (Ed.), Dieux et déesses de l'univers phénicien et punique (OLA 64) (Studia Phoenicia 14), Leuven 1995, 408
Borger, R., Die Inschriften Assarhaddons (AfO.B 9), Osnabrück 1967
- Das dritte ‚Haus' der Serie bīt rimki (VR 50-51, Schollmeyer HGŠ Nr. 1), JCS 21 (1967) 1-17
- Babylonisch-assyrische Lesestücke I-II (AnOr 54), Rom ²1979
- Der Codex Hammurapi, TUAT I/2 (1982) 39-79
van den Born, A., Zum Tempelweihespruch (1 Kg VIII 12f.), OTS 14 (1965) 240f

Boyd-Taylor, C., A Place in the Sun. The Interpretative Significance of LXX-Psalm 18:5c, Bulletin of the International Organization for Septuagint and Cognate Studies 31 (1998) 71-105
Braudel, F., Das Mittelmeer und die mediterrane Welt in der Epoche Philipps II. (3 Bde.), Frankfurt a.M. 1992
Braulik, G., ‚Weisheit' im Buch Deuteronomium, in: *B. Janowski* (Hg.), Weisheit außerhalb der kanonischen Weisheitsschriften (Veröffentlichungen der Wissenschaftlichen Gesellschaft für Theologie 10), Gütersloh 1996, 39-69
- Gesetz als Evangelium. Rechtfertigung und Begnadigung nach der deuteronomischen Tora, ZThK 79 (1982) 127-160
Briggs, C.A. / Briggs, E.G., A Critical and Exegetical Commentary on the Books of Psalms. Bd. I-II (ICC), Edinburgh 1906
Brinkmann, J.A., Political History of Post-Kassite Babylonia 1158-722 B.C. (AnOr 43), Rom 1968
- Art. Nabû-apla-iddina, RLA 9 / 1-2 (1998) 29f
Brisson, L. / Jamme, Chr., Einführung in die Philosophie des Mythos. 2 Bde. (Die Philosophie), Darmstadt Bd. 1 1996 / Bd. 2 1991
Bron, F., Recherches sur les inscriptions phéniciennes de Karatepe (Hautes études orientales 11), Genf 1979
Brueggemann, W., Response to James L. Mays, „The Question of Context", in: *J.C. McCann Jr.* (Ed.), The Shape and the Shaping of the Psalter (JSOT.S 159), Sheffield 1993, 29-41
- Theology of the Old Testament, Minneapolis 1997
Brunner, H., Art. König-Gott-Verhältnis, LÄ 3 (1980) 461-464
Budde, K., „Jahves Hochzeit mit der Sonne?" OLZ 22 (1919) 257-266
Burkitt, F.C., The Lukianic Text of 1 Kings VIII,53b, JThS 10 (1909) 439-446
Busink, Th., Der Tempel von Jerusalem. Von Salomo bis Herodes. Eine archäologisch-historische Studie unter Berücksichtigung des westsemitischen Tempelbaus, 2 Bde., Leiden Bd. I 1970 / Bd. II 1980
Buttenwieser, M., The Psalms. Chronologically treated with a new translation, New York 1969

Calvin, J., Unterricht in der christlichen Religion = Institutio Christianae religionis (1559), übers. u. bearb. v. *O. Weber*, Neukirchen-Vluyn ²1963
Çambel, H., Karatepe-Aslantas. The Inscriptions. Facsimile Edition vol. 2 (Corpus of hieroglyphic Luwian Inscriptions; Untersuchungen zur indogermanischen Sprach- und Kulturwissenschaft N.F. 8,2), Berlin u.a. 1999
Capellus, L., Critica sacra sive de variis quae in Veteris Testamenti Libris occurunt lectionibus I-III, hg.v. *G.J. Vogel / G.J.G. Scharfenberg*, o.O. 1775-1778 [¹1650ff]
Caplice, R., È.NUN in Mesopotamian Literature, Or. 42 (1973) 229-305
Caquot, A., La divinité solaire ougaritique, Syria 36 (1959) 90-101
- Art. רבש, ThWAT I (1975) 135-139
- Textes ougaritiques. Bd. 1: Mythes et légendes; Bd. 2: Textes religieux et rituels (par *A. Caquot*) / Correspondance (par *J.L. Cunchillos*) (LAPO 7), Paris Bd. 1 1974 / Bd. 1 1989
Cassin, E., La splendeur divine. Introduction à l'étude de la mentalité mésopotamienne, Paris / La Haye 1968
Castellino, G.R., Libro dei Salmi, Turin 1955
- The Šamaš-Hymn. A Note on its Structure, in: *B. Eichler* (Ed.), Kramer Anniversary Volume. Cuneiform Studies in Honor of *S.N. Kramer* (AOAT 25), Kevelaer / Neukirchen-Vluyn 1976, 71-74

- Incantation to Utu, OrAnt 8 (1969) 1-57
Cazelles, H., Torah et loi. Preálables à l'étude historique d'une notion juive, in: ders., Autour de l'Exode, Paris 1987, 130-141
Cazelles, H., Le Pentateuque comme Torah, in: ders., Autour de l'Exode, Paris 1987, 9-52
Chapman, St.B., ‚The Law and the Words' as a Canonic Formula within the Old Testament, in: *C. Evans* (Ed.), The Interpretation of Scripture in Early Judaism and Christianity. Studies in Language and Tradition (JSPE.S 33; Studies in Scripture in Early Judaism and Christianity 7), Sheffield 2000, 26-74
- The Law and the Prophets. A Study in Old Testament Canon Formation (FAT 27), Tübingen 2000
Charlesworth, J.H. / Cross, F.M. (Ed.), The Dead Sea scrolls: Hebrew, Aramaic, and Greek Texts with English Translations, Tübingen / Louisville; Bd. 1: Rule of the Community and Related Documents 1994; Bd. 2: Damascus Document, War Scroll, and Related Documents 1995; Bd. 4A: Pseudepigraphic and Non-Masoretic Psalms and Prayers 1997; Bd. 4B: Angelic Liturgy: Songs of the Sabbath Sacrifice 1999
Chazon, E., Art. Psalms, Hymns and Prayers, Encyclopedia of the Dead Sea Scrolls vol. II (ed.by *L.H. Schiffman / J.C. VanderKam*), Oxford 2000, 710-715
- Art. Songs of the Sabbath Sacrifice, Encyclopedia of the Dead Sea Scrolls vol. I (ed.by *L.H. Schiffman / J.C. VanderKam*), Oxford 2000, 887-889
- Art. Words of the Luminaries, Encyclopedia of the Dead Sea Scrolls vol. II (ed.by *L.H. Schiffman / J.C. VanderKam*), Oxford 2000, 989-990
Cheyne, T.K., The Book of Psalms I, London 1904
Childs, B.S., Introduction to the Old Testament as Scripture, London 1979
Clements, R.E., חשׁף, ThWAT III (1982) 238-243
Clines, D.J.A., The Tree of Knowledge and the Law of Yahweh (Psalm XIX), VT 24 (1974) 8-14
Collins, J.J., Natural Theology and Biblical Tradition: The Case of Hellenistic Judaism, CBQ 69 (1998) 1-15
Cook, J., The Law in Septuagint Proverbs, JNWSL 23 (1997) 211-223
Coxon, P.W., Art. Gibborim, DDD^2 347f
Craigie, P.C., Psalms 1-50 (WBC), Waco 1983
Crenshaw, J.L., Joel. A New Translation with Introduction and Commentary (AncB 24C), New York 1995
Crüsemann, F., Studien zur Formgeschichte von Hymnus und Danklied in Israel (WMANT 32), Neukirchen 1969
- Die Tora. Theologie und Sozialgeschichte des alttestamentlichen Gesetzes, München 1992
Cross, F.M., The Priestly Tabernacle in the Light of Recent Research, in: *A. Biran* (ed.), Temples and High Places in Biblical Times, Jerusalem 1981, 169-180

Dahood, M., An Ebla Personal Name and the Metaphore in Ps 19,11, Bib 63 (1982) 260-263
Dahood, M., Psalms I-III (AncB), New York 1966/68/70
Dahmen, U., Psalmen- und Psalter-Rezeption im Frühjudentum. Rekonstruktion, Textbestand, Struktur und Pragmatik der Psalmenrolle 11QPs'a aus Qumran (STDJ 49), Leiden u.a. 2003
DeGuglielmo, A., Job 12:7-9 and the Knowability of God, CBQ 6 (1944) 476-482
Deimel, A. (Hg.), Sumerisches Lexikon. Bd. III/1.2 Sumerisch-akkadisches Glossar. Akkadisch-Sumerisches Glossar (Scripta Pontificii Instituti Biblici), Rom 1934/1937

Deissler, A., Ps 119 und seine Theologie, München 1955
- Zur Datierung der „kosmischen Hymnen" Pss 8; 19; 29, in: Lex tua Veritas (FS *H. Junker*, hg.v. *H. Groß / F. Mußner*), Trier 1961, 47-58
- Die Psalmen, Düsseldorf 1971

Delcor, M., Remarques sur la datation du Ps 20 comparée à celle du psaume araméen apparenté dans le papyrus Amherst 63, in: Mesopotamica – Ugaritica – Biblica (FS *K. Bergerhof*, hg.v. *M. Dietrich / O. Loretz*) (AOAT 232), Kevelaer 1993, 25-43

Delitzsch, F., Symbolae ad psalmos illustrandos isagogicae, Leipzig 1846
- Die Psalmen I (BC IV/1), Leipzig ^{3}1873

Denninger, D., The Creator's Fiat and the Creature's Witness. A Literary Study of the Structure, Dynamics and Meaning of Psalm 19, Ann Arbor / MI 1999

Derousseaux, L., La crainte de Dieu dans l'Ancien Testament. Royauté, alliance, sagesse dans les royaumes d'Israël et de Juda. Recherches d'exégèse et d'histoire sur la racine yârê (LeDi 63), Paris 1970

Deurloo, K.A., Psalm 19: Riddle and Parable, in: *K.D. Schunck / M. Augustin* (Hg.), Goldene Äpfel in silbernen Schalen (BEATAJ 20), Frankfurt a.M. 1992, 93-100

Deutscher Evangelischer Kirchenausschuß (Hg. der 1.-3. Aufl.), Die Bekenntnisschriften der evangelisch-lutherischen Kirche. Herausgegeben im Gedenkjahr der Augsburgischen Konfession 1930 (Göttinger theologische Lehrbücher), Göttingen ^{11}1992

Diehl, J.F. / Diesel, A.A. / Wagner, A., Von der Grammatik zum Kerygma. Neue grammatische Erkenntnisse und ihre Bedeutung für das Verständnis der Form und des Gehalts von Psalm XXIX, VT 49 (1999) 462-486

Dietrich, M., Das Ritual für die Krönung des Assurbanipal (VAT 13831), in: Textarbeit. Studien zu Texten und ihrer Rezeption aus dem Alten Testament und der Umwelt Israels, FS *P. Weimar*, hg.v. *K. Kiesow / Th. Meurer* (AOAT 294), Münster 2003, 127-156

Dietrich, W., Einführung. Über Werden und Wesen des biblischen Monotheismus. Religionsgeschichtliche und theologische Perspektiven, in: ders. / *A. Klopfenstein* (Hg.), Ein Gott allein? JHWH-Verehrung und biblischer Monotheismus im Kontext der israelitischen altorientalischen Religionsgeschichte (OBO 139) (Kolloquium der Schweizerischen Akademie der Geistes- und Sozialwissenschaften 13), Göttingen / Fribourg 1994, 13-30

DiLella, A.A., Fear of the Lord as Wisdom. Ben Sira 1,11-30, in: *P.C. Beentjes* (Ed.), The Book of Ben Sira in Modern Research. Proceedings of the First International Ben Sira Conference 28–31 July 1996, Soesterberg / Netherlands (BZAW 255), Berlin u.a. 1997, 113-133

Dohmen, Chr., Ps 19 und sein altorientalischer Hintergrund, Bib 64 (1983) 501-517
- Rezeptionsforschung und Glaubensgeschichte. Anstöße für eine neue Annäherung von Exegese und Systematischer Theologie, TThZ 96 (1987) 123-134
- Wenn Texte Texte verändern. Spuren der Kanonisierung der Tora vom Exodusbuch her, in: *E. Zenger* (Hg.), Die Tora als Kanon für Juden und Christen (HBS 10), Freiburg i.Br. u.a. 1996

Donner, H., Ugaritismen in der Psalmenforschung, ZAW 79 (1967) 323-350

Dubarle, A.M., Note sur le Ps 19, in: La manifestation naturelle de Dieu d'après l'Ecriture, Paris 1976, 162-163

Duhaime, M., Art. Light and Darkness, Encyclopedia of the Dead Sea Scrolls vol. I (ed.by *L.H. Schiffman / J.C. VanderKam*), Oxford 2000, 496f

Duhm, B., Die Psalmen (KHC XIV), Tübingen ^{1}1899 ^{2}1922

Dupont-Sommer, A., Die Essenischen Schriften vom Toten Meer, Tübingen 1960

Durlesser, J., A Rhetorical Critical Study of Psalm 19, 42 and 43, SBTh 10 (1980) 179-197
Dürr, L., Zur Frage nach der Einheit von Ps 19, in: Beiträge zur Religionsgeschichte und Archäologie Palästinas (FS *E. Sellin*, hg.v. *W.F. Albright* u.a.), Leipzig 1927, 37-48

Eaton, J., Some questions of philology and exegesis in the Psalms 18,45; 19,10; 41,2, JThS 19 (1969) 603-609
– Psalms of the Way and the Kingdom. A Conference with the Commentators (JSOT.S 199), Sheffield 1995
Ebeling, E., Die akkadische Gebetsserie „Handerhebung", Berlin 1953
Eco, U., Serialität im Universum der Kunst und der Massenmedien, in: *ders.*, Streit der Interpretationen (Konstanzer Bibliothek 8), Konstanz 1987, 49-68
– Lector in fabula. Die Mitarbeit der Interpretation in erzählenden Texten, München 1987
Edzard, D.O., „Sonnengott", Götter und Mythen im Vorderen Orient (WdM I), Stuttgart 1965
Eggert-Wenzel, R., Der Gebrauch von חמם bei Ijob und Ben Sira. Ein Vergleich zweier Weisheitsbücher, in: *F.V. Reiterer* (Hg.), Freundschaft bei Ben Sira. Beiträge des Symposions zu Ben Sira Salzburg 1995 (BZAW 244), Berlin / New York 1996, 203-238
Ego, B., „In meinem Herzen berge ich dein Wort". Zur Rezeption von Jer 31,33 in der Torafrömmigkeit der Psalmen, JBTh 12 (1997), Neukirchen-Vluyn 1998, 277-290
– Im Himmel wie auf Erden. Studien zum Verhältnis von himmlischer und irdischer Welt im rabbinischen Judentum (WUNT 2 / 34), Tübingen 1989
– Der Strom der Tora. Zur Rezeption eines tempeltheologischen Motivs in frühjüdischer Zeit, in: *B. Ego / A. Lange / P. Pilhofer* (Ed.), Gemeinde ohne Tempel. Community without temple. Zur Substituierung und Transformation des Jerusalemer Tempels und seines Kults im Alten Testament, antiken Judentum und frühen Christentum (WUNT 118), Tübingen 1999, 205-214
Eichhorn, D., Gott als Fels, Burg und Zuflucht. Eine Untersuchung zum Gebet des Mittlers in den Psalmen (EHS 23/4), Bern 1972
Eisler, R., Jahves Hochzeit mit der Sonne. Ein Neumonds- und Hüttenfestlied Davids aus dem salomonischen „Buch der Lieder". Zu Psalm 19,2-7 und 1. Kön. 8,12f. [53 LXX], in: Orientalistische Studien (FS *F. Hommel*), MVAG 22 (1918) 21-46
– Weltenmantel und Himmelszelt, München 1910
– Nochmals zum neunzehnten Psalm, JSOR 11 (1927) 21-46
Eißfeldt, O., Jahve und Baal, Kleine Schriften (I), Tübingen 1962, 1-12
Emmendörffer, M., Der ferne Gott. Eine Untersuchung der alttestamentlichen Volksklagelieder vor dem Hintergrund der mesopotamischen Literatur (FAT 21), Tübingen 1998
Erbele-Küster, D., Lesen als Akt des Betens. Eine Rezeptionsästhetik der Psalmen (WMANT 87), Neukirchen-Vluyn 2001
Ewald, H., Die Dichter des Alten Bundes. Bd. I-III, Göttingen ²1866

Fabry, H.J., Art. לב, ThWAT I (1982) 413-451
– Art. צור, ThWAT IV (1984) 973-983
– Art. שוש / שיש, ThWAT V (1986) 721-729
Falkenstein, A. / von Soden, W., Sumerische und akkadische Hymnen und Gebete, Zürich 1953

Fauth, W., Sonnengottheit (ᴰUTU) und ‚Königliche Sonne' (ᴰUTU'') bei den Hethitern, UF 11 (1979) 227-263
- Helios Megistos. Zur synkretistischen Theologie der Spätantike (Religions in the Graeco-Roman World 125), Leiden 1995

Fisch, H., The Analogy of Nature, JThS 56 (1955) 161-173

Fischer, I., Ps 19 – Ursprüngliche Einheit oder Komposition?, BN 21 (1983) 16-25

Fishbane, M., Psalm 19. Creation, Torah and Hope, in: *ders.*, Text and Texture. Close Reading of Selected Biblical Texts, New York 1979, 84-90
- Biblical Interpretation in Ancient Israel, Oxford 1984

Fleming, D.E., Mari's Large Public Tent and the Priestly Tent Sanctuary, VT 50 (2000) 484-498

Flint, P.W., Art. Psalms, Book of: Biblical text; Apocryphal Psalms, Encyclopedia of the Dead Sea Scrolls vol. I (ed.by *L.H. Schiffman / J.C. VanderKam*), Oxford 2000, 702-710

Fohrer, G., Psalmen, Berlin / New York 1993

Fokos-Fuchs, D., Psalm 19,5 (Goldziher Mem. II), Jerusalem 1958, 136-146

Fontinoy, C., Le ciel biblique dans tous ces états, in: *C. Cannuyer*, Heaven in the Oriental Civilizations / Le ciel dans les civilizations orientales, Acta Orientalia Belgica, Bruxelles 1999, 59-71

Foster, B.R., Epic of Creation (Enuma Elish), in: *W.W. Hallo* (Ed.), The Context of Scripture I. Canonical Compositions from the Biblical World, Leiden 1996, 390-402
- Gilgamesh, in: *W.W. Hallo* (Ed.), The Context of Scripture I. Canonical Compositions from the Biblical World, Leiden 1996, 458-460
- The Shamash Hymn, in: *W.W. Hallo* (Ed.), The Context of Scripture I. Canonical Compositions from the Biblical World, Leiden 1996, 418f

Fossum, J., Art. Glory, DDD², 348-352

Frankfort, H., Cylinder Seals. A Documentary Essay on the Art and Religion of the Ancient Near East, London 1939
- Kingship and the Gods. A Study of Ancient Near Eastern Religion as the Integration of Society and Nature, Chicago 1948
- Einführung. 1. Mythos und Wirklichkeit, 2. Die Logik des mythischen Denkens, in: *H. Frankfort / H.A. Groenewegen Frankfort / J.A. Wilson / Th. Jacobsen / W.A. Irwin* (Hg.), Alter Orient – Mythos und Wirklichkeit, Stuttgart / Berlin / Köln / Mainz ²1981, 9-36
- The Problem of Similarity in Ancient Near Eastern Religions, Oxford 1961

Franklyn, P. The Sayings of Agur in Proverbs 30: Piety or Scepticism?, ZAW 95 (1983) 238-252

Frei, P. / Koch, K., Reichsidee und Reichsorganisation im Perserreich (OBO 55), Fribourg / Göttingen ²1996

Frey, J., Der implizite Leser und die biblischen Texte, ThBeitr 23 (1992) 266-290

Freedman, D.N., The Formation of the Canon of the Old Testament. The Selection and Identification of the Torah as the Supreme Authority of the Postexilic Community, in: *E.B. Firmage* u.a. (Ed.), Religion and Law. Biblical – Judaic and Islamic Perspectives, Winona Lake 1990, 315-331
- The Structure of Psalm 119, in: Pomegranates and Golden Bells. Studies in Biblical, Jewish, and Near Eastern Ritual, Law, and Literature in Honor of J. Milgrom, ed.by *D.N. Freedman / D.P. Wright*, Winona Lake 1995, 725-756

Füglister, N., Die Verwendung und das Verständnis der Psalmen und des Psalters um die Zeitenwende, in: *J. Schreiner* (Hg.), Beiträge zur Psalmenforschung (fzb 60), Würzburg 1988, 319-384

Fuhs, H.F., Art. יָרֵא, ThWAT III (1982) 869-893

- Art. Furcht, NBL I (1991) 713-716
- Das Buch der Sprichwörter. Ein Kommentar (fzb 95), Würzburg 2001

Galling, K., Der Beichtspiegel. Eine gattungsgeschichtliche Studie, ZAW 47 (1929) 125-130
Garçia López, F.M., Art. תּוֹרָה, ThWAT VIII (1995) 597-638
- Art. שָׁמַר, ThWAT VIII (1995) 280-306

Gehring, H.-U., Schriftprinzip und Rezeptionsästhetik, Neukirchen-Vluyn 1999
George, A.R., House of the Most High. The Temples of Ancient Mesopotamia (MesCiv 5), Winona Lake 1993
Gerleman, G., Art. רצה, THAT I (1971) 433-443
- Art. דָּבָר, THAT I (1971) 433-443
Gerstenberger, E.W., Art. חמד, THAT I (1971) 579-881
- Psalms. Part I with an Introduction to Cultic Poetry (FOTL XIV), Grand Rapids / MI 1988

Gese, H., Das Gesetz, in: ders., Zur biblischen Theologie, Tübingen ²1983, 55-84
- Die Entstehung der Büchereinteilung des Psalters, in: ders., Vom Sinai zum Zion (BEvTh 64), Tübingen ²1984, 159-167
- Die Weisheit, der Menschensohn und die Anfänge der Christologie als konsequente Entfaltung der biblischen Theologie, in: ders., Alttestamentliche Studien, Tübingen 1991, 218-248
- Die Einheit von Ps 19, in: ders., Alttestamentliche Studien, Tübingen 1991, 139-148
- Die Religionen Altsyriens, in: ders. / M. Hoefner / K. Rudolph, Die Religionen Altsyriens, Altarabiens und der Mandäer (RdM 10,2), Stuttgart 1970, 7-232
- Psalm 50 und das alttestamentliche Gesetzesverständnis, in: Alttestamentliche Studien, Tübingen 1991, 149-169

Geyer, J., קצות הארץ – Hellenistic?, VT 20 (1970) 87-90
Girard, M., Les Psaumes. Analyse structurelle et interpretation. 1-50, Montréal / Paris 1984
- Les Psaumes redécouverts. De la structure au sens. I-III, Québec 1994-1996
Glass, J.T., Some Observations on Ps 19, in: K. Hoglund u.a. (Ed.), The Listening heart (JSOT.S 58), Sheffield 1987, 147-159
Goodenough, E.R., Jewish Symbols in the Greco-Roman period. Bd.8/2 Pagan Symbols in Judaism (Bollingen series 37), New York 1958
Gordon, R.L., Art., Helios, DDD², 394-401
Görg, M., Die Gattung des sogenannten Tempelweihespruchs (1 Kg 8,12 f.), in: ders., Studien zur biblisch-ägyptischen Religionsgeschichte (SBA 14), Stuttgart 1974/1992, 32-46
- Art. זָהַר, ThWAT II (1977) 544-550
- Art. רָקִיעַ, ThWAT VII (1995) 668-675
- Die Barke der Sonne (Kleine Bibliothek der Religionen 7), Freiburg i.Br. u.a. 2001

Graffy, A., A Prophet Confronts his People. The Disputation Speech in the Prophets (AnOr 104), Rom 1984
Griffiths, J.G., Art. Myths. Solar Cycle, in: J.B. Redford (Ed.), Encyclopedia of Ancient Egypt II, Oxford 2001, 477-480
Grohmann, M., Aneignung der Schrift. Wege einer christlichen Rezeption jüdischer Hermeneutik, Neukirchen-Vluyn 2000
Groß, H., Art. מָשָׁל II, ThWAT IV (1984) 73-77

Groß, W., Doppelt besetztes Vorfeld. Syntaktische, pragmatische und übersetzungstechnische Studien zum althebräischen Verbalsatz (BZAW 305), Berlin / New York 2001
Grund, A., ‚Auf die ganze Erde geht ihre Messschnur aus' – Die Ordnung des Himmels in Ps 19,5a und der babylonische Sternenkatalog BM 78161, BN 110 (2001) 66-75
- Die Tora JHWHs ist vollkommen. Psalm 19 als Dokument jüdischen Glaubens, in: Leqach (2002) 7-32
Güterbock, H.G., The Composition of Hittite Prayers to the Sun, JAOS 78 (1958) 237-245
Gunkel, H., Jesaja 33 – eine prophetische Liturgie, ZAW 42 (1924) 177-208
- Die Psalmen (HK II/2), Göttingen ⁶1986
- / Begrich, J., Einleitung in die Psalmen. Die Gattungen der religiösen Lyrik Israels (HK II Erg.-Band), Göttingen ²1966
Gunneweg, A.H.J., Esra. Mit einer Zeittafel von *A. Jepsen* (KAT 19,1), Gütersloh 1985
- Weisheit, Prophetie und Kanonformel. Erwägungen zu Proverbia 30,1-9, in: Alttestamentlicher Glaube und Biblische Theologie (FS *H.D. Preuß*, hg.v. *J. Hausmann / H.J. Zobel*), Stuttgart u.a. 1992, 253-260
Gzella, H., Lebenszeit und Ewigkeit. Studien zur Eschatologie und Anthropologie des Septuaginta-Psalters (BBB 134), Berlin 2002

Habel, N.C., He who Stretches out the Heavens, CBQ 34 (1972) 417-430
Harrelson, W.J., Psalm 19. A Meditation on God's Glory in the Heavens and in God's Law, in: Worship and the Hebrew Bible (Studies in honour of *J.T. Willis*, ed.by *M. Graham* u.a.) (JSOT.S 284), Sheffield 1999, 142-147
Harrington, D., Art. Wisdom Texts, Encyclopedia of the Dead Sea Scrolls vol. II (ed.by *L.H. Schiffman / J.C. VanderKam*), Oxford 2000, 976-980
Harris, R., Ancient Sippar. A Demographic Study of an Old-Babylonian City (1894-1595 B.C.) (Publications de l'Institut historique et archéologique néerlandais de Stamboul 36), Istanbul 1975
Hartenstein, F., Wolkendunkel und Himmelsfeste. Zur Genese und Kosmologie der Vorstellung des himmlischen Heiligtums JHWHs, in: *B. Janowski / B. Ego* (Hg.), Das biblische Weltbild und seine altorientalischen Kontexte (FAT 32), Tübingen 2001, 125-180
- Die Unzugänglichkeit Gottes im Heiligtum. Jesaja 6 und der Wohnort JHWHs in der Jerusalemer Kulttradition (WMANT 75), Neukirchen-Vluyn 1997
Hartmann, B., Gold und Silber im Alten Testament, Schweizerische theologische Rundschau 28 (1958) 29-33
Hartmann, Th., Art. שמש, THAT II (1976) 987-999
Haspecker, J., Gottesfurcht bei Jesus Sirach (AnBib 30), Rom 1967
Haupt, P., The Harmony of the Spheres, JBL 38 (1919) 180-183
Hecker, K., Das akkadische Gilgamesch-Epos, TUAT III/2 (1991) 646-744
Healey, J.F., The Sun Deity and the Underworld in Mesopotamia and Ugarit, in: *B. Alster* (Ed.), Death in Mesopotamia (Internationaler assyriologischer Kongreß 26 = Mesopotamia 8), Copenhagen 1980, 239-242
Heimpel, W., Art. Held. A. Philologisch, RLA 4 (1975) 287-293
- The Sun at Night and the Doors of Heaven in Babylonian Texts, JCS 38 (1986) 127-157
Heinrich, E., Die Tempel und Heiligtümer im alten Mesopotamien. Typologie, Morphologie und Geschichte (2 Bde.) (Denkmäler antiker Architektur 14), Berlin 1982

Hengel, M., Judentum und Hellenismus. Studien zu ihrer Begegnung unter besonderer Berücksichtigung Palästinas bis zur Mitte des 2. Jh. v.Chr. (WUNT 10), Tübingen ²1973
- „Schriftauslegung" und „Schriftwerdung" in der Zeit des Zweiten Tempels, in: *ders. / H. Löhr* (Hg.), Schriftauslegung im antiken Judentum und im Urchristentum (WUNT 73), Tübingen 1994, 1-71
Hengstenberg, E.W., Commentar über die Psalmen 1-4, Berlin 1842-1844
Hentschke, R., Satzung und Setzender. Ein Beitrag zur israelitischen Rechtsterminologie (BWANT 5,3), Stuttgart 1963
Herkenne, H., Das Buch der Psalmen (HSAT V/2), Bonn 1936 ²
Herrmann, W., Das Aufleben des Mythos unter den Judäern während des babylonischen Zeitalters, BN 40 (1987) 97-112
- Psalm 19 und der kanaanäische Gott 'ILU, UF 19 (1987) 75-78
Hitzig, F., Die Psalmen. Historischer und kritischer Commentar nebst Uebersetzung, Heidelberg 1835
Hoefner, M., Die Religionen Altarabiens, in: *dies. / H. Gese / K. Rudolph* (Hg.), Die Religionen Altsyriens, Altarabiens und der Mandäer (RdM 10,2), Stuttgart 1970, 234-403
Hoffmann, H., Das Gesetz in der frühjüdischen Apokalyptik (StUNT 23), Göttingen 1999
Hollis, E.J., Sun Cult and the Temple in Jerusalem, in: *S.J. Hooke / A.M. Blackmann* (Ed.), Myth and Ritual. Essays on the Myth and Ritual of the Hebrews in Relation to the Culture Pattern of the Ancient East, London 1933, 87-110
Holm-Nielsen, S., Die Psalmen Salomos, JSHRZ IV/2, Gütersloh 1977, 49-113
Horowitz, W., Mesopotamian Cosmic Geography (Mesopotamian civilizations 8), Winona Lake 1998
Horst, F., Die Kennzeichen der hebräischen Poesie, ThR 25 (1953) 97-113
- Hiob. Kap. 1-19 (BK XVI/1), Neukirchen-Vluyn ²1969
Hossfeld, F.-L., Der Wandel des Beters in Ps 18. Wachstumsphasen eines Dankliedes, in: Freude an der Weisung des Herrn (FS *H. Groß*, hg.v. *E. Haag / F.-L. Hossfeld*) (SBB 13), Stuttgart 1986, 171-190
- Nachlese zu neueren Studien der Einzugsliturgie von Ps 15, in: *J. Zmijewski* (Hg.), Die alttestamentliche Botschaft als Wegweisung (FS *H. Reinelt*), Stuttgart 1990, 135-156
- Ps 50 und die Verkündigung des Gottesrechts, in: *F. Reiterer* (Hg.), Ein Gott, eine Offenbarung (FS *N. Füglister*) Würzburg 1991, 83-101
- Bund und Tora in den Psalmen, in: Bibel in jüdischer und christlicher Tradition (FS *J. Maier*, hg.v. *H. Merklein* u.a.) (BBB 88), Frankfurt a.M. 1993, 66-77
- */ Zenger, E.*, „Selig, wer auf die Armen achtet" (Ps 41,3). Beobachtungen zur Gottesvolk-Theologie des ersten David-Psalters, in: Volk Gottes, Gemeinde und Gesellschaft (JBTh 7), Neukirchen-Vluyn 1992, 21-50
- */ Zenger, E.*, „Wer darf hinaufziehen zum Berg JHWHs?" Zur Redaktionsgeschichte und Theologie der Psalmengruppe 15-24, in: Biblische Theologie und gesellschaftlicher Wandel (FS *N. Lohfink*, hg.v. *G. Braulik* u.a.), Freiburg i.Br. 1993, 166-183
- */ Zenger, E.*, Die Psalmen. Psalm 1-50 (NEB 29), Würzburg 1993
- */ Zenger, E.*, Psalmen 51 – 100 (HThK), Freiburg i. Br. / Basel / Wien 2000
Houston, M.V., The Identification of Torah as Wisdom. A Traditio-critical Analysis of Dt. 4,1-8 and 30,11-20, Iowa 1987
Houtman, C., Der Himmel im Alten Testament. Israels Weltbild und Weltanschauung (OTS 30), Leiden u.a. 1993

Hübner, H., Die Weisheit Salomons. Liber sapientiae Salomonis (ATD 100,4), Göttingen 1999
Hübner, K., Die Wahrheit des Mythos, München 1985
Hunger, H., Art. Himmelsschrift, RLA 4, 413
– / Pingree, D., Astral Science in Mesopotamia (HdO 44), Leiden 1999
Hupfeld, H., Die Psalmen 2, Gotha 1856
Husser, J.M., Shapash psychopompe et le pseudo hymne au soleil (KTU 1.6 vi 42-53), UF 29 (1997) 224 -244
Hutter, M., Art. Heaven I-III, DDD², 388-390

Irsigler, H., Psalm-Rede als Handlungs-, Wirk- und Aussageprozeß. Sprechaktanalyse und Psalmeninterpretation am Beispiel von Ps 13, in: Neue Wege der Psalmenforschung (FS *W. Beyerlin*, hg.v. *K. Seybold / E. Zenger*) (HBS 1), Freiburg i.Br. 1994, 63-103
– Die Suche nach Gerechtigkeit in den Psalmen 37, 49 und 73, in: *ders.*, Vom Adamssohn zum Immanuel. Gastvorträge Pretoria 1996 (ATS 58), St. Ottilien 1997, 71-100
– Psalm 90. Der vergängliche Mensch vor dem ewigen Gott, in: *ders.*, Vom Adamssohn zum Immanuel. Gastvorträge Pretoria 1996 (ATS 58), St. Ottilien 1997, 49-69
Iser, W., Der Akt des Lesens. Theorie ästhetischer Wirkung, München 1976
– Der Lesevorgang, in: *R. Warning* (Hg.), Rezeptionsästhetik, München ⁴1993, 253-276
– *W.*, Die Appellstruktur der Texte, in: *R. Warning* (Hg.), Rezeptionsästhetik, München ⁴1993, 228-152
Iwry, S., A New Designation for the Luminaries in Ben Sira and in the Manual of Discipline (1QS), BASOR 200 (1970) 41-47

Jacquet, L., Les Psaumes et le cœur de l'homme, Namur Bd. I 1975 / Bd. II 1977 / Bd. III 1979
von Jan, C., Die Harmonie der Sphären, Philologus 52, N.F. 6 (1893) 13-37
Jacob, B., Das erste Buch der Tora. Genesis, Berlin 1934
Jacobsen, Th., The Graven Image, in: Ancient Israelite Religion (Studies in honor of F.M. Cross, ed.by P.D. Miller), Philadelphia 1987
Janowski, B., Rettungsgewißheit und Epiphanie des Heils. Das Motiv der Hilfe Gottes „am Morgen" im Alten Orient und im Alten Testament. Bd. I: Alter Orient (WMANT 59), Neukirchen-Vluyn 1989
– Tempel und Schöpfung. Schöpfungstheologische Aspekte der priesterschriftlichen Heiligtumskonzeption, in: *ders.*, Gottes Gegenwart in Israel. Beiträge zur Theologie des Alten Testaments, Neukirchen-Vluyn 1993, 214-246
– Das Königtum Gottes in den Psalmen. Bemerkungen zu einem neuen Gesamtentwurf, in: *ders.*, Gottes Gegenwart in Israel. Beiträge zur Theologie des Alten Testaments, Neukirchen-Vluyn 1993, 148-213
– JHWH und der Sonnengott. Aspekte der Solarisierung JHWHs in vorexilischer Zeit, in: *J. Mehlhausen* (Hg.), Pluralismus und Identität (Veröffentlichungen der Wissenschaftlichen Gesellschaft für Theologie 8), Gütersloh 1995, 214-241
– Stellvertretung. Alttestamentliche Studien zu einem theologischen Grundbegriff (SBS 165), Stuttgart 1997
– Der göttliche Richter und seine Gerechtigkeit, in: *ders. / J. Assmann / M. Welker* (Hg.), Gerechtigkeit. Richten und Retten in der abendländischen Tradition und ihren altorientalischen Ursprüngen, München 1998, 20-28

- Die ‚Kleine Biblia'. Zur Bedeutung der Psalmen für eine Theologie des Alten Testaments, in: *ders.*, Die rettende Gerechtigkeit. Beiträge zur Theologie des Alten Testaments II, Neukirchen-Vluyn 1999, 125-164
- Die Tat kehrt zum Täter zurück. Offene Fragen im Umkreis des „Tun-Ergehen-Zusammenhangs", in: *ders.*, Die rettende Gerechtigkeit. Beiträge zur Theologie des Alten Testaments II, Neukirchen-Vluyn 1999, 167-191
- Der barmherzige Richter. Zur Einheit von Gerechtigkeit und Barmherzigkeit im Gottesbild des Alten Orients und des Alten Testaments, in: R. Scoralick (Hg.), Das Drama der Barmherzigkeit Gottes. Studien zur biblischen Gottesrede und ihrer Wirkungsgeschichte in Judentum und Christentum (SBS 183), Stuttgart 2000, 33-91
- Sühne als Heilsgeschehen. Traditions- und religionsgeschichtliche Studien zur priesterschriftlichen Sühnetheologie (WMANT 55), Neukirchen-Vluyn ^{1}1982 ^{2}2000
- Der Himmel auf Erden. Zur kosmologischen Bedeutung des Tempels in der Umwelt Israels, in: *ders.* / B. Ego (Hg.), Das biblische Weltbild und seine altorientalischen Kontexte (FAT 32), Tübingen 2001, 229-261
- Das biblische Weltbild. Eine methodologische Skizze, in: *ders.* / B. Ego (Hg.), Das biblische Weltbild und seine altorientalischen Kontexte (FAT 32), Tübingen 2001, 3-26
- / *Koch, K.* / *Wilhelm, G.*, Einführung, in: *dies.*, Religionsgeschichtliche Beziehungen zwischen Kleinasien, Nordsyrien und dem Alten Testament. Internationales Symposion Hamburg, 17.-21. März 1990 (OBO 129), Fribourg / Göttingen 1993
- Die Frucht der Gerechtigkeit. Psalm 72 und die judäische Königsideologie, in: E. Otto (Hg.), „Mein Sohn bist du" (Ps 2,7). Studien zu den Königspsalmen (SBS 192), Stuttgart 2002, 94-134
- JHWH der Richter, ein rettender Gott. Psalm 7 und das Motiv des Gottesgerichts, in: *ders.*, Die rettende Gerechtigkeit. Beiträge zur Theologie des Alten Testaments II, Neukirchen-Vluyn 1999, 92-124

Japhet, S., The Ideology of the Book of Chronicles and its Place in Biblical Thought (BEATAJ 9), Frankfurt a.M. 1988

Jaubert, A., Le calendrier des Jubilées et de la secte de Qumrân. Ses origines bibliques, VT 3 (1953) 250-264

Jeanrond, W.G., Text und Interpretation als Kategorien theologischen Denkens (HUT 23), Tübingen 1986

Jenni, E., Art. יוֹם, THAT I (1971) 755-761
- Art. יצא, THAT I (1971) 755-761

Jepsen, A., Art. אָמֵן, ThWAT I (1973) 313-347

Jeremias, J., Theophanie. Die Geschichte einer alttestamentlichen Gattung (WMANT 10), Neukirchen-Vluyn 1965
- Der Prophet Hosea (ATD 24,1), Göttingen 1983
- Das Königtum Gottes in den Psalmen. Israels Begegnung mit dem kanaanäischen Mythos in den Jahwe-König-Psalmen (FRLANT 141), Göttingen 1987

Jirku, A., Die Sprache der Gottheit in der Natur, ThLZ 76 (1951) 631

Johnson, B., Art. מִשְׁפָּט, ThWAT V (1986) 93-107

Joannès, F., Les temples de Sippar et leurs trésors à l'époque néo-babylonienne, RA 86 (1992) 159-184

Kadish, G.E., Art. Time, in: J.B. Redford (Ed.), Encyclopedia of Ancient Egypt III, Oxford 2001, 405-409

Kaiser, O., Der Prophet Jesaja, Kapitel 13-39 (ATD 18), Göttingen ^{3}1983

- The Law as Center of the Hebrew Bible, in: Studies in the Bible, Qumran and Ancient Near East (Studies in honor of S. Talmon, ed.by M. Fishbane / E. Tov), Winona Lake 1992, 93-104
- Der Gott des Alten Testaments. Theologie des Alten Testaments. Teil I: Grundlegung (UTB 1747), Göttingen 1993; Teil II: Jahwe, der Gott Israels, Schöpfer der Welt und des Menschen (UTB 2024), Göttingen 1998

Karrer, Chr., Ringen um die Verfassung Judas. Eine Studie zu den theologisch-politischen Vorstellungen im Esra-Nehemia-Buch (BZAW 308), Berlin / New York 2001

Kedar-Kopfstein, B., Art. קוֹל, ThWAT VI (1989) 1237-1252
- Art. זָהָב, ThWAT II (1977) 534-544
- Art. תָּמַם, ThWAT VIII (1994) 688-701

Keel, O., Jahwe-Visionen und Siegelkunst. Eine neue Deutung der Majestätsschilderungen in Jes 6, Ez 1 und 10 und Sach 4 (SBS 84/85), Stuttgart 1977
- Jahwes Entgegnung an Hiob. Eine Deutung von Ijob 38-41 auf dem Hintergrund der zeitgenössischen Bildkunst (FRLANT 121), Göttingen 1978
- Wer zerstörte Sodom?, ThZ 35 (1979) 10-17
- Deine Blicke sind Tauben. Zur Metaphorik des Hohen Liedes (SBS 114/115), Stuttgart 1984
- Fern von Jerusalem. Frühe Jerusalemer Kulttraditionen und ihre Träger und Trägerinnen, in: Zion – Ort der Begegnung (FS L. Klein, hg.v. F. Hahn u.a.) (BBB 90), Frankfurt a.M. 1993, 439-502
- Sturmgott – Sonnengott – Einziger. Ein neuer Versuch, die Entstehung des judäischen Monotheismus historisch zu verstehen, BiKi 49 (1994) 82-92
- / Uehlinger, Chr., Jahwe und die Sonnengottheit von Jerusalem, in: W. Dietrich / M.A. Klopfenstein (Hg.), Ein Gott allein? JHWH-Verehrung und biblischer Monotheismus im Kontext der israelitischen und altorientalischen Religionsgeschichte (OBO 139), Fribourg / Göttingen 1994, 269-306
- / Uehlinger, Chr., Göttinnen, Götter und Gottessymbole. Neue Erkenntnisse zur Religionsgeschichte Kanaans und Israels aufgrund bislang unerschlossener ikonographischer Quellen (QD 134), Freiburg i. Br. / Basel / Wien ⁴1998

Kessler, R., Silber und Gold, Gold und Silber. Zur Wertschätzung der Edelmetalle im Alten Israel, BN 31 (1986) 57-69
- „Ich weiß, daß mein Erlöser lebet". Sozialgeschichtlicher Hintergrund und theologische Bedeutung der Löser-Vorstellung in Hiob 19,25, ZThK 89 (1992) 139-158
- Micha (HThK), Freiburg i. Br. 1999

King, L.W., Babylonian Boundary Stones and Memorial Tablets in the British Museum, London 1912

Kissane, E., The Psalms. Bd. I, Dublin 1953/54

Kittel, R., Die Psalmen übersetzt und erklärt (KAT XIII), Leipzig ⁴1922

Kloos, C., Yhwh's Combat with the Sea. A Canaanite Tradition in the Religion of Ancient Israel, Amsterdam / Leiden 1986

Kleer, M., „Der liebliche Sänger der Psalmen Israels". Untersuchungen zu David als Dichter und Beter der Psalmen (BBB 108), Bodenheim 1996

Knibb, M., Art. Rule of the Community, Encyclopedia of the Dead Sea Scrolls vol. I (ed.by L.H. Schiffman / J.C. VanderKam), Oxford 2000, 793-797

Knierim, R.P., Die Hauptbegriffe für Sünde im Alten Testament, Gütersloh 1965
- Art. שׁגג, THAT II (1976) 869-873
- Art. פֶּשַׁע, THAT II (1976) 488-495
- On the Theology of Psalm 19, in: Ernten, was man sät (FS K. Koch, hg.v. D.R. Daniels), Neukirchen-Vluyn 1991, 439-458

Knigge, C., Überlegungen zum Verhältnis von altägyptischer Hymnik und alttestamentlicher Psalmendichtung. Zum Versuch einer diachronen und interkulturellen Motivgeschichte, PzB 9 (2000) 93-122
Knudtzon, J.A. (2. Aufl. hg.v. *A.F. Rainey*), Die El-Amarna-Tafeln (AOAT 8), Kevelaer / Neukirchen-Vluyn ²1978
Knowles, M.P., „The Rock, his Work is Perfect." Unusual Imagery for God in Deuteronomy XXXII, VT 39 (1989) 307-322
Koch, J., Der Sternenkatalog BM 78161, WO 23 (1992) 39-67
Koch, K., Tempeleinlaßliturgien und Dekaloge, in: Studien zur Theologie der alttestamentlichen Überlieferungen (FS *G. von Rad*, hg.v. *R. Rendtorff / K. Koch*), Neukirchen-Vluyn 1951, 45-60
- Art. אהל, ThWAT I (1973) 128-141
- Was ist Formgeschichte? Methoden der Bibelexegese. Mit einem Nachwort: Linguistik und Formgeschichte, Neukirchen-Vluyn ³1974
- Art. צדק, THAT II (1976) 507-530
- Art. תמם, THAT II (1976) 1045-1051
- Art. Gesetz. I. Altes Testament, TRE 13 (1984) 40-52
- Der Psalter und seine Redaktionsgeschichte, in: Neue Wege der Psalmenforschung (FS *W. Beyerlin*, hg.v. *K. Seybold / E. Zenger*) (HBS 1), Freiburg i.Br. u.a. 1994, 243-277
- Der Artaxerxes-Erlaß im Esrabuch, in: Meilenstein (FS *H. Donner*, hg.v. *M. Weippert / S. Timm*) (ÄAT 30), Wiesbaden 1995, 87-98
Koch, R., Die Sünde im Alten Testament, Frankfurt a.M. 1992
Koch-Westenholz, U., Mesopotamian Astrology. An Introduction to Babylonian and Assyrian Celestial Divination, Copenhagen 1995
Köckert, M., Das nahe Wort. Zum entscheidenden Wandel des Gesetzesverständnisses im Alten Testament, ThPh 60 (1985) 495-519
- Vätergott und Väterverheißungen. Eine Auseinandersetzung mit Albrecht Alt und seinen Erben (FRLANT 142), Göttingen 1988
- Leben in Gottes Gegenwart. Zum Verständnis des Gesetzes in der Priesterschrift, in: *O. Hofius / P. Stuhlmacher*, „Gesetz" als Thema Biblischer Theologie, JBTh 4 (1989), Neukirchen-Vluyn 1989, 29-61
Köhlmoos, M., Das Auge Gottes. Textstrategie im Hiobbuch (FAT 25), Tübingen 1999
Koester, H., NOMOS PHYSEOS. The Concept of Natural Law in Greek Thought, in: Religions in Antiquity (Studies in Honor of *E.R. Goodenough*, ed.by *J. Neusner*) (SHR 14), Leiden 1968, 521-541
König, E., Die Psalmen, Gütersloh 1927
Körtner, U., Der inspirierte Leser. Zentrale Aspekte biblischer Hermeneutik, Göttingen 1994
Korpel, M.C.A., Art. Rock, DDD², 709f
Kosmala, H., Art. גבר, ThWAT I (1973) 901-920
Kottsieper, I., Papyrus Amherst 63. Eine Einführung, Text und Übersetzung von 12,11-19, in: *O. Loretz* (Hg.), Die Königspsalmen Teil I. Mit einem Beitrag von *I. Kottsieper* zu Papyrus Amherst 63 (UBL 6), Münster 1988, 55-75
- „Weisheitstexte" in aramäischer Sprache. Die Geschichte und die Sprüche des weisen Achiqar, TUAT III/2 (1991) 320-347
- Die alttestamentliche Weisheit im Licht aramäischer Weisheitstraditionen, in: *B. Janowski* (Hg.), Weisheit außerhalb der kanonischen Weisheitsschriften (Veröffentlichungen der Wissenschaftlichen Gesellschaft für Theologie 10), Gütersloh 1996, 128-162

– El – ferner oder naher Gott? Zur Bedeutung einer semitischen Gottheit in verschiedenen sozialen Kontexten im 1. Jtsd. v.Chr, in: *R. Albertz* (Hg.), Religion und Gesellschaft. Studien zu ihrer Wechselbeziehung in den Kulturen des Antiken Vorderen Orients (AOAT 248), Münster 1997, 25-74
– El – ein aramäischer Gott? – Eine Antwort, BN 94 (1998) 87-98
Kramer, S.N., The Sacred Marriage Rite. Aspects of Faith, Myth, and Ritual in Ancient Sumer, Bloomington / IN 1969
Krašovec, J., La justice ($ṣdq$) de Dieu dans la Bible hébraïque et l'interprétation juive et chrétienne (OBO 76), Fribourg / Göttingen 1988
Kratz, R.G., Translatio imperii. Untersuchungen zu den aramäischen Danielerzählungen und ihrem theologiegeschichtichen Umfeld (WMANT 63), Neukirchen-Vluyn 1991
Kraus, H.J., Freude an Gottes Gesetz. Ein Beitrag zur Auslegung der Psalmen 1; 19B und 119, EvTh (1950/51) 337-351
– Zum Gesetzesverständnis der nachprophetischen Zeit [1969], in: *ders.*, Biblisch-theologische Aufsätze, Neukirchen-Vluyn 1972, 179-194
– Die Psalmen, BK XIV I / II, Neukirchen-Vluyn 1986^6
Krüger, Th., „Kosmo-theologie" zwischen Mythos und Erfahrung. Psalm 104 im Horizont altorientalischer und alttestamentlicher „Schöpfungs"-Konzepte, BN 68 (1993) 49-74
– Psalm 90 und die „Vergänglichkeit des Menschen", Bib 75 (1994) 191-219
– Kohelet (Prediger) (BK XIX Sonderband), Neukirchen-Vluyn 2000
Küchler, M., Frühjüdische Weisheitstraditionen. Zum Fortgang weisheitlichen Denkens im Bereich des frühjüdischen Jahweglaubens (OBO 26), Fribourg / Göttingen 1979
Kühlewein, J., Art. נבר, THAT I (1971) 398-402
– Art. סֵפֶר, THAT II (1976) 159-173
Kutsch, E., Menschliche Weisung und Gesetz Gottes. Beobachtungen zu einem aktuellen Thema [1983], in: *ders.*, Kleine Schriften zum Alten Testament (hg.v. *L. Schmidt / K. Eberlein*) (BZAW 168), Berlin / New York 1986, 247-273
Kvanvig, H., Roots of Apocalyptic. The Mesopotamian Background of the Enoch Figure and of the Son of Man (WMANT 61), Neukirchen-Vluyn 1988

Laessøe, J., Studies on the Assyrian Ritual and Series bît rimki, Copenhagen 1955
Labuschagne, C.J., Art. קוֹל, THAT II (1976) 629-635
Lambert, W.G., Babylonian Wisdom Literature, Oxford ^{2}1975
– Art. Himmel, RLA 4 (1975) 411-412
– Art. Honig, RLA 4 (1975) 469
– Enuma Elisch, TUAT III/4 (1995) 565-602
Lamparter, H., Das Buch der Psalmen. Bd. 1: Psalm 1-72 (Die Botschaft des Alten Testaments 14), Stuttgart 1958
Landsberger, W., Die Eigenbegrifflichkeit der babylonischen Welt, in: *ders. / W. v. Soden*, Die Eigenbegrifflichkeit der babylonischen Welt. Leistung und Grenze sumerischer und babylonischer Wissenschaft, Darmstadt 1965, 1-18
– Zur vierten und fünften Tafel des Gilgamesch-Epos, RA 62 (1968) 97-135
Lang, B., Frau Weisheit. Deutung einer biblischen Gestalt, Düsseldorf 1975
Langdon, S., Die neubabylonischen Königsinschriften (VAB 4), Leipzig 1912
Lange, A., Weisheit und Prädestination. Weisheitliche Urordnung und Prädestination in den Textfunden von Qumran (StTDJ 18), Leiden / New York / Köln 1995
– Die Endgestalt des protomasoretischen Psalters und die Toraweisheit. Zur Bedeutung der nichtessenischen Weisheitstexte aus Qumran für die Auslegung

des protomasoretischen Psalters, in: *E. Zenger* (Hg.), Der Psalter als Kanon für Juden und Christen (HBS 18), Freiburg i.Br. u.a. 1998, 101-137
Langer, B., „Gott als Licht" in Israel und Mesopotamien (ÖBS 7), Klosterneuburg 1989
Laubscher, F.T., Epiphany and Sun Mythology in Zechariah 14, JNWSL 20 (1994) 125-138
Lebram, J.C.H., Jerusalem. Wohnsitz der Weisheit, in: *M.J. Vermaseren* (Ed.), Studies in Hellenistic Religions (Religions in the Graeco-Roman World 78), Leiden 1979, 103-128
van Leeuwen, C., Art. נקה, THAT II (1976) 102-106
– Joël (De prediking van het Oude Testament), Nijkerk 1993
Lelli, F., Art. Stars, DDD², 809-814
Levenson, J.D., The Sources of Torah: Psalm 119 and the Modes of Revelation in Second Temple Judaism, in: Ancient Israelite Religion. Essays in Honor of *F.M Cross*, ed.by *P.D. Miller* a.o., Philadelphia 1987, 559-574
Levin, Chr., Das Gebetbuch der Gerechten. Literargeschichtliche Beobachtungen am Psalter, ZThK 90 (1993) 355-381
Levine, B., Art. מִצְוָה u.a., ThWAT IV (1984) 1085-1095
Lichtenberger, H., Studien zum Menschenbild in Texten der Qumrangemeinde (STUNT 15), Göttingen / Zürich 1980
Liedke, G., Art. ישׁר, THAT I (1971) 790-794
– Gestalt und Bezeichnung alttestamentlicher Rechtssätze. Eine formgeschichtlich-terminologische Studie (WMANT 39), Neukirchen-Vluyn 1971
Limbeck, M., Die Ordnung des Heils. Untersuchungen zum Gesetzesverständnis des Frühjudentums, Düsseldorf 1971
– Das Gesetz im Alten und Neuen Testament, Darmstadt 1997
Link, Chr., Die Welt als Gleichnis. Studien zum Problem der natürlichen Theologie (BevTh 73), München 1982
– Schöpfung. Schöpfungstheologie angesichts der Herausforderungen des 20. Jahrhunderts (HST 7/1.2), Gütersloh 1991
– Natürliche Theologie, EKL³ 3 (1992) 631-634
Lipiński, E., La royauté de Yahwé dans la poésie et le culte de l'ancien Israël, Brussel 1965
– Le culte du soleil chez les Sémites occidentaux du 1ère millénaire av. J.-C., OLP 22 (1991) 57-72
– Art. שֶׁמֶשׁ, ThWAT VIII (1994) 306-314
– Art. SYDYK et MISOR, in: *ders.*, Dieux et déesses de l'univers phénicien et punique (OLA 64) (Studia Phoenicia 14), Leuven 1995, 491
– Art. Shemesh, DDD², 1445-1452
Liwak, R., „Sonne der Gerechtigkeit, gehe auf zu unsrer Zeit ..." Notizen zur solaren Motivik im Verhältnis von Gott und König, in: Am Fuß der Himmelsleiter – Gott suchen – den Menschen begegnen, Beiträge für *P.Welten*, hg.v. *E.M. Dörrfuß / C. Maier*, Berlin 1996, 111-120
Locher, C., Art. עֶלֶם, ThWAT VI (1989) 160-167
Loewenstamm, S.E., The Trembling of Nature During the Theophany, in: *ders.*, Comparative Studies in Biblical and Ancient Oriental Literatures (AOAT 204), Kevelaer 1980
Lohfink, N., Lobgesänge der Armen. Studien zum Magnifikat, den Hodajot von Qumran und einigen späten Psalmen. Mit einem Anhang: Hodajot-Bibliographie 1948-1989 von *U. Dahmen* (SBS 143), Stuttgart 1990
– 'd(w)t im Deuteronomium und in den Königsbüchern, BZ.NF 35 (1991) 86-93
Loretz, O., Psalmenstudien III, UF 6 (1974) 175-210

- Die Psalmen, Teil I/2. Beitrag der Ugarit-Texte zum Verständnis von Kolometrie und Textologie der Psalmen 1-89 (AOAT 207 / 1/2), Kevelaer / Neukirchen-Vluyn 1979
- Ugaritologische und kolometrische Anmerkungen zu Ps 19A, in: UF 18 (1986) 223-230
- Ugarit-Texte und Thronbesteigungspsalmen. Die Metamorphose des Regenspenders Baal-Jahwe (Ps 24,7-10; 29; 47; 93; 95–100 sowie Ps 77,17-20; 114) (UBL 7), Münster 1988
- Ugarit und die Bibel. Kanaanäische Götter und Religion im Alten Testament, Darmstadt ²1996
- Gottes Thron in Tempel und Himmel nach Psalm 11. Von der altorientalischen zur biblischen Tempeltheologie, UF 26 (1994) 245-270

Luckenbill, D.D., The Annals of Sennacherib (OIP 2), Chicago 1924

Lundbom, J.R., Jeremiah 1-20. A New Translation with Introduction and Commentary (AncB 21A), New York 1999

Maass, F., Art. טהר, THAT I (1971) 646-652

Macmillan, K.D., Some Cuneiform Tablets Bearing in the Religion of Babylonia and Assyria (BA 5/5), Leipzig 1906

Mannati, M., Les Psaumes (Cahiers de la Pierre-qui-Vire), Bd. 1: Introduction générale. Psaumes 1 à 31, Paris 1966

Mankowski, P.V., Akkadian loanwords in Biblical Hebrew (Harvard Semitic Studies 47), Winona Lake 2000

Maiberger, P., Zur „Dulcedo Dei" im Alten Testament, TThZ 94 (1985) 143-157
- Art. Biene, NBL I (1991) 293f
- Art. Honig, NBL II (1995) 193f

Maier, J., Die Sonne im religiösen Denken des antiken Judentums, in: W. Haase (Hg.), Religion (Judentum) (ANRW II 19.1), Berlin / New York 1979, 346-412
- Die Qumran-Essener. Die Texte vom Toten Meer. Bd. I-III, München / Basel 1995-1996

Marböck, J., קו, Eine Bezeichnung für das hebräische Metrum?, VT XX (1970) 236-239

Marböck, J., Gesetz und Weisheit. Zum Verständnis des Gesetzes bei Jesus Ben Sira, in: *I. Fischer* (Hg.), *J. Marböck*: Gottes Weisheit unter uns. Zur Theologie des Buches Sirach (HBS 6), Freiburg i.Br. u.a. 1995, 52–72
- Gottes Weisheit unter uns. Sir 24 als Beitrag zur biblischen Theologie, in: *I. Fischer* (Hg.), *J. Marböck*, Gottes Weisheit unter uns. Zur Theologie des Buches Sirach (HBS 6), Freiburg i.Br. u.a. 1995, 73-87
- Henoch – Adam – der Thronwagen. Zur frühjüdischen pseudepigraphischen Tradition bei Ben Sira in: *I. Fischer* (Hg.), *J. Marböck*: Gottes Weisheit unter uns. Zur Theologie des Buches Sirach (HBS 6), Freiburg i.Br. u.a. 1995, 133-143

Margalith, B., A Matter of ‚Life and ‚Death'. A Study of the Baal-Mot Epic (CTA 4-5-6) (AOAT 206), Kevelaer / Neukirchen-Vluyn 1980

Matsushima, E., Le ‚lit' de Šamaš et le rituel du mariage à l'Ebabbar, Acta sumerologica 7 (1985) 129-137

Mathys, H.P., Dichter und Beter. Theologen aus spätalttestamentlicher Zeit (OBO 132), Fribourg / Göttingen 1994

Maul, S., Gottesdienst im Sonnenheiligtum zu Sippar, in: Munuscula Mesopotamia (FS *J. Renger*, hg.v. *B. Böck* u.a.), Münster 1999, 285-316

- Der assyrische König, Hüter der Weltordnung, in: *K. Watanabe* (Hg.), Priests and Officials in the Ancient near East. Papers of the Second Colloquium on the Ancient Near East – The City and its Life, Held at the Middle Eastern Culture Center in Japan, March 22-24, 1996, Heidelberg 1999, 201-214
- Zukunftsbewältigung. Eine Untersuchung altorientalischen Denkens anhand der babylonisch-assyrischen Löserituale (Namburbi) (Baghdader Forschungen 18), Mainz am Rhein 1994

May, H.G., Some Aspects of Solar Worship at Jerusalem, ZAW 55 (1937) 269-281

Mayer, W., Untersuchungen zur Formensprache der babylonischen „Gebetsbeschwörungen" (StP.SM 5), Rom 1976
- Art. יָשַׁר u.a. I. Etymologie; II. Umwelt, ThWAT III (1982) 1059-1070

Mayer-Opificius, R., Die geflügelte Sonne: Himmels- und Regendarstellungen im Alten Vorderasien, UF 16 (1984) 189-236

Mayordomo-Marín, M., Den Anfang hören. Leserorientierte Evangelienexegese am Beispiel Matthäus 1-2 (FRLANT 180) Göttingen 1998

Mays, J.L., The Place of the Torah-Psalms in the Psalter, JBL 106 (1987) 3-12
- The Question of Context in Psalm Interpretation, in: *J.C. McCann Jr.* (Ed.), The Shape and the Shaping of the Psalter (JSOT.S 159), Sheffield 1993, 1-28

McKay, J.W., Psalms 1-50 (CBC), Cambridge 1977

Mende, Th., „Ich weiß, daß mein Erlöser lebt" (Ijob 19,25). Ijobs Hoffnung und Vertrauen in der Prüfung des Leidens, TThZ 99 (1990) 15–35
- Die Wurzel der Auferstehungshoffnung im Ijobbuch, TThZ 102 (1993) 1-33

McKane, W., A Critical and Exegetical Commentary on Jeremiah (ICC), Edinburgh 1986

Menzel, B., Assyrische Tempel (2 Bde.) (StP.SM 10 1/2), Rom 1981

Meinhold, A., Überlegungen zur Theologie des 19. Psalms, ZThK 80 (1983) 119-136
- Die Sprüche. Teil 1: Sprüche Kapitel 1-15 (ZBK.AT 16), Zürich 1991

Mettinger, T.N.D., The Dethronement of Sabaoth. Studies in the Shem and Kabod Theologies, Lund 1982

Metzger, M., Himmlische und irdische Wohnstatt Jahwes, UF 2 (1970) 139-158
- Zodiakos, Tempel und Toraschrein. Verbindungslinien zwischen Bildmotiven auf Mosaikbildern spätantiker Synagogen in Palästina, in: Verbindungslinien (FS *W.H. Schmidt*, hg.v. *A. Graupner* u.a.), Neukirchen-Vluyn 2000, 224-248

Michel, D., Tempora und Satzstellung in den Psalmen (Abhandlungen zur evangelischen Theologie 1), Bonn 1960

Milgrom, J., The Cultic שגגה and its Influence in Psalms and Job, JQR 58 (1967) 115-125

Millard, M., Die Komposition des Psalters. Ein formgeschichtlicher Ansatz (FAT 9), Tübingen 1994

Miller, P.D., Poetic Ambiguity and Balance in Psalm XV, VT 29 (1979) 416-424
- Kingship, Torah Obedience, and Prayer. The Theology of Psalms 15-24, in: Neue Wege der Psalmenforschung (FS *W. Beyerlin*, hg.v. *K. Seybold / E. Zenger*) (HBS 1), Freiburg i.Br. 1994, 127-142
- They Cried to the Lord. The Form and Theology of Biblical Prayer, Minneapolis 1994

Mommer, P., Art. חנן, ThWAT VIII (1995) 653-657

Moran, W.L., The Scandal of the ‚Great Sin' at Ugarit, JNES 28 (1959) 280f

Morgenstern, J., The Gates of Righteousness, HUCA 6 (1929) 1-37
- Psalm 8 and 19A, HUCA 19 (1945/46) 491-523
- The King-God among the Western Semites and the Meaning of Epiphanees, VT 10 (1960)
- The Cultic Setting of the ‚Enthronement Psalms', HUCA 35 (1964) 1-42

Mosis, R., Art. פתח, ThWAT VI (1989) 820-831
Mowinckel, S., Psalmenstudien I (1-2); II (3-6), Amsterdam 1921/22
- Art. Mythos und Mythologie. Altes Testament, RGG³ 4 (1960) 1263-1278
- The Psalms in Israel's Worship (I /II), Oxford 1962
Moxter, M., Kultur als Lebenswelt. Studien zum Problem einer Kulturtheologie (HUTh 38), Tübingen 2000
Mulder, J.C.M., Studies on Psalm 45, Nijmwegen 1972
Mullen, E.T., The Divine Council in Canaanite and Early Hebrew Literature (HSM 24), Chico 1980
- Art. Go'el, DDD², 372f
Müller, A., Proverbien 1-9. Der Weisheit neue Kleider (BZAW 291), Berlin [u.a.] 2000
Müller, H.P., Art. חכם, ThWAT II (1977) 922-945
Müller, M., Art. Re and Re-Horakhty, in: *J.B. Redford* (Ed.), Encyclopedia of Ancient Egypt III, Oxford 2001, 122-126
Müller, P., „Verstehst du auch, was du liest?". Lesen und Verstehen im Neuen Testament, Darmstadt 1994
Münxelhaus, B., Pythagoras musicus. Zur Rezeption der pythagoreischen Musiktheorie als quadrivialer Wissenschaft (Orpheus-Schriftenreihe zu Grundfragen der Musik 17), Bonn-Bad-Godesberg 1976

Neef, H.-D., Gottes himmlischer Thronrat. Hintergrund und Bedeutung von sôd JHWH im Alten Testament, Stuttgart 1994
Negoitá, A. / Ringgren, H., Art. הגה, ThWAT II (1977) 343-347
Newsome, C.A., Art. Heaven, Encyclopedia of the Dead Sea Scrolls vol. I (ed.by *L.H. Schiffman / J.C. VanderKam*), Oxford 2000, 338-340
Nickelsburgh, G.W., Art. Enoch, Books of, Encyclopedia of the Dead Sea Scrolls vol. II (ed.by *L.H. Schiffman / J.C. VanderKam*), Oxford 2000, 249-253
Niehr, H., Art. ספר, ThWAT V (1986) 921-929
- Der höchste Gott. Alttestamentlicher Glaube im Kontext syrisch-kanaanäischer Religion des 1. Jahrtausends v.Chr. (BZAW 190), Berlin / New York 1990
- Auf dem Weg zu einer Religionsgeschichte Israels und Judas. Annäherungen an einen Problemkreis, in: *B. Janowski / M. Köckert* (Hg.), Religionsgeschichte Israels. Formale und materiale Aspekte (Veröffentlichungen der Wissenschaftlichen Gesellschaft für Theologie 15), Gütersloh 1999, 57-78
- The Constitutive Principles for Establishing Justice and Order in Northwest Semitic Societies with special reference to Ancient Israel and Judah, ZAR 3 (1997) 112-130
- In Search of Yhwh's Cult Statue in the First Temple, in: *K. van der Toorn* (Hg.), The Image and the Book. Iconic Cults, Aniconism, and the Rise of Book Religion in Israel and the Ancient Near East (Contributions to Biblical Exegesis and Theology 21), Leuven 1997, 73-95
- Zur Semantik von nordwestsemitisch *'lm* als „Unterwelt" und „Grab", in: Ana šadî Labnāni lū allik. Beiträge zu altorientalischen und mittelmeerischen Kulturen (FS *W. Röllig*, hg.v. *B. Pongratz-Leisten / H. Kühne / P. Xella*) (AOAT 247), Kevelaer / Neukirchen-Vluyn 1997, 295-305
- Religionen in Israels Umwelt. Einführung in die nordwestsemitischen Religionen Syrien-Palästinas (NEB Erg.-Bd. 5), Würzburg 1998
- Art. Host of heaven, DDD², 428-430
- Die Wohnsitze des Gottes El nach den Mythen aus Ugarit. Ein Beitrag zu ihrer Lokalisierung, in: *B. Janowski / B. Ego* (Hg.), Das biblische Weltbild und seine altorientalischen Kontexte (FAT 32), Tübingen 2001, 325-342

Nißlmüller, Th., Rezeptionsästhetik und Bibellese. Wolfgang Isers Lese-Theorie als Paradigma für die Rezeption biblischer Texte (Theorie und Forschung 375 = Philosophie und Theologie 25), Regensburg 1995
Noth, M., Die Gesetze im Pentateuch. Ihre Voraussetzungen und ihr Sinn [1940], in: Gesammelte Studien zum Alten Testament (ThB 6), München ³1966, 9-41
Noth, M., Könige 1 (BK IX/1), Neukirchen-Vluyn ²1983

Oeming, M., Auf der Suche nach Verbindungslinien – Psalm 19 als Ganzheit betrachtet, in: Verbindungslinien (FS *W.H. Schmidt* zum 65. Geburtstag, hg.v. *A. Graupner* u.a.), Neukirchen-Vluyn 2000, 249-263
– Das Buch der Psalmen (NSKAT 13/1), Stuttgart 2000
Oesch, J.M., Zur Übersetzung und Auslegung von Psalm 19, BN 26 (1985) 71-89
Ohler, A., Mythologische Elemente im Alten Testament. Eine motivgeschichtliche Untersuchung (KBANT), Düsseldorf 1969

del Olmo Lete, G. / J. Sanmartín, Diccionario de la lengua ugarítica Bd. 1, Barcelona 1996
Olshausen, J., Die Psalmen (KEH XIV), Leipzig 1853
Oppenheim, A.L., A New Prayer to the „Gods of the Night" (Plates XXXI-XXXII), in: Studia Biblia et Orientalia, ed. Pontificio Instituto Biblico,. Bd. III, AnBi 12, Rom 1959, 282-301
van Oorschoot, J., Hiob 28: Die verborgene Weisheit und die Furcht Gottes als Überwindung einer generalisierten ḥåkmāh, in: *W.A.M. Beuken* (Ed.), The Book of Job, BEThL 114 (1994), 183-201
Östborn, G., Tora in the OT. A Semantic Study, Lund 1945
Otto, E., Kultus und Ethos in Jerusalemer Theologie. Ein Beitrag zur theologischen Begründung der Ethik im Alten Testament, ZAW 98 (1986) 161-179
– Theologische Ethik des Alten Testaments (ThW 3,2), Stuttgart u.a. 1994
– Das Deuteronomium im Pentateuch und Hexateuch. Studien zur Literaturgeschichte von Pentateuch und Hexateuch im Lichte des Deuteronomiumrahmens (FAT 30), Tübingen 2000
– Art. Gerechtigkeit. 1. Alter Orient und Altes Testament, RGG⁴ 3 (2000) 702-706

Parker, S.B., Art. Council, DDD², 204-208
– Art. Saints, DDD², 718-720
– Art. Shahar, DDD², 754f
Parpola, S., The Standard Babylonian Epic of Gilgamesh. Cuneiform Text, Transliteration, Glossary, Indices and Sign List (SAA.CT 1), Helsinki 1997
Patte, D., Speech Act Theory and Biblical Exegesis, in: Speech Act Theory and Biblical Criticism, Semeia 41 (1988) 85-102
Pease, A.S., Caeli ennarrant, HarvThR 34 (1941) 169-200
Perdue, L.G., Cosmology and Social Order in the Wisdom Tradition, in: J.G. Gammie (Ed.), The Sage in Israel and in the Ancient Near East, Winona Lake / IN 1990, 457-478
Pering, B., Die geflügelte Scheibe in Assyrien, AfO 8 (1933) 281-296
Petersen, C., Mythos im Alten Testament. Bestimmung des Mythosbegriffs und Untersuchung der mythischen Elemente in den Psalmen (BZAW 157), Berlin / New York 1982
Petit, J.C., Von den Schwierigkeiten und den Grenzen einer Theologie der Natur heute. Einige Bemerkungen im Blick auf Paul Tillich, in: *G. Hummel* (Hg.), Natürliche Theologie versus Theologie der Natur? = Natural Theology Versus

Theology of Nature? Tillich's Thinking as Impetus for a Discourse among Theology, Philosophy and Natural Sciences (Proceedings of the IV. International Paul Tillich Symposium held in Frankfurt a.M. 1992; Theologische Bibliothek Töpelmann 60), Berlin / New York 1994

Pingree, D. / Walker, C., A Babylonian Star-Catalogue: BM 78161, in: E. Leichty (Ed.), A Scientific Humanist. Studies in Memory of A. Sachs (Occasional Publications of the Samuel Noah Kramer Fund 9), Philadelphia 1988, 313-322

van der Ploeg, J.P., Psalm XIX and Some of its Problems, JEOL 17 (1963) 194-201
- Psalmen I/II (BOT VII B), Roermond 1973

Plöger, O., Theokratie und Eschatologie (WMANT 2), Neukirchen 1962

Podella, Th., Art. Licht, NBL 2 (1995) 633-637
- Das Lichtkleid JHWHs. Untersuchungen zur Gestalthaftigkeit Gottes im Alten Testament und seiner altorientalischen Umwelt (FAT 15), Tübingen 1996
- Transformationen kultischer Darstellungen. Toraliturgien in Ps 15 und 24, SJOT 13 (1999) 95-130

Porúbčan, S., Sin in the Old Testament. A Soteriological Study (Aloisiana 3), Rom 1963

Porten, B. / Yardeni, A., Textbook of Aramaic Documents from Ancient Egypt III. Literature – Accounts – Lists, Jerusalem 1993, 23-53

Pratt, M.L., Toward a speech act theory of literary discourse, Bloomington 1977

Preuß, H.D., Erwägungen zur alttestamentlichen Weisheitsliteratur, EvTh 30 (1970) 393-417
- Art. חָוָה, ThWAT II (1977) 784-794
- Art. יָצָא u.a., ThWAT III (1982) 796-822
- Einführung in die alttestamentliche Weisheitsliteratur (UTB 383), Stuttgart u.a. 1987

Puëch, E., Art. Hodayot, Encyclopedia of the Dead Sea Scrolls vol. I (ed.by L.H. Schiffman / J.C. VanderKam), Oxford 2000, 364-369
- Art. Lel, DDD^2, 508-511

Rabinowitz, I., 'āz Followed by Imperfect Verb-Form in Preterite Contexts: A Redactional Device in Biblical Hebrew, VT 34 (1984) 53-62

Rabinowitz, J.J., The ‚Great Sin' in Ancient Egypt Marriage Tracts, JNES 28 (1959) 73

von Rad, G., Art. δόξα C. Altes Testament, ThWNT II, Stuttgart Nachdr. 1967 (1935) 241-245
- Glaube und Weltverständnis im alten Israel, in: ders., Gesammelte Studien zum Alten Testament II, München 1973, 255-266
- Weisheit in Israel, Neukirchen-Vluyn ^{4}1992
- Theologie des Alten Testaments I. Die Theologie der geschichtlichen Überlieferungen Israels, München ^{8}1982
- Theologie des Alten Testaments II. Die Theologie der prophetischen Überlieferungen Israels, München ^{10}1993

Reid, S.B., Psalm 50. Prophetic speech and God's performative utterances, in: ders. (Ed.), Prophets and Paradigms. Essays in Honor of G.M. Tucker (JSOT.S 229), Sheffield 1996, 217-230

Reiner, E. / Pingree, D., Enuma Anu Enlil. Tablets 50-51, BM 2/2 (= BPO 2), Malibu 1981

Reisner, G., Sumerisch-babylonische Hymnen nach Thontafeln griechischer Zeit, Berlin 1896

Reitemeyer, M., Weisheitslehre als Gotteslob. Psalmentheologie im Buch Jesus Sirach (BBB 127), Berlin / Wien 2000

Reiterer, F.V., Review of Recent Research on the Book of Ben Sira (1980-1996) in: P.C. Beentjes (Ed.), The Book of Ben Sira in Modern Research. Proceedings of the First International Ben Sira Conference, 28 – 31 July 1996, Soesterberg, Netherlands, Berlin / New York 1997 (BZAW 255), 23-60

Renkema, J., Lamentations (Historical Commentary on the Old Testament), Leuven 1998

Rendtorff, R., Studien zur Geschichte des Opfers im alten Israel (WMANT 24), Neukirchen-Vluyn 1967
- Esra und das „Gesetz", ZAW 96 (1984) 165-184
- Leviticus, BK III/Lfg. 1-3, Neukirchen-Vluyn 1985-1992
- Noch einmal: Esra und das „Gesetz", ZAW 111 (1999) 89-91

Renger, J., Art. Heilige Hochzeit, A. Philologisch, RLA 4 (1975) 251-259
- Art. Kultbild, A. Philologisch, RLA 6 (1983) 307-314

Ricœur, P., Symbolik des Bösen (Phänomenologie der Schuld Bd.2), 1971
- La métaphore vive (L'ordre philosophique), Paris 1975
- Die lebendige Metapher (Übergänge 12), München 1991

Ridderbos, N.H., Die Theophanie in Ps 50,1-6, OTS 15 (1969) 213-226
- Die Psalmen. Stilistische Verfahren und Aufbau mit besonderer Berücksichtigung von Ps 1-41 (BZAW 117), Berlin / New York 1972

Riede, P., Im Netz des Jägers. Studien zur Feindmetaphorik der Individualpsalmen (WMANT 85), Neukirchen-Vluyn 2000

Ringgren, H., Art. בין, ThWAT I (1973) 621-629
- Art. גאל, ThWAT I (1973) 886-890
- Art. חקק, ThWAT III (1982) 149-158
- Art. טהר, ThWAT III (1982) 306-415
- Art. פשע I, ThWAT VI (1989) 791-793
- Art. עשה, ThWAT VI (1989) 412-422
- / Simian-Yofre, H., Art. עוד, ThWAT V (1986) 1107-1130
- (u.a.), Art. עבד u.a., ThWAT V (1986) 982-102

Da Riva, R., DerEbabbar-Tempel von Sippar in frühneubabylonischer Zeit (640-580 v. Chr.) (AOAT 291), Münster 2002

Rogers, J.F., Wisdom and Creation in Sirach 24, JNWSL 22 (1996) 141–156

Rose, A., Les cieux racontent la gloire de Dieu, QLP 38 (1957) 299-304

Rösel, Chr., Die messianische Redaktion des Psalters. Studien zu Entstehung und Theologie der Sammlung Psalm 2-89 (CthM 19), Stuttgart 1999

Rösel, M., Adonaj. Warum Gott „Herr" genannt wird (FAT 29), Tübingen 2000
- Art. Names of God, Encyclopedia of the Dead Sea Scrolls vol. II (ed.by L.H. Schiffman / J.C. VanderKam), Oxford 2000, 600-602
- Israels Psalmen in Ägypten? Papyrus Amherst 63 und die Psalmen XX und LXXV, VT 50 (2000) 81-99

Rosenmüller, E.F.C., Scholia in Vetus Testamentum. Pars 4/1, Leipzig ¹1798

Rössler, D., Gesetz und Geschichte. Untersuchungen zur Theologie der jüdischen Apokalyptik und der pharisäischen Orthodoxie, Neukirchen-Vluyn ¹1960

Roussin, L.A., Helios in the Synagogue. Did some Ancient Jews Worship the Sun God?, BAR 27 (2001) 53–56

Rüterswörden, U., Die persische Reichsautorisation der Thora – Fact or Fiction?, ZAR 1 (1995) 47-61

Ruppert, L., Die Aufforderung der Schöpfung zum Lobe Gottes. Zur Literatur-, Form- und Traditionskritik von Ps 148, in: ders., Studien zur Literaturgeschichte des Alten Testaments (SBAB 18), Stuttgart 1994, 227-246

Ruprecht, E. Art. שמח, THAT II (1976) 828-835

Sæbø, M., Art. אוֹר, THAT I (1971) 84-90
– Art. חכם, THAT I (1971) 557-567
– Art. פתה, THAT II (1976) 495-498
– Art. יוֹם, ThWAT III (1982) 559-580
Sabourin, L., Le livre des Psaumes (Recherches. Nouvelle série 18), Paris 1988
Sager, S.G., „Sun" and „Light" Imagery in Ps 19, in: Jewish Civilization (ed. *R.A. Brauner*), Philadelphia 1979
Sanders, J.A., Art. Canon. Old Testament, ABD 1 (1992) 837-852
Sarna, N., Psalm XIX and the Near Eastern Sun-God-Literature, in: Fourth World Congress of Jewish Studies, Papers I, Jerusalem 1967, 171-175
Sass, B., The Pre-exilic Hebrew Seals: Iconism vs. Aniconism, in: *ders.* / *Chr. Uehlinger* (Hg.), Studies in the Iconography of Northwest Semitic Inscribed Seals (OBO 125), Fribourg / Göttingen 1993, 195-264
Sauer, G., Der traditionsgeschichtliche Hintergrund von Ben Sira 42,15-43,33, in: Verbindungslinien (FS *W.H. Schmidt*, hg.v. *A. Graupner* u.a.), Neukirchen-Vluyn 2000, 310-321
– Jesus Sirach, Ben Sirach (ATD Apokryphen 1), Göttingen 2000
Sauer, G., שמר, THAT II (1976) 982-987
Schaeder, H.H., Esra der Schreiber (Beiträge zur historischen Theologie 5), Tübingen 1930
Schäfer, R., Die Poesie der Weisen. Dichotomie als Grundstruktur der Lehr- und Weisheitsgedichte in Proverbien 1-9 (WMANT 77), Neukirchen-Vluyn 1999
Schaper, J., Priester und Leviten im achämenidischen Juda. Studien zur Kult- und Sozialgeschichte Israels in persischer Zeit (FAT 31), Tübingen 2000
Scharbert, J., Art. זור*, ThWAT II (1977) 550-556
Schiffman, L.H., 4QMysteries[b] – A Preliminary Edition, RdQ 16 (1993/94) 203-223
Schleiermacher, F.D.E., Ethik (1812/13). Mit späteren Fassungen der Einleitung, Güterlehre und Pflichtenlehre, hg.v. *H-J. Birkner* (PhB 335), Hamburg 1981
Schmid, H.H., Art. אמר, THAT I (1971) 211-216
Schmidt, H., Die Psalmen (HAT I/15), Tübingen 1934
Schmidt, W.H., Königtum Gottes in Ugarit und in Israel. Zur Herkunft der Königsprädikationen Jahwes (BZAW 80), Berlin u.a. ²1966
– Art. אל, THAT I (1971) 142-149
– Art. דבר, ThWAT II (1977) 102-133
– Werk Gottes und Tun des Menschen. Ansätze zur Unterscheidung von ‚Gesetz und Evangelium' im AT, JBTh 4 (1989), Neukirchen-Vluyn 1989, 11-28
Schmuttermayr, G., Psalm 18 und 2 Samuel 22. Studien zu einem Doppeltext. Probleme der Textkritik und das Psalterium Pianum (STANT 25), München 1971
Schnabel, E.J., Law and Wisdom from Ben Sira to Paul. A Tradition Historical Enquiry into the Relation of Law, Wisdom, and Ethics, Tübingen 1985 (WUNT 2 / 16)
Schneider, R., Grundriß zur kognitiven Theorie der Figurenrezeption am Beispiel des viktorianischen Romans (ZAA studies 9), Tübingen 2000
Schnocks, J., „Ehe die Berge geboren wurden, bist du". Die Gegenwart Gottes im 90. Psalm, BiKi 54 (1999) 163-169
– Vergänglichkeit und Gottesherrschaft. Studien zu Psalm 90 und dem vierten Psalmenbuch (BBB 140), Berlin [u.a.] 2002 Gegenwart Gottes
Schoberth, W., Art. Natur, EKL[3] 3 (1992) 627-632
– Geschöpflichkeit in der Dialektik der Aufklärung. Zur Logik der Schöpfungstheologie bei Friedrich Christoph Oetinger und Johann Georg Hamann (Evangelium und Ethik 3), Neukirchen-Vluyn 1994

Schollmeyer, A., Sumerisch-babylonische Hymnen und Gebete an Šamaš, Paderborn 1912
Schoske, S., Das Erschlagen der Feinde. Ikonographie und Stilistik der Feindvernichtung im alten Ägypten, Ann Arbor 1996
Schott, A., Akkad. šu/aḫuru, nama/eru und *parakku*, ZA 40 (1931) 1-28
Schottroff, W., Art. יָדַע, THAT I (1971) 682-701
Schreiner, J., Jesus Sirach. Bd. I: 1-24 (NEB 38), Würzburg 2002
Schröder, O., Zu Psalm 19, ZAW 34 (1914) 69-70
Schroer, S., In Israel gab es Bilder. Nachrichten von darstellender Kunst im Alten Testament (OBO 74), Fribourg / Göttingen 1987
Schunck, K.D., Art., ThWAT II (1977) 1031-1036
- Art. שָׂטַר, ThWAT VII (1993) 1255-1258

Scoralick, R., Einzelspruch und Sammlung. Komposition im Buch der Sprichwörter, Kapitel 10-15 (BZAW 232), Berlin 1995
- Psalm 111 – Bauplan und Gedankengang, Bib 78 (1997) 190-205
Sedlmeier, F., „Bei dir, da ist die Vergebung, damit du gefürchtet werdest". Überlegungen zu Psalm 130, Bib 73 (1992) 473-495
Seebaß, H., Art. נֶפֶשׁ, ThWAT V (1986) 531-555
- Art. פֶּשַׁע II, ThWAT VI (1989) 794-810
- Genesis. Bd. 1: Urgeschichte (1,1–11,26), Neukirchen-Vluyn 1996
- Rezension zu: E. Zenger / K. Löning, *Als Anfang schuf Gott, Düsseldorf 1997*, 178-190, ThLZ 124 (1999) 158-160
Segert, S., Preliminary notes on the Structure of the Aramaic Poems in the Papyrus Amherst 63, UF 18 (1986) 271-300
Seidl, U., Art. / שָׁנָה, ThWAT VII (1995) 1058-1065
Seifert, B., Metaphorisches Reden von Gott im Hoseabuch (FRLANT 166), Göttingen 1996, 167-170
Seow, C.L., Art. Torah, DDD², 875-876
Seux, M., Hymnes et prières aux dieux de Babylonie et d'Assyrie (LAPO 8), Paris 1976
- Epithètes royales akkadiennes et sumériennes, Paris 1967
Seybold, K., Art. חוּג, ThWAT II (1977) 780-784
- Die Psalmen (HAT I/15), Tübingen 1996
- Psalm 29: Redaktion und Rezeption, in: *ders.*, Studien zur Psalmenauslegung, Stuttgart 1998, 85-111
Shemesh, A. / Werman, C., Hidden Things and their Revelation, RQ 18 (1997/98) 409-427
Sheppard, G.T., Wisdom as Hermeneutical Construct. A Study in the Sapientializing of the Old Testament (BZAW 151), Berlin u.a. 1980
Shupak, N., Where Can Wisdom be Found? (OBO 130), Fribourg / Göttingen 1993
Singer, K.H., Die Metalle Gold, Silber, Bronze, Kupfer und Eisen im Alten Testament und ihre Symbolik (fzb 43), Würzburg 1980
Simian-Yofre, H., Art. פָּנִים u.a., ThWAT VI (1989) 629-659
Sjöberg, A.W. / Bergmann, E., A Collection of the Sumerian Temple Hymns (TCS 3), Locust Valley/NY 1969
Skehan, P.W. / DiLella, A.A., The Wisdom of Ben Sira (AncB 39), New York 1987
Smelik, K.A.D., Een Arameese parallel voor psalm 20, Nederlands Theologisch tijdschrift 37 (1983) 89-103
- The Origin of Psalm 20, JSOT 31 (1985) 75-81
Smend, R. / Luz, U., Gesetz (BiKon 1015), Stuttgart u.a. 1981

Smith, M., Helios in Palestine, in: *S.J.D. Cohen* (Ed.), Studies in the Cult of Yahweh. 1: Studies in Historical Method, Ancient Israel, Ancient Judaism 1 (Religions in the Graeco-Roman World 130/1), Leiden u.a. 1982/1996, 238-262
- The Case of the Gilded Staircase. Did the Dead Sea Scroll Sect Worship the Sun?, BAR 10 (1984) 50-55

Smith, M.S., Seeing God in the Psalms: The Background of the Beatific Visions in the Hebrew Bible, CBQ 50 (1988) 171-183
- The Ugaritic Baal cycle. Introduction with text, translation and commentary of KTU 1.1-1.2. Bd. 1 (VT.S 55) Leiden 1994
- The Near Eastern Background for Solar Language for Yahweh, JBL 109 (1990) 29-39

von Soden, W., Lexikalisches Archiv, ZA 43 (1934) 233-250
- / Bergmann, J., Art. יוֹם, ThWAT III (1982) 559-586

Soggin, J.A., The Root ḤWH in Hebrew with Special Reference to Ps 19,3b, in: *ders.*, Old Testament and Oriental Studies, Rom 1975, 203-209
- Art. שָׁמַיִם, THAT II (1976) 965-970

Soggin, J.A., Das Buch Genesis. Kommentar, Darmstadt 1997

Soll, W.M., Psalm 119. Matrix, Form, and Setting (CBQ M.S. 23), Washington / DC 1991
- The Question of Psalm 119,89-91, JBL 106 (1987) 687-688

Spieckermann, H., Heilsgegenwart. Eine Theologie der Psalmen (FRLANT 148), Göttingen 1989
- „Die ganze Erde ist seiner Herrlichkeit voll". Pantheismus im Alten Testament?, ZThK 87 (1990) 415-436

Stadelmann, L.I., The Hebrew Conception of the World. A Philological and Literary Study (AnBib 39), Rom 1970
- Ben Sira als Schriftgelehrter. Eine Untersuchung zum Berufsbild des vormakkabäischen Sofer unter Berücksichtigung seines Verhältnisses zu Priester-, Propheten- und Weisheitslehrertum (WUNT 2 / 6), Tübingen 1980

Staerk, W., Lyrik. Psalmen, Hoheslied und Verwandtes, SAT 3/1, Göttingen ¹1911; ²1920

Stähli, H.P., Art. ירא, THAT II (1976) 765-778
- Solare Elemente im Jahweglauben des Alten Testaments (OBO 66), Fribourg / Göttingen 1985

Stamm, J.J., Erlösen und Vergeben im Alten Testament. Eine begriffsgeschichtliche Untersuchung, Bern circa 1940

Steck, O.H., Exegese des Alten Testaments. Leitfaden der Methodik. Ein Arbeitsbuch für Proseminare, Seminare und Vorlesungen, Neukirchen-Vluyn ⁹1980
- Bemerkungen zur thematischen Einheit von Ps 19,2-7, in: *ders.*, Wahrnehmungen Gottes im Alten Testament (GSt) (TB 70), München 1982 [1980], 232-239
- Der Kanon des Alten Testaments. Historische Materialien für eine ökumenische Perspektive, in: Vernunft des Glaubens (FS *W. Pannenberg*, hg.v. *J. Rohls* u.a.), Göttingen 1988, 231-252
- Der Abschluß der Prophetie im Alten Testament (BThSt 17), Neukirchen-Vluyn 1991
- Das Buch Baruch, in: *ders. / R.G. Kratz / I. Kottsieper*, Das Buch Baruch – Der Brief des Jeremia – Zusätze zu Ester und Daniel (ATD Apokryphen 5), Göttingen 1998

Stegemann, H., Religionsgeschichtliche Erwägungen zu den Gottesbezeichnungen in Qumran, in: *M. Delcor* (Ed.), Qumrân. Sa piété, sa théologie et son milieu (BEThL 46), Paris 1978, 191-211

Steiner, R.C., Papyrus Amherst: A New Source for the Language, Literature, Religion, and History of the Arameans, in: *M.J. Geller / J.C. Greenfield / M.P. Weitzman* (Ed.), Studia Aramaica. New Sources and New Approaches. Papers delivered at the London Conference of the Institute of Jewish Studies, University College London, 26th-28th June 1991 (Journal of Semitic studies Supplement 4), Oxford 1995, 199-207

– The Aramaic Text in Demotic Script, in: *W.W. Hallo* (Ed.), The Context of Scripture I. Canonical Compositions from the Biblical World, Leiden 1996, 309-327

Steingrímsson, S.Ö., Tor der Gerechtigkeit. Eine literaturwissenschaftliche Untersuchung der sogenannten Einzugsliturgien im AT: Psalm 15; 24,3-6; Jes 33,14-16, St. Ottilien 1984

Steins, G., Die Chronik als kanonisches Abschlußphänomen. Studien zur Entstehung und Theologie von 1/2 Chronik (BBB 93), Weinheim 1995

Stendebach, F.J., Art. עַיִן, ThWAT VI (1989) 31-48

Steymans, H.U., Der unglaubwürdige Bund von Ps 89, ZAR 4 (1998)

Stolz, F., Art. לֵב, THAT I (1971) 861-867

– Strukturen und Figuren im Kult von Jerusalem. Studien zur altorientalischen, vor- und frühisraelitischen Religion (BZAW 118), Berlin 1970
– Psalmen im nachkultischen Raum (Theologische Studien 129), Zürich 1983
– Einführung, in: *ders. / J. Assmann / W. Burkert*, Funktionen und Leistungen des Mythos. Drei altorientalische Beispiele (OBO 48), Fribourg / Göttingen 1982
– Der Monotheismus Israels im Kontext der altorientalischen Religionsgeschichte – Tendenzen neuerer Forschung, in: *W. Dietrich / A. Klopfenstein* (Hg.), Ein Gott allein? JHWH-Verehrung und biblischer Monotheismus im Kontext der israelitischen altorientalischen Religionsgeschichte (Kolloquium der Schweizerischen Akademie der Geistes- und Sozialwissenschaften 13) (OBO 139), Fribourg / Göttingen 1994, 33-50
– Einführung in den biblischen Monotheismus, Darmstadt 1996

Strauß, H., Bemerkungen zu Gebrauch und Bedeutung von אֵל in der Hiobdichtung und -Gesamtkomposition, in: Altes Testament. Forschung und Wirkung (FS *H. Graf Reventlow*, hg.v. *P. Mommer / W. Thiel*), Frankfurt a.M. / Berlin 1994, 95-101

– Hiob. Bd. 2: 19,1-42,17 (BK XVI/2), Neukirchen-Vluyn 2000

Streck, M., Assurbanipal und die letzten assyrische Könige bis zum Untergange Niniveh's Bd. 1/2 (VAB VII 1/2), Leipzig 1916

Streck, M.P., Die Bildersprache der akkadischen Epik (AOAT 264), Münster 1999

Struppe, U., Die Herrlichkeit Jahwes in der Priesterschrift. Eine semantische Studie zum *kebôd YHWH* (ÖBS 9), Klosterneuburg 1988

Stuart, D., Hosea-Jonah (WBC 31), WACO 1987

Stuckrad, K. von, Frömmigkeit und Wissenschaft. Astrologie in Tanach, Qumran und frührabbinischer Literatur (EHS 23, Theologie Bd. 572), Frankfurt a.M. 1996

– Das Ringen um Astrologie. Jüdische und christliche Beiträge zum antiken Zeitverständnis (Religionsgeschichtliche Versuche und Vorarbeiten 49), Berlin 2000

Tallqvist, K.L., Akkadische Götterepitheta. Nachdruck der Ausgabe Helsinki 1938 (urspr. StOr 7), Hildesheim / New York 1974
Talmon, Sh., Art. קץ, ThWAT VII (1995) 84-92
- Art. Calendars and Mishmarot, Encyclopedia of the Dead Sea Scrolls vol. I (ed.by L.H. Schiffman / J.C. VanderKam), Oxford 2000, 108-116
Taylor, J.G., Yahweh and the Sun. Biblical and Archaelogical Evidence for Solar Worship in Ancient Israel (JSOT.S 111), Sheffield 1993
- Was Yahweh Worshiped as the Sun?, BAR 20 (1994) 52-61
- A Response to Steve Wiggins, „Yahwe: The God of Sun?", JSOT 71 (1996) 107-119
Tobin, V.A., Art. Amun and Amun Re, in: *J.B. Redford* (Ed.), Encyclopedia of Ancient Egypt I, Oxford 2001, 82-84
van der Toorn, E., Art. Sun, ABD IV (1992) 237-239
Tournay, R.M., Notules sur les Psaumes, in: Alttestamentliche Studien (FS *F. Nötscher*, hg.v. *H. Junker / J. Botterweck*) (BBB 1), Bonn 1950, 271-280
Tropper, J., Tmym 'm YHWH – vollkommen vor dem Herrn, UF 19 (1987) 295-300
- Die Inschriften von Zincirli. Neue Edition und vergleichende Grammatik des phönizischen, sam'alischen und aramäischen Textkorpus (Abhandlungen zur Literatur Alt-Syrien-Palästinas 6), Münster 1993
- Hebräisch zhr_2 „kundtun, warnen", ZAH 8 (1995) 144-148
- Althebräisches und semitisches Aspektsystem, ZAH 11 (1998) 153-190
Tur-Sinai (Torczyner), N.H., Wilhelm Gesesenius' Hebräisches und Aramäisches Handwörterbuch über das Alte Testament (Rez.), ZDMG 70 (1916) 555-562
- Šiṭir šamē, die Himmelsschrift, ArOr 17,2 (1949) 419-433

Uehlinger, Chr., Gab es eine josianische Kultreform? Plädoyer für ein begründetes Minimum, in: *W. Groß* (Hg.), Jeremia und die Deuteronomische Bewegung (BBB 98), Bonn 1995, 57-89
Uhlig, S., Das äthiopische Henochbuch, JSHRZ V/6, Gütersloh 1984
Utzschneider, H., Das hermeneutische Problem der Uneindeutigkeit biblischer Texte dargestellt an Text und Rezeption der Erzählung von Jakob am Jabbok (Gen 32,23-33), EvTh 48 (1988) 182-198
- Zur vierfachen Lektüre des Alten Testament. Bibelrezeption als Erfahrung von Diskrepanz und Perspektive, in: Konsequente Traditionsgeschichte (FS *K. Baltzer*, hg.v. *R. Bartelmus* u.a.) (OBO 126), Fribourg / Göttingen 1993, 383-401
- Text – Leser – Autor. Bestandsaufnahme und Prolegomena zu einer Theorie der Exegese, BZ 43 (1999) 224-238
- / *Ark Nitsche, S.*, Arbeitsbuch literaturwissenschaftliche Bibelauslegung. Eine Methodenlehre zur Exegese des Alten Testaments, Gütersloh 2001

VanderKam, J., The Origin, Character, and Early History of the 364-Day-Calendar: A Reassessment of Jaubert's Hypotheses, CBQ 41 (1979) 390-411
Vanoni, G., Art. שׂים, ThWAT VII (1993) 762-781
- Art. שׁמם, ThWAT VII (1993) 808-822
Veijola, T., „Der Mensch lebt nicht vom Brot allein". Zur literarischen Schichtung und theologischen Aussage von Deuteronomium 8, in: *G. Braulik* (Hg.), Bundesdokument und Gesetz. Studien zum Deuteronomium (HBS 4), Freiburg i.Br. u.a. 1995, 143-158
Veijola, T., Die ewige Dynastie. David und die Entstehung seiner Dynastie nach der deuteronomistischen Darstellung (AASF B 193), Helsinki 1975

- Verheissung in der Krise. Studien zur Literatur und Theologie der Exilszeit anhand des 89. Psalms, Helsinki 1982
- Moses Erben. Studien zum Dekalog, zum Deuteronomismus und zum Schriftgelehrtentum (BWANT 149), Stuttgart / Berlin / Köln 2000

Vesco, J.L., Le Psaume 18. Lecture davidique, RB 94 (1987) 5-62

Virolleaud, Ch., Le dieu Shamash dans l'ancienne Mésopotamie, Er Jb 10 (1943) 57-79

Vleeming, S.P. / Wesselius, J.W., Studies in Papyrus Amherst 63. Essays on the Aramaic / Demotic Papyrus Amherst 63, Amsterdam vol. I 1985; vol. II 1990

Vogelzang, M.E., Repetition as a Poetic Device in Akkadian, in: dies. / H.L.J. Vanstiphout (Ed.), Mesopotamian Poetic Language: Sumerian and Akkadian, Groningen 1996, 167-182

Volgger, D., Notizen zur Textanalyse von Ps 89 (ATS 45), St. Ottilien 1995

Vollmer, J., Art. עשׂה, THAT II (1976) 359-370

Wahl, H.M., Der gerechte Schöpfer. Eine redaktions- und theologiegeschichtliche Untersuchung der Elihureden – Hiob 32-37 (BZAW 207), Berlin / New York 1993

Wagner, A., Ist Ps 29 die Bearbeitung eines Baal-Hymnus?, Bib 77 (1996) 538-539
- Gattung und ‚Sitz im Leben'. Zur Bedeutung der formgeschichtlichen Arbeit Hermann Gunkels (1862-1932) für das Verstehen der sprachlichen Größe Text, in: S. Michaelis (Hg.), Texte – Konstitution, Verarbeitung, Typik (Edition Linguistik 13), München / Newcastle 1996, 117-129

Wagner, J.R., From the Heavens to the Heart: The Dynamics of Psalm 19 as Prayer, CBQ 61 (1999) 245-261

Wagner, M., Art. קץ, THAT II (1976) 659-663
- Die lexikalischen und grammatikalischen Aramaismen im alttestamentlichen Hebraeisch (BZAW 96), Berlin 1966

Wagner, S., Art. אָמַר, ThWAT I (1973) 353-373
- Art. יָרָה I-III, ThWAT III (1982) 909-930
- Art. סָתַר, ThWAT V (1986) 967-977

Wallis, G., Art. חָמַד, ThWAT II (1977) 1020-1031

Warmuth, G., Art. נָקָה, ThWAT V (1986) 591-602

Watanabe, Ein neuer Beleg für das ‚Bett' des Gottes Šamaš, Acta Sumerologica 8 (1986) 229-236 ,

Watson, W.G.E., Classical Hebrew Poetry. A Guide to its Techniques (JSOT.S 26), Sheffield 1984
- Art. Misharu, DDD^2, 577f

Weber, B., „Wenn du Vergehen aufbewahrtest ...". Linguistische, poetologische und theologische Notizen zu Psalm 130, BN 107/108 (2001) 146-160

Wehmeier, G., Art. סתר, THAT II (1976) 173-182

Weinfeld, M., Art. כָּבוֹד, ThWAT IV (1984) 23-40

Weippert, M., Mitteilungen zum Text von Ps 19,5 und Jes 22,5, ZAW 73 (1961) 97-99
- Elemente phönizischer und kilikischer Religion in den Inschriften des Karatepe, in: ders., Jahwe und die anderen Götter (FAT 18), Tübingen 1997, 109-130

Weippert, M., Ecce non dormitabit neque dormiet qui custodit Israhel. Zur Erklärung von Psalm 121,4, in: ders., Jahwe und die anderen Götter (FAT 18), Tübingen 1997, 99-108

Weiss, Z., The Sepphoris Synagogue mosaic. Abraham, the Temple and the Sun God - They're all in there, BAR 26 (2000) 48-61.70

Weiss, H.F., Art. Schriftgelehrte, TRE 30 (1999), 511-520

Weiser, A., Die Psalmen (ATD 14/15), Göttingen ⁶1963
Wellhausen, J., Prolegomena zur Geschichte Israels, Berlin 1878 ⁶1927= 1981
Wesselius, J.W., Gebete aus dem demotisch-aramäischen Papyrus Amherst 63, TUAT II/6 (1993) 930-935
Westermann, C., Lob und Klage in den Psalmen (5., erw. Aufl. von „Das Loben Gottes in den Psalmen"), Göttingen 1977
– Art. כבד, THAT I (1971) 794-812
– Art. עבד, THAT II (1976) 182-200
– Art. נגד, THAT II (1976) 31-37
– Art. נפשׁ, THAT II (1976) 71-95
– Ausgewählte Psalmen, Göttingen 1984
– Die Herrlichkeit Gottes in der Priesterschrift, in: *ders.*, Forschung am Alten Testament (GSt II), München 1974, 115-137
de Wette, W.M.L., Commentar über die Psalmen, Heidelberg 1811 ²1823
White, H.C., Speech Act Theory and Literary Criticism", Semeia 41 (1988), 1-24
Wiggins, S.A., Shapsh, Lamp of the Gods, in: Ugarit, Religion and Culture. Proceedings of the International Colloquium on Ugarit, Religion and Culture, Edinburgh July 1994 (Studies in honour of *J.C.L. Gibson*, ed.by *N. Wyatt* a.o.) (UBL 12), Münster 1996, 327-350
– A Rejoinder to J. Glen Taylor / Steve Wiggins, JSOT 73 (1997) 109-112
– Yahwe: The God of the Sun?, JSOT 71 (1996) 89-106
Wildberger, H., Art. אמן, THAT I (1977) 178-209
– Jesaja 28-39 (BK X/3), Neukirchen-Vluyn 1982
Wildung, D., Art. Flügelsonne, LÄ 2 (1977) 277-279
Willmes, B., Art. Erlösung. I. AT, NBL I (1991) 566-574
Willi, Th., Thora in den biblischen Chronikbüchern, Jud 36 (1980), 102-105.148-151
– Tora – Israels Lebensprinzip nach dem Zeugnis des späteren Alten Testamentes, in: Meilenstein (FS *H. Donner*, hg.v. *M. Weippert / S. Timm*) (ÄAT 30), Wiesbaden 1995, 339-348
Willis, J.T., Ethics in a Cultic Setting, in: *ders. / J.L. Crenshaw* (Ed.), Essays in Old Testament Ethics (in memoriam *J.Ph. Hyatt*), New York 1974, 145-169
van der Woude, A.S., Art. כנף, THAT I (1971) 833-836
– Art. צור, THAT II (1976) 538-543
– Art. פנים, THAT II (1976) 432-461
Wolff, H.-W., Psalm 1, EvTh 9 (1949/50) 385-394
– Anthropologie des Alten Testaments, München 1973
Würthwein, E., Der Sinn des Gesetzes im AT, ZThK 55 (1958) 255-270
– Die Bücher der Könige (ATD 11/1,2), Göttingen 1977/1984
Wutz, F., Die Psalmen. Textkritisch untersucht, München 1925
Wyatt, N., The Liturgical Context of Psalm 19 and its Mythical and Ritual Origins, UF 27 (1995) 559-596
Yoshida, D., Untersuchungen zu den Sonnengottheiten bei den Hethitern. Schwurgötterliste, helfende Gottheit, Feste (Texte der Hethiter 22), Heidelberg 1996

Zauzich, K.Th., Der Gott des aramäisch-demotischen Papyrus Amherst 63, GM 85 (1985) 89f
Zenger, E., Der Pentateuch als Tora und Kanon, in: *ders.* (Hg.), Die Tora als Kanon für Juden und Christen (HBS 10), Freiburg i.Br. u.a. 1996, 5-34
– „Daß alles Fleisch den Namen seiner Heiligung segne" (Ps 145,21). Die Komposition Ps 145-150 als Anstoß zu einer christlich-jüdischen Psalmenhermeneutik, BZ 41 (1997) 1-27

- Die Tora als Sonne der Schöpfung (Psalm 19), in: *ders.* / *K. Löning*, Als Anfang schuf Gott, Düsseldorf 1997, 178-190
- Der Psalter als Buch. Beobachtungen zu seiner Entstehung, Komposition und Funktion, in: *ders.* (Hg.), Der Psalter im Judentum und Christentum (HBS 18), Freiburg i.Br. u.a. 1998, 1-57
- Die Nacht wird leuchten wie der Tag. Psalmenauslegungen, Freiburg i.Br. 2000

Zimmerli, W., Das Gesetz im AT, ThLZ 85 (1960) 481-498
- Der Prophet Ezechiel (BK XIII/1.2), Neukirchen-Vluyn ²1979

Zimmermann, R., Homo sapiens ignorans. Hiob 28 als Bestandteil der ursprünglichen Hiobdichtung, BN 74 (1994) 80-100
- Geschlechtermetaphorik und Gottesverhältnis (WUNT 2 / 122), Tübingen 2001

Zimmern, H., Babylonische Hymnen und Gebete in Auswahl (Der Alte Orient 7,3), Leipzig 1905

Zobel, H.J., Art. עקב, ThWAT VI (1989) 338-343

van Zyl, A.H., Psalm 19, Biblical Essays 1966 (1967) 142-158

Quellennachweis zu den Abbildungen

Abb. 1:   Gott im Lotusnimbus. Gravierte Muschel aus Arad (EZ II C), aus: *Keel / Uehlinger*, GGG 397 Abb. 337a
Abb. 2:   Einteilung des Himmels in Wege des Anu, des Ea und des Enlil nach mesopotamischen Astrolaben, aus: *Horowitz*, Cosmic Geography, 165
Abb. 3:   Oberer Himmel und Fundament des Himmels nach mesopotamischen Vorstellungen, aus: *Horowitz*, Cosmic Geography, 261
Abb. 4:   Tonrelief auf dem oberen Teil einer Bauinschrift des nb. Königs Nabû-Apla-Idinna (887-855 v.Chr.) aus dem Ebabbar zu Sippar (BM 91000; Vorderseite; ohne Inschrift), aus: *J. Black / A. Green*, Gods, Demons and Symbols of Ancient Meopotamia, London 1992, Abb. 73 (Zeichnung *T. Rickards*)
Abb. 5   König beim Niederschlagen des Feindes. Elfenbein aus Samaria (EZ II B), aus: *Keel / Uehlinger*, GGG 298 Abb. 262b
Abb. 6   Babylonische ‚*mappa mundi*' (Nachzeichnung), BM 92687 Vorderseite, aus: *Horowitz*, Cosmic Geography, 21
Abb. 7   Geflügelte Sonnenscheibe. Bulle aus En-Gedi (EZ III), aus: *Keel / Uehlinger*, GGG 447 Abb. 383

Verzeichnis der Schaubilder

Schaubild 1   Stichwort und Synonym-Verbindungen innerhalb von Ps 19
Schaubild 2   Psalmstrukturierende Stichwortverknüpfungen
Schaubild 3   Übersicht über die Gliederung von Ps 19
Schaubild 4   Struktur von Ps 18

Verzeichnis der Tabellen

Tabelle 1   Die Wendungen סֵפֶר כָּבוֹד und הִגִּיד מַעֲשֵׂה יָדָיו
Tabelle 2   Hymnische Prädikationen von Geboten
Tabelle 3   Reihung von Prädikaten der Weisheit / der Furcht JHWHs in Prov 8,7-9 und Sir 1,11-21
Tabelle 4   Stichwort- und Motivbezüge zwischen Prov 8,4-21 und Ps 19,8-11

Sachregister

Abraham 250[+919]
Ägypten, ägyptisch 76[113].81[160].
88[203].125.201.203.207.209
Aja 184-186
Allwissenheit 205-208.211f.245
Anat 145.147
Apokalyptik, apokalyptisch 16.89-100.143.171.200f
Aramäer, aramäisch 78.81.137-140. 151[146].162[290]170[283].224[747].245[897]
Archaisierung, archaisierend 71.188-190.138[26].288[1165].291f.307[15].337
Astralisierung 81.96.143[146].200
Auge 238f.276
Ba'al 10.145.147
Ba'al-Anat-Zyklus 11.145
Bittgebet 60.67f.122.280.297
Bräutigam 183-187.191f.202
Bund, Bundesgeschichte 14-17.95. 187.341
Danklied 120.275
David, davidisch 21.50-52.80.97. 249.287[1148]
Diachronie, diachron 6.8.21.56. 59ff.68f.106ff.157[253]296f.313ff
É-babbar 180[+414].181f.184.185[+446]
Einheitlichkeit 4ff.59ff
El / אל 9f.38.40.43f.47.71.125. 128ff.175.195
Engel 96.141-143.149
Enlil 83.176
Entsprechung(sdenken) 64.70.74. 77.92f.95f.102-105.122.183.188. 283
Epiphanie s. Theophanie
Evaluativspruch 44.239
Feind(e) (des Beters) 68.120-128.228f.234.265-270.272.277. 280f.307.310f
Feindbitte /-klage 120.285[+23]
Flügelsonne s. Sonnenscheibe', geflügelte
Freispruch 46.68.256.264f.268f. 271.277.281.283.288.320
Frühjudentum s. Judentum, nachexilisches
Gattung 55.59.114ff.170.207.283. 285.301f.311.318
Gebetsbeschwörung 76.251.258
Gebote 17.33.35.43-45.54f.102. 104.119f.214.218ff.225ff.232ff. 242ff.246ff.252.267.271ff.285ff. 338ff.346ff.350.352-354
Geheimnis 91[237]107. 109[351].110. 112.157.257.261
Gerechtigkeit 18.32.46.80.86ff.93ff. 136.150ff.170.173.192f.196.208. 213.221.239.244ff. 253ff.269.278. 287.300f.304ff.310.313.323f.325f. 338.341f.345.348.353f
Gericht 68.159.170.210.212.225. 257.261.331[28]
Gesetz s. Tora
Gestirne 11.93.96f.100.137.140ff. 145.160.175.198.200.350
Gilgameš 147[+205].198[536]
Glut 48.205ff.213.247
Gold 33.46.57.72.236-241
heilige Hochzeit / *hieros gamos* 10. 185ff
Held 56.97.143.179ff.187f.196ff. 212
Herz 16.207-211.230f.234.253.269. 272ff.288.298.306.318
hieros gamos s. heilige Hochzeit
Himmel 2.4.8.10f.25.33.35.43.56. 58.70.85f.97.100.102f.105.109. 111.118.124f.128ff.133f.137f.140-165.172-179.182f.188f.191f.194. 196.199.201-208.212.247.268.308. 310ff.330ff.348
Himmelsschrift 11.27.169.219[691]

Honig   33.46.57.73.241ff
Hymnus, hymnisch   2.5f.9ff.47.55-
   57.60-64.77.83f.90.109.114-116.
   118.120.122-124.138.141.149.
   152f.158.161.184.193.201.203ff.
   207ff.213.218.233f.282.285.290.
   296.299.305f.311.313f.316f.333
   ‚Indikativ und Imperativ'   15.18.
   255.338
Judentum, heutiges   1.355
Judentum, nachexilisches / Frühjudentum   14.17f.90f.100.135^{87}.240.
   336^{68}.291.330^{19}.351^{+175}.353
Judentum, rabbinisches   99
Kanaan, kanaanäisch   9-12.18.
   27^{43}.72.81^{161}.82^{162}.124f.127f$^{+17.19}$.
   145.187.237
Kanon   3.19f.76.95.101^{+306}. 216.
   230.218^{667}.294.338f.340ff.351f.
   354
Kanonbildung   341ff
Ketubim   335
Klage   90.120.122.145f.262.295.
   307.311
Klagelied / -psalm
   101.114.119ff.227.250.256.284f.313
Kompositionsbogen   296.313.325^{226}
Königsideologie   76.78.82.95.
   185.190.196.198.224
Königtum, König   48.74f.78.95.148.
   183.198f.223.225.324ff.308ff
Königtum Gottes   84.88.133.152-
   156-159.174.176.198f.201.291f.
   302.306
Konnektivität, konnektive Gerechtigkeit   96.151^{213}.225.228.248f.253.
   255.269
Kosmologie, kosmologisch   8.94^{251}.
   156.171.174-176.180.182.193.195.
   247.283.305.309.321.335
Kultbild   181.302^{59}
Kulturtransfer   70.124^{3}
Larsa   184^{414}
Leben   46.48.68.75.86f.105.183.
   201.215.225.227.232ff.245ff.286.
   341f.348.350ff
Lebensbaum   248
lectio continua   294.297^{+25}.306.
   309^{112}
Leerstelle   49^{106}.51.55^{144}.56f.107.
   110
Lehrgedicht   115.119.123

Lernen   214.274.286f.339
Leseprozess   8.30.51ff55.296.
   312^{137}
Leser, impliziter   50-59
Leser/in   50ff.102.108.312^{137}
Licht   37.48.50.73.75.77.84.86f.89f.
   95.99f.105.163.182.193f.200f.
   204ff.232.246.261.309.350f
Lichtmetaphorik   35.48.56.64.75.
   88.80.101.155.231^{776}.252.286.
   349
Licht-Recht-Relation   12.64.69.72-
   101.323
Literarkritik, literarkritisch   4-6.9.
   13f.25.28.60ff.66-69.112.126^{14}.
   153^{228}.314
Lobaufforderung   114.118^{+33}.135.
   143.149.153.159f
Lobgelübde   120f.274.316
Lobpreis   15.43.47.54f.72.108f.118.
   124.131.133.136.140ff.149.153ff.
   158.160.163.169.171ff.213.235f.
   282.287ff.312f.328.331.333.
   336.353
Lohn   15f.68.244.253ff
mappa mundi   202
Marduk   84.128^{30}.149^{204}.174^{381}.
   185^{445}.186^{449}.192
Maß(stab)   28.37.93f.98^{294}.107^{340}.
   163.168ff
Meditation   121-123.215.273
Merismus   30f.33.40^{60}.48.102^{314}.
   105f.312
Mesopotamien, mesopotamisch   10-
   12.76f.95.101.134.149.169.177-
   179.182.185.187f.192f.196.199.
   202f.205.209.237.245.256.303
Messianismus, messianisch   309f.
   322.342^{103}
Metapher   21.55f.75.80.87.90.98.
   111f.115.136.140.145.148.156-158.
   160-165.167.169f..172.189.232.
   237.245.275ff.328.331ff.337
Mischpsalmen, Mischgattung   110.
   118.122^{73}.123^{78}.285.289
Monotheismus   87.135^{68}.176^{+381}.196.
   282.331^{39}.333-337
Mose, mosaisch   19.86.215^{+643}.
   216^{+667}.250.271.273.283.287.
   342.349
Motivgeschichte, motivgeschichtlich
   13.67.124.126.147.242.347

Mythisierung, mythisierend   45.72.
192.194f.201ff.282f.326.333ff
Mythos, mythologisch   13.70.74f.
  102.141.143.145.148.156ff.180.
  187f.190.193ff.333ff
Nabû-apla-iddina–Relief   181-183
natürliche Theologie   1-3.107^{341}.
  133.327^6.329f
Ninurta   196
Offenbarung (/-stheologie)   1^6.2.63.
  98.99^{293}.107^{341}.129ff.138.140.144.
  158.160.164f.207.220.248^{488}.
  260.278.285^{18}.339f
Opfer   73.121^{+65}.155^{240}.222.261.
  262^{991}.273f.286.293.353
Ordnung, kosmische, Weltordnung
  2.37.45ff.64.68.75ff.88-108.112.
  133.145f.156.158.163.167f.171-
  173.182f.191ff.201.212.223.
  225ff.239.246.282.287.289.310.
  326f.342.344f.347.351
Parallelismus (Membrorum)   24^{21}.27.
  30ff.38.104f.106.137.141^{136}.260.
  273
Partikularität   344.350
Pentateuch   19f.104^{322}.188.216.306.
  339-341.354
Personifikation, personifiziert   2.70.
  103^{315}.111^{70}.119^{+43}.141.145.147-
  149.156-163.190.194f.272.289.
  327.332
Phönizien, phönizisch   78^{+139}.79.
  127^{24}.128^{30}.136^{102}.143^{146}.224^{+734}
Polytheismus, polytheistisch   84.
  140^{128}.143^{152}.186f.334-336.338
Psalmist   46f.48^{102}.52+^{131}.53+^{137}.80
Psalter(komposition)   20.117.251.
  294-315.323f.325.343
Qumran   92ff.100.131^{+58}.132.143f.
  173.203^{572}.253.250.260^{994}.276f.
  282^4.294^5
Rätsel(haftigkeit)   11^{+116}.27.55.
  115.119.147^{184}.161.168.173
Re   76$^{112.115}$.124.128^{30}.197.211^{627}
Recht   45.48.67ff.73ff.86ff.151.196.
  210.219.223f.227.272.302.321.323.
  342.
Rezeption / rezeptionsorientierte Analyse   48f.59.82.217.242.
  280^{1135}.305.338.346.353
Rezeptionsästhetik   21.48ff.118
Šamaš   10.77f.75^{109f}.76^{116}.83^{+171}.

84^{+177}.94.95^{+257}.100.102.125^6.170ff.
  178f.181187.190.193.196f.199.205-
  207.214^{644}.237^{822}.245^{+883}
Šamš   79$^{+145.147}$
Sapientalisierung   18.20.214.
  247^{903}.338.343^{106}.344f347f.351
Šapšu   78^{+133f}.187.245^{887}
Schöpfung(-stheologie)   2.28.44f.48.
  56.60.77.90.92.96f.100-107.111.
  115.118f.123.133f.137.143.145.
  150.153.168.171ff.183.191f.204.
  207.210.213.219.223.231.246.289.
  295.300.305. 326-332.334.337.344.
  350
Schöpfungshymnus s. Hymnus
Schriftgelehrte(r)   14^{148}.65^{+36}.117.
  119.283.292f
Selbstzeugnis/ Selbstoffenbarung der Schöpfung   2.66.109^{354}.
  133.158.160.326.329^{+2}
Sippar   77^{127}.84.180^{+414}.181.183.
  185$^{442f.446f}$.187.202^{564f}
Sitz im Leben   10.62^{17}.63.114-117.
  119.121.123.186^{+454}.294.297.
  299^{42}.301f
Skepsis   60.93^{241}.109^{+354}.221.283.
  284^{+18}.326-328
Solarisierung   12.80-88.181.212
Solarkalender   79^{144}.91^{+229f}.92.96.
  172
Sonne   12.41.44-48.56f.65-70.73.
  75-77.79.84f.87-91.94-102.108.135.
  14.155.173-176.182.184.190-192.
  194-196.198-201.204.209.211.214.
  245^{+884}.246^{+891}.247^{898}.307*.310.336.
  337^{+77f}
Sonnengott   11.12^{123}.72^{90}.74-88.95.
  124.155^{245}.177-187.190.192.196f.
  199-201.204-208.211^{+627}.223.245^{889}.
  246.333.336
Sonnenlauf   23^{11}.28.30.33.37.40f.
  47.55.58.67.76f.80f.85.90f.93.97.
  100f.104.108.118.123.134.137.155.
  167.173.183.187.196.199-204.208.
  282.310f.330^{37}.333.337.348
Sonnenscheibe, geflügelte   212f.
  307
Sphärenmusik / -harmonie   8$^{+88.97}$.
  166$^{+327.329}$.169
Stereometrie, stereometrisch   31.47f.
  104.105^{+326}.106.219.283
Sünde   46.58.68.95.97.121f.252.

Sachregister 393

256-271.281.283.288f.293.304.320.
322.352-354
Symbol   156ff.175f.180.182f.185.
190.212.237.246.308^{+100}.310.334ff
Synchronie; synchron   8.50^{+118}.
156^{253}.295.297.304.318.324^{222}
Syrien, syrisch   71^{82}.77.128^{28}.130.
131^{49}.143^{146}.187-189.290.335^{68}
Tempel   81.84^{178}.85.154.181-184.
189f.247.277.293.301.307^{100}.310.313
Tempeltheologie, tempeltheologisch
87f.154^{+237f}.177^{398}.188.247.275.293.
338.350
Theophanie (-schilderung)   72^{90}.
82^{162}.88f.98^{280}.101.118^{+96}.132^{62}.
134f.147.149^{+204}.150.152f.
154$^{+236.239}$.159^{+271}.179^{411}.212^{634}.
310^{+115}.316f
Tora   3.12-16.18-20.32.35.37.39-42.
45-48.56-58.60.66-68.70.73.89.94.
96f.100f.104.107f.110.119.122f.
141f.164.195.200.214-217.219f.
222f.226.228.238.240-242.244-249.
252-256.273.275.279.283-289.191-
293.295-297.302-309.321-326.328.
330.338-354
Torapsalm   1.14ff.61.114.215.253^{94}.
292.294^{4}.296.340-343
Toraweisheit, toraweisheitlich   65.
98^{283}.102.217.220ff.247.283f.286.
284^{19}.294.320f.318^{179}.324.328
Toreinlassliturgien   297ff.301ff.312

Tun-Ergehen-Zusammenhang
200^{551}.253^{+949}.255^{959}.316
Ugarit, ugaritisch   78.127.145.186ff.
203
Universalität   109.120.154.167.173.
195.201.203.206.331.344.
Vergebung   46.58f.68.120f.233.248.
257.259.263^{1011}.269.326.352^{+181}.353
Vertrauenslied   114.116.120.311
Vertrauensbekenntnis, -äußerung
120-122.123^{81}.188.234.256.272.
284^{+23}
Wahrheit, wahr   37.45.65^{38}.74f.88.
94.112^{368}.124.223.226.234.236.
241.244.298
Wahrheitsfähigkeit   111.157^{250}.332
Wallfahrt   296.301.311.313.324^{225}
Weisheit, weisheitlich   1-3.7.12.17.
28f.37.58.72f.75.79.89-91.97f.101.
104-106.110f.115.118-123.133.
155f.161.165.167f.172f.194-196.
205.209.214.216.219-222.224-226.
228-230.232f.235-242.244.246-248.
286-289.291-293.296.303.316.323.
325-328.337- 339.341-351.354
Weltordnung s. Ordnung, kosmische
werkimmanent   50.53
Wiederholung   46.57.65^{36}. 146^{169}.
205^{584}. 207.214^{+644}.214.301^{54}
Zeit   45f.93f.100.137.155f.162f.164.
172f.328.344
Zelt   10.23^{13}.28^{62}.98^{280}.174^{+176}.182f.
187-192.194.298.313.337.348

Stellenregister (Auswahl)

I. Altes Testament

Gen
Gen 1	192
Gen 1,3-5	163
Gen 1,3-5.14-16	155.163.173
Gen 1,14-16	43.142.155.183.191.196
Gen 2-3	248
Gen 19	81
Gen 2,3	237
Gen 3,5	237
Gen 20,5	270

Ex
Ex 14,24	193[503]
Ex 18,20	251

Dtn
Dtn 4,2	96.284
Dtn 4,4-8	346
Dtn 4,6-8	346f.350
Dtn 4,12	164
Dtn 4,26	251
Dtn 6,4-9	232
Dtn 8,3	243
Dtn 17,11	240
Dtn 17,14-20	325
Dtn 17,18-20	240
Dtn 29,28	260
Dtn 30,11ff	16.18
Dtn 30,19	251
Dtn 31,29	251
Dtn 32	271f
Dtn 32,1	272
Dtn 32,3	278

Jos
Jos 1,8	273
Jos 22,3	218

Ri
Ri 5,31aβ	192

1 Sam
1 Sam 2,1-10	314
1 Sam 13,13	218
1 Sam 14,27.29	242

2 Sam
2 Sam 22	277
2 Sam 22,29	319
2 Sam 22,36b	319
2 Sam 23,1-7	315.322f
2 Sam 23,8-39	198

1 Kön
1 Kön 8,12f (𝔊 8,53)	9.12.81.85
1 Kön 8,46	25
1 Kön 10,18	238

2 Kön
2 Kön 21,13	170

Jes
Jes 2,3	90
Jes 6,3	154
Jes 13,3ff	199
Jes 14,6	204
Jes 28,9ff	11
Jes 28,10.13	26f
Jes 28,15ff	210
Jes 28,17	170
Jes 33,14f	299
Jes 43,21	136.139
Jes 60,1-3.19f	89.101.337
Jes 62,1-3	89
Jes 66,19	138f

Jer
Jer 2,12	149
Jer 8,2	83[178]
Jer 8,8f	346f
Jer 15,16	230.242f
Jer 17,9	15
Jer 25,27	27

Stellenregister 395

Jer 31,31-34	15f.18f.288	Ps 12,2	310
Jer 31,39	28	Ps 12,6	310
Jer 33,3	138	Ps 12,7	225.284
		Ps 13	231[801]
Ez		Ps 13,5	306
Ez 1,22-26	142	Ps 14	313[138]
Ez 2,8-3,3	243	Ps 14,2	310
Ez 3,17-21	251	Ps 15-24	21.294ff
Ez 8,16	84	Ps 15	295.297ff
Ez 18,5-9	302	Ps 15,1-5	312
Ez 33,3-9	251	Ps 15,1-3.5	298
		Ps 15,1a	188
Hos		Ps 15,1	312
Hos 6,3.5	86.99	Ps 15,2-5	302
Hos 13,14	279	Ps 15,2-3	298
		Ps 15,2	302.312
Joel		Ps 15,3.5	302
Joel 2,16	189	Ps 15,3aβ	298
Joel 2,17b	266	Ps 15,4-5aβ	313.320
		Ps 15,5	306f.310
Am		Ps 16	295.306f.312.
Am 8,11	243		314
Am 9,1-4	210	Ps 16,1	319
		Ps 16,1.4.11	312
Mi		Ps 16,8	306f.310
Mi 7,8f	89	Ps 16,11	310.319
		Ps 17	295.307.323
Zef		Ps 17,1f.6f	310
Zef 3,5	85f	Ps 17,1.15	307
		Ps 17,2	307
Mal		Ps 17,3-5	310
Mal 3,19	265	Ps 17,5	310
Mal 3,20-22	88	Ps 17,7	309.319
Mal 3,22	337	Ps 17,8	307
		Ps 17,8.15	312
Ps		Ps 17,12	307
Ps 1	15.290[73].292.	Ps 17,15	307
	320[200].325[227]	Ps 18	199.277.295.
Ps 1,2	273		307-310.313ff
Ps 1,3	248	Ps 18,1	310.319
Ps 8	296.313	Ps 18,1.21-25	316f
Ps 8,4	140	Ps 18,2.33-50	316
Ps 8,5	313	Ps 18,3-20	316
Ps 9,2	136.138f	Ps 18,7	312.320
Ps 9,12	138f	Ps 18,8-20	310
Ps 9,15	136.138	Ps 18,8-16	316
Ps 10-14	310	Ps 18,12a	318
Ps 10,6	306	Ps 18,20-33	325
Ps 10,12	310	Ps 18,21-25	315.320
Ps 11,4f	310	Ps 18,22f	319.328
Ps 11,4.7	310	Ps 18,26-32	314.320
Ps 11,4	194	Ps 18,26f	316f

Ps 18,26	319f	Ps 50,6	145.150-152
Ps 18,28	320f	Ps 51,9	121
Ps 18,29	309.319	Ps 56,10-12	121
Ps 18,31	225.284	Ps 61,5a	189
Ps 18,31-33	278.316	Ps 63,7	272
Ps 18,32-51	316	Ps 66,2	135.139
Ps 18,33	316	Ps 69,12	267
Ps 18,34-46	316	Ps 69,31ff	274
Ps 18,36	310.318	Ps 71,21	121
Ps 18,36b	319	Ps 72	83
Ps 18,44	308	Ps 73,26	278
Ps 18,47-50	316	Ps 75,2	135
Ps 18,50	317	Ps 77,13	272
Ps 20-21	309.323	Ps 78	323
Ps 20	129^{37}.295.314.323	Ps 78,4	136.139
		Ps 78,10	56.253^{954}
Ps 20,2	312	Ps 78,35	280
Ps 20,7	310.318	Ps 78,50	264
Ps 21	295.323	Ps 81,11	243
Ps 21,8	306.310	Ps 84,12	88
Ps 21,14	311	Ps 86,14	267
Ps 22-24	314	Ps 89,3.5	153
Ps 22	295	Ps 89,6-9	144
Ps 22,4-6.24-27	314.321	Ps 89,6	144.150.152f
Ps 22,21	311	Ps 89,11-13	153
Ps 22,21-32	311	Ps 90,7-9	262
Ps 22,24	311	Ps 90,8	261
Ps 22,28-32	311f	Ps 92,2	138f
Ps 23	295.311^{134}.314	Ps 92,16	138
Ps 23,6	312	Ps 93,1-4.5	63^{24}
Ps 24	295.297.299ff	Ps 93,5	223
Ps 24,1	304	Ps 96,1-13	315
Ps 24,1f	299.312	Ps 96,3	135
Ps 24,3-6	297.312	Ps 96,11	114
Ps 24,3-5	298	Ps 97	151
Ps 24,3b-5	303	Ps 97,2-5	152
Ps 24,3b-4	299	Ps 97,2b	152
Ps 24,4aα	302	Ps 97,6	145.150-153
Ps 24,4aβ-b	302	Ps 98,9	224
Ps 24,5	305	Ps 103,4	280
Ps 24,6	313.320	Ps 103,18	217
Ps 24,6b	312	Ps 103,19-22	143
Ps 24,7-10	299.310-312	Ps 104	$118.119^{42}.123$f.283.337
Ps 25-41	296		
Ps 25	120.283	Ps 104,2-4	195
Ps 27,5a	188	Ps 104,2f	194
Ps 35,28	272	Ps 104,2b-3a	174.176.
Ps 37,30f	272f	Ps 104,12	110
Ps 40,6	138	Ps 104,16-18.19-21	110
Ps 44,2	135.139	Ps 104,34	118.121.123
Ps 46,6	86.93^{246}	Ps 104,35	113
Ps 50	89	Ps 105,1-15	315

Stellenregister 397

Ps 105,45	252⁹⁵⁴	Ps 119,160a	234
Ps 106,1.47f	314	Ps 119,160b	234
Ps 106,3	252⁹⁵⁴	Ps 119,164	226.287
Ps 107,22	136.139	Ps 119,172b	234
Ps 111-118	296	Ps 120-134	296
Ps 111,7	217.223	Ps 120-132	296
Ps 118,17	135	Ps 130,3f	262
Ps 119	4.17.64³⁵	Ps 132	290
	65³⁶.102f.215.	Ps 132,12	252⁹⁵⁴
	217-220.226-	Ps 143,5	272
	232.234f.252-	Ps 145,4	138.139
	254.257.265.	Ps 145,6	136.139
	269.240.243f.	Ps 145,11	135.139
	249f.284-290.	Ps 147	119⁴²
	292-296.316.	Ps 148	105.160.327⁵
	323.339f.342.	Ps 148,1-3	143
	347	Ps 150,1	155
Ps 119,7	226		
Ps 119,14	217	*Hi*	
Ps 119,31	33.259f.217	Hi 3,3-10	161
Ps 119,36	217	Hi 6,24	258
Ps 119,39b	234	Hi 8,8	195
Ps 119,43	226	Hi 9,5ff	118
Ps 119,48a	287	Hi 12,6	267
Ps 119,51	263	Hi 12,7-10	327
Ps 119,62	226	Hi 12,16ff	118
Ps 119,66	287	Hi 14,13f	210
Ps 119,75a	234	Hi 15,17	162
Ps 119,80	269	Hi 19,25	279
Ps 119,86	234	Hi 22,12-14	195
Ps 119,89-91	110f.287.289	Hi 22,13f	209
Ps 119,96	218	Hi 22,22	271
Ps 119,99	217	Hi 23,11	316
Ps 119,102	287	Hi 24,1-25	90
Ps 119,103	243	Hi 24,13	90
Ps 119,105	245	Hi 26,5f	209
Ps 119,106	226	Hi 28	2.115.238f.
Ps 119,108	73.121.274		283.326f
Ps 119,111	218	Hi 28,14.22	161
Ps 119,117	253	Hi 28,28	222.238
Ps 119,127	240	Hi 33,30	228
Ps 119,129	217.234	Hi 32,6.10.17	162
Ps 119,130	230.242	Hi 36,2	162
Ps 119,135	287	Hi 37,1-24	90.327
Ps 119,137	223.234	Hi 38,5	170
Ps 119,140	223.284	Hi 38,7	143
Ps 119,142	234.226	Hi 38,12-15	89.192f
Ps 119,144	217.234	Hi 38,16	195
Ps 119,151	234	Hi 38,33	11.170
Ps 119,157	217	Hi 40,9-14	193
Ps 119,160	226		
Ps 119,160	226		

Prov		Prov 28,9	273
Prov 1-9	133.232f.289	Prov 30,1-14	283
Prov 3,16-18	248	Prov 30,5f	283
Prov 3,19	2	Prov 30,5	225
Prov 4,18	200		
Prov 6,6-11	327	*Qoh*	
Prov 6,20-23	90.101.232	Qoh 3,11	326
Prov 6,23	246	Qoh 4,13	251
Prov 8	2.104.111.119.	Qoh 5,5	257
	123.158.239.	Qoh 8,16f	326
	272.283.326.	Qoh 11,5	326
	347	Qoh 12,12	251
Prov 8,4-21	241		
Prov 8,5	229	*Dan*	
Prov 8,6ff	235	Dan 12,3	142
Prov 8,7-9	236.239		
Prov 8,7f	272	*Cant*	
Prov 8,7	225	Cant 6,10	246
Prov 8,10f.18-21	239		
Prov 8,12-21	239f	*1 Chr*	
Prov 8,19	239	1 Chr 16	315
Prov 9,4	229	1 Chr 16,24	135.139
Prov 11,20	276f	1 Chr 29,19	217
Prov 15,8	273		
Prov 15,11	209	*2 Chr*	
Prov 15,30a	231	2 Chr 9,17	238
Prov 16,24	241	2 Chr 19,10	251
Prov 16,16	238		
Prov 16,28	272	*Esr*	
Prov 20,15	238	Esr 7	340
Prov 21,3	237	Esr 7,12-25	347
Prov 21,11	230	Esr 9,13	273
Prov 22,1	238		
Prov 22,4	253	*Neh*	
Prov 24,13f	242	Neh 9,13	223.225
Prov 25,12	238	Neh 9,13b	233
Prov 26,4f	110	Neh 9,34	217

Apokryphen und Pseudepigraphen

Sir		Sir 24,4ff	194f
Sir 1,10-18	110	Sir 24,4f	348
Sir 1,11-21	235f	Sir 24,4.8	348
Sir 1,12	230.242	Sir 24,20	244.348
Sir 2,15f	221	Sir 24,23ff	348
Sir 10,28	28	Sir 24,23	289.349
Sir 17,6-10	327	Sir 24,25-27	349
Sir 17,11	289	Sir 33,14f	105
Sir 23,27	243	Sir 36	289
Sir 24	2.115.158.195.	Sir 36,1	289
	348-350	Sir 38,24	289

Sir 36,1	289			
Sir 38,24	289		*Sap*	
Sir 39,5	289		Sap 13,1-14,11	327
Sir 39,18.20	289			
Sir 42,15-43,33	210		*äthHen*	
Sir 42,16	135		äthHen 41,6ff	177[398]
Sir 42,18	210f		äthHen 41,6-9	94f.
Sir 43,1-5	90		äthHen 41,5	96
Sir 43,1f	289		äthHen 72-83	91.96
Sir 43,2-5	211		äthHen 72,2	204
Sir 43,5	199		äthHen 72,37	204
Sir 51,1f	289		äthHen 74,17	97
Sir 50,7	135		äthHen 75,1	199
Sir 51,1	289		äthHen 80,1	204[576]
Bar			*slHen*	
Bar 3,33-4,4	350		slHen 12,3	204[576]
Bar 3,37-4,2	350f			

II. Altorientalische Texte

Ägypten

ÄHG² Nr.195, Z.4	208		ÄHG² Nr.127B Z 81f	210[617]
ÄHG² Nr.3, Z.12-16	197		ÄHG² Nr.195,	
ÄHG² Nr.3, Z.16	191[547]		Z.126-131	209[608]
ÄHG² Nr.4, Z.1ff	191[546]		ÄHG² Nr.195, Z.4	208
ÄHG² Nr.89, Z.52f	208[598]			
ÄHG² Nr.89, Z.52f	208f		Sinuhe B 51 = § 11,1	190
ÄHG² Nr.92, Z.20-24	204		Sinuhe B 52 = § 11,2	190
ÄHG² Nr.103	124			
ÄHG² Nr.133	208[601]			

Mesopotamien

AGH 74,36f	270[1080]		Z.58.122-127	207
			Z.61f.80	153
BM 78161	170		Z.65-82	
BM 91000	180f		Z.88f	207
			Z.95f.103-121	207
BWL², 126-138			Z.97-102	207
Z.2.4.	206		Z.129.149-15	
Z.9-10	206		Z.132-148	207
Z.19-22	206		Z.152	206
Z.21	193f		Z.178-	206
Z.25	206			
Z.27f.35.44	206		Ee I 102	83
Z.31-36	206		Ee V Z.24f	192
Z.35-38	206		Ee VI 148	83
Z.38	206			
Z.55f	207		Gilg. IV 15-18	147f

Gilg. IX	205		KAR II 55 Z.1f	178⁴⁰⁰
Gilg. IX 4-5	178⁴⁰²		Malku II Z.101	174³⁸⁰
HGŠ Nr. 7	183⁴³²		SAA III I,1	83
IM 53946	148			
			SAHG Nr. 62, 335	149²⁰²
Kḫ I, 40-44	246⁹⁰²			
Kḫ II	186⁴⁴⁸		VAB IV, 232 II Z.13	183⁴³⁵
Kḫ II,29-41	182		VAB IV, 258 II Z.20f	183f
KAR 307 31f	177³⁹⁸			

Ugarit

KTU 1.17 V	188		KTU 1.3 III 20-31	11.145ff.186⁴⁵³
KTU 1.15 III 18	188		KTU 1.6 VI 22-29	187⁴⁵⁸
KTU 1.19 50.52.60	188		KTU 1.161	78¹³⁵
KTU 1.2 III 15-18	187⁴⁵⁸		KTU 1.4 VIII 21-27	78¹³⁴
KTU 1.3 IV 12-20	145		KTU 1.6 III 22-IV 27	78¹³⁴

Aramäische / phönizische Inschriften

KAI 202 B 23-24	86¹⁴³			
KAI 214	86¹⁴²		PapAmh. 63,11-15	128-131
KAI 215,22	86¹⁴²			
KAI 222 A 9	86¹⁴⁴		Aḥ X,14	85¹⁴⁵
KAI 225 9	86¹⁴⁴		Aḥ VII,13f	85¹⁴⁷
KAI 26A III, 19	85¹³⁹		Aḥ XV,7f	85¹⁴⁶
KAI 26A IV,1-3	89¹⁷¹			

III. Antikes Judentum

Qumran

1Q27	98		1QS X,8f	172
1Q27 Frg. 1 I 1-5	200		1QS X,9	132
1Q27 Frg. 1 I 5-6	98f		1QS X,25f	172
1QH IX,28f	171		4QMMT	92.342¹⁰⁵
1QH XVI,21f	172			
1QH XX,4-8	93.172		4QMyst = 4Q299-301	98
			11Q05 XXVII,2-11	98
1QM IV 6.8	132		11Q05 XXVII,2	98
1QS 9,4-5	276		CD XX,26	132
1QS X,1-8	172			
1QS X,8-9	172		Mur 6 1,6	132

Philo

Op III,28 329^{19}

Josephus

Bell 2,1 93^{240} Bell 2,148 93^{240}

Rabbinisches Schrifttum und Targumim

mAbot 3,14   351   TargNeofiti Gen 1,1 351^{177}
SifDev 11,10   351   TargNeofiti Gen 3,22 351^{177}

Wortregister

Hebräisch

אור hi.	65.90.98.231.246^899.309.319.323.
אֹהֶל	176.183.187f.191.194.304
אָמַר	271f
אֵמֶר	43.109-111.164.271f
אֱמֶת	37.222.225-227.234f.241
אֹרַח	199f.305^93.307^94.324^222
בַּר	222.225.234.247.305.317
גאל	279-281
דַּעַת	68.72 ^87.111.162.283.288^61
חוה pi.	71.161.283
חכם pi.	72.228f.288^61
חַמָּה	210^614.212
חֻפָּה	71.76.182-184.187.189-191
חֹק	63^27.170^{+356}.219^691
חֹשֶׁךְ	37^36.264
טָהוֹר	217
זֹהַר	37^{+36}.45.65.251.252^{+941}
יצא	33.35.44^{+82.94}.203^{+570}.307.308^{+105}.324^222
יִרְאַת יהוה	29.220-222.234.239.241.247.255.288.304.323
יָשָׁר	37.72.138f.222f.224^{742f}.225^{747}.226f.229.234.241
כָּבוֹד	88.127.133.139.150.153.155.174.299.305.311.313
לֵב	38.40.112.230.272f.304-306
מָאוֹר	93.155f.163.191f
מִלָּה	71f.168^{+340}.283
מַעֲשֶׂה	45^{+85}.133f.136-140.150.152
מִצְוָה	215.217.233f.271
מִשְׁטָר	11.27.168-170
מִשְׁפָּט	35.69.152.215.218.223f.226.234.289^{+56}.308.319^194
מָשָׁל	265-267
נֶאֱמָן	38f.222.226f.234
נבע hi.	72.161^{287}.283
נגד hi.	133-135.137-139.150-152.155
נֶחְמָד	237f.248
נֶפֶשׁ	228^{+776}.230^{789}.241-242^{+864}.300^49
נֹפֶת	241f
נקה	38.261.263f 304f.353
ספר pi.	135^{+96}.136.139.140^{+140}
סתר	33^23.35.45.46^93.65.70.209.259-261
עֵדוּת	215^{654}.217.219.229.234.288
עֵקֶב	253^{948.951}.255.271
עֶבֶד	38.249-251.308.318^{+187}.320
עֹלָם	252.254
פָּקַד	225.234
פֶּתִי	72. 229^{+784}.230.241
פֶּשַׁע	263f.269f
צֶדֶק	37.152.220.224.227^{+766}.234.241.252^{942}.296f.299.304f.307.323
צוּר	277^{+1138.1140}.278.280
קַן	11.26-30.168.172.203
קוֹל	26.164f
קָצָה	31.33.35.38.46^{94}.62^{15}.71.201-202^{+562}
רָצוֹן	273-276
רָקִיעַ	70.133.142f.155.192
שָׁנָה	257f.266
שְׁגִיאָה	257.259-261
תְּכוּן	94.98f.170.172
תָּמִים	31^{13}.46^{39}.72.222.226f.234.276.304.316f.
תמם	38.40^{55}.46^{39}.249^{913}.268.269^{1063.1067}.277.288^{61}.304.309^{109}.352.353^{188}

Wortregister

Akkadisch

bīt majāli	183f.189.205^{584}
ēšeru(m) Š-Stamm	76f.224.245
ḫarran šamši	199
ḫadaššu	186^{+449}
išid šamê	178.202
kallatu(m)	183.185^{444}
kittu(m) u	
mi/ešaru(m)	12.76.96.101.
	304.309^{109}.352.
	223f.245^{884}.353^{188}
kummu(m)	77^{398}.178$^{+410f.}$180.
	182.205
mašṭaru (/ šiṭir)	
šamê	11.168.
melammu(m)	134^{+81}.136^{106}.
	154^{237}.213
parakkum	177^{398}.178^{400}.
	179^{410}.180
qērēb šamê	178f
waṣûm	148^{192}.203^{567}